Wissenschaftliche Untersuchungen
zum Neuen Testament · 2. Reihe

Herausgegeben von
Martin Hengel und Otfried Hofius

87

Die Heimholung
des Ketzers

Studien zur jüdischen Auseinandersetzung
mit Paulus

von

Stefan Meißner

J.C.B Mohr (Paul Siebeck) Tübingen

Die Deutsche Bibliothek – CIP-Einheitsaufnahme

Meissner, Stefan:
Die Heimholung des Ketzers : Studien zur jüdischen
Auseinandersetzung mit Paulus / von Stefan Meissner. – Tübingen : Mohr, 1996
  (Wissenschaftliche Untersuchungen zum Neuen Testament :
  Reihe 2 ; 87)
  ISBN 3-16-146589-X
NE: Wissenschaftliche Untersuchungen zum Neuen Testament / 02

Das Buch wurde von Druck Partner Rübelmann in Hemsbach auf säurefreies Werkdruckpapier der Papierfabrik Niefern gedruckt und von der Buchbinderei Schaumann in Darmstadt gebunden.

ISSN 0340-9570

Meiner Frau Anke
und
meiner Tochter Miriam

Vorwort

Die vorliegende Studie, die meinem besonderen Interesse für die jüdische Dimension der paulinischen Theologie entsprang, entstand 1991-1994 in einem Zeitraum von gut zweieinhalb Jahren. Die erste Hälfte dieser Zeit arbeitete ich an der theologischen Fakultät der Ruprecht-Karls-Universität Heidelberg, wo die Arbeit im Juni 1994 als Dissertation angenommen wurde. Für die Publikation in der Reihe „Wissenschaftliche Untersuchungen zum Neuen Testament", die ich der freundlichen Unterstützung der Herren Prof. Hengel und Hofius verdanke, habe ich einige Passagen verändert und erweitert. Die zweite Hälfte der Zeit verbrachte ich in New York, wo ich, ermöglicht durch die großzügige Förderung der Friedrich-Ebert-Stiftung und der Studienstiftung des Deutschen Volkes, am Jewish Theological Seminary of America, dem Hebrew-Union-College/ Jewish Institute of Religion und dem Union Theological Seminary studierte und Gebrauch von den ausgezeichneten Bibliotheken machte. An beiden Orten trugen Lehrer und Freunde zum Gelingen dieser Promotion bei, in deren tiefer Schuld ich stehe.

An erster Stelle möchte ich meinem Doktorvater Herrn Prof. Christoph Burchard danken, der mir in allen Stadien der Entstehung dieser Arbeit mit seinem sachkundigen Urteil zur Seite stand. Mit dem Korreferat war Herr Prof. Klaus Berger betraut - ein weiterer Neutestamentler, von dem ich schon während meines Studiums viel gelernt habe. Kaum weniger wichtig war die freundliche Hilfe von Herrn Prof. Alan F. Segal (Columbia University/Barnard College), mit dem ich ausgiebig die Probleme der gegenwärtigen Paulusforschung diskutierte.

Dank gebührt auch den Professoren Martin Arthur Cohen, Peter von der Osten-Sacken, Robin Scroggs, Peter Schäfer, Hartwig Thyen und Burton Visotzky, die mich mit ihrer Kritik und ihren Vorschlägen zu einzelnen Kapiteln meiner Arbeit vor den gröbsten Fehlern bewahrten.

Andere Gelehrte haben durch persönliche Gespräche (Dr. Nancy Fuchs-Kreimer, Rabbi Leon Klenicki und Lester Dean), Briefe (Prof. Hans Küng, Prof. Friedrich Wilhelm Marquardt) oder die Weitergabe noch unveröffentlichter Arbeiten (Prof. Daniel Boyarin, Prof. Michael Wyschogrod, Prof. Alan F. Segal) zur Verwirklichung meines Vorhabens beigetragen.

Schließlich möchte ich auch meine Freunde aus dem Studentenwohnheim des JTS *Goldsmith-Hall* erwähnen, die mir auf vielerlei Weise die Lebendigkeit des jüdischen Glaubens nahegebracht haben. Gerade für mich als einem jungen Deutschen war dies eine bereichernde Erfahrung.

Diese Liste wäre unvollständig ohne meine Frau Anke, die mir geduldig über zwei Jahre hinweg den Rücken frei gehalten hat für meine Arbeit, und meine Tochter Miriam, die am 11. September 1992, wenige Wochen vor unserem Abflug in die USA, geboren wurde und von der ich mich oft und gerne vom Schreiben abhalten ließ. Ihnen beiden sei diese Arbeit gewidmet.

Minfeld/Pfalz, Februar 1996   Stefan Meißner

Inhaltsverzeichnis

1. Einleitung

1.1 Problemstellung

Der Apostel Paulus war und blieb auch als Anhänger des Messias' Jesus Zeit seines Lebens ein Jude. Dennoch wurde (und wird) er bis in unsere Tage als Kronzeuge eines sich als universalistische Gnadenreligion verstehenden Christentums gegen ein als partikularistische Gesetzesreligion abqualifiziertes Judentum ins Feld geführt.[1] Das geschah schon in der alten Kirche zur Abgrenzung der eigenen, seit dem 2. Jhd. wesentlich heidenchristlichen Identität. Wenngleich das Verhältnis des Paulus zu seiner Mutterreligion nicht frei von Spannungen und Konflikten war, so hätte es dazu doch nicht kommen können ohne eine massive „nachträgliche Antijudaisierung"[2] seines Lebens und Wirkens. Daß aber selbst die gelegentliche Polemik des Apostels noch von einer grundlegenden Solidarität mit seinen jüdischen Glaubensbrüdern getragen war,[3] wurde von der christlichen Exegese oft übersehen.

Diese „blinden Flecken" unserer un- bzw. antijüdischen Paulusauslegung stellen kein rein akademisches Problem dar, wie man vielleicht vermuten könnte. Sie hatten mitunter ganz konkrete historische Folgen in Form von Verfolgung und Vernichtung von Anhängern des jüdischen Glaubens. Die theoretische Bestreitung der theologischen Legitimität des Judentums nach Christus war einer der (freilich vielfältigen) Faktoren, die den praktischen Versuch seiner physischen Auslöschung in den Konzentrationslagern der Nationalsozialisten begünstigten.

Die heute zaghaft unternommenen Versuche christlicher Theologen, ihre Wissenschaft aus dieser unheilvollen Schuldverstrickung zu befreien, sind deshalb mehr als nur die Richtigstellung eines lange in unseren Köpfen verbreiteten Irrtums. Sie sind zugleich die Bedingung der Möglichkeit eines Miteinanders von Juden und Christen, das frei ist von Angst und Haß. Dementsprechend verstehe ich auch meine Beschäftigung mit der jüdischen Paulusauslegung nicht allein als einen Beitrag zur Erforschung des „historischen" Paulus und seiner

---

[1] Vgl. hierzu *E. Stegemann*, Paulus, in: Auschwitz, 117ff.
[2] 121 u. ö.
[3] Vgl. ebd.

Lehre.[4] Ohnehin läßt sich der ursprüngliche Sinn eines Textes auch mit Hilfe wissenschaftlicher Methodik nicht unabhängig von der Frage nach seiner Bedeutung für uns heutige Leser ermitteln.[5] Der Ausleger *post Auschwitz* kann sich nicht mehr einfach auf die vermeintliche Aussageabsicht eines biblischen Autors zurückziehen, er hat vielmehr das mit Hilfe der historisch-kritischen Forschung Erhobene stets auch auf seine möglichen Implikationen für das jüdisch-christliche Verhältnis hin zu bedenken. Eine verantwortliche Paulusexegese muß sich deshalb an zwei Fragen orientieren: Erstens ob sie den im Neuen Testament gesammelten literarischen Zeugnissen des Apostels gerecht wird und zweitens ob sie geeignet ist, das so tief zerrüttete Verhältnis zwischen Juden und Christen entkrampfen zu helfen und eine Wiederholung des geschehenen Unrechtes unmöglich zu machen.[6]

In der Klammer dieses primär praktisch-konkreten Anliegens kann (und muß dann auch) der mögliche Nutzen einer solchen Arbeit für die christliche Paulusauslegung bedacht werden. Zunächst und grundlegend besteht die Bedeutung der jüdischen Perspektive für ein besseres Verständnis unserer eigenen Glaubensüberlieferung darin, daß sie die Perspektive von Opfern unserer Exegese darstellt.[7] Natürlich hat nicht jeder der unten aufgeführten jüdischen Paulusausleger persönlich unter den Folgen des christlichen Antijudaismus' gelitten, obwohl auch das für einige von ihnen zutrifft.[8] Doch repräsentieren ihre Positionen (ob den jeweiligen Autoren das bewußt ist oder nicht) eine Sicht der Dinge, die geprägt ist von den Leidenserfahrungen des jüdischen Volkes im Ganzen. Dazu gehört nicht zuletzt eine erhöhte Sensibilität gegenüber antijüdischen Ressentiments, wie sie in der traditionell-christlichen Paulusexegese bis heute

---

[4] So vor allem *Wiefel*, Paulus in jüdischer Sicht, 165.

[5] *Thyen*, Paulus, 41; vgl. auch *Marquardt*, der sogar von einem „Vorrang der Frage nach dem, was heute zu tun ist, vor dem, was uns die Schrift von gestern her be-deuten mag", spricht (Elend, 261).

[6] Vgl. auch *Thyen*: „Denn ob und wie uns Paulus mit dem Judentum verbindet oder trennt, das entscheiden allein seine aufgeschlossenen Leser" (Paulus, 43).

[7] *Marquardt*, dem ich in systematisch-theologischer Hinsicht Wesentliches verdanke, plädiert in den Prolegomena seiner Dogmatik für eine „geschichtlich-menschlich-historische Vernunft", für die das Hören auf die Opfer christlicher Judenfeindschaft oberstes Gebot ist. Sie soll an die Stelle der Logik der sich autonom wähnenden Vernunft treten, die in der abendländischen Denktradition zwar weithin dominierte, deren Ende aber spätestens seit Auschwitz offenkundig ist (Elend, 124f.).

[8] Von den vielen möglichen Beispielen sei nur auf folgende Sachverhalte hingewiesen: 1. Etliche Autoren des 19. Jahrhunderts hatten mit staatlicher oder kirchlicher Zensur zu kämpfen (unter ihnen *Salvador*; vgl. 2.2.1). 2. Während des Dritten Reiches mußten viele jüdische Forscher Deutschland (bzw. von Deutschland besetztes Territorium) verlassen (*Buber, Ben-Chorin, Wyschogrod, Flusser*). *Schoeps* verlor beide Eltern im Konzentrationslager (vgl. seine Autobiographie: Rückblicke), *Baeck* schließlich wurde selbst in das KZ Theresienstadt deportiert und entging nur knapp dem Tode (vgl. dazu *Friedlanders* Biographie: Leo Baeck).

anzutreffen sind. Um nur ein Beispiel zu nennen: Schon lange vor *Sanders* haben jüdische Forscher gegen die von vielen Neustestamentlern gezeichnete Karikatur des Judentums als einer gesetzlichen „Leistungsreligion" protestiert, in der man sich den Himmel mit verdienstlichen Werken erkaufen muß.[9]

Wenn ich in meiner neutestamentlichen Arbeit danach frage, wie Juden über den Apostel Paulus denken (und gedacht haben), dann erwarte ich mir davon also ein ideologiekritisches Korrektiv gegenüber den ererbten Vorurteilen unserer eigenen Forschung. *E. Stegemann* hat erkannt, welche Vorteile uns daraus erwachsen könnten, wenn wir gemeinsam mit Juden die Briefe des Apostels lesen oder wenigstens bei unserer Lektüre die jüdische Perspektive mitzuberücksichtigen versuchen:

„Bei allen jüdischen Paulusinterpreten wird sichtbar, daß ihr Bild von Paulus auch Züge des Christentums enthält, das ihnen selbst begegnete. In gewisser Weise sind diese Bücher darum auch als Spiegel für Christen zu empfehlen. Und oft genug enthalten sie eine präzise und zutreffende Diagnose pathologischer Deformationen des Christentums."[10]

Zu diesen pathologischen Deformationen gehört m.E. auch die Überbewertung des pagan-hellenistischen Einflusses auf die paulinische Theologie, wie sie beispielsweise für die Religionsgeschichtliche Schule charakteristisch war. Wenn heute im Gegenzug verstärkt jüdische Kategorien zum Verständnis des Apostels herangezogen werden, könnte uns dabei ein Gespräch mit Juden weiterhelfen, denn ihr Verständnis paulinischer Schlüsselbegriffe wie Rettung, Rechtfertigung, Versöhnung, Glaube, Werke, Gesetz und Sünde bietet nicht selten eine alternative Lesart an, die zwar nicht unparteiisch, aber doch weniger durch dogmatische und konfessionelle Vorentscheidungen beeinträchtigt ist.[11] Zudem haben jüdische Forscher oftmals einen existentiellen Bezug zu den Problemen, die Paulus in seinen Briefen behandelt, den wir Heidenchristen nicht haben (und oft nicht haben können). Aufgrund eigener analoger (nicht unbedingt gleicher!) Erfahrungen vermögen sie die Fragen, die den Apostel damals bewegten, als genuin jüdische Fragen wiederzuerkennen, auch wenn sie heute vielleicht zu anderen Antworten kommen als er. So ist insbesondere die Frage nach der Bedeutung der Tora in einer überwiegend heidnischen Umgebung ein Problem, das sich einem Diasporajuden heute immer noch mit unverminderter Dringlichkeit stellt, das aber für einen christlichen Ausleger oft nur schwer nachvollziehbar ist. Schließlich ist es aber auch einfach die bessere Vertrautheit mit den jüdischen Quellen, die mir das Urteil jüdischer Wissenschaftler uner-

---

[9] Vgl. *Thielman*: „Jewish scholarship has always taken exception to this idea, claiming that no Jew believes the law must be kept in its entirety in order to attain salvation. The very law itself, these scholars protest, provides means of atonement for those who sin" (Plight, 1); vgl. dazu auch 3.3.1.

[10] Paulusforschung, 497.

[11] Vgl. *Dean*, Bursting the Bonds?, 128f.

setzlich erscheinen läßt. Kein Neutestamentler kann umhin, auch Aussagen in
Bezug auf die jüdische Glaubensüberlieferung zu treffen, und es wäre vermes-
sen zu meinen, wir kämen dabei ohne das Urteil der lebenden Repräsentanten
dieser Überlieferung aus.

Ein solches Befragen jüdischer Paulusausleger ist freilich auch mit Schwierigkeiten verbunden: Es darf nicht ohne weiteres von *der* jüdischen Sicht des
Paulus ausgegangen werden. Erstens ist das Urteil jüdischer Gelehrter wie das
ihrer christlichen Kollegen keineswegs einhellig, sondern zeigt (trotz erkennb-
arer gemeinsamer Tendenzen) im Einzelnen z.T. erhebliche Abweichungen. Außerdem ist auch die jüdische Sichtweise nicht weniger perspektivisch als die
christliche, weshalb wir für sie grundsätzlich keinen höheren Wahrheitsgehalt
reklamieren können als für andere Perspektiven auch.[12] Zudem muß berücksichtigt werden, daß nicht alle hier behandelten jüdischen Autoren ihre Arbeiten
so eindeutig als einen *jüdischen* Beitrag zur Paulusforschung ausgewiesen haben wie *Schoeps, Ben-Chorin, Lapide* oder *Boyarin.* Dennoch bin ich überzeugt, daß auch bei bestem Bemühen aller Beteiligten der wissenschaftliche
Diskurs nicht so wert- und vorurteilsfrei geführt werden kann, daß die Exegese
von der Glaubensentscheidung des jeweiligen Forschers unberührt bliebe. Daß
die auf den ersten Blick vielleicht problematisch erscheinende Frage nach dem
spezifischen Beitrag der jüdischen Paulusauslegung trotz dieser Einwände eine
sinnvolle Aufgabenstellung ist, wird sich hoffentlich auch in der Durchführung
erweisen.
Angesichts der jüngsten Entwicklungen in der neutestamentlichen Wissenschaft
wird man mit guten Gründen behaupten können, daß heute eine jüdisch-christliche Auseinandersetzung über den Völkermissionar erfolgversprechender ist als
je zuvor.[13] Vor allem in der angelsächsischen Forschung wächst die Kritik am
reformatorischen Verständnis der paulinischen Rechtfertigungslehre, aus dem
sich in der Vergangenheit immer wieder antijüdische Einstellungen speisten.
Ausleger wie *J. Munck,*[14] *K. Stendahl*[15] und *W.D. Davies*[16] (um nur einige zu
nennen) hoben hervor, daß im Zentrum des paulinischen Interesses nicht der
Gottesbezug des Menschen im allgemeinen ("Wie kriege ich einen gnädigen
Gott?"), sondern das heilsgeschichtliche Verhältnis von Juden und Heiden steht.
Die früher weit verbreitete Meinung, Paulus habe das Gesetz als untauglichen
und durch Christus überholten Heilsweg aufgehoben, wird heute wenn nicht

---

[12] Vgl. a.a.O., 130.
[13] Vgl. zur neueren Entwicklung die ausführlichen Forschungsberichte von *Hübner,* Paulusforschung; *Merk,* Paulusforschung; *Gillman,* Perspectives, und den kurzen Überblick bei
Stuhlmacher, Theologie, 234ff.
[14] Paulus und die Heilsgeschichte, Kopenhagen 1954.
[15] Der Jude Paulus und wir Heiden, München 1978.
[16] Paul and Rabbinic Judaism, Philadelphia, London 1948.

aufgegeben, so doch wesentlich modifiziert. *E.P. Sanders*[17] korrigierte das traditionelle Zerrbild eines angeblich jüdischen Legalismus' und stellte klar, daß das einzige Defizit, das Paulus im Judentum sah, dessen fehlender Christusglaube war. *H. Räisänen,*[18] *J.D.G. Dunn,*[19] *L. Gaston*[20] und *F. Thielman*[21] führten den Ansatz von *Sanders* je auf ihre Weise kritisch weiter. Etwa zeitgleich entwickelten auch einzelne deutschsprachige Autoren wie *P. v.d.Osten-Sacken* oder *M. Barth* ein neues Paulusverständnis im Horizont des christlich-jüdischen Dialogs,[22] so daß wir heute eine weit größere Meinungsvielfalt in der Paulusforschung haben als noch vor wenigen Jahren. Diese Umbruchsituation wird (wie wir noch sehen werden) von jüdischen Gelehrten mit großem Interesse verfolgt. Es wäre verhängnisvoll, würden wir ihre Stimme auf der Suche nach einem neuen Konsens in der Paulusauslegung einfach ignorieren.

1.2 Bisherige Forschung zum Problem

Während über das jüdische Jesusbild bereits einige ausführliche und solide Arbeiten geschrieben wurden,[23] wurde die jüdische Auseinandersetzung mit Paulus bislang meist nur am Rande abgehandelt. So gibt es zwar im Rahmen von Forschungsüberblicken zur Paulusauslegung im allgemeinen oder von eigentlich anderen Themen gewidmeten Monographien auch einige Bemerkungen über jüdische Beiträge zum Völkerapostel,[24] aber als eigenständiges Thema wurde es nur selten behandelt. Immerhin haben es einige wenige christliche Forscher unternommen, die Geschichte der jüdischen Paulusauslegung zu untersuchen.[25] Doch die Kürze der Darstellung ließ stets nur die Behandlung einer kleinen Zahl jüdischer Autoren zu, außerdem werden die verschiedenen Positionen oft mehr zusammenfassend referiert als in ihrem historischen Kontext kritisch gewürdigt. Auch systematisch-theologische Aspekte kommen in diesen

---

[17] Paulus und das palästinische Judentum, Göttingen 1985; Paul, the Law and the Jewish People, Philadelphia 1983; Paul, Oxford 1991.

[18] Paul and the Law, 2. Aufl. Tübingen 1987.

[19] Jesus, Paul and the Law, London 1990.

[20] Paul and Torah, Vancouver 1987.

[21] From Plight to Solution, Leiden 1989.

[22] Vgl. etwa *v.d.Osten-Sacken*, Römer 8 als Beispiel paulinischer Soteriologie, Göttingen 1975; *ders.*, Das Gesetz im Spannungsfeld von Eschatologie und Geschichte, EvTh 37 (1977), 549-587; *M. Barth*, Die Stellung des Paulus zu Gesetz und Ordnung, EvTh 33 (1973), 496-526; *ders.*, Der gute Jude Paulus, FS Gollwitzer, München 1979, 107-137.

[23] Vgl. beispielsweise *Lindeskog*, Jesusfrage; *Lapide*, Jesus in Israel; *Hagner*, Reclamation; *Baumbach*, Jesusforschung.

[24] *Blank*, Paulus und Jesus, 106-123; *E. Stegemann*, Paulusforschung, 491-502; *Lindeskog*, Jesusfrage, 310-314; *ders.*, Problem, 92-103; *Merk*, Paulusforschung, 66-69.

[25] *Ronning*, Views ; *Hagner*, Paul; *Wiefel*, Paulus in jüdischer Sicht.

Forschungsberichten fast durchweg zu kurz. Das Urteil ist sicher nicht übertrieben, daß die in einem jüdisch-christlichen Gespräch über Paulus inhärenten Chancen für eine bessere Verständigung zwischen beiden Religionen leider erst von einer Minderheit von Auslegern erkannt worden sind.[26]

Eine erfreuliche Ausnahme von diesem Befund stellt die 1990 an der Temple-University (Philadelphia) von *G. Sloyan* betreute Dissertation von *Nancy Fuchs-Kreimer* dar. Ihre Arbeit „The Essential Heresy: Paul's View of the Law according to Jewish Writers 1886-1986" stellt (neben einigen unveröffentlichten Seminararbeiten)[27] die einzige größere Arbeit über das uns interessierende Problem dar. Es lohnt sich deshalb, ihre Fragestellungen und Ergebnisse kurz zu erörtern und mit denjenigen meiner eigenen Arbeit zu vergleichen. Die am Reconstructionist-College lehrende Jüdin kommt zu der Erkenntnis, daß die Auseinandersetzung mit Paulus von jüdischen Autoren fast ausschließlich dazu benutzt wurde, die eigene Religion gegen die (vermeintlichen) Angriffe des Apostels zu verteidigen und deren Grenzen zu definieren. Nach ihrer Darstellung ist Paulus nur selten als etwas zwischen Juden und Christen Verbindendes oder gar als Quelle eigenen Lernens angesehen worden.[28] Den Grund für diese überwiegend negative Paulusrezeption sieht *Fuchs-Kreimer* darin, daß man sich auf jüdischer Seite von einem augustinisch-lutherischen Paulusbild leiten ließ, das den Apostel als einen Gegner des Judentums und seines Gesetzes darstellte.[29] Der forschungsgeschichtliche Teil meiner Arbeit wird bestätigen, daß die jüdischen Paulusausleger in der Tat oft auf die jeweils aktuelle christliche Exegese reagierten. Es ist ebenfalls richtig, daß noch bis vor wenigen Jahren sich viele jüdische Wissenschaftler in Apologetik und Polemik ergingen, wenn sie sich mit Paulus auseinandersetzten. Anders aber als *Fuchs-Kreimer* sehe ich Hinweise für einen sich abzeichnenden Paradigmenwechsel in der jüdischen Forschung. Immer mehr jüdische Ausleger sehen Paulus als einen guten Juden, von dem man Wichtiges über die eigene Religion erfahren kann.[30] Ein weiterer

---

[26] *Küng* (Judentum, 440ff.), *M. Barth* (Paulus, 111ff.) und *E. Stegemann* (Paulusforschung, 405ff.) lassen immerhin eine gewisse Sensibilität für die Problematik erkennen, kommen über summarische Bemerkungen aber auch nicht hinaus.

[27] Dazu gehören die von *Fuchs-Kreimer* (Heresy, 4f.) erwähnten amerikanischen Arbeiten, aber auch die von *A. Ludwig* am Berliner Institut für Judaistik verfaßte Arbeit, über deren Existenz ich aber erst nach Abschluß meiner Recherchen erfuhr und die deshalb unberücksichtigt bleiben mußte.

[28] Vgl. 9.

[29] *Fuchs-Kreimer* spricht in diesem Zusammenhang von „the culture's Paul" (vgl. v.a. 292).

[30] Frau *Fuchs-Kreimer* hat mir die Richtigkeit meiner Beobachtung in einem persönlichen Gespräch (Philadelphia, 4. 4. 1993) bestätigt. Sie stimmte zu, daß Positionen, die 1986 (in diesem Jahr schloß sie die Sichtung neuen Materials ab) noch als Ausnahme erschienen, sich heute rückblickend als Beginn einer Trendwende darstellen, die man durchaus mit dem Begriff Paradigmenwechsel beschreiben könnte.

wichtiger Unterschied ihrer Arbeit ist die thematische Begrenzung. Während es bei ihr allein um die Gesetzesproblematik geht, behandle ich ein ganzes Bündel von Fragestellungen. Unterschiedlich ist schließlich auch der Blickwinkel der beiden Arbeiten: Wenn *Fuchs-Kreimer* die jüdische Paulusauslegung thematisiert, liegt ihr wesentlich daran, ein dort weit verbreitetes (aber, wie ich meine: heute zurückgehendes) Zerrbild des Apostels korrigieren zu helfen.[31] Mir geht es umgekehrt darum, mit Hilfe (hauptsächlich neuerer) jüdischer Ansätze den Aporien der christlichen Paulusauslegung zu entkommen. Sofern aber in beiden Fällen eine Kritik der eigenen Auslegungstraditionen verfolgt wird, stehen sich beide Arbeiten doch näher, als das auf den ersten Blick den Anschein hat.

1.3 Hinweise zum Aufbau der Arbeit

Die vorliegende Arbeit umfaßt zwei Hauptteile. Der erste Hauptteil („2. Geschichte der jüdischen Auseinandersetzung mit Paulus") verfolgt primär ein historisches Interesse. Er stellt deshalb je ein Dutzend Paulusausleger des älteren wie des neueren Paradigmas der jüdischen Auslegung vor. Eine chronologische Abhandlung der jüdischen Beiträge zur Paulusforschung in ihren jeweiligen biographischen und zeitgeschichtlichen Bezügen scheint mir am besten geeignet zu sein, den Paradigmenwechsel herauszuarbeiten, den man m.E. seit einigen Jahren auf diesem Gebiet feststellen kann. Dieser forschungsgeschichtliche Abriß strebt keine Vollständigkeit an, dennoch glaube ich mit der Auswahl der behandelten Ausleger einen einigermaßen repräsentativen Querschnitt der in der kritischen Forschung[32] vertretenen Positionen bieten zu können. Unter der Überschrift „Ausnahme von der Regel" werden die Arbeiten zweier Forscher charakterisiert, die dem aufgezeigten Trend entgegenlaufen. Damit soll der Tatsache Rechnung getragen werden, daß keine historische Entwicklung so eindimensional verläuft, daß nicht auch Gegenbeispiele angeführt werden könnten.

---

[31] Vgl. v.a. Kap. VII, wo sie sich selbst als eine engagierte Vertreterin des neueren Paradigmas der jüdischen Paulusauslegung zu erkennen gibt.

[32] Ich habe mich auf solche Ausleger beschränkt, die eine gewisse Vertrautheit mit der historisch-kritischen Forschung erkennen lassen. Es fehlen deshalb Schriftsteller wie *S. Asch* (Der Apostel) oder *F. Werfel* (Paulus unter den Juden). Ebenso wenig wurde der Philosoph *E. Bloch* (Geist der Utopie, Atheismus im Christentum, Das Prinzip Hoffnung, 3 Bde., Antike Philosophie, Bd. 1; vgl. zu Paulus das jeweilige Register) und der Begründer der Psychoanalyse, *S. Freud* (Der Mann Moses) behandelt, obwohl auch sie als Juden geboren sind. Man sollte allerdings allen jüdischen Autoren (auch den hist.-krit. geschulten) zugute halten, daß sie sich fast alle auf fremdem Terrain bewegen, wenn sie sich über Paulus äußern. Außerdem sind die Übergänge zwischen wissenschaftlicher und belletristischer Literatur manchmal fließend. Das ist gerade auch im Blick auf die ältere Auslegung zu bedenken (zu den in Kap. 2 nicht berücksichtigten Forschern vgl. 2.4).

Der zweite Hauptteil („3. Thematische Brennpunkte der jüdischen Auseinandersetzung mit Paulus") ist primär systematisch-theologisch orientiert. Hier wird Raum sein, zu zentralen Themenkomplexen der Paulusforschung auf einzelne jüdische Positionen näher einzugehen. In der sich jeweils anschließenden kritischen Beurteilung soll der Versuch unternommen werden, diese Positionen in das Meinungsspektrum der übrigen neutestamentlichen Wissenschaft einzuzeichnen und aufgrund (mindestens) eines exegetischen Fallbeispiels auf ihre Tragfähigkeit hin zu überprüfen. Auch hier kann es nicht um Vollständigkeit gehen, sondern allein darum, das eingangs schon erwähnte ideologiekritische Potential der jüdischen Paulusexegese in Bezug auf die christlichen Auslegungstraditionen aufzuzeigen. Das Schlußkapitel faßt noch einmal die wichtigsten Thesen dieser Arbeit zusammen und fragt nach den möglichen Implikationen unserer Erkenntnisse für den jüdisch-christlichen Dialog im allgemeinen. Daß der hier vorgenommene Ausblick möglicherweise mehr Fragen aufwirft als beantwortet, ist angesichts des begrenzten Raumes, der zur Verfügung steht, selbstverständlich.

2. Geschichte der jüdischen Auseinandersetzung mit Paulus

2.1 Der Beginn der jüdischen Auseinandersetzung mit Paulus

Von wenigen Ausnahmen abgesehen ist eine jüdische Auseinandersetzung mit Paulus ein Phänomen der letzten beiden Jahrhunderte.[1] Wenn *W. Wiefel* „ein Schweigen der gesamten rabbinischen Literatur und des älteren jüdischen Schrifttums überhaupt"[2] konstatiert, kann er sich dabei auf die Mehrzahl der heutigen Forscher stützen. Diese betont, daß das rabbinische Judentum kaum Notiz genommen habe von der Ausbreitung des Christentums und schon gar nicht von einzelnen Christen wie Paulus. Für die ersten Jahrhunderte gilt die Feststellung *W. Jacobs:*

„Jews rejected early Christianity by remaining Jews and not through vocal opposition to the new path of the disciples of Jesus."[3]

Es gibt zwar Forscher, die manche Stellen des rabbinischen Schrifttums[4] als polemische Anspielungen auf den Heidenapostel oder zumindest auf ein von ihm beeinflußtes Christentum interpretieren.[5] Andere wollen Paulus gar mit verschiedenen Figuren aus der talmudischen Überlieferung gleichsetzen,[6] aber weder liegen irgendwo namentliche Bezüge auf den Völkerapostel vor noch hat einer dieser Identifizierungsversuche wirklich Anhalt am Text.[7] Die fraglichen Passagen sind so vage formuliert, daß es sich hierbei auch um Anspielungen auf innerjüdische Häresien handeln könnte.[8] Auch wo zweifellos Reaktionen auf das Christentum vorliegen, ist es oft plausibler, diese als eine Auseinandersetzung mit der patristischen Exegese zu verstehen, als in ihnen direkte Bezug-

---

[1] Vgl. *Jacob*: „The Judeo-Christian dialogue is a phenomenon of the last two centuries" (Christianity, IX).

[2] *Wiefel*, Paulus in jüdischer Sicht, 109.

[3] Christianity, 9; ähnlich *J. Maier*, Auseinandersetzung, 125-129; *Fuchs-Kreimer*, Heresy, 38.

[4] Diskutiert wurden u.a. folgende Stellen: bSan 107b; bSot 47a; mAv III,5 und III,11 (par.).14.15; mBer IX,5, ExR XIII,1-5, RutR 3; tHul 2,22.

[5] Vgl. *Jellinek*, Geschichte, 413f.; *J. Guttmann*, Mischnastellen; *Kittel*, Paulus, 2; *Hirschberg*, Allusions.

[6] Vgl. etwa *Wise*, Origin, Kap. IX; *Ben-Gurion*, Studies, oder *Hirschberg*, Allusions.

[7] Vgl. auch *J. Maier*, Auseinandersetzung, 129.

[8] Vgl. *Jacob*, Christianity, 10.

nahmen auf das Neue Testament zu vermuten.[9] Ähnlich negativ fällt der Befund
auch für die spätere Zeit aus: Weder im Mittelalter noch zu Beginn der Neuzeit
findet sich eine ausführliche jüdische Beschäftigung mit Paulus. Das schließt
nicht aus, daß immer wieder einzelne Denker Themen christlicher Theologie
anschnitten, die eng mit Paulus in Verbindung stehen. So beklagten nicht wenige Gelehrte wie *Saadia Gaon* (10. Jhd.), *Efodi* (14./15. Jhd.)[10] oder *Abu Jusuf
Al-Qirqisani* die von Paulus angeblich vertretene Aufhebung der Tora. Der zuletzt genannte Autor, ein Karäer des 12. Jahrhunderts, sieht bereits wie viele
spätere jüdische Forscher in dem Apostel den eigentlichen Gründer des Christentums, während Jesus in seinen Augen ein gerechter Mann ist.[11] Dieselbe
polemische Grundhaltung herrscht auch bei einem anderen Karäer vor, der vergleichsweise ausführlich auf Paulus einging, nämlich *Isaak Troki* (16. Jhd.).[12]
Immerhin konnten einzelne jüdische Denker des Mittelalters wie *Moses Maimonides* (11. Jhd.), *Jehuda Hallevi* (11./12. Jhd.) und *Menachem Ha-Meiri*
(13./14. Jhd.) der von Paulus initiierten Heidenmission trotz aller Vorbehalte
bereits etwas Positives abgewinnen. Doch sind solche Äußerungen für die damalige Zeit eher noch die seltene Ausnahme. Es dürfte also insgesamt die Feststellung zutreffend sein, daß es bis zu den Anfängen der Judenemanzipation in
Europa Juden angesichts ihrer prekären gesellschaftlichen Situation in der Regel nicht möglich war oder nicht lohnend erschien, sich öffentlich (und wo-
möglich kritisch) über Paulus zu äußern. Wenn die vorliegende Arbeit sich in
etwa auf die letzten beiden Jahrhunderte der jüdischen Beschäftigung mit Paulus konzentriert, versucht sie eben diesem Sachverhalt Rechnung zu tragen.

Die Gründe für dieses lange Schweigen, das *W. Wiefel* wenig einfühlsam als
„Verdrängung des Paulus" bezeichnet hat,[13] sind nicht schwer auszumachen: Zu
der Angst vor Repressalien und Verfolgung kam noch ein verständliches Mißtrauen gegenüber diesem (vermeintlichen?) Apostaten, dessen Lehre so oft gegen das Judentum ins Feld geführt worden war. Der jüdische Schriftsteller *M.
Brod* hat für diesen bedrückenden Tatbestand eine treffende Formulierung gefunden:

> „Das Judentum hat um seines Paulus willen zuviel gelitten. (..) Es kostet Überwindung,
> seinen Namen ohne Bitterkeit zu nennen, wenn man die namenlose Schmach, das grauenhafte
> Elend bedenkt, das die von ihm begründete Kirche über uns gebracht hat."[14]

---

[9] Vgl. etwa *Visotzky*, Trinitarian Testimonies.

[10] Vgl. zu *Efodi* (eigentlich *Profiat Duran*) *Rosenthal* in: Kirche und Synagoge, Bd. 1, 347ff.

[11] *Nemoy*, Account, bes. 364f.

[12] Sein Werk חזוק אמונה (= Befestigung im Glauben) liegt auch in einer deutschen Übersetzung von *D. Deutsch* vor (Sohrau/Breslau, 2. Aufl. 1837); vgl. zu *Troki* auch *Rosenthal* in:
Kirche und Synagoge, Bd. 1, 354ff.

[13] Paulus in jüdischer Sicht, 110.

[14] Bekenntnisbuch, Bd. 2, 165.

Erst die Verbreitung der Gedanken der Aufklärung und die nach und nach Raum greifende bürgerliche Gleichstellung der Juden erlaubte ihnen eine Beschäftigung mit den frühen Quellen des christlichen Glaubens.[15] Eine solche wurde sogar oft unumgänglich, denn mit der Möglichkeit der Emanzipation wuchs zugleich der gesellschaftliche Druck zur Assimilation und damit die Notwendigkeit, das jüdische Nein zu den christlichen Glaubensüberlieferungen argumentativ zu verteidigen. Den institutionellen Rahmen für diese Auseinandersetzung lieferten die damals im Entstehen begriffenen jüdischen Lehranstalten[16] sowie die ebenfalls aufkommenden jüdisch-wissenschaftlichen Zeitschriften.[17]

Die Aufklärung betraf nicht nur das Verhältnis von Christen und Juden, sondern wirkte sich auch innerhalb des Judentums durch die Ausbildung verschiedener, miteinander konkurrierender Strömungen aus.[18] Wir werden feststellen können, daß in dieser zwiespältigen Situation zwischen Emanzipation und Assimilation orthodoxe, konservative und liberale Juden bei ihrer Auseinandersetzung mit Paulus jeweils eigene Akzente setzten. Doch allen Bezugnahmen auf den Apostel, die dem älteren Paradigma zuzuordnen sind, ist gemeinsam, daß sie stark von Apologetik und Polemik geprägt waren. Angesichts der Tatsache, daß die Lehren des Apostels so lange von Christen als Knüppel gegen das Judentum mißbraucht worden sind, verwundert es kaum, daß dieses, als man sich endlich frei äußern konnte, dem Apostel nur mit großen Vorbehalten begegnete.[19] Diese überwiegend negative Haltung gegenüber Paulus, die man als älteres Paradigma der jüdischen Auslegung bezeichnen könnte, soll im folgenden Abschnitt anhand einiger, mir repräsentativ erscheinender jüdischer Ausleger näher charakterisiert werden.

---

[15] Vgl. *Ronning*, Views, 82.

[16] Zu nennen sind hier u.a. folgende Schulen: Institutio Convitto Rabbinico/Padua (1829), École Rabbinique/Metz (1830), Jüdisch-Theologisches Seminar Fraenkelscher Stiftung/Breslau (1854), Jews College/London (1855), Jüdische Hochschule/Berlin (1872), Hebrew Union College/Cincinnati (1875) und Jewish Theological Seminary/New York (1886)

[17] Vgl. *J. Maier*, Judentum, 692ff.

[18] Vgl. dazu *Küng*, Judentum, 223-274.

[19] Vgl. auch *Wigoder*: „In the face of the ideological challenge of Christianity, the first reaction was polemic, albeit of a refined nature, attacking Christian theology" (Relations, 49).

2.2 Das ältere Paradigma der jüdischen Paulusforschung

2.2.1 Ein jüdischer Rationalist aus Frankreich: *Joseph Salvador* (1796-1873)

Der aus Montpellier im Languedoc stammende *Joseph Salvador* war Abkömmling einer alteingesessenen Marranenfamilie, Sohn eines Juden und einer Katholikin.[1] Die Marranen, die im 16. und 17. Jhd. vor der Inquisition in Spanien und Portugal geflohen waren, stellten zusammen mit den elsaß-lothringischen Aschkenasen den Großteil der etwa 50-60 000 Juden dar, die im Frankreich der nachnapoleonischen Ära lebten.[2] Frankreich war das erste europäische Land, in dem die rechtliche Gleichstellung der Juden (jedenfalls auf dem Papier) realisiert wurde. Den ersten Schritt in diese Richtung hatte schon die Nationalversammlung mit ihren Beschlüssen von 1790/91 unternommen, aber erst die Julirevolution von 1830 beseitigte auch die letzten Schranken, die einer gleichberechtigten Integration der Juden im Wege standen.[3]

Mit seinem 1838 erschienenen Buch „Jésus Christ et sa doctrine"[4] wurde der praktizierende Arzt *Salvador,* wie ein französischer Forscher richtig festgehalten hat,

> „la première tentative juive d'écrire l'histoire du christianisme sur la base d'une critique scientifique et objective."[5]

Wie schon sein Erstlingswerk „La loi de Moise" (1822) erntete *Salvadors* Jesusbuch wegen seiner kirchenkritischen Haltung energischen Widerspruch seitens des katholischen Klerus' und wurde von Rom auf den Index gesetzt. Diese Darstellung des frühen Christentums, in der die Ideen der Großen Revolution mit dem jüdischen Glaubenserbe des Autors eine Symbiose eingingen, enthält auch ein Kapitel über Paulus.

Der Heidenapostel repräsentiert für *Salvador* die zweite von insgesamt drei Phasen in der Geschichte der ersten Christenheit, deren erste durch das Wirken Jesu und deren dritte durch den Evangelisten Johannes charakterisiert ist. Während Jesus seine Berufung darin sah, in seiner Person die Einheit des in ver-

---

[1] *Dubnow*, Weltgeschichte, Bd. IX, 277.

[2] Nach *Dubnow*, a.a.O., 263f. Nach der Angliederung Algeriens 1830 kamen zu dieser Zahl noch etwa 40 000 afrikanische Juden hinzu.

[3] Vgl. *Ben-Sasson*, Geschichte, 980ff.; *Dubnow*, a.a.O., 263ff.; *Eckert* in: Kirche und Synagoge, Bd. 2, 254ff.; *Katz*, Ghetto, 84ff.

[4] Jésus-Christ et sa Doctrine, 2 Bde., Paris 1838; deutsch: Das Leben Jesu und seine Lehre, Dresden 1841.

[5] *Fleischmann*, Christianisme, 19. So auch *Jacob* (Christianity, 24f.) und JE 14,716, anders freilich *Dubnow*, der *Salvador* als noch nicht von der Bibelkritik beeinflußt sieht (Weltgeschichte, Bd. IX, 278).

schiedene Parteien und Sekten zerfallenen jüdischen Volkes zu repräsentieren, strebte die Kirche unter der Führung des Paulus einer größeren Ausdehnung entgegen. Indem Paulus infolge seines Damaskusereignisses Jesus mit dem „zweiten Adam" identifizierte, von dem laut *Salvador* schon die jüdisch-hellenistische Schule, namentlich Philo, und die Pharisäer einen Begriff gehabt hatten,[6] machte er nach Auffassung des Verfassers die einstige „Nationalpersonifizierung Israels" zu einem „Gesamtsymbole der Menschheit".[7] Der Apostel habe so die nazaräische Gemeinde

„aus dem Verhältnis der Synagoge, Secte oder des innern Bruchtheils des jüdischen Volks und Systems auf den Standpunkt einer selbstständigen Anstalt oder Kirche gebracht."[8]

Von dieser universalistischen Soteriologie des Apostels her erkläre sich auch sein Umgang mit dem Gesetz: Die Abschaffung des Gesetzes durch Paulus diente nach Ansicht *Salvadors* der Völkerverbrüderung. Obwohl im Vaterland des Apostels mehrheitlich gerade das Gesetz als einheitsstiftendes Band zwischen Israel und der Völkerwelt angesehen wurde, konnte er selbst an die daneben bereits bestehende jüdische Praxis anknüpfen, Heiden nicht die Observanz aller Gebote aufzuerlegen.[9] Es sei also keineswegs richtig, daß das Christentum die wahre universelle Menschheitsreligion ist und das Judentum einfach eine in Partikularismus erstarrte Gesetzesreligion.[10] Der relative Fortschritt, den Paulus (und das frühe Christentum) in der Geschichte der Religionen immerhin gebracht hat, bestehe darin, entsprechend den damaligen historischen Notwendigkeiten

„das hebräische Princip der ursprünglichen Einheit und Verschwisterung des Menschengeschlechts um jeden Preis augenscheinlich darzutun; er mußte dieses Princip von der Fessel und dem Drucke, zu welchen die zahlreichen Satzungen der Nationalität der Juden es verdammt hatten, befreien."[11]

Salvador räumt zwar ein, daß manche Verbote des Judentums, die in einer bestimmten Epoche ihre Berechtigung hatten, zu einer anderen Zeit eher schaden als nutzen konnten. Allerdings sei deshalb noch lange nicht der Charakter des Gesetzes selbst zu kritisieren, wie Paulus das getan habe.[12] Diese Auffassung kommt den Ideen des sich in dieser Zeit gerade etablierenden Reformjudentums nahe, das ebenfalls bestimmte Teile des Gesetzes (zumeist des Zere-

---

[6] 409.

[7] 410.

[8] 402.

[9] *Salvador* nimmt hier wie viele jüdische Paulusausleger nach ihm auch auf die adamitischen und noachidischen Gebote Bezug; 408.

[10] 412.

[11] 414.

[12] 459, Anm. 1.

monialgesetzes) der Kritik aussetzte, zugleich aber an der grundsätzlichen Güte der Sinaioffenbarung keine Zweifel aufkommen ließ.

Trotz solcher Vorbehalte gegen Paulus bleibt bemerkenswert, daß der französische Autor die Gesetzeskritik des Apostels nicht so negativ sieht, wie man das von einem Juden erwarten würde. Hier spielt die oben bereits erwähnte Tatsache eine Rolle, daß *Salvador* stark von der rationalistischen Hoffnung auf eine universale Vernunftreligion beseelt war.[13] Seine Vision von den beiden Religionen, die im Dienste der Gewinnung der Heiden für den Gott Israels unterschiedliche Strategien verfolgen, kommt der traditionellen Vorstellung von einer Art heilsgeschichtlichen „Arbeitsteilung" zwischen Kirche und Judentum erstaunlich nahe.[14] Er vergleicht beide mit

> „zwei Heereszüge(n), welche, um scheinbare Feinde zu sein, um verschiedene Anführer, verschiedene Paniere und eine andere Triebfeder zu haben, nicht minder seinen Plänen (den Plänen des hebräischen Prinzips; S.M.) dienen als auch seinen Entwicklungen gestatten sollten, die ganze Zukunft des Menschengeschlechts zu umfassen."[15]

Während das erste Heer, die Juden, geduldig darauf warte, „daß die fremden Nationen sich von selbst seinem Gesetze in die Arme werfen",[16] trägt das zweite Heer, das unter der Leitung des Paulus angetretene Christentum, den Krieg in die Reihen des Gegners, nach Rom. Obwohl beide also verschiedene Wege gehen, dienen sie nach *Salvador* doch derselben Sache.

Daß eine solche positive Würdigung der geschichtlichen Rolle des Christentums (und damit auch des Apostels Paulus als dessen Gründer) für die damalige Zeit noch ungewöhnlich war, zeigt der beißende Spott, mit dem *M. Hess*, ein jüdischer Frühsozialist, die in der Tat aus dem Rückblick etwas naiv anmutende Hoffnung *Salvadors* auf eine universale Menschheitsreligion überzieht:

> „Habe ich den Verfasser recht verstanden, so soll sein neues Jerusalem die Welthauptstadt der Fusionisten werden. - Salvador scheint ausserdem die sonderbare Idee zu liebkosen, die Juden sollten sich zuerst zum Christentum bekehren, um die Christen wiederum zum Judentum zu bekehren - eine Arbeit, die schon vor achtzehnhundert Jahren begonnen wurde, welche daher nicht so neu ist, als Salvador zu glauben scheint. Das Judentum, welches Salvador im Kopfe hat, ist freilich ebenso neu, als sein Christentum."[17]

Obwohl *Salvador* die positive Funktion des Christentums primär auf Paulus zurückführt, übt er auch Kritik an ihm: Wie die anderen Apostel auch öffnete Paulus das Christentum den schädlichen Einflüssen des paganen Orients. So sei es beispielsweise Paulus zuzuschreiben, daß ein nichtallegorisches Verständnis

---

[13] Sein Spätwerk „Paris, Rom, Jerusalem" (Paris 1860) geht von der Erwartung aus, daß die Religionen sich zu einer einzigen Weltreligion verbinden werden, deren Urzelle das Judentum darstellen wird.

[14] Vgl. hierzu *Zenger*, Israel und Kirche.

[15] 421.

[16] Ebd.

[17] Rom und Jerusalem, 2. Aufl., Leipzig, 1899.

der Totenauferstehung, angeblich ein asiatisches Mythologem, innerhalb des Urchristentums zum Dogma erhoben wurde.[18] Nicht zuletzt deshalb sei auch die schon bei Jesus zu beobachtende Verlagerung des Interesses von dieser Welt auf das Jenseits noch bestärkt worden.[19] Das mußte - so führt *Salvador* aus - auf die Dauer zur Gleichgültigkeit gegenüber den konkreten Bedingungen des menschlichen Zusammenlebens führen.

Trotz der immensen Bedeutung für die Entstehung des Christentums, die *Salvador* Paulus zubilligt, geht doch seiner Ansicht nach der Bruch zwischen Judentum und Christentum letztlich auf die Person Jesu zurück. Paulus vertiefte nur eine bereits vor ihm vorhandene Kluft. *W. Jacob* hat mit Recht darauf aufmerksam gemacht, daß sich der französische Autor in dieser Hinsicht von den meisten späteren jüdischen Forschern unterscheidet.[20] Gleiches gilt auch für die recht differenzierte Würdigung der Gesetzeslehre und der Heidenmission des Paulus. Typisch für das ältere Paradigma der jüdischen Paulusauslegung ist freilich die bei *Salvador* zu beobachtende Neigung, die (nach Ansicht des Autors) positiven Elemente der paulinischen Theologie auf jüdische Vorbilder zurückzuführen, die negativen Elemente hingegen als profane Verunreinigungen zu qualifizieren.[21]

2.2.2 Ein liberaler Religionsphilosoph: *Samuel Hirsch* (1815-1889)

Die Truppen Napoleons trugen die jüdische Gleichberechtigung mit Hilfe des Code Napoleon über die Grenzen Frankreichs hinaus. Drei Jahre bevor *Samuel Hirsch* 1815 in Thalfang (Preußen) geboren wurde, erließ Friedrich Wilhelm III. ein unter dem Eindruck der Niederlage von Jena (1806) ausgehandeltes Judenedikt, das zwar stark in die inneren Angelegenheiten der jüdischen Kultusgemeinde eingriff, den Juden aber erstmals annähernd die gleichen bürgerlichen Rechte und Freiheiten einräumte wie den Christen.[22] Obwohl diese Regelung die Restaurationsbestrebungen der Metternich-Ära überdauerte, hatte die zahlenmäßig bedeutsame deutsche Judenschaft[23] zu Beginn des 19. Jahrhunderts einen äußerst schweren Stand. Der nach den Freiheitskriegen aufkeimende christlich-völkische Nationalismus bereitete den Boden für antisemitische Ausschreitungen wie die sog. „Hep-Hep-Krawalle" von 1819.[24] Als auch

---

[18] 411.

[19] 424.

[20] *Jacob*, Christianity, 22.

[21] 20.

[22] Vgl. *Dantine* in: Kirche und Synagoge, Bd. 2, 180ff., aber auch *Ben-Sasson*, Geschichte, 984ff.

[23] *J. Maier* beziffert die jüdische Bevölkerung Deutschlands 1820/25 auf 223 000 (Judentum, 715).

[24] *Dantine* in: Kirche und Synagoge, Bd. 2, 183f.

nach der Proklamation der Grundrechte des deutschen Volkes von 1848 keine
Besserung der politischen und sozialen Verhältnisse eintrat, emigrierte der fru-
strierte Liberale 1866 nach Amerika.

Auf beiden Seiten des Atlantiks galt *Hirsch* als einer der geistigen Führer der
Reformbewegung, die angetreten war, das Judentum dem Geist der Moderne
anzupassen. Nach dem Auszug aus dem Ghetto in die bürgerliche Gesellschaft
galt es, sich und anderen Rechenschaft über die Bedeutung des Judentums für
die menschliche Kulturgeschichte abzulegen. Diesen Zweck verfolgte *Hirschs*
Religionsphilosophie, die zwar stark der dialektischen Methode *Hegels* verpflichtet war, sich aber insofern von dessen Lehre unterschied, als sie das Wesen des sittlichen Bewußtseins nicht in der Selbstverwirklichung der Vernunft,
sondern der unbedingten Freiheit sah.[25] Wenn in der messianischen Zeit die
ganze Menschheit Gott als den Spender dieser Freiheit erkannt haben wird,
dann werden (so *Hirsch*) die lehrmäßigen Unterschiede der verschiedenen religiösen Kulte verschwinden. Aber selbst für diese letzte Zeit „hält Hirsch an der
Sonderexistenz des Judentums, ja an dem Gedanken der Rückkehr der Juden
nach Palästina fest."[26] Insofern ist es nicht ganz gerechtfertigt, wenn *M. Hess*
ihn (wie bereits *Salvador*) als Fusionisten bezeichnet, der es mitzuverantworten
hat, wenn viele Juden, in ihrer Identität verunsichert, der Synagoge den Rücken
kehren.[27]

Der Apostel Paulus ist Gegenstand eines Teilkapitels der großen religionsgeschichtlichen Arbeit *S. Hirschs* „Das System der religiösen Anschauungen der
Juden und sein Verhältnis zum Heidentum, Christentum und zur absoluten Philosophie".[28] Wie schon die Überschrift dieses Teilkapitels („Die Kirche in ihrem
sich Entgegensetzen gegen das Judenthum")[29] erkennen läßt, macht *Hirsch*
Paulus für die Entfremdung des Christentums von seiner Mutterreligion verantwortlich. Doch dieses negative Urteil schließt nicht aus, daß sich der jüdische Gelehrte durchaus auch verständnisvoll und anerkennend über den Apostel
äußern kann. Den Römerbrief, anhand dessen der Forscher die Theologie des
Paulus darstellt, kann er sogar als ein Denkmal bezeichnen, das „der Menschheit ewig zur Zierde und zum Trost gereichen wird."[30] Auch da, wo der Apostel
mit dem Judentum bricht, erfüllt er nach der Logik der Hegel'schen Dialektik
letztlich eine positive Funktion: Nachdem die intensive Religiosität sich im Judentum zur Genüge gefestigt hatte,[31] etablierte der Apostel das Christentum als

---

[25] Vgl. *J. Guttmann*, Philosophie, 329.
[26] 337.
[27] Vgl. *Hess*, Rom und Jerusalem, 53.
[28] Leipzig 1842.
[29] 722ff.
[30] 725.
[31] Vgl. Kap. 4.

die Verwirklichung der extensiven Religiosität,[32] die das Heidentum zur wahren Gotteserkenntnis führen soll. Beide Religionen werden in der messianischen Zeit zu einer Synthese verschmelzen, die *Hirsch* „absolute Religiosität"[33] nennt. Doch Voraussetzung dafür sei, daß das Christentum seine paulinische Erbsünden- und Erlösungslehre, die der Autor als mit den Prinzipien des Judentums unvereinbar ansieht,[34] aufgibt und zu der reinen Lehre Jesu zurückkehrt. Insofern als *Hirsch* also Jesus als guten Juden, Paulus aber als den eigentlichen Gründer des Christentums ansieht, kann er ein typischer Vertreter des älteren Paradigmas der jüdischen Auseinandersetzung mit dem Völkerapostel genannt werden.

Sein Paulusbild fällt freilich insofern aus dem Rahmen des Üblichen, als er den Apostel nicht nur aus dem Grund kritisiert, daß er manche heidnischen Elemente in seine Lehre aufgenommen hat,[35] sondern auch deshalb, weil „den Juden mit dieser Botschaft nichts Neues gesagt ward."[36] Während viele seiner Kollegen nach ihm die Theologie des Paulus verwarfen, weil sie gegenüber dem zeitgenössischen Judentum zu viele Neuerungen enthielt, erklärt sie *Hirsch* gerade deshalb für wenig relevant, weil sie zu wenig Neues enthielt.

Das Prekäre an der weithin jüdischen Lehre des Apostels ist nach Ansicht des Religionsphilosophen vor allem die Tatsache, daß sie gegen das Judentum vorgetragen wurde. Der Irrtum des Paulus, in dem ihm die christliche Theologie bis heute gefolgt ist, besteht nach *Hirsch* darin, den Juden etwas vorgehalten zu haben, dessen sie sich nie schuldig gemacht haben:

> „Paulus polemisierte scharf und heftig gegen das Judenthum und er hat ganz Recht gegen *das* Judenthum, gegen das er ankämpft; aber leider war und ist das Judenthum, gegen das er ankämpft, eben nur das Judenthum von Paulus und seiner Nachfolger, nicht aber das Judenthum der Juden."[37]

Das in der Forschung immer wieder heftig diskutierte, aber bis heute nicht endgültig gelöste Problem, das von Paulus bekämpfte Judentum genauer zu identifizieren,[38] wurde von dem jüdischen Denker bereits um die Mitte des letzten Jahrhunderts klar erkannt. Sein eigener, freilich noch wenig befriedigender Lösungsvorschlag geht dahin, daß der Apostel

> „sein in der Jugend angelerntes, niemals aber wahrhaft begriffenes Judenthum für das Ju-

---

[32] Vgl. Kap. 5.
[33] Vgl. Kap. 6.
[34] Siehe dazu die Ausführungen weiter unten.
[35] Daß auch dies ein Argument gegen Paulus war, wird deutlich gegen Ende seiner Darstellung, aber es war kaum das vorherrschende Argument.
[36] 727.
[37] 726.
[38] Vgl. dazu 3.3.1.

denthum der Juden hielt, und indem er gegen jenes mit Recht polemisierte, meinte er dieses getroffen zu haben."[39]

Inhaltlich bestehe die von Paulus zu Beginn des Römerbriefes festgestellte Unzulänglichkeit des Judentums vor allem in dessen nur äußerlicher Gesetzesobservanz, die allein um des erhofften Lohnes willen auf sich genommen wird.[40] Aber diese Vorwürfe sind, wie *Hirsch* nachweisen will, ebenso ungerecht wie die von Paulus in Röm 2 unterstellte Überheblichkeit des Judentums gegenüber Nichtjuden. Wenn ein Jude die Toragebote (auch die Zeremonialgebote) befolgt, tue er damit doch nur seine schöpfungsgemäße Pflicht. *Hirsch* weist darauf hin, daß im rabbinischen Judentum der gerechte Heide, der sich auf die sieben Noachidischen Gebote verpflichtet, dem toratreuen Juden gleichgestellt wird.[41] Hätte Paulus diese rabbinische Lehre gekannt, so vermutet *Hirsch,* wäre der Römerbrief ganz anders ausgefallen.[42] Wir werden später aufzuzeigen versuchen, daß Paulus die von *Hirsch* angesprochenen Minimalgebote für Nichtjuden noch nicht in ihrer später verbindlich gewordenen Siebenzahl gekannt haben konnte. Dennoch hat der jüdische Philosoph, indem er die Gesetzeslehre des Apostels vor dem Hintergrund der zeitgenössischen jüdischen Halacha für Heiden betrachtete, eine wichtige Fragestellung aufgeworfen, die die neutestamentliche Wissenschaft sehr zu ihrem Schaden bis in unsere Tage weithin ignoriert hat.[43]

Trotz der mit den Zeremonialgesetzen verbundenen Gefahren des Sich-Rühmens billige Paulus diesen in Röm 3 doch eine positive Funktion zu: Sie dienten indirekt gerade der Verherrlichung Jesu, indem sie an dessen Verurteilung mitwirkten und so das Böse auf die Spitze trieben. Das Gesetz befördert aber nicht nur die Sündhaftigkeit der Welt, damit die Erlösung umso bedeutsamer werde, sondern sie macht die Sünde auch erst vollständig offenbar.[44] *Hirsch* bestimmt hier die Funktion des Gesetzes ganz im Sinne der lutherischen Paulusdeutung, nämlich in erster Linie negativ als Vorbereitung für das Evangelium.[45]

Kein Wunder, daß die so verstandene Gesetzeslehre des Paulus nach Ansicht des Religionsphilosophen völlig an der tatsächlichen Lebenswirklichkeit des antiken Juden vorbeiredet. Der antike Jude sei keineswegs niedergeschlagen und zerknirscht gewesen, wie der Apostel postuliert, sondern „völlig versöhnt mit und freudig in seinem Gotte".[46] Denn er wußte um die von Gott immer wieder angebotene Möglichkeit der Umkehr, wenn er gegen dessen Gebote versto-

---

[39] 726.
[40] 729.
[41] 731.
[42] 732.
[43] Vgl. dazu 3.4.
[44] 733ff.
[45] Vgl. dazu 3.3.1.
[46] 736.

ßen hatte. Er sah deshalb keine Notwendigkeit, sich in den Glauben an den süh-
nenden Opfertod eines Erlösers zu flüchten, wie Paulus ihn predigte.[47]

Die Glaubensgerechtigkeit, die bei Paulus an die Stelle der Werkgerechtigkeit tritt, verstand *Hirsch* keineswegs als einen Verzicht auf gute Werke. Der
Glaube schließe vielmehr die Nachfolge Jesu ein.[48] Hierin ließ *Hirsch* dem
Apostel größere Gerechtigkeit widerfahren als viele andere jüdische Ausleger,
die Paulus als einen Vernichter der Moral darstellten.

> „Die Aneignung des Lebens Jesu will sich nicht an die Stelle des Gesetzes setzen, so daß
> dem Gläubigen es erlaubt wäre, das Gesetz zu übertreten; umgekehrt! Ohne den Glauben kann
> das Gesetz nach Paulus nur übertreten, mit ihm aber nur erfüllt werden."[49]

Die Erfahrung der Nichtigkeit der Sünde und die Manifestation der göttlichen Gerechtigkeit, wie sie Paulus in der Person Jesu erblickt, ist nach *Hirsch*
dem Judentum keineswegs fremd. Der Apostel sage auch hier den Juden nichts
Neues, denn

> „Jisrael (ist) in der Weltgeschichte ein glänzenderes Sühnopfer, als die einzelne Person Je-
> sus. Denn gegen Jisrael hat sich schon oft die Bosheit im höchsten Grade gewendet, (..) und
> hat sich doch jedesmal als nichtig erfahren."[50]

Diese Sätze stellen sicher die von der Kirche vertretene Einzigartigkeit des
Christusgeschehens in Frage. Doch zumal seit Auschwitz sollte sich die christliche Theologie in Nachdenklichkeit üben, bevor sie eine solche Anfrage vorschnell abweist.

Der Glaube Abrahams - so fährt *Hirsch* weiter - ist identisch mit dem Glauben der Juden und kann deshalb nicht gegen diese ins Feld geführt werden, wie
Paulus das tut. Der Apostel rennt bei einem Juden offene Türen ein, wenn er
feststellt, die Geltung der Zeremonialgesetze beziehe sich nur auf Israel und
nicht auf die Völker. Röm 4 ist deshalb „eine wahre, aber gar nicht treffende
Polemik gegen das Judenthum".[51]

Im fünften Kapitel des Briefes an die Römer sieht der jüdische Autor

> „den Kulminationspunkt paulinischer Lehre, den Schritt, welcher das Christenthum nicht
> nur losreißt vom Judenthum, sondern es in völlige Opposition mit demselben setzt, das ver-
> hängnisvolle Wort, das das Christenthum aus dieser Welt in eine jenseitige versetzt, aus der
> Vernunft zu etwas Übervernünftigem macht."[52]

Besonder die Erbsündenlehre stößt auf die heftige Kritik von *Hirsch,* denn
damit stemple der Apostel die Geschichte Israel zur Negativfolie, vor deren
Hintergrund sich die Erlösung durch Christus dann umso heller abheben kann.

---

[47] 740.
[48] 741.
[49] 743.
[50] Ebd.
[51] 745.
[52] 750.

Die Offenbarungen Gottes an das jüdische Volk vor dem Kommen Christi können nur die Funktion haben, die Sündenverfallenheit der Menschheit noch zu
vergrößern. Die Juden nach Christus erscheinen allesamt als Sünder gegen den
Heiligen Geist, als ein Volk von Verstockten, deren Leib die Kirche um der
Seele willen verbrennen zu dürfen glaubte.[53]

Immerhin hält *Hirsch* dem Apostel zugute, daß er die praktischen Konsequenzen, die die Kirche aus seinen Lehren zog, selbst nicht zu verantworten hat.
Wie Röm 6 zeigt, habe er vielmehr die Folgen seiner Lehre einzudämmen ver-
sucht.[54] Aber auf diesen Versuch theologischer Schadensbegrenzung folge in
Kapitel 7 erneut ein schlimmer Angriff auf die Juden und das mosaische Gesetz.
Hätten die Theologen des Christentums ihre eigenen Glaubensquellen besser
gekannt, so vermutet *Hirsch*, hätten sie kaum das Judentum der Inhumanität gegenüber Andersgläubigen verdächtigt.[55] Die Theorie von der Erlösung, die
Paulus in Röm 8 darstellt, sei der persischen Hoffnung auf ein jenseitiges Reich
Gottes verpflichtet, während die messianischen Hoffnungen des Judentums sich
auf die Erneuerung dieser Welt richteten.[56]

> „Paulus mit seiner Lehre von der Erbsünde, die im Grunde eine heidnische ist und sich
> von dem persischen Dualismus nur insofern unterscheidet, daß er die praktisch schlimmen
> Folgen derselben abzuweisen sucht, mußte sich natürlich bei der Lehre von der Messiaszeit
> ganz in die Arme des Parsismus werfen. Nicht auf dieser Erde können die messianischen
> Hoffnungen in Erfüllung gehen, sondern auf einer neuen, himmlischen, reinen."[57]

Ebenfalls heidnischer Herkunft und in eklatantem Widerspruch zur hebräischen Bibel stehend sei auch die Leibfeindlichkeit des Apostels, der einfach
Leib und Sünde gleichsetze.[58] Bedauerlicherweise bricht der jüdische Religionsphilosoph den Durchgang durch den Römerbrief hier ab und behandelt die
Kapitel 9-11, wo es um das Verhältnis des Apostels zum Judentum geht, nur in
einer Anmerkung.[59] Das Resümee seines Durchganges durch den Römerbrief
fällt (trotz mancher positiver Würdigungen) letztlich negativ aus:

> „Nun steht das Christenthum fix und fertig und als Verächter der Juden und des Juden-
> thums da. Von Paulus ist es bis auf den heutigen Tag nicht los-, über Paulus nicht hinausge-
> kommen. (..) Wenn aber einmal diese Zeit kommen wird, wenn einmal die Kirche statt einer
> Paulinischen, die christliche sein wird, wenn sie nicht auf die Irrtümer von Paulus, sondern
> auf die Wahrheit, die in Jesus Christus wirklich und verwirklicht war, sich wird stützen wol-

---

[53] 752.
[54] 756.
[55] 757.
[56] 761ff.
[57] 762.
[58] 763.
[59] 765f.; auch hier geht es Paulus nach *Hirsch* nur mehr darum, die verderblichen Folgen
der eigenen Lehre zu mildern. Daß Paulus in Röm 9-11 von einer bleibenden Erwählung des
jüdischen Volkes auch nach Christus spricht, ist dem Autor (wie der Mehrzahl der damaligen
christlichen Ausleger) leider entgangen.

len, dann wird auch sie ewig feststehen und niemand wird es wagen, ihren Glanz zu beflek-ken, ihre Heiligkeit anzutasten."[60]

2.2.3 Ein Vertreter der positiv-historischen Schule: *Heinrich Graetz* (1817-1891)

Der wichtigste jüdische Historiker des 19. Jahrhunderts war ohne Zweifel der am 31. 10. 1817 in Xions (Posen) geborene *H. Graetz*.[61] Seine Eltern betrieben eine Metzgerei in dem kleinen Zerkow, in dessen Elementarschule *Graetz* eine erste Ausbildung erhielt. Nach seiner *bar mitzvah* besuchte er in Wollstein, dem Geburtsort seiner Mutter, die Talmudschule des Rabbiners *Samuel Munk,* wo er nicht nur in das klassische jüdische Schrifttum, sondern auch in die Profanwissenschaften eindrang. Wichtig für *Graetz'* geistigen Werdegang wurde der Verteidiger des traditionellen Judentums gegen die Reformbewegung, *Samson Raphael Hirsch,* in dessen Haus er gut drei Jahre lebte. Doch der entwicklungsgeschichtliche Standpunkt des jungen Historikers, der der historischen Kritik durchaus positiv gegenüber stand, kollidierte bald mit den Prinzipien der *Hirsch*'schen Orthodoxie, und es kam zum Zerwürfnis zwischen beiden. Als 1854 das von *Z. Frankel* ins Leben gerufene jüdisch-theologische Seminar in Breslau eröffnet wurde, wurde *Graetz* dort eine Professur für jüdische Geschichte angeboten, die er bis zu seinem Tode 1891 ausfüllte.

Seine Paulusdarstellung findet sich in seinem dreizehnbändigen Werk über die „Geschichte der Juden von den ältesten Zeiten bis zur Gegenwart",[62] das es unternimmt, das bleibende Substrat des Judentums im Wandel der Zeiten herauszuarbeiten. Was *Graetz* dabei von dem Reformjuden *Hirsch* unterscheidet, ist der Umstand, daß er den historisch bedingten äußeren Erscheinungsformen der jeweiligen Traditionen eine unverzichtbare Funktion für die Erhaltung dieses Substrats zuerkennt. Hierin erweist er sich als ein Vertreter der sich damals herausbildenden positiv-historischen Schule.

Während Jesus und das palästinische Judenchristentum um Petrus und Jakobus weitgehend im Rahmen des Judentums verblieben seien, wird Paulus als der eigentliche Begründer des Christentums beschrieben. Ohne ihn wäre „das junge Christentum mit seiner Phantasterei bei seinem ersten Ausfluge an der Wirklichkeit zerschellt und hätte, wie die Anhängerschaft anderer Messiasse, einen klangvollen Tod gefunden."[63] Durch seine Heidenmission habe dieser „das Nazaräertum aus der Beschränktheit der jüdischen Sekte zu einer eigenen Reli-

---

[60] 765.

[61] Biographische Informationen basieren auf: *Meisl*, Heinrich Graetz.

[62] Berlin 1853-1876; Paulus und das frühe Christentum behandelt *Graetz* in Band III laufender Zählung, der allerdings schon 1854 gleich nach seinem zuerst erschienenen Bd. IV (1853) herausgegeben wurde.

[63] 413.

gionsform erhoben, aber eben dadurch auch seinen ursprünglichen Charakter verändert."[64] Allerdings habe es „den Ansatz zu einer neuen Sekte"[65] bereits im vorpaulinischen Urchristentum gegeben, wiewohl dessen Mitglieder noch eine jüdische Lebensweise führten. Durch den Einfluß des hellenistischen Diasporajudentums seien aber die jüdischen Elemente des Urchristentums zunehmend durch griechische Elemente überlagert worden. Daß Paulus „nur geringe Kenntnisse vom judäischen Schrifttume"[66] gehabt hat und auch die Hl. Schrift nur in der griechischen Version gekannt hat,[67] habe ihn zum Exponenten eben dieser Kreise gemacht, aus denen sich neben dem Essäertum bevorzugt die ersten Christen rekrutiert haben. Auch seinen christologisch motivierten Antinomismus hat der Apostel nach der Darstellung von *Graetz* mit der hellenistischen Urgemeinde gemein. Während diesen allerdings unterstellt wird, aus ihrer faktischen Laxheit in Fragen der Gesetzesobservanz ein theoretisches Prinzip gemacht zu haben, wird der vorchristliche Paulus als toratreuer Pharisäer angesehen.[68]

Nach Ansicht von *Graetz* litt Paulus also vor seiner Bekehrung nicht unter dem Gesetz, wie viele andere Forscher behauptet haben. Er habe allerdings schon als Jude darüber nachgedacht, wie er möglichst viele Heiden für das Judentum gewinnen könne. Die Lösung dieses Problems habe schließlich seine Christusvision vor Damaskus gebracht, die *Graetz* auf eigentümliche Weise mit der Bekehrung des Königshauses von Adiabene in Zusammenhang bringt.[69] In dieser Erscheinung sei ihm aufgegangen, daß in der Person Jesu der Messias bereits erschienen und das Gesetz deshalb nicht mehr gültig ist. Damit sei für Paulus der Weg zu den Heidenvölkern frei gewesen:

> „Da mochte sich Saulus eines Ausspruches seiner Lehrer erinnert haben, daß das Gesetz nur bis zur Zeit des Messias eine erzieherische Bedeutung und Geltung habe, daß eben, sobald der Erlöser erschienen sei, dessen Verbindlichkeit von selbst aufhöre. Erschiene der Messias, oder wäre er erschienen, so wäre das Hindernis für die Gewinnung der Heiden beseitigt."[70]

Bemerkenswert an diesen Sätzen ist vor allem die Tatsache, daß *Graetz* die paulinische Außerkraftsetzung des Gesetzes in den Tagen des Messias' als einen jüdischer Tradition entstammenden Gedanken beschreibt.[71] Er schränkt diese

---

[64] 408.

[65] 413.

[66] 414.

[67] Ebd.

[68] 410.

[69] 414; *Graetz* mutmaßt, Paulus habe in Damaskus die adiabenische Königin getroffen, deren Konversion zum Judentum er als Indiz für die Erfüllung der prophetischen Verheißung einer Verehrung des Gottes Israels durch die Völker ansah (vgl. auch: *ders.*, Anwesenheit).

[70] 415.

[71] Als Beleg für die Existenz dieser Vorstellung im Judentum führt er bNid 61b und MMish c. 9 an (415, Anm. 1).

auch von anderen jüdischen Gelehrten geäußerte These[72] gleich wieder ein, indem er die Vorbilder des Apostels in dieser Frage als Winkelgelehrte aus Tarsus abtut und einen Gegensatz der paulinischen Außerkraftsetzung der Tora zu der Lehre seiner landsmannschaftlichen Gläubigen konstatiert.[73] Hier ist offensichtlich der Historiker vor den weitreichenden Konsequenzen seines eigenen Ansatzes zurückgeschreckt und hat, anstatt die von ihm erkannte Verwurzelung des Paulus im Judentum methodisch in Anschlag zu bringen, diesen dennoch in polemischer Weise als den „Zerstörer des Judentums"[74] abqualifiziert. Ähnlich zwiespältig wird auch das paulinische Evangelium an die Heiden eingeschätzt. Wieder kann *Graetz* eine weitgehende Kontinuität der Verkündigung des Apostels zum Judentum feststellen:

> „Paulus' Ausgangspunkt bei seiner Heidenbekehrung war das judäische Volk, das judäische Schrifttum und die jüdische Lehre, ohne diese wären seine Predigten von einem Messias und einer Heilslehre vollständig inhaltslos."[75]

Auch sei das alexandrinische Judentum Pate gestanden, als der Heidenmissionar einen geläuterten Gottesbegriff und eine ihm entsprechende höhere Form der Sittlichkeit gegen heidnische Perversion und Vielgötterei ins Feld führte. Sogar die Ungültigkeit des Judentums in Folge des aufgetretenen Christentums habe Paulus durch jüdische, nämlich haggadische Auslegungsmethoden beweisen wollen.

Aber auch hier wird die Diskontinuität stärker herausgestellt als die Kontinuität: Paulus sei geradezu darauf aus gewesen, „die Fäden zu zerreißen, die die Christuslehre mit dem Judentume verknüpfte".[76] Während das Judentum damals eine Erlösung von dem Joch der Völker erwartet hat, habe Paulus eine Erlösung von der Sünde proklamiert.[77] Eine Neuerung stellt nach *Graetz* insbesondere die Erbsündenlehre des Apostels dar, die er auf die Formel reduziert: „Der Geist ist willig, aber das Fleisch ist schwach".[78] Aufgrund solcher gravierender Lehrunterschiede war es nach Auffassung des jüdischen Historikers nur folgerichtig, daß das zeitgenössische Judentum Paulus ablehnte. Aber nicht nur das Judentum, sondern auch das Juden*christen*tum habe die Lehren und Praktiken des Völkermissionars verworfen. *Graetz* schließt von Informationen aus der Apostelgeschichte, dem Matthäusevangelium und den Paulusbriefen auf „eine weitgreifende Spaltung im Schoße des Christentums",[79] zu deren Vertiefung auch die Rassenabneigung beigetragen habe.

---

[72] Vgl. 3.3.3.
[73] 417.
[74] Ebd.
[75] 419.
[76] Ebd.
[77] 420.
[78] 423.
[79] 424.

„So spaltete sich das Christentum in kaum dreißig Jahren nach dem Tode des Stifters in zwei Sekten, in eine judenchristliche und heidenchristliche. Die Judenchristen blieben auf dem Boden des Judentumes stehen (,) verpflichteten auch die übergetretenen Heiden auf das Gesetz und verehrten Jerusalem, wo sie die Wiederkunft des Messias erwarteten. Die Heidenchristen hingegen entfernten sich immer mehr vom Judentume und nahmen eine feindselige Haltung gegen dasselbe an."[80]

Obwohl *Graetz* an manchen Punkten für die damalige Zeit erstaunlich weit geht, „die Gestalt des Apostels von jüdischen Voraussetzungen her zu begreifen",[81] betrachtet er ihn doch letztlich als einen gefährlichen Apostaten, der vom rechten Weg des Judentums abgekommen ist. Diese polemische Abgrenzung gegenüber Paulus ist (wie wir sehen konnten) nur teilweise durch die Beobachtung von Fakten abgedeckt. Selbst *J. Meisl*, der sich sonst überwiegend positiv über *Graetz* äußert, urteilt über dessen Darstellung des Urchristentums:

„Die Charakterisierung der Person Christi und der Apostel, die Schilderung der äußeren und inneren Kämpfe vor dem Fall des Reiches sind oft von leidenschaftlicher Parteinahme für die jüdischen Patrioten und gehören mehr in den Bereich polemischer Publizistik als wissenschaftlicher Forschung"[82]

Die Polemik des Historikers läßt sich aber verständlich machen vor dem Hintergrund eines paulinisch begründeten Antijudaismus' seitens der damaligen christlichen Exegeten, der sich (zumindest nach der Ansicht vieler heutiger Neutestamentler) zu Unrecht auf den Apostel berief. Namentlich die von der Hegelschen Geschichtsphilosophie beeinflußte Sicht *F.C. Baurs* war zur Zeit von *Graetz* ein geläufiges Muster der Paulusinterpretation, worauf *E. Stegemann* zu Recht hingewiesen hat.[83] Anstatt diese Paulusinterpretation kritisch zu hinterfragen, hat sie *Graetz* sich einfach zu eigen gemacht, um dann allerdings gegenteilige Konsequenzen aus ihr zu ziehen als die christliche Theologie. Während die meisten christlichen Exegeten die paulinische Lehre als eine Überwindung des jüdischen Partikularismus' feierten, brandmarkte *Graetz* sie als eine Dekadenzerscheinung.

Am Beispiel von *H. Graetz* zeigt sich deutlich, wie im 19. Jhd. die ältere jüdische Forschung ähnlich wie Teile der protestantischen Theologie Paulus (und alle nachfolgenden Entwicklungen des Christentums) deutlich gegenüber dem Judentum und der Person Jesu, den man weithin als gläubigen Juden betrachtete,[84] abwertete. Dies geschah auf beiden Seiten (freilich unter umgekehrten Vorzeichen) um einer „universalgeschichtlichen Selbstvergewisserung"[85] willen.

---

[80] 425.

[81] *Wiefel*, Paulus in jüdischer Sicht, 110.

[82] *Meisl*, Heinrich Graetz, 46.

[83] „Nahezu jedes Wort bei Graetz läßt sich schon bei dem Tübinger Neutestamentler *F.C. Baur* finden" (Paulus, 122).

[84] Vgl. hierzu die in Anm. 23 der Einleitung genannten Titel.

[85] *Wiefel*, Paulus in jüdischer Sicht, 151.

Dieser Versuch, die eigene Identität in der kritischen Auseinandersetzung mit der je anderen Religion zu gewinnen, war für das ältere Paradigma der jüdischen Paulusauslegung von nicht zu unterschätzender Bedeutung.

2.2.4 Ein italienischer Vertreter der Orthodoxie:
Elia Benamozegh (1823-1900)

Daß sich auch das orthodoxe Judentum mit Paulus auseinandersetzte, wiewohl dessen Beitrag zur Diskussion insgesamt gesehen eher bescheiden ist, zeigt das Beispiel *Elia Benamozeghs*.[86] Der Abkömmling einer angesehenen sephardischen Familie, die aus dem marokkanischen Fez emigriert war, wurde 1823 in Livorno geboren. Die jüdische Gemeinde dieser toscanischen Hafenstadt, die man auch liebevoll „*piccola Gerusaleme*" nannte, hatte damals bereits den Zenit ihres einst beträchtlichen Ansehens als Zentrum jüdischer Gelehrsamkeit überschritten, gehörte aber neben Rom und Triest immer noch zu den größten Italiens.[87] Wie überall auf der Halbinsel profitierten auch im Großherzogtum Toscana die Juden von den politischen Umwälzungen im Zuge des *Risorgimento,* an denen nicht wenige von ihnen aktiv beteiligt waren. 1845 wurde nichtkatholischen Bürgern gleicher Zugang zu öffentlichen Ämtern eingeräumt und die Verfassung von 1848 garantierte den Juden schließlich volle religiöse Freiheit.[88] Die Restauration schränkte diese Freiheiten zwar kurzzeitig wieder ein, aber als 1859 die Toscana sich Piemont unter Victor Emanuel anschloß, wurde die volle Gleichstellung der Juden wieder hergestellt. Zu Lebzeiten *Benamozeghs* vollzog sich die Emanzipation der Juden in Italien mit einer Geschwindigkeit, die, wie *C. Roth* festgehalten hat, in Europa kaum ihres Gleichen findet:

„Twenty-two years had sufficed to bring the emancipation of the Jews in Italy to fruition. In 1848, there was no European country (except Spain from which they were entirely excluded) where the restrictions placed upon them were more galling and more humilating. After 1870, there was no land in either hemisphere where conditions were or could be better."[89]

Benamozegh, der schon mit vier Jahren seinen Vater verlor, erhielt von seinem Onkel mütterlicherseits, Rabbi *M.H. Curiat,* eine vorzügliche jüdische Ausbildung, die dazu beitrug, daß er einer der besten Kenner des biblischen und rabbinischen Schrifttums seiner Zeit wurde. Doch der Schwerpunkt seines Inter-

---

[86] Biographische Angaben nach *Jacob*, Christianity, 34ff. und *Morais*, Eminent Israelites, 23ff.

[87] Nach Angaben des Artikels „Livorno" in EJ X, 1570ff. machten gegen Ende des 18. Jahrhunderts die circa 5000 Juden (nach UJE VII, 148 sogar 7000 bzw. 9000 Juden!) fast ein Achtel der Gesamtbevölkerung Livornos aus. Als *Benamozegh* 1900 starb, hatte sich die jüdische Einwohnerschaft der Stadt auf etwa die Hälfte reduziert.

[88] *Roth*, History, 459f.

[89] History, 474.

esses lag zeitlebens im Bereich der jüdischen Mystik, die er für einen wesentlichen Bestandteil der jüdischen Glaubensüberlieferung ansah. Nachdem er vorübergehend für ein Handelsunternehmen gearbeitet hatte, begann er ein Studium am örtlichen Rabbinerseminar, dessen Direktor er später wurde. Als Professor dieser Schule verfaßte er zahlreiche Bücher in hebräischer, französischer und italienischer Sprache, die seinen Namen weit über Italien hinaustrugen.

Mit Paulus beschäftigte sich *Benamozegh* besonders in seinem 1867 erstmals erschienenen Buch „Morale juive et morale chrétienne", das, wie *W. Jacob* beobachtet hat, die doppelte Zielrichtung verfolgt, „to show the superiority of Jewish ethics and demonstrate Christianity's debt to Judaism."[90] Den apologetischen Grundton dieses Werkes kann man als Antwort auf die heftige Kritik verstehen, die damals Christen wie liberale Juden gleichermaßen an den jüdischen Zeremonialgesetzen übten. *J. Maier* beschreibt die Frontstellung, der sich ein orthodoxer Jude damals ausgesetzt sah, sehr treffend:

> „In der öffentlichen Meinung gerieten manche Elemente des jüdischen Brauchtums aufgrund der neuen aufklärerischen Wertvorstellungen in ein ungünstiges Licht. Die konservativen und orthodoxen Juden sahen sich genötigt, viele Einzelheiten des 'Zeremonialgesetzes' und der Lebensweise gegenüber den 'modernen' Werturteilen in Schutz zu nehmen, so daß (..) die Apologetik eine große Rolle zu spielen begann."[91]

Wie in einer solchen Situation nicht anders zu erwarten, spielte in der Auseinandersetzung des Rabbiners mit dem Denken des Apostels dessen Gesetzeslehre eine entscheidende Rolle: Obwohl schon Jesus angesichts der angebrochen geglaubten messianischen Zeit für sich das Recht in Anspruch genommen hatte, das Gesetz aufzuheben,[92] war es nach Darstellung *Benamozeghs* doch Paulus, der diese Lehre im Urchristentum am wirksamsten vertrat.[93] Er verkündigte den Glauben als neues Prinzip, das nicht nur zum Wissen, sondern auch zu den guten Werken im Gegensatz steht.[94] Mit seiner Lehre von der Rechtfertigung der Sünder ohne Werke, allein aufgrund von Gnade, wollte Paulus keineswegs das Gesetz zunichte machen, sondern er glaubte vielmehr, daß im Christentum das, was am Gesetz geistlich und ewig war, zu seiner Wirklichkeit und Substanz gekommen sei.[95]

Die Gefahr der christlichen Moral sieht der jüdische Gelehrte darin, daß die ihr eigene Leibfeindlichkeit und die Tendenz zur Vergeistigung zu einem ungehemmten Libertinismus ausartet. Diese extreme Position bezogen die Gnostiker, indem sie verkündigten, die Werke des Fleisches seien nicht von Bedeutung für

---

[90] *Jacob*, 34.
[91] Judentum, 689.
[92] Morale juive et morale chrétienne, Livorno 1867; zit. nach der Neuausgabe: Neuchâtel 1946, 32.
[93] 36.
[94] Ebd.
[95] 39.

das Heil.[96] Diese Gefahr habe der Apostel wohl gesehen, aber seine Warnungen diesbezüglich waren laut *Benamozegh* nur ungrundsätzliche Erwägungen sekundärer Natur.[97] Die paulinische Unterscheidung von Leib und Geist erinnere an die neuplatonisch-gnostische Lehre von den drei Menschengattungen: Hylikern, Psychikern und Pneumatikern, aber die Abwertung des Körperlichen sei bei ihm doch nie so weit gegangen wie bei den Gnostikern. Man könnte die Meinung *Benamozeghs* vielleicht am besten so paraphrasieren: Paulus war kein Gnostiker, aber er bereitete der Gnosis mit seinen Lehren den Boden.[98] Gemeinsame Quelle beider sei aber der Spiritualismus der jüdischen Mystiker gewesen, die *Benamozegh* anachronistisch „Kabbalisten" nennt.[99] Nach deren Lehre besitzt der Mensch drei Fähigkeiten: *Nefesch, Ruach* und *Neschama.*[100] Diesen drei Fähigkeiten entsprechen wie in der Gnosis drei Menschentypen: Der erste Typ, dem die große Masse des Volkes anhängt, versteht das Gesetz in seinem wörtlichen Sinn, der zweite Typ im philosophisch-theoretischen Sinn und nur der dritte, geistige Menschentyp ist völlig frei vom Gesetz. Allerdings - so schränkt *Benamozegh* die von ihm angeführte Analogie ein - sei es den „Kabbalisten", anders als den Christen und Gnostikern nicht um die Aufhebung des Gesetzes, sondern allein um die Befreiung der Seele vom Körper gegangen.[101]

Auch an anderer Stelle sieht der italienische Forscher die paulinische Gesetzeslehre von jüdischen Vorbildern beeinflußt: Schon in der hebräischen Bibel komme die von Paulus in Röm 7,1-5 verwendete Vorstellung zum Vorschein, daß die Toten den Herrn nicht anbeten, daß also die Gültigkeit des Gesetzes sich nur auf dieses Leben bezieht. Aus dieser Vorstellung hätten die Pharisäer die generelle Maxime entwickelt: 'Bei den Toten ist Freiheit: Wenn der Mensch tot ist, wird er frei von den Vorschriften.'[102] Von hier zur Aufhebung des Gesetzes durch Paulus war es nach *Benamozegh* nicht mehr weit:

„Voilà d'où viennent les paroles et les pensées de Paul qui tournent sans cesse autour de la question de la liberté des morts; voilà l'origine, voilà le point de départ d'une des plus extraordinaires et des plus hardies fictions qui sont sortie de l'esprit humain, fiction dont les conséquences furent incalculables."[103]

---

[96] 42.
[97] 39.
[98] 43.
[99] Hier denkt *Benamozegh* wohl an die antinomistischen Strömungen innerhalb der jüdischen Mystik, von deren hohem Alter er überzeugt war (vgl. die im Index unter dem Stichwort „Antinomismus" aufgeführten Stellen bei *Scholem*, Hauptströmungen). *Benamozegh* war übrigens einer der ersten Forscher, der Verbindungen zwischen der frühen jüdischen Mystik und der Gnosis herstellte (vgl. dazu *M.S. Cohen*, Shi'ur Qomah, 16f.).
[100] 44.
[101] 45.
[102] 46.
[103] Ebd.

Doch die Parallelen zwischen dem paulinischen Christentum und den Pharisäern gehen noch weiter: Im Pharisäismus habe es verschiedene Meinungen darüber gegeben, wie sich die Zeit der Auferstehung zur Zeit des Messias' verhal-
te. Die einen seien von einer Identität der beiden Zeiten ausgegangen, die anderen hätten behauptet, die eine werde durch die andere abgelöst. Während das
Judentum immer mehr zur letzteren Position tendiert habe, habe im Christentum
die erstere Lösung die meisten Anhänger gefunden. Obwohl die Pharisäer den
Geltungsbereich des Gesetzes so weit wie möglich ausgeweitet hätten, ließen
sie ihn nach *Benamozegh* an der Schwelle der Zeit der Auferstehung aufhören.[104] Ein neues Gesetz, so hätten sie erwartet, sollte in dieser Epoche der
Heilsgeschichte an die Stelle des alten Gesetzes treten. Auch hier habe Paulus
und das frühe Christentum an bereits vorhandene jüdische Vorstellungen anknüpfen können:

> „Voilà l'origine et le vrai sens de cette foule de sentences, de propositions, de paraboles,
> où l'idée d'une nouvelle loi, d'une nouvelle alliance, d'interdictions abolies se fait jour à travers
> des images, des allégories dont on a si souvent abusé contre l'orthodoxie juive, que la polé-
> mique chrétiennes a sans cesse opposée aux rabbins. Ce furent ces memes idées qui prési-
> dèrent chez les judéo-chretiens à la abolition de la Loi."[105]

Die Aufhebung des Gesetzes ist also nach Ansicht des jüdischen Forschers
eine Konsequenz der in der Person Jesu angebrochen geglaubten Endzeit. Die
Problematik dieser in ihrem Kern jüdischen Denkweise sieht *Benamozegh*
darin, daß sie zu einem System verallgemeinert wurde. Wenn die lebendige und
fesselnde Idee, die ursprünglich an ganz bestimmte Bedingungen geknüpft war,
einer Abstraktion geopfert wird, einer Schimäre, einer rabbinischen Subtilität
des Paulus,[106] dann drohe sie die Moral selbst zu unterminieren. Aus dieser zum
System erstarrten Aufhebung des Gesetzes resultiere die Unsicherheit und die
Schwäche der christlichen Moral.[107]

> „Mais dans ce tombeau où vous ensevelissez la Loi, dans cette inaction que vous deman-
> dez à la mort, ne voyez-vous pas périr et s'anéantir la morale, elle aussi? Ne craint-on pas de
> voir ce mort s'affranchir des vertus, des obligations morales aussi bien que des prescriptions
> cérémonielles?"[108]

Der jüdische Autor unterzieht nacheinander die drei wichtigsten Voraussetzungen des christlichen Erlösungsverständnisses einer Prüfung hinsichtlich ihres Nutzens für die Moral: 1. Den Stand der präapsalen Unschuld, 2. die Sünde
und 3. das Sühnopfer des Gott-Messias'.[109] Christentum wie Judentum kennen
nach *Benamozegh* einen Stand ursprünglicher Gerechtigkeit, der durch die

---

[104] 50.
[105] Ebd.
[106] 52.
[107] Ebd.
[108] 48.
[109] Ebd.

Sünde Adams verloren gegangen ist. Aber während nach jüdischer Lehre die völlige Wiederherstellung des Menschen erst am jüngsten Tag stattfinden werde, sei diese nach christlicher Überlieferung bereits realisiert. Weil die Glaubenden durch das Christusereignis in den Urzustand der Unschuld zurückversetzt sind, bedürfen sie keiner moralischer Gesetze mehr.[110]

Obwohl im Christentum auch gesunde Traditionen wirksam seien, - nach Auffassung *Benamozeghs* solche, die die Kirche von der Synagoge übernommen hat - sei dieser radikale Fehler in seinen Grundlagen immer wieder sichtbar geworden in Form von häretischen Gruppen.[111] Die Vorbehalte des Autors gelten vor allem dem (angeblich) paulinischen Gedanken, das Gesetz selbst verursache Sünde, und zwar nicht nur das Zeremonial-, sondern auch das Sittengesetz.[112] Diese Lehre sei das absolute Gegenteil des rabbinischen Denkens, wonach das Gesetz die Verdienste mehrt.[113] Sie führe zur Vernichtung der einfachsten Begriffe von Gut und Böse.

Der Apostel hätte den fatalen Folgen seiner Gesetzeslehre leicht begegnen können, hätte er zwischen dem Zeremonial- und dem Moralgesetz unterschieden. Stattdessen habe er sich in dialektischen Subtilitäten und Syllogismen ergangen, die an die talmudische Methode erinnerten, denen aber schwer zu folgen sei.[114] Obwohl der Apostel die Freiheit vom Gesetz verkündigte, dispensierte er nach *Benamozegh* die Glaubenden nicht von der Notwendigkeit, sich dem göttlichen Willen unterzuordnen. Er vermutet,

„que l'esprit et le coeur de Paul se seraient révoltés contre les conséquences qu'on pourrait déduire de sa doctrine".[115]

Diese logische Inkonsequenz, die er als das Resultat einer Schicklichkeitserwägung darstellt, sei letztlich der einzige Weg gewesen, schreckliche Folgen für die Moral abzuwenden.[116]

Aber nicht nur die christliche Vorstellung von der Unschuld und der Sünde hätten ungünstige Folgen für die Moral gehabt, sondern auch die Konzeption der Erlösung: Während im Judentum die Erlösung durch das Wirken des Wortes Gottes im Menschen ein innerlicher Vorgang sei, in den dieser miteinbezogen ist, vollziehe sich diese im Christentum ganz äußerlich und objektiv.[117] Der einzige Beitrag, den der Mensch im Christentum zu seiner Erlösung leiste, sei der

---

[110] 53.

[111] 54.

[112] 54f.; daß nach Paulus das Gesetz Sünde provoziere, war im letzten Jahrhundert die unangefochtene Lehrmeinung. Das ist heute, wie wir an anderer Stelle (3.3.1) zeigen werden, nicht mehr der Fall.

[113] 56.

[114] 58.

[115] 57.

[116] Ebd.

[117] 59.

Glaube an die Genügsamkeit des Opfers Jesu. Diese Angriffe auf die Grundlagen der christlichen Moral, die stark an die Polemik des frühen *Baeck* erinnern, zeigen, daß *Benamozegh* in den Frontstellungen des alten Paradigmas der jüdischen Paulusauslegung verhaftet bleibt.[118] Immerhin bleibt festzuhalten, daß er es als einer der ersten unternommen hat, die paulinische Gesetzeslehre primär von jüdischen Voraussetzungen her zu erklären.[119] Auch die bei ihm zuweilen zu beobachtende Differenzierung zwischen Paulus und seinem späteren Mißbrauch ist ein bemerkenswerter Zug in der Paulusdarstellung des Italieners.

2.2.5 Mit dem Neuen Testament gegen das Christentum: *Isaac Mayer Wise* (1819-1900)

Isaac Mayer Wise wurde am 29. 3. 1819 in Steingrub (Böhmen) als ältestes von insgesamt sieben Kindern der Eheleute *Leo* und *Regina Wise* geboren. Die von dem aufgeklärten Monarchen Joseph II. verordnete liberale Judengesetzgebung Österreichs[120] wurde unter seinem Sohn Kaiser Franz (1792-1835) weitgehend wieder eingeschränkt. In Böhmen, damals Teil der Donaumonarchie, ließ das Juden-Systemalpatent von 1797 eine bürgerliche Gleichstellung der Juden nur für Militärfreiwillige, Ackerbauern und Zunfthandwerker zu. Zusätzlich erschwert wurde ihre Lage dadurch, daß sie vom tschechischen Bevölkerungsanteil als deutschfreundlich verdächtigt und entsprechend angefeindet wurden.[121]

Das Interesse am jüdischen Schrifttum wurde *Wise* bereits sehr früh durch Vater und Großvater vermittelt, die es beide, obwohl sie keine Geistlichen waren, zu beachtlicher Weisheit in diesem Gebiet gebracht hatten. Mit dreizehn Jahren begann *Wise* seine Ausbildung zum Rabbiner, die ihn an verschiedene *Yeshivot* führte. Ein 1837 erlassenes Edikt der österreichischen Regierung, das von allen Rabbinern das Belegen von Kursen an Gymnasium und Universität verlangte, nötigte *Wise* zu weiteren Studien in Prag und Wien. In diese Zeit fällt seine erste Auseinandersetzung mit den Ideen des Liberalismus und der Französischen Revolution, zu deren Vorkämpfer er schon sehr bald wurde. Frustriert durch die ständigen Auseinandersetzungen mit der habsburgischen Obrigkeit und den teilweise noch sehr rückständigen rabbinischen Autoritäten emigrierte der inzwischen zum Rabbiner ordinierte *Wise* 1846 in die USA. Dort wirkte er vorübergehend als Rabbiner in Albany (NY), bevor er 1854 nach Cincinnati

---

[118] Auch *Jacob* kommt zu dem Schluß, daß seine Analyse der christlichen und jüdischen Moral den traditionellen Pfaden früherer Jahre folgt (Christianity, 37).

[119] Vgl. dazu 3.3.

[120] Gemeint ist v.a. das Toleranzedikt vom 2. 1. 1782; vgl. dazu *Weinzierl* in: Kirche und Synagoge, Bd. 2, 485f.

[121] *Ben-Sasson,* Geschichte, 992.

ging, wo er bis zu seinem Tode den Tempel *Bene Yeshurun* leitete und Professor und Präsident des von ihm gegründeten Hebrew Union College war.

Die vor allem dort entfaltete literarische Wirksamkeit umfaßt auch einige Bücher und Artikel über das frühe Christentum, die heute fast gänzlich in Vergessenheit geraten sind.[122] Das für unsere Fragestellung interessanteste Werk ist das 1868 erschienene „The Origin of Christianity and a Commentary to the Acts of the Apostles", in dem *Wise* ausführlich auch auf Paulus eingeht. Im Gegensatz zum Christentum seiner Zeit, gegen das *Wise* zeitlebens heftig polemisierte, würdigt der Autor den historischen Wert des Neuen Testaments. Es ist nicht übertrieben, wenn es in einer Biographie über dieses Werk heißt:

„Wise's analysis in the 'Origin' is the first serious attempt on the part of a Jew to approach the problem in other ways than those of polemics. He was the first Rabbi who wrote on the origin of Christianity as a historian without passion."[123]

Diese Unvoreingenommenheit macht sich auch im Blick auf Paulus bemerkbar: In seinem Kapitel über das paulinische Credo,[124] das mit den späteren Glaubensbekenntnissen der Kirche so gut wie nichts gemeinsam habe, stellt er den Heidenmissionar als einen großen Mann dar, der der nichtjüdischen Welt den Monotheismus und das reine jüdische Moralgesetz näher gebracht habe.

„Like all brilliant and successful men in history, he understood his age, stood upon the summit, adopted the most available means to carry out his plans, felt an interest in, and an attachment to the whole human family, worked out his own convictions and his own destiny without regard to sect, creed, country or people. However numerous his imperfections may be, he was a great, energetic and independent man, in comparison to whom Peter and James were monks, visionary Essenes, stubborn and narrow sectarians."[125]

Im Gegensatz zu den meisten späteren Reformjuden, die sich von dem Apostel abgrenzten, um sich nicht dem Vorwurf eines „Krypto-Paulinisten" seitens der jüdischen Orthodoxie auszusetzen, sieht sich *Wise* in wesentlichen Punkten seines eigenen Glaubens mit Paulus einig: Im Gegensatz zur späteren christlichen Trinitätslehre habe Paulus stets am jüdischen Eingottglauben festgehalten.[126] Wie einige mystische Pharisäer die Engel als für eine kurze Zeit und zu einem ganz bestimmten Zweck beauftragt ansahen, so habe Jesus nach der Vorstellung des Paulus auch nur eine recht begrenzte Funktion zu übernehmen,

---

[122] Zu den wichtigsten Werken gehört: Three Lectures on the Origins of Christianity, Cincinnati 1873; The Martyrdom of Jesus of Nazareth, Cincinnati 1874; Judaism and Christianity. Their Agreements and Dissagreements, Cincinnati 1883; A Defense of Judaism versus Proselytizing Christianity, Cincinnati u.a. 1889.

[123] Lectures, zit. nach: Selected Writings, 91.

[124] „The Creed of Paul", 351ff.

[125] 414f.

[126] „We maintain again (..) that Paul was a Unitarian Jew, as strictly so as any Pharisean rabbi or high priest. He added nothing to the Scriptural doctrines concerning the GREAT I AM. All Trinitarian speculations are of post-evangelical origin, when pagans became heathenized Christianity" (364).

nämlich die Heidenwelt für Gott zu gewinnen. Weil die Vorstellung eines gekreuzigten Messias', wie ihn die Jerusalemer Kirche bis dahin verkündigt hatte,
für seine heidnischen Gemeinden wenig Sinn gemacht hat, habe der Apostel an
dessen Stelle die Figur des Sohnes Gottes gestellt, die auch in der heidnischen
Mythologie bekannt war. Dabei habe Paulus Züge des in der frühen jüdischen
Mystik eine wichtige Rolle spielenden Erzengels Metatron auf die Person Jesu
übertragen.[127] Wir werden in unserem Kapitel über die paulinische Christologie
noch sehen, daß ähnliche Thesen heute wieder verstärkt in Betracht gezogen
werden, nachdem die Verbindungen des Paulus zu Apokalyptik und Mystik
lange Zeit vernachlässigt worden waren.[128]

Mit großem Verständnis begegnet *Wise* auch der paulinischen Gesetzeslehre,
auch wenn seine Aussagen zu diesem Thema nicht immer konsistent zu sein
scheinen. Dieses Verständnis bezieht sich vor allem auf das universalistische
Anliegen, das er als ein entscheidendes Motiv für die angebliche Abrogation
des Gesetzes durch Paulus ansah: Das Gesetz sei für Paulus ein untragbares Ri-
siko für seine Heidenmission gewesen, denn erstens habe strikte Toraobservanz
leicht mit dem römischen Gesetz konfligieren können,[129] und zweitens sei wenig
wahrscheinlich gewesen, daß sich Heiden unter das jüdische Kultgesetz gebeugt
hätten.[130] Drittens mußte der Apostel für seine Heidenmission alle mosaischen
Gesetze verwerfen, die einen nur räumlich oder zeitlich begrenzten Geltungsbereich hatten.[131] Während viele jüdische Ausleger Paulus in dieser Frage als Op-
portunisten abqualifizieren, zeigt *Wise* durchaus Verständnis dafür, daß der
Apostel Teile des jüdischen Gesetzes seinen universalistischen Ideen opferte.
Das dürfte kaum verwundern, wenn wir uns vor Augen halten, wie sehr der
jüdische Forscher selbst von der Vision einer universalen Menschheitsreligion
beseelt war. Ein zweites Motiv für die Aufhebung des Gesetzes bei Paulus sah
Wise in der pharisäischen Lehre, daß mit dem Kommen des Messias' das Gesetz
seine Gültigkeit verliert. Ähnlich wie auch *Graetz, Hirsch* und *Benamozegh* im
letzten und *Baeck, Schoeps, Ben-Chorin* und *Rubenstein* in unserem Jahrhundert meint *Wise:*

> „The only difference between Paul and the Pharisees in this point was, he maintained the
> Messiah had come, and the latter days were on hand, hence the law was abrogated; and they
> maintained the Messiah had not come, and the latter days were not yet, hence the law was yet
> in power."[132]

Die Erwartung des Apostels, daß Jesus sehr bald wieder erscheinen würde,

---

[127] 341 u.ö.
[128] Vgl. 3.2.
[129] 398ff.
[130] 404ff.
[131] 406f.
[132] 404.

um sein Werk zu vollenden, habe es Paulus verboten, seinen Gemeinden irgendwelche Gesetze aufzuerlegen, die nach etwas Dauerhaftem oder einer etablierten Institution aussahen.[133] Wer berücksichtigt, daß *Wise* selbst starke messianische Erwartungen hatte, die sicher mit dem bevorstehenden Ende des Millenni-
ums zu tun hatten, wird verstehen können, daß er auch an diesem Punkt Paulus
nachfühlen konnte. *D. Wilansky* hat die nicht zu übersehenden Affinitäten zwischen dem Apostel und dem Reformjuden auf folgenden Nenner gebracht:

> „Paul abolished the laws of Israel. His new dispensation was the advent of Jesus. Dr. Wise
> abolished Jewish custom and ceremony. His new dispensation was the 'spirit of the times'.
> Paul abolished the law to make Judaism easy and acceptable to the Gentiles, and Dr. Wise
> would have abolished Jewish tradition for the identical reason. Both of them based their work
> on the belief that a new era was about to be ushered in, a new dispensation wiping out that had
> gone before."[134]

Freilich hat auch *Wise* Kritik an Paulus zu üben. Ein wichtiger Kritikpunkt
betrifft die paulinische Ethik: Der Apostel habe schon bald erkennen müssen,
daß bestimmte Regeln für das menschliche Zusammenleben unumgänglich sind.
Ähnlich wie schon *Benamozegh* bemängelt *Wise* die logische Inkonsistenz, daß
Paulus, obwohl er das Gesetz aufgehoben hat, zum Zwecke der ethischen Unterweisung wieder einige Gebote eingeführt hat. Diese Wiedereinführung des Gesetzes, die er als „a poor repetition of Mosaic and rabbinical laws in no kind of
order or system"[135] bezeichnet, habe in der Geschichte des Christentums große
Probleme nach sich gezogen. Doch schlimmer als diesen vermeintlichen Selbst-
widerspruch findet *Wise,* daß Paulus bei seinem Unternehmen, das Heidentum
zu erobern, einige Lehren erfand, an die er selbst nicht glaubte. Als bloßes Mittel zum Zweck betrachtet der jüdische Forscher die paulinische Rede vom unmittelbar bevorstehenden Ende der Welt und der Vernichtung aller Feinde Gottes, die Proklamation der Sendung des Sohnes Gottes, dessen Sühnetodes, sowie der endzeitlichen Auferstehung der Toten.[136] Ähnlich wie manche christliche Theologen in der Aufklärung von Jesus annahmen, er habe sich bei seiner
Verkündigung dem Auffassungsvermögen seiner Hörer angepaßt, so lehrt *Wise*
hier eine Art „Akkomodationslehre" im Blick auf Paulus. Dies alles ist freilich
reine Spekulation - eine völlig unnötige zudem, denn die meisten dieser Theologumena lassen sich durchaus auf jüdische Wurzeln zurückführen.
   Ähnlich absurd ist die Annahme des Autors, Paulus sei mit dem aus dem
Talmud bekannten Acher identisch. Als Argumente dafür führt er an:

> „1. Both pass under a fictitious name.[137] 2. Both are learned Pharisees, Greek scholars,

---

[133] 407f.

[134] *Wilansky*, From Sinai to Cincinnati, 221.

[135] 411.

[136] 415.

[137] *Wise* macht darauf aufmerksam, daß Acher auch unter dem Namen Elischa ben Abuja
bekannt ist und Paulus nach der Apg ursprünglich Saulus hieß.

pupils of Gamliel, and did not attain the degree of a rabbi. 3. Both were converted to Christianity and in consequence of the same incident. 4. Both are supposed to have a world-wide reputation in matters of religion."[138]

Doch keines dieser Argumente ist wirklich schlagkräftig, weshalb auch diese These des jüdischen Forschers (soweit ich sehe) von der neutestamentlichen Wissenschaft nie ernsthaft erwogen wurde. Freilich könnte uns seine Beobachtung, daß der Apostel manche Affinitäten zur frühen jüdischen Mystik aufweist, heute dazu anregen, diesen Zusammenhängen genauer nachzugehen. Einen ersten Schritt in diese Richtung haben wir im zweiten Hauptteil dieser Arbeit unternommen.[139] Obwohl *Wise* in seiner Interpretation des Neuen Testaments durchaus zuweilen zu ungewöhnlichen oder gar abwegigen Ergebnissen kommt, tut ihm *Sandmel* doch Unrecht, wenn er ihn als einen scharfsinnigen Autodidakten und Homiletiker abtut, der an den Haaren herbeigezogene Dinge schrieb.[140] Nach eigenen Aussagen studierte *Wise* zwanzig Jahre lang die Anfänge des Christentums, bevor er mit seinen Thesen an die Öffentlichkeit trat.[141] Daß er dies im Selbstunterricht tat, ist für die damalige Zeit wenig verwunderlich. Welcher jüdische Forscher hätte in der Mitte des letzten Jahrhunderts schon seine NT-Studien an einer christlich-theologischen Fakultät absolviert? Seine Bücher zeigen, daß er nicht nur das Neue Testament im griechischen Original gelesen hat,[142] sondern auch mit den wichtigsten Thesen der kritischen Bibelwissenschaft vertraut war. Das zeigt sich beispielsweise daran, daß er die Apg als historisch wenig zuverlässig, weil tendenziös, beurteilt und sein Paulusbild primär von den Paulusbriefen her rekonstuiert.[143]

2.2.6 Ein (weiterer) amerikanischer Reformjude: *Kaufmann Kohler* (1843-1926)

Der 1843 in Fürth geborene Gelehrte *K. Kohler* erhielt schon früh eine solide rabbinische Ausbildung. Während seines Universitätsstudiums in Berlin und Erlangen eignete er sich die Methoden der modernen Bibelkritik an, deren virtuose Beherrschung seine zahlreichen Veröffentlichungen auszeichnet. Seine 1867 erschienene Dissertation „Der Segen Jacobs" rief in traditionell-jüdischen Kreisen einen solchen Sturm der Entrüstung hervor, daß eine Karriere als Rabbiner

---

[138] 317.
[139] Vgl. 3.2 und 3.3.
[140] Paul Reconsidered, in: *ders.*, Two Living Traditions, Detroit 1972, 254; vgl. auch *Jacob*, Christianity, 70.
[141] Vgl. *Wilansky*, From Sinai to Cincinnati, 219.
[142] Wise lernte griechisch schon während seiner Studienzeit von einem katholischen Pfarrassistenten bei Prag.
[143] Freilich schreibt er auch die Deuteropaulinen und die Pastoralbriefe der Feder des Apostels zu.

in Deutschland unmöglich wurde. Wie unzählige andere deutsche Juden im 19. Jhd. emigrierte *Kohler* in die USA,[144] wo er als Rabbiner in Detroit (1869-1871), Chicago (1871-1879) und New York (1879-1903), sowie als Präsident des Hebrew Union College in Cincinnati (1903-1922) tätig war. Das Reformjudentum in Amerika, dessen „most powerful intellectual force"[145] *Kohler* bald wurde, sah sich seinerzeit mit einer doppelten Frontstellung konfrontiert: Man mußte sich nicht nur nach außen gegenüber den zahlreichen Missionsversuchen von christlicher Seite verteidigen,[146] sondern auch nach innen gegenüber der jüdischen Orthodoxie, von der man verdächtigt wurde, sich mit der Abwertung der jüdischen Zeremonialgesetze dem Christentum angenähert zu haben.[147] Wir dürfen deshalb von vornherein keine allzu positive Würdigung des Apostels erwarten, obwohl auf den ersten Blick einige liberale Ideen nicht so weit von Paulus weg zu sein scheinen.

Wie fast die gesamte jüdische Paulusauslegung des 19. und des beginnenden 20. Jahrhunderts hielt *Kohler* Paulus für den eigentlichen Gründer des Christentums.[148] Der Apostel war s.E., obwohl Sohn jüdischer Eltern, kein Schüler Gamaliels, kannte weder den hebräischen Urtext der Schrift, noch hatte er eine rabbinische Ausbildung erhalten, wie damals manche christliche Forscher annahmen. Daß er sich als Angehörigen des Stammes Benjamin betrachtete, hinge allein mit seinem Namen Saul zusammen, besitze also keinen Wahrheitsgehalt. Was an seiner Lehre noch an Judentum sichtbar wird, sei hellenistisch vermittelt. Ähnlich wie wenige Jahre zuvor *R. Reitzenstein* zeigt sich auch *Kohler* davon überzeugt, daß Paulus in erster Linie ein Hellenist[149] war, dessen Frömmigkeit von der Gnosis und den Mysterienreligionen beeinflußt war.

Sosehr aber *Kohler* bemüht ist, Paulus vom zeitgenössischen Judentum abzuheben, bleibt doch festzuhalten, daß er überwiegend jüdische Quellen zur Erklärung der paulinischen Theologie heranzieht.[150] Daß *Kohler* daraus keine weiteren Schlüsse zieht, hängt sicher mit der Tatsache zusammen, daß angesichts der

---

[144] Diese Einwanderungsbewegung veranschaulicht *Glazer* so: „The American Jewish population was estimated at 15,000 in 1840, 50,000 in 1850, 150,000 in 1860, and 250,000 in 1880. By the last year, the American Jewish community was almost entirely a German community. For even those immigrants who did not come from Germany itself had emigrated from lands under German cultural influence (Austria, Bohemia, Hungary, and western Poland) and spoke German" (American Judaism, 23).

[145] UJE VI, 428.

[146] Vgl. beispielsweise den Aufruf der Presbyterian Church in New York von 1849 (abgedruckt in: *Berlin*, Faith, 98ff.).

[147] Vgl. *Berlin*, Faith, 59.

[148] JE XI, 79; The Origins of the Synagogue and the Church, *H.G. Enelow* (Hg.), New York 1929, 260.

[149] „A Hellenist in thought and sentiment" (JE XI, 79).

[150] Neben SapSal, Sib und Did, die er für jüdisch hält, taucht vor allem immer wieder Philo als Parallele auf.

oben kurz skizzierten Konfliktsituation, in der sich das damalige Reformjudentum befand, nicht alle Beobachtungen, die auf Affinitäten des Apostels zum Judentum hätten schließen lassen können, konsequent ausgewertet wurden, da sie
dem erkenntnisleitenden Interesse des Autors widerstrebten.

Die Bekehrungsvision des Paulus führt *Kohler* im Anschluß an *M. Krenkel*
auf seine angebliche Epilepsie zurück.[151] Als Beleg für diese These, die später
auch von *Klausner* vertreten wird, dient ihm vor allem 2 Kor 12,7, wo der Apostel von einem „Pfahl im Fleisch" redet. Seit diesem Schlüsselerlebnis stehe die
Figur Jesu Christi im Mittelpunkt der paulinischen Lehre, als dessen Apostel er
sich nun ansieht. Bei dem epileptischen Anfall vor Damaskus sei Paulus die
Identität des gekreuzigten Jesus mit dem erhöhten Christus aufgegangen, dessen
Bild Ähnlichkeiten mit der jüdischen Mittlergestalt Metatrons oder Akteriels
aufweise. Ähnlich wie *Wise* u.a. stellt *Kohler* fest, der „himmlische Adam" des
Apostels (1 Kor 15,49) sei von Vorstellungen Philos und der Kabbala beeinflußt.[152] Dennoch stehe die paulinische Christologie im Widerspruch zum Judentum, da bei ihm der Messias mit einer metaphysischen Gottessohnfigur
identifiziert werde. Eine vom Himmel in die sündenbeladene Welt hinabstei-
gende Retterfigur, die in einem kosmischen Kampf die Mächte der Finsternis
und des Todes überwindet und dann von Gott zu ewigem Leben erhöht wird,
könne nur paganen Vorstellungen entsprungen sein. Diese „Gnosis" des Paulus
sei eine „revival of persian dualism", die aus der Existenz einen Kampf zwischen Licht und Finsternis mache.[153] Mit dem jüdischen Monotheismus sei eine
solch mythologisch überfrachtete Soteriologie, die Christus als zweite Gottheit
etabliert, jedenfalls nicht in Einklang zu bringen.[154]

Aber den schärfsten Widerspruch des jüdischen Forschers provoziert die
paulinische Haltung zum Gesetz.[155] Paulus polemisiere freilich in seinen frühen
Briefen noch nicht gegen das Gesetz, sondern entwickele seinen Antinomismus
erst nach heftigen Auseinandersetzungen mit Juden und Judenchristen. *Kohler*
bezieht in dieser Frage eine Position, die nach ihm ähnlich auch von einigen
christlichen Exegeten vertreten worden ist, die in der Rechtfertigungslehre nur
eine sekundäre „Kampfeslehre" (*A. Schweitzer*) sehen.[156] Wie vor ihm schon *H.
Graetz* behauptet auch *Kohler*, Paulus habe nicht nur die Zeremonialgesetze,
sondern auch die Moralgesetze als durch Christus aufgehoben betrachtet.[157] Mit
diesem Urteil entlastet er das Reformjudentum von dem bereits erwähnten Vor-

---

[151] JE XI, 80; Origins, 262; vgl. *Krenkel,* Dorn.

[152] JE XI, 81; vgl. dazu auch 3.2.4.

[153] Ebd.

[154] JE XI, 83f.

[155] „It is mainly Paul's attitude towards the Law that placed him in sharp contrast to Judaism" (Origins, 263).

[156] So heute ähnlich *Strecker* und *E.P. Sanders*; anders z.B. *Käsemann* oder *Hübner.*

[157] JE XI, 84.

wurf orthodoxer Juden, sich zu sehr an paulinische (und somit christliche) Positionen anzunähern. Obwohl Paulus sich zuweilen jüdischer Vorbilder bedient, wenn er seinen Gemeinden ethische Anweisungen gibt,[158] habe er doch die Geltung des Gesetzes grundsätzlich bestritten. Nicht einmal den im Aposteldekret festgelegten Minimalforderungen für Heiden habe Paulus zugestimmt. Daß ausgerechnet der Römerbrief als Kronzeuge für eine Judenfeindschaft des Paulus angesehen wird, erscheint auf den ersten Blick überraschend. Gingen doch gerade von ihm wichtige Impulse für eine Neubestimmung des Verhältnisses von Kirche und Judentum aus. Verwunderlich kann dies aber nur für den sein, der nicht die unzähligen Versuche christlicher Theologen des vergangenen Jahrhunderts kennt, aus dieser Schrift des Heidenapostels die Notwendigkeit einer Judenmission abzuleiten.[159] Der Galaterbrief wird von *Kohler* nicht weiter herangezogen, weil er ihn (mit *B. Bauer* u.a.) für nicht paulinisch hält.

Bemerkenswerterweise kann *Kohler* den Heidenapostel trotz aller Kritik, die er an seinen Lehren übt, doch auch als Instrument der göttlichen Vorsehung[160] bezeichnen. Durch seine Heidenmission habe er Menschen in der ganzen damals bekannten Welt von Götzendienern zu Verehrern des Gottes Israels gemacht und ein höheres ethisches Lebensideal in ihr Herz gepflanzt.[161] Wie jeder andere Jude auch habe er darauf gehofft, daß das Reich Gottes etabliert würde, dem sich dann sogar Christus unterordnen wird.[162] Trotz dieser Ansätze einer positiven Würdigung des Paulus überwog auch bei *K. Kohler* noch eindeutig die Abgrenzung von dieser Figur des Urchristentums, die er wie fast die gesamte Forschung damals im Kontext des Hellenismus betrachtete.

2.2.7 Ein liberaler Pädagoge aus der Donaumonarchie: *Moritz Friedländer* (1844-1919)

Der am 17. 10. 1844[163] in Burszentgyörgy (Ungarn) geborene *Friedländer,* der an der Universität von Prag bei dem angesehenen Oberrabbiner *Rappaport* studiert hatte, war einige Zeit als Gymnasiallehrer in Wien tätig, bevor er 1875 Sekretär der Israelitischen Allianz wurde. In dieser Eigenschaft, sowie als Sekretär der Baron de Hirsch-Stiftung widmete er sich hauptsächlich der Organisation des jüdischen Erziehungswesens in Galizien. Obwohl die in der Pillersdorffschen Verfassung vorgesehene bürgerliche Gleichstellung nach dem Scheitern der Revolution von 1848 keinen langen Bestand hatte, verbesserte sich un-

---

[158] Ebd.
[159] Vgl. dazu *Berlin*, Faith, 102f.
[160] „Instrument in the hands of Divine Providence" (Origins, 264).
[161] 265.
[162] JE XI, 86; vgl. 1 Kor 15,28.
[163] So GJNB, Bd. II, 340; nach JE IV, 454 schon 1842.

ter dem jungen Kaiser Franz Joseph (1848-1918) die Lage der Juden im Habs-
burgerreich ein wenig. Das kam auch *Friedländer* zugute, doch sein ursprünglicher Wunsch, Rabbiner zu werden, ließ sich aufgrund seiner liberalen Ideen
nicht verwirklichen. Aber auch als Kommunalarbeiter fand er genügend Zeit,
sich mit der Religionsgeschichte des jüdischen Volkes zu befassen. In einigen
seiner zahlreichen Veröffentlichungen zum hellenistischen Judentum und den
Anfängen des Christentums nahm der jüdische Gelehrte auch Bezug auf Paulus.[164]

Friedländer sieht in dem Heidenapostel einen typischen Vertreter des hellenistischen Judentums, der sein gesetzesfreies Evangelium gegen den Widerstand der Jerusalemer Urapostel durchzusetzen hatte. Während sonst die Sympathien jüdischer Forscher aber eindeutig auf Seiten letzterer liegen, schildert
der österreichische Wissenschaftler Paulus mit einer Unvoreingenommenheit
und Anteilnahme, die für die damalige Zeit bemerkenswert sind. Während die
ursprünglichen Jünger Jesu nach Darstellung *Friedländers* noch von den Geset-
zesskrupeln des Pharisäismus tyrannisiert waren, habe Paulus in Fortsetzung
des Lebenswerkes Jesu die universalistischen Vorstellungen der Diasporasyn-
agoge in die Welt hinausgetragen:

> „Diese den Kern und Stern der eigentlichen weltgeschichtlichen Bedeutung der Botschaft
> Jesu bildende Auffassung von der Mission des mosaischen Gesetzes haben die unmittelbaren
> Jünger Jesu, obgleich sie das lebendige Wort aus des Meisters eigenem Munde vernommen,
> nicht zu fassen vermocht. Paulus aber, obgleich oder vielmehr gerade weil er den lebenden Je-
> sus nicht gekannt und das Wesen des neuen Evangeliums ihm im Lichte des gesetzesfreien
> jüdischen Hellenismus zum Bewußtsein gebracht wurde, hatte sie begriffen, sie mit seinem
> eigenen reichen Geist befruchtet und ihr mit seiner starken, durch nichts zu erschütternden
> Kraft der Überzeugung und des Willens zum Siegen verholfen."[165]

Die angeblich liberalen Vorstellungen des jüdischen Hellenismus im Hinblick auf das Gesetz und die Stellung von Proselyten, für die *Friedländer* u.a. in
den SibOr, bei Philo und den Kirchenvätern Anzeichen sieht,[166] habe Paulus bereits „in seiner tarsischen Heimat mit der Muttermilch eingesogen."[167] Zwar sei
es „infolge seines Umgangs mit den Pharisäern und unduldsamen Gesetzeseife-
rern aus der Synagoge der Libertiner, Akyrener, Alexandriner usw." zu einer
„vorübergehende(n) Trübung"[168] dieser Haltung gekommen, doch sein Bekehrungserlebnis vor Damaskus, das nach Ansicht des jüdischen Forschers die psy-

---

[164] Zur Entstehungsgeschichte des Christenthums, Wien 1894; The 'Pauline' Emancipation
From the Law a Product of the Pre-Christian Jewish Diaspora, JQR 14 (1902), 265-302; Geschichte der jüdischen Apologetik als Vorgeschichte des Christenthums, Zürich 1903; Die religiösen Bewegungen innerhalb des Judentums im Zeitalter Jesu, Berlin 1905; Synagoge und
Kirche in ihren Anfängen, Berlin 1908.

[165] Bewegungen, 374f.

[166] Vgl. Emancipation.

[167] Bewegungen, 365.

[168] Ebd.

chologisch verständliche Folge der Steinigung des Stephanus war, habe ihn zur Rückkehr zu seiner ursprünglichen Position veranlaßt.[169]

Obwohl der jüdische Forscher Paulus sonst konsequent als Diasporajuden charakterisiert, führt er dessen Lehre vom Fortleben nach dem Tode,[170] sowie seine Ansicht, daß das Gesetz mit dem Kommen des Messias seine Gültigkeit verloren habe, auf die Pharisäer zurück.[171] Abgesehen davon, daß diese Gruppierung doch wohl ein ausschließlich palästinisches Phänomen darstellt, könnte man fragen, wie das zu der sonst so betonten antipharisäischen Haltung des Apostels paßt.

Man wird zweitens gegen *Friedländer* einwenden müssen, daß seine Rekonstruktion des paulinischen Werdeganges, (besonders die Behauptung eines doppelten Positionswechsels) historisch wenig wahrscheinlich ist und nur durch einen selektiven Umgang mit den Quellen zustandekommt. Während er der lukanischen Charakterisierung des Apostels als eines pharisäischen Schriftgelehrten, der zu Füßen Gamaliels gesessen hat, im Anschluß an die liberale Forschung seiner Zeit[172] mißtraut, setzt er die Richtigkeit des Geburtsortes Tarsus voraus und zieht daraus weitreichende Schlüsse hinsichtlich der Bildung des Paulus. Man kann sich bei einer solchen Vorgehensweise mit *M. Hengel* fragen, ob hier nicht mit zweierlei Maßstäben gemessen wird.[173] Schließlich zeichnet der Autor ein Bild des Diasporajudentums, das diesem nicht gerecht wird. Auch wenn dort möglicherweise andere Akzentuierungen in Fragen des jüdischen Gesetzes anzutreffen sind, von einem pauschalen Antinomismus kann wohl kaum die Rede sein - schon gar nicht bei dem von *Friedländer* so oft zitierten Philo.[174]

Trotz dieser Einwände kann man dem österreichischen Gelehrten nicht absprechen, daß er eine beeindruckende Gesamtkonzeption des antiken Judentums vorgelegt hat. Daß die sich im NT widerspiegelnden Auseinandersetzungen um die Tora und die Stellung von konvertierten Heiden Teil eines innerjüdischen Konfliktes sind, bleibt richtig,[175] wenngleich mir die Fronten nicht einfach zwischen Palästina und der Diaspora zu verlaufen scheinen. Daß Paulus für seinen „Sturmlauf gegen das Gesetz"[176] die Zustimmung des Autors erntet, ist ungewöhnlich und mit seiner liberalen Einstellung nur zum Teil zu erklären. Wie wir gesehen haben (und noch sehen werden), haben sich die meisten Reformjuden damals von dem Heidenapostel distanziert. Doch wenn *Friedländer* vermutet, ohne das gesetzesfreie Evangelium des Völkermissionars hätte das Christentum

---

[169] 346f.
[170] Entstehungsgeschichte, 343.
[171] 171.
[172] *Friedländer* nennt in diesem Zusammenhang *Baur, Schwegler* und *Hitzig*.
[173] Paulus, 182f.
[174] Vgl. dazu 3.3.2.
[175] Vgl. dazu 3.4.
[176] Entwicklungsgeschichte, 163.

nie den Weg zum Heidentum gefunden und „das große und opfervolle Lebenswerk Jesu" wäre versandt,[177] wiederholt er damit die auch von anderen jüdischen Forschern vertretene These vom Apostel als dem eigentlichen Gründer
des Christentums. Auch daß er Paulus vom hellenistischen Judentum beeinflußt
sieht, liegt ganz im Trend seiner Zeit. Das wird sich auch am nächsten Beispiel
für das alte Paradigma der jüdischen Paulusauslegung zeigen.

2.2.8 Der erste jüdische Neutestamentler:
Claude Goldsmith Montefiore (1858-1938)

C.G. Montefiore wurde 1858 als Sohn einer angesehenen und wohlhabenden
italienisch-englischen Familie in London geboren. Es war das gleiche Jahr, in
dem es *Lionel Rothschild* als erstem Juden gelang, als Abgeordneter ins Unter-
haus einzuziehen, ohne den üblichen Eid „on the true faith of a Christian" ablegen zu müssen. Überhaupt war das England der Viktorianischen Ära eine Zeit,
in der die bürgerliche Gleichstellung der Juden gute Fortschritte machte. Ähnlich wie in Deutschland hatten sich auch in England einige Reformsynagogen
etabliert, zu deren geistigem Führer *Montefiore* sehr bald heranwuchs. In Oxford fand der begabte Junge in dem Klassizisten *B. Jowett* einen Lehrer, dessen
fortschrittliche Ansichten in Sachen Bibelkritik nachhaltigen Einfluß auf ihn
ausübten.[178] Seine erste Beschäftigung mit Paulus und dem frühen Christentum
fällt, wie wir aus dem Briefwechsel mit seinem Freund und Lehrer *S. Schechter*
wissen,[179] in die Zeit seines Studiums an der Hochschule für die Wissenschaft
des Judentums in Berlin. Kein jüdischer Wissenschaftler vor *Montefiore* hatte
sich so intensiv und einfühlsam mit dem NT befaßt wie er.[180] Dieses Interesse
fand seinen Grund in der Einsicht *Montefiores,* daß das NT ein wichtiger Teil
der antiken jüdischen Literatur darstellt und daß die christlich-abendländische
Kultur, in der er lebte, nicht zuletzt durch dieses Buch geprägt worden war.[181]
    Sein Grundsatz, jede Religion von ihren Stärken und nicht von ihren Schwä-
chen her zu beurteilen, erlaubte ihm einen unvoreingenommenen Umgang mit
dem Christentum, frei von Polemik und Apologetik. Während diese irenische
Gesinnung ziemlich untypisch für seine Zeit war, blieb er mit seiner Einschät-

---

[177] Bewegungen, 370.

[178] Vgl. *Bowler*, Claude Montefiore, 53ff.

[179] *Montefiore* erwähnt seine Beschäftigung mit Paulus erstmals in einem Brief vom 22.
10. 1893 (abgedruckt in: Lieber Freund, 26). Die Früchte dieser Beschäftigung hat er in dem
Artikel: Impressions) zusammengefaßt.

[180] Vgl. auch *Jacob*, Christianity, 109.

[181] „(For) the Jews of Europe and America (..) who live in a Christian environment, and
amid a civilisation which has been partially created by the New Testament, our right relation
towards it must surely be of grave and peculiar importance. For this civilisation is also ours"
(*Montefiore*, Liberal Judaism, 78).

zung der beiden großen Figuren des NTs weitgehend im Rahmen des damals Üblichen: Jesus bewunderte er uneingeschränkt, denn seine Predigt von der inneren Güte des Menschen stand s.E. nicht nur ganz in der Traditionslinie der Propheten Israels, sondern nahm auch wesentliche Elemente des liberalen Judentums vorweg.[182] Paulus hingegen erschien ihm weitaus problematischer. In einem Brief an *Schechter* vom 22. 10. 1893 klagt er:

„I am reading Paul very slowly but have no 'conclusions' as yet. In fact I don't imagine I shall have any for ages!"[183]

Zwar konnte er schon in seinem frühen Aufsatz „First Impressions of Paul"[184] Paulus „a great gentleman" nennen und auch später pries er die Originalität und das Genie des Apostels,[185] doch vieles in seinen Schriften mutete ihm fremd an. In einem Vortrag vor der St. Paul Association vertrat er die These,

„that there is much in Paul which, while dealing with Judaism, is inexplicable by Judaism."[186]

Um diese Behauptung zu belegen, vergleicht er die sechs unbestritten echten Briefe des Paulus mit dem rabbinischen Judentum, wie es in Talmud und Midrasch seinen Niederschlag gefunden hat. Weil er davon ausgeht, daß die wesentlichen Elemente der rabbinischen Religion zwischen 50 und 500 n. Chr. sich kaum verändert haben,[187] kann er literarische Dokumente miteinander in Beziehung setzen, deren Entstehung fast fünf Jahrhunderte auseinanderliegt. Obwohl der jüdische Forscher, wie sein späterer Aufsatz „The Genesis of the Religion of St. Paul"[188] erkennen läßt,[189] die Gefahr eines Anachronismus' gesehen hat, bleibt doch die Frage, ob er sich ausreichend gegen sie abgesichert hat.[190]

Montefiore kommt hinsichtlich der religionsgeschichtlichen Herkunft des Apostels schließlich zu der Überzeugung,

„first that the Judaism which he knew, and in which he believed, was in many ways different from the Rabbinic Judaism of 500, and, secondly, that he had been subject, and had become susceptible, to those outside influences which were not Jewish at all."[191]

---

[182] Vgl. dazu seine Schriften: Some Elements of the Religious Teaching of Jesus According to the Synoptic Gospels, London 1910, The Synoptic Gospels, London, 1927 und Rabbinic Literature and Gospel Teachings, London 1930.

[183] Lieber Freund, 26.

[184] JQR 6 (1894), 428-474.

[185] Rabbinic Judaism, 165f.

[186] 167.

[187] 164.

[188] In: Paul, 1-130.

[189] bes. 14ff.

[190] Vgl. auch *Sandmel,* Paul Reconsidered, 199.

[191] Paul, 18.

Während der zweite Teil dieses Befundes ganz im Trend der damaligen religionsgeschichtlichen Forschung (*Reitzenstein, Bousset, Loisy*) lag, stand der erste Teil seiner Behauptung keineswegs in Übereinstimmung mit der Mehrheitsmeinung der christlichen Paulusexegese. Diese war überwiegend davon ausgegangen, daß die negativen Aussagen des Apostels über das Judentum und sein Gesetz von dessen eigenem Wandel im Pharisäismus vor seiner Bekehrung herrühren. Anstatt diese Sicht anhand des klassischen jüdischen Schrifttums zu überprüfen, setzte die Masse der Neutestamentler voraus, daß das Bild des Judentums als einer partikularistischen Gesetzesreligion, wie Paulus es zu zeichnen schien, historisch zutreffend ist. Indem *Montefiore* im Blick auf Paulus feststellt, daß

„his criticism and his attacks are of no value as regards that particular religion" (d.h. das Judentum z.Z. des Apostels; S.M.),[192]

entzieht er damit der antijüdischen Polemik der christlichen Theologen, die vorbehaltlos in die Kritik des Apostels einzustimmen pflegten, ihren Grund. Diese Lösung ist in der Tat „original and tempting".[193]

Methodisch ging *Montefiore* in beiden erwähnten Aufsätzen so vor, daß er zunächst die Hauptcharakteristika der rabbinischen Religion darstellte, um danach festzustellen, inwieweit Paulus in dieses „pattern of religion"[194] paßt. Wie bereits vorweggenommen, war sein Urteil überwiegend negativ: In fast jeder der acht untersuchten Fragehinsichten weicht der Apostel von den Lehren der Rabbinen ab.

Seine Christologie, die Jesus zu einem präexistenten, göttlichen Wesen erhebt, stehe im Widerspruch zu der ausgesprochen menschlichen Messiaserwartung des damaligen Judentums. Sein ausgeprägtes Interesse für das Schicksal der Heidenvölker sei ebenfalls untypisch für die Rabbinen. Die pessimistische Sicht der Welt als beherrscht durch Geister und Dämonen widerspreche der viel optimistischeren Haltung des klassischen Judentums. Ganz gravierend wird der Unterschied in der Gesetzeslehre empfunden: Für einen Juden, damals wie heute, sei das Gesetz ein Geschenk Gottes, das er dankbar und freudig annimmt. Wenn der Apostel behauptet, die Sünde sei nicht trotz, sondern wegen des Gesetzes so übermächtig geworden, wenn er überdies das Gesetz als Fluch bezeichnet, von dem nur Jesus Christus zu befreien vermag, dann stößt er damit nach *Montefiore* nur auf Unverständnis seitens des Judentums:

„Paul's criticism of the Law would have glided off a Jewish reader like water off a duck's back."[195]

---

[192] 21.

[193] *Jacob*, Christianity, 106.

[194] Dieser Begriff ist von *E.P. Sanders* entlehnt, der mir methodisch ganz ähnlich zu verfahren scheint wie *Montefiore*.

[195] Rabbinic Judaism, 168.

Sah der Apostel etwa nicht, so fragt *Montefiore,* daß es auch im Judentum Mittel und Wege gab, sich wieder mit Gott ins rechte Verhältnis zu setzen, wenn man gegen sein Gebot verstoßen hatte? Warum mißachtet er fast vollständig die beiden rabbinischen Ideen der Reue und Vergebung?[196] Seine Mystik des Mit- Sterbens und -Auferstehens mit Christus sei dem rabbinischen Typus von Religion völlig fremd gewesen. Ebenso unrabbinisch sei seine Soteriologie, die auf den Gegensätzen von Glaube und Werken, Geist und Fleisch, geistlichem und psychischem (bzw. natürlichem) Menschen beruht. Wo das Judentum mannigfaltige Schattierungen kennt, betreibe der Apostel Schwarz-Weiß-Malerei.

Zwar gesteht *Montefiore* ein, daß es auch im zeitgenössischen Judentum exaltierte und transzendente Anschauungen über den Messias gab, die später aufgegeben wurden. Auch sei dort das Interesse an der nichtjüdischen Menschheit ähnlich ausgeprägt gewesen wie bei Paulus.[197] Dennoch urteilt er, der Apostel habe mit dem rabbinischen Judentum nicht das Geringste gemeinsam, habe dieses wahrscheinlich nicht einmal gekannt.

Während *Montefiore* in seinem frühsten Aufsatz über Paulus noch meint, das paulinische Mißverständnis des jüdischen Gesetzes könne nicht durch hellenistische Einflüsse erklärt werden, sondern gehe allein auf das Genie des Autors zurück,[198] vermutet er später, das Judentum, von dem Paulus herkam, sei eine arme und minderwertige Spielart des Diaspora-Judentums gewesen. *W. Jacob* führt zu Recht die große Gelassenheit des jüdischen Neutestamentlers im Bezug auf die antijüdische Polemik des Paulus auf diesen Standpunkt zurück:

„This solution enabled Montefiore to see Paul in an entirely different manner than most other Jews, for he did not need to defend himself against Paul. The form of Judaism attacked by Paul had already perished thousands of years before. The 'ashes of old controversities' no longer glowed in Montefiore's heart."[199]

Obwohl viele Forscher seiner Zeit Einflüsse des jüdischen Hellenismus auf Paulus vermutet haben, ist die These *Montefiores* doch insofern neu, als er meint, der Apostel habe sich *negativ* auf das Diasporajudentum bezogen. Anders als seine Kollegen hält er dieses nicht für liberal, sondern im Gegenteil für legalistisch.[200] Da er diese Behauptung nur sehr unzureichend durch Quellen belegt hat,[201] ist es kaum verwunderlich, daß er damit nur wenige Nachfolger gefunden hat. Sogar *Sandmel,* der wie *Montefiore* Paulus vor dem Hintergrund des hellenistischen Judentums sieht, meint,

---

[196] Paul, 75 u.ö.; auf diesen Punkt nimmt *E.P. Sanders* in seinem großen Paulusbuch öfters Bezug.

[197] 61ff.

[198] Impressions, 437.

[199] 107f.

[200] 93.

[201] Einzig Philo und IVEsr kann er anführen.

„that if we attribute to Montefiore some success in breaking down any relationship between Paul and rabbinic Judaism, then his case is almost entirely the negative one of telling us what Paul was not, not what Paul was. Strong as Montefiore's case may be judged to be on its destructive side, though couched always in genteel words, he does not try to make any case on the constructive side."[202]

Darüber hinaus hat *W.D. Davies* mit Recht festgehalten, daß die von *Montefiore* vorausgesetzte Gegenüberstellung von hellenistischem und palästinischem Judentum (jedenfalls in dieser krassen Form) nicht zu halten ist.[203] Diese Kritik trifft freilich nicht nur den englischen Ausleger, sondern viele jüdische Paulusausleger des alten Paradigmas.

Gegen Ende seines Essays über die Entstehung der paulinischen Religion[204] kommt der jüdische Forscher auch auf die Einflüsse des paganen Hellenismus' zu sprechen. Besonders den Mysterienreligionen mißt er im Gefolge *Reitzensteins* und *Boussets* große Bedeutung zu für die Erklärung der paulinischen Theologie. Von hier erschlossen sich ihm solche Elemente der Lehre des Völkerapostels wie dessen Christusmystik, die er weder dem rabbinischen noch dem hellenistischen Judentum zuordnen konnte. Obwohl *Montefiore* diese paganen Elemente des Hellenismus' noch negativer betrachtete als die Relikte des minderwertigen Diasporajudentums, die er bei Paulus glaubte finden zu können, nimmt er doch auch positive Aspekte in dessen Briefen wahr.

In seinem Aufsatz „The Relation of St. Paul to Liberal Judaism"[205] fehlt es gewiß nicht an Abgrenzungen des Liberalen Judentums gegenüber dem Apostel. „The modern and liberal Jew", so meint *Montefiore,* „has undoubtedly an enormous amount to reject in the Pauline epistles".[206] Doch wenngleich sich der Universalismus des modernen Reformjuden von dem des Apostels grundlegend unterscheide, müsse man doch anerkennen, daß Paulus der erste war, der einen konsequenten Universalismus predigte und praktizierte.[207] Der jüdische Forscher sieht zwar in der Frage nach dem Gesetz mehr Unterschiede als Gemeinsamkeiten zwischen dem liberalen Judentum und den Lehren des Apostels. Aber indem Paulus einseitig die Gnade betont, könne er als kritisches Korrektiv gegenüber einer rabbinischen Verabsolutierung der Werke dienen.[208] Denn dies könne ein Jude durchaus von Paulus lernen, wenngleich nicht *nur* von ihm:

„It is not enough to conform outwardly to a number of moral rules, however excellent. A man needs that inward principle which will make him equal to the varied emergencies that may befall him."[209]

---

[202] Paul Reconsidered, 201.
[203] Paul and Rabbinic Judaism, London 1948.
[204] 112ff.
[205] Paul, 131ff.
[206] 134.
[207] 144.
[208] 159.
[209] Ebd.

Indem Paulus manche Teile des jüdischen Zeremonialgesetzes mit dem heidnischen Elementendienst gleichsetzt, mache er auf die nichtjüdischen Rudimente der in der Tora enthaltenen Gebote aufmerksam.[210] Der Glaube daran, daß der göttliche Geist auch heute am Werk ist, rechtfertige die Freiheit des Reformjuden im Umgang mit dem Gesetz.[211] Dennoch: Gerade weil *Montefiore* liberaler Jude ist, glaubt er, nicht wie Paulus das Gesetz als solches verdammen zu dürfen.

Mehr noch aber als die von Paulus proklamierte Freiheit gegenüber bestimmten rituellen Vorschriften imponierte *Montefiore* dessen Warnung vor einem falschen Gebrauch dieser Freiheit, wie sie beispielsweise in der Behandlung der Götzenopferfleischfrage laut wird.[212] Während der Autor sich nicht für die paulinische Mystik des Sterbens und Auferstehens mit Christus erwärmen konnte, anerkannte er doch den sittlichen Gehalt dieser auf Verwandlung des Glaubenden zielenden Lehre.[213] Die größte Bewunderung empfindet der jüdische Gelehrte aber für die autobiographischen Abschnitte der paulinischen Briefe:[214] Die Selbstlosigkeit und Demut des Apostels preist er ebenso wie dessen Lehre von der Liebe (1 Kor 13). Der Wert dieser Aspekte der paulinischen Theologie schien *Montefiore* so groß zu sein, daß er den Apostel - jedenfalls in dieser Hinsicht - in den Fußstapfen der Propheten wandeln sah.[215] Deshalb konnte er auch unbefangen seiner persönlichen Ansicht Ausdruck verleihen, in der ihm allerdings nur wenige seiner Zeitgenossen folgen konnten:

„For my own part I see no reason why Judaism cannot follow the precedent of its early teachers, and continue to proclaim the necessity both of love and righteousness."[216]

Diese Hoffnung *Montefiores,* daß seine jüdischen Glaubensgeschwister sich Teile des Neuen Testaments zu eigen machen würden, war allerdings völlig unzeitgemäß, wie die z.T. vehemente Kritik an seiner Position verdeutlicht.[217] Sie darf uns auch nicht darüber hinwegtäuschen, daß seine grundsätzliche Ablehnung der Theologie des Apostels durch die partielle Würdigung in keiner Weise zurückgenommen wird. Das Trennende wird nach wie vor noch als stärker empfunden als das Verbindende. Insofern muß auch *Montefiore,* obwohl er weiter ging als viele seiner Kollegen, als ein Repräsentant des älteren Paradigmas der jüdischen Paulusauslegung angesehen werden.

---

[210] 177.
[211] 179.
[212] 187ff.
[213] 195.
[214] 200ff.
[215] 217.
[216] 216.
[217] Vgl. *Jacob*, Christianity, 109.

2.2.9 Ausnahme von der Regel (I): *Gottlieb Klein* (1852-1914)

Der am 18. 2. 1852 in Homonna (Ungarn) geborene *G. Klein* erhielt bei Rabbi *Esriel Hildesheimer* in Eisenstadt eine traditionell-jüdische Ausbildung, öffnete sich später aber den Ideen des Reformjudentums. Dazu trug sicher auch sein Studium der Semitica und Philosophie bei, das ihn nach Mainz (1868-70), Heidelberg (1871) und Berlin (1871-74) führte, und das er mit einer Promotion abschloß. *Klein* arbeitete (seit 1877) als Rabbiner in Schüttenhofen (Böhmen) und (seit 1878) in Elbing (Ostpreußen), bevor er 1883[218] in Stockholm Oberrabbiner wurde. In Schweden war es 1870 zwar zu gewissen Erleichterungen für die kleine jüdische Minorität gekommen, aber die Eingliederung in die Gesellschaft verlief hier langsamer als im übrigen Skandinavien.[219] Das schließt nicht aus, daß es einzelne Juden zu großem Ansehen brachten. So erhielt *Klein* aufgrund seiner zahlreichen Veröffentlichungen in seinem Spezialgebiet, der Geschichte des Urchristentums im Lichte der biblischen und talmudischen Überlieferung,[220] zahlreiche Ehrungen, u.a. den Titel eines Ehrenprofessors der Universität Stockholm (1897).

Seine „Studien über Paulus", auf die wir uns im folgenden beziehen, wurden 1918 posthum von Erzbischof *N. Soederblom* herausgegeben. *Klein* ordnet den Apostel Paulus in die Geschichte des jüdischen Universalismus' ein, mit deren Darstellung seine Paulusstudien beginnen. Von den Propheten Israels bis hin zu Gamaliel, dem Lehrer des Apostels, habe es immer wieder Persönlichkeiten gegeben, die ihre Verkündigung anstatt auf die „nationalen Halachoth" des Judentums auf die „vorzüglichen Agadoth" konzentrierten, „die in den Ohren aller Menschen Gehör finden".[221] Inhaltlich sind diese universalistisch ausgerichteten „Agadoth" nach Darstellung *Kleins* durch die im Lichte der Vernunft selbstevidenten Prinzipien der Liebe und der Gerechtigkeit charakterisiert.[222] Das Interesse an einer Klärung der Kriterien für die Aufnahme von Proselyten in die Gemeinde habe eine theologische Disziplin hervorgebracht, die in katechismusartiger Form die Gebote auflistet, die auch für Heiden verbindlich sind: die *derech-erez*-Literatur.[223] Wenn der Stockholmer Rabbiner diese von ihm als

---

[218] So JE X, 1099; nach UJE VI, 414 aber schon 1879.

[219] Vgl. *Philipp* in: Kirche und Synagoge, Bd. 2, 342.

[220] Darunter: Fader var, Stockholm 1905 (= Vater Unser); Den foersta kristna katekesen, Stockholm 1908 (dt. Übersetzung: Der erste christliche Katechismus, Berlin 1910); Ist Jesus eine historische Persönlichkeit?, Freiburg i.B. 1910.

[221] Studien über Paulus, 11.

[222] Als rabbinische Belege für eine solche Lehre führt *Klein* SifWa 19,2 SifDev 11,22, die Mekhilta zu Ex 15,2 und die *Doresche Reschumoth* an.

[223] *Derech erez* = Weg der Erde; *Klein* versteht unter *derech erez* „die mittels der Vernunft erkannte und vom Gewissen eines jeden Menschen bezeugte Norm der Sittlichkeit. Mit einem Worte: *Derech erez* ist identisch mit 'natürlicher Religion'" (Der erste christliche Katechismus, 63; vgl. auch 61-65).

Mischpatim (im Gegensatz zu den nur für Juden verpflichtenden *Chukkim*) bezeichneten Vorschriften mit den noachidischen Geboten identifiziert,[224] macht
er sich damit zwar (wie schon *Hirsch*) eines Anachronismus' schuldig, weist
aber (wie sich später noch zeigen wird) zugleich auf ein interessantes Problem
im Blick auf die paulinische Heidenmission hin.[225]

Während Jesus und Johannes der Täufer gegenüber der Heidenmission eine
ablehnende Haltung einnahmen, habe sich Paulus das Kommen des Reiches
Gottes nicht ohne das vorherige Eingehen der Heiden vorstellen können. Wenn
der Apostel mit Hilfe der allegorischen Methode aus dem Gesetz das Ende des
Gesetzes beweisen will, dann tut er dies laut *Klein* aus der damals unter Juden
weitverbreiteten Überzeugung, daß mit dem Kommen des Messias' das Gesetz
seine Bedeutung verlieren würde.[226] „Die ersten Versuche (..), an den Stäben des
Käfigs zu rütteln", habe Paulus schon während seiner Jugendjahre in Tarsus
unternommen, wie der Autor aus Röm 7,9 („Ich lebte einst ohne Gesetz ..")
schließt.[227] Es fließen hier bei *Klein* also zwei verschiedene Argumentationsket-
ten zusammen, die wir weiter unten unter der Überschrift „Paulus als gesetzeskritischer, liberaler Diasporajude" und „Paulus als Denker einer postmessianischen Situation ohne Gesetz" noch genauer beleuchten werden.[228] Wie auch
viele andere jüdische Ausleger (*Friedländer, Klausner, Rubenstein* u.a.) betont
Klein die psychologischen Voraussetzungen der paulinischen Bekehrung: Als
Paulus vor Damaskus zu der Überzeugung kam, daß in der Person Jesu der
Messias erschienen und das Gesetz deshalb nicht mehr bindend sei, sei der
schon länger unter der Last des Gesetzes leidende Apostel noch unter dem Eindruck der Steinigung des Stephanus gestanden. Dazu paßt, daß *Klein* Röm 7 wie
die meisten jüdischen Forscher autobiographisch interpretiert. Hier gebe der
Apostel einen Einblick in seine Kämpfe und Leiden unter dem „Joch des Gesetzes".[229] Wie die Frommen Israels ringe er mit seiner Furcht vor der unentrinnba-
ren Macht der Sünde, die es unmöglich macht, das Gesetz zu halten.

Auf *Kleins* Darstellung der paulinischen Christologie brauchen wir hier nicht
weiter einzugehen, da wir diesem Problem ein eigenes Kapitel widmen werden.
Es sei lediglich festgehalten, daß der schwedische Gelehrte (ähnlich wie vor
ihm *K. Kohler* und *I.M. Wise*) den apokalyptisch-mystischen Spekulationen
über die Figur Metatrons zur Erklärung der paulinischen Christologie eine
wichtige Rolle zuschreibt. Wenn *Klein* den auferstandenen Christus mit der jü-

---

[224] Vgl. auch Katechismus, 63
[225] Vgl. dazu 3.4.
[226] Belege für diese Überzeugung sieht *Klein* in bNid 61a; bAZ 3a; bShab 151b; QohR
11,8 und 12,1.
[227] 29.
[228] Vgl. 3.3.2 und 3.3.3.
[229] 72.

dischen Häresie der „zwei Mächte im Himmel" in Zusammenhang bringt, liefert er damit vielleicht eine noch nicht ausreichend gewürdigte Verstehenshilfe.[230]

Der Apostel habe auf verschiedene Weise versucht, dem mit der jüdischen Messiaserwartung nicht in Einklang zu bringenden Kreuzestod Jesu seine Anstößigkeit zu nehmen und ihn als Teil des Heilsplanes Gottes auszuweisen: Erstens habe er ihm die durch die Gabe des Geistes verbürgte Auferstehung gegenübergestellt.[231] Zweitens habe er sich eine Doppelbedeutung des hebräischen Wortes תלוי zunutze gemacht und das Gehängt-Werden des Messias mit seiner Erhöhung identifiziert.[232] Schließlich habe Paulus in Gal 3 mit Hilfe der dreizehnten Auslegungsregel Rabbi Jischmaels[233] exegetisch nachgewiesen, daß der Kreuzestod Jesu (und der damit verbundene Fluch) nicht seiner Messiaswürde widerspricht.[234]

Die paulinische Konzeption der Taufe als ein „Mit-Sterben mit Christus", wie sie vor allem in Röm 6 deutlich wird, muß man laut *Klein* nicht unbedingt mit den Riten der Mysterienreligionen in Verbindung bringen, wie das die Religionsgeschichtliche Schule Anfang des Jahrhunderts getan hat. Er nimmt vielmehr an, daß der Apostel sich auch hier die Zweideutigkeit eines hebräischen Wortes zunutze gemacht hat: מקוה kann Tauchbad, aber auch Hoffnung heißen. So habe Paulus aus Jes 14,8 („Die מקוה Israels ist sein Heiland") schließen können, daß Jesus das Tauchbad Israels sei.[235]

Es erinnert an die Paulusauslegung des in Schweden als Staatsreligion geltenden Luthertums, wenn der jüdische Forscher die Funktion des Gesetzes vor allem darin sieht, die Sünde zu provozieren und so das Kommen des Messias' vorzubereiten.[236] Der Messias komme nach jüdischer Auffassung entweder in einem Zeitalter, das vollkommen fromm ist, oder in einem solchen, das gänzlich schuldbeladen ist. Für Paulus habe sich der zuletzt genannte Fall verwirklicht. Weil das Gesetz nicht in der Lage war, eschatologische Gerechtigkeit zu bringen, habe es dazu des Glaubens und der göttlichen Gnade bedurft. Mit der Betonung dieser beiden Elemente steht Paulus nach Auffassung *Kleins* „ganz auf jüdischem Boden",[237] wenngleich die Rabbinen nicht die Auffassung von der Ohnmacht des Gesetzes teilten, die Paulus aufgrund seiner „messianischen Teleologie" angeblich vertrat. In der Darstellung seiner Rechtfertigungslehre am Beispiel Abrahams in Röm 4 habe der Apostel auf den Midrasch zu Ps 32,1 zu-

---

[230] Vgl. 3.2.4.

[231] 54ff.

[232] 62ff.; *Schoeps* ist *Klein* in dieser problematischen Auslegung gefolgt (vgl. Paulus, 781).

[233] Die Regel lautet (nach *Strack/Stemberger*, Einleitung, 31): „Zwei Schriftverse widersprechen einander, bis der dritte Vers kommt und zwischen ihnen entscheidet."

[234] 67ff.; ähnlich auch *Schoeps*, Paulus, 183-185.

[235] 71.

[236] 79.

[237] 85.

rückgreifen können, als er die Meinung vertrat, das Aufblicken zu Gott (das laut *Klein* mit dem Glauben identisch ist) genüge, um für Juden wie Nichtjuden Sündenvergebung zu erlangen.[238] Die doppelte Bedeutung des hebräischen Wortes צדקה, das nach Angaben des Autors „Gerechtigkeit", aber auch „Milde", „Güte", „Wohltat" und „Almosen" heißen kann, habe bei der Ausbildung der paulinischen Lehre von der Rechtfertigung aus Gnade eine wichtige Rolle gespielt.[239]

Den Zweck des Todes Christi bei Paulus sieht *Klein* nicht nur darin, den sündigen Menschen, sondern zugleich den „saumseligen" Gott zu rechtfertigen, der durch seine Langmut[240] dem Gesetz der Gerechtigkeit nicht genügt hat:

„Durch den Tod Christi soll jetzt das Versäumte nachgeholt werden. Gott soll gerechtfertigt werden und ebenso die schuldverfallene Menschheit."[241]

Wie auch im zeitgenössischen Judentum hat das Blut des unschuldigen Opfers für Paulus sühnende Wirkung. Da aber beim Tod Jesu nicht die für ein Sühnopfer geltenden rituellen Vorschriften beachtet worden waren, habe Paulus Jesus in Röm 3,25 nur als „Opfersymbol" (so *Kleins* Übersetzung für ἱλαστήριον) bezeichnen können. Daß Gott seinen Tod dennoch als Sühne für die Sünden der Menschen gelten ließ, schreibt *Klein* der Gnade Gottes zu.[242] Man wird zugeben müssen, daß das Verhältnis von kultischen Opfervorstellungen und Rechtfertigungstheologie bei Paulus kein einfaches Problem ist,[243] doch wird man die von dem schwedischen Gelehrten vorgeschlagene Lösung kaum als befriedigend bewerten können. Das gilt vor allem für seine Deutung von ἱλαστήριον als „Opfersymbol", die allzu künstlich wirkt.[244]

Auch scheint es mir, daß *Klein* die Bedeutungsvielfalt hebräischer Begriffe etwas überstrapaziert hat, um die Herkunft einzelner paulinischer Theologumena zu erklären. Außerdem bringt der Autor zuweilen jüdische Texte ins Gespräch, die um Jahrhunderte zu spät entstanden sind, als daß sie für die Paulusauslegung relevant sein könnten. Immerhin ist sein offenkundiges Interesse zu begrüßen, den Apostel als eine Figur der jüdischen Religionsgeschichte zu würdigen. Wie wir gesehen haben, stellt er damit zu seiner Zeit noch eher die Ausnahme dar. Insbesondere im Hinblick auf die Gesetzeslehre und die Christologie liefert *Klein* einige originelle Deutungen, die leider weitgehend von der

---

[238] 88.

[239] 89.

[240] Vgl. Röm 3,26 ἀνοχῇ.

[241] 90.

[242] 96f.

[243] Vgl. *Becker*, Paulus, 433ff.

[244] In der LXX steht ἱλαστήριον meist als Äquvalent für das hebräische כפרת, das den Aufsatz auf der Bundeslade („Kapporätdeckel") bezeichnet. Dem Tod eines Märtyrers konnte übrigens sühnende Wirkung beigelegt werden, ohne daß er einem bestimmten Ritus entsprach. Das zeigt IV Makk 17,21f., wo von einem ἱλαστήριος θάνατος die Rede ist.

Forschung ignoriert wurden. Im zweiten Hauptteil der Arbeit sollen wenigstens
einige von ihnen ansatzweise diskutiert werden.[245]

2.2.10 Ein radikaler Zionist:
Joseph Gedalja Klausner (1874-1958)

Das Verhältnis *J. Klausners* zu der ihm vorausgehenden jüdischen Paulusauslegung ist gleichermaßen durch Kontinuität und Diskontinuität gekennzeichnet: Einerseits hält er an der überwiegend negativen Beurteilung des Heidenapostels seiner Vorläufer fest. Insbesondere charakterisiert auch er Paulus als
den wahren Begründer der christlichen Kirche, der mit seiner Lehre das Judentum hinter sich gelassen hat. Andererseits unterscheidet er sich deutlich von ihnen, insofern als er (wie *W. Wiefel* richtig gesehen hat) „eine wesentlich distan-
ziertere Haltung zu Gestalt und Person Jesu" an den Tag legt, „als man sie sonst
in moderner jüdischer Literatur antrifft".[246] Bei dem in Olkeniki bei Vilna 1874
geborenen, aber in Odessa (Ukraine) aufgewachsenen Gelehrten wirkten sich
erstmals die um die Jahrhundertwende virulenten Ideen des Zionismus auf die
Paulusdarstellung aus. *Klausner* nahm an mehreren zionistischen Kongressen
teil (u.a. dem wegbereitenden ersten Kongreß 1897 in Basel) und setzte sich
zeitlebens für eine Wiederbelebung der hebräischen Sprache ein. Dieses Engagement muß vor dem Hintergrund der Pogrome gesehen werden, die schon
im zaristischen Rußland Tausenden von Juden das Leben kosteten. Ihren Höhepunkt erreichten diese Verfolgungen während der Oktoberrevolution 1919, als
vor allem die ukrainischen Juden schwer zu leiden hatten.[247] Der an der philosophischen Fakultät in Heidelberg promovierte Wissenschaftler[248] floh nach
Palästina und verfaßte dort als erster jüdischer Forscher ein Buch über Paulus
und das frühe Christentum in hebräischer Sprache.[249] Die antijüdischen Krawal-
le im damals unter britischem Mandat stehenden Palästina verzögerten die Her-
ausgabe dieses später auch ins Deutsche übersetzten[250] Werkes,[251] dem *Klausner*
wie viele seiner jüdischen Kollegen eine Jesusdarstellung vorangehen ließ.[252]

---

[245] Vgl. dazu 3.2 und 3.3.

[246] *Wiefel*, Paulus in jüdischer Sicht, 113.

[247] Vgl. *Schulman*, Pogroms; *Hauptmann* in: Kirche und Synagoge, Bd. 2, 661f.

[248] Seine Dissertation: „Die messianischen Vorstellungen der Juden im Zeitalter der Tannaiten" ist 1903 in Krakau erschienen.

[249] מישו עד פאולוס, 2 Bde., Jerusalem 1939/40.

[250] Von Jesus zu Paulus, Jerusalem 1950.

[251] *Klausner* berichtet im Vorwort von der Plünderung seines Hauses in Talpioth (bei Jeru-
salem) im Sommer 1929, dem auch das Manuskript seines Paulusbuches zum Opfer fiel. Nach
Hoenig war das Buch 1934 wieder komplettiert, konnte aber erst 1939 in Druck gehen
(Vorwort der engl. Ausgabe: From Jesus to Paul, New York 1943, I-II).

[252] ישו הנצרי, Jerusalem 1922; deutsch: Jesus von Nazareth. Seine Zeit, sein Leben und
seine Lehre, 3. Aufl., Jerusalem 1952.

Noch in hohem Alter wurde *Klausner* Professor an der Hebrew University in Jerusalem, wo er zunächst Hebräische Literatur und später Geschichte der zweiten Tempelperiode unterrichtete.

In seinem Buch „Von Jesus zu Paulus" unternimmt es *Klausner,* die Entstehung und Ausbreitung des Christentums vor dem Hintergrund des (von ihm nicht sehr geschätzten) Diasporajudentums zu beleuchten, wo es zu einer Verbindung der jüdischen und der hellenistischen Geisteswelt gekommen sei. Die Theologie des Apostels, die der Autor als Ausdruck dieser Symbiose beschreibt, beleuchtet er von je zwei persönlichen und zwei allgemeinen Voraussetzungen her: Erstens sei die Tatsache zu berücksichtigen, daß Paulus anders als die anderen Apostel zwar den vorösterlichen Jesus gekannt habe, aber nicht einer seiner Jünger gewesen sei.[253] Dieser Umstand habe bei dem Apostel Minderwertigkeitsgefühle hervorgerufen, die sich u.a. in Form der von ihm beförderten Vergeistigung des Messiasbegriffes ausgewirkt haben. Zweitens ist nach *Klausner* die seelische Verfassung des Paulus zu veranschlagen, der zwischen Mystik und Realismus hin und her geschwankt sei.[254] Als dritte Voraussetzung führt er den jüdischen Universalismus an, an den der Apostel bei seiner gesetzesfreien Heidenmission anknüpfen konnte.[255] Der vierte Punkt ist die tiefe Erlösungsbedürftigkeit der damaligen heidnischen Welt, die sich Paulus nach Ansicht *Klausners* instinktiv zunutze machte.[256]

Die beiden letzten Voraussetzungen fließen auch in *Klausners* folgendem Kapitel ein, wo der jüdische Gelehrte Paulus als einen hellenistischen Diasporajuden charakterisiert, der sich zwar oft seiner jüdischen Herkunft rühmte, aber seine väterliche Religion wider Willen in „eine halbheidnische, kompromißlerische Sekte" verwandelte, „die aus Judentum und Heidentum zusammengesetzt war".[257]

„Bei all seinem 'Hebräertum' war Paulus ein Diaspora-Jude. Er gehörte der jüdischen Diaspora in Kleinasien an. In diesem Sinn war er losgerissen von dem in sich geschlossenen Judentum, das auf dem Boden, in dem es eingepflanzt worden war, lebte und an diesen gebunden war. Nur darum konnte Paulus eine Ideologie schaffen und den Grund zu einer neuen Kirche legen, die Judentum und Nichtjudentum zugleich sein sollte."[258]

Obwohl es in der Lehre des Paulus „nichts gibt, das nicht aus dem ursprünglichen Judentum abzuleiten wäre",[259] habe Paulus unwillkürlich die auf ihn einströmenden Einflüsse der griechischen Philosophie und der Mysterienreligionen aufgenommen und so seiner Lehre ihre unjüdische, ja antijüdische Eigenheit

---

[253] 408.
[254] 413f.
[255] 414ff.
[256] 417ff.
[257] 423.
[258] 433.
[259] 434.

verliehen. Die hier mitschwingende Abwertung des Diasporajudentums ist Ausdruck der bereits erwähnten nationalen Gesinnung *Klausners,* wonach authentisches Judentum nur in Palästina gelebt werden kann. Man muß sich den oben erwähnten Einsatz des Autors für den Gebrauch der hebräischen Sprache vor Augen halten, um die Bedeutung zu verstehen, die er dem Griechischen zumißt für die Infiltrierung des Diasporajudentums und des von ihm beeinflußten Christentums mit hellenistischen Denkweisen. Doch was wir (im Anschluß an *Davies*) schon gegen *Montefiore* eingewendet haben, muß auch im Blick auf *Klausner* festgehalten werden: Weder darf man sich das Diasporajudentum als völlig an seine Umwelt angepaßt noch das palästinische Judentum als vom Hellenismus völlig unbeeindruckt vorstellen!

Diese Einstellung des Autors wird auch bei seiner Behandlung der paulinischen Christologie deutlich: Während das Judentum neben einem sittlich-geistigen immer auch einen politisch-nationalen Messiasbegriff gekannt habe, habe der Völkermissionar letzteren zugunsten des erstgenannten völlig abgeblendet.[260] Diese Neuerung schreibt *Klausner* ebenfalls der paulinischen Anfälligkeit für hellenistische und orientalische Fremdeinflüsse zu, aber auch opportunistische Motive und der angebliche Hang des Apostels zu mythischen Vorstellungen habe dazu beigetragen.

Ähnlich verhält es sich mit dem bei Paulus festzustellenden Dualismus von Geist und Leib: Hier konnte der Apostel zwar nach Ansicht *Klausners* auf jüdische Vorstellungen zurückgreifen, doch trieb er diese, begünstigt durch die „Atmosphäre des Diasporajudentums und der Stoa",[261] so auf die Spitze, daß er dabei die Grenzen des Judentums sprengte. Insbesondere die mystischen Aussagen von einem „Sein in Christus" sind laut *Klausner* im jüdischen Schrifttum der Zeit analogielos.

„Selbst in den jüdischen Mysterien der Essäer, der Therapeuten und sonstiger jüdischer Mysterien-Sekten bis herunter in die Zeit der Gaonen, begegnen wir nirgends einer derartigen jüdischen Auffassung, nach der der Mensch imstande wäre, 'im Messias zu sein' oder 'in Gott zu sein'".[262]

Bei seiner Beschäftigung mit der paulinischen Gesetzeslehre geht *Klausner,* wie viele seiner jüdischen Kollegen, von Röm 7 aus. In einem höchst absonderlichen Schluß habe sich der Apostel in vv.1-7 einen talmudischen Gedanken[263] zu eigen gemacht, um zu zeigen, daß der Christ durch sein mystisches Mit-Sterben mit Christus dem Gesetz gestorben sei. Noch mehr ist der jüdische Autor von dem in Röm 7,14-24 dargestellten hoffnungslosen Ringen des Paulus mit der Sünde befremdet. Sein pharisäischer Rigorismus habe Paulus am Gesetz

---

[260] 435ff.
[261] 454.
[262] 457.
[263] bNid 61b.

verzweifeln lassen, denn es hat nicht nur der Sünde keinen Einhalt bieten können, sondern es hat sie sogar noch vermehrt. Indem der Apostel diese persönliche Erfahrung verallgemeinerte, sei er zu der Auffassung gekommen, daß nicht
das Gesetz, sondern nur der Glaube an Christus rechtfertigen könne.[264] Mit dieser antinomistischen Lehre habe sich Paulus aber nicht nur gegen das Judentum,
sondern auch gegen das Judenchristentum in Widerspruch gesetzt, das nach wie
vor an den Zeremonialgeboten festhielt.

An die Stelle der alten Zeremonialgesetze stellte der Apostel nach Darstellung *Klausners* die neuen Riten Taufe und Abendmahl. Obwohl beide Sakramente ursprünglich jüdische Bräuche waren, habe er sie zu etwas Unjüdischem
gemacht, indem er Gedanken der heidnischen Mysterienkulte Einlaß gewähr-
te.[265]

Während im Judentum die Fähigkeit zur Erlösung von Erbsünde und Tod
dem Gesetz zugeschrieben wurden, habe Paulus dies allein dem Glauben an den
stellvertretenden Sühnetod Christi zugetraut. Was den „abgrundtiefen Pessimismus"[266] der paulinischen Erbsündevorstellung in den Augen *Klausners* so
schlimm macht, ist die Tatsache, daß er mit einer prädestinatianischen Aufteilung der Menschheit in Erwählte und Verworfene einhergeht. Durch diesen
„religiös-mystischen Determinismus"[267] werde der Mensch seines freien Willens
und somit seiner sittlichen Verantwortlichkeit enthoben. Immerhin räumt
Klausner ein, daß auch das Judentum den Gedanken eines stellvertretenden
Leidens des Gerechten kenne. Doch auch hier seien die Unterschiede größer als
die Affinitäten.[268]

Wenn *Klausner* daran geht, den einseitigen Universalismus des Paulus mit
dem jüdischen Denken zu kontrastieren, das nie wie der Apostel um einer universalen Menschheit willen die nationale Identität preisgab, wird erneut der zio-
nistische Standpunkt des Autors deutlich. Während dem nationalen Judentum
die Zeremonialgesetze als Willensäußerung Gottes, Schutz gegen die Assimilation an das Heidentum und Mittel der Heiligung des Alltagslebens unerläßlich
schienen, habe Paulus in ihnen nur eine Erschwernis für seine Heidenmission
gesehen. Aus diesen rein opportunistischen Erwägungen habe er sie schließlich
aufgehoben und so die Grundlagen der jüdischen Nationalität, den politischen
Messianismus und den Gedanken der Erwählung Israels in Frage gestellt.[269] Der
schon im Zusammenhang mit der Christologie geäußerte Vorwurf des Opportunismus', den *Klausner* hier im Blick auf die Gesetzeslehre erneuert, ist ein typi-

---

[264] 465f.
[265] 472ff.
[266] 484.
[267] 486.
[268] 486ff.
[269] 494.

sches Kennzeichen für das alte Paradigma der jüdischen Paulusauslegung. In einer Zeit, in der viele Juden aus rein pragmatischen Gründen zum Christentum übertraten, mußte es leichtfallen, Paulus zum Prototypen einer solchen prinzipienlosen Anpassung an die christliche Umwelt zu stempeln. Daß dieser Vorwurf allerdings reine Polemik ist, und mit den Briefen des Apostels kaum in Einklang zu bringen ist, ist heute Allgemeingut christlicher wie jüdischer Wissenschaftler. *N. Fuchs-Kreimer* hat mit dankeswerter Klarheit richtiggestellt:

„How could a man who was repeatedly punished during his lifetime for his beliefs (..), a man who left an established licit religion to join a persecuted sect, a man who ultimately died of the hands of the government for being a political subversive, be accused of excessive prudence? Further, the argument that Paul was giving the Gentiles what they wanted flies in the face of the reality which seems to underlie the dispute in Galatians. In that letter, Paul is trying desperately to convince unwilling Gentiles not to place themselves under the law."[270]

Auch für den Bereich der Eschatologie versucht *Klausner* nachzuweisen, daß Paulus zahlreiche jüdische Motive aufgenommen, zugleich aber andere, fremde Elemente in seine Glaubenslehre einbezogen hat. So habe er ein „phantastisches Gebilde" geschaffen,[271] das für das Judentum nicht akzeptabel war. Der jüdische Forscher vergleicht beispielsweise die Hoffnung des Apostels auf das baldige (zweite) Kommen des Messias' (1 Kor 7,29ff.) mit ähnlichen Aussagen aus dem Kaddischgebet oder die (vermeintliche) paulinische Rede vom Schofarblasen in den Tagen des Messias' (1 Thess 4,16) mit analogen Vorstellungen aus dem Talmud und dem 18-Bitten-Gebet. Das Erscheinen des Messias' auf himmlischen Wolken (1 Thess 4,13-18) sieht er vor dem Hintergrund der Menschensohnerwartung des Danielbuches[272] und auch für das überraschende Kommen des Tages des Herrn (1 Thess 5,1-3) kann er eine talmudische Parallele[273] anführen. Ebenso lasse sich für eine endzeitliche Totenauferstehung Vergleichbares im rabbinischen Schrifttum[274] finden. Trotz dieser langen Liste von Parallelen bleiben laut *Klausner* doch zwei wichtige Unterschiede zwischen Paulus und der jüdischen Eschatologie bestehen:

„Nach dem biblischen und talmudischen Judentum ist der Messias lediglich der Befreier Israels von seiner Versklavung durch die Fremdherrschaft, der Bekehrer der Völker zu Gott und der Richter der Nationen nach Recht und Gerechtigkeit; das andere tut Gott selbst. Und es gibt nur ein *einmaliges Kommen* des Messias: nachdem er (..) einmal erschienen ist, bleibt alles in der Hand Gottes. Nicht so bei Paulus und dem von ihm gestalteten Christentum."[275]

Die Ethik des Paulus hält der jüdische Wissenschaftler wie die Ethik Jesu für eine Interims-Ethik, die nur für die kurze Zeit zwischen dem ersten und dem

---

[270] *Fuchs-Kreimer*, Heresy, 79.
[271] 497.
[272] Vgl. Dan 7,13f.
[273] bSan 97a.
[274] bSan 90b/bBer 34b.
[275] 504.

zweiten Kommen Christi gelten sollte.[276] Der Apostel habe mit seinen sittlichen Unterweisungen, die „nahezu vollständig auf der jüdischen Moral" fußen,[277] auf libertinistische Konsequenzen reagiert, die manche Christen aus seiner Gesetzeslehre zogen. Allerdings fänden sich neben jüdischen Einflüssen auch solche aus der paganen Umwelt. Insbesondere die Haustafeln, die Tugend- und Lasterkataloge stehen in großer Nähe zu Lehren der Stoa und der Mysterienkulte.[278] Die christliche Liebe, die Paulus zur Kardinaltugend erhob, ist hingegen „nichts anderes, (..) als die jüdische Liebe in mystischer Färbung".[279] Mit dem Ausdruck „mystischer Färbung" deutet *Klausner* seine Vorbehalte gegenüber der Einseitigkeit der paulinischen Agape an, die zu Lasten der Gerechtigkeit gehe, ohne die menschliches Zusammenleben undenkbar ist.

Die Gesellschaftslehre des Apostels ist nach *Klausner* gekennzeichnet durch das Bemühen, der römischen Obrigkeit gegenüber jeden Anstoß zu vermeiden. Paulus führe nicht nur die schon in der Urgemeinde zu erkennende Tendenz zur Entpolitisierung des Messiasbegriffes fort, sondern nehme auch in der Götzenopferfleischfrage (1 Kor 8-10) eine eher schwankende und opportunistische Haltung ein.[280] Die Aufforderung, sich den Obrigkeiten zu unterwerfen (Röm 13,1ff.), verurteilt der jüdische Autor als „Schmeichelei gegenüber den Machthabern" und „ein Sich-Beugen vor der Gewalt".[281] Ähnlich negativ wird auch die Haltung des Apostels gegenüber dem weiblichen Geschlecht beurteilt: Namentlich 1 Kor 11, das *Klausner* im Gegensatz zu manchen christlichen Auslegern[282] nicht für eine spätere Interpolation hält, setze die Menschenwürde der Frau herab. Die Ehe werde von Paulus nur als geschlechtliche, nicht aber als geistige Gemeinschaft betrachtet (1 Kor 7,1ff.). Er konzediere sie ohnehin nur als Provisorium bis zur Parusie, um den Trieben Herr zu werden. Diese leibfeindliche Lehre des Paulus lehnt *Klausner* ebenso ab wie dessen konservative Haltung zur Sklaverei, die er aus 1 Kor 7,20-24 und Plm herausliest. Es verwundert nach dem bereits Gesagten kaum, daß der Autor den Paragraphen über die paulinische Sozialethik mit folgendem negativen Resümee beschließt:

„Insofern jene Ansichten einerseits an eine asketische Beziehung zum 'gekreuzigten Leib' und an einen schwärmerischen Glauben an die 'Parusie' geknüpft wurden, andererseits an ein Bestreben, sich den Forderungen der römischen Herrschaft anzupassen, damit diese die junge religiöse Bewegung nicht verfolge, war es nur natürlich, daß das Judentum solche Ansichten nicht anerkannte oder - überhaupt nicht beachtete."[283]

---

[276] 506f.
[277] 509.
[278] 509ff.
[279] 515.
[280] 521.
[281] 522.
[282] Vgl. 525, Anm. 34.
[283] 534.

A.D. Nock hat solchen polemischen Äußerungen mit Recht entgegengehalten, daß auch das damalige Judentum die Sklaverei als Institution nie grundsätzlich in Frage gestellt habe. Auch die Unterordnung unter die weltliche Herrschaft sei, wie der Rezensent hinzufügt, im früheren wie im späteren Judentum gut belegt.[284] In der Tat scheint hier das allgemeine Mißtrauen gegenüber Paulus *Klausner* verleitet zu haben, diesen nicht mit den Maßstäben des Historikers, sondern mit denen des modernen Humanisten zu messen.

Im Geist der liberalen Forschung des 19. Jahrhunderts vertritt *Klausner* die These, „daß nicht Jesus das Christentum begründet (..) hat, sondern Paulus."[285] Während Jesus unbewußt und unbeabsichtigt Quelle und Wurzel des Christentums geworden sei, habe Paulus bewußt die Kirche zu einem religiösen System zwischen Judentum und Heidentum ausgebaut. Jesus, aufgewachsen im ländlichen Galiläa, habe in schlichten Gleichnissen gelehrt. Der Städter Paulus hingegen sei „ein vollständiger Doktrinär" gewesen.[286] So kommen nach *Klausner* zu den verschiedenen Charakteren der beiden großen Figuren noch eine unterschiedliche Umwelt und Situation, in der sie auftraten. Der jüdische Autor faßt den Vergleich von Jesus und Paulus mit den oft zitierten Sätzen zusammen:

> „Ohne Jesus - weder Paulus noch Nazarenertum, aber ohne Paulus - kein Welt-Christentum. In diesem Sinne ist nicht Jesus der Stifter des Christentums, wie das die allgemein verbreitete Ansicht unter den Völkern ist, sondern Paulus, der 'Heidenapostel', trotzdem er auf Jesus fußt und trotz all seiner Entlehnungen von der Urgemeinde Jerusalem."[287]

Wenn *Klausner* beispielsweise feststellt, daß die paulinische Lehre „einen Widerspruch zum Judentum und zugleich eine Aufhebung der jüdischen Nation"[288] bedeutete, dann wird trotz der nicht zu leugnenden Gelehrsamkeit des Autors seine Befangenheit in den Denkmustern des alten Paradigmas der Paulusauslegung deutlich. Zwar gibt *Klausner* dem Apostel keine unmittelbare Schuld an späteren antinomistischen Strömungen, die sich auf ihn beriefen.[289] Doch bezichtigt er wie viele seiner jüdischen Vorläufer Paulus, mit seiner Gnadenlehre das Gottesreich zu einem Mysterium gemacht und die ethisch orientierte Religion der Propheten preisgegeben zu haben.[290] Daß Christentum und Judentum von den letzten Lebenstagen des Apostels an getrennte und oft sogar entgegengesetzte Wege gingen, dafür ist Paulus s.E. durchaus verantwortlich. Im Schlußkapitel fragt der Jerusalemer Wissenschaftler danach, was Paulus den Juden bedeute. Seine Antwort muß nach dem bereits Gesagten negativ ausfallen: Er meint,

---

[284] JBL 63 (1944), 62.
[285] 536.
[286] 537.
[287] 543.
[288] 544.
[289] 546f.
[290] 545.

„daß sich die Juden zu Paulus und seiner Lehre nicht anders als ablehnend haben verhalten können. So war es zu seinen Lebzeiten und so blieb es nachher bis zum heutigen Tag."[291]

Das heißt freilich nicht, daß damit alles an der Lehre des Apostels zu verwerfen sei. Einzelne Gedanken und Wendungen, wie der Hymnus auf die Liebe (1 Kor 13), seien durchaus „edel und erhaben".[292] Daß Paulus trotz seiner angeblichen Aufhebung der Toragebote sich konsequent auf das Alte Testament gestützt hat, um seine Lehre zu begründen, habe der jüdischen Kultur im Christentum zu bleibendem Einfluß verholfen.[293] Abschließend führt *Klausner* einen weit verbreiteten Topos der jüdischen Verhältnisbestimmung zu den beiden anderen monotheistischen Weltreligionen ein: Wenn der Messias Israels endlich das Gottesreich heraufführen wird und die paulinische Lehre von ihren mystischen und unjüdischen Elementen gereinigt sein wird,

„wird ein geläutertes Judentum das große Verdienst des Paulus anzuerkennen wissen: daß durch ihn die heidnische Welt, zugleich mit vielen seltsamen und absonderlichen Phantastereien, die jüdische Bibel als Unterbau und Grundlage einer Religion auch für die anderen Völker angenommen hat. In diesem Sinn - und nur in diesem großen und tiefen Sinn - war auch Paulus das, was Maimonides Jesus zugute hält: ein Wegbereiter für den König Messias."[294]

2.2.11 Ein hebräischer Humanist: *Martin Buber* (1878-1965)

Wie kaum ein anderer jüdischer Forscher in unserem Jahrhundert hat *M. Buber* dazu beigetragen, dem Christentum jüdisches Selbstverständnis zu vermitteln. Er war, wie *H. Gollwitzer* festgehalten hat, der erste Jude seit *M. Mendelsohn, der als Jude* eine Wirkung auf das geistliche Leben seiner nicht-jüdischen Umgebung ausübte.[295] Der am 8. 2. 1878 in Wien geborene *Buber* wuchs wegen der Trennung seiner Eltern überwiegend bei seinen Großeltern in Lemberg (Galizien) auf. Von seinem Großvater *Salomon Buber,* einem angesehenen Midrasch-Fachmann, erhielt er eine solide jüdische Ausbildung. Sein Universitätsstudium (1887-1904) führte ihn von Wien über Leipzig und Zürich nach Berlin. In seinem 1923 erschienenen religionsphilosophischen Werk „Ich und Du" stellte *Buber* sein „dialogisches Prinzip" vor, das als Protest gegen den universalgeschichtlichen Ansatz *Hegels* betrachtet werden kann.[296] Es brachte ihm nicht nur große Popularität ein, sondern auch einen Lehrauftrag an der Universität Frankfurt, wo er 1930 Honorarprofessor wurde. *Buber* verlor diese Stellung,

---

[291] 552.

[292] 553.

[293] 558f.

[294] 560f.

[295] *Gollwitzer*, Bedeutung, 63.

[296] *Bubers* Werk muß im Zusammenhang mit den Werken anderer Denker nach dem ersten Weltkrieg wie *F. Rosenzweig* und *F. Ebner* gesehen werden. Eine ähnliche Entwicklung läßt sich im Bereich des Protestantismus in der Dialektischen Theologie beobachten.

als 1933 die Faschisten an die Macht kamen, und mußte 1938 nach Palästina fliehen, wo er schließlich an der Hebrew University in Jerusalem eine Professur für Sozialphilosophie erhielt. In Jerusalem entstand auch sein Buch „Zwei Glaubensweisen",[297] in dem er sich ausführlich mit Paulus und dem frühen Christentum auseinandersetzt.

Die beiden Glaubensweisen *emuna* und *pistis,* die *Buber* in diesem Buch unter Anwendung der Methode seines Lehrers *W. Dilthey* idealtypisch einander gegenüberstellt, stehen repräsentativ für die beiden Glaubensgemeinschaften Judentum und Christentum. Erstere Glaubensweise drücke einen existentiellen Akt des Vertrauens aus, letztere ein rein intellektuelles fürwahr-Halten von Tatsachen. Eine ähnliche Distinktion wurde im Laufe der Kirchengeschichte unter den Begriffspaaren *fiducia/notitia* und *fides qua creditur/fides quae creditur* durchgeführt, zumeist mit dem Anliegen verbunden, beide Elemente zusammenzuhalten. *Buber* hingegen glaubt, man könne insgesamt die *emuna* als für das Judentum und die *pistis* als für das Christentum charakteristisch ansehen.[298] Der Autor gesteht immerhin zu, daß es auch *pistis*-Elemente im Judentum (vor allem in der hellenistischen Diaspora) und *emuna*-Elemente im Christentum (beispielsweise bei Jesus und seinen Jüngern) gebe. Obwohl der Religionsphilosoph betont, daß ihm alle Apologetik fern liege, muß man doch mit *N. Fuchs-Kreimer* festhalten, daß diese religionsphänomenologische Typologie eindeutig mit einem Werturteil verbunden ist.[299] Schon *H. Bergmann* befand über das ihm von *Buber* noch vor Veröffentlichung des Buches zugesandte Manuskript:

> „Es ist eben doch ein apologetisches Buch, mit allen Vorzügen und Nachteilen der Apologetik. Ich habe das Gefühl, daß Sie dem Christentum und Paulus gegenüber ungerecht sind."[300]

Die als „Zwei Glaubensweisen" beschriebene Polarität erinnert stark an die (ebenfalls nicht wertfreie) Gegenüberstellung von Ich-Du und Ich-Es und den ihnen jeweils zugeordneten Relationsbegriffen „Beziehung" und „Erfahrung" in der frühen Buber'schen Religionsphilosophie.[301] Auch wenn die *pistis* als eine durch griechische Fremdeinflüsse degenerierte Spielart des reinen jüdischen Glaubens dargestellt wird, fühlt man sich an den frühen *Buber* erinnert und seine Beschreibung des Kulturprozesses als eine Geschichte zunehmender Objektivierung alles Seienden.

Daß *Buber* den Glauben Jesu als einen typischen Fall der jüdischen *emuna* und Paulus als das Paradebeispiel für die christliche *pistis* darstellt, zeigt die Kontinuität zur älteren christlichen wie jüdischen Paulusauslegung, die beide

---

[297] Zürich, 1950.
[298] 10.
[299] *Fuchs-Kreimer*, Heresy, 155.
[300] Martin Buber, Briefwechsel, 197.
[301] *Fuchs-Kreimer*, Heresy, 155; *Ronning*, Views, 89; *Hooke*, Jew and Christian, 360f.

übereinstimmend (wenn auch mit unterschiedlicher Wertung) die Demarkationslinie von Judentum und Christentum zwischen Jesus und Paulus ansiedelten. Dieses Urteil kann freilich nicht den Beitrag *M. Bubers* zum jüdisch-christlichen Dialog schmälern. Wer bedenkt, daß der Autor sein Buch 1948 in Jerusalem in den Tagen der arabischen Belagerung der Stadt geschrieben hat, nur drei Jahre nach dem Ende der Vernichtung von Millionen europäischer Juden, wird sich nicht wundern, daß die Zeit für eine Heimholung des Apostels in das Judentum noch nicht gekommen war.[302]

Die Prinzipien der Botschaft Jesu, den *Buber* schon im Vorwort als großen Bruder bezeichnet hatte,[303] und dem er einen Platz in der Glaubensgeschichte Israels zugesteht,[304] stehen in voller Übereinstimmung mit den Propheten Israels. Glaube ist bei beiden keine bloße Seelenverfassung, sondern „eine die Welt der Person wesensmäßig überschreitende Beziehungswirklichkeit".[305] Der existentielle Charakter der *emuna* wird laut *Buber* durch die Übersetzung „Glaube" verdeckt. Besser werde sie als (nach ihrer aktiven Seite) „Treue" oder (nach ihrer rezeptiven Seite) „Vertrauen" beschrieben. Dieser Vertrauensglaube Jesu und des Judentums gerate im Laufe der frühen Christentumsgeschichte, namentlich bei Paulus, zu einem reinen „Daß-Glauben". Die Auseinandersetzung des Autors mit *R. Bultmanns* Ansichten über den paulinischen Glaubensbegriff scheint mir hier unübersehbar, auch wenn sein Name nicht genannt wird.[306]

Paulus ist „der eigentliche Urheber der christlichen Glaubenskonzeption".[307] Die dialogische Situation werde bei ihm durch die mystische Situation ersetzt, wie *Buber* wohl unter Anspielung auf *A. Schweitzer* sagt. Diese Umformung der jüdischen Glaubenskonzeption durch den Apostel versucht *Buber* anhand der Exegese einiger Stellen aus seinen Briefen zu zeigen: An Röm 4 weist der jüdische Forscher die zunehmende Hellenisierung des hebräischen Originals von Gen 15 über die LXX-Version hin zu Paulus nach: Der masoretische Text spricht von einem „Glauben an Gott" (15,6) im Sinne eines Festhaltens an ihm und will mit ויחשבה לו צדקה die Bewährung dieser Wesensbeziehung zwischen Abraham und Gott zum Ausdruck bringen. Wenn die LXX davon redet, daß der Patriarch „Gott glaubt", meint sie das hingegen in einem intellektuellen Sinn. Daß Gott Abraham das als Gerechtigkeit „zurechnet", muß man sich dort

---

[302] Vgl. 14; auch die Tatsache, daß für *Buber* (wie für viele Juden seiner Generation) allein das palästinische Judentum vollwertiges Judentum ist, während er das hellenistische Judentum als nur „randhaft" abwertet und in seiner Arbeit so gut wie garnicht berücksichtigt, läßt sich vielleicht auch aus den Umständen der Entstehung der Zwei Glaubensweisen erklären.

[303] 11.

[304] Ebd.

[305] 20; ähnlich: 22.

[306] Vgl. auch *Wiefel*, Paulus in jüdischer Sicht, 154.

[307] 42.

als einen forensischen Akt vorstellen. Bedeutet dies nach Ansicht *Bubers* schon eine Einengung und Verkargung der ursprünglichen Lebensfülle, so werde der Satz bei Paulus

> „von den Prinzipien der paulinischen Glaubens- und Rechtfertigungslehre durchdrungen und in seinem Gehalt umgewandelt: Der Glaube, als das göttliche Wirken im Menschen, führt den Stand der Gerechtsprechung herbei, den (..) die bloße Erfüllung des Gesetzes nicht herbeizuführen (vermag)."[308]

In Gal 3,11 zitiert Paulus (wie in Röm 1,17) Hab 2,4, um seine an Abraham exemplifizierte Lehre von der Glaubensgerechtigkeit zu belegen. Aber auch hier treffe Paulus nicht den Sinn der alttestamentlichen Stelle: Während dort von einer ethischen Bewährung des Gerechten, die auch die leibliche Sphäre betrifft, die Rede ist, werde nach Paulus der Mensch gerade wegen seines Verzichtes auf ein Tun des Gesetzes (forensisch) gerechtgesprochen.

Für den Glauben an Tod und Auferstehung Jesu, den der Apostel als Bedingung der Rettung ansieht, führt er auch in Röm 10,8 ein alttestamentliches Zitat als Zeugen an: „Denn nah ist dir das Wort, in deinem Munde und in deinem Herzen" (Dtn 30,14). Irregeleitet durch die LXX mache Paulus aus dem Gesetzeswort ein Wort des Glaubens. Erneut ordne der Apostel die ursprüngliche Bedeutung der Schriftstellen seinem Hauptanliegen unter, das *Buber* darin sieht, daß „die Heiden nicht durchs Judentum müssen, um zu Christus zu gelangen, sondern ihren eigenen unmittelbaren Zugang zu ihm haben."[309]

Die paulinische Problematisierung der Tora ist nach Ansicht *Bubers* mitbedingt durch die angebliche Fehlübersetzung des hebräischen Wortes תורה durch νόμος in der LXX:

> „Thora heißt in der hebräischen Bibel nicht Gesetz, sondern Weisung, Hinweisung, Unterweisung, Anweisung, Belehrung. (..) Ohne den gräzisierenden, objektivierenden Bedeutungswandel würde der paulinische Dualismus von Gesetz und Glauben, Leben aus Werken und Leben aus Gnade seiner wichtigsten begrifflichen Voraussetzungen entbehren."[310]

Diese These hat, wie wir im zweiten Hauptteil der Arbeit noch sehen werden, eine lange Vorgeschichte, sie wird aber heute von verschiedener Seite kritisiert.[311] *Buber* gesteht zu, daß schon im Judentum die Tendenzen zu einer Objektivierung der Tora an Boden gewannen, die eine Identifizierung von Tora und Gesetz förderten. Die Lehre Jesu sei als Teil einer innerjüdischen Protestbewegung zu sehen, die gegen eine solche Entwicklung opponierte, wenngleich

---

[308] 45.

[309] 52; *Buber* meint in einem Brief an *K. Thieme* vom 10. 10. 1949, solche AT-Zitate seien bei Paulus „eher Schriftverwendung als Schriftdeutung zu nennen" (Martin Buber, Briefwechsel, Bd. III, 216); zu Röm 10,8 siehe auch 201.

[310] 55.

[311] Vgl. dazu 3.3.2.

der Nazarener im Zeichen des Eschatons die Anforderungen an die Menschen radikalisiere.

Während Paulus einerseits das Tun des Gesetzes als notwendig für das Heil erachte (Röm 2,13), scheine er an anderer Stelle von der Unmöglichkeit einer Gesetzeserfüllung auszugehen (Gal 3,10). Anders als *Luther* halte Paulus nicht nur die der Glaubensintention entsprechende Erfüllung des Gesetzes für unerfüllbar, sondern schon dessen äußere Befolgung. Offensichtlich habe der Apostel etwas Unmögliches von den Menschen gefordert.

„Hier steht nicht bloß der alttestamentliche Glaube und mit ihm der lebendige Glaube des nachbiblischen Judentums Paulus entgegen, sondern auch der Jesus der Bergpredigt."[312]

Paulus hält nach Auskunft *Bubers* die Tora nicht nur für unerfüllbar, sondern auch als gegeben, um nicht erfüllt zu werden. Sie solle im Gegenteil sogar Sünde provozieren (Röm. 5,20; 7,13), um so der Gnade den Weg zu bahnen. Die Substanz der Sünde sei aber nicht (wie *Bultmann* annimmt) der Versuch der Selbstrechtfertigung, sondern die seelisch-faktische Übertretung des Gesetzes. Dennoch habe nach Paulus Gott den Menschen ein Gesetz gegeben, das nicht erfüllt werden kann und soll. Die beiden von *Buber* vertretenen Behauptungen, daß das Gesetz nach Paulus nicht erfüllbar sei und daß es nicht mit der Intention gegeben sei, erfüllt zu werden, sind - wir werden dies an anderer Stelle noch ausführen - typisch für das ältere Paradigma der Paulusauslegung.[313]

Diese Zweideutigkeit der göttlichen Willensoffenbarung und der gegenüber dem AT ins Unermeßliche gesteigerte Wille zur Verstockung wirft, wie der jüdische Gelehrte findet, „rätselhafte Schatten" auf das Gottesbild.[314] Die Pharisäer sahen den Ausweg aus der ambivalenten Situation des Menschen, der „zum wahren Leben im offenbarten Willen Gottes gelangen wollte",[315] in der sog. *Lischmah*-Lehre, die besagt, das Gebot sei um des Gebietenden (nämlich Gottes) willen zu erfüllen. Anstelle dieser Lehre stehe bei Jesus der Ruf in die Nachfolge und bei Paulus die Forderung, an Christus, oder genauer: an seine Auferstehung zu glauben.[316]

Der Glaube an die Auferstehung sei „Daß-Glaube im prägnanten Sinn",[317] der sich vom jüdischen Glauben wesenhaft unterscheide.[318] Paulus setze die Auferstehung an die Stelle der bis dahin vorherrschenden Entrückungsvorstellung, die in der Himmelfahrt nachwirke. Zwar haben auch die Pharisäer an die endzeitliche Auferstehung der Toten als einer großen Gemeinschaft geglaubt,

---

[312] 54.
[313] Vgl. 3.3.1.
[314] 84.
[315] 98.
[316] Vgl. Röm 10,9.
[317] 99.
[318] *Buber* grenzt sich in dieser Frage ausdrücklich von *Bultmann* ab (99, Anm. 1).

aber die Auferstehung eines Einzelnen mitten in der Geschichte war laut *Buber* für Juden unerhört. Die hellenistischen Heiden konnten diese Lehre im Lichte des Glaubens an sterbende und auferstehende Mysteriengötter interpretieren. Damit sei die Entscheidung gegen die Juden und für die Heiden getroffen worden.

An der Vergottung Jesu, die laut *Buber* ein unwillkürlicher Prozeß war,[319] trage der Apostel eine nicht unwesentliche Schuld. Der unmittelbaren Gottesbeziehung im Judentum trete der Christ (nicht bekenntnismäßig, aber faktisch) entgegen, indem er Gott das Menschengesicht Jesu verleiht. Damit sei eine andere Unmittelbarkeit gewonnen, nämlich die zu Jesus, was (wenngleich nicht intendiert) den überkommenen Monotheismus in Frage stellt. Es wäre verfehlt, das christliche Konzept der Mittlerschaft Jesu oder gar die spätere christliche Trinitätslehre gegenüber diesen kritischen Bemerkungen *Bubers* in Schutz nehmen zu wollen, wie *H. Ronning* dies tut.[320] Es ist aber doch kritisch anzufragen, ob nicht auch das Judentum zur Zeit des Apostels Mittelwesen zwischen Gott und Mensch gekannt hat, denen eine ähnliche Funktion zugeschrieben wurde wie dem erhöhten Christus.[321] *Buber* hält immerhin fest, daß Paulus (als hätte er die Gefahr des Ditheismus gemerkt und hätte ihr vorbeugen wollen) nie den präexistenten Christus mit Gott identifiziert habe.[322] Er habe die Treue zur höchsten möglichen Vorstellung von Jesus festhalten wollen, ohne den Monotheismus anzutasten.

Buber beklagt auch, Paulus gedenke der Liebe der Menschen zu Gott nur wenig. Wo bei ihm der Mensch Gott liebt, da sei dies gottgewirkt. Gott liebe sich im Menschen sozusagen selbst. Dem pharisäischen Judentum und Jesus sei eine solche Entwesung des Menschen fremd gewesen. Ebenso kenne Paulus keine Liebe Gottes zu den Menschen als die eschatologisch sich erweisende, keine Gnade Gottes außer die in Christus erschienene. Zwischen Erwählung und Erlösung zeige Gott nur sein zürnendes Gesicht. Mehr noch:

„Gott zürnt nicht, er gibt den Menschen in die Hand des Gewaltwesens Zorn und läßt es ihn foltern - bis Christus rettend erscheint."[323]

Der paulinische Zorn Gottes sei der griechischen *heimarmene* wesensverwandt. Diese Vorstellung gehe wohl auf in seiner vorchristlichen Zeit aufgenommene Einflüsse aus dem hellenistischen Judentum zurück. Weil im Juden-

---

[319] 132.

[320] Es ist nicht nur polemisch, sondern hat auch nur wenig mit Paulus zu tun, wenn *Ronning* den Reichtum und die innere Dynamik der christlichen Trinitätslehre gegenüber der angeblichen Armut eines strikten und absoluten jüdischen Monotheismus' hervorkehrt (Views, 90).

[321] Vgl. dazu 3.2.

[322] 137.

[323] 143.

tum die Erschütterung des Gottvertrauens durch Leid stets in eine personhafte Gemeinschaft eingebettet blieb, konnte sie zugleich aufrührend und aufbauend wirken. Paulus hingegen sei durch die Theodizeefrage zu einer gnostischen Weltsicht getrieben worden, wobei apokalyptische Vorstellungen (IVEsr) und persönliche Eindrücke zusammenwirkten. Letztgenannte sind nach *Buber* theologisch verarbeitet in Röm 7, das er entgegen der damaligen (von *W.G. Kümmel* repräsentierten) *communis opinio* autobiographisch interpretiert. An die Stelle der prophetischen Konzeption des um Gottes willen leidenden Menschen setze Paulus ein Denken, das (freilich erst nach ihm und über ihn hinausgehend) zu der Lehre führte, daß

„Gott als der Sohn leidet, um die Welt zu erlösen, die er als der Vater zu einer erlösungsbedürftigen geschaffen und bereitet hat. (..) Diesem großartigen religiösen Ideengebild, dem an faszinosem Gehalt kaum ein anderes gleichkommt, steht im pharisäischen Judentum das schlichte Unterfangen gegenüber, die Unmittelbarkeit des israelitischen Gottesverhältnisses in einer veränderten Welt zu erhalten."[324]

Gegenüber der Jesus und dem Judentum gemeinsamen Lehre von der Sünde als einer „Verstörung des Grundverhältnisses zwischen Gott und Mensch durch den Menschen, indem dieser durch sie zu einem mit dem Geschöpf Gottes nicht mehr identischen Wesen wird",[325] bedeute die Apokalyptik einen relativen Einbruch. Die paulinische Erbsündenlehre gehe noch weiter, wenn sie für die durch Adam gefallene Menschheit keine andere Umkehr sieht als den Anschluß an Christus. Für ihn gebe es „in der Geschichtzeit keine Unmittelbarkeit zwischen Gott und Mensch, nur am Anfang und Ende."[326]

Buber meint, wir lebten heute in einem in besonderem Grade paulinischen Zeitalter.

„Paulinisch sind jene Zeitalter, in denen die Widersprüche des menschlichen Lebens (..) sich so übersteigern, daß sie im Daseinsbewußtsein der Menschen in wachsendem Maße den Charakter des Verhängnisses annehmen."[327]

In einer solchen Zeit, in der die Gefahr der Auseinanderreißung von Schöpfung und Erlösung droht, sei Paulus ein schlechter Ratgeber des Christentums, denn „mit Paulus ist Marcion nicht zu überwinden."[328] Der christliche Paulinismus sei durch einen völlig unalttestamentlichen Dualismus gekennzeichnet, der ein in sich uneingeschränktes Walten des Zorns von einer Sphäre der Sühnung abhebt.

F. Kafka hingegen stehe für einen „Paulinismus des Unerlösten",[329] in dem

---

[324] 153.
[325] 161.
[326] 164.
[327] 171.
[328] Ebd.
[329] 166.

der feste Ort der Gnade eliminiert ist. Wie bei Paulus sei auch hier die Welt einem Gewirr von Zwischenwesen ausgeliefert. Der Jude wisse sich aber in der Tatsache des Nurverborgenseins Gottes geborgen. Trotz der Evidenz der unerlösten Welt weigere er sich, die eigene Erlösung herzugeben - trotz alledem. Daß Gott sich verbirgt, verkürzt aber nach Ansicht *Bubers* die Unmittelbarkeit nicht. Interessanterweise spiegelt sich das unterschiedliche Echo seiner jüdischen Freunde und Kollegen *M. Brod* und *H. Bergmann* auf diese Ausführungen über *Kafka* teilweise in *Bubers* Briefwechsel wider: Während es der Schriftsteller und *Kafka*-Biograph *Brod* großartig fand, wie *Buber* das 'Geborgensein' *Kafkas* mit dem Paulinismus kontrastiert,[330] gibt *Bergmann* zu bedenken, daß sich das in den „Zwei Glaubensweisen" als typisch jüdisch herausgestellte Geborgensein auch bei Christen finde.[331] Im letzten Paragraphen seines Buches befindet *Buber:*

> „Die Krisis unserer Zeit ist auch eine Krisis der beiden Glaubensweisen, der Emuna und der Pistis."[332]

In dem Maß, in dem der Bereich der Person, „der Eigenbestand der erlösten Seele", heute durch die Bestimmungsmacht des öffentlichen Wesens in Gefahr gerät, sei die christliche *pistis* in die Krisis gestürzt. Andererseits werde die jüdische *emuna* durch die fortschreitende Individualisierung angetastet. Das Glaubensvolk spalte sich in eine Religionsgemeinschaft und eine (säkular verstandene) Nation auf. In dieser Situation droht laut *Buber* eine Verfinsterung der wesentlichen Spontaneität der *emuna* und eine Durchsetzung mit *pistis*-Elementen. Doch weichen diese Befürchtungen zum Ende seines Buches einem versöhnlicheren Ausblick. Angesichts der Herausforderungen unserer Zeit könne es zu einer Annäherung zwischen Christentum und Judentum kommen:

> „Darüber hinaus aber ist uns zu ahnen erlaubt, daß auch hier aus dem starren Paulinismus ein Weg zu einer anderen, der Emuna näheren Gestaltung der Pistis führt. Der Glaube des Judentums und der Glaube des Christentums sind, in ihrer Weise, wesensverschieden, (...) und werden wohl wesensverschieden bleiben, bis das Menschengeschlecht aus den Exilen der 'Religionen' in das Königtum Gottes eingesammelt wird. Aber ein nach der Erneuerung seines Glaubens durch die Wiedergeburt der Person strebendes Israel und eine nach der Erneuerung ihres Glaubens durch die Wiedergeburt der Völker strebende Christenheit hätten einander Ungesagtes zu sagen und eine heute kaum erst vorstellbare Hilfe einander zu leisten."[333]

Daß nach Ansicht *Bubers* die paulinische Theologie ein schlechter Berater für die hier erahnte Erneuerung des christlichen Glaubens ist, dürfte nach dem bisher Gesagten klar sein. Eine Annäherung zwischen Juden und Christen kann sich der jüdische Forscher nur auf der Grundlage des Glaubens Jesu vorstellen,

---

[330] Martin Buber, Briefwechsel Bd. III, 194; vgl. auch *Brod*, Judaism and Christianity, in: Philosophy, bes. 337ff.
[331] Martin Buber, Briefwechsel Bd. III, 197.
[332] 174.
[333] 178.

der auch der Glaube der Propheten Israels ist. Doch ist *Buber* mit seiner Charakterisierung der *pistis* dem Apostel wirklich gerecht geworden? Diese Frage ist zu Recht von vielen (auch jüdischen) Forschern verneint worden. Die Kritik *Bubers* kann zwar vielleicht auf einen vulgär-christlichen Glaubensbegriff angewendet werden, nicht aber auf den Glauben des Paulus, der ebenso ein Vertrauenselement beinhaltet wie der Glaube Jesu.[334] *E. Stegemann* hat mit seinen sprachgeschichtlichen Bedenken sicher Recht:

> „Buber misunderstands that the Greek word *pistis* (or its verbal derivatives) always envokes for Paul, as for the Greek-speaking Judaism in general, the meaning of the equivalent Hebrew *emunah* (or its verbal derivatives). For the Greek word served as translation of the word *emunah* in the Septuagint and thus assumed the meaning of a semantic borrowing. And it kept this 'hebraized' meaning also in primitive Christianity, as long as it kept up its relationship with Greek speaking diaspora Judaism and its social and religious minority status in the Roman Empire."[335]

Ja man könnte sogar mit *H. Bergmann* die scharfe Trennung von *emuna* und *pistis* überhaupt in Frage stellen:

> „Gibt es nicht die Möglichkeit einer Pistis, die durchdrungen ist von der Sicherheit der Emuna, sodaß die begriffliche Trennung, die sicher berechtigt ist, sich doch in einer höheren Synthese aufhebt?"[336]

Die beiden Idealtypen *emuna* und *pistis,* die sich aus der Anwendung der abstrakten Kategorien der frühen Buber'schen Religionsphilosophie Ich-Du und Ich-Es auf die konkrete Verhältnisbestimmung von Judentum und Christentum ergeben haben, erweisen sich im Falle des Heidenapostels offenbar als ein Korsett, das es dem Autor erschwert, seiner These zuwiderlaufende Beobachtungen angemessen zu würdigen. So hätte beispielsweise eine intensivere Auseinandersetzung mit der sog. „Christusmystik" des Paulus, die *A. Schweitzer* als die Mitte der paulinischen Theologie herausgestellt hatte und deren Bedeutung heute wieder von *E.P. Sanders* betont wird, *Buber* vielleicht vor einer pauschalen Verurteilung des Apostels bewahren können.[337] Doch muß man andererseits der

---

[334] So mit Recht *Ben-Chorin*: „Wenn Paulus hingegen als Vertreter der Pistis bei Buber in Erscheinung tritt, so scheint mir hier eine korrekturbedürftige Verzeichnung vorzuliegen" (Beitrag, 57); vgl. auch *E. Stegemann* (Introduction [zu M. Buber], in: Jewish Perspectives, 119), *Blank* (Paulus und Jesus, 120) und *Hooke* (Jew and Christian, 263)! Als ein Rückfall in eine antijüdische Enterbungstheologie muß aber *Ronnings* Ansicht beurteilt werden, der anstatt von „Zwei Glaubensweisen" lieber von „two stages in one faith" reden will. Hier erscheint das Judentum nur noch als eine mehrerer „preparatory old stages" des Christentums (Views, 89f.).

[335] Introduction, 119f.

[336] Martin Buber, Briefwechsel Bd. III, 198; auch *Brod* hält die Buber'sche Unterscheidung von *emuna* und *pistis* für „excessively sharp" und meint, sie übersehe die antiintellektuellen Züge des griechischen Denkens, wie sie sich z.B. in Platos Siebtem Brief zeigen (Philosophy, 327).

[337] Vgl. auch *Zwi Weblowsky*, Reflections, 98.

Einschätzung *E. Brunners* beipflichten, der in seinem Aufsatz „Judaism and Christianity in Buber" davor warnt, allein *Buber* für sein Mißverständnis des paulinischen Glaubensbegriffs verantwortlich zu machen. Die Kirche hat ihm leider ausreichend Anlaß zu diesem Mißverständnis gegeben.[338] Erneut erweist sich die jüdische Paulusauslegung, auch dort wo sie das Bild des Apostels verzeichnet, als ein Spiegel für die Problematik der christlichen Paulusrezeption.

2.2.12 Paradigmenwechsel in Person (I): Der frühe *Leo Baeck* (1873-1956)

Im Lebenswerk dieses Mannes, der 1873 in Lissa (Posen) geboren wurde, seine theologische Ausbildung in Breslau und Berlin erhielt, bevor er 1897 Rabbiner der liberalen Gemeinde in Oppeln/Schlesien wurde, hat sich eine Entwicklung vollzogen, die wir bereits mehrfach als für die jüdische Paulusauslegung unseres Jahrhunderts insgesamt charakteristisch genannt haben: An die Stelle einer zunächst polemischen, abweisenden Bezugnahme tritt zunehmend eine positivere Einschätzung des Apostels.[339]

L. Baecks erste intensivere Auseinandersetzung mit dem Christentum war das 1905 erstmals erschienene Buch „Das Wesen des Judentums", eine selbstbewußt vorgetragene Entgegnung auf das epochemachende Werk *A. Harnacks* „Das Wesen des Christentums", die *Baeck* mit einem Schlag bekannt machte. Wenngleich Paulus nur selten explizit Erwähnung findet, werden hier bereits wichtige Kritikpunkte am Christentum im allgemeinen vorgetragen, die später speziell auf Paulus bezogen werden. Dazu zählt beispielsweise die völlige Konzentration des Erlösungsgeschehens auf die Person Jesu Christi. Ausdrücklich erwähnt wird der Apostel bereits im Zusammenhang seiner Gesetzeskritik, die der Rabbiner mit folgenden Worten umschreibt:

> „Das Judentum, diese Religion des Gesetzes, ist überwunden durch die der Gnade, welche von dem Wunder erzählt, das am Menschen geschieht."[340]

Diese anfangs noch mehr implizite Ausgrenzung des Paulus aus dem Juden-

---

[338] Philosophy, 317.

[339] Um dies schon rein äußerlich zum Ausdruck zu bringen, teilen wir die Darstellung des Beitrages *L. Baecks* zur Paulusforschung in zwei Teile und ordnen den frühen *Baeck* dem älteren und den späten *Baeck* dem neueren Paradigma zu. Daß eine solche Aufteilung nur ein relatives Recht besitzt angesichts der Tatsache, daß sich der festzustellende Wandel in der Einstellung gegenüber dem Heidenapostel nicht von heute auf morgen, sondern in einem jahrelangen Prozeß vollzog, muß hier deutlich gesagt werden, um möglichen Mißverständnissen vorzubeugen. Außerdem soll die Art der Darstellung nicht zu dem falschen Schluß verleiten, der Paradigmenwechsel sei allein ein Verdienst eines Mannes gewesen. So groß die Bedeutung *L. Baecks* für die jüdische Paulusauslegung auch war, so wenig darf man seinen Beitrag als singulär bewerten. Er war vielmehr ein Beispiel einer auch sonst zu beobachtenden Tendenz, wenngleich ein sehr wichtiges.

[340] Wesen (zit. nach 4. Aufl.), 295.

tum, der wie auch sonst im liberalen Judentum eine weit positivere Würdigung Jesu gegenüberstand,[341] wurde später, als *Baeck* als Rabbiner und Dozent an der Lehranstalt für die Wissenschaft des Judentums in Berlin (seit 1912) fungierte, auch explizit vollzogen: In dem 1922 veröffentlichten Aufsatz „Romantische Religion" stellte *Baeck* (ähnlich wie *M. Buber* die beiden Glaubensweisen *emuna* und *pistis* einander gegenüberstellte)[342] das Judentum als eine im wesentlichen klassische Religion dem Christentum als dem Prototyp der romantischen Religion gegenüber. Die Anwendung der typologischen Methode hatte *Baeck* (wie *Buber*) bei seinem Lehrer *W. Dilthey* gelernt. Auch die Verallgemeinerung der Begriffe Romantik und Klassik und deren Übertragung auf andere Gebiete war nicht ganz neu.[343] Neu war allerdings, daß er diese Gegenüberstellung der antichristlichen Polemik dienstbar machte.

Die Wurzeln der frühchristlichen „Romantik" liegen laut *Baeck* im orphischen und dionysischen Hellenismus, sowie den orientalischen Mysterienreligionen. Von dort seien diese Gedanken in die Theologie des Apostels Paulus eingeflossen, der sie mit genuin jüdischen Vorstellungen verknüpfte.[344] Obwohl Paulus nie ganz vom Judentum losgekommen sei, habe er dadurch doch die Grenzen des Judentums hinter sich gelassen.[345]

Die romantische Gewißheit bei Paulus führt *Baeck* auf seine ursprüngliche Bekehrungserfahrung zurück, der er die Qualität einer Offenbarung zugesteht. Die Ernüchterung, die diesem Rausch der Erregung zwangsläufig folgte, erkläre das Sprunghafte des paulinischen Denkens. Diese „Impression des Erlebnisses" untergrabe mit ihrer Passivität den Sinn für die durch die Wirklichkeit bestimmten Aufgaben und Probleme.

„Man kann in scharfer Gegenüberstellung die paulinische Religion als die der schlechthinnigen Abhängigkeit bezeichnen gegenüber der der gebotenen, aufgegebenen Freiheit, als die der Hingelehntheit gegenüber der der Selbstbehauptung und Selbstentfaltung, als die der Quietive gegenüber der der Motive; dort ist Mensch Subjekt, hier, in der romantischen Religion, ist er Objekt."[346]

Schon hier kann man erkennen, wie sehr die Charakterisierung des romantischen Typs geprägt ist durch die Theologie *Schleiermachers*,[347] insbesondere

---

[341] Jesus war für Baeck „Jude unter Juden", wie er in seiner früheren Kritik an *Harnack* sagte (Vorlesungen, 28). Vgl. auch: Das Evangelium als Urkunde der jüdischen Glaubensgeschichte, Berlin 1938.

[342] Siehe oben.

[343] *R. Mayer* (Christentum und Judentum, 93ff.) und *A.H. Friedlander* (Leo Baeck, 125) weisen v.a. auf *F. Stich* hin, der bereits die (aus ihrem unmittelbaren Kontext herausgelösten) Begriffe Klassik und Romantik einander gegenüberstellte und letztere mit dem Christentum gleichsetzte.

[344] Romantische Religion, 49.

[345] 52.

[346] 58.

[347] Diese war ihm ebenfalls von der Arbeit seines Lehrers *Dilthey* vertraut.

dessen Charakterisierung der Religion als „Gefühl schlechthinniger Abhängigkeit". Das Judentum, das als positives Gegenbild fungiert, wird ganz im Sinne
des neukantianischen Lehrers *Baecks H. Cohen* als Religion der Tat verstanden.[348]

Nachdem *Baeck* die verderblichen Auswirkungen des romantischen Denkens
auf das Kultur-, Wirtschafts- und Staatsleben dargestellt hat,[349] kommt er auf
dessen Folgen für die Religion zu sprechen: Wenn die Kirche (darin Paulus folgend) im Leben und Sterben Jesu Christi das unüberbietbare Ereignis der Geschichte erblickt, mache sie damit die Vergangenheit zum Dogma. Wo wie in
der romantischen Religion „ein Gottesschicksal Grund und Antwort für alles
ist",[350] da werde der Mensch zum Objekt der Geschichte degradiert. Darin liege
das bloß historische, nicht geschichtliche Wesen der romantischen Religion.
Baeck dürfte vor allem eine bestimmte Spielart des deutschen Luthertums im
Blick gehabt haben, dessen politische und soziale Wachsamkeit infolge einer
falsch verstandenen Zwei-Reiche-Lehre erlahmt war, wenn er dem Christentum
ein „Ausruhen in der erfüllten Zeit"[351] vorwirft.

Ein weiterer Kritikpunkt besteht darin, daß Paulus von den hellenistischen
Mysterienreligionen ein Verständnis der Sakramente übernommen habe, das
dem Judentum widerspricht. Taufe und Abendmahl werden bei ihm nicht als
Symbole des Heils, sondern als das verdinglichte Heil selbst verstanden. Wenn
Baeck dem Apostel unterstellt, er habe mit seiner Sakramentslehre ein magi-
sches Werk ins Zentrum der Religion gerückt,[352] projiziert er damit erneut spätere Entwicklungen des Christentums auf Paulus zurück.[353]

„Weil sie romantisch ist, hat die Religion, zu der Paulus den Grund gelegt hat, Sakra-
mentsreligion werden müssen, und sie ist damit, man könnte es fast so bezeichnen, eine Ze-
remonialreligion geworden. Ein Zeremonielles (..) ist in den Mittelpunkt des Glaubensdaseins
gerückt, als unentbehrlich für das Eintreffen des Heils."[354]

Schuld trage Paulus indirekt auch an der Entmündigung der Laien durch den
Klerus, weil er die Aufspaltung des Glaubens in eine unmittelbare und eine mit-
telbare Frömmigkeit befördert habe. Damit stehe auch die allbeherrschende
Macht von Dogmen im Zusammenhang, welche der Apostel in die christliche
Kirche eingeführt habe. *Baeck* steht in Nähe zu *Bubers* Kritik an der paulini-

---

[348] Vgl. *A.H. Friedlander*: „Die Methode stammt von Dilthey, die Konzeption von Hermann Cohen" (Leo Baeck, 77).

[349] 59ff.

[350] 65.

[351] Ebd.

[352] 71.

[353] Ich denke hier v.a. an den Vorwurf eines magischen Sakramentsvertändnisses, der in
den katholisch-protestantischen Kontroversen der Reformationszeit eine wichtige Rolle
spielte.

[354] 70f.

schen *pistis* als einem reinen „daß-Glauben", wenn er sagt, schon bei dem Heidenmissionar trete die Wahrhaftigkeit des suchenden Zweifels hinter die Satzungen des Glaubens und der Demut zurück.[355]

Die schon eingangs geäußerte Einschätzung, die romantische Religion habe den Menschen im Erlösungsgeschehen eine rein passive Rolle zugedacht, wird erneuert in der Kritik der paulinischen Gesetzestheologie: Zwar erwägt *Baeck* bereits hier die später konsequent durchgeführte Herleitung der Aufhebung des Gesetzes durch den Apostel, von der auch das Sittengesetz betroffen sei,[356] von jüdischen Denkvoraussetzungen. Sie sei von „seinem jüdisch-messianischen Standorte aus" erfolgt,[357] demzufolge das Gesetz in der letzten Zeit nicht mehr bindend ist. Aber Paulus habe dieses jüdische Ideal von einem Wunsch in einen Besitz verwandelt und so verfälscht. Wenn der jüdische Theologe die paulinische Rechtfertigungslehre als Absage an jedes sittliche Handeln sieht,[358] interpretiert er den Apostel erneut im Sinne einer lutherischen Auslegungstradition, die die Rechtfertigung als rein imputativ auffaßte. Diese lutherische Lesart des Apostels machte es *Baeck* offensichtlich noch unmöglich, diesen wie Jesus als Figur der jüdischen Religionsgeschichte zu verstehen.

Der Gesetzeslehre des Paulus entspreche eine Erbsündenlehre, die den Menschen von Geburt an als sündig betrachtet und ihm jede Fähigkeit abspricht, aus eigener Kraft diesem Schicksal zu entgehen.[359] Auch in der Beurteilung dieses pessimistischen Bildes, das Paulus von den menschlichen Möglichkeiten entwirft, steht *Baeck* in der Tradition der älteren jüdischen Paulusauslegung. Weil der Mensch Teil der guten Schöpfung Gottes ist, dürfe man auch seinem sittlichen Wollen mehr zutrauen, als der Apostel das tut.

Den entschiedensten Widerspruch erntet Paulus mit seiner Konzeption von Erlösung, die nach *Baeck* auf einer substanzhaften Verwandlung des Glaubenden beruht. Paulus gehe über das im Judentum Denkmögliche hinaus, indem er den jüdischen Messias zu einem Gottmenschen romantisiert. Er habe als erster den Glauben Jesu durch den Glauben *an* Jesus ersetzt. Paulus habe dem jüdischen Opfer- und Sühnegedanken den aus den Mysterienreligionen entlehnten Glauben an die Selbsterlösung des Gottes hinzugefügt und ihn so zu einer egoistischen Erlösungslehre entwertet.[360]

Wenngleich die Lehren des Paulus in diesem frühen Aufsatz noch als Gegensatz zum Judentum beschrieben werden, so findet sich doch schon hier eine ge-

---

[355] 78f.
[356] 88.
[357] 82.
[358] „...ohne das Tun und auch gegen das Tun", 91.
[359] 85.
[360] 108ff.

genläufige Tendenz, die manchen der zuvor geäußerten Vorwürfe zu widerlegen scheint:

> „Paulus selbst hatte seine Wurzeln noch zu sehr im Judentum, er selbst hat immer wieder seine moralischen Forderungen erhoben. Sie sind echt, da sie aus seinem ehrlichen, tief sittlichen Wesen und aus seiner lebendigen Vergangenheit, aus der er nicht ganz hinausgelangen konnte, hervorkamen. (..) Sie stammen aus seiner Persönlichkeit aber nicht aus seinem Glauben, und sie machen den Widerspruch seines Wesens aus; der Mensch war stärker als die Glaubensform."[361]

Auffälligerweise veranschlagt bereits der frühe *Baeck* die jüdische Persönlichkeit des Paulus stärker als seinen unjüdischen Glauben. Bemerkenswert ist ebenfalls, daß dem Apostel an der verhängnisvollsten geistigen Folge, die der Sieg der „Romantik" mit sich brachte, keine Schuld nachgesagt wird. Die Rede ist von der Abwendung der romantischen Religion von der jüdischen Hoffnung auf ein Reich Gottes auf dieser Erde, hin zu der durch die Kirche präsente *civitas Dei*, die *Baeck* erst um die Wende vom zweiten zum dritten Jahrhundert ansetzt.[362] An diesem Punkt nimmt *Baeck* Paulus also deutlich von der harschen Kritik am Christentum aus und versteht ihn von seinem jüdischen Erbe her. Auch die selbstlose Heidenmission des Apostels unterscheide sich grundsätzlich von den kirchlichen Machtgelüsten späterer Jahrhunderte. Ansätze zu einer positiveren Einschätzung finden sich also schon in den frühen Werken *Baecks*. Im Gegensatz zum späten *Baeck* sind aber hier die Akzente noch deutlich anders gesetzt. Weil Paulus als Repräsentant der Romantischen Religion profiliert werden soll, werden solche Beobachtungen, die auf eine Verwurzelung des Apostels in jüdischen Denkmustern schließen lassen könnten, unterdrückt oder doch so interpretiert, daß sie nur als Ausnahmen erscheinen, die am Gesamturteil nichts ändern.[363]
Die typologische Gegenüberstellung von klassischer und romantischer Religion, die Judentum und Christentum jeweils als Ganzes in den Blick nahm, mag nützlich gewesen sein, um zu deren Wesen vorzudringen. Aber die Gefahr lag nahe, historische Details griffigen Formeln zu opfern. Man wird schwer leugnen können, daß *Baecks* frühe Paulusdarstellung dieser Gefahr zum Opfer gefallen ist. Wie auch sonst in der älteren jüdischen Paulusauslegung zu beobachten, mußte der Apostel die Kritik einstecken, die eigentlich seinen christlichen Interpreten galt. Ähnlich urteilt auch *A. Friedlander* in seiner sachkundigen *Baeck*-Biographie:

> „So kam Baeck dazu, einen Glauben zu kritisieren, der ihm in seiner Umwelt durch unheilige Allianzen geschwächt schien. Die Kirche schien ein Opfer der Romantik der Zeit zu sein,

---

[361] 89.

[362] 116f.

[363] Vgl. *R. Mayer*: „Was immer auch Jüdisches bei Paulus sich zeigen wollte - mit Hilfe der Konstruktion der Überbrückung wurde es durch Leo Baeck unwirksam gemacht" (Christentum und Judentum, 60).

jedoch sah Baeck die Wurzeln für die Schwäche bereits in ihren Anfängen, durch Paulus in das Christentum eingeführt."[364]

Das deutsche Christentum versäumte es, solche kritischen Stimmen von außen als Problemanzeige ernst zu nehmen, auch wenn diese den eigenen Glaubensgrundlagen bitter Unrecht zu tun schienen. Erst nach der Katastrophe des Holocausts, als ein Großteil des europäischen Judentums vernichtet worden war, entsann man sich der Warnungen solcher Männer wie *Leo Baeck*. Daß die hier beschriebene Haltung *Baecks* gegenüber Paulus im Laufe der Jahre entscheidend korrigiert wurde, werden wir noch zu erörtern haben.

---

[364] Leo Baeck, 126. Das bestätigt auch ein anderer jüdischer Kenner des Apostels, nämlich *Sandmel*, wenn er vermutet, „that it is Luther and German Lutheranism Baeck is dealing with, and not Paul himself" (Leo Baeck, New York 1975, 13).

2.3 Das neuere Paradigma der jüdischen Paulusauslegung

2.3.1 Paradigmenwechsel in Person (II): Der späte *Leo Baeck* (1873-1956)

„Leo Baeck's approach to Christianity can be divided into two periods. Until middle life he saw it as an antagonist and thought the best method of approach to be vigorous attack. (..) Later in life he muted his criticism somewhat, emphasizing the Jewish elements in Jesus and Paul."[1]

Diese von *W. Jacob* treffend charakterisierte Einstellungsänderung im Leben des Berliner Rabbiners soll nun im Blick auf dessen Haltung zu Paulus nachgezeichnet werden. Mehrere Kenner *L. Baecks* haben zu Recht darauf aufmerksam gemacht, daß dieser Wandel wohl auch mit der Umgebung zusammenhängt, in der der jüdische Gelehrte seine späteren Arbeiten über Paulus abfaßte:

„He was led in this direction by the form of Christianity he encountered in England and America, which possessed its own characteristics."[2]

Bereits in dem Aufsatz „Judentum in der Kirche",[3] wo *Baeck* das Fortleben jüdischer Ideen in der Kirche verfolgt, wird Paulus freundlicher beurteilt. Stärker als früher akzentuiert er nun auch das jüdische neben dem pagan-hellenistischen Erbe, von dem der Apostel herkam. Das Ergebnis ist ein höchst ambivalentes Bild, das nicht mehr von einem Widerspruch zwischen Paulus und dem Judentum, sondern von einem Widerspruch zweier Elemente in der Persönlichkeit des Apostels ausgeht. Dieser besteht darin,

„daß er auf der einen Seite seine Freiheit und Unabhängigkeit vom Judentum verkündet, und auf der anderen Seite festhält am Forschen in diesem Judentum und an der jüdischen Denkweise und der jüdischen Lehrart. Er hat so tief im Judentum gelebt, daß er seelisch und geistig niemals von ihm freigekommen ist. Ob er es wollte oder nicht, er hat sich immer wieder auf den jüdischen Pfaden des Suchens zurückgefunden."[4]

Dieser Widerspruch durchzieht laut *Baeck* auch die Gesetzeslehre des Apostels: Einerseits sehe er die Zeit des Gesetzes und damit des Judentums als beendet an, andererseits begründe er diese Meinung mit einer dem Judentum entlehnten Ansicht, daß nämlich das Gesetz nur bis zum Kommen des Messias' gültig sei. Alle seine theologischen Argumente habe er aus der hebräischen Bi-

---

[1] *Jacob,* Christianity, 139f.

[2] 140; so auch *R. Mayer*: „Diese ablehnende Haltung, die durch Paulus hindurch vielleicht mehr dem deutschen Luthertum galt, änderte sich in der angelsächsischen Welt, die Leo Baeck viel gemäßer war und in der er sich je länger, desto mehr daheim fühlte" (Christentum und Judentum, 61); vgl. auch *Sandmel*, Leo Baeck, bes. 17ff.

[3] In: Aus drei Jahrtausenden, 121-140; urspr. engl.: Judaism in the Church, HUCA 2 (1925), 125-144.

[4] 124.

bel bezogen, die er heilig, gerecht und gut nannte (Röm 7,12). Anders als noch wenige Jahre zuvor tat *Baeck* diese an und für sich nicht neuen Erkenntnisse nicht einfach als Marginalien ab, die gegenüber den heidnischen Elementen der paulinischen Theologie kaum ins Gewicht fallen, sondern sie erhielten nun einen eigenen Stellenwert, der die Beurteilung des Völkermissionars insgesamt deutlich veränderte.

Zwar wird Paulus wie schon früher für seine präsentische Eschatologie getadelt, nach der der Messias schon gekommen und die Erlösung schon zuteil geworden sei. Außerdem wird ihm vorgeworfen, er habe eine Alternative zwischen Christus und dem Gesetz gepredigt. Aber sein Jüdisches war nach Meinung *Baecks* zu stark, als daß dieser Dualismus schon allbeherrschend werden konnte:

> „Er hatte seine Ethik, und sie war (..) das Ergebnis seiner tief innerlichen Inkonsequenz, daß er mit seinen Glaubensgedanken zwar aus dem Judentum hinausgegangen war, daß er mit seinem Menschlichen aber, mit seinen sittlichen Empfindungen, mit seinem Sinn für das Gebot nach wie vor der Jude blieb, im Judentum lebte. Auch in dieser Hinsicht stand er, in dem der Jude stärker war als die Lehre, anders da als das Geschlecht seiner Jünger, die vom Heidentum herkamen."[5]

Nicht mehr Paulus, sondern erst ein gnostisierender Paulinismus sei für ein Großteil der heidnischen Verfremdungen des Christentums verantwortlich.[6] Der Apostel selbst wird also von vielen Vorwürfen entlastet, die die ältere jüdische Forschung und auch der frühe *Baeck* noch gegen ihn gerichtet hatte. Mit *R. Mayer* kann man vielleicht folgendes Fazit ziehen:

> „In diesem Aufsatz wurde zwar der Widerspruch in Paulus noch stark hervorgehoben, aber doch schon sein anderer Weg als notwendig gesehen, sein Jüdisches stärker betont und vor allem sein 'Sinn für das Gebot' neu entdeckt."[7]

Die in diesem Essay angelegte Entwicklung setzte sich nach dem Krieg verstärkt in dem erstmals in England veröffentlichten Artikel „Der Glaube des Paulus"[8] fort. Hier wird die „Bekehrung" des Paulus, die eher eine Verwandlung, eine Revolution als eine Bekehrung gewesen sei, als „die zentrale Tatsache im Leben des Paulus" bezeichnet.[9] Daß diese Vision für ihn gleichbedeutend war mit dem Ruf auf einen neuen Weg, kann *Baeck* als typisch jüdisch beurteilen. Wie bei den Propheten Israels seien bei dem Apostel Offenbarung und Sendung eines. Nicht romantisches Schwelgen im Gefühl, sondern eine Beru-

---

[5] 130.

[6] Nicht mehr Paulus selbst, sondern einem gnostisierenden Paulinismus wird nun der Satz zugeordnet, daß alles erlaubt sei (127) - eine kaum merkliche, aber doch folgenreiche Akzentverschiebung, die sich in den Spätschriften *Baecks* weiter fortsetzt.

[7] 61.

[8] In: Paulus, die Pharisäer und das Neue Testament, 7-37; urspr. engl.: The Faith of Paul, JJS 3 (1952), 93-110.

[9] 9.

fung durch Gott wird hier also als die innere Triebfeder der paulinischen Lehre angesehen.

Hintergrund dieses Persönlichen der Berufung sei das allgemeine messianische Denken und Fühlen der Juden jener Zeit gewesen. *Baeck* unterscheidet einen horizontalen von einem vertikalen Messianismus und benennt letzteren als die Quelle der paulinischen Christologie.[10] Trotz einiger Bedenken im Blick auf die Reinerhaltung des Monotheismus' scheint der jüdische Forscher im Christusbekenntnis des Apostels keinen Ausbruch aus dem Judentum gesehen zu haben. Doch nicht alle von Paulus verwendeten Begriffe und Vorstellungen seien im Rahmen des Judentums geblieben. Das gelte vor allem von den beiden Glaubensartikeln, die laut *Baeck* aus den Mysterienreligionen stammten: Das Sakrament als der Weg und die Auferstehung als die Erfüllung.[11] Paulus sei zwar kein Gründer einer neuen Mysterienreligion, aber Ähnlichkeiten ließen sich nicht leugnen. Paulus sei hier offensichtlich von den Analogien, die sich ihm boten, eingefangen worden. Paulus habe auch nicht (wie das Judentum) gelehrt, auf ein künftiges Gottesreich zu warten, sondern er habe das mit dem auferstandenen Christus bereits gegenwärtige Reich verkündigt.

Trotz dieser Differenzen überwiegt in „Der Glaube des Paulus" eindeutig die Zuordnung des Apostels zum Judentum: Seine Gesetzeslehre,[12] die bis dahin immer wieder Zentrum jüdischen Anstoßes gewesen war, folgt nach *Baeck* einem geschichtstheologischen Schema der Rabbinen, das besagte, daß nach dem Kommen des Messias die Tora nicht mehr bindend sei. Nicht die *quaestio iuris,* sondern allein die *quaestio facti* habe ihn hier von seinen jüdischen Glaubensbrüdern getrennt.[13] Paulus habe nie daran gedacht, das jüdische Volk zu verwerfen oder zu verachten. Es spiele bei ihm im Gegenteil eine wesentliche Rolle als Teil der göttlichen Offenbarung.[14] Besonders in Röm 11 werde „die Tiefe seines im jüdischen Volke wurzelnden Gefühls"[15] deutlich. Ebenso sei sein Heidenapostolat mit dem jüdischen Glauben vereinbar gewesen, denn mit dem Kommen des Messias' wurde auch das Kommen der Völker zum Zion erwartet. Als Theologe, der er „aus seinem Volkstum heraus"[16] war, habe er sein Tun und Reden vor der Bibel gerechtfertigt, die er durch ein „Denken in Analogien"[17] assoziativ auf seine jeweilige Situation angewendet habe.

Es dürfte deutlich geworden sein, daß *Baeck,* indem er in seinem letzten Aufsatz über Paulus wesentliche Elemente seiner Theologie als genuin jüdisch be-

---

[10] Vgl. zu den beiden Begriffen 3.2.1.
[11] 20ff.
[12] 24ff.
[13] Vgl. dazu auch 3.3.4.
[14] 27ff.
[15] 27.
[16] 29.
[17] 30.

urteilte, die Tür für eine Heimholung des Heidenapostels in das jüdische Volk weit aufgestoßen hat. Zu Recht hat *Mayer* die Bedeutung dieses Schrittes betont:

„Ein jüdischer Forscher hat mit der ihm eigenen Geduld versucht, einen Zugang zum Christentum genau an der Stelle zu finden, wo das dem Judentum bisher am schwersten fiel, wenn nicht gar unmöglich war."[18]

Ob *Baeck* selbst - um im Bild zu bleiben - durch diese offene Tür schon hindurchgegangen ist, oder ob diesen Schritt erst andere nach ihm taten, ist allerdings nicht eindeutig geklärt. *A. Friedlander* kann gute Gründe für seine These anführen:

„Sein späteres Eingehen auf Paulus führt Baeck also nicht dazu, seine Vorbehalte hinsichtlich der paulinischen Lehren zurückzunehmen, in denen er eine Abweichung vom Monotheismus sieht."[19]

Er glaubt deshalb auch, die grundsätzliche Beurteilung des Apostels bei *Baeck* sei (entgegen meiner oben getroffenen Feststellung) über die Jahre hinweg gleich geblieben.[20] Aber auch er muß anerkennen, daß Paulus nun viel stärker als in seinen frühen Arbeiten als jüdische Persönlichkeit gewürdigt wird:

„Paulus handelt und er handelt nach jüdischer Lehre. Jüdische Probleme erfüllen seine Theologie. Mit jüdischen Methoden der Bibelinterpretation löst er diese Probleme."[21]

Friedlander versucht diese Spannung in der Einschätzung des Apostels durch *Baeck* so aufzulösen, daß er der jüdischen Person des Paulus seinen nicht mehr jüdischen Glauben gegenüberstellt. Sosehr sich für diese Hypothese Belege in den Frühschriften *Baecks* finden lassen, so wenig scheint mir dieser Gedanke aber in seinem späten Paulusaufsatz nachzuweisen zu sein. Gerade der Titel „Der Glaube des Paulus" scheint mir davon abzuraten, die auch von *Friedlander* konzedierte Neubeurteilung des Paulus nur auf dessen Person zu beschränken. So scheint mir letztlich doch wieder *Mayer* im Recht zu sein, wenn er resümiert:

„Paulus ist als ein Jude gesehen, der vom Pharisäertum herkam und auch noch in dem, was über das Judentum hinausführte, zuletzt nichts anderes als Jude sein wollte."[22]

In die gleiche Richtung geht auch das Urteil *O. Merks,* der von einem wirklichen Wandel im Paulus-Verständnis *Baecks*[23] spricht und diesen auf den kurzen Nenner bringt:

„Zunächst hat Baeck in seinen frühen Ausführungen zum Neuen Testament zwischen Je-

---

[18] Christentum und Judentum, 63.
[19] Leo Baeck, 140.
[20] Ebd.
[21] 141.
[22] 23.
[23] Judentum und Christentum, 526.

sus und Paulus die Scheidelinie von Judentum und Christentum gezogen, in seinen späten Arbeiten gehören Jesus und Paulus zusammen, und erst hinter Paulus verläuft die Grenzlinie zwischen Judentum und Christentum."[24]

2.3.2 Zwischen Orthodoxie und Reform: *Hans Joachim Schoeps* (1909-1980)

H.J. Schoeps, der in einem preußisch-jüdischen Elternhaus im Süden Berlins aufwuchs, interessierte sich schon als Schüler für religiöse Fragen. „Eine Art programmatischer Entwurf für einen Teil der Fragen, denen meine spätere Lebensarbeit auch gelten sollte" (so hält *Schoeps* in seiner Autobiographie fest), wurde von ihm bereits kurz vor dem Abitur in einer Jahresarbeit mit dem Titel „Vom religiösen Erleben, seiner besonderen Ausprägung im Judentum der Gegenwart, und einer vergleichenden Betrachtung der jüdischen und der christlichen Grundpositionen" vorgelegt.[25] Das Lob *A. Deissmanns* für dieses Erstlingswerk ermutigte *Schoeps* zum Studium der vergleichenden Religionswissenschaft, das ihn nach Heidelberg, Marburg, Leipzig und Berlin führte. Noch in seiner Studienzeit (1932) erschien sein Buch „Jüdischer Glaube in dieser Zeit",[26] das über den modernen „postjüdischen Zustand" (der zugleich ein postchristlicher Zustand sei) reflektiert, in dem der Anspruch des Gesetzes mit der autonomen Vernunft kollidiert. Die hier erkennbaren Bedenken gegenüber den traditionellen Vorstellungen von Toratreue treten auch in seinem Paulusbuch (vor allem im letzten Kapitel) wieder zutage. Dieses 1959 unter dem Titel „Paulus. Die Theologie des Apostels im Lichte der jüdischen Religionsgeschichte" erschienene Werk geht wahrscheinlich auf die intensive Schaffensperiode *Schoeps'* in seinem schwedischen Exil zurück, wohin er 1938 vor den Nationalsozialisten fliehen mußte.[27] Gleich nach dem Krieg kehrte er nach Deutschland zurück, um in Erlangen ein Extraordinariat für Religions- und Geistesgeschichte anzutreten.

Sein Buch über den Völkerapostel leitet *Schoeps* mit einer Diskussion verschiedener Ansätze der Paulusforschung ein, die alle „ein relatives Recht besitzen".[28] Daß nicht ein Ansatz allein in der Lage ist, die paulinische Theologie zu

---

[24] 527.

[25] Rückblicke, 31.

[26] Untertitel: „Prolegomena zur Grundlegung einer systematischen Theologie des Judentums".

[27] *Schoeps* schreibt in seiner Autobiographie: „In den siebeneinhalb Jahren Schweden habe ich insgesamt dreizehneinhalb Kilogramm Papier beschrieben - soviel wogen die Manuskripte, die ich bei meinem Rückflug nach Deutschland mitnahm, um daraus in den nächsten zehn Jahren sieben dicke Bücher zu veröffentlichen, die samt und sonders in der Carolina rediviva in Uppsala, der größten nordischen Bibliothek, geschrieben worden sind. (..) Neben dem siebzehnten Jahrhundert (..) war es besonders die Spätantike und die Entstehung des Christentums, die mein Interesse fesselten" (Rückblicke, 117f.).

[28] 38.

erklären, liege an der „widersprüchlichen Natur" des Apostels selbst, der „nach Herkunft und Bildungsgang ein Produkt verschiedener Kulturmilieus" war.[29] Dennoch lassen sich bereits hier erste Präferenzen des Autors für bestimmte Deutungsversuche feststellen, die festgehalten werden müssen: Die hellenistische Paulusdeutung (*Reitzenstein, Böhlig, Bousset* u.a.)[30] vermag nach Ansicht des Autors lediglich das allgemeine geistige Klima zu erhellen, in dem Paulus und seine Gemeinden lebten, aber als Quelle oder Einflußfaktor der paulinischen Theologie kommt der pagane Hellenismus nicht in Betracht.[31] Etwas mehr Recht wird der hellenistisch-jüdischen Paulusforschung eingeräumt, wenn es darum geht, die Herkunft des paulinischen Denkens zu erhellen.[32] Allenfalls eine Beeinflussung durch die anthropozentrisch-humanistische Frömmigkeit der LXX werde an mehreren Punkten deutlich.[33] Wenn *Schoeps* den Versuch *C.G. Montefiores* kritisiert, Paulus als Vertreter des jüdischen Hellenismus' vom Rabbinismus abzurücken, weil rabbinisches und hellenistisches Judentum keine unversöhnlichen Gegensätze gewesen sind, dann nimmt er damit eine Korrektur eines lange verbreiteten Vorurteils vor.[34]

Besondere Bedeutung für die religionsgeschichtliche Erforschung der paulinischen Theologie mißt *Schoeps* hingegen der palästinisch-jüdischen Paulusdeutung[35] zu, denn ohne die Diskussionen der palästinischen Lehrhäuser, so findet er, bliebe die Sünden- und Gesetzeslehre, aber noch manches andere unverständlich.[36] Freilich forme Paulus Lehr- und Glaubensgüter des Rabbinismus so um, daß daraus letztlich etwas ganz Neues, nämlich die christliche Theologie, entsteht. Während fast alle Bausteine jüdisch seien, sprenge das Endprodukt seines Denkens an manchen Stellen das im Judentum seiner Zeit Übliche und Mögliche. Weil *Schoeps* (mit *Bonsirven*, gegen *Moore*) zwischen palästinisch-rabbinischen und apokalyptischen Strömungen im Judentum keine größeren Differenzen sieht, vermag er sich auch problemlos der „Theologie der postmessianischen Situation"[37] *A. Schweitzers* anzuschließen.[38] Die Eschatologie des Apostels, seine Gesetzes-, Sünden- und Prädestinationslehre ist nach Ansicht des jüdischen Forschers apokalyptisch, ohne deshalb unrabbinisch zu sein.

Was das Verhältnis von Jesus und Paulus angeht, betont *Schoeps* zwar, daß

---

[29] 1.
[30] § 1.
[31] 11.
[32] § 2.
[33] *Schoeps* nennt u.a. folgende Punkte, an denen die LXX Paulus beeinflußt haben: Die missionarische Ausrichtung, die Tendenz zur Ethisierung, sowie die psychologisch-pädagogische Ausrichtung.
[34] Vgl. dazu auch *Hengel*, Judentum und Hellenismus, und *Lieberman*, Hellenism.
[35] § 3.
[36] 39.
[37] 33.
[38] § 4.

die Person Jesu für den Apostel keine mythische, sondern eine historische Größe gewesen sei.[39] Dennoch könne man „von einem bedeutungsvollen Einfluß der irdischen Person Jesu auf die Frömmigkeit seines Apostels in keinem Fall reden."[40] Es sei vielmehr der präexistente, überweltliche Christus, an dem Paulus interessiert ist.[41] Zu einem Gegensatz zwischen dem Irdischen und dem Erhöhten im gnostischen Sinn sei es jedoch nicht gekommen. *Schoeps* sieht trotz mancher Unterschiede eine „Abhängigkeit Pauli von der Gemeindetheologie",[42] die darin bestehe, daß „Glaubensvorstellungen der Jerusalemer Urgemeinde von dem Neophyten Paulus übernommen wurden und in seinen Briefen nachwirkten".[43] Die Existenz hellenistischer Gemeinden als Zwischenglied zwischen der palästinischen Urgemeinde und Paulus, wie sie *Heitmüller, Bousset* und *Bultmann* damals postulierten, hält er für eher unwahrscheinlich. *Schoeps* sieht zwar die Gegensätze in der Heidenmission und im Apostolatsbegriff[44] zwischen Paulus und den Uraposteln, die sich im Laufe der Missionstätigkeit herauskristallisiert haben. Aber er betont in auffallendem Kontrast zur klassischen Position der Tübinger Schule, daß diese Differenzen doch nie zu einem unversöhnlichen Konflikt mit den Säulen, bzw. den Zwölf geführt haben. Ein solcher habe lediglich zwischen Paulus und einer Sondergruppe jüdischer Extremisten bestanden, die die Ahnherren der späteren Ebioniten waren.[45]

Die Eschatologie des Apostels Paulus,[46] die sich nur angemessen verstehen lasse, wenn man dem Ansatz *A. Schweitzers* folgt, stellt für *Schoeps* den Schlüssel zur ganzen paulinischen Theologie dar:

> „Die ganze Theologie des Apostels Paulus (..) ist von der Lagebeurteilung abhängig, die Paulus für den Weltzustand *post Christum natum* gegeben hat. Diese neue Lage ist mit einem Satz zu umreißen: Der Messias der Endzeit ist bereits dagewesen, aber das Ende der Zeiten verzögert sich noch. (..) Er hat das messianische Geschehen im Rahmen der jüdischen Erwartung gesehen, aber da es in seinen Augen anders verlaufen ist, als diese Erwartung es vorsah, hat er diese Veränderung und ihren Sinn völlig neu deuten müssen."[47]

In einem zentralen Abschnitt seines Buches bezeichnet *Schoeps* Paulus als einen „Denker der postmessianischen Situation."[48] Er charakterisiert damit die Eschatologie des Apostels als eine solche, die „infolge der Auferstehung Jesu von den Toten das Eschaton schon im Rücken hat".[49] Die Gegenwart sei als

---

[39] 48f.
[40] 50f.
[41] Vgl. auch *Ehrlich,* Schuldproblem.
[42] §2.
[43] 55.
[44] § 3.
[45] § 5.
[46] Kap. 3.
[47] 85.
[48] § 2.
[49] 96.

Messiaszeit ein Zwischenstadium zwischen dieser und der kommenden Welt. In der Annahme, daß der Messias schon gekommen ist, unterscheide sich Paulus zwar vom Judentum, aber die Konsequenzen, die er aus dieser Annahme zieht, erklärten sich ganz aus der Äonenspekulation der Apokalyptik. Daß der jüdische Gelehrte im Anschluß an *A. Schweitzer* wieder auf die Bedeutung der apokalyptischen Eschatologie für das Verständnis der paulinischen Episteln aufmerksam gemacht hat, ist sehr zu begrüßen. Problematischer ist freilich, daß er ebenfalls dessen Annahme zweier verschiedener Auferstehungen, eines mystisches Gestorben- und Auferstandenseins in Christo und einer allgemeinen Totenauferstehung am Ende der Tage, übernimmt. Hier hätte *Schoeps* vielleicht doch die Einwände verschiedener Forscher[50] gegen diese Annahme ernster nehmen sollen. Anderseits ist nicht ganz einzusehen, warum der jüdische Forscher (im Gegensatz zu *Schweitzer*) die sog. „Mystik" des Apostels als untypisch für das damalige Judentum ansah.[51] Wir werden an anderer Stelle noch nachzuweisen versuchen, daß er sich in dieser Frage zu Unrecht von *Schweitzer* distanziert.[52]

Von der Eschatologie her versteht *Schoeps* nun auch die Sakramentslehre des Apostels:[53]

„Taufe und Abendmahl nehmen nach dem Verständnis des Apostels die Heilszukunft in der Gegenwart vorweg, sie sind die Klammern zwischen den beiden Äonen, ein Vehikel für die Seligkeit der Christen als des letzten Geschlechts. Die Sakramente sollen der Parusieverzögerung entgegenwirken, indem sie den erhöhten Christus - seine Wiederkehr vorwegnehmend - in der Gemeinde gegenwärtig machen. Durch die Sakramente, die also nicht naturhaftmagisch zu verstehen sind, sondern einen geschichtlichen Vorgang bewirken sollen, tritt der einzelne Christ in Gemeinschaft mit dem gekreuzigten und auferstandenen Christus."[54]

Taufe wie Abendmahl haben Analogien im Judentum, werden aber nach Auffassung von *Schoeps* von Paulus unter Anknüpfung an die hellenistischen Mysterienkulte in Sakramente umgeformt. Das sei etwas, was es bis dahin im Judentum nicht gegeben hat, und was Paulus weder aus dem Rabbinismus noch aus dem hellenistischen Judentum zugewachsen sein kann.[55] Während Paulus wie das sonstige Urchristentum Sündenvergebung und Geistempfang mit der Taufe verbunden habe, gehe er doch über das traditionelle Verständnis der Taufe hinaus, wenn er dieses Sakrament als die mystische Aufnahme des Gläubigen in die Gemeinschaft mit der Kultgottheit deutet (Röm 6,3-6). Auch das Abendmahl sei bei Paulus primär sakramentale Kommunion der Feiernden mit ihrem Herrn, zu dessen Leib diese zusammengeschlossen werden. Neben tradi-

---

[50] *Kümmel, Cullmann, Hering.*
[51] Wie *Schoeps* urteilen freilich auch *Baeck* und heute wieder *E.P. Sanders.*
[52] Vgl. 3.2.
[53] § 3.
[54] 110f.
[55] 113; vgl. *Thoma/Petuchowski,* Lexikon, 346-352.

tionellen Vorstellungen der Todesanamnese sowie der messianischen Fest-
mahlstradition hätten sich auch die hellenistischen Mysterienkulte auf das Verständnis dieses Sakraments ausgewirkt. Mit diesem Urteil scheint mir *Schoeps*
seinen eingangs geäußerten Vorbehalten gegen die hellenistische Paulusdeutung zu widersprechen, doch war diese Forschungsströmung offenbar zu stark,
um sich ihr ganz entziehen zu können.

Der jüdische Einspruch gegen die paulinische Eschatologie, den *Schoeps*
stellvertretend artikuliert, richtet sich einerseits gegen die Prolepse der Erlösung
im ersten Gekommensein Jesu. Dadurch sei

> „die Tiefe der eschatologischen Spannung, wie sie die Juden kennen, (..) abgeschwächt
> worden, denn die Wiederkunft des Gekommenen ist etwas anderes als die jüdische Messiaser-
> wartung."[56]

Andererseits müsse dem Apostel das „factum brutum der Parusieverzögerung" entgegengehalten werden. Statt eines neuen Weltzustandes sei nur eine
Theologie gekommen, die dieses Ausbleiben zu erklären versucht, und Sakramente als Vorwegnahme und Verdinglichung dieser noch ausstehenden Wirklichkeit. Wie schon zahlreiche jüdische Gelehrte vor ihm (auch solche, die dem
alten Paradigma zuzurechnen sind) würdigt *Schoeps* aber die Tatsache, daß
durch die Entstehung der Kirche auch die Völker Anteil am Gott Israels bekommen haben.

Anhand von vier Vorstellungskomplexen, von denen wir zwei an anderer
Stelle gesondert betrachten wollen,[57] versucht *Schoeps* die Entwicklung der
paulinischen Soteriologie aus jüdischen Überlieferungen nachzuweisen. Er zeigt
sich nämlich überzeugt,

> „daß der ganze Gedankengang des Apostels jüdisch vorbereitet ist, mindestens aber in le-
> gitim jüdische Elemente zerlegt werden kann, deren Kombination erst aus dem Judentum her-
> ausführt und an heidnisch-mythologische Vorstellungen anklingt."[58]

Daß dem stellvertretenden Leiden des Gerechten[59] auch im nachbiblischen
und frühtalmudischen Judentum sühnende Wirkung zugeschrieben wurde, bil-
det den Ausgangspunkt der Überlegungen des Autors zur paulinischen Soteriologie. *Schoeps* vermutet, daß die kultische Sühnopfervorstellung der zweiten
Tempelperiode „auch im innersten Kern der paulinischen Gedanken gestanden
hat".[60] Wenn er außerdem auf Beziehungen zur jüdischen Märtyrertheologie
hinweist, nimmt er damit Anregungen von *E. Lohse* auf, der vier Jahre vorher
seine Studie „Märtyrer und Gottesknecht"[61] veröffentlichte. Die zweite Wurzel

---

[56] 120.
[57] Vgl. 3.2.
[58] 129.
[59] § 1.
[60] 153.
[61] Göttingen 1955.

der paulinischen Soteriologie sieht *Schoeps* in der Gestalt des Gottesknechtes von Jes 53,[62] der s.E. schon im Judentum „frühzeitig personifiziert und messianisch verstanden" wurde.[63] Auch hier greift *Schoeps* Thesen christlicher Forscher (namentlich *H.W. Wolffs*) auf.[64] Wenngleich in manchen Punkten die heutige Forschung etwas vorsichtiger urteilt als *Schoeps,* bleibt die sorgfältige Auseinandersetzung mit der neutestamentlichen Exegese eine bemerkenswerte Leistung. Ein weiteres jüdisches Traditionselement, das für die paulinische Soteriologie eine entscheidende Rolle gespielt hat, ist laut *Schoeps* die *Aqedat Jitzchaq.*[65] Sie habe „geradezu das Modell für die Ausbildung der paulinischen Soteriologie abgegeben".[66] Etwas „radikal Unjüdische(s)" im Denken des Apostels sieht der Gelehrte hingegen im Sohn-Gottes-Glauben.[67] Seine Annahme, daß diesbezügliche Aussagen des Paulus an heidnisch-mythologische Vorstellungen anknüpfen und ontologisch gemeint sind, wird heute aber, wie wir später noch sehen werden, mit Recht von der Mehrzahl der Neutestamentler bestritten.[68]

Die Gesetzeslehre des Apostels Paulus,[69] der wir im zweiten Hauptteil ein ganzes Kapitel widmen werden,[70] beruht laut *Schoeps* wesentlich auf seiner konsequent eschatologischen Denkart. Wie beispielsweise schon *H. Graetz, E. Benamozegh, M. Friedländer* und *L. Baeck* leitet er die angebliche Aufhebung des Gesetzes bei Paulus von der oben bereits angesprochenen Äonentheologie der jüdischen Apokalyptik her, wonach mit dem Kommen des Messias' die Zeit des Gesetzes aufhört. Diese Folgerung ist nach *Schoeps* auch „im rabbinischen Judentum mindestens vertretbar gewesen".[71] Wenn der Apostel in Gal 3,10-13 die Unerfüllbarkeit der Tora behaupte, komme er zu diesem negativen Urteil nur, weil er (mit manchen der Rabbinen) voraussetzt, daß zur Rechtfertigung das Halten aller Gebote nötig sei. Doch könne die Argumentation des Apostels, daß das Gesetz zum Tode sei, weil es der allgemeinen Sündhaftigkeit nicht wehren konnte (Röm 8,2-3; Gal 3,21), kein Jude nachvollziehen. *Schoeps* vertieft seine Überlegungen zum Zusammenhang von Gesetz und Sünde[72] in einer Auslegung vom Röm 7, die im wesentlichen der von *W.G. Kümmel* begründeten *opinio communis* entspricht. *Schoeps* sieht in diesem Kapitel „eine in die Ich-

---

[62] § 2.
[63] 137.
[64] Jesaja 53.
[65] § 3; vgl. dazu auch *Meißner,* Soteriologie.
[66] 144.
[67] § 4.
[68] Siehe dazu 3.2.
[69] Kap. 5.
[70] Vgl. dazu 3.3.
[71] 179.
[72] § 3.

Form gekleidete phänomenologische Darstellung des adamitischen Menschen, unter dem Gesetz, beurteilt von der Christuserfahrung aus."[73] Wenn Paulus hier die Abrogation des Gesetzes aus der Sündenerfahrung heraus behauptet, habe er auch darin rabbinische Parallelen, nämlich die Lehre von den beiden Trieben.[74] Auch IVEsr und 1QH gehen nach Ansicht von *Schoeps* ähnlich weit wie Paulus in der Betonung der Sündenverfallenheit des Menschen. Anders als dort sei aber bei dem Apostel der Mensch prinzipiell außerstande, Gottes Willen zu erfüllen. Auch eine Umkehr wie bei den Propheten kenne er nicht. Obwohl das Fehlen einer Umkehrvorstellung bei Paulus schon öfters von jüdischen Auslegern beklagt worden ist,[75] kann man an der Richtigkeit dieser These zweifeln.[76] Andererseits hat *Schoeps* treffend hervorgehoben, daß sich Röm 5,12ff. noch ganz im jüdischen Rahmen bewegt, wenn dort der Tod auf die Sünde des ersten Menschen zurückgeführt wird. Da die Ursache des Todes aber in der Wiederholung der Tatsünden zu finden ist, könne nicht von einer Erbsündenlehre, sondern höchstens von einer Erbtodlehre die Rede sein. Der Sündenpessimismus diene Paulus der umso helleren Darstellung der Erlösungstat des Messias'. Es bleibt aber laut *Schoeps* festzuhalten, daß Paulus immer wieder die jüdische Frage nach der Bedeutung des Gesetzes stellt. Für jüdische Ohren anstößig findet der Autor aber, daß das Gesetz bei Paulus prinzipiell als unerfüllbar gilt, und zur Provokation der Sünde gegeben wurde.[77] Paulus übersehe außerdem, daß schon die Intention auf die Erfüllung des Gesetzes mit Gott verbinde,

> „weil durch sie die Bejahung der Bundestatsache geschieht, die noch vor dem Gesetz steht. Aus diesem Grunde ist auch die paulinische Rechtfertigungslehre (..) vom rabbinischen Gesetzesverständnis her geurteilt ein zu Unrecht aus der übergeordneten Heilsbedeutung herausgelöster Teilaspekt des Gesetzes."[78]

Freilich ist sich *Schoeps* der Tatsache bewußt, daß der entscheidende Schritt nicht von Paulus selbst, sondern von seinen späteren christlichen Auslegern getan wurde. Der jüdische Religionsgeschichtler fordert lange vor *Stendahl* eine „Entlutheranisierung Pauli", indem er fortfährt:

> „Gerade protestantische Exegeten tun gut daran, zwischen der Rechtfertigungslehre bei Paulus und ihrem Ort in der Theologie Luthers zu unterscheiden, der in einer nicht-eschatologischen Wirklichkeit stand und nicht richtig gesehen hat, was sie bei Paulus wirklich bedeutete: Nämlich 'ein Fragment einer Erlösungslehre', eine mit der *abrogatio legis* verbundene Kampflehre ohne Verbindung mit der Ethik, die nur auf dem Hintergrund des Glaubens an die

---

[73] 193.

[74] Vgl. hierzu und zu Röm 7 im allgemeinen auch 3.3.1.

[75] *Montefiore, Buber*.

[76] *Thieme* hat unter Hinweis auf Apg 17,30 und 1 Thess 1,9 die Meinung vertreten, daß der Gedanke der Umkehr im Sinne Jesu der tragende Grund der paulinischen Theologie sei (Paulus, 42).

[77] Vgl. dazu 3.3.1.

[78] 206.

dicht bevorstehende Zeitenwende verstanden werden darf, nicht aber als eine zeitlos gültige Wahrheit."[79]

Eigenartigerweise hat ihn diese Einsicht in die Differenzen zwischen Paulus und Luther nicht davon abgehalten, Paulus für spätere Verzeichnungen seiner Theologie mit haftbar zu machen. In für ihn recht untypischer Weise qualifiziert er den Apostel als Diasporajuden ab, dem das Gesetz „kein lebendiger Besitz mehr gewesen sein kann".[80] Das grundlegende paulinische Mißverständnis[81] sieht *Schoeps* darin, daß der Apostel nicht erkannt hat, daß das Gesetz Urkunde einer Bundesbeziehung ist.

„Weil für Paulus die Einsicht in den Charakter der hebräischen *berith* als eines Gegenseitigkeitsvertrages nicht mehr gegeben ist, hat er auch den innersten Sinn der jüdischen Gesetzes nicht mehr erkennen können, daß sich in seiner Befolgung der Bund realisiert. Deshalb beginnt die paulinische Gesetzes- und Rechtfertigungstheologie mit dem verhängnisvollen Mißverständnis, daß er Bund und Gesetz auseinanderreißt und Christus als des Gesetze Ende an dessen Stelle treten läßt."[82]

Wie schon *S. Schechter* u.a. behauptet *Schoeps,* diese Verkürzung des Gesetzesbegriffes resultiere nicht zuletzt aus der (schon in der LXX gegebenen) unglücklichen Übersetzung des hebräischen Wortes תורה mit dem griechischen νόμος.[83] Doch diese These ist aufgrund neuester Untersuchungen ebenso fraglich wie die Annahme des Autors, daß sich Paulus hier Tendenzen des jüdischen Hellenismus' zur Rationalisierung und Spiritualisierung der Toragebote anschließen konnte.[84] Hier steht *Schoeps* offenbar noch zu stark unter dem Eindruck der älteren jüdischen Polemik gegen den Apostel, als daß er hätte klarer sehen können.[85]

Im Anschluß an *M. Buber* behauptet *Schoeps,* die paulinische *pistis* sei etwas anderes als die biblisch-talmudische *emuna.* Sie sei nicht Vertrauen auf den biblischen Gott, sondern Glaube an die Messianität Jesu. Es gebe freilich eine jüdische Entsprechung zur *pistis,* nämlich die Gottesfurcht (יראת יהוה), die als eine „Haltung der Kreatursituation" dem Tun aller Gebote zugrunde liegt.[86]

Es ist ein großes Verdienst, daß *Schoeps* die heilsgeschichtliche Konzeption des Apostels Paulus im allgemeinen und das Problem der Heidenmission im besonderen in den Kontext des damaligen jüdischen Erwartungsuniversalismus'

---

[79] Ebd.

[80] 208.

[81] § 6.

[82] 230.

[83] 225.

[84] Vgl. dazu auch 3.3.2.

[85] *Thieme* hingegen gesteht in seiner Rezension *Schoeps* zu, daß Paulus „den echt föderativen Gegenseitigkeitscharakter des Verpflichtetseins zwischen Gott und Seinem Volke im Sinai-Bund zu weit hinter dem einseitigen 'testamentarischen' Verfügungscharakter zurücktreten läßt" (Paulus, 42).

[86] 213ff.

stellt,[87] der das Heil nicht auf Israel beschränkt, sondern auch für die Völker erwartet hat. Die Zukunftserwartung der Hillelschule, der auch der Lehrer des
Paulus, Gamaliel I., angehörte, sei die prophetische Hoffnung auf eine Völker-
wallfahrt zum Zion gewesen, die dem Reich Gottes notwendig vorausgeht.
Schoeps schreibt es diesen Einflüssen zu, wenn der Apostel die Heidenmission
als eine Art Beschleunigung der Endzeitereignisse betrachtete.[88] Wenn Paulus
die Geschichte als ein „Auseinanderfalten des göttlichen Ratschlusses"[89] ansieht, bleibe er ganz dem Geschichtsbild Israels verhaftet. Ein anderes univer-
salistisches Konzept, das nach Ansicht von *Schoeps* jüdischen Ansprüchen
weiter entgegenkam als Paulus, sei das Bild der Heilsgeschichte im Judenchristentum gewesen.[90] Das dort angeblich vertretene Konzept der zwei Bünde, für
das er Parallelen im modernen Judentum sieht (*J. Emden, S. Formstecher, S.
Hirsch, E. Benamozegh, F. Rosenzweig*), hält *Schoeps* für ein „noch heute ak-
tuelles Gegenstück zur paulinischen Theologie der Bünde".[91] Hier muß kritisch
angefragt werden, ob *Schoeps* hier nicht in einen Anachronismus verfällt, wenn
er das moderne, die Aufklärung voraussetzende Konzept eines heilsgeschichtlichen Nebeneinanders von Kirche und Synagoge als die Position des Judenchristentums ausgibt. Der mögliche Nutzen solcher Denkmodelle für das heutige
Gespräch zwischen Juden und Christen ist mit diesem Einwand keinesfalls bestritten.

Im letzten Kapitel behandelt *Schoeps* die religionsgeschichtlichen Perspektiven des Paulinismus. Er faßt nochmals die Überschreitungen des Judentums
durch Paulus zusammen,[92] die aber s.E. von den zahlreichen Belegen für das Jude-Sein des Apostels überwogen werden. Der jüdische Forscher kann deshalb
resümieren, daß

> „die Theologie des Apostels Paulus aus überwiegend jüdischem Glaubensgut entstanden
> ist. In einem Zeitalter messianischer Hochspannung hat der Pharisäer Saulus seiner auf dem
> Wege nach Damaskus entstandenen Glaubensüberzeugung folgend, daß das erwartete mes-
> sianische Ereignis eingetreten sei, die traditionelle Eschatologie korrigiert und mittels der apo-
> kalyptischen Zweiäonenlehre neu gedeutet."[93]

Daß *Schoeps* ein Vertreter des neuen Paradigmas der jüdischen Paulusauslegung ist, zeigt sich nicht zuletzt daran, daß er die Gesetzeskritik des Apostels
Paulus als ein innerjüdisches Problem ernst zu nehmen vermag.[94] Der Völkermissionar habe mit dem liberalen Judentum zu Recht auf die bleibende Diffe-

---

[87] § 1.
[88] § 2.
[89] 244.
[90] § 4.
[91] 263.
[92] § 1.
[93] 275.
[94] § 3.

renz von Gesetz und Willen Gottes aufmerksam gemacht. Der letzte Zweck des Gesetzes sei die mit der paulinischen *pistis* identische Gottesfurcht, wenngleich der christliche Glaube (anders als der jüdische) keine Seinsmöglichkeit sei, die in der Verfügungsgewalt des Menschen steht. Indem *Schoeps* nicht nur die religionsgeschichtliche Stellung des Paulus im Judentum verdeutlicht, sondern auch seine Lehren als für das heutige Judentum bedenkenswert herausstellt, leistet er einen wichtigen Beitrag zu der von ihm postulierten „Heimholung des Ketzers".[95] *G. Jasper* wird mit seiner Besprechung dem Autor nicht gerecht, wenn er meint, bei *Schoeps* habe sich (entgegen seinem Anspruch einer neutralen religionsgeschichtlichen Betrachtungsweise) letztlich doch die „jüdische Antiposition" geltend gemacht. Seinem Eindruck, „daß tatsächlich Paulus sich nur dem erschließt, der mit ihm seine Glaubenshaltung teilt,"[96] ist zu Recht von *K. Thieme* widersprochen worden. Trotz einzelner Rückfälle des jüdischen Gelehrten in die Vorurteile des alten Forschungsparadigmas ist dem katholischen Exegeten vorbehaltlos zuzustimmen, wenn er urteilt,

„daß bei Schoeps viel umfassender und tiefer als bei irgend einem jüdischen Autor vor ihm die genaue Messiasauffassung des Paulus (..) erkannt und zu einem Gesamtverständnis seiner Theologie genutzt worden ist."[97]

Angesichts der erstaunlichen Beherrschung sowohl der religionsgeschichtlichen Forschung als auch der biblischen Exegese kann man das Paulusbuch dieses Autors in der Tat als „eine wichtige bemerkenswerte Leistung"[98] bezeichnen, die Maßstäbe gesetzt hat nicht nur für die jüdische, sondern auch für die christliche Auslegung des Apostels.

2.3.3 Ein Kenner des hellenistischen Judentums: *Samuel Sandmel* (1911-1979)

Als *S. Sandmel* am 4. 11. 1979 starb, verlor die Wissenschaft einen der angesehensten jüdischen Neutestamentler unseres Jahrhunderts. Dieses Ansehen erwarb sich der am 23. 9. 1911 in Dayton (Ohio) geborene Gelehrte vor allem als Professor für Bibel und hellenistische Literatur am Hebrew Union College in Cincinnati (1952-1978), der Hochburg des amerikanischen Reformjudentums, wo er auch 1937 zum Rabbiner ordiniert worden war. *Sandmel* promovierte an

---

[95] 314.

[96] Mißverständnis, 144f.; auch *Lindeskog,* ein alter Bekannter des Religionsgeschichtlers aus dessen Schwedenzeit, setzt den Akzent falsch, wenn er meint, *Schoeps* habe vor allem das gegenüber dem Judentum Neue der paulinischen Konzeption hervorgehoben (Beitrag, 45). Das Gegenteil scheint mir eher zuzutreffen.

[97] 40f. So auch *Barrett:* „This is probably the best Jewish book on Paul (..) and no serious student of Paul should miss it" (JTS 12 [1961], 327); ähnlich positiv auch *Grant:* „Beyond any doubt, it is the most important contribution to Pauline studies which has been made for some time" (JR, 40 [1960], 216).

[98] So *Lindeskog,* Beitrag, 45.

der Yale University in New Haven. Von seinem damaligen Lehrer, dem ordinierten Methodisten *E.A. Goodenough,* erhielt er so starke Impulse für seine Paulusauslegung, daß er einmal sagen konnte,

„der Großteil dessen, was er über Paulus geschrieben habe, stamme von Goodenough, und er könne nicht mehr sagen, wo Goodenoughs Ansichten aufhören und seine eigenen 'geringfügigen Erweiterungen' beginnen."[99]

Dieser Einfluß seines Lehrers zeigt sich vor allem daran, daß er in seiner 1958 erschienenen Monographie „The Genius of Paul",[100] aber auch in seinen anderen, kleineren Beiträgen zur Paulusforschung den Apostel konsequent vor dem Hintergrund des hellenistischen Judentums erklärt.[101] Anders als beispielsweise *Klausner* verbindet aber *Sandmel* damit keinerlei Abwertung des Paulus. Während dem in Palästina lebenden und national gesinnten *Klausner* das Diasporajudentum nur als eine entwurzelte und randständige Variante des Judentums erscheinen konnte, vermag es der amerikanische Reformjude *Sandmel* durchaus vorurteilsfrei zu beurteilen. Er kann sogar die Ansicht vertreten,

„that to delineate Paul as a Hellenistic Jew does not asperse Paul's loyalty and allegiance to Judaism. In these he remains as firm as any Palestinian Jew would have been. It means simply that the content of his Judaism, like that of other Greek Jews, had undergone a subtle, but radical shift."[102]

Dieses Fehlen von polemischen Untertönen und die Betonung des Jude-Seins des Apostels macht *Sandmel* zu einem typischen Beispiel der jüngeren jüdischen Paulusauslegung. Die hohe Wertschätzung des Apostels äußert sich auch in einer Reihe von positiven, ja zuweilen überschwenglichen Attributen, die er auf Paulus anwendet. In einem seiner späteren Aufsätze zum Thema nennt er ihn „an irresistibly fascinating individual".[103] Auch wo er Paulus nicht folgen konnte, besonders in dessen als ungerecht empfundenen Aussagen über das Judentum und das Gesetz, stellte er nie die Integrität des Apostels in Frage. Sein christlicher Freund und Kollege *F.W. Young* attestierte ihm dies in einem Brief kurz nach Erscheinen von „The Genius of Paul":

„You abandoned yourself to the possibility that St. Paul was a man of integrity, and whatever arguments could be raised over your definitions of his terms, you let him be a man with integrity. And you showed your own in doing it."[104]

---

[99] Als indirekte Rede zitiert bei seinem ehemaligen Kommilitonen *Neudecker,* Würdigung, 39.

[100] New York 1958.

[101] Daß *Sandmel* insbesondere immer wieder Philo zum Vergleich mit Paulus heranzieht, erklärt sich daraus, daß der alexandrinische Religionsphilosoph Gegenstand seiner Dissertation war (Philo's Place in Judaism; erstmals veröffentlicht in HUCA 25 und 26 (1954-55).

[102] 15.

[103] Paul Reconsidered, 211.

[104] Brief vom 24. 12. 1958, Samuel Sandmel Papers, American Jewish Archives, Cincinnati (OH), zit. nach *Fuchs-Kreimer*, Heresy, 110.

Freilich scheint *Sandmel* an anderer Stelle an der für die frühere Auseinandersetzung charakteristischen These festzuhalten, daß Paulus mit seiner Lehre die Grenzen des Judentums (ohne dies zu wollen) faktisch sprengte: „There was a change in the fabric of religious suppositions and in the goal of the religious quest."[105] Aussagen wie diese verleihen dem Paulusbild *Sandmels* letztlich eine Ambivalenz, die nicht leicht aufzulösen ist.

Wichtiger als der religionsgeschichtliche Hintergrund des Apostels ist nach Ansicht des jüdischen Forschers seine letztlich unableitbare Individualität. Es ist deshalb einsichtig, daß *Sandmel* sein Paulusbuch mit einem Kapitel über den Menschen Paulus beginnt. Aufgrund der als echt anerkannten Paulusbriefe beschreibt er den Apostel als einen griechisch sprechenden Juden, der sich erst relativ spät zum Christentum bekehrte, dann aber mit umso größerem Eifer durch die damals bekannte Welt reiste und die Botschaft von der Auferstehung Christi verkündigte.[106] Beides, seine relativ späte Bekehrung zum christlichen Glauben wie auch seine griechische Umgebung waren nach *Sandmel* Faktoren, die wesentlich die paulinische Lehre beeinflußten. Daß der jüdische Wissenschaftler den Apostel als Diasporajuden darstellt, der mit dem rabbinischen Judentum kaum mehr als den gemeinsamen Ausgang von der Bibel teilt,[107] widerspricht nicht nur der Paulusdarstellung der Apostelgeschichte, die den Apostel in großer Kontinuität zur Jerusalemer Urgemeinde sieht, sondern auch der Selbstbezeichnung des Paulus in Phil 3,5f.: „...der ich am achten Tag beschnitten bin, aus dem Volk Israel, vom Stamm Benjamin, ein Hebräer von Hebräern, nach dem Gesetz ein Pharisäer".[108] Diese extrem einseitige Darstellung, die stark den Thesen der protestantischen Tübinger Schule des 19. Jahrhunderts verpflichtet ist, ist mit Recht kritisiert worden. Was *W.D. Davies* schon gegen *Montefiore* angeführt hatte, muß auch gegen *Sandmel* eingewendet werden: Palästinisch-rabbinisches Judentum und hellenistisches Diasporajudentum dürfen nicht so scharf voneinander abgehoben werden, wie der Autor dies tut. Weder war dieses frei von hellenistischen Einflüssen, noch war umgekehrt jenes völlig an seine heidnische Umwelt angepaßt.[109]

---

[105] Ebd.

[106] 6.

[107] 59.

[108] Mit Ἑβραῖος ist wohl (mit *Hengel*, Paulus, 220) „ein die Heilige Sprache bzw. Aramäisch sprechender Palästinajude oder ein Diasporajude, der in seiner Herkunft und Bildung aufs engste mit dem Mutterland verbunden ist", gemeint (vgl. auch 2 Kor 11,22). Auch die Selbstbezeichnung als Pharisäer deutet auf eine palästinische Herkunft hin, denn die Existenz von Pharisäern in der Diaspora ist nirgends belegt (mit *Hengel*, Paulus, 225ff.). Vgl. zu Phil 3,5f. auch *K.W. Niebuhr*, Heidenapostel, 103ff.

[109] Vgl. hierzu *P. Sigal:* „The traditional dichotomy between diaspora and Palestinian Judaism, as if the former was 'hellenistic' or heterodox and the latter hebraic-aramaic and 'orthodox', must be abandoned" (Emergence, I/1, 184). Wegbereitend für diese neue Sicht: *Hengel*, Judentum und Hellenismus.

Das jüdische Erbe des Paulus sieht *Sandmel* vor allem in der Übernahme apokalyptischer Denkmuster, die der Apostel christologisch ausdeutete. Wie die jüdischen Apokalypsen, so habe auch Paulus von einem göttlichen Beauftragten gehandelt, der das Gottesreich als Kulminationspunkt der Geschichte heraufführt - mit dem wichtigen Unterschied allerdings, daß Jesus im Unterschied zur jüdischen Tradition ein zweites Mal kommen sollte.[110] Das hellenistische Erbe wirkte sich laut *Sandmel* in der allegorischen Schriftauslegung des Apostels aus, aber auch in der universalen Weite seiner Sünden- und Erlösungskonzeption.

„Paul felt that his version of Judaism was for all humanity, yet Paul was no thoroughgoing universalist. His universalism did lead him to deny any difference between Jew and Greek, so long as both are in Christ."[111]

Nur durch die Teilhabe an der Gottheit habe Paulus eine Befreiung von der Begrenzung des Körpers gesehen. Diese Hoffnung auf die Erlösung des Menschen aus seiner mißlichen Lage habe Paulus mit den meisten seiner Zeitgenossen in der griechisch-römischen Welt geteilt. Daß Paulus die Erlösung allein in Christus verkündigte, resultiere aus seiner Bekehrungserfahrung, die die Lösung seines persönlichen Ringens mit dem Gesetz gewesen sei. Auch *Sandmel* interpretiert Röm 7 autobiographisch, wenn er behauptet:

„Paul here is being autobiographical, and not theoretical. His inability to live up to the Law is assuredly a reflection of the previous unrest in him which later led to his conversion."[112]

Daß Paulus nach seiner Bekehrung seine jüdische Vergangenheit in ein negatives Licht rückt, findet *Sandmel* psychologisch verständlich und sei auch bei anderen Konvertiten bis auf den heutigen Tag zu beobachten.[113] Daß das Gesetz auch für andere Diasporajuden problematisch war, zeigt der Autor am Beispiel Philos: Der alexandrinische Gelehrte rang ebenfalls mit der Frage nach dem Wert des jüdischen Gesetzes in einer heidnischen Umgebung. Wie Philo sei auch Paulus zu der Überzeugung gekommen, daß die auf Steintafeln niedergeschriebene Sinaitora nicht die primäre Quelle menschlicher Erlösung sein könne. Aber er unterscheide sich von seinem Zeitgenossen darin, daß er die Befolgung der Tora als nicht mehr notwendig betrachtete. Diese radikalen Konsequenzen zog Philo nicht.[114]

Obwohl *Sandmel* für die Suche des Apostels nach einem ihm gemäßen Weg zu Gott große Sympathien zeigt, kritisiert er doch, daß im Christentum alle

---

[110] 18.
[111] 21.
[112] 28.
[113] 29; ähnlich auch *Segal* (vgl. 3.1.1).
[114] 32; vgl. auch 3.3.2.

Menschen auf die persönliche Lösung, die Paulus schließlich fand, verpflichtet werden sollen:

„His idiosyncratic involvement became expanded into a kind of universal and philosophic approach, and when his Epistles became canonized into Scripture, that philosophical matrix came to be considered by orthodox Christians as revelation itself. But not everyone is built as Paul was."[115]

Diese Überlegungen zur paulinischen Gesetzestheologie verfolgt *Sandmel* im zweiten Kapitel seines Buches („Paul the Jew") weiter: Die von Paulus vertretene antinomistische Position habe das Christentum, das bis dahin eine jüdische Sekte war, von seiner Mutterreligion abgespalten. *Sandmel* verwirft ausdrücklich die von *L. Baeck* u.a. vorgeschlagene Herleitung dieser Haltung des Apostels von einer jüdischen Äonentheologie, wonach die Gültigkeit des Gesetzes mit dem Kommen des Messias' endet. Weder im Talmud noch in den Paulusbriefen sei eine solche Lehre zu erkennen.[116] Die Gesetzeslehre des Apostels, die wir im zweiten Hauptteil der Arbeit ausführlicher besprechen werden,[117] ist nach *Sandmel* vielmehr aus dem Zusammenwirken seiner persönlichen Erfahrungen und der besonderen Atmosphäre des hellenistischen Judentums zu erhellen.

Seinem Kapitel „Paul the Convert" schickt *Sandmel* eine nützliche Klarstellung des Begriffs „Bekehrung" voraus: Aus dem Abstand von fast 2000 Jahren können wir heute urteilen, daß Paulus sich vom Judentum zu etwas bekehrte, das man später Christentum nannte. Nach seinem eigenen Selbstverständnis aber sei Paulus völlig innerhalb des Judentums verblieben. Er habe sogar geglaubt, mit seiner Lehre das authentische Judentum zu verkörpern, während die Mehrzahl seiner Volksgenossen vorübergehend vom richtigen Weg abgekommen sei.[118] Der entscheidende Punkt, um den es dem Apostel laut *Sandmel* in seiner ganzen Theologie ging, sei seine Überzeugung gewesen, in Jesus Christus Gott begegnet zu sein. Doch während (wie wir gesehen haben) die ältere jüdische Forschung, aber auch noch einige jüngere jüdische Paulusausleger[119] dem Apostel vorgeworfen haben, mit seiner Christologie den jüdischen Monotheismus gefährdet zu haben, stellt *Sandmel* klar,

„that (..) Christ is in Paul's mind the vessel through which divine salvation takes place here on earth; but the Christ is not in itself, or himself, if one prefers, the autonomous dispenser of that salvation. Or, let us say, it is not Paul's belief that Christ has saved him, but rather that God has saved him through Christ."[120]

---

[115] 33f.
[116] 41.
[117] Vgl. dazu 3.3.
[118] 62f.
[119] So z.B. *Baeck* und *Schoeps* (vgl. 3.2.1).
[120] 73.

Mit dem späten *Baeck* warnt *Sandmel* davor, Paulus durch die Brille des späteren kirchlichen Dogmas zu lesen, obwohl er in der Tat bereits eine sehr „hohe" Christologie vertrete. Gerade im Hinblick auf den Vorwurf, den jüdischen Monotheismus gefährdet zu haben, der beispielsweise bei *Klausner* noch unverhohlen ausgesprochen wird, formulieren Forscher des „neueren Paradigmas", wie man sieht, doch erheblich vorsichtiger.

Sandmel vergleicht die Bekehrungsvision des Paulus mit der Berufung der vorexilischen Propheten Amos und Jeremia. Wie diese habe der Apostel den äußeren Gottesdienst Israels und die in der Tora niedergeschriebenen Gebote als relativ unwesentlich betrachtet im Vergleich zu der unmittelbaren Gotteserfahrung, wie sie ihm zuteil geworden war. Diese innere Gotteserfahrung, die als eine Art von Wiedergeburt oder Verwandlung erlebt werden konnte, habe Paulus wie die Propheten der Wirkung des Heiligen Geistes zugeschrieben.[121] Wie aus dem Menschen Jesus der Christus wurde, indem er den Geist Gottes empfing, so habe sich auch mit dem Apostel eine substantielle Veränderung vollzogen, die ihn zu einem Sohn Gottes machte. „In Christus" zu sein, heiße für Paulus einfach, mit dem Heiligen Geist begabt zu sein.

„In Paul's thought, the term 'Christ' is at times only another metaphor for the Holy Spirit. The 'Christ Jesus' is Jesus plus the Holy Spirit."[122]

Als Medium der mystischen Teilhabe an Christus fungieren in der Lehre des Paulus Taufe und Abendmahl. Zwar habe der Apostel diese Sakramente nicht erfunden, aber erst er habe sie von bloßen Erinnerungen an ein vergangenes Heilshandeln Gottes zu wirksamen Mitteln der Gemeinschaft mit Gott in Jesus Christus gemacht. Von seiner Abendmahlskonzeption hängen laut *Sandmel* auch die Synoptiker ab.[123]

Den Nutzen dieser mystischen Vereinigung habe Paulus mit verschiedenen Begriffen beschrieben, die aber ein und dasselbe Thema variieren: Versöhnung, Rechtfertigung, Vergebung, Adoption und Erlösung. Nach Paulus geschehe der mit diesen Begriffen umschriebene Prozeß durch das mystische Mit-Sterben mit Christus, das den Menschen in ein geistiges Wesen verwandelt. Da der Gläubige vor seinem Tod (im buchstäblichen Sinne des Wortes) schon (bildlich) gestorben, also in ein unsterbliches Wesen verwandelt ist, erhalte der Begriff der Auferstehung bei Paulus den Sinn von Unsterblichkeit.[124]

Mit einem deutlichen Seitenhieb auf *A. Schweitzers* futurisch-eschatologische Paulusauslegung betont *Sandmel* sehr einseitig den präsentischen Aspekt der paulinischen Eschatologie:

---

[121] 75ff.
[122] 80.
[123] 86; vgl. dazu die noch radikalere Position *Maccobys* (2.3.8).
[124] 90.

„Paul spends more words on what the Christ had already done for him and fewer on what the Christ would do in the future."[125]

Diese Betonung der Gegenwärtigkeit des Heils begründe die zentrale Stellung des Sühnetodes Christi, der sich schon jetzt heilvoll auswirkt, gegenüber der vergangenen Inkarnation und der zukünftigen Auferstehung.

Sandmel vertritt die Auffassung, die Lehre des Paulus von der Teilhabe am Tod Christi und die damit vollzogene Verwandlung von einem körperlichen in ein geistiges Wesen bedeutete einen wesentlichen Gestaltwandel des Christentums im Vergleich zum Judentum, aber auch zum vorpaulinischen Christentum. Es sei also die Christusmystik des Apostels gewesen, die aus dem Juden Paulus den Konvertiten Paulus machte.[126]

Weil Gott ihm seinen Sohn offenbart hatte (Röm 1,1; Gal 1,1.12-15; 1 Kor 1,1), glaubte Paulus, er sei von ihm als Apostel zu den Heiden berufen und gesandt. Seine Christusvision sei nach seiner eigenen Einschätzung die letzte und entscheidende Erscheinung des erhöhten Herrn vor seinen Jüngern gewesen.[127] Wenn Paulus sich in 1 Kor 15,8 als „unzeitige Geburt" (ἔκτρωμα) bezeichnete, dann könne das als eine Art von *understatement* verstanden werden. Wie andere Aussagen zeigen (2 Kor 11,5.23), habe er keinesfalls den Vorwurf seiner Gegner akzeptiert, daß seine späte Berufung der Bedeutung seines Apostolats abträglich sei.[128] Im Gegenteil: In 2 Kor 3 beanspruche er sogar als Diener des neuen Bundes eine höhere Würde als Moses, der Diener des alten Bundes.[129]

Die von *Sandmel* unterstellte Tatsache, daß Paulus nur einmal Jesus zitiert (das Ehescheidungsverbot; 1 Kor 7,10f.) und nur ein Ereignis im Leben Jesu (die Einsetzung des Abendmahls; 1 Kor 11,23-25) wiedergibt,[130] führt *Sandmel* auf eine bewußte Entscheidung des Apostels zurück. Indem er sich entschloß, nicht den Jesus „nach dem Fleisch" zu verkündigen, sondern den erhöhten Christus (2 Kor 5,16), habe er dem Inhalt seiner Theologie die Gestalt gegeben, die der Art seiner Berufung am gemäßesten war. Hätte er sich stattdessen auf den vorösterlichen Jesus berufen, hätten seine Widersacher, von denen ja viele unmittelbare Nachfolger Jesu waren, ihn sicher an Glaubwürdigkeit und Autorität übertroffen.[131]

Weil der Apostel mit seiner Variante der Verkündigung mehr Gehör fand als seine Gegner, sei das, was zunächst eine Abweichung von der traditionellen Lehre darstellte, die vorherrschende Strömung im Urchristentum geworden.[132]

---

[125] 94.

[126] 97f; Understanding, 56f.; ähnlich auch *Klausner* (vgl. 2.2.10).

[127] 99ff.

[128] 103f.

[129] 106.

[130] Der Tod am Kreuz ist immerhin ein weiteres Ereignis, das man anführen könnte.

[131] 107ff.

[132] 111f.

Sandmel hält es deshalb für nicht übertrieben, Paulus als zweiten Begründer des Christentums zu bezeichnen.[133] Sofern mit Paulus das Evangelium von palästinischem auf heidnischen Boden übergegangen ist, könne man das paulinische Christentum eine hellenisierte Version von Christentum nennen. *Sandmel* modifiziert eine These der liberalen Forschung, indem er feststellt:

> „That in him (= Paulus; S.M.) Christianity becomes Hellenized, transfirmed in terms of the environment of the religious genius who was the transformer. Paul did not create Christianity, he re-created it."[134]

Obwohl Paulus das Gesetz angeblich abrogierte, vertrat er nach *Sandmel* keineswegs einen völligen Antinomismus. Seine Ethik blieb vielmehr bis in die Einzelheiten hinein jüdisch.[135] Aber unbeabsichtigt habe er mit seiner Botschaft von der christlichen Freiheit doch die Stabilität der Kirche geschwächt, die langfristig auf verläßliche Maßstäbe angewiesen war. Diese Tatsache habe dazu geführt, daß auf Dauer das paulinische Erbe im Christentum nicht in Reinkultur durchgehalten werden konnte. Die vielfältigen Versuche anderer neutestamentlicher Schriftsteller, die Theologie des Apostels zu bewahren und zugleich den Bedürfnissen der Kirche anzupassen, behandelt *Sandmel* in den beiden nächsten Kapiteln seines Buches.

Der oben schon festgestellte Einfluß der Tübinger Schule zeigt sich am deutlichsten in dem Kapitel „Paul and the Acts of the Apostles". Der jüdische Forscher stellt eine Reihe von Diskrepanzen zwischen dem Paulusbild der Apg und der Selbstdarstellung des Paulus in seinen Briefen fest. Wie *F.C. Baur* und seine Anhänger zieht er aus dieser Beobachtung den Schluß, daß die Apg eine historisch wenig zuverlässige, weil tendenziöse Schrift des beginnenden Frühkatholizismus darstellt.[136] Der zweite Teil des lukanischen Doppelwerkes stellt für *Sandmel* „the chief tool in the neutralisation of Paul"[137] dar. Deshalb muß man sich seiner Ansicht nach erst vom Paulusbild der Apg befreien, wenn man den Apostel recht verstehen will.

> „It is my judgement that Acts not only errs egregiously in details in matters which are also found in the Epistles, but tendentiousness respecting Paul is so strong in Acts that it adds misleading and unreliable details about him."[138]

Zu diesen unzutreffenden Informationen zählt *Sandmel* z.B. den ursprünglich jüdischen Namen des Völkermissionars, sein Studium bei Gamaliel, seine Hebräischkenntnisse, seine römische Staatsbürgerschaft und die Details seiner

---

[133] 114.
[134] 116.
[135] 116f.
[136] 146ff.
[137] 155.
[138] 156.

Verfolgung der Kirche.[139] Es muß wohl nicht eigens betont werden, in welchem Maße diese Vorentscheidungen sein Paulusbild beeinflussen. Umgekehrt hat sich sicher auch sein Paulusbild auf die Auswahl und Bewertung seiner Quellen ausgewirkt. Freilich wäre es unfair, den Autor hier einer *petitio principii* zu bezichtigen. Schließlich bewegt sich jeder Forscher mehr oder minder in einem solchen hermeneutischen Zirkel, in dem sich Prämissen und Konsequenzen des eigenen Denkens nicht mehr sauber voneinander trennen lassen.

Die bewußte Verzeichnung des Apostels durch den *autor ad Theophilum* dient laut *Sandmel* dem doppelten Zweck, einerseits das von Paulus verkündigte heidenchristliche Evangelium zur Grundlage der Kirche zu machen, andererseits aber die weitreichenden Konsequenzen dieser Lehre abzuschwächen.[140] Diesem zuletzt genannten Zweck habe Lukas (wie auch anderen neutestamentlichen Autoren) die Figur des Petrus gedient, die ein notwendiges Gegengewicht gegen Paulus darstellen sollte. Die durch ihn verkörperte Kontinuität und Ordnung seien die notwendige Voraussetzung dafür gewesen, daß aus einer unberechenbaren Bewegung eine festgefügte und wohl organisierte Institution werden konnte. In seinem folgenden Kapitel „Paul and other New Testament Writings", in dem *Sandmel* den Beitrag anderer neutestamentlicher Schriftsteller zur Neutralisierung des Apostels abhandelt, beschreibt der Autor die Hintergründe dieses Prozesses so:

„Paul's advocacy of individualism, 'faith', and free religious expression seems to have been carried beyond his original intention by certain extreme Paulinists; these later embraced certain docetic views which the developing Church considered heretical and partaking of anarchy. (..) This, then gives rise to the progressive neutralisation of Paul by the creation of the so-called 'Petrine' tradition, (..) and by exhortation and then legislation for right conduct and an officialdom in Paul's name."[141]

In seiner abschließenden Würdigung des Apostels bezeichnet der jüdische Forscher Paulus als die (neben Jesus) wichtigste Person des frühen Christentums. Er habe nicht nur eine Schlüsselrolle in der Ausbildung des neutestamentlichen Kanons gespielt, sondern mit ihm habe auch die Ablösung des Christentums vom Judentum begonnen, die gegen Ende des 2. Jahrhunderts endgültig vollzogen gewesen sei. Dem auf *E. Renan* zurückgehenden Diktum, daß Paulus die Religion Jesu durch eine Religion *über* Jesus ersetzt habe, kann der Autor nur teilweise zustimmen, denn es ist s.E. unmöglich, den bekannten Paulus mit dem relativ unbekannten Jesus zu vergleichen. Wollte man den Apostel

---

[139] Die Verfolgungstätigkeit als solche leugnet *Sandmel* nicht. Das wäre wohl angesichts von 1 Kor 15,9 und Gal 1,13.23 auch nur schwer möglich.

[140] „The example of Paul, who broke with established Judaism, was preserved by the Church, virtually against its own interests. When one canonizes a rebel, one enshrines rebellion" (159).

[141] 207.

mit den Evangelisten vergleichen, was schon eher angebracht sei, dann würde der Apostel in den Augen *Sandmels* eindeutig besser abschneiden:

> „Indeed, were I a Christian, and faced with the need to choose between Paul and one of the evangelists, I would tend on most matters to prefer Paul."[142]

Der Grund für dieses Urteil liegt in der Tatsache, daß die Evangelisten nur das Portrait eines Menschen zeichnen - wenngleich eines überaus begnadeten. Paulus aber biete dem Leser „a formidable and challenging set of conceptions about a supposed divine plan in the universe."[143] Die oft überzogene und unsachliche Kritik des Apostels am Judentum und seinem Gesetz, die die Kritik eines Juden an seinem eigenen religiösen Erbe geblieben sei, lasse sich als Protest gegen jede institutionalisierte Form von Religion verstehen.[144] Diese Art des Umgangs mit paulinischen Aussagen erinnert an *E. Käsemann,* der auch die (manchmal nur vermeintlichen) Angriffe des Apostels auf das jüdische Volk und sein Gesetz verallgemeinert und daraus religions- und kirchenkritische Konsequenzen zieht. Daß damit das real existierende Judentum leicht zu einer Negativchiffre herabgesetzt werden kann (und im Falle *Käsemanns* auch faktisch herabgesetzt worden ist), ist ein mögliches Problem dieser Auslegung, das der jüdische Autor offensichtlich nicht gesehen hat.

Die Stärke einer solchen Exegese besteht freilich darin, daß sie Paulus für die Gegenwart fruchtbar zu machen versucht und nicht bei einem rein historischen Verstehen stehen bleibt. Es ist ein bemerkenswerter Umstand, wenn ein moderner Jude wie *Sandmel* den ehemaligen Erzapostaten Paulus zum Kronzeugen der modernen Werte- und Gesellschaftsordnung macht, indem er die Hochschätzung des Individuums, die Freiheit und die Unverletzlichkeit des Gewissens als säkularisierte Formen paulinischer Theologie darstellt.[145] Der kritische, aber zugleich sympathetische Zugang zu Paulus, den *Sandmel* mit vielen neueren jüdischen Arbeiten über den Apostel teilt, wird auch deutlich, wenn er resümiert:

> „The historian sees in Paul one of history's paramount religious geniuses. A modern Jew can certainly not follow Paul. But he can try to assess him more justly than Paul assessed Judaism."[146]

Es dürfte kein Zweifel bestehen, daß *Sandmel* dem Apostel alle Gerechtigkeit widerfahren ließ, die man einem jüdischen Forscher zumuten kann. Daß man seinem Paulusbild nicht in allen Zügen folgen kann, ändert an diesem Sachverhalt nichts.

---

[142] 213.
[143] 216.
[144] 218.
[145] 219.
[146] 220.

2.3.4 Ein Bürger zweier Welten: *Schalom Ben-Chorin* (geb. 1913)

Der am 20. 7. 1913 in München als *Fritz Rosenthal* geborene *S. Ben-Chorin* verbrachte seine Kindheit teils in der Metropole an der Isar, teils auf dem Land in Planegg und Greiling. Obwohl er in einem religiös indifferenten Elternhaus aufwuchs, wurde er durch die Anfeindungen seiner überwiegend katholischen Umwelt so sehr mit seiner jüdischen Herkunft konfrontiert, daß er sich als Fünfzehnjähriger zu einem traditionell-jüdischen Lebenswandel entschloß und der zionistischen Jugendbewegung *Kadima* anschloß.[147] An der Universität München studierte *Ben-Chorin* von 1931-34 Germanistik und vergleichende Religionswissenschaften. Von seinem damaligen Lehrer, Professor *Joseph Schnitzer,* empfing er bleibende Impulse für sein Lebenswerk.[148] Weitere wichtige geistige Vorbilder *Ben-Chorins* waren auch *M. Buber, M. Brod* und *H.J. Schoeps* auf jüdischer sowie *L. Ragaz, R. Bultmann* und *K. Barth* auf christlicher Seite.[149] Nachdem er mehrfach von Nazis mißhandelt worden war, wanderte er 1935 nach Palästina aus, wo er seitdem als Journalist[150] und Schriftsteller tätig war. In späteren Jahren wurde er auch mit akademischen Lehraufträgen (u.a. in Tübingen und München) betraut. Zu den unzähligen Schriften, mit denen *Ben-Chorin* zur jüdisch-christlichen Verständigung beigetragen hat, gehört die Trilogie *Die Heimkehr,*[151] deren zweiter Teil dem Apostel Paulus gewidmet ist. Das Büchlein entstand in den Monaten April bis Juli 1969, also in relativ kurzer Zeit. Es faßt aber nach *Ben-Chorins* eigenen Aussagen die Ergebnisse einer lebenslangen Beschäftigung mit dem Völkermissionar zusammen.[152]

Ben-Chorin ist ein gutes Beispiel für einen jüdischen Forscher, der sich durch existentielle Parallelen mit dem christlichen Völkermissionar verbunden fühlt. Wie Paulus so hat auch *Ben-Chorin* um die Bedeutung des jüdischen Gesetzes gerungen, wie er ist er ein Diaspora-Jude, ein „Bürger zweier Welten".[153] Sein eigener Lebensweg hat *Ben-Chorin* freilich nicht nach Damaskus, sondern nach Jerusalem geführt. Obwohl er den Realgehalt der paulinischen Christusvi-

---

[147] *Ben-Chorin* berichtet von einer Auseinandersetzung mit seiner Familie am Weihnachtsabend 1928, die ihn dazu bewog, das Elternhaus zu verlassen und für über ein Jahr zu der Familie eines Freundes zu ziehen. Dort lernte er nach eigener Aussage erstmals das orthodoxe Judentum in seiner Praxis kennen (Glaube, 12).

[148] Vgl. Leben, 230; vgl. auch Paulus, 194.

[149] Vgl. *Rueff,* Jüdische Theologie, 25.

[150] *Ben-Chorin* arbeitete 34 Jahre als Korrespondent der in Jerusalem erscheinenden Tageszeitschrift *Jedioth Chadaschoth* (Neueste Nachrichten). Während des Krieges 1948 vertrat er die größte holländische Zeitung *Het Freie Volk* (vgl. Glaube, 84).

[151] Neben seinem Paulusbuch (Paulus. Der Völkerapostel in jüdischer Sicht, München 1970) enthält die Trilogie die beiden Bände Bruder Jesus und Mutter Mirjam.

[152] *Paulus,* 194.

[153] Vgl. Leben, 231.

sion ausdrücklich anerkennt,[154] kennt er keine „Auflösung des Gesetzes durch Christologie".[155] Hier ist nach Ansicht des jüdischen Autors eine Grenze, die nicht überschritten werden darf.[156]

Das Verhältnis des Apostels gegenüber Jesus sieht *Ben-Chorin* gekennzeichnet durch Bewunderung und Beziehungslosigkeit: Obwohl Paulus hinter der Figur Jesu zurücktreten wollte, habe er letztlich an die Stelle des Rabbis aus Nazareth den erhöhten Christus gestellt. Durch seine einseitige Betonung des vertikalen Aspekts der jüdischen Messiaserwartung[157] habe er Jesus auf den „Schatten einer Vision" reduziert.[158] Die ambivalente Haltung des Diasporajuden Paulus gegenüber dem jüdischen Volk sei Jesus als palästinischem Juden völlig fremd gewesen. Dasselbe gelte auch für die Ur-Jünger, die anders als Paulus Jesus noch persönlich gekannt hatten. Sie seien einfache Leute aus Galiläa gewesen, die die Erfahrungen mit ihrem Meister möglichst wortgetreu überliefern wollten, der Apostel hingegen war (nach *Ben-Chorin*) ein jüdischer Intellektueller, der seine Version des Judentums mit Hilfe hellenistischer Vorstellungen zur Darstellung brachte.[159]

Dieser besonderen Situation in der Diaspora ist es nach *Ben-Chorin* auch zuzuschreiben, daß Paulus auf den mißverständlichen Begriff *nomos* zurückgriff, um von der jüdischen Tora zu sprechen. Die Verwendung dieses Begriffes habe die Bedeutung des hebräischen Wortes in problematischer Weise verkürzt und so bei den heidnischen Hörern des Apostels sowie bei seinen späteren Auslegern zu Fehldeutungen Anlaß gegeben.[160] Ein anderer wichtiger Aspekt, der nach Ansicht des Autors die Gesetzeslehre des Paulus wesentlich beeinflußt hat, ist sein „Leiden am Gesetz": Der vorchristliche Paulus verkörpere den „Typus des fanatischen Yeschiva-Schülers aus der Diaspora",[161] der in Jerusalem durch besonders strikte Toraobservanz sein Judesein unter Beweis stellen will. Dabei habe der Apostel, wie *Ben-Chorin* schon 1950 in einem Brief an *H.J. Schoeps* meint,

> „nur das 'Ol-hamizwoth' (Joch oder Last des Gesetzes) erfahren (..), nicht aber die 'Ssimha shel-mizwa', die Freude am Gesetz, die sich in der Maxime spiegelt: 'Mizwah hi sshar hamizwah', daß die Gesetzeserfüllung selbst Lohn des Gesetzes ist."[162]

Das Paradox, daß Paulus durch seine Damaskus-Vision nicht von der Sünde, sondern vom Gesetz erlöst wurde, habe er erst später mit Hilfe der apokalypti-

---

[154] Vgl. dazu 3.1.1.
[155] Paulus, 13; vgl. dazu unten.
[156] Ebd.
[157] Vgl. zu diesem von *Baeck* entlehnten Begriff 3.2.1.
[158] 50.
[159] 42ff.
[160] Vgl. dazu 3.3.2.
[161] 57.
[162] Suche, 63.

schen Äonentheologie zu verstehen gelernt. Auch mit seiner umstrittenen Gesetzeslehre sei der Apostel im Rahmen des Judentums geblieben.[163]

Es war nach *Ben-Chorin* der ökumenische Impuls des Paulus, der ihn zu einer Art „Amoklauf des Heils"[164] durch die ganze damals bekannte Welt veranlaßte. Der Autor überzieht vielleicht ein wenig die (an sich nicht zu leugnende) eschatologische Motivierung der paulinischen Missionsreisen, wenn er den Apostel in einem „Wettlauf mit der Zeit"[165] von Ort zu Ort hetzen sieht. Aus der Apostelgeschichte, deren Quellenwert er im Unterschied zu vielen seiner Kollegen hoch einschätzt, rekonstruiert *Ben-Chorin* drei Typen von Reden, die Paulus zur Verkündigung einsetzte:

a. Die jüdische Predigt (Drascha), die in der Art eines „Midrasch Jeschu"[166] die Messianität Jesu aus den Schriften zu belegen sucht,
b. die Reden (und Briefe) an Griechen, in denen Paulus (vergleichbar den großen Dolmetschern des Judentums *Maimonides, H. Cohen* und *M. Kaplan*) jüdischen Glauben in die Begriffswelt seiner Umwelt übertrug, und
c. die Ermahnung bereits bekehrter Christen, die (nach *Ben-Chorin*) als Anfang der christlichen Theologie gelten kann.

Diesen drei Redetypen entsprechen nach Darstellung des Autors die drei Stationen der paulinischen Missionsreisen, anhand derer der jüdische Wissenschaftler das Lebenswerk des Apostels exemplarisch beleuchtet:

a. Jerusalem, wo Paulus sich (vor allem auf dem Apostelkonzil) mit seinen Glaubensgeschwistern um die rechte Interpretation des Judentums stritt,[167]
b. Athen, wo er mit seiner Areopagrede (Apg 17) seine Gabe nachwies, „den Griechen ein Grieche" zu werden, und
c. Rom, wo sein gewaltsamer Tod die späteren Auseinandersetzungen mit Kirche und Staat anbahnte.

Großen Raum nimmt in der Paulusdarstellung *Ben-Chorins* ein Durchgang durch die sieben unbestritten echten Briefe ein. Der jüdische Forscher glaubt hier „dasselbe situationsgebundene assoziative Denken" finden zu können, „das sich auch in der dem Paulus zeitgenössischen Mischnah findet."[168] Er verweist darüber hinaus auf Ähnlichkeiten mit der hellenistisch-jüdischen Briefliteratur und den (freilich erst später bezeugten) Responsen.[169] Zu den paulinischen

---

[163] Paulus, 59.
[164] 67.
[165] Ebd.
[166] 69.
[167] Vgl. dazu 3.4.
[168] 90.
[169] Vgl. auch *Perelmuter*, der die Paulinischen Briefe als „early evidence of the emerging

Theologumena, die im Lichte der jüdischen Religionsgeschichte beleuchtet werden, gehören beispielsweise die Rechtfertigung aus Glauben, die Prädestinationslehre, das Geheimnis Israels,[170] die Vorstellung vom mystischen Leib Christi und die Lehre von der Auferstehung. Wie schon viele jüdische Ausleger vor ihm hält *Ben-Chorin* fest, daß sich Paulus mit seiner Erwartung einer baldigen Wiederkunft Christi geirrt habe. Daß damit, wie der Autor meint, die ganze Beweisführung des Apostels fraglich wird, scheint mir zwar noch nicht unbedingt ausgemacht. Doch dürfte seine kritische Anfrage an die Kirche, ob sie die nun schon fast 2000 Jahre während Parusieverzögerung hinreichend theologisch verarbeitet habe, nicht ganz unberechtigt sein. Der Hinweis *Verenos* auf die Ausbildung eines kirchlichen Bewußtseins und entsprechender Institutionen kann m.E. noch nicht die ganze Antwort auf diese Frage sein.[171] Trotz solcher vereinzelter Vorbehalte gegenüber dem Apostel erweist sich *Ben-Chorin* als ein Vertreter des neuen Paradigmas der jüdischen Paulusauslegung. Das zeigt sich, wenn er die Ergebnisse seiner Untersuchung folgendermaßen zusammenfaßt:

> „Paulus übernahm die Bausteine zu seinem theologischen Gebäude, bewußt und unbewußt, aus dem Judentum. Es gibt in diesem gewaltigen Bau der paulinischen Theologie kaum einen Bestandteil, der nicht jüdisch wäre."[172]

Ben-Chorins Ausführungen zum Hebräerbrief, den er als ein Schreiben des Apostels (oder eines seiner Gefährten) an die Qumran-Gemeinde darstellt, gehört sicher zu den schwächsten Teilen seines Buches.[173] Freilich gibt es Ähnlichkeiten zwischen der Behandlung des Priesterkönigs Melchizedek im Hebr zu der Erwartung eines priesterlichen Messias' in der Sekte am Toten Meer.[174] Doch daraus abzuleiten, daß der Brief an die Essener gerichtet sei, geht doch weit über das hinaus, was sich anhand der Quellen belegen läßt.[175] Vor allem die Tatsache, daß der Hebr an eine *christliche* Gemeinde geschrieben ist, widerstreitet der These des jüdischen Forschers, der sich hier wohl allzu sehr von der seinerzeit virulenten Qumraneuphorie hat hinreißen lassen.

Als Lehrer des Paulus benennt *Ben-Chorin* Rabban Gamaliel den Älteren und Philo von Alexandrien.[176] Auf ersteren, der dem Apostel eine Art Vaterersatz gewesen sei, habe sich Paulus später überwiegend negativ bezogen. Vor

---

responsa tradition" bezeichnet (Paul the Jew, 12, Anm. 67).
   [170] Vgl. dazu 3.5.
   [171] Paulus, 148.
   [172] 151.
   [173] 153ff.
   [174] Vgl. v.a. Hebr 7 und 11QMelch.
   [175] Anders *Daniélou,* Qumran, 148ff.; *Yadin,* Dead Sea Scrolls, 36ff. und *Kosmala,* Hebräer, denken an ehemalige Essener als Adressaten; dagegen aber z.B. *Kümmel,* Einleitung, 352.
   [176] Vgl. 159ff.

allem die angeblich neuplatonisch[177] gefärbte Leibfeindlichkeit des Apostels sei eine Reaktion auf die unbefangene Sinnenfreude seines Lehrers. Philo hingegen habe Paulus (trotz bleibender Unterschiede zwischen beiden) durchaus positiv beeinflußt, insbesondere dessen Versuch, mit Hilfe allegorischer Schriftauslegung eine Brücke zwischen Griechen und Juden zu schlagen.

Das Buch endet mit einem Lob für den Apostel, das uns schon bei früheren jüdischen Paulusauslegern aufgefallen war: Paulus habe mit seiner Heidenmission die hebräische Bibel (freilich in ihrer griechischen Version) und damit die Kunde vom Gott Israels in alle Welt verbreitet. Er habe so

„einen geschichtlichen und heilsgeschichtlichen Auftrag erfüllt, den das Judentum vernachlässigt hat."[178]

Die hier artikulierte Bereitschaft, etwas von Paulus zu lernen, was in der jüdischen Überlieferung vielleicht zu kurz gekommen ist, ist in dieser Offenheit bemerkenswert und darf als Kennzeichen eines sich anbahnenden Paradigmenwechsel in der jüdischen Beurteilung des Paulus aufgefaßt werden. Diesen Paradigmenwechsel erahnt *Ben-Chorin* wohl schon, wenn er bemerkt, daß nach einer Geschichte tragischer Mißverständnisse heute die Stunde des Paulus anbreche.[179] Die 1969 ausgesprochene Einschätzung des Autors, daß die Versuche jüdischer Autoren, in die Gedankengänge des Paulus einzudringen, nicht mehr abreißen werden, scheint sich in der Tat zu bewahrheiten.

2.3.5 Eine Stimme aus Israel: *David Flusser* (geb. 1917)

Der am 15. 9. 1917 in Wien geborene *David Flusser*[180] studierte zunächst in Prag klassische Philologie und Germanistik, nach seiner Flucht nach Palästina (1939) dann auch jüdische Geschichte. Er promovierte 1955 an der Hebrew University in Jerusalem und wurde dort im folgenden Jahr Lektor und 1965 assoziierter Professor. 1970 erhielt er den *Gail-Levin-de-Nur*-Lehrstuhl für vergleichende Religionswissenschaft zugesprochen, den er bis zu seiner Emeritierung vor wenigen Jahren bekleidete. Mit seinen zahllosen Publikationen zum Judentum der zweiten Tempelperiode und den Anfängen des Christentums, die in verschiedenen Sprachen erschienen sind, hat er sich ein Ansehen weit über die Grenzen Israels hinaus erworben.[181] Dieses Ansehen drückt sich u.a. aus in

---

[177] Diese Bezeichnung (162) ist anachronistisch, denn von Neuplatonismus spricht man erst seit Plotin (ca. 205-270).

[178] 173.

[179] 178.

[180] Biographische Informationen aus seiner Jesus-Monographie (Jesus, 156) und dem Vorlesungsverzeichnis der Hebrew-University (The Hebrew University. General Informations 1992, 81).

[181] Hier können nur die wichtigsten Beiträge Flussers genannt werden: Die rabbinischen Gleichnisse und der Gleichniserzähler Jesus, Bern 1981; Die letzten Tage Jesu in Jerusalem,

der Verleihung des Israel-Preises im Jahre 1980 sowie der Ehrendoktorwürde der Universität Luzern (1989), wo er gelegentlich als Honorarprofessor arbeitete.

Flusser sieht Judentum und Christentum nicht (wie noch die ältere Forschung)[182] als zwei gegensätzliche, einander polar gegenüberstehende Religionen, sondern als Ausdruck ein und derselben im Judentum des zweiten Jerusalemer Tempels aufkommenden „new sensitivity concerning divine justice as manifested in the world".[183] Dieser Gestaltwandel, der sich laut *Flusser* in einer selbstlosen Liebe manifestierte, die um ihrer selbst und nicht um einer möglichen Vergeltung willen geübt wird, habe die Protorabbinen und die Qumran-Essener ebenso betroffen wie das im Entstehen begriffene Christentum.

Angesichts einer solchen Charakterisierung des Christentums als Teil einer innerjüdischen Erneuerungsbewegung verwundert es nicht, daß *Flusser* auch Paulus primär vor dem Hintergrund der jüdischen Religionsgeschichte betrachtet. Auffällig ist vor allem die große Bedeutung, die *Flusser* den Essenern für das Verständnis der paulinischen Theologie beimißt. In einem frühen Aufsatz mit dem Titel „The Dead Sea Sect and Pre-Pauline Christianity" hat er nachzuweisen versucht, daß das vorpaulinische hellenistische Urchristentum[184] (vermittelt durch verschiedene Gruppen und Bewegungen wie die um Johannes den Täufer) Einflüsse der Qumran-Gemeinde aufgenommen hat.[185] Diese Einflüsse beziehen sich nicht nur auf einzelne, isolierte Übereinstimmungen, sondern auf ein „complete religious system".[186] Insofern steht *Flussers* Studie dem von *E.P. Sanders* durchgeführten Vergleich ganzer „patterns of religion" in methodischer Hinsicht näher, als letzterer anzunehmen geneigt ist.[187]

Nach Ansicht von *Flusser* geht der paulinische Dualismus von Gut und Böse[188] sowie die doppelte Prädestinationslehre, wie sie sich beispielsweise in Röm 9,6-24 findet, auf das essenische Erwählungsbewußtsein zurück. Die Er-

---

Stuttgart 1982; Bemerkungen eines Juden zur christlichen Theologie, München 1984; Entdeckungen im NT, Bd. 1: Jesusworte und ihre Überlieferung, Neukirchen 1987; Judaism and the Origins of Christianity, Jerusalem 1988 (die drei letztgenannten Bände sind Aufsatzsammlungen).

[182] Man kann hier beispielsweise an die idealtypische Gegenüberstellung beider Religionen in der Theologie *Bubers* (*emuna/pistis*) oder des frühen *Baeck* (klassische Religion/ romantische Religion) denken (vgl. 2.2.11 und 2.2.12).

[183] Judaism, 473.

[184] *Flusser* verwendet diesen Begriff im Sinne *Bultmanns*, der unter „hellenistische Gemeinde" Juden- wie Heidenchristen subsumiert (vgl. Theologie, 66).

[185] Dead Sea Sect; vgl. auch: Bildung, 18ff.; Gesetz,77f.

[186] 264.

[187] Vgl. die m.E. unberechtigte Kritik von *Sanders* an *Flusser* in: Paulus, 15f.

[188] So meint *Flusser* (in Übereinstimmung mit vielen anderen Forschern), die paulinische Gegenüberstellung von Licht und Finsternis, Christus und Belial (2 Kor 6,14-16) atme essenischen Geist (Dead Sea Sect, 218).

wählung erfolgt bei den Essenern wie im Christentum durch die unverdiente Gnade Gottes. Die Rechtfertigungslehre, in der man christlicherseits gerne das Unverwechselbare der paulinischen Theologie gesehen hat, ist also keineswegs so analogielos, wie man zuweilen angenommen hat. Als Unterschied zwischen Paulus und den Essenern hält *Flusser* allerdings fest, daß letztere nicht zu dem Schluß gelangten, daß die Rechtfertigung aus Glauben die Gebote überflüssig macht.[189] Ebenso ähneln sich nach Ansicht des jüdischen Forschers beide in ihrem verstärkten Sündenbewußtsein und der damit zusammenhängenden Gegenüberstellung von Fleisch und Geist. Schließlich macht *Flusser* darauf aufmerksam, daß sich im Bereich der Ekklesiologie in beiden Bewegungen identische Bezeichnungen für die Gemeinde finden.[190]

Es ist unmöglich, hier auf einzelne Thesen *Flussers* einzugehen, aber ein paar generelle Bemerkungen zum Thema scheinen mir doch angebracht: Obwohl sich heute, wie *J. Maier* zutreffend festgestellt hat, „in der Qumranforschung (..) nach einer Zeit optimistischer Ableitungs-, Zuordnungs- und Identifizierungsversuche eine zurückhaltendere Betrachtungsweise durchgesetzt" hat,[191] wird man nicht leugnen können, daß der israelische Gelehrte etwas Richtiges gesehen hat. Gerade seine sehr differenzierten Ausführungen zur paulinischen Gegenüberstellung von Fleisch und Geist, die man als kritische Auseinandersetzung mit den Thesen *K.G. Kuhns* und *W.D. Davies'*[192] verstehen kann, sind ein wertvoller Beitrag zum Verständnis der paulinischen Anthropologie. Aber auch die von ihm festgestellten Beziehungen zwischen der paulinischen Lehre von der Rechtfertigung aus Gnade und ähnlichen Vorstellungen bei der Sekte vom Toten Meer dürften kaum abzustreiten sein. Freilich sollten wir uns davor hüten, solche Beobachtungen überzubewerten. Qumran war nicht die einzige und wahrscheinlich nicht einmal die wichtigste jüdische Gruppierung, deren Denken auf Paulus einwirkte.

Dessen scheint sich auch *Flusser* bewußt zu sein, denn er geht auch in großer Ausführlichkeit auf die Einflüsse des rabbinischen (oder vielleicht besser: protorabbinischen) Judentums ein, die Paulus während seiner Ausbildung in Jerusalem aufgenommen hat. Freilich habe der Apostel rabbinische Theologumena nicht einfach übernommen, sondern im Lichte seiner Kreuzestheologie uminterpretiert. Diese „Umwertung jüdischer Werte", die sich laut *Flusser* an verschie-

---

[189] *Flusser* nennt diesen Schluß vorsichtig „a possible consequence" der paulinischen Lehre (Dead Sea Sect, 227); vgl. dazu auch *Lohse*, Theologie, 84f., *Schubert/Maier*, Qumran-Essener, 134 und *Berger*, Qumran, 119ff.

[190] So z.B. „Heilige Stadt", „Haus Gottes" oder „Tempel Gottes" (227ff.); vgl. auch Judaism, 75-87.

[191] *Strecker/Maier*, Neues Testament, 172.

[192] 253, Anm. 133; vgl. *K.G. Kuhn*, Temptation, Sin, and Flesh, in: Scrolls; *W.D. Davies*, Paul and the Dead Sea Scrolls, Flesh and Spirit, in: Scrolls.

denen Stellen aufzeigen läßt,[193] kommentiert der jüdische Forscher mit folgenden Worten:

> „Der gewesene Jünger, der Pharisäer, war durch sein überwältigendes Erlebnis zu einer radikalen Wendung gegen seine eigene Vergangenheit gezwungen. Darum ist er dort, wo er seiner Lehrzeit am nächsten steht, ihr auch gleichzeitig am fernsten. Sein revolutionärer Ansatz hebt zwar nicht die gelernte rabbinische Argumentation auf, aber der gedankliche Inhalt wird oft dialektisch umgekehrt."[194]

Mit dieser von *Flusser* als „paradox" oder „dialektisch"[195] bezeichneten Anknüpfung habe Paulus (gegen seinen Willen) die Abspaltung des Christentums vom Judentum zwar faktisch gefördert, doch zum endgültigen Bruch sei es erst später gekommen, als die von ihm vertretene Dialektik sich aufgrund der eskalierenden Konflikte zwischen Juden und Christen nicht mehr durchhalten ließ.[196] Es kennzeichnet das gegenüber der älteren Forschung gewandelte Paulusbild *Flussers,* daß er Paulus nicht für den Gründer des Christentums hält.

Daß *Flusser* dem neuen Paradigma der jüdischen Paulusauslegung zugerechnet werden kann, zeigt sich auch daran, daß er die paulinische Christologie, insbesondere den Glauben an den getöteten und auferstandenen Gottessohn, nicht auf die griechisch-orientalischen Erlösungs- und Mysterienreligionen zurückführt, sondern als eine Kombination jüdischer Prämissen und christlicher Schöpfungskraft versteht. Man kann, wie der Autor an anderer Stelle sagt, die neutestamentliche Christologie im allgemeinen als einen erhabenen Ausdruck der Tendenz im Judentum zur Zeit des zweiten Gemeinwesens ansehen, das Judentum zu remythologisieren. „Die Christologie zeigt die äußersten Möglichkeiten dieser Re-Mythologisierung."[197]

In der Beurteilung der Gesetzeslehre gibt es bei *Flusser* eine gewisse Akzentverschiebung: Während er in seinen früheren Beiträgen die paulinische Abwertung des Gesetzes noch recht einseitig hervorhebt,[198] würdigt er zunehmend auch dessen positive Aussagen über das Gesetz: In einem 1983 erschienen Artikel bezeichnet er den Aussagenkomplex, in dem der Apostel von der Wiederherstellung der ursprünglichen Güte der Tora durch den Messias Jesus redet, als „das Rückgrat der Gesetzestheologie des Paulus."[199] Er betont, für die protestantische Dichotomie von Gesetz und Evangelium dürfe man sich nicht auf den Heidenapostel berufen.[200] Dennoch wird *Flusser* nicht müde, auf die bleibenden Differenzen dieses Konzeptes einer endzeitlich restituierten Tora

---

[193] *Flusser* führt u.a. Röm 7,1-12; 10,5-13; Gal 3,15-20.24-25 und 4,21-5,1 an.
[194] Bildung, 28.
[195] Bildung, 28 und 32; Gesetz, 30, 32, 35 und 42.
[196] Christenheit, in: Antijudaismus, 80.
[197] Schisma, 217; vgl. zur ntl. Christologie auch: Bemerkungen, 54-65.
[198] Christenheit, 76ff.
[199] Gesetz, 41.
[200] Gesetz, 43.

zum jüdischen Religionssystem hinzuweisen: Durch die Einführung des Glaubens an Christus als die einzige Antwort auf die Gnade Gottes erhalte die paulinische Lehre von der Gnadenwahl eine polemische Spitze gegen das jüdische Gesetzesverständnis. Der jüdische und jesuanische Begriff des Glaubens erhalte bei Paulus eine neue Ausrichtung, indem er von den Gesetzeswerken abgehoben und christologisch neu gefüllt wird.[201]

So bedenkenswert die von *Flusser* vertretene dialektische Anknüpfung des Apostels an das jüdische Gesetz auch sein mag, seine These, die von Paulus (angeblich) propagierte Befreiung der Heidenchristen vom Gesetz[202] sei „eine schmerzliche Operation" gewesen, „deren *erwünschte* (Hervorhebung von mir, S.M.) Folge es war, die neue Gemeinde autonom zu machen",[203] scheint mir wenig plausibel zu sein. Ebenso problematisch ist die Behauptung, die Befreiung der Heidenchristen vom Gesetz sei „ein notwendiger Schritt" gewesen, „wenn das Christentum eine Religion für Nicht-Juden, unabhängig vom Judentum, werden sollte."[204] Setzt *Flusser* hier nicht ein Wissen um die künftige Scheidung von Judentum und Christentum voraus, das den in diesen Prozeß involvierten Personen um die Mitte des ersten Jahrhunderts noch nicht zugänglich sein konnte?[205]

Der jüdische Gelehrte gesteht Paulus zu, er habe trotz mancher problematischer Aussagen über das Gesetz stets eine positive Haltung gegenüber dem Judentum bewahrt.[206] Die zentrifugal wirkende Prädestinationslehre werde durch den jüdischen Glauben an die Erwählung ganz Israels dialektisch aufgehoben und so einem antijüdischen Mißbrauch derselben vorgebeugt. *Flusser* meint sogar,

„daß wegen seiner Liebe zu Israel und wegen seines Verständnisses der Heilsgeschichte und ihres geistlichen Gesetzes gerade Paulus es war, der die schönsten Worte über die Zukunft Israels und seine unauslöschbare Erwählung gefunden hat."[207]

Wenn er es „eine theologische Großtat"[208] nennt, wie Paulus die „Judenfrage"[209] gelöst hat, zeigt sich erneut die positive Einschätzung des Apostels, die für die neuere jüdische Paulusauslegung charakteristisch ist. Das schließt freilich nicht aus, daß *Flusser* auch Aspekte einer griechischen Bildung bei Paulus

---

[201] Bildung, 26.

[202] Nach *Flusser* setzt Paulus freilich auch bei seinen heidenchristlichen Gemeinden die Observanz einiger Minimalforderungen voraus. Vgl. dazu 3.4.

[203] 29.

[204] Schisma, 235.

[205] Vgl. dazu auch 4.

[206] EJ XIII, 191.

[207] Christenheit, 79f.

[208] Ebd.

[209] Ein von *Flusser* vielleicht ewas unbedacht verwendeter Begriff, der in diesem Zusammenhang besser vermieden würde.

findet: So habe sich der Völkermissionar bestimmter Argumentationsweisen der stoisch-kynischen Religionskritik bedient, um seine Gesetzeskritik den Heiden verständlich zu machen.[210] Seine Sicht gehe aber insofern über die Stoa hinaus, als sie theozentrisch begründet ist. Ebenso führt *Flusser* Röm 13 auf die Stoiker und deren positive Würdigung des Staates als Ordnungsmacht zurück. Schließlich könne man auch Aussagen, wonach der Christ Bürger einer himmlischen Polis sei (Phil 3,20; Gal 4,21-31), in stoischem Sinn verstehen. Doch finde die Konfrontation des Paulus mit der griechischen Geisteswelt eher indirekt, vermittelt durch das hellenistische Judentum statt. Daß sich der Apostel hellenistischer Denkweisen bedient, um sich seinen Gemeinden verständlich zu machen, ändert nach *Flusser* nichts an der Tatsache, daß Paulus „viel mehr in dem geistigen Klima der palästinischen Judenschaft verwurzelt war als seine jüdischen Landsleute in Tarsus.“[211] Seine Theologie muß primär vor dem Hintergrund des Essenismus, des Protorabbinismus und der (bereits jüdisch gefilterten) griechischen Popularphilosophie gesehen werden.

2.3.6 Ein jüdischer Freudianer: *Richard Rubenstein* (geb. 1924)

„Good theology is always embodied theology. It arises out of and reflects life.“[212] Legt man diesen Maßstab *R. Rubensteins* an sein eigenes Paulusbuch an, wird man ohne Zweifel von guter Theologie sprechen müssen. Zwar sind viele Paulusdarstellungen moderner jüdischer Forscher subjektiv gefärbt, doch nirgends spielt die Biographie des Autors eine so dominierende Rolle wie in *Rubensteins* „My Brother Paul“.[213] *A.T. Tkacik* hat dieses in Europa nur wenig gewürdigte Werk treffend charakterisiert:

„This book is a unique combination of classical psychoanalytic theory of personality development, New Testament Pauline scholarship, and personal confession.“[214]

Jesus als Bruder zu bezeichnen, ist für einen Juden heute kein Sakrileg mehr,[215] dasselbe aber im Blick auf den „Erzapostaten“ Paulus zu tun, ist immer noch ungewöhnlich. Doch wer das einleitende Kapitel „The Point of View of the Observer“[216] liest, wird leicht verstehen, warum der jüdische Theologe Paulus als einen Bruder empfindet. Die Geistesverwandtschaft, die beide Männer über den „garstigen Graben“ der Jahrhunderte hinweg verbindet, und die *Ru-*

---

[210] So beispielsweise in 1 Kor 8-10 bei seiner Behandlung der Opferfleischfrage. Auch in Röm 14 argumentiere er stoisch, wenn er die Naturreligion höher bewertet als die Gesetzesreligion, die Tage und Speisen unterscheidet.

[211] 33f.

[212] Power Struggle, New York 1974, 1.

[213] New York 1972.

[214] RRelRes 15 (1973), 56.

[215] Vgl. *Buber, Ben-Chorin.*

[216] 1ff.

benstein zu einer „fundamentally positive appreciation of Paul" veranlaßt hat,[217] wie sie bis dahin in der jüdischen Forschung kaum ihres gleichen gefunden hatte, liegt in der Parallelität des inneren Ringens mit ihrer jüdischen Herkunft begründet.

Zu den Ängsten, die *Rubenstein* mit dem Apostel zu teilen glaubt, gehört vor allem eine tief sitzende Todesangst, an der auch sein Bemühen nichts ändern konnte, nach den Spielregeln der Gesellschaft zu leben. Dieser irrationalen Todesangst und einer nicht weniger unerklärlichen Aggressivität Herr zu werden, versprach sich der aus einem säkularisierten Elternhaus stammende jüdische Forscher, als er sich in den späten 40er Jahren dem konservativen Judentum und später sogar der Orthodoxie zuwandte.[218] Doch der Versuch, durch eine peinlich genaue Befolgung der Toragebote das seelische Gleichgewicht wiederzuerlangen, scheiterte. Wie sorgsam er auch die jüdischen Observanzen einhielt, immer blieb ein Gefühl der Unzulänglichkeit zurück, das sich allmählich zu einem Haß gegen Gott steigerte. Dieses unterbewußte „Leiden am Gesetz" führte zum Zusammenbruch seines bisherigen Wertesystems, als sein drei Monate alter Sohn Nathaniel ums Leben kam.[219] Diese tiefe Krise, die ihm (wie er meint: ähnlich wie Paulus) die Unmöglichkeit vor Augen führte, durch das Gesetz Unsterblichkeit zu erlangen, vermochte er nur langsam und mit Hilfe der Psychoanalyse zu überwinden.[220] Wie Paulus in seiner Damaskusvision, so wurde *Rubenstein* in einer Art seelischer Wiedergeburt der Konflikt zwischen den religiösen Traditionen, von denen er herkam, und seinen eigenen existentiellen Erfahrungen bewußt. Wie der Apostel entschied sich der jüdische Forscher für seine eigenen Erfahrungen und entfremdete sich damit von den etablierten Institutionen des Judentums. Es war die Folge dieser Entfremdung, daß *Rubenstein* sein Rabbinat niederlegte und 1970 eine Stellung an der Florida State University in Tallahasee annahm.

Die bewegende religiöse Biographie *Rubensteins* erklärt seine Beschäftigung mit dem Apostel, deren Anfänge in die frühen 50er Jahre zurückreichen, als er in Harvard promovierte.[221] Schon während seiner Studienzeit in New York fas-

---

[217] 4.

[218] Nachdem er 1942-45 in Cincinnati am Hebrew Union College studiert hatte, wechselte er 1947 nach New York zum Jewish Theological Seminary. Seine nur mäßigen Talmudkenntnisse vertiefte er bei *Rav Isaac Hunter,* einem chassidischen Lehrer an der orthodoxen Yeshivah Chaim Berlin in Brooklyn.

[219] Das drei Monate alte Kind starb 1950 in seinem Bett infolge des „plötzlichen Kindstodes". *Rubenstein* glaubte (völlig unbegründet) an diesem Tod schuld gewesen zu sein, ja seinen Sohn umgebracht zu haben. Von daher wird seine spätere Auseinandersetzung mit der Vorstellung eines kindermordenden Gottvaters verständlich (siehe unten!).

[220] *Rubenstein,* ursprünglich ein Gegner der Freud'schen Psychoanalyse, nahm die Hilfe eines Analytikers erstmals im Herbst 1953 in Anspruch.

[221] In „Power Struggle" (131) berichtet der Autor, daß er damals Kurse über Paulus bei *H.J. Cadbury* und *S. Ahlstrom* belegte. Aus dem damals angefertigten „research paper" sei

zinierte ihn die Theologie des Apostels, den er im Anschluß an *G. Scholem* als einen „revolutionary Jewish mystic"[222] ansah. Freilich betrachtete er die paulinische Verkündigung vom Ende des Gesetzes damals noch - irrtümlicherweise, wie er aus dem Rückblick urteilt - „as opening the floodgates of moral and ethical subjectivism within Christendom".[223] Es spricht für den kritischen Geist dieses Auslegers, daß er trotz dieser Faszination die Unterschiede des paulinischen und des eigenen Lebensweges nicht unterschlägt. Dies zeigt sich vor allem im Blick auf Röm 7, das traditionell als Ausdruck des Leidens des späteren Apostels am Gesetz verstanden wurde. Doch *Rubenstein* läßt sich (obwohl dies seinem Interesse zuwiderläuft) durch die neuere Forschung[224] belehren, daß von einem Leiden am Gesetz bei Paulus keine Rede sein kann, und daß sich deshalb an diesem Punkt die Erfahrungen des Paulus nicht mit denen des jüdischen Forschers decken.[225] Ein grundlegender Unterschied zwischen beiden besteht vor allem darin, daß *Rubenstein* anders als der Apostel in Jesus nicht den Messias Israels sieht. Als moderner Mensch, dem seine religiösen Symbole transparent geworden sind, glaubt er, die Selbstheilung an die Stelle der Heilung durch Gott setzen zu müssen.

> „Psychological man can only be healed, if indeed such healing is any longer possible, to the extent he heals himself."[226]

Auch wenn *Rubenstein* also der Problemlösung des Apostels nicht beipflichten kann, bleibt es seiner Meinung nach doch das Verdienst des Paulus, den unterbewußten menschlichen Konflikten Ausdruck verliehen und so die Erkenntnisse der Freud'schen Psychoanalyse vorweggenommen zu haben:

> „Under the impact of the Christian revolution, Paul came to understand, as did later Jewish mystics, that reality as apprehended by common sense offers only hints of the deeper and truer meaning of the human world."[227]

Für Paulus sei der einzige Weg des Menschen, zu einer richtigen Beziehung zu seinem Schöpfer zu gelangen, die Identifikation mit dem erhöhten Christus. Im Anschluß an *A. Schweitzer* betont *Rubenstein* die Bedeutung der „Christusmystik" des Apostels, gegenüber der die Rechtfertigungslehre vergleichsweise unbedeutend sei. Die Existenz eines getauften Christen habe sich Paulus als „corporal solidarity with the glorified, immortal body of the Risen Christ"[228]

über 20 Jahre später My Brother Paul hervorgegangen.

[222] 19.

[223] Power Struggle, 95.

[224] Vor allem *K. Stendahl* scheint *Rubenstein* diesbezüglich nachhaltig beeinflußt zu haben (vgl. IX, 20 und 196); mehr zu Röm 7 unten in 3.3.1.

[225] 11.

[226] 21.

[227] 22.

[228] 24.

vorgestellt. Mit diesem Konzept komme er dem menschlichen Streben nach Einheit mit Gott wesentlich mehr entgegen als das Judentum, das die Differenz zwischen Schöpfer und Geschöpf hervorhebt. Andererseits bleibt er seiner Mutterreligion insofern verpflichtet, als er die Einheit mit dem Vater über den Umweg der Identifizierung mit dem älteren Bruder konzipiert. Damit bleibe die Einzigkeit Gottes gewahrt. Die Identifizierung mit Christus realisiere nicht nur die Einheit mit Gott, sondern überwinde auch die Trennung zwischen dem Ich und der Welt und verhelfe damit dem Glaubenden zur Rückkehr zu einem Bewußtseinszustand, den *Rubenstein* in Anlehnung an *Freud* „primary narcissism"[229] nennt. Hier wird zum erstenmal sein Protest gegen die Subjekt-Objekt-Spaltung deutlich, die seit *Descartes* ein wichtiges Charakteristikum des neuzeitlichen Denkens darstellt. Es ist nicht zuletzt dieser Protest, den *Rubenstein* mit anderen post-modernen Theoretikern teilt.[230]

Der Gedanke der Rückkehr zu einem idealen Urzustand spielt auch eine zentrale Rolle in den beiden Kapiteln über Taufe und Abendmahl.[231] Indem Paulus die Taufe mit Jesu Tod und Auferstehung verbindet, könne er einige der ältesten und tiefsten Assoziationen der Menschheit mit Wasser zu Bewußtsein bringen. Wasser symbolisiere für den Apostel zugleich Grab und Mutterleib, Tod der alten und Geburt der neuen, perfekten Welt.[232] Außerdem sehe Paulus in der Taufe erstmals eine Eltern-Kind-Beziehung gewährleistet, die frei ist von Angst vor einem „infanticidal parent". Die ödipale Rivalität von Vater und Sohn sei nicht einfach durch die Beschneidung (als einer Art symbolischer Kastration)[233] zu besänftigen, sondern erst durch das vollständige „Ablegen des fleischlichen Wesens" wie es in der Taufe geschieht (Kol 2,11f.). Auch das Abendmahl ist nach *Rubenstein* eine Art ritueller Verarbeitung des oben erwähnten Konfliktes:

„In the Holy Communion one partakes of Christ's omnipotence by the oldest of all forms of identification, the act of ingestion. The very same act is the oldest form of aggression, the act of consuming the desired person or thing. This allows for both crude identification with and aggressive displacement of the omnipotent one. Loving union and deicidal aggression comingle in the ritual."[234]

Dieses Verständnis des Abendmahls hat den Freud'schen Mythos vom Vatermord der vorgeschichtlichen Menschheit zur Voraussetzung. Nach diesem

---

[229] 30.

[230] Vgl. auch 2.3.12.

[231] „The Womb of Immortality", 54ff. und „The Lord's Meal", 87ff.

[232] 64f.

[233] In seiner Autobiographie (Power Struggle, 110ff.) beschreibt er die Kastrationsängste bei der Beschneidung seines ersten Sohnes Aaron (geb. 1949). Doch dürften ihm die Zusammenhänge zwischen Beschneidung und Kastration erst durch die Beschäftigung mit den Theorien *Freuds* klargeworden sein.

[234] 84.

Mythos entledigten sich einige männliche Nachkommen der primitiven Horde ihres Vaters, um so Anteil an dessen sexuellen Privilegien zu bekommen. Um ihrer Schuldgefühle Herr zu werden, projizierten sie sein Bild in den Himmel und versuchten sich durch Opfer und Gehorsam gegenüber seinen Geboten vor seiner Rache zu schützen. Es ist der dramatische Nachvollzug dieses archaischen Vatermordes, den wir laut *Rubenstein* im christlichen Abendmahl wiederfinden. Die durch das Sakrament gestiftete Einheit der Kultteilnehmer ist nichts anderes als eine Art der Konspiration von Vatermördern. Auch das jüdische Passa sei ein solches Totem-Mahl, doch während die Ängste der Menschheit vor der kindermordenden Gottheit dort noch verdrängt worden seien, habe Paulus sie zugelassen und ihnen im Abendmahl symbolischen Ausdruck verliehen.[235]

Im Gegensatz zur älteren jüdischen Paulusauslegung, die den Apostel als einen Abtrünnigen vom väterlichen Glauben ansah, charakterisiert ihn *Rubenstein* als messianischen Juden, der davon überzeugt war, daß mit dem Kommen Jesu die Endzeit angebrochen sei. Die teilweise heftigen Angriffe des Apostels auf seine jüdischen Glaubensgeschwister (z.B. 1 Thess 2,14-16) betrachtet er als Ausdruck eines Familienkonfliktes. Dafür daß diese Äußerungen später von der Kirche in antijüdischem Sinne mißbraucht worden sind, sei Paulus nicht verantwortlich zu machen. Daß der Heidenmissionar die väterlichen Traditionen im Licht der ihm zuteilgewordenen Bekehrungserfahrung neu interpretiert hat, stellt ihn nach Ansicht des Autors nicht außerhalb des jüdischen Volkes, an dessen Rettung er fest geglaubt habe. An dieser Stelle wird erkennbar, warum der amerikanische Gelehrte dem neuen Paradigma der jüdischen Paulusauslegung zuzuordnen ist. Angesichts der hohen Wertschätzung, die Jesus heute im Judentum genießt, ist folgendes Urteil *Rubensteins* zwar ungewöhnlich, aber es macht das Bemühen deutlich, den Apostel in seine Mutterreligion heimzuholen:

> „In reality it was not Paul but Jesus who instituted the irreparable breach with established Judaism. The conflict between the claims of charisma and the authority of tradition that Paul's career elicted were far less intensive than that produced by the career of Jesus."[236]

Das Anliegen des Apostels, eine vereinte Menschheit zu schaffen, in der Volks- und Glaubenszugehörigkeit keine letzte Bedeutung mehr haben, versteht *Rubenstein* im Kontext eines prophetischen Universalismus'. Selbst die Verkündigung des Evangeliums unter den Heiden habe letztlich nur den Zweck verfolgt, die jüdischen Glaubensgeschwister des Paulus zum Glauben zu bekehren. Von der Kollekte als „a demonstration of the love of the converted nations for their Jewish brethren in Christ"[237] habe sich der Apostel versprochen, Israel

---

[235] Vgl. zum Abendmahl als Totem-Mahl das Kapitel „Totemic Atonement" (78ff.), wo sich *Rubenstein* auf *Freuds* „Totem und Tabu" bezieht.

[236] 121f.

[237] 133.

davon zu überzeugen, daß nun die Endzeit angefangen habe. Diese These, die *Rubenstein* von *J. Munck* übernimmt, spielt, wie wir später noch sehen werden,[238] auch eine Rolle für sein Verständnis von Röm 9-11, das der jüdische Ausleger als Ausdruck des sich anbahnenden Bruderkonfliktes zwischen Juden und Christen ansieht.

Das Motiv von der Rückkehr zu einem idealen Urzustand ist auch für das letzte Kapitel des Buches wichtig, das von der paulinischen Adam-Christus-Typologie handelt.[239] Wie schon im apokryphen und rabbinischen Judentum habe Paulus die Endzeit in Analogie zur Urzeit gesehen. Der mit dem Messias identifizierte letzte Adam wird hier wie dort als der von Gott gesandte Mittler angesehen, der die durch die Sünde des ersten Adams korrumpierte Schöpfung wieder heilen und in ihren paradiesischen Urzustand zurückversetzen soll. Wie die Welt durch den Versuch Adams, Gott gleich zu werden, unter die Herrschaft von dämonischen Mächten gekommen ist, so wird sie durch den Verzicht Christi auf den ihm eigentlich zustehenden gottgleichen Status von diesen Mächten wieder befreit (vgl. Phil 2,6-11). Die Rückkehr zum Paradies, wo die Scheidung zwischen Gott und der Welt wieder aufgehoben sein wird, interpretiert *Rubenstein* ganz im Sinne *Freuds* als die Wiedererlangung eines zeitlosen pränatalen Urzustandes:

„If the transcendence of God is a consequence of the Fall, and if the subject-object dichotomy is a decisive manifestation of God's transcendence, then the only way the Fall could be reversed would be to obliterate the subject-object dichotomy. It is precisely the distinction between God as subject and the cosmos as object that is terminated when God becomes 'all in all'."[240]

Diese Vision des Paulus von einer endzeitlichen Wiederherstellung der ursprünglichen Einheit von Gott, Mensch und Welt ist nach Ansicht *Rubensteins* auch noch für den modernen Menschen relevant, wenngleich uns heute durch die Erkenntnisse der Psychoanalyse die Funktion religiöser Symbole, die dem Apostel noch unbekannt war, transparent geworden sei.[241]

Rubenstein hat mit „My Brother Paul" ein sehr persönliches, fast bekenntnishaftes Buch geschrieben, das die Verstehenskategorien der Freud'schen Psychoanalyse an das *corpus paulinum* heranträgt, um es so dem modernen Menschen näherzubringen.[242] Man mag es auf diesen besonderen Ansatz zurückführen, daß der Autor die Paulustexte selektiv auswählt und mit diesen auch zuweilen recht

---

[238] Vgl. dazu 3.5.

[239] The Last Adam, 144ff.; exegetisch wichtig für dieses Kapitel ist das gleichnamige Buch von *Scroggs* (Philadelphia 1966).

[240] 170.

[241] 173.

[242] Diese Methode hatte *Rubenstein* schon in seiner Dissertation über die Mythen und Legenden des rabbinischen Judentums im Lichte der Freud'schen Analyse erprobt (The Religious Imagination).

assoziativ umgeht. Doch diese Tatsache rechtfertigt m.E. nicht den Vorwurf *V.P. Furnishs, Rubensteins* psychoanalytische Auslegung gehe auf Kosten der historischen und theologischen Glaubwürdigkeit.[243] Daß dies nicht der Fall ist, zeigt sich beispielsweise an seiner Interpretation von Röm 7, wo er (wie wir gesehen haben) entgegen seinem erkenntnisleitenden Interesse ein autobiographisches Verständnis dieser Stelle verwirft.[244] Obwohl er *Freud* hoch schätzt, folgt er diesem nicht in seiner apologetischen und polemischen Grundhaltung gegenüber dem Apostel - ein weiterer Beweis für die intellektuelle Eigenständigkeit des Autors.[245] Auch sonst zeigt sich der jüdische Forscher ausgesprochen gut informiert, was die neuere historisch-kritische Paulusforschung angeht.[246] Man wird deshalb trotz einzelner kritischer Nachfragen[247] in die anerkennenden Worte *R. Scroggs'* einstimmen dürfen:

> „This book is no empty flight of imagination. It is grounded in an intense personal struggle, years of reflection upon psychoanalysis, and a remarkably well-read and competent study of scholary materials about Paul."[248]

2.3.7 Ein unorthodoxer Orthodoxer: *Michael Wyschogrod* (geb. 1928)

Einer der wenigen orthodoxen Juden, die sich mit Paulus beschäftigt haben, ist *M. Wyschogrod. Wyschogrod* wurde am 28. 9. 1928 in Berlin geboren, war aber durch den Nationalsozialismus gezwungen, 1939 in die USA zu fliehen. 1975 erhielt er einen Lehrstuhl für Religionsphilosophie an der City University of New York zugesprochen, wo er schon seit seiner Promotion an der Columbia-University 1953 unterrichtete. Für den Dialog mit dem Christentum setzte sich der neuerdings in Houston/Texas lebende *Wyschogrod* u.a. als Direktor des Instituts für jüdisch-christliche Beziehungen des Amerikanisch-Jüdischen Kongresses, aber auch als Diskussionsteilnehmer bei einigen Deutschen Evangelischen Kirchentagen ein.

---

[243] PerkJ 26 (1973), 62.

[244] Paul, 11.

[245] Diese Eigenständigkeit gegenüber *Freud* hat auch *Fuchs-Kreimer* festgestellt (Heresy, 274); vgl. zum Freud'schen Paulusbild a.a.O., 172ff.

[246] Dies muß auch *Furnish* zugestehen, er kommt zugleich aber zu dem Ergebnis, die von *Rubenstein* angewendete Methode könne nicht einmal in einem sekundären Sinn exegetisch genannt werden (a.a.O., 62).

[247] Obwohl Auferstehung und ewiges Leben für Paulus wichtige Themen sind, hat *Rubenstein* das Streben nach Unsterblichkeit vielleicht zu einseitig in das Zentrum der paulinischen Theologie gerückt (so auch *Furnish,* a.a.O., 63 und *Fuchs-Kreimer,* Heresy, 281). Außerdem ist die Endzeit für den Apostel nicht einfach eine Rückkehr zu einem prälapsalen Zustand, jedenfalls was den Menschen angeht (vgl. die πολλῷ μᾶλλον-Schlüsse wie z.B. in Röm 5,15f.).

[248] Encounter 34 (1973), 64. Eine positive Würdigung von *Rubensteins* Paulusauslegung findet sich auch bei *A.F. Louis* in: *Perelmuter,* Paul the Jew, 29-34.

Wyschogrod hat sich in mehreren Beiträgen mit der paulinischen Gesetzes-kritik auseinandergesetzt, die er als die einzige Kritik bezeichnet, die er wirk-lich interessant fand.[249] Interessant vor allem deshalb, weil sie keine Kritik des Gesetzes im abstrakt-philosophischen Sinn darstellt, sondern eine Kritik an der Tora als der Bundesurkunde des jüdischen Volkes. Hier fühlt sich der orthodoxe Jude verständlicherweise an der Wurzel seiner theologischen Existenz betrof-fen.

Die Einseitigkeit, mit der Paulus die negativen Aspekte des Gesetzes heraus-stellt, läßt sich nach *Wyschogrod* teilweise aus der überwältigenden Erfahrung seiner Christusoffenbarung erklären, gegenüber der schlechthin alles andere verblassen mußte.[250] Doch könne dies noch nicht die ganze Antwort sein. Den Schlüssel für das paulinische Gesetzesverständnis sieht *Wyschogrod* letztlich darin, daß sich der Apostel an ein heidenchristliches Publikum wendet, das er davon abhalten will, sich zum Judentum zu bekehren.[251] Diese negative Haltung gegenüber potentiellen heidnischen Konvertiten teile Paulus mit den meisten Rabbinen damals wie heute, wenngleich sie bei ihm christologisch motiviert war: Weil Gott durch Jesus Christus für Heiden einen Zugang zum Haus Gottes geschaffen hat, der nicht vom Halten der Toravorschriften abhängt, ist es nicht nötig, Jude zu werden. Durch das Christusereignis ist die Kluft zwischen Juden und Nichtjuden zwar kleiner geworden, aber keineswegs aufgehoben: Während Heiden als Heiden (d.h. ohne die ganze Tora auf sich zu nehmen) gerettet wer-den können, bleiben Juden und Judenchristen weiterhin auf das Gesetz ver-pflichtet.[252] Für sie stellt das Christusereignis die Versicherung dar, daß die Gnade Gottes, die nach rabbinischer Lehre zu seiner Gerechtigkeit in einer dia-lektischen Spannung steht, das letzte Wort behalten wird.[253]

Wir werden auf dieses interessante, aber exegetisch leider nicht immer aus-reichend fundierte Konzept, das *Wyschogrods* Beeinflussung durch *M. Barth* zeigt, noch ausführlich zurückkommen.[254] Es stellt einen der konsequentesten Versuche dar, Paulus in das Judentum heimzuholen. Auch *N. Fuchs-Kreimer* sieht die Bemühungen des Autors um Paulus als

„an extremely important step toward beginning to appropriate Paul as a Jewish teacher."[255]

Der Apostel wird nicht nur als guter Jude gelten gelassen, sondern seine Theologie wird für den Ausleger sogar zum Anlaß, sein jüdisches Selbstver-ständnis neu zu bestimmen. Die Beschäftigung mit Paulus hat *Wyschogrod* nach

---

[249] Law, 406.
[250] Impact, 731f.
[251] Law, 431; Impact, 732f.
[252] Paul, 3.
[253] Paul, 17.
[254] Siehe dazu 3.3.5 und 3.4.
[255] 286f.

eigener Aussage die zentrale Bedeutung des Gesetzes für das Judentum neu vor
Augen geführt, zugleich aber an die unaufgebbare Differenz zwischen Gott und
Gesetz erinnert. Ähnlich wie *M. Buber* und *H.J. Schoeps* (letzterer ebenfalls
unter ausdrücklicher Berufung auf Paulus) sieht *Wyschogrod* im Judentum die
Gefahr, daß Gott hinter seinem Gesetz verschwindet. Wenn er bekennt, sein Judentum beginne nicht am Sinai, sondern mit Abraham,[256] dann räumt er damit
(ähnlich wie Paulus) dem Bund gegenüber dem Gesetz eine zeitliche und sachliche Priorität ein.[257] Ein zweiter wichtiger Punkt, an dem *Wyschogrod* zugibt,
von Paulus und dem Christentum gelernt zu haben, betrifft seine Haltung gegenüber Nichtjuden. Die Erwählung Israels dürfe nicht zu einem Desinteresse
oder gar zur Arroganz gegenüber dem Rest der Welt führen, sondern müsse
auch den Segen der Heidenvölker im Auge behalten.[258] Schließlich ist *Wyscho-*
grod bereit, sich von Paulus daran erinnern zu lassen, daß die Gnade Gottes
seine Gerechtigkeit übersteigt. Dies sei vom Judentum nicht immer eindeutig
genug festgehalten worden.[259] In der Person des orthodoxen Wissenschaftlers
begegnet uns (nach den vorangegangenen Beispielen müßte man sagen: erneut)
„a contemporary Jew who uses Paul as a Jewish resource for learning about
how to be a Jew."[260] Wir haben zuvor gesehen, daß eine solche Lernbereitschaft
bei früheren jüdischen Forschern (abgesehen von einzelnen Ausnahmen vielleicht) noch nicht anzutreffen war.

2.3.8 Ausnahme von der Regel (II): *Hyam Maccoby* (geb. 1924)

Wir versuchen in diesem Teil unserer Arbeit einen Paradigmenwechsel in
der jüdischen Paulusauslegung nachzuweisen, dessen wichtigstes Kennzeichen
die positive Würdigung des Apostels als einer Figur der jüdischen Religionsgeschichte darstellt. Eine Ausnahme von diesem Trend stellen die Arbeiten *H.*
Maccobys dar. In drei Monographien[261] und mehreren Aufsätzen[262] hat der Bi-
bliothekar und Dozent des Leo-Baeck-Colleges in London ein Bild von der Geschichte des frühsten Christentums entworfen, das als ein Rückfall in die Polemik des 19. und beginnenden 20. Jahrhunderts bewertet werden muß.

Maccoby charakterisiert Jesus als einen Messiasprätendenten, der das Juden-
tum von der Fremdherrschaft der Römer befreien wollte, damit aber scheiterte.
Wie die meisten jüdischen Forscher heute sieht er in ihm einen gesetzestreuen
Pharisäer, der mit allem, was er sagte und tat, innerhalb des Judentums blieb.

---

[256] Impact, 735.
[257] Vgl. Gal 3 und Röm 4.
[258] Paul, 23f.; Impact, 735f.
[259] Paul, 25f.
[260] *Fuchs-Kreimer*, Heresy, 286.
[261] Revolution in Judaea; Mythmaker; Paul and Hellenism.
[262] Parting, Paul and Pharisaism, Paul and Circumcision, Paul and the Eucharist.

Auch die Jerusalemer Urgemeinde habe an der Tora festgehalten und ihre Hoffnung auf die Rückkehr Jesu habe im Einklang mit der (angeblich) völlig diesseitigen Messiaserwartung des Judentums gestanden. Erst Paulus habe mit seiner auf hellenistische Vorbilder zurückgreifenden Erlösungslehre die Grenzen des Judentums gesprengt.

„Paul, not Jesus, was the founder of Christianity as a new religion which developed away from both normal Judaism and the Nazarene variety of Judaism. (..) Paul derived this religion from Hellenistic sources, chiefly by a fusion of concepts taken from Gnosticism and concepts taken from the mystery religions, particularly that of Attis."[263]

Die dieser scharfen Gegenüberstellung von Jesus und Paulus zugrunde liegende Ausgrenzung des Völkerapostels aus dem Judentum zeigt sich beispielsweise daran, daß *Maccoby* energisch bestreitet, daß Paulus ein Pharisäer gewesen sei. Die anderslautende Auskunft der Apg[264] verwirft er ebenso als unhistorisch wie die Selbstbeschreibung des Apostels in Phil 3,6.[265] Doch *Maccoby* geht noch weiter: Aufgrund einiger judenchristlicher Texte bzw. Fragmente[266] bestreitet er nicht nur, daß Paulus Pharisäer war, sondern er spricht dem Apostel gänzlich seine jüdische Abstammung ab. Der Sohn wahrscheinlich gottesfürchtiger Heiden aus Tarsus („a man of doubtful antecedents")[267] hat sich laut *Maccoby* erst später zum Judentum bekehrt und dabei seinen griechischen Namen[268] zu „Saul" geändert. Sein Versuch, sich in der pharisäischen Bewegung als Gelehrter Ansehen zu erwerben, sei an seinen mangelnden Fähigkeiten[269] gescheitert. Er habe diese Enttäuschung zu kompensieren versucht, indem er sich als Scherge des Hohenpriesters verdingte.[270]

Die Bekehrung des Paulus beschreibt *Maccoby* als die plötzliche Lösung des Konfliktes zwischen der Faszination des späteren Apostels durch das Judentum und seinen Jugenderinnerungen an die paganen Kulte seiner Vaterstadt Tarsus.

---

[263] Mythmaker, 16.

[264] Apg 22,3; 23,6; vgl. 26,4f.

[265] Aussagen wie Phil 3,6 stellt *Maccoby* als schlicht erlogen dar. Seine Hauptargumete gegen die pharisäische Herkunft des Paulus sind neben dem angeblich völlig unjüdischen Charakter der paulinischen Theologie (siehe dazu weiter unten!) seine angebliche Unkenntnis der rabbinischen Auslegungsmethoden (Mythmaker, 62ff.; vgl. aber *Cohn-Sherbok*, Paul and Rabbinic Exegesis; *Plag*, Gezera schawa) und seine Tätigkeit als Verfolger der ersten Christen, die für einen Pharisäer undenkbar gewesen sei (Mythmaker, 50ff.).

[266] *Maccoby* führt (Mythmaker, 172ff.) folgende Quellen gegen Paulus ins Feld: a.) Die verstreuten Bemerkungen über die Ebioniten bei den Kirchenvätern Justin, Irenäus, Hippolyt, Origenes, Tertulian und Hieronymus (2.-4. Jhd.), b.) Die Pseudoclementinische Literatur (2. Jhd.), und c.) das arabische Manuskript, das *Pines* (Jewish-Christians) entdeckte (10. Jhd., enthält angeblich Angaben über eine judenchristl. Sekte des 5. Jhd.).

[267] Mythmaker, 81.

[268] *Maccoby* vermutet „Solon" als ursprünglichen Namen des Apostels.

[269] Diese mangelnde Begabung zeigt sich nach *Maccoby* auch noch an vielen Stellen der Paulusbriefe.

[270] Mythmaker, 95ff.

Dieser Konflikt spiegle sich auch in Röm 7 wider, das der Autor autobiographisch versteht. Der psychologische Dualismus des Apostels gründe in einem metaphysischen Dualismus und habe nichts mit der pharisäischen Lehre von den beiden Trieben zu tun, sondern müsse im Kontext der gnostischen Lehre von Geist und Fleisch gesehen werden.[271]

Doch nicht nur hier sieht *Maccoby* die paulinische Theologie durch den Gnostizismus[272] beeinflußt: Paulus lege eine typisch gnostische Weltfeindlichkeit an den Tag, die nicht nur eine Abwertung des biblischen Schöpfergottes, sondern auch einen völlig unjüdischen Sündenpessimismus im Gefolge hat. Schließlich sei auch die paulinische Torakritik, sowie sein (angeblicher) Antisemitismus vom Gnostizismus her zu verstehen.[273] Daneben habe Paulus auch wesentliche Elemente der antiken Mysterienreligionen übernommen. Dazu gehört nach Ansicht *Maccobys* der Mythos vom Abstieg des göttlichen Erlösers in einem menschlichen Leib und von seinem gewaltsamen Tod, der als stellvertretend für die sündige Menschheit Sühne leistet und künftige Auferstehung und Unsterblichkeit verbürgt.[274] Dieser Mythos wird nach Ansicht des jüdischen Auslegers analog zu den hellenistischen Mysterienmahlen durch das Abendmahl kultisch vergegenwärtigt. *Maccoby* versucht gegen die überwiegende Mehrzahl der Neutestamentler zu zeigen, daß die Evangelienüberlieferung vom letzten Mahl Jesu auf paulinische Beeinflussung zurückgeht.[275] Natürlich kann *Maccoby* nicht ganz abstreiten, daß auch jüdische Einflüsse auf Paulus gewirkt haben. So habe der Apostel ausgiebig von heilsgeschichtlichen Vorstellungen der hebräischen Bibel Gebrauch gemacht, um die von ihm gegründete neue Religion als die Erfüllung des Judentums darzustellen. Doch wie bei den Gnostikern sei die Abhängigkeit von der Bibel mit einer Rebellion gegen sie verbunden gewesen. Indem Paulus wichtige Figuren der jüdischen Geschichte wie Abraham zu Kronzeugen der eigenen Position gemacht hat, habe er die Juden zu Fehlinterpreten ihrer eigenen heiligen Schriften abgestempelt.[276] Dadurch wurde er zu einem Bindeglied zwischen dem gnostischen Antisemitismus der Antike und der späteren Judenfeindschaft der Kirche.

Dieses von *Maccoby* gezeichnete Bild des frühen Christentums ist eine Karikatur und hat mit der historischen Wirklichkeit wenig zu tun. Daß ein solches Zerrbild des Paulus nur mit Hilfe einer sich als Tendenzkritik ausgebenden selektiven Auswahl der Quellen (und einer oft haarsträubenden Exegese dersel-

---

[271] Mythmaker, 92f.

[272] Gnostizismus stellt für *Maccoby* ein elitäres Lehrsystem dar, das durch eine weltfeindliche („acosmic") Grundhaltung charakterisiert ist. Die von *Scholem* als jüdische Gnosis bezeichneten mystischen Strömungen schließt er ausdrücklich aus (Paul and Hellenism, 1ff.).

[273] Paul and Hellenism, 36ff.

[274] 55ff.

[275] Mythmaker, 110ff.; Paul and Hellenism, 90ff.; Paul and the Eucharist.

[276] Vgl. 48ff.; Mythmaker, 197f.

ben) zustande kommt, zeigt sich schon daran, daß der Autor fast nichts, was wir im NT über Paulus erfahren, als historisch zuverlässig gelten läßt, die antipaulinische Polemik eines viel späteren judenchristlichen Fragments (Epiphanius, *Panarion,* 30.16.6-9) dagegen für bare Münze nimmt. *Maccobys* jüdischer Kollege *E. Rivkin* kritisiert hier zu Recht:

„To sweep away Paul's own impassioned listing of his Pharisaic bona-fides in favour of a forth century disfigurement is thus to fly in the face of sound critical scholarship and simple common sense."[277]

Um die Pharisäer möglichst deutlich von dem vermeintlich quietistischen Paulus[278] abzuheben, charakterisiert sie *Maccoby* als „trouble-makers and thorns in the flesh of the political authorities".[279] Daß er sich dafür auf das Zeugnis des Josephus beruft, kann nur verwundern, hat doch gerade dieser jüdische Historiker die Pharisäer als Friedenspartei dargestellt, die den Krieg gegen die Römer von Anfang an als wahnwitziges Unternehmen ablehnten.[280] Daß sich die Römer nach dem Krieg gerade der Pharisäer bedienten, um eine neue jüdische Selbstverwaltung aufzubauen, spricht ebenfalls gegen *Maccobys* Bild der Pharisäer.[281]

Ähnlich irreführend ist auch *Maccobys* Darstellung Jesu als eines Messiasprätendenten, dessen Anliegen, die Römerherrschaft abzuschütteln, ganz der politisch-nationalen Messiaserwartung des damaligen Judentums entsprochen hat. Erstens ist keineswegs gesichert, daß Jesus für sich den Messiastitel je in Anspruch genommen hat. Zweitens kann von einer einheitlichen Messiaserwartung im Judentum der zweiten Tempelperiode keine Rede sein. Wie wir noch sehen werden,[282] gab es eine große Bandbreite solcher Erwartungen, von denen nicht wenige auf transzendente Erlösergestalten gerichtet waren. Schließlich dürfte sich der Anspruch Jesu kaum auf den politischen Aspekt reduzieren lassen, so wenig dieser ganz zu leugnen ist.

Am schlimmsten aber hat *Maccoby* das Bild des Paulus verzeichnet. Man muß den Apostel nicht unbedingt mögen, um ein Buch über ihn zu schreiben. Doch wer Paulus zu einer Karikatur verunstaltet, um ihn so möglichst leicht „erledigen" zu können, darf sich nicht wundern, wenn ein anderer (ebenfalls jüdischer) Paulusausleger über das Ergebnis dieses Unterfangens urteilt:

„In the end, Maccoby does more harm than good, because his book is not written by a scholar for the sake of scholarship. It is the book of a man consumed with outrage, rightly or

---

[277] Odyssey, 226.
[278] Vgl. Mythmaker, 163.
[279] Mythmaker, 26
[280] Vgl. *P. Schäfer,* Pharisäismus, in: Paulus und das antike Judentum.
[281] Vgl. *Alon,* Removal.
[282] Vgl. 3.2.1.

wrongly, who uses his education to speak his outrage to the scholarly community. In my opinion, the effect of his writing is destructive, not constructive, to scholarly progress."[283]

Man kann wohl mit *Segal* in Frage stellen, ob irgendwelche Mysterienreligionen vor dem Aufkommen des Christentums einen sterbenden und auferstehenden Gott angebetet haben, dessen Tod heilsbedeutsam ist.[284] Wie er bestreitet heute die Mehrzahl der Wissenschaftler die von der Religionsgeschichtlichen Schule (*W. Bousset, R. Bultmann*) aufgestellte und von *Maccoby* übernommene These von einer massiven Beeinflussung des frühen Christentums durch die Mysterienreligionen.[285] Auch eine Abhängigkeit des Paulus vom Gnostizismus läßt sich nicht nachweisen. Es gibt jedenfalls, wie *M. Hengel* richtig festgestellt hat, „keinen in den Quellen nachweisbaren - chronologisch - vorchristlichen gnostischen Erlösermythos".[286] Die nächsten Parallelen für eine präexistente göttliche Erlösergestalt finden sich, wie wir noch an anderer Stelle zeigen werden, nicht im paganen Hellenismus, sondern im Frühjudentum.[287]

Wenn *Maccoby* die Religion des Paulus als eine Amalgamierung von Mysterienreligion und Gnostizismus darstellt, bedeutet das einen Rückfall zu den Thesen der Forschung des 19. Jahrhunderts.[288] Wenngleich die alte Polemik auch bei anderen jüdischen Forschern noch gelegentlich anklingt und sich auch unter Laien teilweise hartnäckig hält, darf doch das Paulusbild *H. Maccobys* als dem jüngsten Trend entgegenlaufend bezeichnet werden.

2.3.9 Ein Konvertit zum Judentum: *Lester Dean* (geb. 1950)

Der 1950 im US-Bundesstaat Illinois geborene *L. Dean* hat sich am jüdischchristlichen Gespräch über Paulus vor allem in Form seiner Beiträge in dem 1990 erschienenen Band „Bursting the Bonds?" beteiligt.[289] Diese Beiträge sind das Resultat mehrerer Vorträge, die *Dean* (zusammen mit anderen Fakultätsmitgliedern der Temple-University) zwischen 1980 und 1986 in Deutschland (Ost und West) gehalten hat. Der vor etwa 20 Jahren vom Christentum zum Judentum übergetretene *Dean* war damals Doktorand an der Temple-University in Philadelphia, wo er wie auch am Cabrini-College einen Lehrauftrag für Reli-

---

[283] *Segal,* Rez. von Paul and Hellenism (noch unveröffentl.), 4. In seinem Paulusbuch nennt *Segal Maccobys* Arbeiten über das frühe Christentum „...a recent example of how dangerously wrong a scholar can go when relying on a romantic, imagined sense of commonality with Paul, without addressing the nature of the historical data. The result in these cases is historically flawed and polemical, apologetic, and tendentious" (Paul, 307, Anm. 5).

[284] Rez. von Paul and Hellenism, 3

[285] Vgl. *Hengel,* Sohn Gottes, 41 ff.

[286] 56; vgl. auch *Berger,* Art. „Gnosis/Gnostizismus", TRE XIII, 519-525.

[287] Vgl. dazu 3.2.

[288] Vgl. auch *Gagers* Rezension von Mythmaker.

[289] Bursting the Bonds?.

gion hatte. *Dean* arbeitet heute für eine Computerfirma bei Philadelphia, wo er auch lebt. In einem persönlichen Gespräch ordnete er sich eher dem liberalen Flügel des Judentums zu, was sich mitunter auch an seinem Paulusbild bemerkbar macht.

Wie für viele Juden stellt für *Dean* das traditionell-christliche Verständnis des Apostels Paulus als eines jüdischen Renegaten, der dem Judentum abschwor wegen dessen (angeblich) legalistischen Charakters, keine Basis für ein jüdisch-christliches Gespräch dar. Es gebe aber neuere Ansätze der christlichen Paulusforschung,[290] die Juden einen neuen Zugang zu Paulus eröffnen. Diese Neuansätze gestehen ein, was jüdische Forscher schon lange wußten, daß sich nämlich ein jüdischer Legalismus, wie ihn Paulus anzuprangern scheint, nicht aus den (freilich spärlichen) Quellen belegen läßt. Wie fast alle bisher vorgestellten jüdischen Paulusausleger hebt *Dean* hervor, was nun endlich auch die christliche Forschung wahrzunehmen beginnt, daß nämlich das Gottesverhältnis eines Juden auf dem von Gott gestifteten Bund mit Israel beruht und nicht auf der Befolgung der Toragebote.[291] Diese Diskrepanz zwischen der (vermeintlich) paulinischen Charakterisierung des Judentums als legalistisch und der dieser Charakterisierung widersprechenden Evidenz der Quellen liegt nach Auffassung *Deans* nicht daran, daß Paulus ein Judentum kritisiert hat, das uns heute unbekannt ist (gegen *Montefiore*), oder daran, daß Paulus das zeitgenössische Judentum mißverstanden hat (gegen *Schoeps*), sondern ist das Resultat einer Fehlinterpretation der paulinischen Briefe.[292] Paulus habe nicht die damalige Zuordnung des Judentums von Gerechtigkeit, Gnade und Gesetz attackiert, sondern lediglich deren Entstellung durch seine heidenchristlichen Gemeinden.[293]

„It was Gentiles, not Jews, who erroneously believed that following Torah would make them righteous. It was Gentiles, not Jews, who Paul believed were not to obey Torah."[294]

Was Paulus vom damaligen Judentum trennt, sei vielmehr, daß er den Bund Gottes in Christus gegenüber dem Sinaibund hervorhebt. Im Übrigen aber sei der Apostel im wesentlichen im Rahmen dessen geblieben, was zu seiner Zeit als jüdisch galt.[295]

„Paul was first of all a Jew. He was a Jew who believed that Jesus Christ was the Christ, but he was still a Jew."[296]

Dean vertritt gegenüber seinem katholischen Gesprächspartner *G. Sloyan* die Ansicht, Paulus habe sich mit seinen zuweilen gesetzeskritischen Äußerungen

---

[290] *Dean* nennt *Stendahl, Gaston, E.P. Sanders* und *v. Buren.*
[291] 138.
[292] Ebd.
[293] 139.
[294] 145.
[295] 135f.
[296] 128.

an überwiegend heidenchristliche Gemeinden gewandt.[297] Wie schon *Wyscho-grod* ist er der Meinung, der Apostel habe mit seinen teilweise negativen Bemerkungen über das Gesetz Heiden von der Bekehrung zum Judentum abhalten wollen, die die Befolgung aller Toragebote beinhaltet hätte. Dies sei nun, da Gott in Jesus Christus einen neuen Weg etabliert hat, nicht mehr nötig. Die Tatsache, daß Paulus heidnische Leser im Blick hat, erkläre auch, wie *Dean* im Anschluß an *Sanders* sagt, daß bei Paulus Rechtfertigung im Sinne des Hineinkommens in den Bund verwendet, und nicht wie im Judentum zur Beschreibung des Bleibens im Bund.[298] Freilich gehe es (zumindest im Gal) nicht um „entrance requirements" (gegen *Sanders*), sondern um den Lebenswandel solcher, die schon Eingang gefunden haben.[299]

Die Befreiung vom Gesetz (oder genauer: von einigen Aspekten des Gesetzes) gilt laut *Dean* nur für Heidenchristen. Juden und Judenchristen, so führt er (erneut in großer Nähe zu *Wyschogrod*) aus, seien selbstverständlich weiterhin unter dem Anspruch der Tora gestanden. Auch der Apostel selbst habe nie aufgehört, die Tora zu befolgen. *Dean* begründet diese These u.a. mit 1 Kor 7,17-24, und dem Paulusbild der Apg, wo Paulus beispielsweise Timotheus beschneidet und ein Nasiräat übernimmt. Auch Gal 2,14-16 spreche nicht gegen jüdische Toraobservanz als solche, sondern nur gegen deren soteriologische Notwendigkeit. Hier könnte man allerdings kritisch nachfragen, ob Paulus wirklich von einem Judenchristen die Befolgung aller Toragebote erwartet hat. Gibt es nicht doch Teile, oder sagen wir besser: Aspekte des Gesetzes, die mit dem Kommen des Messias' ihre Bedeutung verlieren?[300]

Dean hat sicher Recht, wenn er davon ausgeht, daß Paulus das Gesetz für erfüllbar hielt.[301] Nicht die Unfähigkeit, die Tora zu befolgen, sondern seine neuen Erfahrungen bewegten Paulus dazu, den Glauben an Christus höher zu bewerten als den Gesetzesgehorsam. Hier wird besonders der Einfluß von Forschern wie *K. Stendahl* oder *E.P. Sanders* deutlich, die gezeigt haben, daß die paulinische Rechtfertigungslehre nicht als Reaktion auf ein Defizit des Gesetzes (etwa seine Unerfüllbarkeit) zu verstehen ist.[302]

Der Glaube des Apostels, daß in Jesus Christus nun auch Heiden Anteil am Bund Gottes mit Israel bekommen können, wurde von der Mehrzahl der Juden abgelehnt. Doch dieser Unglaube der Juden - so versteht *Dean* Röm 9-11 - war ein Teil des Planes Gottes gewesen. So wenig Paulus noch erwartet, daß sich Israel der apostolischen Predigt öffnen würde, so wenig nimmt er zwei Wege zum

---

[297] 136 u.ö.
[298] 140.
[299] Vgl. 146, Anm. 3.
[300] Vgl. dazu 3.3.
[301] Vgl. dazu 3.3.1.
[302] Vgl. 1.1 und 3.3.1.

Heil an. Vielmehr sei auch die Rettung Israels an den Christusglauben gebunden, wenngleich dies nicht die Aufgabe jüdischer Identität voraussetze.[303]

Dean kann als Jude die (beispielsweise von *E.P. Sanders* vertretene) Relativierung der Rede von der Rechtfertigung aus Glauben zugunsten der partizipatorischen Elemente[304] bei Paulus nur begrüßen, denn allzu oft habe die Rechtfertigungslehre eine antijüdische Wendung genommen. Während *Sanders* keine jüdischen Analogien für die partizipatorische Sprache bei Paulus sieht, erinnert *Dean* an den jüdischen Tempelkult, in dessen Zusammenhang oft eine ähnliche Terminologie verwendet worden sei: Wie für Paulus der Glaubende am Tod Jesu teilhat, so habe der fromme Jude teil am Tod des Opfertieres.[305] In einem älteren Aufsatz hat *Dean* die noch weitergehende Vermutung angestellt,[306] νόμος beziehe sich bei dem Apostel primär auf die Toravorschriften, die den Opferkult regeln. Seine Kritik an den „Werken des Gesetzes" wäre dann in erster Linie Kultkritik.[307] Er hat diese Vermutung allerdings in „Bursting the Bonds?" nicht mehr erneuert und er verschweigt auch nicht den wichtigen Unterschied, daß bei Paulus die Sühne sich nicht (wie beim Opferkult) nur auf vergangene Sünden bezieht, sondern daß auch der gegenwärtige Status des Glaubenden betroffen ist.

Gegen Ende seines Gespräches mit *Sloyan* über den Völkermissionar behauptet *Dean,* viele für Juden anstößig klingende paulinische Theologumena beruhten auf einer irrigen Paulusexegese. Doch es sei naiv anzunehmen, das Verhältnis des Apostels zu seinen jüdischen Brüdern und Schwestern wäre völlig unproblematisch gewesen. Es wäre dann wenig verständlich, warum er ihren Nachstellungen ausgesetzt war.[308] Der entscheidende Konfliktpunkt liegt nach Ansicht des Autors darin: Während die Juden die Zugehörigkeit zum Sinaibund für ausreichend hielten, habe Paulus darauf insistiert, daß Juden und Heiden gleichermaßen Jesus als ihren Herrn bekannten.

„According to Paul, belief in Jesus was not just a way for the Gentiles to become righteous and to be included in God's people. Belief in Jesus was a neccessary part of obedience to God for both Jews and Gentiles. Jewish obedience to Torah was not enough."[309]

Die Juden, die sich diesem Glauben verweigerten, habe Paulus als vom wah-

---

[303] 187; vgl. dazu 3.5.

[304] Gemeint sind Ausdrücke wie das Sein „in Christus", das „Mit-Sterben" und „Mit-Auferstehen" mit ihm, sowie das „Verwandelt-Werden" in sein Bild.

[305] 197.

[306] *Dean* spricht von einer „tentative suggestion" (Rejection, 102).

[307] Ebd.; in einem persönlichen Gespräch äußerte *Dean* die Vermutung, daß sich auch der vielumstrittene Begriff „Werke (des Gesetzes)" als Bezugnahme auf den Tempelkult verstehen läßt. Schon in der LXX stehe ἔργον zuweilen als Äquivalent für עבודה; vgl. zu diesem Syntagma auch den Exkurs in 3.3.1.

[308] Vgl. 2 Kor 11,22-26.

[309] 203.

ren Gottesvolk ausgeschlossen angesehen. Doch diesen Ausschluß der Juden habe sich der Apostel als nur zeitweilig und als notwendiges Zwischenstadium im Heilsplan Gottes vorgestellt, bis die Vollzahl der Heiden eingegangen ist. Die nun fast 2000 Jahre andauernde Parusieverzögerung, so stellt *Dean* in großer Nähe zu *Ben-Chorin* fest, nötigt uns heute, die hier aufgeworfenen Probleme neu zu überdenken.[310]

2.3.10 Studium des Judentums aus christlichen Quellen: *Alan Franklin Segal* (geb. 1945)

Der am 2. 8. 1945 geborene *A.F. Segal,* der sich selbst als einen Humanisten und gläubigen Juden bezeichnet,[311] ist seit 1980 Professor für Religion am Barnard College/Columbia University in New York. Zuvor lehrte er als Lecturer und Assistant Professor in Princeton (1974-78) und Toronto (1978-81). Seine akademische Ausbildung erhielt er an Hochschulen wie Brandeis-University (Boston), Hebrew Union College (New York) und Yale-University (New Haven). Seine unter der Aufsicht von *N.A. Dahl* erarbeitete Dissertation „Two Powers in Heaven"[312] veranlaßte ihn zum erstenmal zu einer Beschäftigung mit dem frühen Christentum. Mittlerweile hat er mit „Rebecca's Children"[313] eine umfassende Darstellung des Verhältnisses von Judentum und Christentum in den ersten Jahrhunderten unserer Zeitrechnung dargelegt.

Mit seinem Paulusbuch „Paul the Convert",[314] aber auch mit einer Reihe von Artikeln zum Thema hat *A.F. Segal* unter Beweis gestellt, daß er momentan einer der besten jüdischen Kenner des Apostels Paulus ist. In dieser Monographie, deren dreiteilige Gliederung im wesentlichen dem Pauluskapitel seines früheren Buches „Rebecca's Children" folgt,[315] unternimmt es der jüdische Forscher, mit Hilfe christlicher Quellen die jüdische Geschichte des ersten nachchristlichen Jahrhunderts zu erhellen.[316] Umgekehrt interpretiert der Autor die Theologie des Apostels konsequent vor dem Hintergrund der jüdischen Religionsgeschichte. Er demonstriert damit in vorbildlicher Weise, wie Judaistik und neutestamentliche Forschung einander gegenseitig befruchten können.[317]

---

[310] 204
[311] Paul, 281.
[312] Leiden 1977.
[313] Cambridge (MA) 1986.
[314] New Haven 1990.
[315] „Paul the Jew", „Paul the Convert" und „Paul the Apostle".
[316] Vgl. auch den in methodischer Hinsicht interessanten Aufsatz Studying Judaism.
[317] Dieses methodische Vorgehen ein „circular argument" zu nennen, wie *Perkins* das tut (AJSR 17 [1992], 292), ist kaum angemessen. Die Exegese ist nicht nur im Fall der Paulusbriefe auf die Rekonstruktion des religionsgeschichtlichen Kontextes angewiesen, die ihrerseits weitgehend auf den auszulegenden biblischen Texten beruht.

Obwohl *Segal* der Ansicht ist, Paulus sei mit seiner Theologie weitgehend im Rahmen des damaligen Judentums geblieben, bezeichnet er ihn doch als einen Konvertiten. Daß er diesen Begriff aber nicht im umgangssprachlichen Sinn eines Religionswechsels versteht, verdeutlichen die Worte:

„Paul was a Pharisaic Jew who converted to a new apocalyptic, Jewish sect and then lived in a Hellenistic gentile Christian community as a Jew among gentiles."[318]

Die ganze paulinische Theologie kann nach *Segal* als der Versuch des Apostels verstanden werden, die Konsequenzen seiner Bekehrungserfahrung in Begriffe zu fassen. Es ist eine der anregendsten Thesen *Segals,* Paulus habe bei der begrifflichen Verarbeitung seines Damaskuserlebnisses auf Vorstellungen der jüdischen Apokalyptik und Merkavah-Mystik zurückgegriffen. Wie schon vor ihm *E.P. Sanders* hebt *Segal* die Bedeutung der partizipatorischen Aussagen im Kontext der paulinischen Soteriologie hervor, hält diese aber im Unterschied zu *Sanders* keineswegs für im Judentum analogielos. Auch in der paulinischen Christologie, die er im Zusammenhang jüdischer Mittlervorstellungen interpretiert, sieht *Segal* Belege für die Mystik des Apostels Paulus. Der jüdische Wissenschaftler folgt *S. Kim, L.W. Hurtado* und *C. Rowland,* wenn er Verbindungen betont zwischen dem erhöhten Christus, der dem Apostel bei seiner Bekehrungsvision (und ähnlichen Visionen im späteren Verlauf seines Lebens) erschienen ist, und der auch in jüdischen Theophanieberichten oft in Menschen- oder Engelgestalt auftretenden göttlichen Herrlichkeit. Sollten sich diese Vermutungen *Segals* bestätigen - und wir werden weiter unten sehen, daß in der Tat vieles dafür spricht[319] - dann wäre das ein weiterer wichtiger Hinweis auf die vorwiegend jüdischen Wurzeln der paulinischen Theologie.

Im zweiten Hauptteil von „Paul the Convert" zeigt *Segal* an einigen Beispielen auf, wie die Bekehrung des Apostels seine Schriftauslegung beeinflußte. Wenn Paulus das jüdische Zeremonialgesetz zugunsten des Glaubens an Christus abwertete, sei dies zur nachträglichen Legitimation seines vollzogenen Positionswechsels geschehen. Mit seiner Ansicht, Paulus habe den Wert des Ritualgesetzes auch für Juden bestritten, widerspricht der jüdische Forscher ausdrücklich *L. Gaston* und *J. Gager,* die der Meinung sind, Paulus habe das Gesetz für Juden weiterhin als verbindlich angesehen.[320]

Wenn *Segal* davon spricht, daß Paulus die Tora für Christen als nicht mehr relevant betrachtete, schließt er davon allerdings die ethischen Gebote aus. Worum es dem Apostel nach Ansicht des jüdischen Auslegers letztlich ging, sei allein die Bestreitung des jüdischen Ritualgesetzes als ein Mittel, um christliche Gruppenmitgliedschaft zu definieren. *D.J. Harrington* hat zwar eingewendet, die Unterscheidung von Zeremonial- und Moralgeboten sei eine künstliche, von

---

[318] 6f.; vgl. zu *Segals* Bekehrungsbegriff auch 3.1.
[319] Vgl. dazu 3.1. und 3.2.
[320] Vgl. auch 3.5.

außen an die Quellen herangetragene Differenzierung.[321] Doch *Segal* kann für seine These die Tatsache geltend machen, die von ihm vertretene Unterscheidung sei zumindest in der paulinischen Opposition von Geist und Fleisch impliziert.[322]

Ein wichtiges rituelles Problem, das das frühe Christentum zu lösen hatte, war die Beschneidungsfrage. Der hierüber entbrannte Streit zwischen Paulus und seinen judenchristlichen Gegnern spiegelt nach Ansicht *Segals* einen innerjüdischen Konflikt wider. Die paulinische Position, daß Heiden nicht beschnitten werden müssen, um als Teil der Gemeinde zu gelten, habe dabei der überwiegenden Meinung des Pharisäismus' und des späteren rabbinischen Judentums entsprochen. Daß er aber aus Beschnittenen und Unbeschnittenen eine einzige Gemeinde mit vollen sozialen Beziehungen herstellen wollte, habe ihn allerdings in Widerspruch zu den Pharisäern gesetzt, die aus Gründen kultischer Reinheit den Umgang mit Heiden weitgehend vermieden.[323]

Obwohl Paulus also nach Ansicht *Segals* das jüdische Zeremonialgesetz als Kriterium zur Definition christlicher Gruppenidentität verwarf, habe er doch an bestimmten Torageboten auch für Heiden festgehalten. Diese Minimalforderungen bringt *Segal* mit dem Aposteldekret und den späteren Noachidischen Geboten in Verbindung. Anders als *S. Hirsch,* dessen Paulusauslegung in dieser Frage noch zu stark von der damals vorherrschenden christlichen Exegese beeinflußt war, geht *Segal* von einer grundsätzlichen Übereinstimmung des Apostels mit der vorherrschenden jüdischen Haltung gegenüber gerechten Heiden aus. Es entspricht seinem oben angesprochenen Anliegen, die Geschichte des Judentums mit Hilfe christlicher Quellen aufzuhellen, wenn er Paulus als einen weiteren Beleg dafür ansieht, daß bereits im 1. Jhd. gerechte Heiden den Juden assoziiert werden konnten, ohne daß ihnen die Observanz aller Toragebote abverlangt worden wäre.[324]

Ein zweites wichtiges Problem, für das Paulus eine halachische Lösung suchen mußte, waren die Speisegebote. Dieses Problem sieht *Segal* u.a. in Röm 7 reflektiert. Gegen die landläufige Meinung, das vieldiskutierte „Ich" in diesem Kapitel sei unpersönlich gemeint (*Kümmel, Stendahl*), aber auffälligerweise in Übereinstimmung mit vielen jüdischen Paulusinterpreten (*Rubenstein, Sandmel, Ben-Chorin, Maccoby, Klausner*) vermutet *Segal,* daß Paulus in diesem Kapitel von seinen eigenen Erfahrungen spricht, die er als exemplarisch für alle Menschen ansieht.[325] Was den Autor aber auch von den meisten seiner jüdischen Kollegen abhebt, ist die Tatsache, daß er meint, es gehe um Erfahrungen des

---

[321] TS 51 (1990), 738.
[322] 246; vgl. auch 3.3.4.
[323] 194.
[324] Vgl. dazu auch 3.4.
[325] 225.

Apostels nach seiner Bekehrung. Im Blick auf Röm 7,9-12 vertritt *Segal* die von den meisten Rezensenten kritisierte[326] Ansicht, Paulus sei infolge seiner Heidenmission allmählich zu der Einsicht in die Irrelevanz der Tora gekommen, während er gleich nach seiner Bekehrung zunächst noch die Toragebote beachtete.[327] Andererseits sei Paulus um der Einheit der Gemeinde und der Anerkennung seines Apostolats willen zu Kompromissen bereit gewesen, die von seinen Gemeinden als Rückfall unter das Gesetz gedeutet werden konnten. Es ist nach *Segal* eines der Anliegen des Apostels in Röm 7, die Konsistenz und Prinzipientreue seiner Gesetzeslehre gegenüber solchen Irritationen nachzuweisen.

„Paul's observation could be based on legal difficulties in Paul's life: he is aware that he can be condemned by means of the law. It is misleading to theologically analyze the human situation when Paul emphasizes his personal experience by use of the personal pronoun. His deception by sin by means of the law began not when he was a Pharisee and not when he lived without the law as a gentile Christian, but afterward. Possibly it began before he completely understood his role as apostle to the gentiles or, more likely, when as a Christian he accommodated to it out of concern for Christian unity."[328]

Die angesprochene Kompromißbereitschaft des Apostels erläutert *Segal* anhand des ersten Korintherbriefes, wo es in den Kapiteln 8-10 um die Götzenopferfleischfrage geht. Hier verteidige Paulus gegen seine judenchristlichen Gegner die Überzeugung, daß die Speisegebote für die Erlösung eigentlich unwichtig sind. Dennoch rate er in einigen konkreten Fällen um der „schwachen Brüder" willen von der Teilnahme an Mahlzeiten ab, bei denen Götzenopferfleisch gegessen wird. Ähnlich habe sich Paulus in Röm 14f. dafür eingesetzt, daß alle Christen ohne Furcht miteinander essen können. Um den Zusammenhalt der Kirche aus Juden und Heiden nicht zu gefährden, habe Paulus sogar die konservativeren Prinzipien der Pharisäer übernehmen können. Der Unterschied zwischen Röm und Kor bestehe freilich darin, daß es im ersteren Fall um die Speisegebote im allgemeinen, im letzteren Fall aber speziell umm die Götzenopferfleischfrage gehe.[329] Einen weiteren Beleg für die von *Segal* festgestellte Kompromißbereitschaft des Apostels, nämlich das sogenannte Aposteldekret, können wir an dieser Stelle übergehen. Diesem Problem wird im zweiten Hauptteil dieser Arbeit ein ganzer Paragraph gewidmet werden.[330]

Trotz geringfügiger Mängel in der Art der Darstellung[331] stellt „Paul the Convert" ein beachtliches Werk dar, das für drei der heute am meisten diskutierten Themenbereiche der Paulusforschung (Bekehrung, Christologie, Geset-

---

[326] Vgl. *Harrington,* a.a.O., 738; *Perkins,* a.a.O., 293; *Bockmuehl,* JTS 43 (1992), 195.
[327] Ähnlich wie *Segal* aber auch *Holtz,* Bedeutung.
[328] 242.
[329] Vgl. auch 3.4.2.
[330] Vgl. 3.4.
[331] Vgl. dazu *Bockmuehl,* a.aO., 114ff.

zeslehre) neue und anregende Thesen bereithält. *M. Bockmuehl* hat deshalb Recht mit seiner Würdigung:

> „There may be room for improvement in the packaging, but the overall value of this work remains considerable. The basic thesis is interesting and plausible, and Pauline scholars can ignore it only at their peril."[332]

2.3.11 Theologischer Journalismus im Dienste des Dialogs: *Pinchas Lapide* (geb. 1922)

Pinchas Lapide, geboren 1922, verbrachte seine Kindheit in Deutschland, mußte aber während der Naziherrschaft das Land verlassen. Über Kanada kam er 1940 nach Israel, wo er Associate Professor des American College in Jerusalem wurde. Heute lebt *Lapide* als freier Schriftsteller in Frankfurt und trägt mit seinen zahlreichen Veröffentlichungen, die sich in erster Linie an ein nichtakademisches Publikum wenden, wie kaum ein anderer zum jüdisch-christlichen Dialog hierzulande bei.[333] *Lapide,* der sich selbst als ein orthodoxer Jude versteht, legt dabei eine solche Offenheit an den Tag, daß ihm dies von jüdischer Seite als theologische Selbstaufgabe angekreidet worden ist.[334] Erstaunlich ist nun, daß er diese Offenheit nicht nur Jesus gegenüber aufbringt,[335] sondern auch gegenüber dem Heidenapostel Paulus. Weil *Lapide* fast alle früheren Äußerungen zum Thema[336] in seinem jüngsten Paulusbuch (oft sogar wörtlich!) wiederholt, dürfen wir uns ganz auf diese letzte Veröffentlichung konzentrieren.

Schon der Titel dieses Buches („Paulus zwischen Damaskus und Qumran. Fehldeutungen und Übersetzungsfehler") läßt aufhorchen: Er verspricht nicht nur die Richtigstellung früherer Irrtümer,[337] sondern unterstellt auch einen Zusammenhang zwischen Paulus und Qumran. Im Gegensatz zur älteren jüdischen Forschung, die den Apostel zu einem Apostaten erklärte, der aus dem Christentum eine toraentfremdete Heidenkirche gemacht hat, formuliert *Lapide* sein Programm für einen Neuansatz mit den Worten:

> „Ich glaube, die Zeit ist reif, *ein neues jüdisches Paulusbild* zu erarbeiten, das sowohl dem Heidenapostel, seiner weltweiten Wirkung, aber auch seinem nie aufgegebenen Judesein gerecht wird."[338]

---

[332] 196.

[333] Biographische Angaben von den Einbänden seiner Bücher, dem Vorwort von *C.E. Braaten* der englischen Ausgabe von „Auferstehung - ein jüdisches Glaubenserlebnis" (The Resurrection of Jesus, Minneapolis 1983) und *Fuchs-Kreimer,* Heresy, 244f.

[334] Vgl. Evangelische Information 24 vom 13. Juni 1979, 5.

[335] Josephs Sohn; Pharisäer; Jesu Tod; (mit *Luz*) Der Jude Jesus; (mit *Küng*) Jesus im Widerstreit; Wurde Gott Jude.

[336] *Lapide,* Rabbi; Missionar.

[337] Vgl. sein früheres Buch über mutmaßliche Übersetzungfehler (Bibel), in dem er allerdings nur einmal auf Paulus eingeht (107f.).

[338] 27f. (Hervorhebung von mir, S.M.).

Nachdem er in Form eines „Brief(es) an Paulus von Tarsus" in die vielfältigen Probleme der Paulusforschung eingeführt hat,[339] erörtert der jüdische Forscher in einem zweiten Teil das Verhältnis zwischen Paulus und Jesus.[340] Aus
dem oft zitierten Vers 2 Kor 5,16 folgert *Lapide,* daß Paulus Jesus nicht persönlich gekannt hat. Dieser Umstand begründe nicht nur die im Neuen Testament reflektierten Zweifel am apostolischen Status des Paulus, sondern erkläre
auch eine Reihe von Unterschieden zwischen Jesus und Paulus, auf die *Lapide*
aufmerksam macht. Was Paulus allerdings mit Jesus gemein habe, sei die Tatsache, daß er bis zu seinem Lebensende in Rom Jude geblieben ist. Unterschiede
und Gemeinsamkeiten faßt *Lapide* mit folgendem Vergleich zusammen:

> „Jesus - der Torahvertiefer, der Zäune um das Gesetz baute und die Gebotserfüllung radi-
> kalisierte - er wäre heutzutage etwa ein chassidischer Rabbi mit gar vielen Anhängern und de-
> ren ausgeprägten messianischen Erwartungen. Paulus hingegen wäre vielleicht ein Reform-
> rabbiner in der Diaspora, etwa in New York, dessen Hauptanliegen das Ethos der Propheten
> Israels wäre - ganz wie es die heutigen Reformrabbiner leben und lehren."[341]

Ein Problem der christlichen Paulusexegese sieht *Lapide* vor allem darin,
daß die ursprünglich in eine bestimmte Situation hineingesprochenen Aussagen
des Apostels aus ihrem Kontext herausgerissen und verabsolutiert werden.
Demgegenüber betont der jüdische Forscher in seinem Kapitel über „Paulus und
die Torah"[342] den unsystematischen Charakter der paulinischen Briefe und bezeichnet den Apostel als einen „undogmatischen Diogmatiker".[343] Auch die
traditionelle Rede von einer Aufhebung des Gesetzes, die sich (s.E. zu Unrecht)
auf Röm 10,4 stützt, hält er für eine unzulässige Verallgemeinerung paulinischer Aussagen. Diese Aufhebung gilt nach Ansicht *Lapides* nur für Heidenchristen. Für Juden und Judenchristen behalte die Tora nach wie vor ihre Gültigkeit. Damit steht der Apostel laut *Lapide* in Übereinstimmung mit der jüdischen Tradition und „kein heutiger Rabbiner hätte hier auch nur das geringste
einzuwenden".[344] Diese Erklärung der paulinischen Gesetzeslehre steht in eigen-
tümlicher Spannung zu einer zweiten Theorie, die *Lapide* aufgreift, und die wir
bereits von *Baeck* u.a. kennen: Paulus habe eine „Drei-Äonen-Lehre" vertreten,
wonach „mit dem Anbruch der Messias-Epoche die Torah-Herrschaft zu Ende
gehe." Deshalb sei der Apostel vor die Alternative gestellt gewesen: „Gesetz

---

[339] 7-16; dieser „Brief" wurde schon einmal veröffentlicht in: Pharisäer, 97-106.
[340] 17ff.
[341] 25.
[342] 27ff.
[343] *Lapide* bezeichnet damit einen Menschen, der unentwegt auf der Jagd nach der Wahrheit ist, aber stets nur einen Zipfel derselben zu fassen vermag (30; vgl. auch Rabbi, 39). Leider verstrickt sich der jüdische Forscher mit dieser Aussage in Selbstwidersprüche, hatte er
doch gerade drei Seiten vorher *Bornkamm* in seinem Urteil beigepflichtet, Paulus habe „aus
jüdischen Schriften und heidnischen Büchern ein Dogmengebäude errichtet, das die Bezie-
hun-gen zwischen Juden und Christen bis heute (..) schwer belastet" (27).
[344] 34.

oder Erlösung".[345] Schließlich kann der Frankfurter Publizist die Ansicht vertreten,

> „daß Paulus seinen jungen Gemeinden eine neue Halacha auferlegt, die (..) Bestimmungen enthält, welche teilweise sogar strenger und legalistischer anmuten als die ganz unasketische Orthopraxie der Rabbinen."[346]

Allen drei Erklärungsversuchen, deren Verhältnis zueinander leider unklar bleibt, ist gemeinsam, daß sie die paulinischen Aussagen über die Tora durchaus im Rahmen des Judentums verständlich zu machen versuchen. Wenn aber die Gesetzeslehre des Apostels (wie *Lapide* vorauszusetzen scheint) keinen Angriff gegen das Judentum darstellt, dann ist nicht ganz einleuchtend, warum *Lapide* glaubt, das Judentum gegenüber Paulus in Schutz nehmen zu müssen.[347]

Wie viele jüdische Forscher vor ihm stellt *Lapide* fest, mit seinem Gnadenprinzip renne der Heidenmissionar bei Juden offene Türen ein: Auch im Judentum sei die Tora nie Heilsweg, sondern stets Lebensweg gewesen. Paulus war nach Ansicht des jüdischen Auslegers nicht ganz unschuldig gewesen an dem Bild des Judentums als einer Leistungsreligion:

> „Das Judentum als Leistungsprinzip, als ein Rechnen mit Gott - anstatt eines fraglosen Rechnens auf Gott; ja die Entwürdigung der 'Göttlichen Weisung' - was dem Begriff Torah sowohl sprachlich als auch inhaltlich entspricht - auf das engstirnige Wort Nomos: all dies ist eine absurde Karikatur, die leider Gottes bis heute im Christentum noch immer weiter wuchert, aber bei Paulus seine Wurzeln hat."[348]

Andererseits habe auch Paulus gewußt, daß keine Freiheit ohne Bindung möglich ist. Das Gesetz sei für ihn die Grundlage seiner Weltanschauung, seiner Christologie wie seiner ganzen Heilslehre gewesen. An diesem Punkt vermutet der jüdische Gelehrte unauflösbare Selbstwidersprüche in der paulinischen Gesetzeslehre. Mir scheint allerdings der Ausleger selbst nicht ganz unschuldig an den von ihm beklagten Widersprüchen zu sein.

Trotz der aufgezeigten Ungereimtheiten stellt diese Abhandlung der paulinischen Gesetzeslehre eine erfreuliche Korrektur einer Reihe von traditionellen Fehldeutungen der paulinischen Theologie dar. *Lapide* hält gegenüber einer früher weit verbreiteten Ansicht fest, der Apostel sei nicht der Gründer des Christentums, sondern lediglich ein Vertreter eines typisch jüdischen Heilsuniversalismus' gewesen, der im Erscheinen Christi das lang ersehnte Offenbar-Werden der Grundintention der jüdischen Gotteslehre sah, nämlich der „weltumfassen-

---

[345] 25.

[346] 31.

[347] Auch *Fuchs-Kreimer* kritisiert diese „sudden shifts" in der Darstellung, „in which Lapide moved from explaining that Paul did not really attack the law to outlining the chief differences between Judaism and Pauline Christianity, using the grace/law distinction as guiding motif" (Heresy, 246f.).

[348] 32f.

de(n) Ökumene aus gläubigen Juden und Heiden".[349] Der strittige Punkt zwischen Paulus und seinen Glaubensgenossen sei nicht die Frage gewesen, was mit den Heiden geschehen sollte, sondern eher, wer die Versöhnung herbeiführen und wann dies geschehen solle.[350]

Positive Ansätze sind auch in *Lapides* Kapitel über „Paulus und sein Volk"[351] zu erkennen. Hier wird vor allem deutlich, wie weit die Bereitschaft dieses Forschers zu einer „Heimholung des Ketzers" geht: Er stellt den Apostel als einen Erzjuden aus dem Stamme Benjamin dar, der von seinem Lehrer Gamaliel pharisäische Halacha gelernt hat, der allwöchentlich zum Synagogengottesdienst gegangen ist und gut rabbinisch die Schrift auszulegen verstand. In Anlehnung an das Geschichtsbild des Lukas vertritt der jüdische Forscher die Ansicht, Paulus sei auf seinen Missionsreisen stets zuerst in die Synagogen gegangen, wo er zu Juden und Gottesfürchtigen predigte.[352] *Lapide* hat freilich Schwierigkeiten, diese Annahme mit der Tatsache in Übereinstimmung zu bringen, daß Paulus seine Briefe an Heidenchristen oder gemischte Gemeinden schreibt.[353] Er erklärt dies mit der nicht sehr überzeugenden Annahme, daß die Heiden von sich aus den Apostel um Rat fragten.

Paulus irrte nach Ansicht *Lapides,* indem er meinte, die Juden hätten das Heilsangebot Gottes in Jesus Christus ausgeschlagen. Sie warten vielmehr auf die „wahrnehmbare" Erlösung,[354] denn ein Messias, der keine sichtbare Wirkung auf den Lauf der Welt hat, kenne die jüdische Tradition nicht.[355] Die Juden, die nicht an die Messianität Jesu glaubten, bleiben für Paulus „im Bereich des vorläufigen Unheils".[356] *Lapide* erkennt ganz richtig, daß Paulus stets auf eine Rettung seiner jüdischen Volksgenossen hoffte. Rettung heiße aber nicht einfach Bekehrung zum Christentum, sondern die Erlangung des Heils Gottes gemäß der prophetischen Zusage auf einem „Sonderweg".[357] Dies wertet *Lapide* zu Recht als eine Absage des Apostels an jede christliche Judenmission und heidenchristliche Überheblichkeit.[358] Trotz seines Christozentrismus' habe Paulus seine Blutsverwandten als Glieder des Gottesvolkes betrachtet, denen auch nachösterlich die Bundeszusagen Gottes gelten.[359] Seine Erwartung, daß auch die nicht an Jesus glaubenden Juden das Heil erlangen würden, zeigt sich deut-

---

[349] 37.
[350] Ebd.
[351] 38ff.
[352] Vgl. demgegenüber aber *E.P. Sanders,* Paul, 19ff.
[353] 39.
[354] 40.
[355] Ebd.
[356] 41.
[357] 44.
[358] Ebd.
[359] 42.

lich in seinem Diktum: „Ganz Israel wird gerettet werden" (Röm 11,26).[360]
Doch nicht erst am (freilich als nahe erwarteten) Ende der Tage, sondern schon
jetzt liege der Glanz des göttlichen Erbarmens über Israel. Neben dieser Über-
zeugung von der bleibenden Erwählung Israels fällt in Röm 9-11 die Kritik des
Apostels am Hochmut der römischen Heidenchristen auf. Diese wird u.a. in der
Warnung laut: „Nicht Du trägst die Wurzel, sondern die Wurzel trägt Euch"[361]
(Röm 11,18). Beide Punkte sind laut *Lapide* besonders bemerkenswert, handelt
es sich doch beim Röm um das theologische Vermächtnis des Paulus.[362] Die
Hoffnung des Apostels, die Juden auf die Christen eifersüchtig zu machen, habe
sich nicht erfüllt, angesichts der nicht gerade rühmlichen Geschichte des Chri-
stentums kein Wunder![363]

Lapide erkennt die paulinische Heidenmission als „Ruck vorwärts in der
Heilsgeschichte" und als „präparatio messianica" an:

> „Diesem Mystiker, Fanatiker und Einzelgänger gelang etwas, in einem Ausmaß, das weder
> die Propheten noch die Pharisäer erreicht hatten: den Glauben an den Gott Israels bis an die
> vier Ender (sic) der Erde zu verbreiten."[364]

Paulus ist für ihn ein „Held des Glaubens" ganz im Sinne der hebräischen
emuna, nicht der griechischen *pistis.*[365] Hätte er nicht Jesus als Gottessohn im
griechischen Sinn des Wortes verstanden, wäre er wohl als „großer Reformator"
in die jüdische Glaubensgeschichte eingegangen.[366] An dieser Einschätzung erkennen wir einerseits den (zu begrüßenden) Willen, Paulus als Figur der jüdischen Religionsgeschichte zu würdigen, andererseits die mangelnde Sorgfalt bei
der Umsetzung dieses Willens, hatte der jüdische Forscher doch noch eingangs
des Buches in seinem Brief an Paulus vermutet:

> „Es stimmt doch, daß Du den 'Sohn Gottes' in der *hebräischen* Bedeutung im Sinn hattest,
> wie Du es bei Deinem Lehrer Rabban Gamaliel gelernt hast? Damit hast Du keinen Verstoß
> gegen das Judentum begangen, da ja dieser Begriff jemanden bezeichnet, der makellos in den
> Wegen der Tora wandelt."[367]

Der schwerwiegendste Makel dieser Publikation liegt allerdings in der Tatsache, daß sich *Lapide* dazu hinreißen ließ, Paulus als einen Qumran-Essener hin-
zustellen. In seinem Kapitel „Paulus und Qumran"[368] folgt er einem gegenwärtigen Trend, die Geschichte des Urchristentums mit der Sekte vom Toten Meer in
Zusammenhang zu bringen. Daß das frühe Christentum und auch Paulus durch-

---

[360] *Lapide* macht auf die Parallele in der Mischna (mAv I,1/bSan 10a) aufmerksam.
[361] So die (falsche) Übersetzung *Lapides.*
[362] Vgl. *Bornkamm,* Römerbrief.
[363] Vgl. zu Röm 9-11 auch 3.5.
[364] 47.
[365] Anders freilich *Buber,* siehe 2.2.11.
[366] Ebd.
[367] 9.
[368] 104ff.

aus Gemeinsamkeiten mit den Qumran-Leuten aufweisen, ist gar nicht zu leugnen. Doch rechtfertigen diese einzelnen (meist recht peripheren) Übereinstimmungen keinesfalls die weitgehenden Schlußfolgerungen *Lapides*. So trifft der jüdische Forscher beispielsweise ohne triftige Gründe die verblüffende Feststellung, daß Jesus für einige Zeit in Qumran weilte.[369] Was für Jesus recht ist, ist für Paulus natürlich billig: Auch er habe „einige ergiebige Lehrjahre in Qumran verbracht".[370] Als Argument für diese nicht weniger überraschende These führt er die angebliche Identität von Damaskus und Qumran ins Feld:

„Man höre und staune: Nicht nach Syrien ging Paulus, sondern nach Qumran!"[371]

Doch selbst wenn man mit *Lapide* annimmt, daß Qumran „unter dem Code-Namen Damaskus in apokalyptischen Kreisen bekannt"[372] war, und daß es dort eine christliche Gemeinde gegeben hat, die der spätere Völkermissionar hätte verfolgen können (was mehr als zweifelhaft ist),[373] scheitert diese These an der Tatsache, daß nach 2 Kor 11,32f. das Damaskus des Paulus in der Einflußsphäre der Nabatäer zu lokalisieren ist.[374] Diese Angabe paßt aber viel besser zu Damaskus in Syrien als zu Qumran, was damals Teil der römischen Provinz Judäa war.[375] *Lapides* These wird auch nicht wahrscheinlicher durch die wohl von *L. Baeck* übernommene,[376] aber durch nichts begründete Annahme, Paulus sei nach seiner Bekehrung in die *Araba* (statt in die *Arabia*) gegangen.[377]

Schließlich sind auch die inhaltlichen Übereinstimmungen zwischen den

---

[369] Er begründet dies mit Mk 14,13-16, wo ein Mann seinen eigenen Wasserkrug trägt. Da dies normalerweise im Orient Sache der Frau war, so folgert *Lapide*, muß der Mann ein Essener gewesen sein. Er verweist außerdem auf die Tempelreinigung Jesu, die gut zur Tempelkritik der Qumran-Gemeinde passe (110).

[370] 119.

[371] 111. Für die Identität spreche vor allem die Tatsache, daß eines der am Toten Meer gefundenen Dokumente den Titel „Damaskus-Schrift" trägt. Außerdem hätten die Jerusalemer Behörden, in dessen Auftrag Paulus vor seiner Bekehrung die Christengemeinde in Damaskus verfolgt hat, dort gar keine Jurisdiktionsgewalt gehabt. Für Qumran sei dies aber durchaus der Fall gewesen.

[372] Ebd.; zu der (nicht neuen) Auffassung, daß die Auswanderung der Gemeinde nach Damaskus nur symbolisch gemeint sein könnte, vgl. *Schubert* in: *ders./Maier*, Qumran-Essener, 18.

[373] Vgl. beispielsweise *Berger*, Qumran, 26-28.

[374] Es ist heute allgemein anerkannt, daß mit Aretas (von dessen Ethnarchen Paulus hier spricht) der nabatäische König Aretas IV. gemeint ist, der von 9 v. Chr. bis ca. 40 n. Chr. regierte.

[375] Damaskus war 85-66 v. Chr. Hauptstadt eines unabhängigen Nabatäerreiches, wurde danach der römischen Provinz Syrien einverleibt, war aber wohl immer noch (zumindest zeitweise) von einem nabatäischen Gouverneur verwaltet (vgl. 2 Kor 11,32). Die Art der Befugnisse dieses Ethnarchen sind allerdings nicht ganz klar; vgl. hierzu „Der kleine Pauli", Bd. 1, 1371-1373; *Furnish*, 2 Kor, 521f.

[376] Glaube, 568, Anm. 7.

[377] 123f.

paulinischen Briefen und den Schriftrollen vom Toten Meer nicht so beeindruk-
kend, daß sie den Schluß des jüdischen Forschers stützen könnten:[378] Die Warnung vor Götzendienst ist sicher nicht nur ein Spezifikum der Qumran-Gemeinde, sondern kann als charakteristisch für das Judentum als Ganzem gelten. Auch
die scharfe Abgrenzung der Gemeinde von der Außenwelt („Söhne des Lichtes"/„Söhne der Finsternis"), in deren Konsequenz die Lehre von einer doppelten Prädestination liegt, ist nicht allein kennzeichnend für Qumran, sondern ist
ein typisches Merkmal religiöser Sekten überhaupt. Schließlich ist es wenig
überzeugend, einerseits die Lehre von der unverdienbaren Gnade Gottes als Be-
sonderheit der Qumran-Gemeinde herauszustellen, aber andererseits darauf zu
bestehen, daß nach allgemein jüdischer Tradition „jeder Tora-treue, die Gebote
erfüllende Mensch im Bereich der geschenkten Gnade Gottes ist."[379] Daß freilich in 2 Kor 6,14-7,1 eine Reihe von Affinitäten zu Vorstellungen zu finden
sind, wie sie uns auch in den Schriften vom Toten Meer begegnen, ist nicht zu
bestreiten.[380] Doch ob diese Passage allein die Last des Lapide'schen Arguments
zu tragen vermag, ist mehr als fraglich, zumal deren Authentizität umstritten
ist.[381] Man wird deshalb resümieren dürfen, daß die gelegentlichen Übereinstimmungen zwischen Paulus und Qumran keineswegs den weitreichenden
Schluß zulassen, der Apostel habe sich einige Zeit bei der Sekte vom Toten
Meer aufgehalten. An dieser Stelle hat sich *Lapide* eindeutig zu weit vorgewagt
und so sein erkennbares Bemühen, Paulus als Juden zu würdigen, mit unnötigen
Spekulationen belastet.

2.3.12 Ein postmoderner Jude: *Daniel Boyarin* (geb. 1946)

Der Autor des jüngsten Paulusbuches aus der Feder eines jüdischen Wissen-
schaftlers ist der am 6. 12. 1946 in Asbury Park (New Jersey) geborene *D.
Boyarin*.[382] Der amerikanische Ausleger hat derzeit in Berkeley an der State
University of California den *Herman-P.-und-Sophia-Taubman*-Lehrstuhl für
Talmudische Kultur inne. 1975 promovierte er am Jewish Theological Seminary
(New York) mit einer kritischen Edition des Talmud-Traktats *Nazir*. Noch im
gleichen Jahr begann er seine Lehrtätigkeit, die ihn auch nach Israel führte.[383]

---

[378] Vgl. zum Folgenden 118ff.

[379] 75f.

[380] Vgl. *Furnish*, 2 Kor, 377f.

[381] Vgl. *Gnilka*, 2 Cor, 6,14-7,1; *Fitzmyer*, Wandering Aramean, 205-217; die Echtheit
verteidigt beispielsweise *Zeilinger*, Echtheit.

[382] Der Autor war so freundlich, mir schon vor Veröffentlichung des Buches das Manuskript zur Verfügung zu stellen (Stand: 25.6.93). Mit kleineren Korrekturen gegenüber der
Endfassung muß nach seiner Auskunft gerechnet werden.

[383] 1978-87 Ben Gurion University of the Negev, 1979-80 Hebrew University, 1983-1986
Bar Ilan University.

Seine zahlreichen Veröffentlichungen umfassen u.a. drei Bücher, die sich mit Themen befassen, die auch für seine Paulusauslegung relevant sind.[384] In seinem Paulusbuch stellt sich *Boyarin* seinen Lesern als „talmudist and post-modern Jewish cultural critic" vor.[385] In der Tat verfolgt seine Arbeit ein Anliegen, das *H. Küng* als charakteristisch für ein postmodernes Judentum herausgestellt hat: die Suche nach einem religiös emanizipierten Judentum, das religiöse Substanz mit Weltbezug verbindet.[386] Weiterhin bezeichnet er sich als „a practicing Jewish, non-Christian, critical but sympathetic reader of Paul".[387] Auch diesem Selbstanspruch wird *Boyarin* gerecht: Die von ihm an den Tag gelegte Offenheit und Fairness dem Apostel gegenüber war vor einigen Jahren noch kaum denkbar. Sein Interesse am Heidenapostel ist ähnlich wie bei *Segal* und *Dean* darin begründet, daß er die Paulusforschung als einen integralen Bestandteil der Erforschung des antiken Judentums betrachtet.[388] Darüber hinaus sieht er in Paulus einen wichtigen jüdischen Denker, dessen Kulturkritik auch heute noch für einen Juden wichtig und gültig sein kann.[389]

Das Interesse des Auslegers konzentriert sich hauptsächlich auf den Galaterbrief, insbesondere auf das dort entfaltete Thema einer neuen Menschheit ohne ethnische, soziale und sexuelle Barrieren.[390] Das Ideal des Apostels einer universalen und egalitären menschlichen Gesellschaft entspringt nach Ansicht *Boyarins* dem typisch hellenistischen Streben nach Einheit.

„Paul was motivated by the Hellenistic desire for the One, which among other things produced an ideal of a universal human essence, beyond difference and hierarchy."[391]

Der Realisierung dieses Ideals diene die allegorische Hermeneutik des Paulus, die Hand in Hand gehe mit einem gemäßigten anthropologischen Dualismus.[392] *Boyarin* spricht von einem gemäßigten Dualismus, um deutlich zu machen, daß Paulus keineswegs einen radikalen Dualismus im Sinne der späteren Gnostiker vertrat, sondern einen solchen, „that makes room for the body, however much the spirit is more highly valued".[393] Wie viele Griechisch sprechende Juden seiner Zeit habe Paulus Einflüsse der hellenistischen Kultur aufgenommen. Besonders der Mittelplatonismus habe eine bedeutende Rolle gespielt für

---

[384] Sephardi Speculation; Intertextuality; Carnal Israel.

[385] Radical Jew, 1.

[386] Judentum, 554.

[387] Ebd.

[388] 2.

[389] 3.

[390] Vgl. Gal 3,28.

[391] 9.

[392] 19f.

[393] 261; daß *Boyarin* auf Seite 322 im Blick auf Paulus von einer „radically dualist and allegorical hermeneutic" spricht, muß wohl als ein *lapsus linguae* betrachtet werden, der seiner eigentlichen Position widerspricht.

die Gegenüberstellung von Geist und Fleisch, die laut *Boyarin* die ganze Theologie des Apostels beherrscht.[394] Es dürfte dem jüdischen Forscher freilich nicht ganz leicht fallen, seine christlichen Kollegen mit dieser These zu überzeugen, denn die Mehrzahl der Neutestamentler geht mit dem von *Boyarin* kritisierten *R. Bultmann* davon aus, daß der Gegensatz von Fleisch und Geist nichts mit dem griechisch-hellenistischen Leib-Seele-Dualismus zu tun hat.[395]

Es zeichnet dieses jüngste Paulusbuch aus, daß der Autor nicht (wie viele frühere Forscher) der Versuchung nachgibt, aufgrund der kaum zu leugnenden hellenistischen Beeinflussung mancher paulinischer Lehren dem Apostel sein Judentum abzusprechen. Paulus war weder Antisemit noch Antijudaist.[396] Er war vielmehr ein jüdischer Kulturkritiker, der über die (typisch jüdische!) Frage nachdachte, wie die Erwählung Israels aus den Völkern mit der Tatsache zu vereinbaren sei, daß der Gott Israels zugleich Schöpfer und Herr der ganzen Welt ist. Oder kürzer: Es geht Paulus (nach *Boyarin*) um das Verhältnis von Partikularismus und Universalismus. Wie der Autor selbst feststellt, steht er mit diesem Verständnis der paulinischen Botschaft in großer Nähe zur protestantischen Tübinger Schule des 19. Jahrhunderts,[397] ohne freilich die gleichen antijüdischen Konsequenzen zu ziehen wie diese.

Boyarin entfaltet diesen Ansatz im Blick auf zwei Themenkomplexe: das Verhältnis der Geschlechter und die „Judenfrage".[398] Beide hängen s.E. insofern zusammen, als in den von Männern dominierten Gesellschaften des sog. „christlichen Abendlandes" Frauen und Juden gleichermaßen als Gefährdung der einen universalen Menschheit empfunden wurden. Wie die Juden in den paulinischen Gemeinden nur einen Platz haben, wenn sie die Zeichen ihrer Sonderexistenz aufgeben, so haben auch Frauen nur dann Teil an der neuen Schöpfung, wenn sie auf die Ausübung ihrer Sexualität verzichten. Weibliche Keuschheit und der jüdische Verzicht auf einen wesentlichen Teilaspekt der Tora - so könnte man vielleicht die Position *Boyarins* paraphrasieren - waren für Paulus der Preis, der um der Einheit der Gemeinde willen zu entrichten war.

Es kennzeichnet *D. Boyarin* als einen Wissenschaftler, der dem neueren Paradigma der jüdischen Paulusauslegung zuzurechnen ist, daß er nicht von einer pauschalen Aufhebung des Gesetzes bei Paulus spricht. Er differenziert im Anschluß an *J.D.G. Dunn* zwischen den jüdischen „identity markers" wie Beschneidung, Speisegebote und Sabbat, die der Apostel zu Adiaphora erklärte, und dem „Gesetz Christi" (νόμος Χριστοῦ), das Paulus nach wie vor als Maßstab christlichen Handelns proklamierte. Der jüdische Ausleger wendet sich

---

[394] Vgl. vor allem Kap. 3 „The Spirit and the Flesh", 81ff.
[395] So beispielsweise auch *Kümmel,* Theologie, 155 und *Conzelmann,* Theologie, 198.
[396] Vgl. Kap. 6 „Was Paul an 'Anti-Semite'"?, 193ff.
[397] 16.
[398] Vgl. vor allem Kap 9 „Paul, 'the jewish Problem' and the 'Woman Question'", 283ff.

ausdrücklich gegen das (neu)lutherische Paulusverständnis, wonach mit den „Werken des Gesetzes" (ἔργα νόμου) alle guten Werke verworfen seien. *Boyarin* verknüpft die Erkenntnisse *Dunns* mit einer anderen Auslegungsvariante, wonach Paulus als Diasporajude die alttestamentlichen Gesetze nach der Art Philos allegorisch interpretierte. Der Autor tut dies, indem er die von Paulus kritisierten Aspekte des Gesetzes mit dessen wörtlichem Verständnis und seine weiterhin gültigen Aspekte mit dessen allegorischem Sinn identifiziert.

„My claim is that there is ample evidence throughout the corpus that what is being affirmed is the spiritual sense - the universal Law of Christ, of love, of faith - and what is being denied is the carnal sense - the Jewish law of circumcision, kashruth, and the Sabbath."[399]

Während sich der jüdische Forscher in der Frage der paulinischen Gesetzeslehre auf die Autorität *Dunns* stützen kann, betritt er mit seinen Ausführungen zur Frauenfrage Neuland. Soweit ich sehe, hat es noch kein Forscher mit der gleichen Radikalität unternommen, die im Christentum immer wieder auftretende Leibfeindschaft auf das paulinische Ideal von einer gleichberechtigten Gemeinschaft der Geschlechter zurückzuführen. Im Hintergrund dieses Ideals sieht *Boyarin* den gleichen Mythos von einem urtypischen Androgyn, den er auch bei Philo finden zu können glaubt.[400] Obwohl die von ihm postulierte ambivalente Haltung des Apostels gegenüber dem weiblichen Geschlecht besser mit den Quellen in Einklang stehen dürfte als die von *Lapide* behauptete pauschale Frauenfeindlichkeit des Paulus, scheint mir die Sexualität nicht die allbeherrschende Rolle zu spielen, die ihr der jüdische Forscher zuerkennt. Insbesondere gegenüber seiner Exegese von Röm 7 wird man Vorbehalte anbringen können: Bezieht sich das umstrittene „Ich" in diesem Kapitel wirklich auf Adam, von dem Paulus in Röm 5 (dort aber in der dritten Person!) gesprochen hat? Vor allem: Ist die Sünde, von der hier die Rede ist, wirklich die sexuelle Begierde, die durch das (an und für sich positive) Gebot, sich zu mehren, hervorgerufen wird?[401]

Doch *Boyarin* hat auch Kritik an Paulus anzumelden: Insbesondere befürchtet er, daß der Ruf nach einer universalen Menschheit auf Kosten der jüdischen Sonderexistenz gehen könnte. Tatsächlich wird man kaum bestreiten können, daß die paulinische Gleichheit faktisch nicht selten einer christlichen Gleichmacherei dienstbar gemacht wurde, die von Juden die Preisgabe ihrer kulturellen und religiösen Identität erwartete. So entstand eine neue Art von Partikularismus, die umso gefährlicher war, als sie lange Zeit mit politischer Macht gepaart war.[402] Doch auch die von den Rabbinen repräsentierte Gegenposition, ein betonter Ethnozentrismus auf Kosten einer überzeugenden universalistischen Per-

---

[399] 188.
[400] 272.
[401] 231.
[402] 327f.

spektive, empfindet *Boyarin* als problematisch. So gibt es in „The Radical Jew",
wie der Autor zutreffend sagt, keine Gewinner und Verlierer. Beide, Paulus und
die Rabbinen, haben s.E. teil an einer Reihe von kulturellen, sozialen und moralischen Dilemmas, die uns heute noch plagen.[403]

> „My thesis is that rabbinic Judaism and Christianity as two different hermeneutic systems
> for reading the Bible generate two diametrically opposed, but mirror-like, forms of racism (..).
> The genius of Christianity is its concern for all Peoples of the world; the genius of rabbinic Ju-
> daism is its ability to leave other people alone."[404]

Einen Ausweg aus dem beschriebenen Dilemma sieht *Boyarin* in der Ausbildung einer Diaspora-Identität, die einerseits die genealogische Kontinuität als
Quelle und Modus jüdischen Selbstverständnisses bewahrt, andererseits aber
voll an der Kultur des Gastlandes partizipiert.[405] Als gelungene Beispiele einer
solchen Symbiose führt der Autor das Judentum im muslimischen Spanien und
im heutigen Amerika an. Ausgesprochen kritisch hingegen sieht er den Zionismus, dessen Insistieren auf einem jüdischen Staat nur eine Fortsetzung des europäischen Nationalstaatsdenkens darstelle. An dieser Stelle könne das Judentum von Paulus lernen:

> „When (..) an ethnocentric Judaism becomes a temporal, hegemonic political force, it be-
> comes absolutely, vitally necessary to accept Paul's critical challenge - although not his uni-
> versalizing, disembodying solution - and develop an equally passionate concern for all human
> beings. We (..) must take the theological dimension of Paul's challenge seriously. How could
> the God of all the world have such a disproportionate care and concern for only a small part of
> His World?!"[406]

Die hier zu erkennende, für das neuere Paradigma der jüdischen Paulusauslegung bezeichnende Bereitschaft, von Paulus zu lernen, ist bemerkenswert. Eine Stärke dieser Arbeit ist vor allem, daß sie auf die Zusammenhänge zwischen
der Anthropologie des Apostels, namentlich dem Fleisch-Geist- bzw. dem da-
hinterstehenden Leib-Seele-Dualismus, und dessen allegorisierender Hermeneutik aufmerksam gemacht hat. Weniger überzeugend finde ich es allerdings,
wenn die paulinische und die rabbinische Hermeneutik einander typologisch
gegenübergestellt werden: Obwohl *Boyarin* weiß, daß es unmöglich ist, harte Linien zu ziehen zwischen dem hellenistischen und dem rabbinischen Judentum,
spricht er doch von einer „sharp division" zwischen „Greek speakers more ac-
culturated to Hellenism and Hebrew and Aramaic speakers who were less accul-
turated".[407] Während erstere von christlichen Gruppen absorbiert worden seien,
haben letztere die entstehende rabbinische Bewegung geformt.[408] Erstere hätten

---

[403] 12.
[404] 329.
[405] 343.
[406] 362f.
[407] 20.
[408] 21.

sich einer allegorisierenden Hermeneutik bedient, die zwischen einem Bezeich-
nenden („signifier") und einem Bezeichneten („signified") unterscheidet, letztere hingegen einem „midrashic reading", das diese Unterscheidung nicht zu-
läßt.[409] Erstens muß man fragen: Waren wirklich alle griechisch sprechenden
Juden akkulturiert und alle hebräisch oder aramäisch sprechenden Juden gegen
hellenistische Einflüsse resistent? Zweitens kann man sicher nicht so ohne
weiteres davon sprechen, daß die „Hellenisierer" im Christentum, die „Anti-
Hellenisierer" aber im rabbinischen Judentum aufgingen. Wir wissen durch die
Arbeiten *S. Liebermans*, wie weitgehend auch das rabbinische Judentum von
hellenistischen Ideen beeinflußt war (und zwar keineswegs nur in antitheti-
schem Sinn, wie *Boyarin* meint).[410] Umgekehrt gab es ein Judenchristentum, das
sicher weniger akkulturiert war als beispielsweise der (keineswegs vom Christentum absorbierte) jüdische Religionsphilosoph Philo. Drittens muß der Tatsache mehr Bedeutung beigemessen werden, daß sich einerseits auch die Rabbinen auf die allegorische Auslegung verstanden, während andererseits auch
Paulus Gebrauch von der Midraschtechnik gemacht hat - ein Sachverhalt, den
Boyarin zwar nicht abstreitet, aber doch nur unzureichend erklärt.[411] Schließlich
muß auf die Gefahr des Anachronismus' hingewiesen werden, wenn *Boyarin*
Paulus, einen tarsischen Juden des ersten Jahrhunderts, zum Kronzeugen eines
bis heute vorherrschenden, typisch europäischen „Phallogozentrismus" macht.[412]
Typologisierungen wie diese, so lehrreich sie auch sein können (und im Falle
Boyarins auch sind!), haben den Nachteil, daß sie dazu neigen, die Vielfalt und
Mehrdeutigkeit historischer Phänomene zu unterschätzen. Trotz dieser Einschränkung, die ähnlich auch gegen *M. Buber* und den frühen *L. Baeck* gemacht
werden mußte, darf „The Radical Jew" als ein weiterer wichtiger Beitrag zu einer jüdischen „Heimholung des Ketzers" begrüßt werden.

---

[409] 23f.

[410] 9.

[411] Vgl. dazu den Paragraphen „Paul's Midrash", 168ff.

[412] Vgl. 23, wo der Autor die von Paulus angewendete allegorische Methode als „a species
of general European phallogocentric notions of meaning" bezeichnet. Dieser etwas kryptische
Begriff scheint für *Boyarin* zweierlei zu implizieren: Die durch den Phallus symbolisierte
Dominanz des Mannes in den meisten uns bekannten Gesellschaften und die auf Univozität
abzielende Logik unserer westlichen Denktradition.

2.4 Zwischenergebnis

Der zurückliegende Teil dieser Arbeit hat, wie ich denke, genügend Hinweise darauf erbracht, daß sich in der jüdischen Auseinandersetzung mit Paulus ein „Paradigmenwechsel"[1] vollzogen hat: Während der Apostel früher tendenziell als Apostat und Gründer des Christentums gesehen wurde,[2] erfährt er heute zunehmend eine positive Würdigung als eine wichtigen Figur der jüdischen Religionsgeschichte. Diese sich in den letzten Jahren verstärkt abzeichnende Entwicklung ist auch schon von anderen Forschern wahrgenommen worden, ohne freilich eingehend dargestellt und analysiert worden zu sein. So stellte bereits 1978 *M. Barth* fest:

„Seit der Hitlerzeit (!) (wächst) die Zahl jüdischer Gelehrter, welche - nach der 'Heimholung Jesu ins Judentum' auch Paulus als einen nur für beschränkte Zeit 'verlorenen Sohn' betrachten und viel Liebe, Fleiß und Geschick aufwenden, um ihn wieder unter den frommen Juden zu beheimaten."[3]

Was damals dem Schweizer Neutestamentler noch als eine kleine Minderheit der jüdischen Ausleger erschien, kann heute als die zwar nicht unumstrittene, aber doch vorherrschende Meinung bezeichnet werden.

Schon im letzten Jahrhundert konnte man Paulus jüdischerseits zugute halten, daß durch die von ihm initiierte Heidenmission die Kunde vom Gott Israels nun auch zu den Heiden gelangte. Dieses verhaltene Lob wurde allerdings bei weitem aufgewogen durch den Vorwurf, den reinen jüdischen Gottesglauben, dem auch noch Jesus verpflichtet war, durch pagan-hellenistische, gnostische und iranische Fremdeinflüsse verunreinigt zu haben. Die am häufigsten genannten Vorbehalte betreffen eindeutig die Gesetzeslehre des Apostels, aber auch seine Anthropologie, (Erb)sündenlehre, Christologie und Soteriologie sowie seine Glaubens- und Sakramentsauffassung werden kritisch beurteilt.[4]

Obwohl die jüdischen Paulusausleger anfangs ihre exegetischen Gewährsmänner nur selten namentlich nennen, ist im 19. Jhd. der Einfluß der Tübinger

---

[1] Der von mir verwendete Begriff „Paradigmenwechsel" ist ein Terminus, den *T.S. Kuhn* in seinem Buch „Die Struktur wissenschaftlicher Revolutionen" (10. Aufl., Frankfurt/M. 1989) in die wissenschaftstheoretische Debatte eingeführt hat. Er bezeichnet damit einen Vorgang, bei dem ein bisher geltendes Erklärungsmodell verworfen und durch ein anderes ersetzt wird.

[2] Vgl. auch *Lindeskog:* „Es gibt (..) nach der einstimmigen jüdschen Auffassung tatsächlich *einen persönlichen Gründer* der christlichen Religion: er heisst Paulus." (Jesusfrage, 310; Hervorhebung durch *Lindeskog*).

[3] Paulus, 111. Auch *Hagner* spricht von „a new openness to Paul and a repudiation of old stereotypes" (Paul, 157).

[4] Vgl. *Hagner:* „The key areas are obvious: Paul's view of the Law, his soteriology and christology, his mysticism and doctrine of the sacraments" (Paul, 156).

Schule um *F.C. Baur* nicht zu übersehen. Das betrifft nicht nur die scharfe Gegenüberstellung des Völkerapostels mit Jesus und der Jerusalemer Urgemeinde, sondern auch die pauschale Abwertung der Apg als Geschichtsquelle. Auch die Dogmenkritik der radikalen liberalen Forschung (*Strauss, Bauer, Renan*) wird verbreitet rezipiert. In unserem Jahrhundert wird dann zunehmend die Religionsgeschichtliche Schule (*Bousset, Reitzenstein, Deissmann*) wichtig, die Paulus primär vor dem Hintergrund des paganen Hellenismus' sieht.[5]

Die große Mehrzahl der jüdischen Paulusforscher des älteren Paradigmas waren Anhänger der Reformbewegung. Das kann kaum verwundern, denn sie, die ihre Identität weniger auf ihre ethnische Herkunft als auf ihre religiösen Überzeugungen gründeten, waren auf eine geistige Auseinandersetzung mit ihrer mehrheitlich christlichen Umwelt besonders angewiesen. Obwohl (oder vielleicht gerade *weil*) ihre Positionen denen des Heidenapostels teilweise nahe standen (Relativierung des Ritualgesetzes), fühlten sich gerade liberale Juden zu einer schroffen Abgrenzung von Paulus genötigt, die sich nur wenig von der Haltung traditionell gesinnter Juden unterschied. Der polemische Grundton ist also (mehr oder minder) allen Autoren des älteren Paradigmas gemeinsam und hängt nicht von ihrer theologischen Provenienz ab.

Wie schon oben angedeutet, läßt sich beobachten, daß sich die positiven Würdigungen des Apostels von jüdischer Seite seit dem Zweiten Weltkrieg häufen. Das ist einerseits schwer verständlich, denn der Holocaust schien die Hoffnungen auf eine Verständigung zwischen Juden und Christen endgültig zerstört zu haben. Doch andererseits ist die Notwendigkeit eines Dialogs nie zuvor so offenkundig geworden wie durch die Judenmorde der Nazis. Unter dem Eindruck der Ereignisse begannen christliche Theologen damit, die eigenen Glaubensüberlieferungen im Blick auf ihr Verhältnis zum Judentum neu zu überdenken. Die erhöhte Sensibilität gegenüber dem ererbten Antijudaismus auf christlicher Seite eröffnet(e) jüdischen Forschern nun ihrerseits die Möglichkeit, sich auch mit einem vermeintlichen Apostaten wie Paulus vorurteilsfrei auseinanderzusetzen. Natürlich finden unter Juden heute bevorzugt die christlichen Autoritäten Gehör, die diese Sensibilität auch in ihrer exegetischen Arbeit erkennen lassen (z.B. *Stendahl, Davies, Gaston* und *Sanders*). Der Verzicht auf Polemik hängt aber sicher auch damit zusammen, daß die gesellschaftliche Stellung der Juden heute wesentlich gesicherter ist als vor dem Zweiten Weltkrieg. Mit der sozialen Deklassierung der Juden entfällt auch deren Notwendigkeit, die geistigen Väter ihrer (immer noch) überwiegend christlichen Umwelt abzuwerten. Das gilt insbesondere für den nordamerikanischen Subkontinent, von dem *H.G. Perelmuter* zutreffend sagt:

---

[5] Vgl. *Wiefel:* „Man sieht sich hier mit jener liberalen und religionsgeschichtlichen Theologie in Einklang, die die Überlagerung der historischen durch eine überirdische Erlösergestalt bei Paulus konstatiert und beklagt" (Paulus in jüdischer Sicht, 166).

„It appears that Amerika is disproportionately represented on both the Jewish and Christian sides as far as religious interest is concerned, specifically if one considers the 'Paul the Jew' type of studies."[6]

Schließlich mag auch die in den letzten Jahren gewachsene Erkenntnis eine Rolle gespielt haben, daß die früher übliche scharfe Unterscheidung zwischen hellenistischem und pharisäisch-rabbinischem Judentum nicht durchzuhalten ist. Damit entfiel die Möglichkeit, Paulus von der später normativ gewordenen Variante des Judentums abzuheben und ihn statt dessen einer (vermeintlich) angepaßten, von Fremdeinflüssen verfälschten Spielart desselben zuzuordnen.

Meine These von einem Paradigmenwechsel in der jüdischen Auseinandersetzung mit Paulus gründet sich auf insgesamt zwei Dutzend Ausleger, deren Werk im zurückliegenden ersten Hauptteil näher untersucht worden ist. Daß sich diese Liste noch erweitern ließe, mag man sich an folgenden Beispielen verdeutlichen: Schon wenige Jahre nach dem Zweiten Weltkrieg unternimmt es der englische Jude *H.J. Schonfield,* „to treat Paul as a Jew, and to place him in his Jewish setting".[7] Anders als viele seiner Vorgänger, die sich mit dem Apostel beschäftigt haben, charakterisiert er ihn als einen mystisch veranlagten Pharisäer, der auch als Anhänger Jesu nicht seinen jüdischen Glauben verleugnet habe.[8] Ein jüngeres Beispiel stellt der konservative Religionswissenschaftler *P. Sigal* dar, der Paulus als proto-rabbinischen Schüler des Gamaliel I. beschreibt, der „tief in seinem Judentum verwurzelt" gewesen sei und „sich niemals von seinem Glauben entfernt" habe.[9] Er sieht

„keinen Grund zu der Annahme, daß in den Jahren 45-65 die Lehre des Paulus für häretisch galt oder gar als ganz unjüdisch betrachtet wurde. Als einige Zeit später das Christentum in seiner Hauptströmung aufhörte, jüdisch zu sein, lag das nicht an der Theologie des Paulus oder an der von ihm vorgetragenen alternativen Halaka, sondern daran, daß die Kirche weitgehend eine heidenchristliche Kirche geworden war und die Rabbinen von Jabne (..) die christlichen Juden aus politischen Gründen aus der jüdischen Gemeinschaft ausgeschlossen hatten."[10]

Ähnlich positiv beurteilt *E. Rivkin,* Professor für Geschichte am Hebrew Union College in Cincinnati, den Apostel: In seinem Buch über die Pharisäer behandelt er die von Paulus bewerkstelligte Mutation des Judentums im Rahmen der „Hidden Revolution"[11] der Pharisäer. Daß bei Paulus Christus die Stelle der zwiefältigen Tora einnimmt, ist für ihn kein Grund, dem Apostel sein Judentum abzusprechen:

---

[6] Paul the Jew, 6.
[7] Jew, VII.
[8] Vgl. auch 3.2.1 und *Fuchs-Kreimer,* Heresy, 211ff
[9] Judentum, Stuttgart 1986, 83f
[10] 87; zu seinem Paulusbild vgl. auch die folgenden Schriften: Emergence, 413ff.; Aspects; Note.
[11] Revolution; vgl. auch Prolegomenon, in: Judaism and Christianity, Vol. 1.

„One cannot strip away from Paul his Jewishness without at the same time stripping it away from an Amos, an Jose ben Yoezer, a Maimonides, a Moses de Leon, a Baal Shem Tov, an Abraham Geiger, or a Theodore Herzl. Each of these Jews had been nurtured, on a concept of Judaism, on a concept of Jewish identity and on a concept of Jewish peoplehood which no longer was sustainable for him in the light of his experience. Each adopted a radically different Jewish identity; each preached to Jewish ears that heard him not; each refused to give ground to those who cast aspersions, claiming that the emergent Jewish identity was not Jewish at all."[12]

Man könnte natürlich einwenden, solch positive Würdigungen habe es auch schon vor dem Zweiten Weltkrieg gegeben und *Gottlieb Klein* sei in dieser Hinsicht nicht die einzige „Ausnahme von der Regel". Tatsächlich konnte schon 1886 der aus Ungarn stammende Cambridge-Professor *S.M. Schiller-Szinessy* Paulus dafür bewundern, daß er das Heidentum niederwarf, indem er das Christentum, eine Art „Judaism of the Gentiles", errichtete.[13] Er hält fest,

„that the writings of St. Paul are not merely of great interest to the Jews, but of the greatest importance for the understanding of certain laws and passages contained in the Talmuds and Midrashim."[14]

Auch der aus Deutschland emigrierte Reformrabbiner aus Philadelphia *J. Krauskopf* lobte den Apostel als einen unabhängigen und mutigen Denker. Wiewohl er das von ihm begründete christologische Dogma verwarf, fühlt er sich ihm dafür verpflichtet, daß er das Judentum von allen bedeutungslosen und abstoßenden Zeremonien befreit habe.[15] Doch all das ändert nichts daran, daß die überwältigende Mehrzahl der früheren jüdischen Paulusausleger sich wesentlich reservierter gegenüber Paulus äußerte.[16] Umgekehrt wird der von mir herausgestellte Trend hin zu einer wohlwollenderen Beurteilung auch nicht durch einzelne kritische Stimmen unter den heutigen Paulusauslegern in Frage gestellt. Zwar qualifiziert *R. Wolfe,* ein in Harvard promovierter Historiker, Paulus als „anti-Semitic agitator"[17] und „police stoic"[18] ab, doch ist seine Polemik ebensowenig repräsentativ für die Gesamtheit der heutigen Forscher wie die (meist nur

---

[12] Odyssey, 232f.; vgl. zu *Rivkin* auch *Fuchs-Kreimer*, Heresy, 206ff. Weitere neuere Würdigungen des Apostels in seinem jüd. Kontext: *M.A. Cohen,* Two Sister-Faiths (bes. 18ff.); *Daube*, Burdened Convert, *ders.*, New Testament; *ders., Onesimos, ders.,* Pauline Contribution, *Fuchs-Kreimer,* Heresy (bes. 292ff.); *A.H. Friedlander*, Paulus; *Perelmuter*, Paul the Jew, bes. 19; *Schwartz*, Allusions; *Vermes*, Redemption.

[13] St. Paul, 330.

[14] Ebd.

[15] „...the removal of obsolete, meaningless and repellant ceremonies.." (Paul, 215; vgl. auch *Fuchs-Kreimer*, Heresy, 192ff.; *Berlin*, Faith, 63f.

[16] Vgl. neben den oben behandelten Beiträgen u.a. auch: *H. Cohen,* Religion der Vernunft; *J. Cohen,* Déicides; *Eschelbacher,* Geschichte; *ders., Judentum; Geiger,* Judentum; *Grünebaum*, Sittenlehre; *E.G. Hirsch*, Paul, *ders.*, My Religion; *Jakob*, Paul; *Schlessinger*, Jesus (bes. 88ff.); *Strauss*, Bekehrer; *Weiss-Rosmarin*, Judaism.

[17] Christianity, 167.

[18] 198.

partiellen und zurückhaltender formulierten) Vorbehalte anderer Ausleger (*Cohn-Sherbok, Cook, Ehrlich, Ben-Gurion*).[19] Es bleibt deshalb dabei: Die „Heimholung des Ketzers" ist heute bereits so weit fortgeschritten, daß es angemessen ist, diesbezüglich von einem Paradigmenwechsel zu sprechen.

Es ist zwar in der Gesamtheit der jüdischen Religionswissenschaftler kaum mehr als eine kleine Minderheit, die sich überhaupt mit Paulus beschäftigt. Aber immer mehr jüdische Gelehrte bieten nun auch Hochschulkurse über Paulus (und das frühe Christentum) an. So leitet beispielsweise der Historiker *M.A. Cohen* regelmäßig Seminare am Hebrew Union College in New York über Paulus und das protorabbinische Judentum.[20] Ähnliches gilt auch für seinen Kollegen *M. Cook*, der in Cincinnati einen Lehrstuhl für „intertestamental and early Christian literatures" innehat.[21] Besonders erwähnenswert sind Veranstaltungen über Paulus für christliche und jüdische Studierende, wie der (erstmals?) im Frühjahr 1988 angebotene Kurs von *H.G. Perelmuter* und *W. Wuellner* an der Graduate Theological Union (Berkeley).[22] Diese universitären Aktivitäten sowie die unzähligen Vorträge, die jüdische Fachleute heute weltweit vor einem nichtakademischen Publikum halten, können als zusätzlicher Hinweis gewertet werden, daß sich in der jüdischen Auseinandersetzung mit Paulus ein tiefgreifender Wandel vollzogen hat.

---

[19] *Cohn-Sherbok*, Crucified Jew; *ders.*, Reflections; *ders.*, Paul and Rabbinic Exegesis; *Cook*, Appraisals; *ders.*, Antisemitism; *ders.*, Ties; *Ehrlich*, Schuldproblem; *ders.*, Entstehung. Phantasievoll, aber kaum überzeugend ist *Ben-Gurions* These, Paulus sei mit dem in *Sefer Ha-maasiot* und *Midrasch Ha-gadol* erwähnten heidnischen Priester Abba Gulish identisch, der zum Judentum konvertierte und eine große Zahl von Heiden bekehrte (Studies).

[20] Ich hatte selbst das Glück, an einem solchen Kurs im Herbst 1992 teilnehmen zu können. Zu *Cohens* Sicht des frühen Christentums vgl. sein Buch: Two Sister Faiths.

[21] Vgl. die oben genannten Beiträge *Cooks*.

[22] Das Ergebnis dieses Kurses ist dokumentiert in einer vom Center for Hermeneutical Studies veröffentlichten Broschüre: *Perelmuter*, Paul the Jew. Die Liste ähnlicher Veranstaltungen ließe sich noch wesentlich verlängern; vgl. nur die von *Shermis* abgedruckten Syllabi (Bibliography, 176ff.).

3. Thematische Brennpunkte der jüdischen Auseinandersetzung mit Paulus

Bevor es in einer Forschungsdisziplin zu einem Paradigmenwechsel kommt, treten zumeist Anomalien und Krisen auf. Wenn die Beobachtungen überhand nehmen, die sich nicht mehr im Rahmen des alten Modells erklären lassen, kommt es zu einem

> „Neuaufbau des Gebietes auf neuen Grundlagen, ein(em) Neuaufbau, der einige der elementarsten theoretischen Verallgemeinerungen des Gebietes wie auch viele seiner Paradigmamethoden und -anwendungen verändert."[1]

Im zweiten Hauptteil dieser Arbeit wenden wir uns nun den Themenbereichen zu, in denen sich der gegenwärtige Umbruch innerhalb der jüdischen Paulusauslegung am stärksten bemerkbar macht: Der Bekehrung, der Christologie, der Gesetzeslehre, der Heidenmission und der Israeltheologie des Apostels. Die gewählte Reihenfolge versucht einem inhaltlichen Gefälle im Denken des Paulus Rechnung zu tragen, das (bei allen Brüchen und Ungereimtheiten in der literarischen Darstellung) doch auf eine gewisse Kohärenz seines Evangeliums schließen läßt:[2] Die Einsicht in die heilsgeschichtliche Bedeutung Jesu Christi (3.2), die wesentlich auf die Damaskusvision des Paulus zurückgeht (3.1), führt zu einer Neubewertung des Gesetzes (3.3). Sofern aber die Tora das ist, was die sozialen Beziehungen von Juden und Heiden normiert, hat diese Neubewertung auch Konsequenzen für die Heidenmission des Apostels (3.4) und seine Hoffnung für das „Israel nach dem Fleische" (3.5).

3.1 Die Christusvision(en) des Paulus und der Aufstieg zum Himmel im Judentum

Daß das Damaskuserlebnis kein isoliertes Ereignis im Leben des Apostels war, obschon ein für seine theologische Biographie besonders bedeutsames, läßt es geraten erscheinen, dieses im weiteren Kontext der (wiederholten!) Christus-

---

[1] *T.S. Kuhn,* Struktur, 97f.
[2] Vgl. *Beker,* Paul, Part Three: „The Coherence of the Gospel", 135ff.

visionen zu behandeln, von denen wir in der Apg und in seinen Briefen (dort mehr andeutungsweise) erfahren. Während viele christliche Exegeten diese visionäre Seite des Paulus am liebsten totgeschwiegen oder weginterpretiert hätten, weil sie nicht in ihr rationales, aufgeklärtes Weltbild paßte, wurde sie von jüdischen Auslegern in der Regel deutlicher wahrgenommen. Daß sie dies nicht unbedingt immer unvoreingenommen taten, zeigt sich bei den Vertretern des älteren Paradigmas, mit denen ich meine Darstellung beginnen möchte. Wir werden sehen, daß erst in den letzten Jahrzehnten Juden das Damaskuserlebnis (und ähnliche Erlebnisse) als existentielle Voraussetzung der paulinischen Theologie positiv zu würdigen vermögen. Die folgenden Fragestellungen werden bei unserer Auseinandersetzung mit der jüdischen Auslegung im Mittelpunkt stehen: Inwieweit geben die neutestamentlichen Texte Auskunft über die psychische Verfassung des Visionärs Paulus? Wird seine erste und grundlegende Christophanie mit dem Begriff „Bekehrung" angemessen beschrieben? Und schließlich: Wie sind die visionären Erlebnisse des Apostels religionsgeschichtlich einzuordnen? Anhand ausgewählter Fallbeispiele (Gal 1,12.16; 2 Kor 12,1ff.) soll besonders dieser letzten Frage nachgegangen werden.

3.1.1 Jüdische Positionen

Schon etwa ein Jahrhundert nach dem Tode des Paulus[3] begegnen wir in den Pseudo-Clementinischen Homilien (17,13-19) einer skeptischen Haltung des Judenchristentums gegenüber der Christusvision, auf die Paulus seinen Apostolatsanspruch gründete.[4] Diese Skepsis hat sich bei modernen jüdischen Autoren, die die Aufklärung im Rücken haben, verständlicherweise eher noch verstärkt. Eine Äußerung des Historikers *H. Graetz* ist exemplarisch für die ältere jüdische Paulusauslegung, die fast durchweg die Christusoffenbarung des Apostels als vernunftwidrig zurückweist:

> „Ist vielleicht Jesus wirklich der Messias gewesen? Dieser Gedankengang beschäftigte Paulus aufs tiefste. Sein nervös krankhafter Zustand und sein phantastischer Sinn halfen ihm über den Zweifel hinweg. Er glaubte steif und fest, daß Jesus ihm erschienen sei."[5]

Außer der betont polemischen Wortwahl und dem rationalistischen Grundton dieser Bemerkung ist vor allem die zeitgeschichtliche Einordnung der paulinischen Bekehrung bemerkenswert, die *Graetz* vornimmt: Paulus sei durch die Begegnung mit dem adiabenischen Königshaus auf dessen Weg nach Jerusalem

---

[3] Diese Schrift wird meist in die Mitte des 2. Jahrhunderts datiert. Der Ort ist umstritten (Rom, Korinth, Alexandria?); vgl. etwa *Vielhauer*, Geschichte, §36.

[4] Vgl. *Schneemelcher*, Apokryphen 2.77-78. Daß dieser Text gegen Paulus polemisiert, zeigen u.a. die vielen Anspielungen auf Gal 1f.; vgl. *Betz*, Gal, 560f.

[5] *Graetz*, Geschichte, 415.

zu der Überzeugung gelangt, die von den Propheten verkündigte Endzeit, in der sich alle Völker zum Gott Israels bekehren werden, sei angebrochen.[6] Zwar berichtet Josephus in der Tat von einer solchen Reise, doch nirgends findet sich ein Hinweis darauf, daß die orientalische Herrscherfamilie dabei Damaskus durchwanderte oder gar den späteren Heidenmissionar traf. Neben 1 Kor 9,1 und 15,8 führt der jüdische Forscher auch 2 Kor 12,2 als Quelle für die paulinische Bekehrung an, nennt diese Stelle aber „ein nicht sehr glaubwürdiges Zeugnis für einen tatsächlichen Vorgang".[7] Die Berichte der Apostelgeschichte lehnt er ebenfalls als spätere sagenhafte Ausschmückung der Christusvision ab.[8]

Weniger polemisch, aber mindestens ebenso phantasievoll stellt sich die Erklärung von *I.M. Wise* dar.[9] Angesichts des römischen Despotismus' und der sozialen Ungerechtigkeit seiner Zeit habe Paulus, wie viele seiner Zeitgenossen, in mystischen Praktiken Zuflucht genommen. Einen Bericht über das Bekehrungserlebnis sieht *Wise* (wie schon *Graetz*) in 2 Kor 12, wo der Apostel von einem (seinem?) Aufstieg in den dritten Himmel berichtet.[10] Wenn der jüdische Forscher es als das Ergebnis dieses Ereignisses beschreibt, daß Paulus „passed from the law school of the Pharisees to the new school of the mystics",[11] klingt das ganz nach einer Bekehrung innerhalb der gleichen Religion. Diese Meinung entspricht keineswegs der im 19. Jahrhundert sonst üblichen Auffassung des Apostels als eines Apostaten und des Gründers des Christentums, hat aber (wie wir noch sehen werden) eine Entsprechung in der heutigen Forschung. Die spektakulärste, aber durch nichts begründete These des jüdischen Gelehrten ist die Vermutung, Paulus sei mit dem im Talmud erwähnten Acher identisch. *Wise* kann deshalb auch auf rabbinische Texte zurückgreifen, um auf die Biographie und Theologie des Apostels zurückzuschließen. So sieht er beispielsweise die in drei verschiedenen Dokumenten überlieferte Geschichte von der Himmelsreise der vier Rabbinen[12] als weiteren Beleg für die Christusvision des Paulus an. Die Interpretation der paulinischen Christologie vor dem Hintergrund der jüdisch-mystischen Henoch-Metatron-Tradition, die *Wise* meines Wissens als erster Forscher vorgeschlagen hat, geht auf die Tatsache zurück, daß in der besagten

---

[6] 414f.

[7] 415.

[8] 415f.

[9] *Wise*, Lectures, 355f. (zit. nach Writings).

[10] Die von *Wise* angeführten Stellenangaben (Cor XL 12/2 Cor XXII) sind zwar unverständlich, aber aus dem Zusammenhang geht hervor, daß er von 2 Kor 12 spricht.

[11] 356f.

[12] tHag 2,3f.; jHag 2,1, fol. 77b und bHag 14-15b.

Geschichte von Acher eine Vision des Erzengels Metatron berichtet wird.[13] Wir werden sehen, daß einiges für eine Beeinflussung des Paulus durch die jüdische Apokalyptik und Mystik spricht. Eine Identifikation des Apostels mit der Figur des Acher kommt hingegen nicht in Frage. Die jüngere Paulusforschung hat dementsprechend diese These auch nicht mehr aufgenommen.

Die erste ausführliche Beschäftigung von jüdischer Seite mit der Christusvision des Paulus findet sich bei *J. Klausner,* der der „Wandlung"[14] des radikalen Pharisäers und Verfolgers der frühen Christengemeinde zum Heidenapostel ein ganzes Kapitel seines Paulusbuches widmet.[15] Als Quellen dieses Ereignisses wertet der jüdische Forscher die dreifache Schilderung der Apostelgeschichte, Gal 1,12-16 und 1 Kor 15,8-9 aus. 2 Kor 12 handle von einer anderen Vision, die allerdings der Bekehrungvision „sehr ähnlich" gewesen sei.[16] *Klausner* äußert sich also, was die letztgenannte Stelle angeht, bereits wesentlich differenzierter als seine jüdischen Kollegen *Graetz* und *Wise,* sieht aber wie diese auch Ähnlichkeiten zur „mystische(n) Baraitha" bHag 14b (par).[17] Daß er diese nicht zum Anlaß nimmt, die Beziehung des Apostels zur jüdischen Mystik im allgemeinen zu thematisieren, ist sicher in seiner Meinung begründet, Paulus sei in erster Linie als Hellenist zu betrachten.[18] Immerhin gesteht er (im Gegensatz zur älteren jüdischen Polemik) zu,

„daß hier nichts Erfundenes oder ein Betrug vorliegt, sondern es sich um eine psychologische Erscheinung handelt, die bei visionären und phantasiebegabten Menschen vorkommt."[19]

Die hier zutage tretende psychologische Auslegung der Christusvision(en) des Paulus ist zwar keine Erfindung der jüdischen Forschung,[20] erfreut sich aber dort (wie wir noch sehen werden) offenbar besonderer Beliebtheit. Eine eigentümliche Zuspitzung erhält *Klausners* These, wenn er die Erscheinung(en) des Auferstandenen als Folge einer Epilepsie des Apostels ansieht. *Klausner* verwendet viel Gelehrsamkeit darauf, die Analogien zwischen dem Völkermissionar und anderen großen Männern der Geschichte, die auch unter dieser Krankheit litten (Mohammed, Augustinus, Savonarola, Dostojewski, Napoleon u.a.),

---

[13] Wahrscheinlich ist die Identifizierung des Paulus mit dem talmudischen Acher auch der Grund für die ungewöhnliche Chronologie, die *Wise* in seinem Aufsatz zugrunde legt. Die Bekehrung in das Jahr 51 zu datieren (359), ist ebenso unhaltbar wie die These, die Hauptwirksamkeit des Apostels sei erst nach der Tempelzerstörung (70 n. Chr.) anzusetzen (372).

[14] *Klausner* vermeidet weitgehend den Begriff „Bekehrung".

[15] Paulus, 301-312.

[16] 306.

[17] 306, Anm. 22.

[18] Vgl. dazu 2.1.10.

[19] 306.

[20] Vgl. schon *Holsten,* Christusvision.

herauszuarbeiten. Freilich hatten schon vor *Klausner* christliche Ausleger den Versuch unternommen, das Damaskuserlebnis des Apostels auf diese Weise zu erklären.[21] Man kann diese Art der Bibelexegese wohl als Ausdruck des rationalistischen Bestrebens ansehen, alle überweltlichen Phänomene auf rationale Ursachen zurückzuführen. Doch mit dem Zusammenbruch des Vernunftoptimismus' zu Anfang unseres Jahrhunderts mußte auch diese „Erklärung" dahinfallen.

Ähnlich wie *Klausner* spekuliert auch der Engländer *H.J. Schonfield* über die psychologischen Hintergründe der paulinischen Bekehrung. Er nimmt an, der Apostel habe in seiner Jugend unter seiner Unfähigkeit gelitten, durch vollständigen Gesetzesgehorsam Gerechtigkeit zu erlangen.[22] Diese Gewissensnot habe Paulus letztlich auf den Pfad der jüdischen Mystik geführt und ihn so für seine Christusvision empfänglich gemacht.[23]

> „Saul found the way he sought (..) in the mystical and esoteric aspect of Pharisaic Judaism. For the satisfaction of his inmost cravings, his desire for righteousness and holiness, and by a natural disposition, he would gravitate inevitably towards the higher ranges of his religion, those occult practices and exercises which could bring him into full communion with God."[24]

Doch diese Vorliebe des Apostels für die Mystik habe zunächst nicht dazu geführt, daß Paulus in Jesus den Christus erkannt hätte, sondern dazu, daß er zunächst *sich selbst* für den Messias hielt.[25] Diese ungewöhnliche, aber durch nichts begründete Annahme[26] erklärt für *Schonfield* auch die Verfolgung der Christengemeinden durch Paulus: Der Apostel habe in Jesus einen möglichen Rivalen gesehen, der ihm den Messiastitel streitig machen konnte.[27] Die Umstände der paulinischen Reise nach Damaskus, auf der ihm dann schlagartig klar geworden sei, daß nicht er, sondern jener von ihm verfolgte Jesus der Messias sei, stellt sich der jüdische Autor folgendermaßen vor: Nachdem der Apostel schon zuvor in Jerusalem eine Auseinandersetzung mit Jakobus hatte und diesen für tot hielt,[28] wollte er nun (darin unterstützt durch den Hohenpriester Kai-

---

[21] *Klausner* beruft sich auf *Ewald, Hausrath, Holsten, Schmiedel* und *Wrede* (308). Einen Hinweis auf diese Krankheit glaubte man immer wieder in 2 Kor 12,7 zu erblicken, wo Paulus von einem „Dorn im Fleisch" spricht; vgl. dazu jetzt auch *Heckel*, Dorn, 80ff.

[22] Jew, 94.

[23] 94f.

[24] 46.

[25] 80.

[26] Der jüdische Autor führt den Mangel an Belegen für das messianische Selbstbewußtsein des Paulus darauf zurück, daß dies „a matter that he never publicly revealed" (80) gewesen sei.

[27] Ebd.

[28] Diese Informationen bezieht *Schonfield* aus der historisch kaum sehr zuverlässigen Schrift Himmelfahrt des Jakobus, fragmentarisch erhalten in den clementinischen *Recognitiones* (87f.).

phas) Petrus nachstellen, den er nach Damaskus geflohen vermutete.[29] Auf der langen und beschwerlichen Reise dorthin sei Paulus schließlich völlig entkräftet in einen Zustand von „semi-trance"[30] verfallen. Die so begünstigte Vision habe alle bisherigen Ekstasen des Apostels in den Schatten gestellt:

> „Strange experiences and flashes of illumination would have rewarded Saul in his mystical pursuits before his conversion; but the vision on the Damascus Road launched him into realms hitherto unreached in his previous exercises. He was conditioned to be the recipient of revelations, and now purified he could soar into the heights of the spirit both in vision and in the comprehension of abstract ideas."[31]

Dieses Erlebnis, das nicht die einzige Vision des Apostels bleiben sollte (2 Kor 12), habe Paulus erst nach und nach zu deuten gelernt. Dabei hat nach *Schonfield* nicht nur ein Aufenthalt in der Arabia beigetragen, sondern auch die Auseinandersetzung mit den Lehren der messianischen Sekte der sog. „Zaddok-Söhne", in die ihn Ananias eingeführt habe.[32] Nicht nur die These von einer weitgehenden Verbindung zwischen dem Apostel und den (vielleicht mit den Essenern identischen) „Zaddok-Söhnen", sondern auch die Mutmaßungen *Schonfields* über die genauen Umstände der Damaskusreise des Apostels sind viel zu spekulativ, als daß sie der neutestamentlichen Forschung wirklich weiterhelfen würden. Auch die Vermutung, daß der Bekehrung ein innerer Kampf um die Bedeutung des Gesetzes vorausgegangen sei, kann, wie wir noch sehen werden, so nicht stehenbleiben. Was allerdings Beachtung verdient, ist die von ihm (wie schon von *Wise*) vertretene Erklärung der Christusvision(en) des Apostels vor dem Hintergrund der jüdischen Mystik. Auch daß von dort die paulinische Christologie wesentliche Impulse erhielt, glauben wir bestätigen zu können.[33]

Wie auch *H.J. Schoeps* kritisch anmerkt, daß man nur „alles forterklärt", wenn man nicht den „Realgehalt"[34] der Christusvision des Paulus voraussetzt, so meint auch *L. Baeck* lakonisch: „Über ein solches Erlebnis läßt sich nicht diskutieren."[35] Ausdrücklich hält er fest, die Verwandlung des Apostels sei nicht mit der *„subita conversio ad docilitatem"* Calvins zu vergleichen. Paulus habe nichts weiter zu lernen gehabt; die Vision habe ihm bereits alles gesagt.[36]

---

[29] *Schonfield* greift die (durch die Entdeckung der Damaskusschrift genährte) Vermutung *Klausners* auf, daß sich die Jerusalemer Urgemeinde z.T. nach Damaskus absetzte und dort Zuflucht bei der Sekte der „Zaddok-Söhne" fand (Paulus, 303).

[30] 100.

[31] 99.

[32] 92ff.

[33] Vgl. dazu 3.2.

[34] Paulus, 47.

[35] Glaube, 9.

[36] 10.

Diese Vision, die *Baeck* für „die zentrale Tatsache im Leben des Paulus"[37] hält, müsse man zum Ausgangspunkt nehmen, um Persönlichkeit und Bekenntnis des Apostels zu verstehen.[38] Hatten bisher jüdische Gelehrte zumeist die „Bekehrung" des Paulus als Abfall vom Judentum gedeutet, ausgelöst durch einen krankhaften Geisteszustand, erweist sich nach *Baeck* gerade an diesem Ereignis das Judesein des Mannes aus Tarsus:

„Eine Vision hatte ihn ergriffen, und für den Juden, der er war und nie aufhörte zu sein, für den Juden, dessen geistliche, intellektuelle und moralische Welt die Bibel war, mußte seine Vision den Ruf bedeuten, den Ruf zu einem neuen Wege; (..) Der letzte Jude in der jungen Kirche war ihr letzter Apostel."[39]

Wie das alttestamentliche לֶךְ-לְךָ, so sei auch die Christusvision des Paulus Offenbarung und Sendung zugleich gewesen. Wie die Männer des jüdischen Volkes, so habe sich auch der Apostel in die Wüste zurückgezogen, um über das ihm Widerfahrene nachzudenken.[40] Es ist beeindruckend zu sehen, wie für *Baeck* das, was so lange Paulus vom Judentum zu trennen schien, zu etwas Verbindendem wird. Er sieht nur noch einen, wenngleich gewichtigen Unterschied zur jüdischen Religion: Es war nicht Gott, sondern Christus, der Paulus in seiner Vision erschienen war. Dementsprechend wurde sein Glaube nicht wie der der Propheten theozentrisch, sondern christozentrisch.[41] Freilich werden wir in unserem Christologiekapitel noch sehen, daß auch im Judentum in der Regel nicht Gott selbst erscheint, sondern ein Engel oder seine Herrlichkeit, so daß auch dieser Vorbehalt zu relativieren ist. Der Zusammenhang zwischen Christologie und Berufungsvision als solcher, auf den *Baeck* aufmerksam gemacht hat, ist damit nicht in Frage gestellt und wurde auch von anderen jüdischen Paulusauslegern thematisiert.

„Die Auferstehung des Jesus von Nazareth ereignete sich nicht in Jerusalem, sondern vor Damaskus."[42]

Mit diesem Satz beginnt *S. Ben-Chorin* das Kapitel seines Paulusbuches, das von der Christusvision des späteren Apostels handelt. Was der jüdische Forscher mit dieser zunächst frappierenden These ausdrücken will, ist die Tatsache, daß es weniger die Ostererscheinungen des Auferstandenen vor seinen Jüngern waren, die historisch bedeutsam wurden, sondern jene verspätete Offenbarung auf der Straße nach Damaskus. Erst Paulus sei (infolge dieses Ereignisses) die Aufgabe zugefallen, das Evangelium in den hellenistischen Kulturkreis zu tra-

---

[37] 9.
[38] Ebd.
[39] 9f.
[40] 10.
[41] 13.
[42] Paulus, 21.

gen, nicht den „für diese Aufgabe völlig ungeeigneten Fischer(n) aus Galiläa."[43] *Ben-Chorin* sieht den Grund für die relative Zurückhaltung, mit der der Apostel von dieser Vision berichtet, vor allem in einer gewissen Keuschheit, die den Mystiker über seine Erlebnisse schweigen läßt.[44] Zu diesen vor allem in 2 Kor 12 offenkundigen „Hemmungen eines Intellektuellen"[45] komme noch der zeitliche Abstand des Berichteten sowie die Tatsache, daß die Geschichte seiner Bekehrung seinen Gemeinden schon bekannt gewesen sei.[46] Als Quellen für dieses Ereignis, deren Realgehalt der Forscher im Anschluß an *Schoeps* betont,[47] wertet *Ben-Chorin* neben 1 Kor 15,8f. und Gal 1,12-16 die drei Berichte der Apostelgeschichte aus. Trotz des auch von ihm zugestandenen legendenhaften Charakters dieser Berichte nimmt der jüdische Forscher vor allem diese zum Ausgangspunkt seines Unterfangens, „das Erlebnis des Paulus aus seiner jüdischen Situation heraus verständlich zu machen."[48] Daß der Auferstandene Paulus (nach Apg 26,14) in hebräischer Sprache anspricht, macht *Ben-Chorin* skeptisch gegenüber der weit verbreiteten Vorstellung, das Damaskusereignis habe aus dem Juden Saulus den Christen Paulus gemacht.

> „Es bleibt an der Oberfläche des Geschehens, wenn man annimmt, daß der Paulus nach dem Damaskus-Erlebnis nun ein 'Christ' ist, während er vorher ein Jude war. Er bleibt ein Jude und kämpft als Jude für einen jüdischen Universalismus, ein größeres Israel, das durch die Heilstat Jesu bereits gegeben ist und nun durch Paulus in der geschichtlichen Materie sichtbar gemacht werden soll."[49]

Zwei Motive sieht der jüdische Forscher als ausschlaggebend für die Hinwendung des Apostels zu den Heiden an: Erstens habe er mit ihnen die griechische Sprache geteilt, die er als Diasporajude aus Tarsus (neben dem Hebräischen sprach). Zweitens habe ihn seine Vergangenheit als eifernder Pharisäer und Verfolger der Christengemeinde in jüdischen Kreisen belastet.[50] Ausdrücklich lehnt *Ben-Chorin* die Auffassung *Klausners* ab, die Vision(en) des Apostels seien durch dessen Fallsucht zu begründen. Er kann sich auf die Autorität des (übrigens ebenfalls jüdischen) Arztes *A. Stern* berufen, wenn er zu dem Ergebnis kommt:

> „Die Diagnose Epilepsie ist unbewiesen und höchst zweifelhaft, vielmehr deutet alles auf eine psychogene Natur des Leidens bei einem körperlich schwachen, neuropathischen und ek-

---

[43] 23.
[44] Ebd.
[45] 24.
[46] Ebd.
[47] 26.
[48] Ebd.
[49] 27.
[50] Ebd.

statischen Menschen, dessen einmalige Größe als Religionsstifter dadurch nicht berührt wird."[51]

Wenn *Ben-Chorin* zuletzt auf die Bedeutung der hellenistischen Mysterienreligionen rekurriert,[52] um den Glauben an Göttererscheinungen zu erklären, sieht er darin offensichtlich keinen Widerspruch zu seinem eingangs formulierten Programm, das Damaskuserlebnis vor dem Hintergrund der jüdischen Religionsgeschichte zu interpretieren. Obwohl Judentum und Hellenismus sicher nicht zwei einander ausschließende Größen waren, hätte der jüdische Forscher nicht unbedingt auf die Mysterienkulte zur Erklärung zurückgreifen müssen. Dies wird unsere anschließende kritische Überprüfung zu zeigen versuchen.

Wie *Klausner* und *Ben-Chorin* (je auf ihre Weise) die seelischen Ursachen der Damaskusvision des Paulus zu eruieren versuchen, so richtet auch *R. Rubenstein* sein Interesse ganz auf die psychologische Seite dieses Erlebnisses. Anders als bei seinen Kollegen wird bei ihm aber dadurch die religionsgeschichtliche Fragestellung fast völlig an den Rand gedrängt. Wie wir schon im ersten Hauptteil dieser Arbeit sehen konnten, bedient sich der Autor bei seiner Paulusinterpretation u.a. des Vokabulars des Psychoanalytikers *S. Freud*. Dementsprechend kann er die Bekehrung[53] des Apostels als Lösung des Konfliktes zwischen seiner Bindung an den weltlichen Realismus der Pharisäer und seiner unterbewußten Hoffnung ansehen, daß der gekreuzigte Messias in Wahrheit über den Tod gesiegt habe.[54] Oder allgemeiner formuliert:

„Paul's conflict was between the ego's common-sense realism and the id's refusal to recognize any limitation of space, time or mortality."[55]

Ähnlich wie schon *Klausner* und *Ben-Chorin* setzt auch *Rubenstein* eine „period of gestation"[56] vor der Bekehrung des Paulus voraus, in der der toratreue Pharisäer bereits ahnte, daß nicht das Gesetz, sondern nur der Messias Unsterblichkeit garantieren kann. Diese Unsicherheit habe Paulus zu kompensieren versucht, indem er die christlichen Gemeinden verfolgte.[57] Obwohl also *Rubenstein* wie die ältere christliche und Teile der jüdischen Forschung ein Leiden des Paulus am Gesetz vor seiner Bekehrung voraussetzt, lehnt er doch ausdrücklich die Meinung ab, der Apostel habe das Gesetz als eine Last oder gar als unerfüllbar angesehen.[58] Der jüdische Forscher unterscheidet drei Aspekte des Damas-

---

[51] 32.
[52] 33.
[53] *Rubenstein* verwendet diesen Begriff unbefangener als seine jüdischen Kollegen.
[54] Paul, 35.
[55] Ebd.
[56] 38.
[57] 40ff.
[58] Vgl. dazu 3.3.1.

kuserlebnisses, das den aufgestauten Konflikt endlich gelöst und aus dem Pharisäer den Apostel gemacht habe:

a) Den zeitweiligen Verlust normaler Ich-Funktionen infolge einer Regression
   auf eine primitivere Ebene mentaler Funktionen,[59]
b) die Vision des erhöhten Christus als einen Fall halluzinatorischer Wunscher-
   füllung[60] und
c) die Erholung von diesem Ereignis und dessen konstruktive Verarbeitung
   durch Identifizierung mit dem auferstandenen Herrn.[61]

Obwohl (nach *Rubenstein*) Paulus sich nach dem Damaskusereignis nicht
mehr länger an das Gesetz gebunden fühlte, da er mit Christus gestorben und
auferstanden war, sei es trotzdem unangemessen, ihn deshalb als Antinomisten
zu bezeichnen. Wenn der Apostel gegen die „Scheidung des Gesetzes von seinen emotionalen Wurzeln" (*G. Scholem*) im Judentum aufbegehrte, müsse das
nämlich als Ausdruck des Messianismus' angesehen werden, der seit über
zweitausend Jahren eine ständige Komponente jüdischen Lebens darstellt.[62]
Spätestens hier wird das Einfühlungsvermögen *Rubensteins* für seinen „Bruder
Paulus" deutlich, das ihn (trotz mancher Schwächen seiner Exegese) zu einem
wichtigen Repräsentanten des neuen Paradigmas der jüdischen Paulusauslegung
macht.

Bei dem letzten jüdischen Gelehrten, dem wir uns in diesem Zusammenhang
zuwenden wollen, *A.F. Segal,* steht die Bekehrung des Paulus ganz im Zentrum
des Interesses, was schon am Titel seiner Monographie erkennbar wird: „Paul
the Convert".[63] Der New Yorker Forscher versucht, durch die Anwendung so-
ziopsychologischer Methoden die in letzter Zeit vor allem von *K. Stendahl*[64] kritisierte Anwendung des Begriffes „Bekehrung" auf das Damaskuserlebnis des
Apostels zu rehabilitieren. Einerseits habe *Stendahl* zwar Recht, wenn er darauf
hinweist, daß sowohl Lukas als auch Paulus die Konversion des Apostels als
prophetische Beauftragung stilisieren.[65] Während Paulus selbst auf seine Visionen rekurriere, um seinen Apostolatsanspruch geltend zu machen, stelle Lukas
in der Apg den Apostel als Beispiel für die Bekehrung eines Heiden hin. Andererseits müsse gegenüber *Stendahl* festgehalten werden, daß der Apostel sich

---

[59] 46-48.

[60] 48-50.

[61] 50-53.

[62] 35.

[63] Für unser Thema auch interessant, aber inhaltlich im wesentlich mit den Ausführungen
in seinem Paulusbuch identisch, ist der Aufsatz des selben Autors: Conversion.

[64] *Paulus,* 17ff.; vgl. auch *Dunn,* Paul, 89ff.

[65] Vgl. Jer 1,5-11; Jes 6,1-9.

selbst weder als Prophet bezeichnet noch prophetische Redegattungen in seinen Briefen verwendet. Deshalb sei „Bekehrung" eine angemessenere Bezeichnung als „Berufung". Obwohl Paulus seine Bekehrung nicht ausdrücklich als solche bezeichnet, ist er, gemessen an den Kriterien der modernen Erforschung religiöser Bekehrungen, ein typischer Konvertit.[66] Bekehrung ist nach dem modernen Sinn des Wortes eine radikale Wandlung in der Erfahrung einer Person. Sie kann, wie die Soziopsychologie[67] gezeigt habt, einhergehen mit einem Übertritt von einer Denomination zu einer anderen innerhalb derselben Religion. Beides treffe für Paulus zu. Zum vollen Verständnis des Bekehrungserlebnisses Pauli muß nach Ansicht *Segals* der soziale Rahmen desselben berücksichtigt werden. Daß dieser soziale Rahmen in dem gemeinsamen Leben des Apostels mit hellenistischen Gemeinden (Antiochia, Damaskus) zu suchen ist, bestätige die Beobachtung der Sozialwissenschaften, daß Konvertiten zumeist einem akkulturierten und eher säkularisierten Milieu entstammen.[68] Nach neueren Untersuchungen ist die Sprache von Konvertiten eine Sprache der Selbst-Verwandlung.[69] Angewendet auf Paulus heißt das, daß man bei der Beurteilung der retrospektiven Selbstzeugnisse seiner Bekehrung mit einer biographischen Rekonstruktion[70] zu rechnen hat, die von den Maßstäben der hellenistischen Gemeinden geleitet ist.

„This perception of the active role of the convert in reforming the world is key to understanding Paul's writing. Paul is an example of such an active convert, remaking his world."[71]

Paulus ist also Konvertit und Mystiker zugleich, was sich nach Ansicht *Segals* an der großen Nähe der Bekehrung des Paulus zur Berufung Ezechiels zeigt: Paulus empfängt wie dieser eine Offenbarung der Herrlichkeit Gottes, hört eine Stimme und fällt auf die Erde.[72] Der jüdische Forscher sieht die Christusvision(en) des Paulus deshalb vor dem Hintergrund der *merkavah*-Mystik, die seines Erachtens auch die Christologie und die Soteriologie beeinflußt hat. Die mystischen Erfahrungen des Paulus werden u.a. deutlich, wenn er von seiner Himmelsreise (2 Kor 12,1-9) spricht. Im Gegensatz zu den meisten seiner jüdischen Kollegen hält *Segal* es für möglich, aber unwahrscheinlich, daß der

---

[66] *Segal* unterscheidet hier zwischen der Terminologie, die in der untersuchten Kultur selbst verwendet wird („emic vocabulary") und dem modernen, analytischen Vokabular („etic vocabulary").

[67] Vgl. den Anhang seines Buches, 285ff.

[68] Die pharisäische Ausbildung des Paulus (Apg 22,3) hält *Segal* für eine literarische Konvention und historisch fragwürdig.

[69] „self-transformation".

[70] „biographical reconstruction".

[71] 30.

[72] Vgl. Ez 1-3.

Apostel hier von seinem Bekehrungserlebnis berichtet. Da über mystische Phänomene damals nicht öffentlich gesprochen wurde, habe Paulus in 2 Kor 12 seine Erfahrungen nicht ausdrücklich auf sich selbst beziehen können. Deshalb aufgekommene Zweifel, ob er die Visionen selbst gehabt habe, hält *Segal* aber für unbegründet. Paulus habe mehrere ekstatische Erlebnisse[73] in seinem Leben gehabt, deren Bedeutung er durch die Maßstäbe der heidenchristlichen Gemeinden vermittelt bekam, in denen er lebte. Solche ekstatischen Aufstiege, wie sie in 2 Kor 12 beschrieben werden, kennen wir nach *Segals* Angaben aus der Apokalyptik und der frühjüdischen Mystik, welche im Judentum des 1. Jahrhunderts nicht voneinander zu trennen sind. Deshalb müsse die Bekehrung des Paulus auch im Zusammenhang mit der jüdischen Mystik gesehen werden, wenngleich die klassischen Belege für diese Tradition aus späterer Zeit stammen.[74] Doch gebe es zahlreiche ältere Quellen, die zeigen, daß die jüdische Mystik eine reiche Vorgeschichte hat, die bis in vorchristliche Zeit hinabreicht. Wir werden im nächsten Kapitel beobachten können, daß dies weitreichende Konsequenzen auch für die neutestamentliche Christologie hat.

3.1.2 Kritische Beurteilung

Wie wir am Beispiel von *Graetz* und *Klausner* gesehen haben, tendierten die Vertreter des älteren Paradigmas der jüdischen Paulusauslegung dazu, das Bekehrungserlebnis des Apostels auf seinen krankhaften Geisteszustand zurückzuführen. Demgegenüber wird von Forschern des neueren Paradigmas (wie *Schoeps* und *Baeck*) der „Realgehalt" dieses Ereignisses betont. Auch solche Ausleger, die nach wie vor an einer psychologischen Erhellung des Geschehens interessiert sind (*Rubenstein, Ben-Chorin*), stellen nicht in Frage, daß es sich dabei um eine Offenbarung Gottes handelte. Die Skepsis früherer Tage ist allgemein dem aufrichtigen Wunsch gewichen, die Gründe für diese ungewöhnliche und für den modernen Menschen nicht leicht nachvollziehbare Wandlung des Paulus zu verstehen.

In der christlichen Exegese werden heute freilich solche Versuche, die Bekehrung des Paulus psychologisch zu interpretieren, mit Argwohn betrachtet. Die liberale Theologie des 19. und des beginnenden 20. Jahrhunderts neigte nämlich dazu, die Bekehrung des Apostels „nach bestimmten Modellen zu interpretieren, etwa nach dem Modell der Lutherischen Erfahrung oder in Analo-

---

[73] Ekstatisch kann *Segal* diese Erlebnisse insofern nennen, als sie in einem geistlichen Leib gemacht werden.

[74] Zu nennen wären hier beispielsweise Mischnatexte, die Hekhalot-Literatur und die Kabbala.

gie zu den Bekehrungen in der Zeit des Pietismus."[75] Doch als nach dem ersten Weltkrieg die „Bewußtseinstheologie" des liberalen Protestantismus kritisch hinterfragt wurde, verlor auch diese Deutung des Damaskuserlebnisses ihre Plausibilität. Insbesondere die Voraussetzung, daß der Bekehrung eine Phase des inneren Ringens mit dem Gesetz vorausgegangen sei, wurde aufgegeben. Hatte schon *W.G. Kümmel* dagegen protestiert, Röm 7 autobiographisch zu lesen, so hat spätestens *K. Stendahl* die Unmöglichkeit aufgezeigt, ein zerknirschtes Selbstbewußtsein aus den paulinischen Briefen herauszulesen. Vor allem aufgrund von Phil 3 kommt *Stendahl* zu dem heute weithin akzeptierten Urteil:

> „Wir sehen einen Menschen mit einem starken Gewissen vor uns, nicht einen, der von Selbstquälerei verfolgt wird. Hier liegt der Unterschied zwischen Paulus und Luther und vielleicht dem modernen westlichen Menschen."[76]

Diese Kritik betrifft natürlich auch die psychologisierenden Deutungen der jüdischen Paulusauslegung, die (wie wir sahen) auch von Vorbereitungen des Paulus auf seine Bekehrung spricht. Namentlich *Ben-Chorin* muß sich fragen lassen, ob er nicht zu nahe an das problematische Paulusbild der älteren christlichen Paulusauslegung kommt, wenn er ein „Leiden am Gesetz"[77] postuliert, das der Apostel vergeblich durch seine fanatische Verfolgertätigkeit zu kompensieren versuchte.[78] *Rubenstein* ist da vorsichtiger und hält im Sinne *Stendahls* fest, daß Paulus das Gesetz keineswegs als Last empfunden habe.[79] Nicht die Unerfüllbarkeit der Tora (wie bei *Ben-Chorin*), sondern ihre Unzulänglichkeit, vor dem Tod zu bewahren, ist laut *Rubenstein* die Einsicht, gegen die der Apostel anzukämpfen versuchte. Man fragt sich freilich, warum der Apostel, wenn er doch (wie *Rubenstein* vermutet) mit seinem Wandel in der Tora zufrieden war, überhaupt an der soteriologischen Genügsamkeit des Gesetzes zweifeln konnte. Ist es vielleicht doch so, wie die Mehrzahl der Exegeten vermutet, daß dieser Zweifel gerade erst das Produkt und nicht die Vorbereitung des Damaskuserlebnises darstellt? Immerhin sollte erwähnt werden, daß heute wieder verstärkt mit der Möglichkeit gerechnet wird, daß Paulus in Röm 7 eigene Erfahrungen mit einfließen ließ.[80] So versteht beispielsweise *G. Theißen* das umstrittene ἐγώ in diesem Kapitel als „ein 'Ich', das persönliche und typische Züge vereint".[81] Der Text handle von der „Bewußtwerdung eines ehemals unbewußten Konflikts

---

[75] *Dietzfelbinger*, Berufung, 88.

[76] Paulus, 26; vgl. *Bornkamm*, Paulus, 46.

[77] So die Überschrift eines ganzen Kapitels, 37ff.

[78] Zur Kritik an der psychologischen Deutung des Paulus vgl. auch *Dietzfelbinger*, Berufung, 87f.

[79] 41.

[80] *Kuss*, Röm, 479f.; *Kim*, Origins, 53f.

[81] *Theißen*, Aspekte, 204.

zwischen Sarx und Nomos".[82] *Theißen* will nicht einfach zu einer autobiographischen Interpretation zurückkehren, sondern behauptet lediglich, daß der Text „einen biographischen Hintergrund habe".[83] Er wird deshalb von *Dietzfelbinger* zu Recht von der Kritik ausgenommen, die dieser an anderen religionspsychologischen Deutungen der Bekehrung übt.[84] Man sollte also vorsichtig sein und die psychologische Auslegung nicht vorschnell verwerfen. Allerdings kann kritisch gefragt werden, ob sie im Falle der oben skizzierten jüdischen Ansätze umsichtig genug durchgeführt ist.

Ein weiterer interessanter Punkt, der hier diskutiert werden muß, ist die Frage, ob das Damaskusereignis mit dem Begriff „Bekehrung" angemessen beschrieben sei. Wie wir sahen, haben viele jüdische Ausleger diese Bezeichnung gemieden, oder gar ausdrücklich gegen sie protestiert. Vor allem *Ben-Chorin* hält fest, daß durch die Christusvision nicht einfach aus dem Saulus ein Paulus geworden war. Der Namenwechsel habe mit der Verwandlung gar nichts zu tun.[85] Außerdem habe der Apostel auch als Anhänger Christi nie sein Jude-Sein abgelegt.[86] Ähnlich wie *Baeck* macht *Ben-Chorin* auf die Verwandtschaft des Damaskusereignisses mit der Berufung von Propheten aufmerksam.[87] Man könnte deshalb fragen, ob „Berufung" nicht ein angemessenerer Terminus für dieses Geschehen darstellt.

In der Tat haben auch christliche Forscher immer wieder auf die Unzulänglichkeit des Ausdruckes „Bekehrung" hingewiesen: So hat beispielsweise *K. Stendahl* festgestellt, daß von einem Religionswechsel, den wir normalerweise mit dem Wort assoziieren, weder in den paulinische Briefen, noch in der Apostelgeschichte die Rede sei.[88]

> „Paulus wurde nicht so sehr 'bekehrt', als vielmehr zu einer bestimmten Aufgabe berufen, die ihm durch seine Erfahrung des auferstandenen Herrn vermittelt wurde: das Apostolat für die Heiden; er wurde von Jesus Christus ausgewählt um des einen Gottes der Juden und Heiden willen."[89]

In einer Monographie zum Thema[90] hat *K.O. Sandnes* jüngst diese Ergebnisse in wesentlichen bestätigt und vertieft: Seine Auslegung von Gal 1,15f. und 2 Kor 2,14-4,6 kommt zu dem Ergebnis, daß Paulus „considered his apostolic

---

[82] 181.
[83] 182; zu Röm 7 vgl. auch 3.3.1.
[84] 89, Anm. 191.
[85] 35; vgl. auch *Stendahl*, Paulus, 22ff.
[86] 27.
[87] 21.
[88] 18.
[89] Ebd.; vgl. auch seinen Lehrer *J. Munck*, Paulus, bes. 15-27.
[90] Paul - One of the Prophets?, WUNT II,43, Tübingen 1991.

commission in prophetic terms."[91] Auch Apg 26,12-18 verwende Traditionen prophetischer Berufungen, allerdings nicht mit der gleichen Zielrichtung wie Paulus selbst, dem es vor allem um die Legitimierung seines Apostolats gegangen sei.[92] Die Bezeichnung von Apg 9 und 22 als Berufungsberichte verwirft er allerdings, denn beide Texte seien mehr an Paulus selbst als an seiner Berufung interessiert.[93] Man kann deshalb trotz dieser geringfügigen Einschränkung die obige Diskussion mit den Worten von *H.D. Betz* zusammenfassen:

> „Nach dem Galaterbrief wurde Paulus zum Heidenmissionar 'berufen', und er wechselte innerhalb des Judentums vom Pharisäismus zum Judenchristentum über. Zur damaligen Zeit war das Judenchristentum noch eine Bewegung innerhalb des Judentums, so daß der Ausdruck 'Bekehrung' vom Judentum zum Christentum nicht zutrifft. (..) Die 'Berufung' des Paulus kann aus dem Judentum heraus erklärt werden und stellt nicht notwendig einen Ausbruch aus dem Judentum dar. Paulus selber sieht seine 'Berufung' in Analogie zu der eines Propheten wie Jeremia, und es gibt keinen Grund, diese Analogie als unzutreffend zu betrachten."[94]

Man kann freilich trotz dieser Erkenntnisse an der Bezeichnung „Bekehrung" festhalten, wenn man wie *A.F. Segal* nicht das Selbstverständnis des Apostels bzw. das Paulusbild der Apostelgeschichte zum Kriterium nimmt, sondern vom Bekehrungsbegriff der Soziopsychologie ausgeht. Dieser Begriff von „Bekehrung" unterscheidet sich von seinem umgangssprachlichen Gebrauch vor allem insofern, als er einen radikalen Positionswechsel *innerhalb ein und derselben Religion* einschließt. Paulus als einen Konvertiten zu bezeichnen, heißt deshalb nicht unbedingt, ihn aus dem Judentum auszugrenzen. Der Gefahr des Mißverständnisses bei der Anwendung dieses nicht alltäglichen Bekehrungsbegriffes steht der Nutzen als analytisches Hilfsmittel gegenüber. Dieser besteht in der Möglichkeit, vieles in der Theologie des Apostels auf die Verallgemeinerung und nachträgliche Verarbeitung des Damaskuserlebnisses zurückzuführen. Obwohl *Segal* also die Damaskusvision zum Schlüssel für das Verständnis des Apostels macht, entgeht er einer individualistischen Engführung, weil seine sozial-psychologische Exegese viel stärker von der konkreten historischen Situation ausgeht als die oft etwas geschichtslosen Auslegungen seiner jüdischen Kollegen. Anders als *Klausner, Ben-Chorin* und *Rubenstein* ist *Segal* stärker an den Folgen als den Voraussetzungen der Bekehrung interessiert. Diese Methodik verbindet ihn mit der Arbeitsweise seines früheren Lehrers und Kollegen aus Princeton, *J.G. Gager,* der auf die Bewußtseinspsychologie zu-

---

[91] 145.

[92] 76.

[93] 74.

[94] Gal, 131; ähnlich auch *Frankemölle*, Identität, 37. *Burchard* wendet freilich gegen den Berufungsbegriff ein, er treffe nur einen Aspekt, der sich Paulus zudem vielleicht erst nach und nach erschlossen habe. Er spricht stattdessen von einer „Kehre" (Summe, 31, Anm. 15).

rückgreift, um Form, Typ und Struktur der paulinischen Bekehrung, sowie deren Auswirkungen auf die Theologie des Apostels zu erhellen.[95] Was seinen Ansatz aber von den meisten christlichen Exegeten unterscheidet, die in jüngster Zeit die Bedeutung des Damaskusereignisses für die Theologie des Apostels herausgestellt haben,[96] ist vor allem die Tatsache, daß diese dazu neigen, alle wesentlichen Einsichten des Paulus im Bereich von Christologie und Soteriologie auf dieses eine Offenbarungserlebnis zurückzuführen, während jener stärker mit einer Entwicklung im Denken des Paulus rechnet. Auch hier scheint mir die größere historische Plausibilität auf Seiten *Segals* (und *Gagers*) zu liegen, wenngleich sich die genannten Forscher auf eine lange christliche Auslegungstradition berufen können.[97]

Als letzter Punkt in diesem Kapitel soll uns nun die vor allem von *Wise, Schonfield* und *Segal* vertretene These beschäftigen, die Christusvision(en) des Paulus sei(en) vor dem Hintergrund jüdischer Apokalyptik und Mystik zu verstehen. Daß sich in den Paulusbriefen apokalyptische Begriffe und Vorstellungen finden, ist heute in der neutestamentlichen Forschung weithin anerkannt.[98] So hat beispielsweise *U. Wilckens* die These vertreten,

> „daß die Grundstruktur der paulinischen Theologie entscheidend durch den heilsgeschichtlichen Gesamtentwurf der jüdischen Apokalyptik bestimmt ist."[99]

Doch wie so oft in der neutestamentlichen Forschung betont auch er letztlich das Trennende stärker als das Verbindende, indem er einschränkt, bei Paulus werde das Gesetz als „die entscheidende Mitte" „radikal herausgebrochen" und durch Christus ersetzt.[100] Das geschieht auch dort, wo man glaubt, die apokalyptischen Elemente in den Paulusbriefen von der vom Apostel „eigentlich" verfolgten Aussageabsicht (die man oft in interpretierenden Zusätzen zu erkennen glaubt) abheben zu können. Diese Vorgehensweise führt unwillkürlich zu einer Vernachlässigung des verwendeten Traditionsgutes und läßt die Verwurzelung des Apostels im Judentum nicht deutlich genug erkennen.[101] Problematisch ist auch, daß sich das Interesse der Ausleger fast ausschließlich auf die

---

[95] In seinem Aufsatz Conversion wendet *Gager* (ähnlich wie *Segal*) L. *Festingers* Theorie kognitiver Dissonanz auf die Bekehrung des Apostels an; vgl. auch *Theißen*, Aspekte, 156ff.

[96] Ich denke hier in erster Linie an *Kim*, Origin und *Dietzfelbinger*, Berufung.

[97] Vor allem *Dietzfelbinger* läßt sich leicht vor dem Hintergrund des lutherischen Bemühens verstehen, die (m.E. falsch verstandene) Rechtfertigungslehre als die Mitte der paulinischen Theologie darzustellen und sie dementsprechend weit zurückzudatieren; so beispielsweise auch *Hübner*, Proprium, 445-473. Demgegenüber haben andere Ausleger wie *Dunn* (siehe Anm. 64) und *Räisänen* (Conversion, 404-419) diese These in Abrede gestellt.

[98] Vgl. z.B. *Baumgarten*, Paulus; *Käsemann*, Anfänge; *Wilckens*, Bekehrung.

[99] Bekehrung, 273.

[100] Ebd.

[101] Vgl. die zutreffende Kritik *Schades*, Christologie, 15-21.

futurisch-eschatologischen Abschnitte der paulinischen Schriften beschränkt. Daß diese Konzentration aber eine sehr einseitige Betrachtungsweise zur Folge hat, die den Blick auf andere Aspekte der Apokalyptik zu verstellen droht, hat *C. Rowland* mit Recht festgehalten:

„Apocalyptic may have contained eschatological teaching, but the point cannot be denied that its hope for the future on horizontal plane is always matched by the conviction that on a vertical plane these hopes already in some sense existed with God and could be ascertained by the visionary fortunate enough to enter God's presence and receive this information."[102]

Wenn einige der oben vorgestellten jüdischen Gelehrten Verbindungen der Damaskusvision zu den Visionen jüdischer Apokalyptiker vermuten, kann uns das vielleicht helfen, die aufgezeigten Sichtverengungen zu überwinden. Noch viel weniger wurden bisher von der neutestamentlichen Wissenschaft die ebenfalls von jüdischen Forschern postulierten Beziehungen zur frühen jüdischen Mystik ernst genommen. Um diese Zusammenhänge aufzuklären, scheint es mir angebracht, einige grundsätzliche Überlegungen über die Anfänge der jüdischen Mystik einzuführen, in deren Kontext möglicherweise auch der Heidenapostel gehört.

Exkurs 1: Die Anfänge der jüdischen Mystik

Daß Paulus nicht unmittelbar mit der klassischen jüdischen Mystik zu tun hat, wie sie in der mittelalterlichen Kabbala ihren Ausdruck fand, dürfte aufgrund der Jahrhunderte, die beide trennen, klar sein. Eher schon interessant für die Auslegung des Neuen Testaments ist die sog. Hekhalot-Literatur, sowie die rabbinische Merkavah-Mystik.[103] Freilich wurden die in Frage kommenden Dokumente deutlich später abgefaßt als die paulinischen Briefe, doch gibt es gute Gründe, die hier bewahrten Vorstellungen und Motive für z.T. wesentlich älter zu halten, als deren literarische Verarbeitung. Nur dann, wenn sich dies mit einiger Sicherheit bestätigen läßt, dürfen wir uns berechtigt fühlen, solche späten Texte zum Verständnis des Apostels heranzuziehen.

Es war vor allem *G. Scholem*, der in zahlreichen Beiträgen die These von einem (mehr oder minder) ungebrochenen Traditionszusammenhang von der Hekhalot-Literatur über die rabbinischen מעשה מרכבה (*Ma'aseh Merkavah*) bis zur Apokalyptik der zweiten Tempelperiode vertrat:

---

[102] *Heaven*, 356f.; ähnlich *Schade*, der bemängelt, daß in der Forschung oft nur die futurische Eschatologie für apokalyptisch gehalten wird (*Christologie*, 20f.).

[103] Ich verwende den Begriff im Folgenden im Sinne von *Morray-Jones* „to refer to an esoteric, visionary-mystical tradition centered upon the vision of God, seated on the celestial throne or Merkavah." (*Mysticism*, 2). Diese Tradition läßt sich durchaus an Texten festmachen (vgl. unter den Stichworten 'Merkaba' und 'Thron' im Register von *Bill.* IV), beschränkt sich also nicht nur auf eine ekstatische Erfahrung, wie *Schäfer* (gegen *Scholem*) anführt (*Studien*, 294). Diesen Begriff auf die Hekhalot-Literatur zu beschränken, halte ich für nicht notwendig.

„Unterirdische, aber nicht weniger wirksame und in manchem Falle noch aufdeckbare Linien verbinden jene späteren Mystiker mit den Kreisen, aus denen ein großer Teil der Pseudepigraphen und Apokalypsen des ersten vor- und nachchristlichen Jahrhunderts stammt."[104] Diese These *Scholems*, die die (vor allem durch *H. Graetz* und *P. Bloch* repräsentierte) ältere Forschungsposition in Frage stellte, wonach die Hekhalot-Literatur ein Produkt der islamischen Zeit ist, stellte lange Zeit den Konsens der modernen Mystikforschung dar. Doch das letzte Jahrzehnt brachte eine Reihe von Arbeiten zum Thema hervor, die *Scholems* Sicht in mehrerer Hinsicht anzweifeln. *P. Schäfer,* der mit seiner „Synopse zur Hekhalot-Literatur"[105] diese Texte endlich leichter zugänglich gemacht hat, hat in einem Vortrag ihr angeblich hohes Alter und ihre Kontinuität zur rabbinischen Merkavah-Mystik bestritten:

„It is clear that individual parallels from Rabbinic literature can be made to the ideas of Merkavah mysticism. Yet on the whole little can be said for the assertion that Merkavah mysticism is a product of Rabbinic Judaism, let alone early Rabbinic Judaism, as Scholem presupposes."[106]

Er stellt ebenfalls die von *Scholem* angenommene zentrale Stellung der Himmelsreise in dieser Literaturgattung in Frage und weist stattdessen auf die zahlreichen Beschwörungen hin, die s.E. auf ein vollständiges Verständnis der Tora abzielen.[107] Auch *D. Halperin* meint, die Verbindungen zwischen Apokalyptik, rabbinischer Merkavah-Spekulation und Hekhalot-Literatur seien komplexer und weniger direkt, als *Scholem* angenommen hatte.[108] Wie *Schäfer* bestreitet er die Wichtigkeit der Himmelsreise und stellt die Kenntnis der Tora als zentrales Anliegen dieser Art von Mystik heraus.[109] Sollten sich diese Vorbehalte gegenüber der These *G. Scholems* bestätigen, dann würde dadurch ein Rückgriff auf Texte der rabbinischen מעשה מרכבה[110] und erst recht der Hekhalot-Literatur zur Auslegung des paulinischen Schrifttums unmöglich gemacht.

Doch es fehlt nicht an Fachgelehrten, die die Position *Scholems* jedenfalls in ihren Grundzügen für richtig halten. So hat beispielsweise *I. Gruenwald* in einer Monographie mit dem programmatischen Titel „Apocalyptic and Merkavah Mysticism" die These von einer jüdischen Mystik verteidigt, die mehr oder weniger „unified qualities"[111] aufweist. Nach Ansicht des jüdischen Forschers hat es schon in der vorchristlichen Apokalyptik eine Art von Merkavah-Mystik gegeben, die sich im wesentlichen um die Himmelsreise des Adepten und dessen Vision der auf dem „Thron der Herrlichkeit" (כסא הכבוד) sitzenden Gottheit dreht - genau die Elemente also, die jüdische Forscher auch bei Paulus herausgestellt haben.[112]

---

[104] Mystik, 45.

[105] Tübingen 1981; vgl. auch seine Edition der Geniza-Fragmente zur Hekhalot-Literatur, TSAJ 6, Tübingen 1984.

[106] Studien, 293.

[107] 283.

[108] Merkavah, bes. 184f.

[109] Faces, 383f.; *Halperin* geht über die These seines deutschen Kollegen allerdings hinaus, indem er behauptet, beide Traditionen (Schilderungen der Himmelsreise und Streben nach Verständnis der Tora) besäßen in den Sinai-Haggadot eine gemeinsame Wurzel (Faces, 385). Er weicht ebenfalls von *Schäfer* ab, wenn er in der Hekhalot-Literatur nicht die Weltsicht einer Elite von postrabbinischen Gelehrten repräsentiert sieht (vgl. *Schäfer,* Studien, 294), sondern die der jüdischen Massen jener Zeit (Faces, 485).

[110] Siehe Anm. 103.

[111] 31.

[112] *Gruenwald* verweist u.a. auf folgende Texte: äthHen; slHen; ApkAbr; TestLev; syrBar. Vgl. auch *Alexander,* OTP I, 235.

„This Merkavah material in Jewish apocalyptic had its own important share in shaping the mystical experience of the kind which we find later on in the Hekhalot literature. Although it is quite difficult to show the direct historical connection between Jewish apocalyptic and the Hekhalot literature, the literary connections between these two types of literature are almost self-evident."[113]

Gruenwald leugnet freilich nicht, daß diese frühe jüdische Mystik im Laufe der Zeit Wandlungen durchgemacht hat. Als mit der Zerstörung des Tempels das Judentum das sichtbare Symbol der Gegenwart Gottes verlor, entwickelten nach seiner Darstellung einige Leute Vorstellungen und kultivierten Erfahrungen, die in gewissem Sinn den zerstörten Tempel ersetzten.[114] Dieser Internalisierungsprozeß, den *Gruenwald* „mystical escapatism" nennt,[115] und den man vielleicht mit *C. Hauer* als eine Art der Bewältigung „kognitiver Dissonanz" beschreiben kann,[116] führte zu einem Nachlassen der eschatologischen Naherwartung und einem verminderten Interesse an kosmologischen Spekulationen. Außerdem sei es zunehmend zu der Pflege magischer und theurgischer Praktiken gekommen.[117]

Daß es trotz dieser Unterschiede ein beträchtliches Maß an Kontinuität zwischen der älteren Merkavah-Mystik der zweiten Tempel-Periode und der der talmudischen Zeit gibt, bestätigen auch die in den letzten Jahren veröffentlichten Funde vom Toten Meer. So hält *L.H. Schiffman* im Blick auf die von ihm näher untersuchten Sabbatopferlieder (4QShirShabb)[118] fest,

„that the 4 Q *Serekh 'Olat ha-Shabbat* is replete with expressions and motifs met also in the later hekhalot traditions. (..) Further, the language, terminology, and style of our text are very similar to what we encounter in later *hekhalot* literature."[119]

Ein weiteres „piece of ancient Merkabah tradition and exegesis" findet sich in einem als „Second Ezekiel" (4Q385 4) bezeichneten Fragment.[120] Die Herausgeber *D. Dimant* und *J. Strugnell* heben ausdrücklich die thematischen und terminologischen Affinitäten dieses Textes zu den Thronvisionen der Apokalyptik (Dan 7, äthHen 14 und 71) und den Sabbatopferliedern auf der einen und der Hekhalot-Literatur auf der anderen Seite hervor:

„Yet with all their distinctiveness, all these documents are linked by common elements of themes and vocabulary, which point to an underlying common exegetical and iconographic tradition."[121]

Das mystisch-spekulative Interesse der Qumran-Leute an der Vision des Propheten Ezechiel zeigt sich schließlich auch in 4Q286, wo (ähnlich wie schon in 4QShirShabb und

---

[113] 45.

[114] 47; vgl. auch *Alexander:* „It is tempting to argue that Merkavah mysticism did not have a seperate existence outside of apocalyptic till after A.D. 70 and that it was the events of the years A.D. 70-135 in Palestine which brought about a reorientation of apocalyptic and gave rise to a more independent Merkavah movement" (OTP I, 236).

[115] 48.

[116] When History Stops, 207ff.

[117] Vgl. *Alexander,* OTP I, 235.

[118] Erstmals vorgestellt von *Strugnell,* Angelic Liturgy; jetzt in: *Newsom,* Songs; für eine deutsche Übersetzung vgl. *Eisenman/Wise,* Jesus, 65ff.

[119] Speculation, 15-47; vgl. auch *ders.,* Mysticism; vgl. *Scholem,* Gnosticism, 128; *J.M. Baumgarten,* Sabbath Shirot; *Newsom,* Exegesis; *Newman,* Christolgy, 99ff.; *Maier/Schubert,* Essener, 65; *Dimant,* Writings, 525.565; *Alexander,* OTP I, 249f.; *Hengel,* Paulus, 251f. und *Segal,* Paul, 319, Anm. 50.

[120] *Dimant/Strugnell,* Vision, 332.

[121] 347.

4Q385 4) in langen Satzreihen die göttliche Thronsphäre beschrieben wird.[122] Obwohl wir im Rahmen dieses Exkurses bei weitem nicht auf alle wichtigen Probleme im Detail eingehen können, ist vielleicht doch der Schluß erlaubt, daß (trotz der Einwände von *Schäfer* und *Halperin*) das hohe Alter wesentlicher Vorstellungen und Motive der Hekhalot-Literatur wahrscheinlich gemacht werden konnte.[123] Das gilt namentlich für die von einigen jüdischen Forschern bei Paulus herausgestellten Elemente der Himmelsreise und der Vision der Gottheit auf dem „Thron der Merkavah". Man sollte deshalb diese Texte nicht *a priori* als für die Auslegung irrelevant erklären, wenngleich eine direkte Beeinflussung wegen ihrer späten literarischen Fixierung auszuschließen ist. Sie können, wenn sie behutsam und methodisch reflektiert herangezogen werden, zur Veranschaulichung des religionsgeschichtlichen Milieus, von dem Paulus herkommt, eine wertvolle Hilfe sein.[124] Doch zurück zu Paulus selbst!

Daß man in der christlichen Exegese mit der religionsgeschichtlichen Einordnung der paulinischen Aussagen über seine Berufung sehr zurückhaltend ist, mag zum Teil damit erklärt werden, daß man eine solche Offenbarung Gottes als etwas schlechthin Unableitbares betrachtet, das sich historischer Nachfrage entzieht.[125] Diese Zurückhaltung ist sicher aber auch auf die Tatsache zurückzuführen, daß Paulus selbst nur selten und dann auch nur andeutungsweise auf das Damaskusereignis eingeht (1 Kor 9,1; 15,8; Gal 1,12.15f.; Phil 3,12 und wohl auch 2 Kor 4,6).[126] Die drei parallelen, aber nicht deckungsgleichen Berufungsberichte der Apostelgeschichte (9,1-9; 22,3-16; 26,9-18) sind wesentlich ausführlicher, werden aber gewöhnlich als legendarisch und historisch wenig zuverlässig angesehen.[127] Die Frage wird deshalb lauten müssen: Läßt sich aus diesen spärlichen Informationen wirklich die weitreichende These der genannten jüdischen Autoren belegen, daß das Damaskusereignis im Zusammenhang mit ähnlichen Visionen jüdischer Apokalyptiker und Mystiker zu sehen ist? Um diese Frage zu beantworten, wollen wir zunächst eine der Stellen, die sich unbestritten auf die Bekehrung beziehen, näher betrachten (Gal 1,11-12.15-17).

Denn ich tue euch kund, liebe Brüder, daß das Evangelium, das von mir gepredigt ist, nicht von menschlicher Art ist. Denn ich habe es nicht von einem Menschen empfangen oder gelernt, sondern durch eine Offenbarung Jesu Christi [ἀποκάλυψις Ἰησοῦ Χριστοῦ]. (...)

---

[122] *Eisenman/Wise*, Jesus, 227ff.; vgl. jetzt auch *Berger*, Qumran, 93ff.

[123] So (neben *Scholem, Gruenwald* und *Alexander*) z.B. auch *Morray-Jones*, Talmudic Tradition; *ders., Mysticism*, 1ff.; *Lenhardt/v.d. Osten-Sacken*, Akiva, 122.

[124] Vgl. *Alexander*: „In view of the date of its final redaction there can be no possibility of 3 Hen as a work having directly influenced the New Testament. However, it and the other Merkavah texts throw light on certain aspects of the New Testament" (OTP I, 246).

[125] Das ist in der deutschsprachigen Forschung teilweise sicher auch durch das vertikale Offenbarungsverständnis *K. Barths* und der Dialektischen Theologie beeinflußt.

[126] *Rowland*, Heaven, 375; *Dietzfelbinger*, Berufung, 44.

[127] *Rowland*, Heaven, 375.

Als es Gott aber wohlgefiel, der mich von meiner Mutter Leib an ausgesondert und durch seine Gnade berufen [καλέσας] hat, daß er seinen Sohn offenbarte in mir[128] [ἀποκαλύψαι τόν υἱὸν αὐτοῦ ἐν ἐμοί], damit ich ihn durchs Evangelium verkündigen sollte unter den Heiden, da besprach ich mich nicht erst mit Fleisch und Blut, ging auch nicht hinauf nach Jerusalem zu denen, die vor mir Apostel waren, sondern zog nach Arabien und kehrte wieder zurück nach Damaskus.

In Gal 1,12 spricht Paulus von seiner Bekehrung als einer ἀποκάλυψις Ἰησοῦ Χριστοῦ.[129] Daß Paulus diese göttliche Offenbarung von aller bloß menschlichen Lehre und Überlieferung scharf abhebt,[130] legt die Vermutung nahe, daß er sich hier gegen Konkurrenten verteidigt, die sein Apostolat in Frage gestellt haben.[131] Es geht Paulus allerdings nicht um „einen Gegensatz von Offenbarung und Tradition", wie *D. Lührmann* gemeint hat,[132] sondern um den Nachweis, daß auch er wie die anderen Apostel (wenngleich als „letzter von allen"; 1 Kor 15,8) den Herrn gesehen hat.[133] Paulus betrachtet also die Damaskuserscheinung nicht nur als einen gravierenden Einschnitt in sein Leben,[134] sondern auch als die Legitimation seines Heidenapostolats.[135] Daß er jedenfalls diese Offenbarung als grundlegend angesehen hat und ihr gegenüber anderen Offenbarungserlebnissen eine nicht nur zeitliche, sondern auch sachliche Priorität zuerkennt, darüber herrscht in der Forschung weitgehende Übereinstimmung.[136] Umstritten ist allerdings der Charakter dieser Offenbarung: *J. Baumgarten* stützt sich u.a. auf Gal 1,12, wenn er es als einen wesentlichen Aspekt der Apokalyptik-Rezeption des Apostels herausgestellt,

„daß er sich ganz auf den Wortcharakter der göttlichen Sphäre beschränkt und sie ihres visuellen Charakters entkleidet."[137]

Doch diese einseitige Betonung des verbalen Aspektes des Geschehens ist kaum gerechtfertigt, denn an anderer Stelle sagt Paulus ausdrücklich, daß er Je-

---

[128] Diese Übersetzung von ἐν ἐμοί in der Lutherbibel ist problematisch, weil sie einen innerlichen Vorgang suggeriert. Besser: „...daß er mir seinen Sohn offenbarte" (vgl. dazu auch *Betz*, Gal, 143; *Lührmann*, Offenbarungsverständnis, 79; *Stuhlmacher*, Evangelium, 82, Anm. 1; *Oepke*, Paulusforschung, 433; *Bauer*, Wörterbuch, Stichwort ἐν, IV,4a.

[129] Die Zweifel *Bonnards* an dieser These hat *Mußner* mit Recht zurückgewiesen (Gal, 69).

[130] Vgl. 1,11: οὐκ (..) κατὰ ἄνθρωπον und 1,12: οὐδὲ (..) παρὰ ἀνθρώπου.

[131] Zur Frage nach den Gegnern des Paulus im Gal vgl. etwa *Betz*, Gal, 40-47.

[132] Offenbarungsverständnis, 76.

[133] So auch *Mußner*, Gal, 68f.

[134] Vgl. die Gegenüberstellung des früheren Wandels ἐν τῷ Ἰουδαισμῷ und seiner Berufung als Heidenapostel (1,13-14. 15-17)! Noch schärfer ist der Kontrast in Phil 3,4b-6. 7-11.

[135] Freilich könnte dieses Selbstverständnis Teil der von Paulus vorgenommenen „biographischen Rekonstruktion" (*Segal*) sein, weshalb man nicht a priori jede Entwicklung in der Theologie des Apostels ausschließen sollte.

[136] *Kertelge*, Apokalypsis, 55; *Rowland*, Heaven, 379.

[137] 153.

sus gesehen habe (1 Kor 9,1: ἑόρακα) bzw. daß dieser ihm erschienen sei (1 Kor 15,8: ὤφθη).[138] Auch die Berichte der Apostelgeschichte lassen darauf schließen, daß Paulus auf dem Weg nach Damaskus eine Vision und nicht nur eine Audition hatte.[139]

Wenn Paulus in Gal 1,12 von einer ἀποκάλυψις Ἰησοῦ Χριστοῦ spricht, dann verwendet er mit ἀποκάλυψις einen *terminus technicus* der jüdischen Apokalyptik, mit dem man die (endgültige oder nur proleptisch-antizipatorische) Enthüllung der im Himmel präfigurierten, gegenwärtig noch verborgenen eschatologischen Ereignisse bezeichnet hat.[140] *S. Kim* hat mit Recht festgestellt:

„In so far as Paul describes his vision of the risen Christ exalted at the right hand of God in heaven as the *apokálypsis Jesoû Christoû,* he indicates that his vision, like those in Jewish apocalyptic writings, was of the heavenly reality that will be revealed at the end of time and so it was an anticipation or prolepsis of the eschatological *apokálypsis* of Jesus Christ."[141]

Einen weiteren Hinweis darauf, daß die Damaskusvision des Paulus im Kontext apokalyptischer Vorstellungen zu verstehen ist, finden wir in 2 Kor 3,18 und 4,6, wo der Apostel von der Offenbarung bzw. der Erkenntnis der Herrlichkeit Gottes (δόξα κυρίου bzw. θεοῦ) spricht.[142] Weil Gott selbst jenseits jeder menschlichen Vorstellungskraft ist, wird in vielen apokalyptischen Thronepiphanieschilderungen Gott durch seine Herrlichkeit vertreten.[143] Könnte es sein, daß der Apostel auf dem Weg nach Damaskus (nach dem Vorbild des Propheten Ezechiel) in der Person Jesu die Herrlichkeit auf dem Thron Gottes zu sehen geglaubt hat? Ich denke, man kann (trotz der nur andeutenden Sprechweise des Paulus) diese Frage vorsichtig bejahen. In diese Richtung gehen auch die jüngsten Untersuchungen *C.C. Newmans,* der Paulus (im Anschluß an *Segal*) ausdrücklich als einen „Jewish apocalyptic-mystagogue of the first centu-

---

[138] Vgl. auch *Rowland:* „The fact that Paul concentrates on the words spoken to him does not in any way exclude the fact that he saw a vision, about which he chose to remain silent" (Heaven, 504f., Anm. 87).

[139] Paulus hörte nicht nur eine Stimme, sondern hatte auch eine Lichterscheinung. Licht ist im Alten Testament und im zwischentestamentarischen Judentum eine der Begleiterscheinungen einer Theophanie; vgl. auch *Pesch,* Apg, Bd. 1, 298ff.

[140] Vgl. *Lührmann,* Offenbarungsverständnis, 104.

[141] 71.; ähnlich auch *Newman,* Christology, 201ff.; *Rowland,* Heaven, 377 und *Mußner,* Gal, 67; *Betz* hingegen hält die Einordnung der paulinischen Christusvision in den Kontext der jüd. Apokalyptik für unbegründet, da Visionen dieser Art in der Antike allgemein bekannt waren (Gal, 143).

[142] Viele Ausleger sehen hier eine bewußte Anspielung des Apostels auf seine Berufungsvision (so beispielsweise *Dunn,* Spirit, 106f. 387, Anm. 45; *Windisch,* 2 Kor, 140; *Stuhlmacher,* Theologie, 247), skeptisch freilich *Furnish,* 2 Kor, 250.

[143] Vgl. z.B. äthHen 14,18ff. (ἡ δόξα ἡ μεγάλη), slHen 22,1-4; ähnlich ApkAbr XVIII, wo der Visionär einen „feurigen Thron" sieht. Vgl. auch TJon zu Ex 24,10.

ry" bezeichnet.[144] Insbesondere die beiden von uns näher ins Auge gefaßten Wendungen δι' ἀποκαλύψεως Ἰησοῦ Χριστοῦ und ἀποκαλύψαι τὸν υἱὸν αὐτοῦ ἐν ἐμοί versteht er als „encoded signs for mystical and prophetic visions of Glory".[145] Schon vor längerer Zeit hat *J.W. Bowker* herausgefunden, daß verschiedene Motive in den Berichten der Apg wie die Berufung „auf dem Wege" (9,3), die genaue Zeitangabe dieses Ereignisses,[146] das Niederfallen des Ekstatikers (9,4 u.ö.), sowie das Hören einer Stimme (9,4f. u.ö.) typisch für die mystische Spekulation über die göttliche Thronsphäre sind.[147] Er vertritt deshalb die These,

„that Paul practiced *merkabah* contemplation as an ordinary consequence of his highly extended Pharisaic training. (..) What 'actually happened' on the road to Damascus remains (..) inaccessible beyond the analysis of the surviving records, because it belongs within Paul's experience. But the argument advanced here at least suggests a basis on which the seeing of a vision of the resemblance of God's majesty was far from being unusual; and to that extent the conteplation במעשה מרכבה was for Saul a genuine 'preparation for the gospel'."[148]

Wenn diese Vermutung zutrifft, würde das nicht nur die immer wieder im Zusammenhang mit der paulinischen Bekehrung begegnende Lichtmetaphorik erklären,[149] sondern auch die Stilisierung der Damaskusvision nach dem Modell eines prophetischen Berufungsberichtes.[150] Daß sich Paulus zur Festigung seines Ansehens als Apostel auf seine Damaskusvision berufen hat, würde außerdem gut zu der von *P. Alexander* hervorgehobenen Tatsache passen, daß

„Merkavah trances (..) bolstered the authority of the adepts (..) and they marked them off as holy men, like the holy men in the surrounding religions. Knowledge of the Merkavah mysteries had great prestige value."[151]

Die These, daß die Christusvision(en) des Paulus mit der frühen Merkavah-Mystik in Verbindung steht, verdichtet sich noch, wenn wir abschließend auf 2 Kor 12 zu sprechen kommen. Zwar ist diese Erscheinung nach dem Urteil der meisten Neutestamentler nicht identisch mit der Bekehrungsvision, sie könnte aber dennoch einiges zur Erhellung derselben beitragen. Für unsere Fragestellung sind vor allem vv.1-4 interessant:

---

[144] 203.

[145] 200.

[146] „...mitten am Tage" (26,13).

[147] Vgl. bes. 167ff.

[148] 172f.

[149] So beispielsweise 2 Kor 4,6. *Berger* hat die Lichtmetaphorik als eine Art sachgebundener Fachterminologie bezeichnet, die innerhalb des damaligen Judentums oft verwendet wird, wenn von Bekehrung die Rede ist. Auch daß Paulus Jesus als Licht sieht, sei vor diesem Hintergrund zu verstehen (Qumran, 114; vgl. auch *Gaventa*, Darkness).

[150] Siehe oben.

[151] *Alexander*, OTP I, 239.

Gerühmt muß werden; wenn es auch nichts nützt, so will ich doch kommen auf die Erscheinungen und Offenbarungen des Herrn [ὀπτασίας καὶ ἀποκαλύψεις κυρίου]. Ich kenne einen Menschen in Christus; vor vierzehn Jahren - ist er im Leib gewesen? ich weiß es nicht; oder ist er außer dem Leib gewesen? ich weiß es auch nicht; Gott weiß es -, da wurde derselbe entrückt [ἁρπαγέντα] bis in den dritten Himmel [ἕως τρίτου οὐρανοῦ]. Und ich kenne denselben Menschen - ob er im Leib oder außer dem Leib gewesen ist, weiß ich nicht; Gott weiß es -, der wurde entrückt [ἡρπάγη] in das Paradies [παράδεισον] und hörte unaussprechliche Worte [ἄρρητα ῥήματα], die kein Mensch sagen kann.[152]

Während die jüdische Mystik für die moderne Paulusauslegung im allgemeinen bisher nur am Rande eine Rolle gespielt hat, wurde dieses Kapitel verschiedentlich vor dem Hintergrund der esoterischen Traditionen des antiken Judentums interpretiert. Wie wir sehen konnten, hatte bereits *I.M. Wise* gegen Ende des letzten Jahrhunderts den Paulustext mit einem Bericht über die Himmelsreise von vier Rabbinen in Verbindung gebracht, der in verschiedenen Versionen überliefert ist.[153] Ich zitiere hier die bekannteste Version aus dem babylonischen Talmud (Hag 14b):

Unsere Rabbanan lehrten: Vier traten in das Paradies ein, und zwar: Ben Assai, Ben Soma, Acher und R. Akiva. R. Akiva sprach zu ihnen: Wenn ihr an die glänzenden Marmorsteinen herankommt, so saget nicht: Wasser, Wasser, denn es heißt: 'Wer Lügen redet, soll vor meinem Angesichte nicht bestehen' (Ps 101,7). Ben Assai schaute und starb. Über ihn spricht die Schrift: 'kostbar ist in den Augen des Herrn der Tod seiner Frommen' (Ps 116,15). Ben Soma schaute und kam zu Schaden.[154] Über ihn spricht der Schriftvers: 'hast du Honig gefunden, so iß was dir genügt, daß du seiner nicht satt werdest und ihn ausspeiest' (Prov 25,16). Acher schnitt die Pflanzungen ab. R. Akiva kam in Frieden heraus.[155]

W. Bousset hat (wohl ohne Kenntnis von *Wise*) Anfang unseres Jahrhunderts ebenfalls Beziehungen zwischen Paulus und der rabbinischen Erzählung hergestellt und fand damit die Zustimmung einzelner christlicher Ausleger.[156] Das größte Echo rief freilich die These in der Form hervor, in der sie von *G. Scholem* vorgetragen wurde. Er verweist auf die Tatsache, daß das Ziel der Himmelsreise der vier Rabbinen in bHag 14b par das gleiche ist wie bei Paulus (παράδεισος/פרדס).[157] In beiden Texten erblicke der Seher zu Lebzeiten, was

---

[152] Statt „kann" besser: „darf"; vgl. unten Anm. 183.

[153] Die rabbinischen Varianten, die bei *Rowland* (Heaven, 310-312) in einer engl. Übersetzung synoptisch aufgeführt sind, sind folgende: bHag 14b, jHag 77b, tHag 2,3f. und ShirR 1,4; *Bowkers* hebräische Synopse (Merkabah Visions, 160-164) enthält jHag 2,1 anstatt jHag 77b und MekhSh (nach *Schechter*, JQR 1904, 443ff.) anstelle des ShirR. Der Kern der Pardes-Erzählung findet sich in der Hekhalot-Literatur in Hekhalot Zurati (*Schäfer,* Synopse, § 339) und Merkavah Rabbah (§ 672, MS Oxford).

[154] Wörtlich: „...und wurde geschlagen" (viele Ausleger ergänzen: „mit Irrsinn").

[155] Übersetzung nach *Goldschmidt* IV, 283.

[156] *Bousset,* Himmelsreise; *Windisch,* 2 Kor, 368-398; *Bietenhard,* Himmlische Welt, 91-95; 161-168; *Lenhardt/v.d.Osten-Sacken,* Akiva, 132-137.

[157] Gnosticism, 16.

andere Leute erst nach ihrem Tod sehen.[158] Außerdem sieht *Scholem* hier wie dort den Hinweis auf die mit einer Himmelsreise verbundenen Gefahren.[159] Im Gegensatz zu früheren, auf rabbinische Texte beschränkten Ansätzen zieht *Scholem* aber auch Texte aus der Hekhalotliteratur zum besseren Verständnis von 2 Kor 12 heran. Das gilt vor allem für die sog. „Wasserepisode",[160] die für das Motiv der Gefährdung des Adepten von Bedeutung ist, das bei Paulus wie im Babylonischen Talmud anzutreffen sei.[161]

Es war vor allem *P. Schäfer,* der mit seinem Aufsatz „New Testament and Hekhalot Literature. The Journey into Heaven in Paul and Merkavah Mysticism" diese These in Frage stellte. Während *Scholem* davon überzeugt ist, daß die Hekhalot-Texte (zumindest teilweise) ältere Traditionen enthalten als der Talmud, vertritt *Schäfer* (im Anschluß an *E.E. Urbach* und *D. Halperin*) die gegenteilige Meinung.[162] Die Tosefta Hag 2,3-4, die s.E. älteste Version, stelle eine Allegorie für verschiedene Typen von Toralehrern dar. Erst im späteren Verlauf der Traditionsgeschichte sei die Erzählung mit der Merkavah-Mystik assoziiert worden. Doch nicht nur chronologische, sondern auch sachliche Vorbehalte werden laut: *Schäfer* wendet vor allem ein, der rabbinische פרדס sei nämlich in den rabbinischen Texten ursprünglich wörtlich im Sinn von „Garten" und nicht im technischen Sinn von „Paradies" gemeint gewesen. Hier befindet sich *Schäfer* in Übereinstimmung mit *C.C. Rowland* und *E.E. Urbach.*[163] Dazu paßt laut *Schäfer,* daß Paulus nach 2 Kor 12 „entrückt" wurde (ἁρπαγέντα/ἡρπάγη), während die vier Rabbinen den פרדס „betraten" (נכנסו). Schließlich hält er *Scholem* entgegen, daß sich bei Paulus alles um das Hören drehe, während es bei den Rabbinen um das Sehen einer Thronvision gehe.

Der letzte Einwand ist vergleichsweise wenig überzeugend, denn Paulus hat sein Erlebnis in 2 Kor 12 ausdrücklich als eine mehrerer ὀπτασίαι καὶ ἀποκαλύψεις κυρίου bezeichnet. Auch der Einwand bezüglich des Gebrauchs von פרדס ist nicht stichhaltig. Das als Standardwerk geltende Wörterbuch von *M. Jastrow* gibt neben der wörtlichen Bedeutung „enclosure, park, pleasure gar-

---

[158] 17.

[159] 16.

[160] Die Wasser-Episode findet sich in einer kürzeren (§ 672) und einer längeren Fassung (§ 345). *Scholem* bezieht sich in seiner Auslegung auf letztere.

[161] Zum Gefährdungsmotiv gehören sicher die unheilvollen Auswirkungen, die mit Ausnahme R. Akivas alle Rabbinen treffen, die in das Paradies eintreten, vielleicht auch die in der Wasserepisode ausgesprochene Warnung, beim Anblick des Marmors „Wasser! Wasser!" zu sagen. Daß das Motiv schon älter ist als die erwähnten Hekhalot-Texte, zeigen äthHen 11,7; ApkAbr 17; AscJes 9,1f.; vgl. zum Thema auch *Maier,* Gefährdungsmotiv.

[162] Studien, 246.

[163] *Rowland*, Heaven, 315; *Urbach*, Geheimlehre.

den" auch die übertragene Bedeutung „enclosure in heaven, esoteric philoso-phy" an und verweist in diesem Zusammenhang ausdrücklich auf die Geschich-te von den vier Rabbinen.[164] Schon in den in Qumran gefundenen aramäischen Fragmenten des ersten Henochbuches (32,3; 77,3) wird der Begriff *pardes qushta* verwendet, um den himmlischen Aufenthaltsort der Gerechten nach ih-rem Tod zu bezeichnen.[165] Daneben kam es laut *I. Gruenwald* zu einem Ge-brauch des Begriffes

> „in connection with the apocalyptic experience in which a man saw himself snatched onto or entering heaven to see, *in his lifetime,* that place and all that it contained, including (..) the Merkavah."[166]

Vor allem der Kontext der Pardes-Erzählung, der mit der himmlischen Welt zu tun hat, legt nahe, daß die Rabbinen hier in diesem letztgenannten Sinn von פרדס sprachen, und daß deshalb der israelische Gelehrte Recht hat mit seiner These,

> „that Paul in his *Epistle to the Corinthians* and the Rabbis who told the story of Rabbi 'Akiva and his friends spoke the same theosophical language."[167]

Daß fast durchweg davon die Rede ist, daß die vier Rabbinen in den פרדס „eintraten" (נכנסו), muß nicht unbedingt gegen eine Himmelsreise sprechen. Der Sprachgebrauch erklärt sich ganz einfach daraus, daß man einen Garten, auch wenn er metaphorisch für eine Himmelsregion steht, „betritt", und man nicht zu ihm „aufsteigt". Er könnte aber auch daher rühren, daß die Vorstellung von einem himmlischen Tempel im Hintergrund steht, wie *A. Neher* vermutet hat.[168] Auf jeden Fall sollte beachtet werden, daß selbst in der von *Schäfer* und *Halperin* als am ältesten angesehenen Version der Erzählung (tHag 2,3f.) die

---

[164] Dictionary, Vol. II, 1216.

[165] Vgl. auch slHen 9,1, wo es heißt, das Paradies (welches nach 8,1 im dritten Himmel an-gesiedelt ist) sei für die Gerechten zum ewigen Erbbesitz bereitet.

[166] *Gruenwald,* Mysticism, 91f.

[167] 91; ähnlich auch *Alexander*: „Pardes was sometimes located on earth, sometimes in heaven. Which of these traditions lies behind this passage cannot now be determined with cer-tainty; however, a reference to a celestial Pardes is likely. The parallel in 2 Corinthians 12:1-7 points in this direction, and it is evident that - whatever its original meaning - the text was al-ready being read in amoraic times in terms of a mystical ascent to heaven" (OTP I, 230). „The term 'paradise' here (= 2 Kor 12,1-7; S.M.) recalls the expression 'to enter Pardes', which was used early on the Merkavah movement to designate the mystical ascent" (246). *Lenhardt/v.d. Osten-Sacken* finden, daß *Scholems* Deutung „auch für die Versionen von Tosefta und Jeru-schalmi nach wie vor diskutabler ist, als es nach den Ausführungen Schäfers erscheint" (Akiva, 137).

[168] So *Neher*, Voyage und jüngst auch *Morray-Jones*, Paradise.

klassische Auf- und Abstiegsterminologie (עלה וירד) nicht ganz fehlt.[169] Es scheint also auch hier um ein mystisches Erlebnis im Zuge einer Himmelsreise zu gehen.[170] Der wichtigste Einwand *Schäfers* und *Halperins* gegen *Scholem* besteht freilich in deren Bestreitung des hohen Alters des in der Hekhalotliteratur verwendeten Materials. Sollte die Hekhalotversion nämlich wirklich nur eine nachträgliche Interpretation der talmudischen Überlieferungen sein, schiede sie als Vergleichsmaterial für 2 Kor 12 natürlich aus. Doch ist gerade jüngst wieder das hohe Alter der in *Hekhalot Zurati* und *Merkavah Rabba* verarbeiteten Traditionen durch eine Arbeit von *C. Morray-Jones* bestätigt worden. Er vertritt die These,

> „that an early redactor of the talmudic Mystical Collection made a pre-existent story about Aqiba's ascent, in the face of angelic opposition, to the Merkavah into an illustration of the merkabah-restriction by identifying the three unarmed characters as talmide-hakamim."[171]

Die ursprüngliche Form der Erzählung sieht er in zwei Ich-Berichten Akivas von seinem Aufstieg zur Merkavah, in denen die anderen Rabbinen namentlich noch nicht erwähnt sind.[172] Die zwischen beiden Ich-Berichten überlieferte Erzählung in der dritten Person hält er für die Hinzufügung eines späteren Redaktors.

Wenn sich diese Argumentation von *Morray-Jones* durchsetzen kann, dann wäre dies eine zusätzliche Stütze der These *Scholems* vom hohen Alter der in der Hekhalot-Literatur verarbeiteten Traditionen. Doch auch ohne diese Annahme dürfte aufgrund obiger Beobachtungen kaum zu bestreiten sein, daß sich bei Paulus ähnliche Vorstellungen finden wie in der älteren Apokalyptik und der späteren Merkavah-Mystik. Freilich sollte ein Problem nicht übersehen werden: Alle Varianten der Erzählung von der Himmelsreise der vier Rabbinen sind als Texte wesentlich später entstanden als die Briefe des Apostels. Weil lediglich die Annahme, daß in diesen Texten alte Traditionen bewahrt sind,[173] ihren Gebrauch bei der Auslegung des Corpus Paulinum rechtfertigt, sollte man sich stets darum bemühen, die tatsächliche Existenz solcher alter Traditionen

---

[169] 2,3 und 2,4 (nach MS Vienna); *Schäfer* betrachtet diese Terminologie freilich als das Produkt eines sekundären Adaptionsprozesses in Richtung einer mystischen Deutung (Studien, 240).

[170] In dieser Meinung bestätigte mich in einem persönlichen Gespräch (am 10. 7. 1993) *Dr. S. Brodie*, der am Jewish-Theological-Seminary/New York Kurse über jüdische Mystik anbietet. Vgl. auch *Lenhardt/v.d. Osten-Sacken*, Akiva, 136f.

[171] Paradise, 36f.

[172] Vgl. *Schäfer*, Synopse, § 671 und 673.

[173] Die vier Rabbinen, um die es in unserem Text geht, lebten allesamt um die Wende vom ersten zum zweiten Jahrhundert, also nicht allzu lange nach Paulus. Da es in dieser Zeit eine breit bezeugte Beschäftigung mit den מעשה מרכבה gab, besteht durchaus eine gute Chance, daß hier ein alter Kern bewahrt ist.

anhand sicher datierbarer Texte zu verifizieren. Bei entsprechender methodischer Sorgfalt können also im Einzelfalle durchaus auch nachneutestamentliche Texte zum besseren Verständnis des frühen Christentums beitragen. Daß die behandelten jüdischen Texte tatsächlich einen solchen Fall darstellen, mag die folgende Kurzexegese zeigen.[174]

2 Kor 12 ist Teil der sog. paulinischen „Narrenrede", in der der Apostel gegen seinen Willen sich selbst lobt, um so sein Apostolat gegen wohl judenchristliche Gegner zu verteidigen.[175] Teil seiner Verteidigung ist die Berufung auf „Visionen und Offenbarungen des Herrn" (12,1). Daß sich der Apostel wie schon in Gal 1,11f.15-17 zur Festigung der eigenen Autorität einer Thronvision bedient, entspricht, wie *K. Berger* festgestellt hat, einer formgeschichtlichen Konvention:

> „Jeweils auf der Spitze der Auseinandersetzung mit dem Gegner und als letztes, entscheidendes Argument rekurriert der angefeindete Gottesbote auf seine Thronvision, um damit den höchstmöglichen Kontakt, den ein Mensch mit Gott haben kann, als Argument für sich anzuführen."[176]

Die ungewöhnlichen Pluralformulierungen („Visionen und Offenbarungen")[177] haben den Auslegern eine Menge Kopfzerbrechen bereitet. So vermutet *V.P. Furnish*, „that Paul is taking up a general topic, not that he has numerous specific visions and revelations in mind."[178] *W. Schmithals* u.a. nehmen sogar an, Paulus habe hier nur Stichworte seiner Gegner aufgenommen.[179] Doch der Plural kann durchaus ernst genommen werden, denn die Apostelgeschichte bestätigt, daß der Apostel in der Tat mehrere visionäre Erlebnisse während seines Lebens hatte.[180] Daß wir in seinen Briefen davon nur relativ wenig erfah-

---

[174] Vgl. *Tabor*: „The story (..) does seem to offer a strong parallel to Paul's language here about going up and 'entering Paradise.' (..) They seem to share a common world with Paul, who uses this technical language and expects to be understood. It seems that Scholem was correct; they were drawing upon the same mystical tradtition that later shows up here and there in the Tannaitic texts" (Things, 118).

[175] Eine nähere Charakterisierung dieser Gegner ist schwierig. Wir können lediglich annehmen, daß sie sich selbst als Hebräer, Israeliten und Abrahams Kinder bezeichnet haben (11,22). Vermutlich haben sie sich gegenüber den Korinthern ihrer pneumatischen Begabungen gerühmt und ähnliche „Zeichen eines Apostels" (12,12) auch von Paulus gefordert. Vgl. dazu *Georgi*, Gegner; *Friedrich*, Gegner; *Barrett*, Opponents; *Käsemann*, Paulusforschung, 475-521 und *Kümmel*, Einleitung, 246f.

[176] Formgeschichte, 299.

[177] Ἀποκαλύψεις kommt noch einmal in v.7 vor, sonst im ganzen NT nicht mehr; auch der Plural ὀπτασίαι ist ohne Parallele.

[178] 2 Kor, 524.

[179] Gnosis, 199 und 357; *Furnish*, 2 Kor, 543; *Zmijewski*, Narrenrede, 329; *Spittler*, Limits, 260.

[180] Neben seiner Damaskusvision (Apg 9,1-9; 22,3-16; 26,9-19) ist noch an folgenden Stellen von visionären Erlebnissen die Rede: Apg 9,12; 16,9f.; 18,9-11; 22,17-21 und 23,11.

ren,[181] hängt an dem esoterischen Charakter solcher Visionen, auf den wir noch zurückkommen werden.

Die Genetivverbindung ἀποκάλυψις κυρίου in 2 Kor 12,1 scheint mir (ähnlich wie in 1 Kor 1,7 und 2 Thess 1,7) das Objekt, nicht (oder zumindest nicht nur) den Urheber der Vision anzugeben.[182] Das Gleiche gilt für ἀπο-κάλυψις Ἰησοῦ Χριστοῦ in Gal 1,12. Doch was Paulus genau gesehen hat, läßt er unerwähnt, er spricht lediglich davon, „unsagbare Worte" (ἄρρητα ῥήματα) gehört zu haben. „Unsagbar" waren diese Worte wahrscheinlich nicht nur deshalb, weil sie nicht ausgesagt werden *konnten,* sondern weil sie nicht ausgesagt werden *durften.*[183] In den paganen Mysterienreligionen existierte eine Art Arkandisziplin, die es verbot, Offenbarungsinhalte an Außenstehende wei-terzugeben.[184] Daß diese auch Eingang in das hellenistische Judentum fand, ver-deutlicht das Beispiel Philos. In *De Somniis* verwendet er dasselbe Vokabular wie Paulus, indem er sagt, daß Gott, wem er als ein Freund begegnet, viele Dinge mitteilt, sogar Geheimnisse und unsagbare Dinge (ἄρρητα), die der Un-eingeweihte nicht hören darf.[185] Schließlich gibt es auch in der Merkavah-My-stik Einschränkungen, was die Mitteilung offenbarter Wahrheiten angeht: In bHag 2,1 par. (im unmittelbaren Kontext der Himmelsreise der vier Rabbinen also) wird die Vortragstätigkeit des Adepten über Ez 1 beschränkt, um uner-laubte und gefährliche Assoziationen und Praktiken zu vermeiden.[186] Diese alte rabbinische Tradition,[187] die auf Einflüssen der Apokalyptik beruhen dürfte,[188] stellt m.E. den Kontext dar, vor dem die paulinische Rede von den ἄρρητα ῥήματα zu verstehen ist.[189] Man könnte noch weitergehen und vermuten, daß zu

---

[181] Vgl. aber Gal 1,12.16; 1 Kor 9,1; 15,8f.

[182] Mit *Schweitzer,* Mystik, 137; *Schlatter,* Paulus, 658.662f.; *Bietenhard,* Himmlische Welt, 165; *Rowland,* Heaven, 380; *Alexander,* OTP I, 247; *Lüdemann,* Auferstehung, 96; ge-gen *Furnish,* 2 Kor, 524; *Bultmann/Dinkler,* 2 Kor, 220f.; *Kümmel/Lietzmann,* Kor, 212; *Win-disch,* 2 Kor, 368; *Schäfer,* Studien, 236.

[183] Die Lutherübersetzung (s.o.) ist hier problematisch, da οὐκ ἐξὸν (..) λαλῆσαι besser mit „...nicht gesagt werden *dürfen*" zu übersetzen ist; vgl. auch *Lüdemann,* Auferstehung, 100.

[184] Euripides, Bacch. 472; Herodot, Hist., V,83; Plutarch, Isis und Osiris, 360 F.

[185] Som. XXXIII, 119; vgl. Mut. II,14; III,15.

[186] Vgl. *Wewers,* Geheimnis, 9.

[187] Die Tradition wird auf R. Jochanan ben Zakkai (gest. um 80) und R. Akiva (gest. um 135) zurückgeführt, ist aber nach Vermutung von *Wewers* „möglicherweise noch älter" (Ge-heimnis, 7).

[188] Vgl. slHen 8,8.9.17 A, vor allem aber grBar, Prol. 1: „Bericht und Offenbarung des Ba-ruch über das Unaussprechliche (ἄρρητον), das er auf Gottes Geheiß schaute." (JSHRZ V/1, 22) und TestLev VIII,19: „Und ich verbarg auch dieses in meinem Herzen, und ich tat es nie-mandem auf Erden kund" (JSHRZ III/1, 53).

[189] *Morray-Jones* (Paradise, 56ff.) hat darauf aufmerksam gemacht, daß in Hekhalot Zurati kurz nach der Pardes-Erzählung eindrücklich davor gewarnt wird, die Geheimnisse der Gott-

den ἄρρητα ῥήματα bei Paulus konkret auch der Gottesname gehört,[190] der den antiken Juden auszusprechen verboten war, der aber in der Mystik magische Verwendung fand und Gegenstand zahlreicher Spekulationen wurde.[191] Wie aus *Quis Rerum Divinarum Heres* (XXXV, 170) hervorgeht, zählt auch Philo den Namen Gottes zu den unsagbaren Dingen. Schließlich sei noch auf die (bei Clemens Alexandrinus: Strom. V 11 [77] überlieferte) Sophoniasapokalypse hingewiesen, wo ähnlich wie bei Paulus von Engeln die Rede ist, die den θεὸν ἄρρητον ὕψιστον loben. Auf eine andere Deutungsmöglichkeit, die ebenfalls im Kontext jüdischer Apokalyptik und Mystik Sinn macht, hat *H. Bietenhard* hingewiesen: Paulus könnte hier vom Lobgesang der Engel gesprochen haben, welchen auszusprechen nach slHen 17A unmöglich ist.[192] Freilich kommen wir in dieser Frage über Vermutungen kaum hinaus.

Ein weiteres Problem stellt die Tatsache dar, daß Paulus seine mystischen Erlebnisse in 2 Kor 12 in der dritten Person beschreibt. Daß mit dem „Menschen in Christus" (12,2) der Apostel selbst gemeint ist, ist aufgrund des Kontextes schwer zu bestreiten.[193] Doch warum wählt Paulus hier diese umständliche Ausdrucksform? Man darf vielleicht mit *C. Rowland* vermuten, der Apostel wolle damit seine Pseudonymität als Ekstatiker wahren:

> „Thus the form of this section indicates that Paul throughout is utilizing an idiom familiar to him from Jewish apocalyptic in which the visionary speaks of his own experience in this impersonal way."[194]

---

heit in Worte fassen zu wollen: „Mose sagte zu ihnen, zu diesen und zu jenen: forschet eure Worte nicht aus, sondern vielmehr soll er gepriesen werden" (Synopse, § 352).

[190] Wenn in ApkAbr X,4 vom „unaussprechlichen Namen" des Engels Jaoel die Rede ist, ist das nach Auskunft des Herausgebers eine „Anspielung auf das göttliche Tetragramm, das niemand aussprechen darf und das ἄρρητον bleiben soll." (JSHRZ V,5, 430). Das hohe Alter der Verwendung des Gottesnamens im Kontext einer Himmelsreise verbürgt äthHen 69,14. Schon *Bowker* hat in einer Fußnote vermutet: „It is possible that the ἄρρητα ῥήματα of II Cor XII.4 may also be a reference to the pronounciation of the divine name" (Merkabah Visions, 168, Anm. 1).

[191] Nach Raschi haben die vier Rabbinen ihren Aufstieg zum פרדס mit Hilfe des göttlichen Namens bewerkstelligt. In seinem Kommentar zu bHag 14b erklärt er die Wendung נכנסו לפרדס als שם ידי על לרקיע עלו. *Maier* meint freilich, in der Kabod- und Merkavah-Mystik spiele der Name noch keine Rolle. Erst später werde die Verwendung des Gottesnamens „zum Zentrum der esoterischen Beschäftigung und zum Mittel der Himmelsreise schlechthin" (Gefährdungsmotiv, 29). Vgl. zum unaussprechlichen Namen Gottes und seiner magischen Verwendung auch *Urbach*, Sages, 124ff.

[192] *Bietenhard*, Himmlische Welt, 166f.; der Lobgesang der Engel vor dem „Thron der Herrlichkeit" nimmt im äthHen, aber auch in der späteren Merkavah-Mystik einen wichtigen Platz ein (vgl. *Suter*, Tradition, 18ff.).

[193] Mit *Tabor*, Things, 114; *Furnish*, 2 Kor, 524; *Rowland*, Heaven, 384f.

[194] 385; vgl. auch *J. Baumgarten*, 143f.; *Stuhlmacher*, Evangelium, Bd. 1, 77, Anm. 1.

Dazu kommt sicher auch, daß es die dritte Person Paulus ermöglicht hat, zumindest formal darauf zu verzichten, sich seiner Vision zu rühmen.[195] Das heißt allerdings noch lange nicht,

„daß Paulus das Ereignis gegen-ständlich geworden ist und daß er sich, was die Begründung seines Apostolats angeht, hier in bezug auf dieses Ereignis von sich selbst distanzieren muß."[196]

Diese Auslegung *Baumgartens* scheint mir eher die Vorbehalte des modernen Akademikers gegenüber ekstatischen Erlebnissen als die wirkliche Haltung des Apostels widerzuspiegeln.

Mit welcher Selbstverständlichkeit Paulus auf esoterische Vorstellungen seiner Zeit zurückgreifen konnte, wird erneut deutlich an seinem Gebrauch des Verbs ἁρπάζω, mit dem er seine Entrückung in den dritten Himmel (12,3) bzw. das Paradies (12,4) beschreibt. Daß dieser Begriff nicht unbedingt die Vision vorbereitende und stimulierende Praktiken ausschließt,[197] zeigt dessen Verwendung in der Mithrasliturgie[198] und in Apuleius' Schilderung einer Initiation in die Isis-Mysterien.[199] Doch nicht nur im paganen Hellenismus, sondern auch im hellenistischen Judentum[200] und in der jüdischen Apokalyptik[201] begegnet uns die selbe Vorstellungswelt: Jemand wird von Gott in die himmlische Welt befördert, wo er schon in der Gegenwart Anteil an den sonst noch verborgenen Geheimnissen der Endzeit erhält.

Paulus charakterisiert in zwei parallelen Formulierungen den Ort in der himmlischen Welt, an den er entrückt wurde, als dritten Himmel (12,3) bzw. Paradies (12,4). Die Frage, ob die beiden Begriffe den gleichen Ort bezeichnen (und deshalb nur eine Himmelsreise beschreiben), oder ob hier zwei verschiedene Etappen einer Himmelsreise oder gar zwei verschiedene Erlebnisse vorliegen, wird zu Recht von der Mehrzahl der Exegeten heute im erstgenannten

---

[195] Vgl. *Klauck*, Himmelfahrt, 155; *Lüdemann*, Auferstehung, 97 (in Anlehnung an *Lindblom); Windisch*, 2 Kor, 370.

[196] *J. Baumgarten*, 143; ähnlich *Käsemann*, Paulusforschung, 512; *Lührmann*, Offenbarungsverständnis, 58.

[197] Vorbereitende Praktiken schließen aus: *Rowland*, Heaven, 385; *Lincoln*, Visionary, 215; *Maier*, Gefährdungsmotiv, 28 u.ö.

[198] 538-541.

[199] Metam. 11,22-23; vgl. *Tabor*, Things, 116.

[200] Philo, SpecLeg III, 1-2; VitCont 12.

[201] Die nächste Parallele zu Paulus stellt sicher Weish 4,11 dar, wo es um die Entrückung eines Helden der Vergangenheit (wahrscheinlich Henoch) in die himmlische Welt geht (*Rowland*, Heaven, 507, Anm. 134). 1 Thess 4,17, wo Paulus das gleiche Verb verwendet, verdeutlicht noch einmal den eschatologischen Horizont des Geschehens; vgl. auch Apk 12,5; Apk Mos 37,3 und IIEsr 14,49.

Sinne beantwortet.[202] Diese Meinung läßt sich vor allem dadurch stützen, daß nach syrBar 4,3.6 das Paradies nach Adams Fall in den Himmel verlegt worden ist.[203] Die von Paulus vorausgesetzte Gleichsetzung von Paradies und drittem Himmel findet sich auch in ApkMos 37,5 und slHen 8,1-8B.[204] Kurz vor der Erzählung vom Eintritt der vier Rabbinen in das Paradies ist uns im Talmud (bHag 14b/jHag 77a) überliefert, daß Schülern Jochanan ben Zakkais im Zuge ihrer Beschäftigung mit den מרכבה מעשה die dritte Ordnung des Himmels gezeigt wird.[205] Also auch hier scheinen Beziehungen zwischen dem dritten Himmel und dem Paradies zu bestehen. Obwohl es in der Apokalyptik auch die Vorstellung von sieben[206] oder gar zehn[207] Himmeln gibt, ist wahrscheinlich, daß Paulus den dritten Himmel als die höchste Himmelsordnung angesehen hat.[208] Aufgrund jüdischer[209] und frühchristlicher[210] Paralleltexte über Entrückungen bzw. Reisen[211] zum höchsten Himmel/Paradies können wir vielleicht vorsichtig auf die Vision des Paulus zurückschließen:

„What Paul seems to be describing here is the ascent through the heavens until he reaches Paradise, the dwelling of God himself. It is a glimpse (..) of the world above as it exists now with God but which is to be revealed in all its glory in the future."[212]

Als letztes wollen wir auf das von *Scholem* angesprochene Gefährdungsmotiv zurückkommen. Stimmt es wirklich, daß das Motiv der Gefährdung des Mystikers auch bei Paulus vorauszusetzen ist? Diese Frage ist in der Tat positiv zu beantworten, wenn wir mit *R.M. Price, W. Baird* und *C. Morray-Jones* den

---

[202] *Baird*, Visions, 655; *Schäfer*, Studien, 336; *Furnish*, 2 Kor, 526; *Windisch*, 2 Kor, 371; *J. Baumgarten*, Apokalyptik, 140; *Zmijewski*, Narrenrede, 324ff.; anders aber: *Rowland*, Heaven, 381; *Tabor*, Things, 115 und *Plummer*, 2 Kor, 344; zwei völlig verschiedene Ereignisse nimmt an: *Saake*, Ekstatiker, 154f.

[203] Vgl. auch IVEsr 4,8.

[204] Vgl. *Bietenhard*: „Wir finden in den Vorstellungen von 2 Hen und ApkMos die zeitlich und sachlich nächsten Parallelen zu den Aussagen des Apostels Paulus in 2 Kor 12,2-4" (Himmlische Welt, 162).

[205] Mit שלישית ist wohl die dritte Ordnung des Himmels gemeint, obwohl das hebräische Äquivalent für Himmel fehlt; vgl. *Bowker*, Merkabah Visions, 167.

[206] ApkMos 35,2; slHen 3-20; bHag 12b; AssJes.

[207] slHen 22A; ApkPaul.

[208] So auch *Wolff*, 2 Kor, 244; vgl. TestLev 2,7-10; 3,1-4.

[209] Siehe außer den oben erwähnten Texten vor allem auch VitAd 25, wo Adam im „Paradies der Gerechtigkeit" eine Vision der Merkavah hat.

[210] Vgl. Apk 22,3.

[211] Man unterscheidet gewöhnlich mit *Lohfink* zwischen Entrückung und Himmelsreise. Erstere bedeute im Gegensatz zur letzteren „immer den Abschluß des irdischen Lebens" (Himmelfahrt, 53). Aufgrund dieser Definition stellt 2 Kor 12,1ff. eine Himmelsreise dar, wenngleich Paulus davon spricht, daß er „entrückt" wurde (vgl. auch *Berger*, Formgeschichte, 298ff.).

[212] *Rowland*, Heaven, 383.

„Engel des Satans" (ἄγγελος σατανᾶ), der Paulus mit Fäusten schlagen soll (12,7), als einen Engel Gottes betrachten, der unwürdige Eindringlinge in die göttliche Thronsphäre für ihr Tun bestraft.[213] Ein solcher Engel begegnet uns auch in der Hekhalot-Version der Pardes-Erzählung als „Engel des Verderbens",[214] der R. Akiva angreifen will. Außerdem wird dort wie bei Paulus einer der Eindringlinge geschlagen.[215] Diese Interpretation paßt nicht nur gut in das bisher gezeichnete Bild der paulinischen Vision, sondern scheint mir auch am besten geeignet, den sonst völlig unverständlichen „Pfahl im Fleisch" (σκόλοψ τῇ σαρκί; 12,7)[216] zu erklären. Erneut zeigt sich also der apokalyptisch-mystische Hintergrund der paulinischen Christusvision. Die Fülle der Hinweise in die gleiche Richtung, auf die wir in der Diskussion um 2 Kor 12 aufmerksam gemacht haben, berechtigt uns, mit *C. Morray-Jones* zu schließen,

„that Paul is describing (..) a Merkabah vision of the enthroned and 'glorified' Christ. The context in which his account occurs suggests strongly that he bases his claim to apostolic authority upon this vision. 'Merkabah mysticism' was, therefore, a central feature of Paul's experience and self-understanding."[217]

Damit bestätigen wir erneut die Vermutung einiger jüdischer Paulusausleger, daß der Apostel seine Christusvision(en) in Kategorien interpretiert, die religionsgeschichtlich dem Bereich der jüdischen Apokalyptik und Mystik zuzuordnen sind. An einem wichtigen Punkt müssen wir allerdings Teilen der jüdischen Auslegung von 2 Kor 12 widersprechen: Es geht in diesem Kapitel nicht um die Damaskusvision des Paulus, wenngleich Ähnlichkeiten zwischen beiden

---

[213] *Price*, Paradise; *Baird*, Visions, 660; *Morray-Jones*, Paradise, 60ff. Schon in Ex 33,20 wird vorausgesetzt, daß das unwürdige Sehen der Herrlichkeit Gottes tödlich ist („...kein Mensch wird leben, der mich sieht"). Während die Vorbehalte im AT zumeist kultisch begründet sind, scheint im tannaitischen Judentum die Gefahr des Götzendienstes (in Form der Verehrung einer zweiten Macht im Himmel) im Vordergrund gestanden zu haben (vgl. mHag II,1: „Jeder, der nicht vorsichtig verfährt in bezug auf den *kavod* seines Schöpfers, dem gebührt, daß er nie in die Welt gekommen wäre."). Daß für Paulus Jesus tatsächlich eine Art „zweiter Macht" darstellt, wird im nächsten Kapitel zur Sprache kommen. Vgl. zum Gefährdungsmotiv weiter *Maier*, Gefährdungsmotiv.

[214] Synopse § 673.

[215] Vgl. *Morray-Jones*, Paradise, 61.

[216] Zumeist wird der σκόλοψ τῇ σαρκί als physische oder nervöse Krankheit gedeutet. Jüngst hat *Heckel* (Dorn) wieder Migräne vermutet (vgl. auch *Wolff*, 2 Kor, 247), doch auch persönliche Gegner des Apostels werden als Lösung vorgeschlagen (z.B. *Mullins*, Thorn). Der Zusammenhang mit der im gleichen Vers erwähnten Offenbarung (τῇ ὑπερβολῇ τῶν ἀποκαλύψεων) bleibt aber in beiden Fällen unerklärt. Das Präsens κολαφίζῃ deutet wohl darauf hin, daß der (bildhaft als Dorn bezeichnete) Satansengel Paulus einen bleibenden (wahrscheinlich körperlichen) Schaden zugefügt hat. Insofern liegt also vielleicht wirklich eine „Krankheit" vor, die Paulus aber (anders als die meisten Ausleger meinen) nicht mit σκόλοψ bezeichnet.

[217] Paradise, 62.

nicht abzustreiten sind.[218] Gegen die Identifizierung beider Visionen spricht eindeutig die Datierung „vor vierzehn Jahren" (12,2). Wenn man die Abfassung des 2 Kor (oder zumindest des Teiles des Briefes, dem 2 Kor 10-13 zugehört) mit *V.P. Furnish* 56 n. Chr. ansetzt, dann fällt die in 2 Kor 12 berichtete Vision etwa in das Jahr 42, also beträchtlich später als seine Berufung.[219] Aber auch Versuche, diese Christusvision mit anderen uns bekannten Ereignissen im Leben des Völkermissionars zu identifizieren, scheitern. Das gilt namentlich für den Vorschlag von *C. Morray-Jones,* die Tempelvision Apg 22,17-22 in diesem Sinne zu interpretieren.[220] Der erste Jerusalemaufenthalt des Apostels, in dessen Zusammenhang diese Erscheinung gehört, fand nämlich nach Gal 1,18 bereits drei Jahre nach der Bekehrung (also 34 oder 35) statt, was die Annahme von *Morray-Jones* unmöglich macht. Das Urteil *J. Tabors* bleibt also richtig:

„Attempts to correlate this experience with his conversion or any other event we know in his life seem impossible."[221]

Dieser negative Befund sollte jedoch nicht dazu verführen, den Wirklichkeitscharakter des Geschilderten zu bestreiten.[222] Auch sollte man die Differenzen zwischen der Berufungsvision und dem Ereignis von 2 Kor 12 nicht überstrapazieren. Es ist zwar richtig, daß Gal 1,11-17 und 2 Kor 12,1-10 verschiedenen literarischen Gattungen zuzuordnen sind.[223] Man kann weiterhin anführen, daß Gal 1 von der einen grundlegenden Christusvision handelt, von der Paulus seine Sendung zu den Heiden herleitet, während 2 Kor 12 „a private experience" berichtet, über deren genauen Inhalt der Apostel sich ausschweigt.[224] Aber diese Unterschiede lassen sich leicht aus der jeweiligen Situation begründen: In 2 Kor 12 muß sich Paulus mit „Überaposteln" auseinandersetzen, die sich ihrer Visionen gerühmt und ähnliche „Zeichen und Wunder" auch von ihm erwartet haben. Hier besteht kein besonderer Anlaß, sich zum Nachweis seiner charismatischen Begabung gerade auf die Damaskusvision zu berufen. Dieser Anlaß besteht allerdings in Gal 1, wo Paulus die göttliche Herkunft seines Heidenapostolats legitimieren muß. Keine Berufung auf eine andere Vision hätte an dieser Stelle die gleiche Funktion erfüllt. Darüber hinaus sollte man nicht die weitgehenden Übereinstimmungen zwischen beiden Ereignissen übersehen. Hier wie dort wird

---

218 Gegen *Graetz, Wise, Klein* und *Ben-Chorin;* aber mit *Klausner, Schonfield* und *Segal.*

219 Vgl. auch *Becker,* Paulus, 32 und *Klauck,* Himmelfahrt, 155f.; anders freilich *Enslin,* Paul, 53-55; *Knox,* Chronology (*Knox* korrigierte aber seine Position in: Chapters).

220 Paradise, 62ff.; besonders problematisch ist die These, Paulus habe erst in Jerusalem den Auftrag zur Heidenmission empfangen; vgl. demgegenüber *Dunn,* Paul, 89ff.

221 *Tabor,* Things, 115.

222 Mit *Lüdemann,* Auferstehung, 99 (gegen *Betz* u.a.).

223 *Baird* bezeichnet Gal 1,11ff. als Berufungserzählung und 2 Kor 12, 1ff. als Himmelsreise (Visions, 258).

224 *Baird,* Visions, 659.

Paulus eine Christusvision zuteil, die jeweils begleitet ist von einer Audition. In beiden Fällen verwendet der Apostel Motive der jüdischen Apokalyptik und Merkavah-Mystik, so daß mir trotz aller Bedenken die Feststellung gerechtfertigt scheint, das Damaskuserlebnis sei eine „vision of essentially the same type as others mentioned by Paul, and in particular those referred to in 2 Cor 12.1".[225]

Entgegen der weit verbreiteten, aber als apologetisch abzulehnenden Tendenz, Paulus von den esoterischen Traditionen seiner Umwelt möglichst weit abzuheben, um ihn so dem religiösen Empfinden unserer Zeit anzupassen, haben wir in diesem Teilkapitel einen Apostel kennengelernt, der, wie viele frühjüdische Apokalyptiker und Mystiker auch, durch Visionen Zugang zu der himmlischen Welt gehabt hat, und der wichtige Elemente seiner Theologie aus diesen ekstatischen Erlebnissen herleitete.[226] Eine besonders prägende Vision war diejenige, die Paulus vor den Toren von Damaskus zuteil wurde. „Berufung" sollten wir dieses Erlebnis nur noch dann nennen, wenn klargestellt ist, daß damit kein Religionswechsel gemeint ist. Denn daß Paulus auch nach seiner Berufung zum Heidenapostel Jude blieb, haben die behandelten jüdischen Forscher m.E. überzeugend herausgearbeitet. Dieses Ergebnis werden wir im nächsten Abschnitt über die Christologie zu bestätigen und zu vertiefen haben.

---

[225] *Rowland*, Heaven, 378; ähnlich auch *Newman*, Christology, 202; *Kim*, Origin, 252f., Anm. 3 und *Dunn*, Spirit, 103.

[226] Vgl. auch *Rowland*: „We know Paul was influenced by apocalyptic ascent ideas (2 Cor 12.2ff.) and emphasises the importance of this visionary element as the basis of his practice (Gal 1.12 and 1.16 cf. Acts 22.17). Perhaps he should be linked with those other significant figures who became marginal to rabbinic Judaism or focus of hostility: Eliezer ben Hyrkanus, Eleazar ben Arak and Elisha ben Abuyah" (Parting, 225).

3.2 Die Paulinische Christologie und jüdische Mittlervorstellungen

„Der grundlegende Lehr-Gegensatz zwischen Christentum und Judentum liegt in der zugespitzten Frage nach der Stellung Jesu Christi in und vor Gott, bzw. nach der eventuellen Destruktion des jüdischen Gottesverständnisses durch die Hereinnahme Christi in die Gottheit."[1]

Diese Feststellung *C. Thomas* beschreibt die besondere Problematik, die für den jüdisch-christlichen Dialog von der Christologie von jeher ausgegangen ist. Sofern Paulus lange Zeit als derjenige galt, der aus Jesus, dem Verkündiger, den Verkündigten gemacht hat, dürfte es angemessen sein, der paulinischen Christologie (neben der Gesetzesfrage) allerhöchste Priorität einzuräumen.

Die Christusfrage war aber nicht nur Gegenstand von Lehr-Gegensätzen. Ob sich nämlich jemand zu Jesus als dem Messias bekannte oder nicht, konnte bis weit in die Neuzeit hinein ganz handgreifliche Konsequenzen haben, von der Zuteilung gesellschaftlicher Macht und bürgerlichen Rechten bis hin zur Gefährdung der leiblichen Integrität.[2] Man hat deshalb nicht ganz zu Unrecht die Christologie als „linke Hand des theologischen Antijudaismus" bezeichnet (*R. Ruether*). Ob (wie oft behauptet) die Wurzeln dieser verhängnisvollen Entwicklung schon im NT selbst zu finden sind, scheint mir allerdings fraglich zu sein.

Natürlich konnten Reaktionen auf jüdischer Seite nicht ausbleiben: Man hat das Christentum wegen seiner Verehrung Jesu als eine *schituf*-Religion bezeichnet, die mit ihrem Glauben an eine zweite Autorität neben Gott (שותף = Partner) den jüdischen Monotheismus gefährdet.[3] Es wird eines der Ergebnisse dieses Kapitels sein, daß Paulus im erhöhten Christus in der Tat eine Art „zweiter Macht im Himmel" gesehen hat (3.2.4). Daß er damit bereits den Rahmen des damaligen Judentums verlassen habe, scheint mir allerdings noch nicht ausgemacht. Doch bevor wir dazu kommen, muß erst noch die paulinische Messias- bzw. Sohn-Gottes-Vorstellung (3.2.1 und 3.2.2) sowie seine Weisheitschristologie (3.2.3) untersucht werden, denn auch hier sind in der jüdischen Paulusforschung der letzten Jahre wichtige Akzentverschiebungen zu erkennen.

---

[1] *Thoma*, Beziehungen, 98.

[2] Es ist eine traurige, aber nicht zu leugnende Tatsache, daß im Dritten Reich führende Kirchenmänner sich zwar für die Rechte von Judenchristen eingesetzt haben, aber das gleiche Engagement für Angehörige der Synagoge haben fehlen lassen. Vgl. z.B. das sog. Erlanger Gutachten.

[3] Vgl. *Thoma*, Beziehungen, 113ff.; *ders.*, Lexikon, 360f. und *Segal*, Two Powers; zur neuzeitlichen Christologie aus jüdischer Sicht siehe auch *Borowitz*, Contemporary Christologies.

3.2.1 Jesus als Christus
3.2.1.1 Jüdische Positionen

J. Klausner hat in verschiedenen Beiträgen[4] einen christlichen von einem jüdischen Messiasbegriff abgehoben. Ersterer wurde nach Ansicht dieses jüdischen Gelehrten im wesentlichen von Paulus geprägt. Der Apostel sei insofern von der Messiaserwartung des Judentums abgewichen, als er die politisch-nationalen Aspekte dieser Erwartung völlig zugunsten der sittlich-geistigen Komponente abgeblendet habe.[5] *Klausner* leitet diese Bedeutungsverschiebung u.a. von der Angst des Völkermissionars vor Dämonen her: Weil die Welt von bösen Geistern beherrscht sei, deshalb habe sich Paulus die Erlösung auch nur durch einen Messias, der selbst ein Geistwesen ist, vorstellen können.[6] Weiterhin hätten die Römer den traditionell jüdischen Begriff von Messianität als Anstiftung zu politischem Aufruhr verstehen können. Indem Paulus das Gewicht ganz auf das Geistige verlagerte, sei er nicht nur möglicher römischer Verfolgung entgangen, sondern habe auch das Kreuz Jesu zu einem Geschehen mit spiritueller Dignität umzudeuten vermocht. Schließlich sei diese Umprägung des Messiasbegriffes durch die Vision des erhöhten Christus' vor Damaskus motiviert gewesen. Von diesem neuen Messiasbegriff sei es nur ein Schritt gewesen zur vollständigen Gleichsetzung mit der Gottheit, wie dies im späteren Dreifaltigkeitsglauben geschah.[7] Paulus habe alle Funktionen Gottes auf den Messias übertragen, so daß für den Vater kaum noch etwas zu tun übrig blieb. Obwohl es für manche seiner Vorstellungen jüdische Analogien gebe,[8] reiche das Judentum allein zur Erklärung der paulinischen Christologie nicht aus:

> „In den paulinischen Begriffen gibt es neben einer Steigerung der jüdischen messianischen Begriffe bis zum höchst-möglichen Extrem auch zugleich einen heidnischen, persisch-griechischen Einschlag (..). Es bestand da eine Verquickung von heidnisch-philosophischen Ideen, die in den hellenisierten Städten, in denen Paulus lebte und predigte, in der Luft schwebten, mit den jüdisch-pharisäischen Glaubensvorstellungen, wie es die Art jener synkretistischen Zeit war."[9]

Man wird *Klausner* nur schwer vorhalten können, daß er jüdische Analogien einfach unterschlägt, aber er beschränkt (wie auch viele andere jüdische Paulusausleger des älteren Paradigmas) die Darstellung dessen, was den Apostel mit

---

[4] Paulus, und: Messianic Idea.

[5] Paulus, 435ff.

[6] 438.

[7] 445.

[8] *Klausner* nennt beispielsweise die Präexistenz des (Namens des) Messias' (vgl. äthHen 48,3; bPes 54b; bNed 39b; BerR 1 etc.), den Mythos vom (letzten) himmlischen Adam (Philo) und die Bezeichnung des Messias' als „Sohn Gottes" (Ps 2,7) (444ff.).

[9] 450.

dem Judentum verbindet, doch weitgehend auf Fußnoten.[10] Daß die jüdischen
Analogien nicht so begrenzt sind, wie *Klausner* meint, werden wir im weiteren
Verlauf dieses Kapitels noch sehen. Es wird sich weiter zeigen, daß die
(ebenfalls für das ältere Paradigma charakteristische) Zuspitzung der Fragestellung auf den Messiasbegriff eine nicht unerhebliche Verengung darstellt.

Diese Verengung finden wir auch bei *L. Baeck*, allerdings (vor allem in seinen späteren Arbeiten) in einer weitaus differenzierteren Form. Obwohl er die
Christologie in seinem Aufsatz „Der Glaube des Paulus" ähnlich wie in seinem
frühen Artikel „Romantische Religion" mit einem gewissen Argwohn betrachtet, vertritt er dort die Ansicht, der Apostel habe mit seiner Lehre nur eine Entwicklung des Messiasbildes fortgesetzt, die bereits im zeitgenössischen Judentum angelegt war. Seine Skizze des jüdischen Messianismus', die sehr derjenigen von *H.J. Schoeps*[11] ähnelt, sieht am Anfang dieser Entwicklung das prophetische Messiasbild, das durch die Hoffnung auf einen König aus dem Hause
Davids gekennzeichnet war, der auf geschichtlicher Ebene agiert („horizontaler
Messianismus"). Diese wurde ergänzt durch das apokalyptische Messiasbild,
das den Messias als präexistente Himmelsgestalt zeichnete, die auf die Erde
herabsteigt („vertikaler Messianismus"). Hier wird nach *Baeck* bereits hellenistischer Einfluß deutlich. Während in den Evangelien (wie im zeitgenössischen
Judentum) beide Messiasbilder nebeneinander existierten, habe sich Paulus eindeutig zu letzterem bekannt: Der historische Jesus habe ihn dementsprechend
kaum interessiert, entscheidend seien allein Tod und Auferstehung des Gottessohnes. Zwar schränkt *Baeck* ein, nicht alle Begriffe und Vorstellungen der
paulinischen Christologie seien im Rahmen des Judentums geblieben,[12] aber
dennoch ist der Unterschied zur Darstellung *Klausners* nicht zu übersehen. Hier
wird nicht einfach ein christlicher einem jüdischen Messiasbegriff gegenübergestellt, sondern ersterer wird als eine Variante zweier bereits im Judentum geläufiger Vorstellungen verstanden. Daß der Glaube des Paulus (infolge seiner
Christusvision) christozentrisch wurde, unterscheide ihn allerdings vom theo-
zentrischen Glauben der Propheten. Darin liegt nach Meinung *Baecks* „der
Wendepunkt in der Geschichte der Religion, in der Geschichte des Monotheis-

---

[10] Dies ist nicht als pauschale Kritik *Klausners* oder gar der älteren jüdischen Paulusauslegung insgesamt zu verstehen. Die christliche Exegese verfuhr damals kaum anders. Es ist bis
zu einem gewissen Grad „normal", daß Erkenntnisse, die dem gerade vorherrschenden Paradigma zuwiderlaufen, solchen untergeordnet werden, die dieses zu bestätigen scheinen (vgl.
T.S. Kuhn, Struktur, bes. Kap. III und IV).

[11] Paulus, 88ff.

[12] *Baeck* meint, die messianische Idee des Paulus habe „Analogien" und „Beziehungen" in
hellenistischen Philosophien und Kulten gefunden, die er in Tarsus kennengelernt hatte. Ohne
selbst Hellenist zu werden, habe er sich doch verschiedener Elemente des Hellenismus' bedient, um seine Botschaft den heidenchristlichen Lesern zu vermitteln.

mus".[13] Wenn der jüdische Theologe schon bei Paulus von einem „Scheideweg der Religionen"[14] spricht, scheint er damit wie in seinen Frühschriften zwischen dem Apostel und dem Judentum einen Graben aufzureißen. Allerdings korrigiert er diesen Eindruck sogleich wieder, indem er festhält, daß erst spätere vollzogen, was hier angelegt war. *Baeck* vermag hier also durchaus zwischen Paulus und der späteren Kirche zu differenzieren - eine Gabe, die ihn von *Klausner* und anderen Vertretern des älteren Paradigmas der jüdischen Paulusauslegung unterscheidet.

M. Buber nimmt ähnlich wie *Baeck* und *Schoeps* verschiedene Messiasbegriffe im Frühjudentum an, wobei das Christentum an einen derselben anknüpfen konnte. Allerdings unterscheidet *Buber* drei (nicht zwei) Typen und stellt diese als einander ablösend dar, während *Baeck* von einem Nebeneinander ausgeht: Mit dem Untergang des judäischen Königtums sei die Hoffnung auf einen messianischen König (= erster Typ) problematisiert worden.[15] Infolge dessen sei nach dem Exil eine andere messianische Gestalt in das Zentrum der Erwartungen Israels gerückt, die eine gerechte Israelsgemeinschaft als Mitte einer befreiten Völkerwelt heraufführen wird: der prophetische „Knecht Jahwes" (= zweiter Typ).[16] Beiden Gestalten sei vorerst zwar ein Aufstieg in den Himmel, aber kein Abstieg vom Himmel herab nachgesagt worden. Sie hätten einen irdischen Auftrag erhalten, keinen von oben. Erst nach der seleukidischen Bedrückung habe sich das Bild geändert: „Die Erde kann nicht mehr von der Erde aus erlöst werden."[17] Nun werde von einer im Himmel präexistenten Gestalt gesprochen, „gleichsam als ein(em) Gefäß, das den Menschen in sich aufnimmt" (= dritter Typ).[18] An diesem letzten Typ der Messiaserwartung orientiert sich laut *Buber* das Selbstbewußtsein Jesu, an ihr setzen aber auch Johannes und Paulus mit ihrem „Werk der Vergottung"[19] an. Bei den zuletzt genannten Autoren werde die traditionell-jüdische Entrückungsvorstellung durch die der Auferstehung[20] ersetzt und die Präexistenz auf die Person (nicht mehr nur auf die Gestalt) bezogen.

„Ein Himmelwesen, das sich zur Welt herabsenkt, in ihr verweilt, sie verläßt, zum Himmel auffährt und nun die ihm von urher zukommende Weltherrschaft antritt. (..) Von hier bis zur Vergottung war nur ein letzter Schritt zu tun."[21]

---

[13] Glaube, 13.
[14] Ebd.
[15] Glaubensweisen, 112.
[16] 113.
[17] 114.
[18] Ebd.
[19] Ebd.
[20] *Buber* ist der Meinung, „daß die Auferstehung eines einzelnen Menschen nicht zum Vorstellungskreis jüdischer Glaubenswelt gehört" (130).
[21] 116.

Buber sieht immerhin, daß Paulus darauf bedacht war, seine Verehrung Jesu mit dem Monotheismus in Einklang zu bringen. Nirgends habe er in seinen Briefen für den präexistenten Christus Göttlichkeit beansprucht, andererseits habe er ihn doch als ein gottgestaltiges Wesen dargestellt, das am Werk Gottes beteiligt ist (Phil 2,6; 1 Kor 8,6). Ob damit die Grenzen des Judentums schon gesprengt sind, läßt *Buber* letztlich offen. Wir werden in unserer kritischen Beurteilung eine negative Antwort auf diese Frage vorschlagen.

3.2.1.2 Kritische Beurteilung

Die in der älteren jüdischen (aber auch Teilen der christlichen) Forschung zu beobachtende Fixierung der Diskussion über die paulinische Christologie auf den Messiastitel bedeutet eine problematische Engführung. Diese steht nicht nur in auffälligem Gegensatz zur relativ geringen Verbreitung des Titels bzw. dessen oft nur beschränkter Bedeutung in den zeitgenössischen jüdischen Dokumenten, sondern scheint auch im Blick auf das paulinische Schrifttum unangemessen zu sein: Was das Judentum angeht, so muß vor der weit verbreiteten Fehleinschätzung vor allem christlicher Theologen gewarnt werden, als ob zur Zeit Jesu alle Juden sehnsüchtig auf „den" Messias gewartet hätten. Erstens taucht der Begriff Messias nur in relativ wenigen jüdischen Schriften der zweiten Tempelperiode auf, zweitens kann keinesfalls von einem kohärenten Messiasbild ausgegangen werden.[22] Insgesamt scheint mir deshalb das zurückhaltende Urteil von *J.J. Collins* zutreffend zu sein,

„that messianism was neither widespread nor prominent in this period and that there was no one 'orthodox' notion of 'the Messiah'. (..) Only with the rise of the Qumran community do we find a group with a strong developed interest in messianism, and then again in the first century B.C.E. in the Psalms of Solomon."[23]

Paulus verwendet den Begriff Χριστός (das griechische Äquivalent für das hebräische משיח) im Vergleich mit dem zeitgenössischen Judentum auffallend häufig. Mit 270 Belegen rangiert er an der Spitze aller neutestamentlichen Autoren,[24] doch anders als etwa in der Evangelienüberlieferung scheint Paulus erstaunlich wenig Gewicht auf die Messianität Jesu zu legen.[25] Nirgends findet sich eine prädikative Aussage der Art: „Jesus ist der Gesalbte", nirgends läßt ein angehängter Genetiv (etwa „Messias Gottes") einen titularen Gebrauch des

---

[22] Vgl. den programmatischen Buchtitel: Judaisms and Their Messiahs at the Turn of the Christian Era.

[23] Messianism in the Maccabean Period, in: Judaisms, 106; ähnlich *Charlesworth*, From Messianology to Christology, in: Messiah, 14; *Zeller*, Transformation, 156; *Thoma*, Redimensionierungen.

[24] Vgl. VKGNT II, 300f.

[25] Vgl. *MacRae*, Messiah and Gospel, 170; *Ziesler*, Pauline Christianity, 29; *Fredricksen*, From Jesus to Christ, 55f.; *Chester*, Expectations, 66f.

Wortes vermuten. Im Gegenteil: Wenn Χριστός in einer Reihe mit Eigennamen genannt wird (1 Kor 1,12), legt sich der Eindruck nahe, bei Paulus liege ein rein onomastischer Sprachgebrauch vor.[26] Aber es fällt auf, daß der Apostel nirgends κύριος Χριστός sagt, er also zumindest darum weiß, daß Χριστός *ursprünglich* ein Appellativ ist.[27] Außerdem liegt an einigen wenigen Stellen eine appellativ-titulare Bedeutung zumindest nahe: So zählt Paulus in Röm 9,5 die Heilsprärogative Israels auf, zu denen auch der Christus nach dem Fleisch (ὁ Χριστὸς τὸ κατὰ σάρκα) gehört. Zwar wäre die Aussage nicht weniger klar, wenn hier Χριστός als Name gebraucht wäre,[28] doch die Großzahl der Ausleger sieht hier das Paradebeispiel für einen titularen Gebrauch.[29] Im Präskript des Römerbriefes zitiert Paulus eine ältere Formel (Röm 1,3: „...von seinem Sohn, der geboren ist aus dem Geschlecht Davids nach dem Fleisch"), die er vermutlich durch den Zusatz κατὰ σάρκα erweitert hat. Obwohl dieser Vers als eine „voreschatologisch-messianische" Herkunftserwägung gelesen werden kann,[30] ist wohl auch hier eine bewußte Anspielung auf die Messianität Jesus gegeben.[31] Offensichtlich schließt die Verwendung als Eigenname also nicht aus, daß (zumindest bei Paulus selbst) messianische Konnotationen wach geblieben sind. Das hat *M. Karrer* m.E. überzeugend nachgewiesen.[32]

Dem widerspricht nun *N.T. Wright*, wenn er nachzuweisen versucht, daß Paulus wie in alttestamentlich-jüdischer Tradition den Messiastitel ganz bewußt im Sinne der Verkörperung des (allerdings durch den Apostel neu definierten) Gottesvolkes Israels verwendet hat.[33] Doch gegen *Wrights* Rekonstruktion sprechen zumindest zwei Beobachtungen: Erstens sollte man im Auge behalten, daß Paulus, indem er den Christustitel ausdrücklich mit dem Kreuzestod Jesu in Verbindung bringt (Röm 5,6; 1 Kor 1,23; 15,3),[34] diesem Begriff eine Bedeutungsdimension beilegt, die kaum der Erwartung seiner jüdischen Zeitgenossen

---

[26] Vgl. *Karrer*, Der Gesalbte, 53.

[27] Vgl. *Hengel*, Erwägungen, 139.

[28] *De Jonge*, Christologie, 101; *MacRae*, Messiah and Gospel, 171. Der Artikel spielt zur Entscheidung dieser Frage jedenfalls keine Rolle (so auch *Karrer*, Der Gesalbte, 54).

[29] *Bultmann*, Theologie, 52; *Burger*, Davidsohn, 26f.; *Wright*, Climax, 43 u.ö.; *Zeller*, Transformation, 160f.; *Ziesler*, Pauline Christianity, 29.

[30] *Karrer*, Der Gesalbte, 274.

[31] Vgl. z.B. *Wilckens*, Röm, Bd. 1, 65; *Eichholz*, Paulus, 124; *Zeller*, Transformation, 159f.; *Ziesler*, Pauline Christianity, 29.

[32] *Karrer*, Der Gesalbte, 54. Die wichtige Differenzierung zwischen Paulus und seinen heidnischen Lesern führt *Grundmann* (ThWNT, Bd. 9, Art. χρίω κ.τ.λ., 533) ein.

[33] *Wright*, Climax, 41-55; bes. 46: „Paul regularly uses the word to connote, and sometimes even to denote, the whole people of whom the Messiah is the representative".

[34] *Scroggs* spricht in diesem Zusammenhang von einer „self-conscious irony in opposition to Jewish theology" (Christology, 47); vgl. auch *Dahl*, Messianic Ideas and the Crucifixion of Jesus, in: Messiah, 391.

entsprach.[35] Zwar scheint auch der Engländer diese durch die historischen Ereignisse bedingte und mit Hilfe der Schrift legitimierte „reevaluation" der jüdischen Messiaserwartung zu sehen,[36] dennoch erweckt seine Darstellung den Eindruck, als ob Paulus einfach einen vorgegebenen Titel auf Jesus anwenden konnte. Davon kann aber sicher nicht die Rede sein.[37] Zweitens ist das von *Wright* vorausgesetzte Verständnis des Messias' als „corporate personality" nur eine von vielen Möglichkeiten im Judentum, vom Messias zu reden - m.E. nicht einmal eine sehr verbreitete.[38] Es dürfte kaum zu leugnen sein, daß Paulus, sosehr er die Messianität Jesu voraussetzt, keinen allzu großen Nachdruck auf die Bezeichnung Jesu als Christus gelegt hat. Andere Titel und Konzepte waren offensichtlich besser geeignet, auszudrücken, um was es ihm in seiner Christologie ging.

Vielleicht erklärt sich dieses Phänomen damit, daß Paulus sich an primär heidenchristliche Gemeinden wendet, die sich unter einem „Gesalbten" nur wenig vorstellen konnten.[39] Doch ist eben diese Tatsache umstritten. *M. Karrer* hat jüngst geltend gemacht, die kultischen und halbkultischen Salbungsvollzüge des Judentums um die Zeitenwende hätten keinen religionsgeschichtlichen Sonderbereich Israels gebildet, sondern dieses in den übergreifenden mittelmeerischen Religionsraum eingebettet gezeigt.[40] Mehr noch: Religiöse Konnotationsfähigkeit und Singularität hätten sich im Christusbegriff in einer Weise verbunden, die ihn zum „idealen Missionsbegriff" machten.[41] Dazu kommt, daß andere neutestamentliche Autoren (wie z.B. Lukas), die wie Paulus für mehrheitlich heidenchristliche Leser schreiben, nicht zögern, die Messianität Jesu zu thematisieren.[42]

Einen anderen Grund für diesen wenig prononcierten Gebrauch des Messiastitels bei Paulus könnte man im Anschluß an *C. Rowland* in einer progressiven

---

[35] Die Vorstellung von einem leidenden Messias erscheint in der jüdischen Literatur nicht vor dem zweiten Jahrhundert (vgl. z.B. *Hengel*, Christological Titles in Early Christianity, in: Messiah, 445).

[36] 38; vgl. auch 40.

[37] Vgl. *Hofius*, Messias, These 5.4.2.

[38] *Wright* kommt zu diesem völlig einseitigen Bild, weil er fast alle eschatologischen Hoffnungsträger Israels (wie den „zweiten Adam", den Menschensohn, den Gottesknecht und den Sohn Gottes) letztlich als Verkörperungen des Gottesvolkes betrachtet und dieses (im Lichte der atl. Forschung z.T. problematische) Verständnis auf den Messiasbegriff überträgt.

[39] So etwa *Bousset*, Kyrios Christos, 77 u.ö.

[40] Der Gesalbte, 209.

[41] Der Gesalbte, 211; skeptisch hierzu: *Zeller* (Transformation, 156f.), der auf das antike Mißverständnis des Wortes als Eigennamen Χρηστός verweist (Sueton, Caes. V, 25,4).

[42] Vgl. *MacRae*, Messiah and Gospel, 170. Lk muß freilich an einigen Stellen (Lk 4,18; Apg 4,27; 10,38) das Nomen durch das Verb erläutern (so richtig *Zeller*, Transformation, 157).

Enteschatologisierung der urchristlichen Verkündigung sehen, an der auch der Apostel Anteil hatte:

„One of the most interesting features of the development of Christology is the way in which the attention of ancient commentators moved from the use of eschatological categories to speak of Christ and his work to rather different ones, which did not bear that distinctive eschatological stamp."[43]

Ganz ähnlich spricht auch *A. Chester* im Blick auf Paulus von einer „routinization of charisma",[44] doch gerade im letzten Kapitel haben wir gesehen, wie sehr der Apostel selbst charismatische Züge trägt. Nirgends in seinen Briefen (die die ältesten Dokumente des Neuen Testaments darstellen!) läßt sich ein Nachlassen seiner Erwartung einer baldigen Wiederkunft des Herrn erkennen. Er scheint im Gegenteil darauf zu hoffen, daß dies noch zu seinen Lebzeiten realisiert wird (1 Thess 4,15).[45] An einem Punkt hat *Chester* etwas Richtiges gesehen: Das angebrochen geglaubte Eschaton hat sich anders verwirklicht, als es die meisten Juden damals erwarteten. Weil sich das messianische Reich *nicht sichtbar* manifestiert hatte, hat der Apostel die messianischen Hoffnungen, die an Jesus geknüpft waren, zwar nicht aufgegeben, aber doch neutralisiert. Daß er mit dieser Neutralisierung bzw. Entschärfung der Messiaserwartung nicht aus dem Judentum herausgefallen ist, zeigt das Beispiel (Pseudo-)Philos, der (freilich aus anderen Gründen) ähnliches tut.[46]

Vergleichen wir diese (modifizierte) These *Chesters* mit den Ergebnissen der neueren jüdischen Paulusauslegung, so fällt die große Nähe zu der Rekonstruktion *A.F. Segals* auf. Dieser nimmt an, die Jünger Jesu hätten ihren Meister zu seinen Lebzeiten als den Messias (im politisch-nationalen Sinn) betrachtet. Im Lichte des schmachvollen Todes Jesu am Kreuz und seiner Auferstehung hätten sie diese Bezeichnung dann zwar nicht aufgegeben, aber ihr doch eine neue, ungewöhnliche Bedeutung verliehen.[47] Ähnlich wie *Chester* hat auch *Klausner* vermutet, bei Paulus habe die Furcht vor politischer Verfolgung durch die Römer mitgespielt, als er den Messiasbegriff „neutralisierte" bzw. „spiritualisierte". Hätten die römischen Behörden das Christentum als eine politisch ähnlich subversive Bewegung eingestuft wie die messianischen Gruppierungen, von de-

---

[43] *Rowland*, Christian Origins, 250.

[44] Expectations, 70.

[45] So richtig: *Zeller*, Transformation, 163. Ich glaube auch nicht, daß man von einer nennenswerten Entwicklung der paulinischen Eschatologie sprechen kann. Die erhaltenen Briefe liegen zeitlich m.E. auch zu nahe zusammen, als daß das wahrscheinlich wäre (gegen *Wiefel*, Hauptrichtung; *Günther Klein*, Naherwartung, u.a.).

[46] *Chester*, Expectations, 68; vgl. zu Philo: *Hecht*, Philo and Messiah, in: Judaisms, 139-168 und *Mendels*, Political Messianism, in: Messiah, 261-275.

[47] Paul, 56.

nen wir durch Josephus wissen,[48] hätte das die paulinische Heidenmission erheblich gefährdet.

Plausibel scheint mir auch, daß *Klausner* die Eigenart der paulinischen Christologie mit seiner Bekehrungserfahrung in Zusammenhang bringt. In seiner Vision vor Damaskus begegnete ihm ein transzendentes Himmelswesen und eben keine politisch-nationale Messiasfigur. Freilich ließ auch die zeitgenössische jüdische Messiaserwartung Raum für einen „transzendenten" Hoffnungsträger, der allerdings nur in seltenen Fällen Messias heißt. Auf jeden Fall greift *Klausners* Zuordnung Judentum: politisch-national und Christentum: geistlich-transzendent zu kurz. Es muß fairerweise gesagt werden, daß diese Kritik weite Bereiche der damaligen Forschung (ob christlich oder jüdisch) trifft, nicht nur *Klausner.*[49]

An diesem zuletzt genannten Punkt scheinen *Baeck* und *Buber* klarer zu sehen, die beide mit Recht auf die Bedeutung der in Dan und den Henochbüchern repräsentierten Erwartung eines vom Himmel kommenden Erlösers hinweisen. Sie gehen allerdings ein wenig sorglos über die Tatsache hinweg, daß diese Mittlergestalt (bis auf wenige Ausnahmen) nicht die Bezeichnung Messias, sondern Menschensohn trägt - ein Titel, den Paulus nicht ein einziges Mal in seinen Briefen verwendet hat.[50] Das schließt freilich nicht zwangsläufig aus, daß Paulus Jesus Attribute und Funktionen zugeschrieben haben könnte, die in der Apokalyptik vom Menschensohn ausgesagt worden sind.[51] Doch damit verlassen wir den Bereich der jüdischen Messiaserwartung im engeren Sinn. Diese scheint, so kann man das Ergebnis dieses Teilkapitels vielleicht zusammenfassen, für Paulus (trotz der häufigen Verwendung des Christusbegriffs) kaum von Bedeutung gewesen zu sein.

3.2.2 Jesus als Sohn Gottes
3.2.2.1 Jüdische Positionen

Wie auch andere Autoren des älteren Paradigmas sieht *I.M. Wise* in der Bezeichnung Jesu als „Sohn Gottes" etwas, was dem zeitgenössischen Judentum fremd war.[52] Weil den heidnischen Gemeinden des Apostels der jüdische Messiasbegriff nicht geläufig war, habe Paulus auf den in der griechischen Mytho-

---

[48] Vgl. Ant XVII,271-285; Bell II,56f.433f.441-448; IV,503-513.573-576; VI,312-315; dazu: *Horsley*, Messianic Figures and Movements in First-Century Judaism, in: Messiah, 276-295.

[49] Zur Forschungsgeschichte, vgl. *Karrer*, Der Gesalbte, 12-47.

[50] Der Grund hierfür liegt vielleicht darin, daß der Menschensohntitel in den vorwiegend heidenchristlichen Gemeinden des Paulus nicht so leicht verständlich gewesen wäre wie der von ihm bevorzugte Kyrios-Titel.

[51] So z.B. das Kommen Christi auf Wolken (vgl. 1 Thess 4,17 und Dan 7,13).

[52] Vgl. etwa auch *M. Guttmann*, Judentum, 256.

logie vertrauten Gottessohn-Titel zurückgegriffen und so das Evangelium paga-
nisiert.[53] Er habe diese Neuerung nicht aus eigener Überzeugung eingeführt,
sondern nur, um so vor dem nahe geglaubten Weltende möglichst viele Heiden
für den christlichen Glauben zu gewinnen. *Wise* zeigt durchaus Verständnis für
diesen Kunstgriff, tadelt aber die Christen nach Paulus, sie hätten nach dem
Ausbleiben der Parusie diese Pervertierung des reinen jüdischen Monotheismus'
wieder aufgeben müssen.[54]

Obwohl *H.J. Schoeps* Paulus durchaus als Figur der jüdischen Religionsgeschichte würdigt, sieht auch er „das radikal Unjüdische im Denken des Apostels" in seinem Sohn-Gottes-Glauben, bei dem dieser an heidnisch-mythologische Vorstellungen angeknüpft habe. Während die bei den Synoptikern verar-
beitete Jesustradition mit „Sohn Gottes" (υἱὸς θεοῦ) noch einen hohen Rang als
messianischer König ausgedrückt habe, habe Paulus daraus „eine ontologische
Aussage gemacht und diese in die mythische Denkform hinaufgehoben".[55] Eine
reale Präexistenz des Messias' (über die ideelle hinaus)[56] kenne das Judentum
ebenso wenig wie den Mythos von einem herabsteigenden Himmelswesen.
Beide verweisen nach Ansicht des Autors vielmehr in den paganen Hellenismus. Während im jüdischen Glaubensraum der Sohn-Gottes-Titel immer allegorisch gemeint sei, habe ihn Paulus wörtlich gebraucht. So kommt er zu dem
Schluß:

> „Wir sehen in dem υἱὸς θεοῦ-Glauben - und nur in ihm - die einzige, allerdings entschei-
> dende heidnische Prämisse des paulinischen Denkens. Alles, was mit ihm zusammenhängt
> bzw. sich aus ihm ergibt (z.B. der herabsteigende Himmelsmensch des Philipperbriefes, das
> Mitsterben mit Christus, die realistische Sakramentswertung, u.a.) ist unjüdisch und führt in
> die Nähe heidnischer Zeitvorstellungen."[57]

Der jüdische Protest gegen die Christologie wendet sich laut *Schoeps* vor allem gegen den Glauben an die Menschwerdung Gottes, der für den jüdischen
Transzendenzmonotheismus eine dogmatische Unmöglichkeit darstelle.[58] Daneben seien auch die Jungfrauengeburt und die Himmelfahrt eher dem pagan-hellenistischen Milieu entsprungen als dem Judentum, das „jede Mittlervorstellung
verworfen"[59] habe. Als wichtige Quelle heidnischen Einflusses auf die paulinische Christologie nennt der Autor den in Tarsus beheimateten hellenistischen
Kult des Sandan-Herakles.

---

[53] Lectures, 360.367; Origin, 340f.

[54] Origin, 388-390.

[55] Paulus, 154.

[56] Mit ideeller Präexistenz meint *Schoeps* die in bPes 54a reflektierte Idee von der Präexistenz des Namens des Messias' (154, Anm. 2).

[57] 163.

[58] Daß die Inkarnationslehre schon bei Paulus vorausgesetzt werden kann, bestreitet aber
mit guten Gründen *Dunn* (Christology).

[59] 173.

Unter der Überschrift „The Elevation of the Jewish Messiah" stellt auch der Amerikaner *J. Carmichael* die Bezeichnung Jesu als Gottessohn als einen der Schritte des Paulus dar, „that were to depart from the heritage of Judaism."[60] Diese „amplification of Jesus" sei zwar begünstigt worden durch den Sprachgebrauch der LXX, die mit παῖς τοῦ θεοῦ einen Begriff auf den Knecht Gottes anwandte, der auch „Sohn" heißen kann. Doch hebt *Carmichael* sogleich wieder dieses „Wortspiel" von dem kosmischen Mythos ab, der hinter der paulinischen Diktion stehe. Obwohl er anerkennt, daß Paulus sich bemüht, Gott und Jesus zu unterscheiden, wirft er ihm doch eine „magnification of Jesus on a titanic scale" und eine „apotheosis of Jesus" vor.[61]

Fassen wir diesen Befund zusammen, so zeigt sich, daß alle behandelten Beiträge, (auch die, die eigentlich dem neueren Paradigma der jüdischen Paulusauslegung zuzurechnen sind), die Bezeichnung Jesu als „Gottessohn" als einen Beitrag zur progressiven Vergottung Jesu im Urchristentum darstellen. Jüdische Analogien werden entweder nicht gesehen oder als letztlich irrelevant, weil metaphorisch gemeint abgetan. Man rückt Paulus in große Nähe zu einem ontologischen Sprachgebrauch dieses Hoheitstitels, wie er später für die altkirchliche Diskussion um Trinität und Christologie kennzeichnend wurde. Nur sehr zögerlich wächst die Erkenntnis, daß es auch eine „hebräische Bedeutung" dieses Begriffes gibt, auf die der Apostel zurückgegriffen haben könnte. So betont *Lapide* ausdrücklich, Paulus habe sich keines Verstoßes gegen das Judentum schuldig gemacht, da er mit Hilfe des Gottessohn-Titels lediglich Jesu makellose Toraobservanz herausstellen wollte.[62] Doch bleibt seine Äußerung bislang noch eine seltene Ausnahme.[63]

3.2.2.2 Kritische Beurteilung

Bedenkt man, daß der Gottessohn-Titel bei Paulus nur 15mal vorkommt (davon allein 11mal im Gal und Röm), kann man zunächst einmal fragen, ob die genannten jüdischen Forscher ihn nicht bei weitem überbewertet haben.[64] Viel wichtiger aber scheint mir zu sein, daß sie ihn weithin mißverstanden haben: *Schoeps* hat (nicht als einziger Forscher) Kategorien, die in den christologischen Auseinandersetzungen der Alten Kirche eine Rolle spielten, die aber den ersten Christen noch völlig fremd gewesen sind, in die paulinische Christologie

---

[60] Birth, 75.

[61] Birth, 79.

[62] Paulus, 9; doch auch *Lapide* bleibt widersprüchlich; vgl. 2.3.11.

[63] Ähnlich positiv noch *Flusser*, der die urchristliche Christologie in allen ihren Bestandteilen für jüdisch erklärt; vgl. 2.3.5.

[64] *Kramer*, Christos, 185.189; *Ziesler*, Pauline Christianity, 41; dagegen aber *Hengel*, der geltend macht, daß Paulus den Titel zwar relativ selten, aber immer an wichtigen Stellen verwendet (Sohn Gottes, 23); ähnlich *de Jonge*, Christologie, 101.

zurückprojiziert.[65] Dieser Einwand betrifft vor allem seine Unterstellung einer ontologischen Identifizierung Jesu mit Gott. Daß Paulus die Einheit Jesu mit Gott ontologisch gemeint hat, wird heute mit Recht von der Mehrzahl der Neutestamentler bestritten.[66] *Schoeps* hat außerdem (im Anschluß an *H. Böhlig*[67]) das spärliche Quellenmaterial über die tarsische Lokalgottheit Sandan-Herakles wesentlich überinterpretiert.[68] Daß in der hellenistischen Umwelt des Apostels zahlreiche Gestalten[69] als „Sohn Gottes" verehrt wurden, ist gar nicht zu leugnen. Allerdings hat der jüdische Forscher zu wenig gewürdigt, daß auch im Judentum (sicher nicht unbeeinflußt durch hellenistische Ideen) damals ähnliche Vorstellungen geläufig waren wie im paganen Hellenismus.[70] Neuere Arbeiten zu diesem Thema haben gezeigt, daß

„die Quellen für das frühchristliche Denken (..) in erster Linie hier und nicht im paganen Bereich zu suchen (sind)."[71]

Im jüdischen Schrifttum um die Zeitenwende wurden u.a. Engel und andere Himmelswesen,[72] das Volk Israel[73] oder einzelne Israeliten,[74] insbesondere Könige[75] als „Sohn Gottes" bezeichnet. Im rabbinischen Judentum wird dieser Titel auf charismatische Wundertäter[76] und entrückte Mystiker[77] angewendet. Ob in den Qumranschriften auch der Messias bzw. andere eschatologische Hoffnungsträger mit dieser Bezeichnung belegt werden, ist wahrscheinlich, wenn auch nicht sicher.[78]

Fragt man danach, in welchem Sinn die ersten Christen den Gottessohntitel auf Jesus angewendet haben, ist zunächst von der (die Forschung weithin prä-

---

[65] Vgl. z.B. *Dunn*, Partings, 170.

[66] Vgl. *Conzelmann*, Theologie, 225; ähnlich *Ziesler*, Pauline Christianity, 41. Daß sich die Haltung von *Schoeps* mit der des liberalen Protestantismus um die Jahrhundertwende trifft, hat mit Recht *Hengel* (Sohn Gottes, 12ff.) festgehalten.

[67] Geisteskultur.

[68] Vgl. *Hengel*, Sohn Gottes, 15, Anm. 11.

[69] Nach *Dunn* wurde der Titel in der paganen Umwelt angewendet auf (1) Helden der griechischen Mythologie, (2) orientalische Führer, (3) berühmte Philosophen und (4) die Menschheit insgesamt (Christology, 14f.; Quellenangaben dort!). Vgl. auch *Braun*, Christologie; *Vermes*, Jesus, 199f.; *Ziesler*, Pauline Christianity, 42.

[70] Vgl. dazu *Holladay*, Theios Aner.

[71] *Hengel*, Sohn Gottes, 67; vgl. auch *Ziesler*, Pauline Christianity, 42 und *Decock*, Holy Ones, 78f.

[72] Vgl. Gen 6,2.4; Dtn 32,8; äthHen 13,8; 106,5; 69,4f.; 71,1.

[73] Ex 4,22; Jer 31,9; Hos 11,1; Jub 1,24f.; PsSal 17,30.

[74] JosAs 6,2-6; 13,10; 21,3 (in Bezug auf Joseph); Sir 4,10;51,10; Weish 2,13ff. u.ö. (in Bezug auf die Weisen).

[75] 2 Sam 7,14; Ps 2,7 (beide wurden später messianisch gedeutet; vgl. 4QFlor 1,10ff.).

[76] mTaan 3,8 (in Bezug auf Honi); bTaan24b (in Bezug auf Chanina ben Dosa).

[77] bBer7a (in Bezug auf Jischmael ben Elisha).

[78] 4QFlor 1,10ff.; 4QpDan[a]; vgl. zu diesen und den anderen oben genannten Belegen: *Dunn*, Christology, 15f.; *Vermes*, Jesus, 194ff. und *Hengel*, Sohn Gottes, 67ff.

genden) Sicht *R. Bultmanns* auszugehen, wonach der Gottessohntitel in der palästinischen Urgemeinde (inspiriert durch Ps 2) ursprünglich als Ausdruck der göttlichen Adoption zum König gebraucht wurde. Dieser Gebrauch sei später in der hellenistischen Urgemeinde ausgeweitet worden, um ein von Gott gezeugtes, supranaturales Wesen zu bezeichnen, dem Präexistenz und göttliche δύναμις zukommt.[79] *F. Hahn* unterscheidet drei (statt zwei) Entwicklungsstufen: nachösterliche palästinische Urgemeinde, hellenistisches Judenchristentum und hellenistisches Heidenchristentum, stimmt aber grundsätzlich darin mit *Bultmann* überein, daß er (wie die meisten der behandelten jüdischen Ausleger) eine Entwicklung von einem ursprünglich jüdischen königlich-herrschaftlichen hin zu einem pagan-hellenistisch gefärbten transzendent-supranaturalen Verständnis des Gottessohntitels annimmt, die bereits in der vorpaulinischen Christenheit sehr weit gediehen war.[80]

Doch schaut man auf die betreffenden Texte, legt sich eine andere Sicht der Dinge nahe. Anstatt der postulierten Einflüsse des paganen Hellenismus', namentlich des Herrscherkultes und der griechischen Mythologie, begegnen bei Paulus immer wieder Vorstellungen aus dem Bereich der jüdischen Apokalyptik: Die schon im letzten Kapitel besprochene Wendung in Gal 1,16 ἀποκαλύψαι τὸν υἱὸν αὐτοῦ ἐν ἐμοί spricht vom Sohn Gottes als Gegenstand einer himmlischen Offenbarung. Das Gleiche gilt auch für 1 Thess 1,10 („..,zu warten auf seinen Sohn vom Himmel, den er auferweckt hat von den Toten.."), wenngleich hier keine proleptische, vorläufige Erscheinung des Sohnes gemeint ist, sondern sein endgültiges Kommen zur Parusie. Auf einen apokalyptischen Kontext dieses Titels deutet auch, daß es die Auferstehung Jesu ist, die ihn in besonderer Weise als Gottessohn ausweist.[81] Das ist außer in 1 Thess 1,10 auch in Röm 1,4 der Fall, wo es heißt, Jesus sei „eingesetzt [..] als Sohn Gottes in Kraft durch die Auferstehung von den Toten".

War bisher nur von Stellen die Rede, an denen die Gottessohnschaft Jesu im Zentrum stand, so muß nun unser Augenmerk auf einen Text gerichtet werden, der von den Glaubenden als Söhne Gottes spricht, nämlich Röm 8.[82] Der Anfang des Kapitels handelt von Jesus als dem Gottessohn, den Gott „in der Gestalt des sündigen Fleisches und um der Sünde willen" gesandt hat, um die vom Gesetz geforderte Gerechtigkeit zu erfüllen (8,3f.). Doch der Skopus des Gedankengangs verschiebt sich von dem einen Sohn zu den vielen Söhnen (und Töchtern), die durch den Geist Anteil bekommen werden an dessen Herrlich-

---

[79] Theologie, 52f.;130f.; ähnlich: *Lohse*, Theologie, 55; *Conzelmann*, Theologie, 96f.
[80] Vgl. *Hahn*, Hoheitstitel, §5; zur Kritik an *Hahn* vgl. *Vielhauer*, Weg, bes. 188ff.
[81] Vgl. *Ziesler*: „The resurrection is the crucial moment of his becoming the Son, whether it is when his sonship begins, or it is confirmed or made evident" (Pauline Christianity, 42).
[82] Vgl. *Scroggs*, der „two clusters of texts" unterscheidet, einen der um die Gottessohnschaft Jesu und einen, der um die Gottessohnschaft der Glaubenden kreist (Christology, 49).

keit: „Sind wir aber Kinder, so sind wir auch Erben, nämlich Gottes Erben und Miterben, wenn wir denn mit ihm leiden, damit wir auch mit zur Herrlichkeit verwandelt werden [συνδοξασθῶμεν]." Gerade das gegenwärtige Leiden der Glaubenden garantiert ihre künftige Herrlichkeit, wenn sie dem Bild des Gottessohnes gleichgestaltet sein werden.[83] Dieser Kontrast zwischen „jetzt" und „einst" ist kein anderer als der Kontrast der beiden Äonen, auch wenn die Begriffe hier nicht fallen.[84] Er ist ebenso im apokalyptisch-mystischen Umfeld beheimatet wie die beiden Zentralbegriffe μορφή und δόξα, auf die wir am Ende dieses Kapitels noch einmal zurückkommen werden.[85] Auch Röm 8 teilt das schon beobachtete Interesse an den Themen Auferstehung und ewiges Leben, die im Kontext des Gottessohnbegriffs bei Paulus immer wieder angesprochen werden.

Schon diese wenigen Belege zeigen, daß es nicht nötig ist, die pagane Umwelt zu bemühen, um zu verstehen, was Paulus mit „Sohn Gottes" meint. Es ist vielmehr das apokalyptisch-mystische Erbe des Paulus, das sich hier einmal mehr bemerkbar gemacht hat.[86] Wie wir im letzten Teil dieses Kapitels noch zeigen werden, wächst die Zahl jüdischer Forscher, die heute die paulinische Christologie gerade vor dem Hintergrund dieser Traditionen betrachten. Ihre Bedeutung für das Verständnis speziell des Gottessohntitels ist aber bisher noch weitgehend unberücksichtigt geblieben.

3.2.3 Jesus als Weisheit oder Wort Gottes
3.2.3.1 Jüdische Positionen

Wenn im folgenden von Jesus als Weisheit oder Wort Gottes die Rede sein soll, muß man sich vor Augen halten, daß im frühjüdischen Schrifttum die (oft personifizierte) *Sophia* (σοφία) zuweilen mit dem Wort Gottes, dem *Logos* (λόγος), gleichgesetzt wurde. Dies gilt vor allem für das Werk Philos. Es ist deshalb ein ganzer Vorstellungskomplex, der unter dieser Überschrift abgehandelt werden muß.

J. Krauskopf hält die mystische Christologie des Paulus für eine bedauerliche Fehlentwicklung in der Geschichte des frühen Christentums und vermutet deren Wurzeln in den vielfältigen Mittlervorstellungen Philos:[87]

„The Master (..) could be none other than the incarnation of the Divine Reason, the 'Logos', of which the Jewish Philosopher Philo had taught and written, and from which it was

---

[83] Vgl. Röm 8,29 (καὶ προώρισεν συμμόρφους τῆς εἰκόνος τοῦ υἱοῦ αὐτοῦ), aber auch Phil 3,21 (ὃς μετασχηματίσει τὸ σῶμα τῆς ταπεινώσεως ἡμῶν σύμμορφον τῷ σώματι τῆς δόξης αὐτοῦ).

[84] Vgl. aber Röm 12,2; 1 Kor 1,20; 2,6; 3,18; 2 Kor 4,4 und Gal 1,4.

[85] Vgl. 3.2.4.2.

[86] Vgl. auch *Decock*, Holy Ones, bes. 78-80.

[87] *Krauskopf*, Paul, 205ff.; vgl. zu *Krauskopf* 2.4.

but a step to the 'Guide to God', the 'Substitute for God', the 'Second God', the 'Intercessor', the 'Son of God'."[88]

In der Tat gehört die von *Krauskopf* angeführte Vorstellung vom personifizierten Wort Gottes bei Philo zu den interessantesten religionsgeschichtlichen Parallelen zur neutestamentlichen Christologie und hat deshalb immer wieder das Interesse der Forschung auf sich gezogen.[89] Die Frage, ob sie (wie der jüdische Forscher meint) auch bei Paulus vorauszusetzen ist, wird uns später noch beschäftigen müssen.

Auch *J. Klausner* hat (trotz seiner einseitigen Fixierung auf den Messiasbegriff) Verbindungen zwischen der philonischen Logosvorstellung und der paulinischen Christologie angenommen. Diese Verbindungen, die er freilich nur für einen untergeordneten Faktor bei der Ausbildung der paulinischen Lehre hält, stellt sich der jüdische Forscher als durch den Alexandriner Apollos vermittelt vor.[90] Doch wie bei *Krauskopf* führt diese Annahme auch bei *Klausner* nicht dazu, den Apostel als jüdischen Denker ernst zu nehmen. Im Gegenteil: Seines Erachtens beförderte der Einfluß Philos sogar die Entwicklung zum späteren Dreifaltigkeitsglauben, der mit dem Eingottglauben des Judentums, dem auch Jesus und seine ersten Jünger noch treu geblieben seien, nicht mehr vereinbar war.

Auch *J. Djian* charakterisiert die paulinische Christologie als mystisch und bringt sie mit Philo in Verbindung. Wie der Logos im Werk des Alexandriners stellt der paulinische Christus eine Kombination aus einer kosmischen Macht göttlicher Herkunft und einem menschenförmigen Wesen dar.[91] Wenn der Apostel beispielsweise in 1 Kor 1,24 Jesus als die „Macht" oder „Weisheit" Gottes bezeichnet oder ihn in Kol 1,15-17 als „unsichtbares Bild Gottes" beschreibt, als „Erstgeborener vor aller Schöpfung", habe er damit einfach ein jüdisch-hellenistisches Denkmuster für seine Zwecke dienstbar gemacht.

S. Sandmel, der auch andere Teilbereiche der paulinischen Theologie mit den Lehren Philos vergleicht,[92] tut diès auch im Blick auf die Christologie des Apostels. Anders als die meisten seiner jüdischen Kollegen vor ihm beschränkt er seine Untersuchung nicht nur auf den Christustitel. Daß Paulus verschiedene Titel auf die Person Jesu angewendet hat, ist für *Sandmel* kein Zeichen von begrifflicher Inkonsistenz. Der Apostel variiere hier lediglich verschiedene mythologische, metaphorische und metaphysische Sprechweisen.[93] Außer an alttestamentlich-jüdische Vorstellungen könne Paulus auch an hellenistische Denkmuster anknüpfen. Das sei auch der Fall, wenn er die stoische Logosvorstellung

---

[88] 206.
[89] Weitere Literatur bei *Hurtado*, One God, 145f.
[90] Paulus, 447.
[91] Judaisme et christianisme, 153.
[92] Siehe dazu 3.3.2.
[93] *Sandmel*, Genius, 70.

auf Christus anwendet. Wie schon *J. Krauskopf, J. Djian* (und in eingeschränktem Maße auch *J. Klausner*) sieht *Sandmel* enge Parallelen zwischen Philo und Paulus: Wie der Alexandriner sehe der Heidenapostel im *Logos* eine göttliche Mittlerfigur, die den immanenten Aspekt Gottes verkörpert. Dieses präexistente Wesen sei in der Person Jesu Fleisch geworden und nach seiner Kreuzigung wieder zu Gott zurückgekehrt, um dort das Endgericht herbeizuführen.[94] Nach *Sandmel* verbindet der Apostel also Vorstellungen der Logos- und der Inkarnationschristologie.[95]

3.2.3.2 Kritische Beurteilung

Daß der Logos bei Philo die wohl wichtigste Analogie für die Bezeichnung Jesu als Wort im Johannesprolog darstellt, gilt heute für die Mehrzahl der Neutestamentler als konsensfähig. Doch bei Paulus scheitert eine Identifizierung des paulinischen Christus mit dem philonischen Logos an der Tatsache, daß der Apostel den Begriff λόγος zwar öfters zur Bezeichnung des Evangeliums von Jesus Christus verwendet,[96] nicht aber seiner Person. Zwar spricht der Apostel zuweilen vom Wort Gottes (ähnlich wie die jüdische Tradition), als ob es sich um eine Person handle,[97] doch bleibt auch bei diesem metaphorischen Gebrauch des Begriffes stets die Differenz zwischen der Person Jesu und dem von ihm kündenden Kerygma deutlich. Auch die wenigen von den oben genannten Auslegern angeführten Texte belegen lediglich weisheitlichen Einfluß auf Paulus im allgemeinen, nicht aber Beziehungen zu Philo und dessen Logoskonzeption. Es ist deshalb *J.D.G. Dunn* zuzustimmen:

„It is not that he (= Paulus; S.M.) identifies Christ with the divine Logos of Hellenistic Judaism or Stoicism and goes on from that to identify Christ (the Logos) with the word (logos) of preaching; it is rather that Christ is the heart and substance of the kerygma, not so much the Word as the word he preached."[98]

Doch sofern es neben stoischen und platonischen Vorstellungen vor allem die jüdische Weisheitstradition war, auf die sich Philo bei der Ausbildung seiner Logos-Konzeption gestützt hat,[99] lohnt die Rückfrage, ob die *Sophia*-Spekula-

---

[94] 71.

[95] Vgl. aber den Protest *Dunns* gegen eine so frühe Entstehung der Inkarnationschristologie (Christology).

[96] Vgl. Röm 9,6; 1 Kor 14,36; 2 Kor 2,17;4,2; Phil 1,14; Kol 1,25; auch *Kittel* kommt zu dem gleichen Ergebnis: „Das 'Wort Gottes' ist das Wort von Jesus. Ganz derselbe Befund ergibt sich auch bei Paulus. Der λόγος (τοῦ θεοῦ oder κυρίου) ist die von ihm verkündete Botschaft von Christus" (ThWNT IV, 116).

[97] Paulus spricht z.B. davon, daß das Wort Gottes am Werk sei (1 Thess 2,13) und Frucht trage und wachse in der ganzen Welt (Kol 1,5).

[98] Christology, 231.

[99] *Mack* hat in seiner ausführlichen Studie „Logos und Sophia" gezeigt, „daß die Gestalt des Logos der nahen Weisheit durchaus entspricht und daß mehrere Prädikate und Funktionen

tion vielleicht direkt (und nicht vermittelt durch die Logosvorstellung Philos) auf Paulus eingewirkt haben könnte.

Will man die Bedeutung dieser jüdischen Tradition beurteilen, dann liegt es schon aus statistischen Gründen nahe, besondere Aufmerksamkeit auf 1 Kor 1-4 zu richten, denn nirgends im ganzen NT ist von Weisheit öfter die Rede als hier.[100] Es ist in der neutestamentlichen Forschung heute mit Recht weithin anerkannt, daß Paulus hier Vorstellungen der *Sophia*-Spekulation aufgenommen hat.[101] Das war freilich nicht immer so: Lange Zeit glaubte man im Gefolge der protestantischen Tübinger Schule des 19. Jahrhunderts, der Apostel habe sich in seiner Korintherkorrespondenz kritisch auf die Weisheitsspekulation seiner judaistischen Gegner bezogen. Die Religionsgeschichtliche Schule hingegen glaubte, bei den Gegnern des Apostels einen gnostischen *Sophia*-Mythos rekonstruieren zu können, den Paulus zwar terminologisch aufnimmt, zugleich aber kritisiert, indem er Jesus als die Weisheit Gottes (im Kontrast zur menschlichen Weisheit) proklamiert.[102] Man schreibt es gewöhnlich *H. Windisch* zu, als erster eine positive Bezugnahme des Apostels auf die jüdische Weisheitstheologie erwogen und damit den Grundstein zu dem heutigen Konsens gelegt zu haben.[103] Doch gibt es in jüngster Zeit auch kritische Stimmen, die bei Paulus nicht genügend Hinweise auf eine Sophia-Christologie sehen.[104]

Schauen wir uns nun den fraglichen Text näher an, um zu einem eigenen begründeten Urteil zu gelangen: Auf die ausdrückliche Identifizierung Jesu als Weisheit in 1 Kor 1,24 („... predigen wir Christus als Kraft [δύναμις] und Weisheit [σοφία] Gottes") hat bereits *Djian* hingewiesen. Wenn man freilich diesen Vers wie *H.v. Lips* und *A.v. Roon* nicht auf die Person Jesu, sondern auf Gottes Heilshandeln in Jesus Christus bezogen versteht,[105] fällt auch diese Stelle als Beleg für eine Weisheitschristologie bei Paulus aus. Eher noch könnte man (im Sinne der beiden Ausleger) von einer Weisheits*soteriologie* bei Paulus sprechen. Andere Forscher wie *H. Conzelmann* und *H. Merklein* haben ganz ähnlich zu bedenken gegeben, daß es Paulus hier nicht um eine Gleichsetzung Christi mit einer hypostasierten Weisheit gehe.[106] Daran ist richtig, daß der Apostel

---

des Logos von der Weisheit auf ihn übertragen worden sind" (142); vgl. auch *Hurtado*, One God, 45.

[100] Vgl. *Theis*, Weisheitslehrer, 283ff.

[101] Vgl. *Windisch*, Weisheit; *Feuillet,* La Christ Sagesse; *W.D. Davies*, Paul, 147ff.; *Theis*, Weisheitslehrer, 191; *Conzelmann*, Weisheit; *ders.*, 1 Kor, z.St.; *J.A. Davies*, Wisdom and Spirit; *Wilckens*, 1 Kor 2,1-16; *Schnabel*, Law and Wisdom, 236ff.

[102] So z.B. *Reitzenstein*, Mysterienreligionen; *Bultmann*, Geschichte; *Schottroff*, Feindliche Welt; *Schmithals*, Gnosis. Auch *Wilckens* vertritt in seiner Dissertation noch diese These (Weisheit, bes. 205ff.), gibt sie aber in seinem späteren Aufsatz zu 1 Kor 2,1-16 auf.

[103] Vgl. *Schnabel*, Law and Wisdom, 237.

[104] *Van Roon*, Wisdom; *von Lips*, Christus als Sophia?, bes. 87-91.

[105] *Von Lips*, a.a.O., 90f.; *van Roon*, a.a.O., 238.

[106] *Conzelmann*, 1 Kor, 68; *Merklein*, 1 Kor, Bd. 1, 190.

nicht daran interessiert ist, Aussagen über das Wesen Christi (unabhängig von dessen Funktion) zu machen. Doch auch bei der alttestamentlich-jüdischen Weisheit geht es nicht (primär) um Wesen, sondern um Funktion. An dieser Stelle eine Differenz zwischen Paulus und dem Judentum zu konstruieren, geht in die Irre.[107] Halten wir also fest: Indem Paulus in 1 Kor 1,24 Christus als Kraft und Weisheit bezeichnet, macht er von personifizierten Gottesattributen der jüdischen Weisheitstradition Gebrauch. Es geht ihm dabei aber weniger um die Person Christi als um seine Funktion im göttlichen Heilsplan.

Wenige Sätze später kann der Apostel von Jesus als der im Geheimnis verborgenen Weisheit Gottes (θεοῦ σοφίαν ἐν μυστηρίῳ τὴν ἀποκεκρυμμένην) sprechen, die vor aller Zeit von Gott vorausbestimmt worden sei (2,7). Hier wird nach der Meinung vieler Neutestamentler wie *G. Schimanowski* in weisheitlich-apokalyptischen Begriffen die Funktion Jesu als Gottes präexistenter Offenbarungsmittler ausgedrückt.[108] Aber auch im Blick auf diesen Vers sind Zweifel angemeldet worden. So hat *J.D.G. Dunn* in seiner Christologie gegen ein solches Verständnis angeführt:

„To be sure, Paul talks of what might be called a 'pre-existent wisdom' (2.7); but as a wisdom in the sense of 'God's predetermined plan of salvation'. Christ is God's widsom then, not as a pre-existent being, but as the one who fulfilled God's predetermined plan of salvation, as the one predetermined by God to be the means of man's salvation through his death and resurrection."[109]

Auch hier ist zuzugestehen, daß Paulus den Akzent nicht so sehr auf die Präexistenz Christi selbst als auf dessen Rolle im göttlichen Heilsplan legt. Dennoch wäre es falsch, die Präexistenzaussagen bei Paulus ganz wegzuinterpretieren. Schon gar nicht ist hieraus ein Argument gegen die Verwendung weisheitlicher Motive für die Ausbildung der paulinischen Christologie zu gewinnen.[110] Der Apostel korrigiert die schwärmerische Weisheitschristologie der Korinther,[111] indem er selbst auf weisheitliche Redeweisen zurückgreift. Das Wort vom Kreuz, das alle menschliche Weisheit zunichte macht, wird mit dem im jüdischen Schrifttum vielfach bezeugten Motiv der verborgenen Weisheit assoziiert.[112] Diese dialektische Anknüpfung an die *Sophia*-Spekulationen des Judentums, die beeinflußt ist durch die Apokalyptik, stellt die Erkennbarkeit der

---

[107] Es kann bezweifelt werden, ob Hypostase eine hilfreiche Kategorie ist, um die personifizierte Verwendung von Gottesattributen zu verstehen. Sie ist zu sehr im ontologischen Denken des Griechentums verwurzelt (*Hurtado*, One God, 46).

[108] Weisheit und Messias, 315; vgl. auch *Schweizer*, Herkunft.

[109] Christology, 178.

[110] Daß die paulinische Christologie weisheitliche Einflüsse aufweist, streitet auch *Dunn* nicht ab; vgl. aber *van Roon*, Wisdom.

[111] Man muß die Position der Korinther vielleicht nicht unbedingt als gnostisch bezeichnen, wenngleich Affinitäten zu späteren gnostischen Texten nicht zu leugnen sind.

[112] Vgl. hierzu *Theis*, Weisheitslehrer, 290ff.

göttlichen Weisheit unter einen eschatologischen Vorbehalt: Der in der Apokalyptik wie bei Paulus oft als μυστήριον bezeichnete Heilsratschluß Gottes wird erst am Ende der Tage voll offenbar werden. Diese Hinweise mögen genügen, um mit *W.D. Davies* zu schließen,

„that Paul has pictured Jesus in terms of the Wisdom of the Old Testament and contemporary Judaism."[113]

Dieses Urteil finden wir durch andere Stellen außerhalb von 1 Kor 1-4 bestätigt. Den Gedanken der Präexistenz, der (wie wir gesehen haben) vom jüdischen Weisheitsdenken herrührt, kann man auch in der öfters bei Paulus vorkommenden Vorstellung vom Gesandt-Sein Jesu (z.B. Gal 4,4; Röm 8,3) impliziert sehen.[114] An anderer Stelle redet Paulus (wohl ebenfalls beeinflußt von weisheitlicher Theologie)[115] von einer Schöpfungsmittlerschaft Jesu. So bezeichnet er ihn beispielsweise in 1 Kor 8,6 als denjenigen, „durch den (ἐξ οὖ) alle Dinge sind und auch wir durch ihn".[116] Wenn der Apostel in 1 Kor 10,4 Christus mit dem Felsen identifiziert, der Israel laut Ex 17/Num 20 Wasser spendete, dann scheint auch hier die präexistente Weisheit als Vorbild gedient zu haben.[117] Wenngleich keine direkten Bezüge zwischen der philonischen Logosvorstellung und der paulinischen Christologie zu postulieren sind, besteht doch eine recht große Nähe des Apostels zu jüdischen Weisheitsvorstellungen. Sofern die *Logos*-Vorstellung aber von der *Sophia*-Spekulation gespeist wurde, konnten wir einen gewissen Wahrheitsgehalt der These der jüdischen Paulusauslegung nicht ganz abstreiten. Jüdische Ausleger des Apostels haben mit Recht festgehalten, daß auch die paulinische Christologie in hohen Maße von jüdischen Vorstellungen abhängig ist.

3.2.4 Jesus als „zweite Macht im Himmel"
3.2.4.1 Jüdische Positionen

Wenn wir hier von einer zweiten Macht im Himmel sprechen, dann beziehen wir uns dabei auf die im Talmud überlieferte rabbinische Polemik gegen „zwei

---

[113] Paul, 155; vgl. auch *Chester,* Expectations, 72.
[114] *Schweizer*, Sendungsformel; so auch *Hengel*, Sohn Gottes, 24ff.
[115] Vgl. Prov 3,19; Weish 8,4-6; Philo, Det 54.
[116] Auch der im Blick auf die Präexistenzaussagen skeptische *Dunn* stellt nicht den Gedanken der Schöpfungsmittlerschaft und dessen Herkunft aus der jüdischen Weisheitsspekulation in Frage (Christology, 165.177ff.).
[117] Dies legt u.a. eine Auslegung Philos von Dtn 32,13 (Det 115f.) nahe, der den Felsen aus der Wüstenzeit Israels mit der Weisheit Gottes identifiziert (vgl. *Schimanowski*, Weisheit und Messias, 322). *Feuillet* stützt sich auf Weish 10,17f.; 16,20; 19,7f. und Sir 15,3 (La Christ Sagesse, 88ff.); kritisch zu dieser These äußert sich aber *van Roon*, Wisdom, 229ff. und *Dunn*, Christology, 183f.

Mächte im Himmel" (שתי רשויות בשמים).[118] Diese Polemik war gegen Tendenzen im Judentum (und Christentum) gerichtet, verschiedenen Kategorien von Mittlerfiguren wie Erzengeln (Michael, Gabriel, Metatron), erhöhten „Helden" der jüdischen Geschichte (Moses, Henoch) oder hypostasierten Eigenschaften Gottes (כבוד, שם)[119] einen Status zu verleihen, der mit dem traditionellen Eingottglauben zu kollidieren drohte. In diesem letzten Teilabschnitt werden wir sehen, daß im Gegensatz zu einer weit verbreiteten Meinung eine Minderheit jüdischer Forscher der Auffassung ist, daß es nicht erst das Christentum war, das den jüdischen Monotheismus durch die Annahme einer „zweiten Macht im Himmel" modifizierte. Obwohl diese „binitarischen" Strömungen später aus dem normativen Judentum ausgeschieden wurden, gab es ihres Erachtens genügend Hinweise darauf, daß es neben und vor dem Christentum bereits apokalyptisch-mystische Kreise im Judentum gab, die vieles (sicher nicht alles) von dem vorwegnahmen, was uns in der paulinischen (und überhaupt der neutestamentlichen) Christologie wiederbegegnet. Wir werden weiter sehen, daß es aufgrund dieser Position heute vielleicht wieder möglich ist, wie *A. Schweitzer,* wenngleich in einem etwas anderen Sinn als dieser, von einer „Mystik des Apostels Paulus" zu reden.

Die paulinische Theologie als mystisch zu bezeichnen, gehörte in der älteren jüdischen Forschung oft in das Arsenal der Polemik gegen den Apostel, denn in einem Zeitalter der Vernunft haftete verständlicherweise diesem Etikett der negative Beigeschmack des Irrationalen und Versponnenen an. Daß es aber bereits in der zweiten Hälfte des letzten Jahrhunderts einen jüdischen Gelehrten gab, der diese Bezeichnung völlig wertfrei als analytisches Hilfsmittel benutzte, zeigt das Beispiel von *I. M. Wise:*

In einer Reihe von Vorlesungen über die Ursprünge des Christentums[120] kommt er zu einigen verblüffenden Thesen: Eine der originellsten (freilich auch eine der unwahrscheinlichsten) 'seiner Behauptungen ist die, daß Paulus mit dem im Talmud erwähnten Elischa ben Abujah (auch Acher genannt) identisch sei.[121] In einem Klima tiefer Erlösungsbedürftigkeit habe Paulus wie viele seiner Zeitgenossen Zuflucht in der Mystik genommen.[122] Die Bekehrung des Apostels, die er mit den Himmelsreisen jüdischer Mystiker vergleicht, und deren literarischen Niederschlag er in 2 Kor 12 erblickt,[123] hatte nach *Wise* Auswirkungen auf seine Christologie: In seinem tranceartigen Zustand sei dem Apostel die

---

[118] Vgl. *Segal*, Two Powers.

[119] Diese drei Kategorien von Mittlerwesen behandelt auch *Hurtado*, One God.

[120] Lectures.

[121] 354.

[122] *Wise* nennt die heidnischen Anhänger der Mystik Gnostiker, die jüdischen Mystiker Kabbalisten (356). Wie wir heute wissen, sind beide Bezeichnungen problematisch.

[123] *Wise* zitiert jedenfalls aus diesem Kapitel, spricht aber von „Cor XL.12"; wenig später behauptet er, der Apostel habe in 2 Kor 22 von seiner Entrückung berichtet (356).

Identität Jesu mit der zentralen Figur kabbalistischer Spekulation aufgegangen, die unter den verschiedensten Namen (Metatron, Synadelphos, Suriel, Henoch, Elia, Demiurgos, Sar Haolam) im damaligen Judentum bekannt war.[124] Seine Christusvision sei auch der Anlaß für den Apostel gewesen, den für Heiden unverständlichen Messiastitel aufzugeben und stattdessen vom „Sohn Gottes" zu sprechen.[125] Wie *Schoeps* behauptet auch *Wise,* dieser Titel stamme aus der heidnischen Mythologie und sei den Juden völlig fremd gewesen.[126] Aber die Nähe zur jüdischen Metatronspekulation habe ihm diese Umbenennung der Person Jesu erleichtert, ja geradezu nahegelegt.[127] *I.M. Wise* bringt seine Theorie auf folgende Formel:

> „Paul's son of God and Acher's Metatron are the same central figure before the throne of God, and the two authors are identical."[128]

Gottlieb Klein[129] war einer der ersten jüdischen Forscher, der sich nicht damit begnügte, einen christlichen und einen jüdischen Messiasbegriff einander gegenüberzustellen. Zwar hat auch er festgestellt, der paulinische Christus passe eigentlich nicht in die damals im Judentum vorherrschende Erwartung eines kriegerischen Messias' aus dem Stamme Davids. Doch verfällt *Klein* nicht in den Fehler vieler seiner Kollegen, sich zu stark auf den Christustitel zu fixieren. Er weist stattdessen zu Recht auf die Vielzahl eschatologischer Figuren im damaligen Judentum hin. Der auffälligste Wesenszug seiner Charakterisierung der paulinischen Christologie ist aber die Tatsache, daß er, lange bevor die jüdische Mystik das allgemeine Interesse der Forschung auf sich zog, diese Strömung für seine Darstellung fruchtbar gemacht hat. Im Anschluß an *A. Meyer*[130] vertritt *Klein* die Auffassung, die christologischen Vorstellungen und Hoffnungen des Apostels seien „längst in apokalyptischen, in mystisch gerichteten Rabbinerschulen gelehrt und vorgetragen worden".[131]

Eine wichtige Rolle als Vergleichsmaterial spielt für den jüdischen Forscher die Henochliteratur: Aus dem äthHen führt er Passagen an, in denen von einem präexistenten Menschensohn die Rede ist (48,2-6), der am Ende der Tage auf einem Thron sitzen und Gericht halten wird (46,4ff.; 55,4). Weiterhin erwähnt er die Vorstellung aus dem hebräischen Henochbuch, daß Gott seine Pracht und Herrlichkeit und den Glanz seiner Ehre auf den erhöhten Henoch überträgt und

---

[124] 357.

[125] Ebd; vgl zu „Sohn Gottes" auch 3.2.2.

[126] 360.

[127] 357.

[128] 358.

[129] Studien, 33ff.

[130] Wer hat das Christentum begründet, Jesus oder Paulus?, in: Lebensfragen (ohne Angabe der Nummer und des Jahres zitiert bei *Klein*, Studien, 37), 39.

[131] 38.

ihm gar den Namen „kleiner Jahwe" (יהוה הקטון) verleiht.[132] *Klein* verfolgt diese mystischen Traditionen von der Apokalyptik weiter bis in die Hekhalot-Literatur: Wie Metatron, der zuweilen mit Henoch identifiziert wurde, werde auch der paulinische Christus als ein himmlisches Mittlerwesen angesehen, das wesentliche Funktionen und Attribute, die traditionell Gott zugeschrieben wurden, auf sich vereint.

> „Was vom Messias ausgesagt wird, findet sich auf palästinensischem Boden wieder in den Spekulationen über den Engel Michael, über Henoch und Metatron, wie nicht minder über die 'Chokma', die aber aufs innigste mit den Spekulationen über die Sophia und den Logos bei den Hellenisten zusammenhängt."[133]

Diese erstaunliche These des Stockholmer Rabbiners hat in einer Zeit, in der man im Zuge der Religionsgeschichtlichen Erforschung des NT viel stärker den pagan-hellenistischen Hintergrund der paulinischen Christologie erkundete, verständlicherweise kaum Anklang gefunden. Heute, da der jüdischen Mystik und Apokalyptik große Aufmerksamkeit gewidmet wird, könnten *Kleins* Vorschläge neue Aktualität erhalten.

Der schon erwähnte *J. Djian* zieht auch die jüdische Apokalyptik und Mystik heran, um zu erklären, wie bei Paulus der göttliche Ursprung Jesu mit seinem menschlichen Dasein zusammengeht. So versteht er Phil 2,6-11, einen Text, der in der christlichen Forschung oft als Beleg für einen gnostischen Erlösermythos angeführt wurde,[134] konsequent vor dem Hintergrund der Apokryphen und Pseudepigraphen. Die in dem Christushymnus angeblich ausgedrückte Prädestination und Adoption des Messias' findet er bereits vorgebildet in den Bilderreden des äthHen und in IVEsr. Er kann deshalb seine Ansicht in folgender These zusammenfassen:

> „Paul puisa son interprétation mystique du Médiateur, deja entièrement élaboreé, dans la philosophie du judaisme hellénistique (..) et dans les Apocryphes et Pseudépigraphes juifs. (..) De ce point de vue, il n'est pas exagéré de prétendre que le christianisme ne fut que la branche officieuse détacheé du Judaisme."[135]

Die Vergöttlichung Jesu, so schließt *Djian* seinen Abschnitt über die paulinische Christologie ab, war das Werk der späteren Kirche, nicht das des Apo-

---

[132] Daß die Henochliteratur bei vielen Forschern des „alten Paradigmas" (aus verständlichen Gründen) so wenig Ansehen genoß, daß man sie aus dem Judentum herauszudrängen versuchte, zeigt das Beispiel von *Graetz*, der den äthHen als „Machwerk" aus der „mystisch dämmernden nach-apostolischen Zeit" bezeichnete. Überhaupt sei die ganze Henoch-Legende erst in der polemischen Auseinandersetzung mit der urchristlichen Christologie und vermittelt durch islamische Kreise in das Judentum aufgenommen worden (vgl. *Odeberg*, 3 Henoch, 26).

[133] 41.

[134] Siehe unten!

[135] 152.

stels.[136] Leider geht der jüdische Autor nicht über Andeutungen hinaus, wenn es darum geht, den jüdischen Hintergrund der paulinischen Christologie zu erhellen. Außerdem hat er es, ähnlich wie schon *Klein,* versäumt, seine These durch eine detaillierte Auslegung paulinischer Texte evident zu machen.

An diesem Punkt hat *A.F. Segal* der neutestamentlichen Forschung einen großen Dienst erwiesen. Wie die beiden bereits erwähnten Forscher interpretiert er die paulinische Christologie wesentlich vor dem Hintergrund der jüdischen Mystik und deren Vorläufer in der Apokalyptik.[137] Die menschliche oder engelähnliche Mittlerfigur auf dem Thron Gottes, wie sie bereits in alttestamentlichen Texten wie Ez 1 und Dan 7 begegne, wurde seines Erachtens im Christentum zu einer zentralen Metapher für Christus. Eine ähnliche Mittlerstellung haben auch personifizierte Attribute Gottes wie sein Name (שם יהוה, Ex 23,21), seine Herrlichkeit (כבוד/δόξα, Ez 1,26) oder sein Bild (εἰκών/εἶδος, Gen 1,26) erhalten. In ihrer weiteren Auslegungsgeschichte sind oft mehrere dieser Vorstellungsbereiche miteinander verbunden worden:

> „Yahweh himself, the angel of God, and his Glory are peculiarly melded together, suggesting a deep secret about the ways God manifested himself to humanity.“[138]

In der hellenistischen Periode seien der menschlichen bzw. engelgleichen Figur auf dem Thron verschiedene Namen beigelegt worden: Yahoel,[139] Melchizedek,[140] Metatron,[141] Adoil oder auch Eremiel.[142] Im Zusammenhang mit solchen Traditionen stehe oft auch die für die christliche Soteriologie relevante Vorstellung, bestimmte religiöse Helden würden im Zug ihrer Erhöhung in Engel (oder Sterne) verwandelt.[143] Die wichtigsten nichtchristlichen Figuren, denen man dies nachsagte, sind Henoch[144] und Moses.[145] Insbesondere die paulinische Erwartung einer künftigen Glorifizierung des sterblichen Leibes (2 Kor 5,1-10) sowie seine Terminologie „in Christus" (ἐν Χριστῷ) könne sich von diesen Parallelen her erklären. *Segal* sieht deshalb die paulinische Christologie weitgehend in Übereinstimmung mit zeitgenössischen jüdischen Vorstellungen:

> „...the figure that the Bible sometimes calls the *Kavod* or the principal angel of God, is pre-Christian and is a factor in Paul's description of Christ. There is adequate evidence that many Jewish mystics and apocalypticists sensed a relationship between the heavenly figure on the throne and important figures in the life of their community. (..) Paul did not have to be a

---

[136] 156f.
[137] Zum Verhältnis von Apokalyptik und Mystik vgl. auch *Gruenwald,* Mysticism.
[138] Paul, 42.
[139] Vgl. ApkAbr 10f.
[140] Vgl. 11QMelch.
[141] Vgl. hebrHen 11,1 u.ö.
[142] Vgl. ApkZeph 6.
[143] Vgl. TestAbr 11, Rez.A; slHen 30,8-11.
[144] Vgl. Gen 5,18-24; Jub 4,18-26; äthHen 70f.
[145] Vgl. Sir 45,1-5; TestMos 11,16-19; Philo, VitMos, 1,155-158.

religious innovator to posit an identification between a vindicated hero and the image of the *Kavod,* the manlike figure in heaven, although the identification of the figure with the risen Christ is obviously a uniquely Christian development."[146]

Traditionen von himmlischen Menschen seien auch zentral für die Entwicklung der christlichen Deutung sowohl von Jesu irdischer Sendung als auch seines erhöhten Status' zur rechten Hand Gottes nach seiner Auferstehung gewesen. Auferstehung und Erhöhung waren laut *Segal* schon im Judentum vor Jesus als Belohnung für die Märtyrer der Makkabäerkriege bekannt. Die Idee, daß ein gekreuzigter Messias auferstanden ist, sei allerdings absolut neu gewesen. Eine wichtige Rolle bei dieser Weiterentwicklung traditioneller Vorstellungen im frühen Christentum habe die Auslegung bestimmter Schriftstellen gespielt: So sei Ps 110,1 im Zusammenhang mit Dan 7,9-13 dahingehend interpretiert worden, daß Jesus nach seinem Tod in den Himmel erhöht wurde, um von dort das Gericht herbeizuführen. So sei es zu der spezifisch christlichen Vorstellung gekommen, daß der nach seinem Tod erhöhte Messias und die menschliche oder engelgleiche Repräsentation Gottes miteinander identisch seien. Dennoch gilt nach Ansicht des jüdischen Wissenschaftlers:

„The traditions themselves were present in Judaism before Christianity, but it was Jesus' life and mission itself, along with the post-Easter expectations of his followers, that brought messianism, judgment, and heavenly ascent together in this particular way."[147]

An diesem Punkt scheint mir *Segal* wesentlich umsichtiger zu formulieren als *Klein* und *Djian,* die m.E. zu wenig mit der Umprägung jüdischer Motive und Vorstellungen im Lichte der Erfahrungen der ersten Christen mit ihrem erhöhten Herrn rechnen. Die Frage, worin diese Umprägung genau zu sehen ist, wird uns später noch beschäftigen müssen.

Auch an anderer Stelle sieht *Segal* die paulinische Christologie von jüdischen Vorstellungen beeinflußt: So bezeichnet der Apostel beispielsweise Christus als „Bild Gottes" (εἰκὼν θεοῦ; 2 Kor 4,4; Kol 1,15). In Phil 2,6-11 erhält Jesus den Gottesnamen κύριος, ähnlich wie die menschliche oder engelgleiche Figur in jüdischer Tradition göttliche Prädikate beigelegt bekam. Auch die Verwendung von μορφή und δόξα in diesem Zusammenhang deute auf den besagten Zusammenhang hin. Wenn die Christen, wie aus Röm 10,9-12 und 1 Kor 12,3 hervorgeht, Christus als eine zweite Macht neben Gott anbeteten, haben sie damit allerdings genau das getan, was die Rabbinen später bekämpften.[148] Ähnlich wie *Hurtado* sieht *Segal* hier den Hauptunterschied zwischen christlichen und jüdischen Mittlervorstellungen. Dennoch scheint seine Interpretation die Möglichkeit offenzulassen, die Christologie des Apostel als eine im 1. Jhd. noch mögliche Spielart jüdischen Denkens gelten zu lassen.

---

[146] 51.
[147] 57.
[148] Vgl. *Segal*, Two Powers.

Wenn man die Entwicklung der rabbinischen Lehre[149] von den beiden Aspekten Gottes[150] als Reaktion auf die Verehrung einer zweiten Macht im Himmel betrachtet,[151] dann mag hier der rechte Ort sein, um eine Reflexion *M. Wyschogrods* auf die paulinische Christologie einzuführen, die sicher weniger als religionsgeschichtliche Herleitung denn als Erläuterung und Verdeutlichung derselben zu verstehen ist: Nachdem der jüdische Forscher (in einem noch unveröffentlichten Aufsatz) dargelegt hat, daß von einer Abrogation des Gesetzes durch das Kommen Christi jedenfalls im Blick auf die Juden nicht die Rede sein kann, kommt er auf die dennoch nicht zu leugnende Bedeutung Jesu für das Gottesvolk zu sprechen: Nach rabbinischer Lehre gibt es einen Aspekt Gottes (מדת הדין), in der Tora repräsentiert durch den Gottesnamen אלהים, der seine Gerechtigkeit verkörpert, und einen anderen Aspekt (מדת הרחמים, repräsentiert durch das Tetragramm), der für seine vergebende Gnade steht. Während die Rabbinen (nach *Wyschogrod*) glaubten, daß beide Seiten Gottes abwechselnd vorherrschen, und der Glaubende deshalb immer in einer gewissen Unsicherheit lebt, habe Paulus diese Dialektik in der Person Gottes aufgelöst zugunsten der מדת הרחמים:

„For Paul, Jesus means *Midas Horachamim* (!), God's aspect of mercy. Where previously the aspects of justice and mercy alternated, with Israel sometimes receiving what it deserved and at other times the recipient of God's aspect of mercy becomes the permanent and exclusive mode of his relationship to Israel. (..) Once and for all, the terrible danger of living under the Law is lifted because God's *Midas Hadin* (!), his aspect of justice, has permanently yielded to his mercy. This, then, is the significance of the Christ event for Jews, in Paul's theology."[152]

Ähnliche Gedanken finden sich bereits bei Philo,[153] der von den beiden δυνάμεις Gottes spricht. Obwohl damit die Existenz der Lehre von den beiden Aspekten Gottes für das 1. Jhd. nachgewiesen ist, ist kaum damit zu rechnen, daß Paulus an diesem Punkt von Philo beeinflußt wurde, denn wo er von der göttlichen δύναμις redet, entspricht das eher der alttestamentlichen Vorstellung von der in der Geschichte wirksamen, die Geschichte gestaltenden und ihr ein Ziel gebenden Kraft Gottes.[154] Wenngleich der Hinweis *Wyschogrods* sein Bestreben verdeutlicht, den Apostel als jüdischen Denker ernst zu nehmen, dürfte er für das Verständnis der paulinischen Christologie kaum weiterhelfen.

Als letztes Beispiel einer Interpretation der paulinischen Christologie im

---

[149] *Segal* datiert diese Lehre in die Mitte des 2. Jhd. n. Chr. (Two Powers, 52).

[150] Vgl. BerR 8,4-5; vgl. mBer 5,3. 9,3; mMeg 4,9.

[151] *Segal*, Paul, 52f.; *Hayman*, Monotheism, 12f.

[152] Paul, 17.

[153] Philo identifiziert allerdings anders als die Rabbinen den vergebenden Aspekt mit Elohim (= θεός) und den richtenden Aspekt mit JHWH (= κύριος). Ob er dabei auf eine ältere Tradition zurückgreift, deren Spuren auch noch im rabbin. Schrifttum zu finden sind, oder ob er die rabbinische Tradition einfach aus sprachlichen Gründen umkehrt, ist umstritten; vgl. dazu *Segal/Dahl*, Philo, bes. 3-11 und *Urbach*, The Sages, 448ff.

[154] Vgl. *Grundmann*, Art. δύναμις, ThWNT II, 307.

Kontext der jüdischen Beschäftigung mit einer „zweiten Macht im Himmel" mag die These dienen, die *G. Stroumsa* im Blick auf den umstrittenen Philipperhymnus (Phil 2,6-11) aufgestellt hat. Der in Jerusalem lehrende Forscher hat im Anschluß an *G. Scholem*[155] Spuren der mystischen Spekulationen über den *Shi'ur qomah* (קומה שעור = „Maß des göttlichen Körpers")[156] bei Paulus aufzuzeigen versucht.[157] Ihren Ausgang nahmen diese Spekulationen nach Ansicht der meisten Gelehrten bei der Auslegung des fünften Kapitel des Hoheliedes. Dabei versuchte man sich die gigantischen Ausmaße und die beeindruckende Erscheinung des Geliebten, der traditionell mit Gott identifiziert wurde, auszumalen. Der Körper Gottes stellte in dieser Geistesströmung Gottes makrokosmische Repräsentation, sozusagen seinen sichtbaren, der Welt zugewandten Aspekt dar, der mit seinem unfaßbaren, überweltlichen Wesen in einer spannungsvollen Einheit steht.[158] Für die Paulusinterpretation könnte nun vor allem folgendes interessant sein: Die von *Stroumsa* erwähnte Repräsentanz Gottes konnte in der jüdischen Mystik und der (von ihr wahrscheinlich beeinflußten) Gnosis mit Begriffen belegt werden, die bei Paulus auf Christus angewendet werden (μορφή, εἰκών).[159] Querverbindungen dieser Geistesströmung zu angelologischen Traditionen,[160] aber auch zu der Vorstellung von personifizierten Attributen Gottes (wie seiner δόξα/כבוד)[161] zeigen, daß diese Spielart einer „zweiten Macht im Himmel" mit den oben vorgeschlagenen Erklärungsversuchen nicht unbedingt konkurrieren muß. Zwar erscheint die Mehrzahl der Belege für die *Shi'ur qomah*-Spekulation erst in recht späten Texten,[162] aber sie läßt

---

[155] Gestalt, bes. 276, Anm. 19, wo er auf Phil 3,2 eingeht. Schon im letzten Jahrhundert hatte *Schiller-Szinessy* Eph 4,13 mit der *Shi'ur qomah*-Spekulation in Verbindung gebracht (St. Paul, 332f.).

[156] Vgl. dazu auch *Scholem*, Hauptströmungen, 68ff.

[157] Form(s), bes. 281f.; siehe dazu unten.

[158] Die voll ausgebildete Gnosis machte freilich aus dieser Dualität in der Gottheit zwei einander entgegengesetzte Götter und schuf so den für sie typischen Dualismus.

[159] Zum paulinischen Gebrauch vgl. die entsprechenden Artikel im Kittel'schen Wörterbuch, sowie *Eltester*, Eikon, und *Jervell*, Imago Dei. Zu den jüdischen und gnostischen Belegen siehe die von *Stroumsa* zitierten Texte (vgl. bes. Forms, 272). Das von *Stroumsa* in diesem Zusammenhang ebenfalls angeführte μέτρον spielt für die paulinische Christologie wohl kaum eine Rolle. Interessant ist aber vielleicht die von dem jüdischen Autor angedeutete Querverbindung zur Lehre von den מדות Gottes (Forms, 287, Anm. 85); siehe oben.

[160] Vgl. vor allem das unten über die Yahoel-Metatron-Figur Ausgeführte.

[161] Vgl. das unten zu Phil 3,2 Ausgeführte, aber auch die von *Kim* (Origin, 137ff.) herausgearbeiteten Querverbindungen von δόξα auf der einen, und εἰκών und μορφή auf der anderen Seite.

[162] Vgl. *M.S. Cohen*, Shi'ur Qomah, aber auch die von *Musajoff* herausgegebenen Texte (Merkavah Shelemah). Der *Shi'ur Qomah* ist uns in verschiedenen, voneinander abweichenden Versionen überliefert. Als Teil eines größeren Textzusammenhangs erscheint er in folgenden Schriften: Sefer Raziel, Merkavah Rabbah und Sidur Rabbah. Als eigenständiges Werk liegen die Versionen Sefer Haqqomah und Sefer Hashi'ur vor. Nach *Cohen* sind alle

sich (zumindest ansatzweise) auch in frühchristlichen und gnostischen Texten nachweisen.[163] Deshalb ist es für *Stroumsa* nicht ausgeschlossen,

„that some of those elements (..) were already present in first-century Judaism, at least *in nuce*. In other words, there is strong reason to presume that the original Jewish speculation on the macrocosmic divine body is pre-Christian."[164]

Verbindungen zum Philipperbrief sieht der jüdische Forscher vor allem darin, daß Jesus die „Form eines Sklaven" (μορφὴ δούλου) annimmt.[165] Diese Kenosis, von der in 2,7 die Rede ist, interpretiert er als die Zurücknahme der ursprünglichen Größe Christi, mit der er ursprünglich den Kosmos erfüllte.[166] Außerdem macht der jüdische Forscher darauf aufmerksam, daß, wenn Paulus davon spricht, daß Christus einen „Namen über allen Namen" erhält (2,9), er damit in großer Nähe zu den Spekulationen über Yahoel-Metatron steht, der auch den Namen seines Herrn annahm.[167] Schließlich vermutet *Stroumsa* im Anschluß an *Scholem,* daß der Begriff „Leib der Herrlichkeit" (σῶμα τῆς δόξης) in Phil 3,21 mit der גוף הכבוד bzw. גוף השכינה der *Shi'ur qomah*-Spekulation zu tun hat.[168]

Obwohl wir damit das Gebiet der Ekklesiologie streifen, sollte an dieser Stelle auch die Vermutung *Stroumsas* erwähnt werden, daß der Begriff des mystischen Leibes Christi (σῶμα Χριστοῦ)[169] ebenfalls vor dem Hintergrund der *Shi'ur qomah*-Spekulation zu verstehen sei.[170] Dieselbe Herleitung des Gedankens des Leibes Christi hatte schon *H. Schonfield* vertreten. Auch er fand, man müsse etwas von der „rabbinic fancy" verstehen, „that the first man was created with gigantic proportions, his feet upon the earth and his head touching

---

diese Versionen „Rezensionen" eines älteren „Urtextes", den er durch ein Manuskript der British Library (MS Or. 10675/Gaster MS 187) repäsentiert sieht (vgl. Shi'ur Qomah, bes. 41ff.). Wohl berechtigte Kritik an *Cohens* „Urtext"-Hypothese übt *P. Schäfer,* Shi'ur Qomah, in: Studien, 75ff. Er hält fest, daß die 'Shi'ur-Qomah-Spekulation wie die Hekhalot-Literatur im allgemeinen (in deren Kontext diese zumeist vorkommt) „never reached the stage of a unifying, let alone a final redaction" (Tradition and Redaction in Hekhalot Literature, in: Studien, 14f.). Vgl. auch *ders.,* Gott, 58f. und 94ff.

[163] *Stroumsa* führt u.a. folgende Stellen an: OdSal 7, EvPhil CG II,3; 62,11-17, Irenäus, Adv. Haer. 1.15.5.

[164] Forms, 277.

[165] *Stroumsa* verweist auf die in hebrHen 2,2; 3,2; 41,10; bYev 16b und im *Shi'ur Qomah*-Buch auf Metatron angewandten Bezeichnungen *na'ar* bzw. *shemasa rakhima* (aram.), die man beide mit "Knecht/Sklave" übersetzen kann (Polymorphie, 423). *Hengel* bringt allerdings *na'ar* mit dem Gotttessohn- bzw. Menschensohn-Titel in Verbindung (Sohn Gottes, 74).

[166] Eine Interpretation der Kenosis Jesu mit Hilfe des jüdisch-mystischen Gedankens der Selbstzurücknahme des unendlichen Gottes findet sich übrigens auch bei einigen christlichen Systematikern; vgl. etwa *Moltmann,* Schöpfung, IV, §3.

[167] Polymorphie, 423f.

[168] Forms, 281.

[169] Vgl. Röm 12,4f.; 1 Kor 12,13.

[170] 282; so andeutungsweise jüngst auch *Segal,* Paul, 68.

the heaven",[171] um den Apostel angemessen zu verstehen, wenn er von einem σῶμα Χριστοῦ spricht.[172] Ein dritter jüdischer Forscher, der auf die Parallelität der beiden Vorstellungen aufmerksam gemacht hat, ist *S. Ben-Chorin*. In seinem Paulusbuch vergleicht er namentlich Röm 12,4f. und 1 Kor 12,13 mit den Büchern *Raziel* und *Otioth de Rabbi Aqiba,* wo sich die Vorstellung „von einem Leib Gottes, der Israel umfaßt und kosmische Ausmaße annimmt," findet.[173] Obwohl er um die späte literarische Fixierung dieser Gedanken weiß,[174] glaubt er, sie anführen zu dürfen, weil erstens diese Tradition auf einen Tannaiten (R. Ismael) zurückgeführt wird, und zweitens weil es ihm ohnehin nur um eine „psychologische Erhellung"[175] des Sachverhaltes geht, wo Datierungsfragen zweitrangig sind. Mit dem letzten Punkt gibt er freilich den Anspruch auf, eine religionsgeschichtliche Erklärung der paulinischen Theologie geliefert zu haben. Ob eine solche ernsthaft zu erwägen ist, hängt zunächst von den schwierigen Datierungsfragen ab, auf die wir noch zurückkommen werden. Die Auslegung unseres Fallbeispiels wird sich allerdings ganz auf die Christologie konzentrieren müssen, um nicht den Rahmen der Arbeit zu sprengen. Doch bevor wir zu dieser Auslegung kommen, wollen wir unsere kritische Beurteilung wie immer zunächst mit einer kurzen Einordnung der referierten jüdischen Positionen in das Spektrum der christlichen Forschung beginnen.

3.2.4.2 Kritische Beurteilung

Neben den oben angesprochenen Erklärungsversuchen der paulinischen Christologie, insbesondere der Erforschung der religionsgeschichtlichen Herkunft der auf Jesus angewendeten Titel, die lange Zeit die neutestamentliche Forschung beschäftigten, ist in den letzten Jahren das Interesse an (anderen) jüdischen Mittlervorstellungen, besonders an Engeln und erhöhten „Helden" der jüdischen Geschichte, gewachseh. Es war auf christlicher Seite vor allem das Buch *L.W. Hurtados,* das der Diskussion über die neutestamentliche Christolo-

---

[171] The Jew of Tarsus, 98.

[172] Allerdings belegt *Schonfield* seine These nur mit einer Stelle aus dem wohl deuteropaulinischen Epheserbrief (4,13-15).

[173] Paulus, 99.

[174] Das Buch Raziel wurde erstmals 1701 in Amsterdam gedruckt und ist nach Vermutung *Stembergers* in seiner vorliegenden Fassung kaum viel älter (*Strack/Stemberger*, Einleitung, 313). Die Schrift Otioth de R. Aqiba ist nach Ansicht des gleichen Autors zwischen dem 7. und dem 9. Jhd. entstanden (310).

[175] Den etwas kryptischen Begriff der „psychologischen Erhellung" (100) erläutert er mit der (wohl von *C.G. Jung* entlehnten) These, daß in der Geschichte eines Volkes immer wiederkehrende Denkformen die (übergeschichtlichen) Archetypen der jeweiligen Volksseele reproduzieren. Die jüdische Identität des Apostels erweist sich dann (nach *Ben-Chorin*) nicht unbedingt darin, daß sich eine bestimmte historische Beeinflussung belegen läßt, sondern darin, daß er bei der Ausbildung seiner Theolgie auf jüdische Archetypen zurückgreift.

gie (v.a. im angelsächsischen Sprachbereich) neue Impulse gab. *Hurtado* bestätigt im wesentlichen die von den oben angeführten jüdischen Forschern aufgestellte These, daß Paulus, angeregt durch jüdische Mittlervorstellungen,[176] Jesus als göttliches Wesen darstellte.[177] Dabei ist es nach Ansicht des kanadischen Forschers zu einer spezifisch christlichen Mutation des bis dahin ungebrochenen jüdischen Monotheismus' zu einer binitarischen Form der Gottesverehrung gekommen.[178] Indem *Hurtado* aus dem von dem Apostel verwendeten Traditionsmaterial auf die Christologie der Jerusalemer Urgemeinde zurückschließt, die Jesus bereits wenige Jahre nach dessen Kreuzigung einen göttlichen Status beigelegt habe, stellt er sich in Widerspruch zu dem von der Religionsgeschichtlichen Schule etablierten Konsens der früheren Forschung,[179] daß sich eine solche „hohe Christologie" erst in den hellenistischen Gemeinden unter dem Einfluß pagan-hellenistischer Vorstellungen ausgebildet habe. Freilich war dieser frühere Konsens schon durch die Arbeiten anderer Forscher wie *M. Hengel* und *J.A. Fitzmyer*,[180] auf die *Hurtado* in seinem Buch zurückgreifen konnte, in Frage gestellt worden.

Hurtados These bezüglich des religionsgeschichtlichen Hintergrundes der paulinischen Christologie, die in großer Nähe zu den gerade skizzierten jüdischen Erklärungen, insbesondere derjenigen *Segals,* steht, ist im wesentlichen zuzustimmen. In der Tat wird zu zeigen sein, daß Paulus, wenn er von Jesus sagt, er habe an der Schöpfung und Erhaltung der Welt Anteil, auf das Vorbild jüdischer Mittlerfiguren zurückgreift. Dasselbe gilt, wenn er in ihm Gottes Autorität und Macht, insbesondere im eschatologischen Gericht, repräsentiert sieht. Letzteres hat eine Studie *L.J. Kreitzers* verdeutlicht, in der der Engländer von einem „conceptual overlap" zwischen Gott und seinem Gesalbten spricht. Dieser sei nicht erst bei Paulus, sondern schon in der apokryphen und pseudepigraphen Literatur des Judentums zu finden.[181]

---

[176] Diese Mittlervorstellungen unterteilt der Autor in die Gattungen: (a) göttliche Attribute und Mächte (Weisheit, Logos), (b) erhöhte Patriarchen (Moses, Henoch) und (c) Erzengel (Michael, Yahoel, Melchizedek). Die erste Gattung haben wir bereits unter 3.2.2 besprochen. Auf die beiden letztgenannten Kategorien wird in diesem Kapitel einzugehen sein.

[177] Es geht hier nicht um eine Wesensgleichheit mit Gott wie im späteren kirchlichen Dogma. „Göttlich" ist Jesus aber insofern zu nennen, als Attribute und Funktionen Gottes auf ihn angewendet werden und (so jedenfalls *Hurtado*) ihm kultische Verehrung zuteil wird.

[178] *Hurtado* spricht von einer „binitarian shape of early Christian devotion" (One God, 2). Gegen diesen Sprachgebrauch hat jüngst *Capes* eingewendet: „..early Christians not only worshiped Jesus alongside God, they worshiped him as God" (Yahweh Texts, 169). Zugleich hält er fest, daß damit der jüdische Monotheismus nicht grundsätzlich angetastet werde (173f.). Anders *Wright*, der den „christological monotheism" des Paulus für ein (im Vergleich mit jüdischem wie paganem Denken) „strikingly new phenomenon" hält (Climax, 136).

[179] *Bousset*, Kyrios Christos; *Bultmann*, Theologie.

[180] *Hengel*, Sohn Gottes; *ders.*, Christologie; *Fitzmyer*, Wandering Aramean, 115-142.

[181] *Kreitzer* demonstriert diese konzeptuelle Überlappung vor allem an der christlichen

J.D.G. Dunn freilich bezweifelt, daß jüdische Engelvorstellungen Paulus bei der Ausbildung seiner Christologie beeinflußt haben könnten:

„In no case can Paul's language plausibly be taken to presume or presuppose an angel-christology."[182]

Er begründet sein Urteil vor allem damit, daß bei Paulus wie im ganzen NT dem erhöhten Christus ein Status *über* dem eines Engels zugeschrieben wird.[183] Doch angesichts der auch in den jüdischen Quellen erkennbaren Über- und Unterordnung in der Engelwelt ist daraus kein Argument gegen eine Beeinflussung der neutestamentlichen Autoren durch angelologische Konzepte des Judentums zu gewinnen. Es geht ja nicht darum, Jesus mit irgendeinem der zahlreichen Engel zu vergleichen, die nach antik-jüdischer Vorstellung die Himmel bevölkern, sondern mit dem *einen* Erzengel, der (freilich unter verschiedenen Namen) an der Spitze der himmlischen Hierarchie steht und eine Position innehat „second only to God".[184] Derselbe Einwand ist auch gegen die Skizzierung der paulinischen Engellehre *M. Machs* im Rahmen seiner Monographie über die „Entwicklungsstadien des jüdischen Engelglaubens in vorrabbinischer Zeit"[185] anzuführen. Auch er betont zu einseitig „die Spannung (..), die Paulus aufgrund des Glaubens an Jesus als Messias zu den Engeln spürt."[186] Immerhin widmet er einen ganzen Paragraphen der gegenseitigen Bezogenheit angelologischer und christologischer Motive,[187] ohne dort freilich sein problematisches Urteil über die paulinische Christologie zu korrigieren. Wichtig im Blick auf unser Thema ist aber *Machs* Erkenntnis, daß schon im zwischentestamentarischen Judentum „die apokalyptischen Retterfiguren (..) in bestimmter Verbindung zu den Engeln (standen)."[188] Mit der von *Mach* beschriebenen Annäherung angelologischer und christologischer (oder besser: messianologischer) Vorstellungen im Judentum war eine wesentliche Voraussetzung dafür gegeben, daß Paulus Jesus als engelgleiche Figur auf dem Thron Gottes darstellen konnte. *Hurtado* scheint also gegenüber *Dunn* im Recht zu sein, wenn er festhält:

„We need to ask, not merely whether the New Testament presents Christ as an angel, but whether Jewish angelology may have assisted early Jewish Christians in coming to terms theologically with the exalted Christ."[189]

Adaption der jüdischen Vorstellung vom „Tag des Herrn", der im NT (und auch bei Paulus) zum Tag Christi umgeprägt wurde (vgl. Jesus and God, Kap. 2, 93-130).

[182] One God, 156.

[183] 154.

[184] 75.

[185] Tübingen 1992.

[186] 286.

[187] Kap. IV,3; Das christologische Problem: Die Engel und der endzeitliche Retter, 287ff.

[188] 288; *Mach* führt als Belege an: Jes 9,5 LXX; äthHen 46,1; TestAbr 12,5ff. A, AssMos 12,2; Sib 3,652; 5,155ff.; TestDan 6,7 (einige MSS) und 11QMelch.

[189] One God, 74; vgl. auch *Rowland*: „We know (..) that early Christians did not rest con-

Problematisch ist allerdings die Behauptung *Hurtados,* die Modifizierung des Monotheismus' durch die Verehrung einer „zweiten Macht im Himmel" sei im damaligen Judentum völlig analogielos gewesen. Wenngleich wir (stärker als einige der oben genannten jüdischen Forscher) mit gewissen Modifikationen bei der Adaption apokalyptisch-mystischer Vorstellungen durch Paulus (und andere frühe Christen) rechnen sollten, dürfte sich dieses kategorische Urteil angesichts der oben skizzierten neueren jüdischen Paulusauslegung[190] wohl kaum mehr halten lassen. Auch die jüngsten Arbeiten christlicher Forscher wie *J.E. Fossum,*[191] *C. Rowland,*[192] und *M. Barker*[193] lassen Zweifel an *Hurtados* These aufkommen. Diese haben m.E. überzeugend herausgearbeitet, daß der jüdische Monotheismus (wenn man diesen Begriff heute überhaupt noch so pauschal verwenden will)[194] zur Zeit des entstehenden Christentums sehr viel weitgehender relativiert war, als *Hurtado* das wahrhaben will. Vor allem seine Leugnung einer Engelverehrung im Frühjudentum ist aufgrund der Forschungsergebnisse *P. Schäfers* überraschend. Der Berliner Judaist kam in seinem Buch über „Die Rivalität zwischen Engeln und Menschen" zu der Überzeugung,

> „daß in der rabbinischen Literatur deutliche Spuren eines Engelkultes festzustellen sind. Hinweise auf eine solche Praxis finden sich zwar nur indirekt, nämlich in der Polemik der Rabbinen gegen die Engelverehrung; doch ist diese Polemik Beweis genug für das tatsächliche Vorhandensein eines Engelkultes im rabbinischen Judentum."[195]

Auch im vorrabbinischen Judentum konnte laut *M. Mach* die erhobene Stellung der Engel als übernatürliche, himmlische Wesen zu ihrer Verehrung führen, wobei freilich in jedem Einzelfall zu fragen sei, von welchem Stadium ab eine solche Verehrung als Engelkult zu gelten hat.[196] An diesem Punkt scheint mir auch *Bousset* gegenüber dem kanadischen Neutestamentler im Recht zu

---

tent with the title 'Messiah' to express their convictions about Jesus. There was a contribution from another theological stream in Judaism which was only loosely related to the eschatological categories like Messiah. When early Christians wanted to explore the relationship between God and Christ they used two streams, one of which has been explored in some detail in New Testament scholarship, the wisdom tradition of Judaism, and the other, about which little has been written, the angelomorphic ideas developing in Judaism. In using these categories early Christians gave a very different twist to Christology" (Origins, 251).

[190] Neben *Segals* Paulusbuch ist für unser Thema auch seine Dissertation (Two Powers) wichtig.

[191] Name.

[192] Open Heaven.

[193] Angel.

[194] Vgl. auch *Hayman,* Monotheism.

[195] Rivalität, 67; ähnlich *Urbach*: „It appears that in the sphere of popular religion the worshippers were not content only to mention the names of angels in hymns and praises, but did also in prayers and supplications for the fulfilment of human needs, even of a very material nature" (The Sages, 182).

[196] Entwicklungsstadien, 292. Vgl. hierzu: Ps-Philo, LibAnt 34; TestLev 5,5f.; TestDan 6,1ff.; Apg 7,42f.; Kol 2,18; Apk 19,10 und ApkZeph 6,1-3.

sein, und die (auch von uns zugestandene) Modifizierung jüdischer Traditionen dürfte eher an anderer Stelle zu suchen sein: daß der Apostel nämlich solche Vorstellungen einer transzendenten himmlischen Mittlerfigur auf eine ganz konkrete zeitgenössische Person anwenden konnte, deren schmachvoller Tod am Kreuz erst wenige Jahre zurücklag.[197]

Freilich muß sich auch die jüdische Forschung kritische Fragen gefallen lassen: Nicht nur die Tatsache, daß offensichtlich keiner der angeführten jüdischen Gelehrten (außer *Segal*) mit Modifikationen bei der Übernahme jüdischer Traditionen zu rechnen scheint, sondern auch die unsichere Datierung einiger ihrer Belege könnte die Überzeugungskraft ihrer ansonsten anregenden Thesen mindern: Einer der wichtigsten Erzengel, auf den (ähnlich dem paulinischen Christus) Attribute und Funktionen Gottes übertragen wurden, und der deswegen von den Rabbinen als potentielle Gefahr für den Monotheismus betrachtet wurde, ist die von *Wise, Klein* und *Segal* gleichermaßen angeführte Figur des Metatron.[198] Das Hauptproblem, diese Figur für die Interpretation paulinischer Texte fruchtbar zu machen, besteht vor allem darin, daß eine voll entwickelte Metatron-Spekulation sich erst in dem schwer datierbaren hebräischen Henochbuch findet.[199] Freilich ist es durchaus möglich, daß bestimmte Vorstellungen wesentlich älter sind als die Endredaktion(en) des Buches, ja möglicherweise vorchristlichen Ursprungs sind.[200] Sollte sich diese Vermutung bestätigen, dann hätte dies außerordentliche Bedeutung für die neutestamentliche Christologie,

---

[197] So auch *Chester*, Expectations, 76.

[198] Vgl. *Scholem*, Art. Metatron, JE II, 1443-1446.

[199] Die Abfassung dieses auch hebrHen genannten Werkes jüdischer Mystik ist stark umstritten: Der Herausgeber der englischen Übersetzung des hebrHen, *Odeberg*, sieht Hinweise für eine Endredaktion gegen Ende des 3. Jhd.s. (3 Henoch, 37). Doch muß dies als ebenso unwahrscheinlich gelten wie die extrem späte Datierung *Miliks*, der das Buch als Teil der kabbalistischen Literatur (12./13. Jhd.) ansieht. *Gruenwald* vermutet eine nachtalmudische Entstehung, evt. im 6. Jhd (Mysticism, 192). In das 5. oder 6. Jhd. datiert auch *Scholem* diesen Text, obwohl er viel altes und wichtiges Material darin enthalten sieht (Gnosticism, 17, Anm. 19); vgl. auch *Alexander* (OTP I, 229) und *Barker* (Angel, 90: nicht vor dem 5. Jhd.).

[200] Wie *Alexander* geht auch *Morray-Jones* (Hekhalot Literature, 36ff.) davon aus, daß zu den älteren Teilen auch die Metatron-Spekulation gehört: In der Endredaktion sei hebrHen sicher nachtalmudisch, könne aber nicht einfach pauschal als eine Weiterentwicklung rabbinischer Vorstellungen betrachtet werden (so *Morray-Jones* gegen *Alexander*); hebrHen 16,1-5, ein für unseren Zusammenhang wichtiger Text (s.u.), sei beispielsweise älter als die parallele Talmudstelle (bHag 15a). Für vorchristliche Wurzeln der Metatron-Tradition plädieren *Barker*, Angel, 90 und *Stroumsa*, Form(s), bes. 281f. (siehe unten!). Auch *Odeberg* sieht die Anfänge der Spekulationen um diesen Erzengel schon bei den frühen Tannaiten Palästinas, obwohl er die Endredaktion des hebrHen im 3. Jhd. annimmt (3 Henoch, 37). Demgegenüber rechnet *Alexander* mit einer voll ausgebildeten Henoch-Metatron-Spekulation erst um 450 (Setting, 164). Immerhin bestätigt auch er, daß „3 Enoch contains some very old traditions and stands in direct line with developments which had already begun in the Maccabean era" (OTP I, 229).

denn die Parallelen gerade zu Paulus sind zum Teil verblüffend.[201] Dennoch
sollten wir, bis die schwierigen Datierungsprobleme des 3 Hen geklärt sind, nur
solche Motive und Vorstellungen zur Erklärung des Apostels heranziehen, deren Existenz im 1. Jhd. durch andere, nachweislich alte Texte belegt ist. Die
gleiche Einschränkung muß natürlich auch hinsichtlich anderer Texte wie dem
Talmud und der Hekhalotliteratur gemacht werden.

Obwohl die meisten angeführten jüdischen Gelehrten (*Wise, Klein, Djian*)
kaum über Andeutungen hinauskamen, was das Verhältnis des Apostels zu jüdischen Mittlervorstellungen angeht, halte ich es aufgrund der neueren Untersuchungen von *L.W. Hurtado, A. Chester* und *A.F. Segal* für unbestreitbar, daß
solche Traditionen schon in vorchristlicher Zeit belegbar und als möglicher
Hintergrund der paulinischen Christologie anzusehen sind. Es ist unmöglich,
aber für unsere Zwecke auch überflüssig, hier in Einzelheiten zu gehen. Die
Auslegung eines exemplarischen Paulustextes mag stattdessen genügen, um die
von Teilen der jüdischen Paulusauslegung behauptete Relevanz apokalyptisch-
mystischer Mittlervorstellungen für das Verständnis der paulinischen Christologie zu belegen. Das heißt nicht, daß wir eine literarische Abhängigkeit des Apostels von den oben angeführten Quellen annehmen müßten. Allerdings dürfte
deutlich werden, daß ihm die zeitgenössische jüdische Mystik und Apokalyptik
wichtige sprachliche Ausdrucksmittel zur Verfügung stellte, um seine Christologie auszuformulieren.

Als Fallbeispiel soll uns ein Text dienen, der bereits Berge von Sekundärliteratur hervorgebracht hat. Es dürfte sich von selbst verstehen, daß ich nur ganz
vereinzelt auf diese eingehen kann, wenn ich nun diesen Text auf mögliche
Verbindungen zur Apokalyptik und frühen jüdischen Mystik hin untersuche.
Die Rede ist von Phil 2,6-11,[202] einem Christushymnus, der dem Apostel nach
dem breiten Konsens der Forschung bereits im wesentlichen vorgegeben war,
wenngleich interpretierende Eingriffe durch die Hand des Paulus wahrscheinlich sind.[203] Trotz der Vorgeschichte des Textes kann man ihn wohl trotzdem als
genuinen Ausdruck der paulinischen Christologie betrachten.[204] Lange Zeit
wurde dieser Text im Gefolge der Religionsgeschichtlichen Schule als Beispiel

---

[201] So auch *Hengel*, Sohn Gottes, 74.

[202] Zu der von mir verwendeten Sekundärliteratur zu dieser Stelle gehört (neben dem unten
Genannten): *Lohmeyer*, Kyrios Christos; *Hofius*, Christushymnus; *Martin*, Carmen Christi
(dort weitere Literatur!); *Ziesler*, Pauline Christianity, 43ff.; *Fossum*, Name, 292ff.; *Dunn*,
Christology, 149-162; *Hurtado*, One God, 96f.; *Kim*, Origins, 151-153.

[203] Als repräsentativ für diese opinio communis mag das Urteil *Martins* gelten: „We are on
firm ground that Philippians ii. 6-11 represents a hymnic specimen, taken over from Paul as a
paradosis from some early Christian source with a Jewish background but slanted to address
questions that faced the church as it moved out to confront the larger Hellenistic world of
Grae-co-Roman society" (Carmen Christi, XXXIV); vgl. hierzu auch *Schenk*, Philipperbriefe,
185ff.

[204] So auch *Capes*, Yahweh Texts, 158; vgl. *W.D. Davies*, Paul, 42.

für die christliche Verarbeitung eines angeblichen „gnostischen Erlösermythos'" angeführt.[205] Mittlerweile scheint diese These nach teilweise vehementer Kritik[206] auf dem Rückzug zu sein. Der Hintergrund des Philipperhymnus wird heute verstärkt in alttestamentlich-jüdischen Traditionen gesucht, wobei freilich noch umstritten ist, welche Spielart des Judentums ausschlaggebend ist.[207] Wenn ich mich im folgenden (erneut) ganz auf die apokalyptisch-mystische Variante konzentriere, geschieht das nicht, um andere Einflüsse völlig auszuschließen. Doch die besonders in diesem Milieu virulente „Zwei-Mächte"-Vorstellung scheint mir ein wichtiger Faktor bei der Ausbildung der paulinischen Christologie gewesen zu sein, der bisher zu wenig Beachtung gefunden hat.

Man wird ohne Frage von einer „hohen" Christologie sprechen können, wenn Paulus in Phil 2,9 von Jesus sagt, Gott habe ihm „den Namen über alle Namen" (τὸ ὄνομα τὸ ὑπὲρ πᾶν ὄνομα) verliehen. Denn damit kann (wie aus 2,11 hervorgeht) nichts anderes gemeint sein als die Akklamation Jesu als κύριος (dem griechischen Äquivalent für den hebräischen Gottesnamen יהוה). Das wird unterstrichen, wenn in 2,10f. eine Ehrerbietung (das Beugen eines jeden Knies und die „Homologie" einer jeden Zunge), die (nach Jes 45,23) ursprünglich Gott zukommt, für Jesus beansprucht wird.[208] Auch daß Jesus, der nach 2,6a ἐν μορφῇ θεοῦ war, als ἴσα θεῷ (2,6b) bezeichnet wird, zeigt seine gottgleiche Würde.[209]

Diese „hohe" Christologie des Apostels erscheint auf dem ersten Blick als mit dem jüdischen Bekenntnis zu dem *einen* Gott unvereinbar. Bei genauerem Hinsehen zeigt sich aber, daß auch im Judentum irdischen Repräsentanten Gottes eine ähnliche Würdestellung eingeräumt werden konnte. So hat beispielsweise *K. Berger* in seinem Aufsatz „Zum traditionsgeschichtlichen Hintergrund christologischer Hoheitstitel"[210] die Verleihung des „Namens über alle Namen" (Phil 2,9b) mit 3 Hen 12,5 in Verbindung gebracht. Dort wird dem Erzengel Metatron folgender Satz in den Mund gelegt:

---

[205] So beispielsweise *Käsemann*, Analyse; *Bornkamm*, Verständnis; *Wengst*, Formeln.

[206] Vgl. vor allem *Colpe*, Schule; *Georgi*, Hymnus; *Hengel*, Sohn Gottes, 53ff.

[207] *Lohmeyer* sieht in dem Christushymnus die atl. Traditionen vom Gottesknecht und Menschensohn verarbeitet (Kyrios Christos). *Hofius* hingegen betrachtet den Hymnus vor dem Hintergrund der atl. Vorstellungen von der Königsherrschaft Gottes und seiner eschatologischen Huldigung, wie sie vor allem von DtJes entwickelt wurden (Philipperhymnus, bes. 41ff.). *Dunn* interpretiert Phil 2 vor dem Hintergrund der paulinischen Adam-Christologie (Christology, 114-121; Partings, 193f.) und *Georgi* schließlich favorisiert das hellenistische Judentum und zeigt Zusammenhänge mit der LXX und SapSal auf (Hymnus).

[208] Vgl. *Capes*, Yahweh Texts, 159.

[209] Möglicherweise liegt hier ein Bezug auf Gen 1,26 vor (so *Hooker*, Philippians 2.6-11, 160f.; anders *Wright*, Climax, 72). Es bleibt auf jeden Fall zu beachten, daß die Verherrlichung Jesu letztlich „zur Ehre Gottes, des Vaters" geschieht (2,11b; vgl. auch 1 Kor 15,28).

[210] NTS 17 (1970/71), 390ff.

„Und er nannte mich den 'Klein(er)en Jahwe' in Gegenwart seiner ganzen Dienerschaft, die in der Höhe ist, weil gesagt ist: 'Denn mein Name ist in ihm' (Ex 23,21)."

Beide Texte gehören nicht nur der gleichen literarischen Gattung („Botenepiphanie") an, sondern gipfeln auch übereinstimmend in einer Proskynese.[211] Neben der (in apokalyptisch-mystischen Strömungen des Judentums beheimateten) Henoch-Metatron-Tradition führt der Heidelberger Ausleger einen der ältesten Texte der Samaritanischen Literatur an, in dem Moses (wie der paulinische Christus) mit göttlicher Vollmacht ausgestattet wird und den Namen Gottes erhält.[212]

Der niederländische Ausleger *G. Quispel* betrachtet den Philipperhymnus vor dem Hintergrund der jüdischen Merkavah-Mystik. Es sei eine hellenistische und heterodoxe Variante dieses Traditionsstromes gewesen, auf die Paulus, vermittelt durch ein gnostisierendes Judenchristentum (in Damaskus?), zurückgreifen konnte, um Christus als die Manifestation Gottes darzustellen.[213] Er versucht ähnlich wie *Stroumsa* zu zeigen, daß der Apostel einen in gnostischen und jüdischen Kreisen bereits geläufigen Terminus verwendet, wenn er von Jesus als Gottes μορφή spricht. *Quispels* These ist allerdings durch die Tatsache belastet, daß er fast nur nachchristliche Parallelen anführt.[214] Außerdem vermengt er ein wenig zu kühn verschiedene Konzepte miteinander. Der himmlische Adam, der Menschensohn, die göttliche Herrlichkeit (כבוד/δόξα) und das Abbild Gottes (דמות/εἰκών) sind nicht einfach deckungsgleich, wenngleich Querverbindungen erkennbar sind.

In Bezug auf die Datierungsfrage scheinen mir die Beiträge seines norwegischen Schülers *J.E. Fossum* weiterzuhelfen, der in seiner Monographie „The Name of God and the Angel of the Lord"[215] wichtige Motive des Philipperhymnus' von etwa zeitgleichen oder älteren jüdischen Parallelen her verständlich zu

---

[211] Vgl. Phil 2,10 und hebrHen 14,5; Auch *Chester* stellt fest, die Verleihung des Kyriostitels an Jesus sei „...related to the theme of angelic or exalted being posessing the name of God, as we have seen in the case of Iaoel in ApcAbr (and, later, with Metatron in 3 Hen)" (Expectations, 75). Anders allerdings *Hofius*, Philipperhymnus, 51f., Anm. 121. Doch sind die von *Hofius* gegen *Berger* angeführten Einwände wenig überzeugend. Vor allem beruft er sich ganz zu Unrecht auf *Scholem*, der durchaus (wie wir sehen konnten) Paulus als von der jüdischen Mystik beinflußt sieht.

[212] 414f. Die Rede ist von dem nur schwer datierbaren Buch Memar Maqah II, wo die Erhöhung des Mose mit seiner Bekleidung mit dem göttlichen Namen in Verbindung gebracht wird. (Kritisch hierzu äußert sich *Hofius*, Philipperhymnus, 27f., Anm. 29; vgl. aber *Fossum*, Name, 87ff.).

[213] Ezechiel 1:26, 13.

[214] Er behandelt u.a. Belege aus dem Shi'ur Qomah, den Ma'aseh Merkavah, dem Johannesapokryphon aus Nag Hammadi, dem hermetischen Poimandres und verschiedenen Kirchenvätern. Vor- oder nebenpaulinisch sind höchstens der ebenfalls von ihm erwähnte Philo und Ezechiel, der Tragiker.

[215] Tübingen 1985.

machen versucht. Auch er legt Wert auf die in 3 Hen 12,5 überlieferte Bezeichnung Henoch-Metatrons als יהוה הקטון,[216] ergänzt diese (jedenfalls in ihrer Endfassung) späte Stelle aber durch frühere Belege für die Verleihung des göttlichen Namens an eine menschenähnliche himmlische Figur: Sowohl Philo, der das Bild Gottes als „zweiten Gott" (δεύτερος θεός) bezeichnet,[217] als auch die ApkAbr, die von dem Engel Yaoel[218] sagt, er trage einen „unaussprechlichen Namen",[219] sind vermutlich im 1. Jhd. n. Chr. entstanden. *Fossum* erwähnt auch (freilich ohne direkten Bezug auf Phil 2) die Sekte der Maghariya, die nach (recht unsicheren) Berichten von *Al Qirqisani* und *Sharastani* ebenfalls im 1. Jhd. einen präexistenten Engel verehrt haben soll, von dem gesagt wurde, er trage den Namen Gottes.[220] Daß Christus in Phil 2,7 menschenähnliche Gestalt annimmt (ἐν ὁμοιώματι ἀνθρώπων γενόμενος), versteht *Fossum* (wie Teile der jüdischen Forschung) als Reminiszenz zu Begriffen, die auch in der Apokalyptik und Mystik auf Gottes Vizeregenten angewendet werden.[221] Diese knappen Ausführungen zum Philipperhymnus lassen deutlich werden, daß die von einigen jüdischen Paulusauslegern vorgeschlagene, aber zumeist nicht oder nur mangelhaft begründete Auslegung der paulinischen Christologie vor dem Hintergrund apokalyptisch-mystischer Traditionen des Judentums durchaus erwägenswert ist. Sie vermag vielleicht neue Perspektiven auf den Apostel aufzeigen, die bisher noch zu wenig Beachtung gefunden haben.

Nicht ganz so unproblematisch scheint mir die These *Stroumsas, Schonfields, Ben-Chorins* und *Segals* zu sein, die mystische *Shi'ur Qomah*-Spekulation habe die paulinische Christologie bzw. seine Leib-Christi-Vorstellung beeinflußt. Diese Vermutung läßt sich nämlich nur dann aufrecht erhalten, wenn man im Gefolge *G. Scholems* diese Traditionen in das späte erste oder frühe zweite Jahrhundert zurückdatiert. *Scholems* Position beruht im wesentlichen auf folgenden Argumenten: Erstens sei der *Shi'ur Qomah* die Quelle der Lehren des Valentianischen Gnostikers Markus (2. Jhd.),[222] zweitens stehe er im Hintergrund einer Bemerkung Origenes' (Anf. 3. Jhd.), in der dieser von jüdischen

---

[216] So auch in hebrHen 48,1; vgl. auch 3,1, wo davon die Rede ist, daß Metatron den Namen seines Herrn trägt.

[217] Quaest. in Gen. 42,11; vgl. dazu *Fossum*, Name, 268f. und *Segal*, Two Powers, 159ff.

[218] Yaoel ist zusammengesetzt aus den beiden Gottesnamen JHWH und Elohim.

[219] ApkAbr 10,8: „Ich bin Jaoel, so durch den genannt, der das erschüttert, was sich mit mir auf der siebten Breite am Firmament befindet, (ich bin) eine Kraft vermittels des unaussprechlichen Namens, der mir beigelegt"; ähnlich auch ApkAbr 10,4: „Gehe, Jaoel, der du meinen Namen trägst.." (Text nach *Philonenko*, JSHRZ V,5); vgl. dazu *Fossum*, Name, 318f.

[220] Vgl. *Stroumsa*, Forms, 278; *Fossum*, Name, 18. 214; zu dieser Sekte im allgemeinen *ders.*, Magharians.

[221] *Fossum* erwähnt ausdrücklich die Herrlichkeit Gottes in Ez und den Menschensohn in Dan und äthHen; Name, 295.

[222] Vgl. Irenäus, Adv. Haer. I 14,1-3.

Vorbehalten gegen eine eigenwillige Auslegung des Hoheliedes spricht.[223] Drittens verweist *Scholem* (im Anschluß an *M. Gaster*) auf 2 Hen 39,6[224] und eine Passage der Pseudo-Clementinischen Homilien, die beide Spekulationen über die Ausmaße des göttlichen Leibes enthalten. Man könnte die Hinweise auf eine frühe Entstehung des *Shi'ur Qomah* (mit *J.M. Baumgarten*) noch erweitern um den Judenchristen Elkesai (um 100), der einen Engel mit enormen Ausmaßen beschreibt.[225] Doch wurde in jüngster Zeit die Evidenz dieser Argumente teilweise in Frage gestellt. Vorbehalte, auf die wir hier nicht im einzelnen eingehen können, äußerte vor allem *M.S. Cohen*. Der *Shi'ur-Qomah* ist nach seiner Meinung erstmals sicher bei dem Poeten *Eleazar ha-Kallir* (6. Jhd.) nachzuweisen.[226]

Andererseits finden sich eine Reihe von Forschern, die ein hohes Alter dieser Tradition verteidigen und deshalb Beziehungen zu Paulus durchaus nicht ausschließen. So kommt beispielsweise *S. Kim* zu folgendem Ergebnis:

> „The two elements of the *merkabah*-vision tradition, namely *shi'ur-qomah*-speculation and the conception of the heavenly figure in a vision in terms of the inclusive representative of the ideal Israel, could, along with others, have contributed to Paul's conception and imagery of the Church as the Body of Christ."[227]

Auch *J. Fossum* vertritt in einem Aufsatz zum Thema die von *Scholem* verfochtene Frühdatierung der *Shi'ur Qomah*-Spekulation und stellt sie als wesentlichen Faktor für die Ausbildung der urchristlichen Christologie heraus.[228] Schließlich behauptet *C. Rowland*, „that seeds of the later speculation on God's form are evident in 1 Enoch 14 and Daniel 7."[229] Die Diskussion um das Alter der *Shi'ur Qomah*-Spekulation ist heute also so sehr im Fluß, daß eine definitive Antwort auf die Frage, ob diese zur Zeit des Paulus schon vorauszusetzen sei, kaum möglich ist. Angesichts der nur sehr vereinzelten und nicht immer überzeugenden frühen Belege ist Zurückhaltung angebracht. An der Existenz einer frühen Form von *Merkavah*-Mystik als solcher, die auch auf den Apostel eingewirkt hat, habe ich allerdings wenig Zweifel. Der Beitrag dieser Strömung zur Entstehung der paulinischen Christologie dürfte, wie von den oben aufgeführten

---

[223] Prol. ad Cant. (MPL 13,63).

[224] „Ich sah des Herrn Gewandung ohne Maß, unvergleichlich, endlos."

[225] Überliefert ist diese Tradition bei Hippolyt, Refutatio IX 13,2 und Epiphanius, Panarion XIX 4,1; vgl. *Baumgarten*, Elkesai.

[226] Shi'ur Qomah; zu *Cohens* Kritik an *Scholem* siehe 21ff., zur Begründung seiner eigenen Datierung 51ff., bes. 65. Problematisch ist allerdings *Cohens* „Urtext"-Hypothese; siehe oben, Anm. 162.

[227] 256; vgl. auch *Quispel*, Ezechiel 1:26, 11f.

[228] Christology; vgl. auch *Morray-Jones'* Vermutung, daß Eph 4,12f. mit der *Shi'ur-Qomah*-Tradition zu tun habe (Transformational Mysticism, 31).

[229] Open Heaven, 342; *Gaster* hatte schon um die Jahrhundertwende Verbindungen mit apokalyptischen Texten wie AscMos, slHen, TestLev und AscJes postuliert (Schiur Komah, bes. 183f.).

jüdischen Forschern zu Recht festgehalten worden ist, nicht zu unterschätzen sein.

Fassen wir die Ergebnisse dieses Kapitels kurz zusammen: Man kann bei Paulus schwerlich von einer Vergeistigung des angeblich primär politisch-nationalen Messiasbegriffes des Judentums durch die Aufnahme von orientalisch-hellenistischen Fremdeinflüssen sprechen (gegen *Klausner*). Eher schon könnte man (mit *Baeck* und *Buber*) die paulinische Christologie als von einer mehr universalistisch ausgerichteten prophetisch-apokalyptischen Messiaserwartung beeinflußt sehen. Doch die für die ältere jüdische Auslegung insgesamt typische Fixierung auf den Messiastitel hat sich als problematisch herausgestellt, denn bei genauerem Hinsehen erweist er sich als bei weitem nicht so zentral für die paulinische Christologie, wie das aufgrund seiner Häufigkeit den Anschein haben könnte. Auch läßt sich die Bezeichnung Jesu als „Sohn Gottes" keineswegs nur vor dem Hintergrund pagan-hellenistischer Vorstellungen verstehen (*Wise, Schoeps, Carmichael*), sondern im Kontext jüdischer Apokalyptik. Die Logosvorstellung Philos hat wohl kaum unmittelbar auf die paulinische Christologie eingewirkt, hingegen wird man den Einfluß der jüdischen *Sophia*-Spekulation kaum in Abrede stellen können (*Krauskopf, Djian, Sandmel*). Wichtiger aber scheint mir die Erkenntnis, daß nicht selten jüdische Mittlervorstellungen im Hintergrund stehen, wenn Paulus Funktionen (Schöpfungsmittlerschaft, richterliche Gewalt im Endgericht etc.) und Attribute Gottes (Name, Herrlichkeit etc.) auf Christus überträgt. Daß der Apostel Jesus dadurch zu einer Art „zweiten Macht im Himmel" macht, stellt ihn vielleicht an den Rand, nicht aber außerhalb des damaligen Judentums (*Wise, Klein, Segal*).

3.3 Die paulinische Gesetzeslehre und die jüdische Tora

„Das Judentum ist die Religion der Tora."[1] Deshalb ist es verständlich, daß die Frage nach der Beurteilung des Gesetzes durch Paulus zu allen Zeiten großes Interesse bei jüdischen Auslegern des Apostels gefunden hat. Gerade hier läßt sich das in den letzten Jahren gestiegene Bemühen erkennen, Paulus als eine Figur der jüdischen Religionsgeschichte zu würdigen. Manche Gelehrte haben seine Gesetzeslehre als Ausdruck der (vermeintlich) liberaleren Haltung des Diasporajudentums verstanden (3.3.2). Andere wieder betrachten sie im Kontext einer (mal als apokalyptisch, mal als pharisäisch-rabbinisch angesehenen) Geschichtstheologie, die mit dem Ende des Gesetzes (oder einiger seiner Teilaspekte) in den Tagen des Messias' rechnet (3.3.3). Teilweise sieht man nur die Zeremonialgebote von der Aufhebung des Gesetzes betroffen (3.3.4) oder meint, die Tora verliere ihre Bedeutung nur für Heidenchristen (3.3.5). Diese Versuche, die paulinische Gesetzestheologie im Rahmen jüdischen Denkens zu erklären, sind bemerkenswert, hatten doch die meisten Ausleger des älteren Paradigmas (von dem wir zunächst auszugehen haben) Paulus pauschal als Zerstörer der Tora verurteilt, der mit seiner Haltung die Grundlagen der Moral in Frage gestellt und wesentlich zum Schisma zwischen Judentum und Christentum beigetragen habe (3.3.1).

3.3.1 Paulus als Überwinder der jüdischen Tora
3.3.1.1 Jüdische Positionen

Wir haben im forschungsgeschichtlichen Teil dieser Arbeit bereits beobachtet, daß die ältere jüdische Forschung Paulus fast ausnahmslos als prinzipiellen Antinomisten darstellt, der nicht nur das Zeremonialgesetz, sondern auch das Sittengesetz außer Kraft gesetzt hat. Damit habe er - sei es aus Opportunismus, sei es aus dem achtenswerten Bestreben, die Heiden für den neuen Christusglauben zu gewinnen - das Christentum endgültig von seinem jüdischen Mutterboden losgelöst (so etwa *H. Graetz, C.G. Montefiore, K. Kohler* und der frühe *L. Baeck*).

Uns war auch aufgefallen, daß jüdische Autoren den Vorwurf, Paulus habe das Gesetz aufgehoben, nicht nur nach außen in der Auseinandersetzung mit dem Christentum anführten, um damit die Unzulänglichkeit seiner Moral zu belegen, (*E. Benamozegh, L. Baeck*), sondern daß gerade Reformjuden dadurch ihre liberale Handhabung der Tora nach innen gegenüber jüdischer Kritik von der

---

[1] *Petuchowski*, Art. „Gesetz", in: Lexikon, 127.

paulinischen Position abheben wollten. So konnte selbst ein Mann wie *Kohler* die Gesetzeskritik des Apostels als einen Angriff auf die Grundlagen des Judentums verstehen:

„It is mainly Paul's attitude towards the Law that placed him in sharp contrast to Judaism. (..) It may be questioned whether Paul after his conversion had any sympathy with the Jewish people whose Law he declared to be a curse from which the crucified Christ (..) was to redeem the believer."[2]

Bemerkenswerterweise folgte die ältere jüdische Forschung mit dieser Sicht der paulinischen Gesetzeslehre im Ergebnis (wenn auch nicht in der Bewertung) der damals vorherrschenden christlichen Lesart.[3] Dieser zufolge ist das Gesetz (wiewohl Gottes Wille) nicht erfüllbar und deshalb kein gangbarer Heilsweg.[4] Seine Aufgabe sei es lediglich, dem Menschen seine Sündhaftigkeit vor Augen zu führen, diese (durch Anstiftung zur Selbstrechtfertigung) sogar noch zu vergrößern und ihn so auf den Empfang der Gnade vorzubereiten. Je nachdem, ob diese Auslegung in idealistischem oder existentialphilosophischem Gewande präsentiert wird, werden Gesetzeswerke als nur „äußerlicher" Vollzug von Vorschriften (im Gegensatz zur „inneren" Gesinnung)[5] oder als Ausdruck eines verfehlten Selbstbewußtseins[6] abgewertet. Es wird heute mehr und mehr bewußt, daß diese Sicht nicht nur Paulus, sondern auch das antike Judentum völlig verzeichnet. Wir wollen zunächst anhand zweier Fallbeispiele (Gal 3,10-13 und Röm 7) zeigen, wie die Argumente, die das alte Paradigma der Paulusauslegung stützten, mehr und mehr ins Wanken gerieten und durch andere Prämissen ersetzt wurden, um dann in einem zweiten Schritt nach den Konsequenzen für das jeweils implizierte Bild des antiken Judentums zu fragen.

Es waren im wesentlichen zwei Säulen, auf denen die alte These, Paulus habe das Gesetz als Heilsweg abgetan, ruhte.[7] Die erste Säule, heute oft als „quantitatives" Argument bezeichnet, schien man in Gal 3,10-14 gefunden zu haben. *J. Eschelbacher* schließt sich in seiner Auslegung dieser Stelle der damals unter den christlichen Exegeten vorherrschenden Meinung an, es sei dem Menschen aufgrund der Übermacht der Sünde faktisch unmöglich, den Torage-

---

[2] Origins, 263.

[3] Vgl. *E. Stegemann*, Paulus, 117-139; ferner: *Watson,* Paul, 2ff.

[4] Ich verwende den (nicht sehr glücklichen) Terminus „Heilsweg" in dem Sinn, den er in der Sekundärliteratur zumeist hat: Mittel oder Modus der Rechtfertigung.

[5] Im 19. Jhd. wurde diese Spielart der Paulusauslegung vor allem durch *F.C. Baur* (und die von ihm begründete Tübinger Schule) vertreten, der dabei Anstöße der Hegel'schen Geschichtsphilosophie aufnahm.

[6] So in unserem Jahrhundert v.a. *Bultmann* im Anschluß an Vorstellungen *Heideggers*.

[7] Schon *Montefiore* nannte diese beiden Argumente „the two great (..) charges which are commonly brought against the Law".

boten in allen Stücken zu entsprechen.[8] Deshalb „kann das 'Gesetz' vor Gott nicht gerecht machen, sondern nur der 'Glaube' an Christus."[9] Das Gesetz sei bei Paulus also „keine Anstalt zur Beseligung"[10] mehr, sondern Ursache eines Fluches, der auf all jenen lastet, die durch Werke des Gesetzes ein adäquates Gottesverhältnis anstreben, und von dem allein Christus zu befreien vermag. Das (oben kurz skizzierte) christliche Zerrbild des Gesetzes schwingt hier deutlich mit. Natürlich hat sich *Eschelbacher* im Unterschied zu seinen christlichen Kollegen sogleich von dieser Lehre distanziert, die „in einem ganz anderen Gedankenkreise als in dem von Juden entstanden"[11] sein müsse. Aber - und das ist typisch für die ältere jüdische Paulusauslegung - in seinem Verständnis von Gal 3,10-14 ist er sich mit der damaligen christlichen Auslegung einig.

Das zweite, sogenannte „qualitative"[12] Argument für das Ende des Gesetzes als Heilsweg leitet man vor allem aus Röm 7 ab: Das Gesetz sei gar nicht mit der Intention gegeben worden, erfüllt zu werden. Es sei vielmehr dazu da gewesen, den sündhaften Zustand der Menschheit noch zu verschlimmern, um so die Gnade in Christus vorzubereiten.[13] Indem die ältere jüdische Forschung die eigentliche Sünde nicht in der Übertretung von Torageboten sah, sondern in dem Versuch, sich mit Hilfe von Gesetzeswerken selbst zu rechtfertigen, folgte sie der ursprünglich auf Luther zurückgehenden Lehre vom *elenchticus usus legis*.[14] *S. Hirsch* vertritt die damals in jüdischen wie in christlichen Kreisen dominierende Lesart des Apostels, wenn er feststellt:

> „Das Gesetz ist keineswegs gegeben, den Menschen zu heiligen; es bewirkt nur Unheiligkeit, (..) indem es den Menschen auf seine äußeren Werke stolz macht (..). Und das Gesetz ist gegeben, gerade diese Unheiligkeit zu bewirken; denn dadurch wird in der Erlösung die Nichtigkeit der Unheiligkeit umso herrlicher geoffenbart."[15]

---

[8] Vgl. dazu auch *Loewy*, der aus Gal 3,10ff. ebenfalls schließt, es sei unmöglich, das Gesetz zu befolgen (Gesetz, 419).

[9] Geschichte, 415; Nach Ansicht von *Montefiore* schloß Paulus vom Nicht-Können auf auf das Nicht-Müssen: „If the world cannot obey the Law, the world need not obey the Law" (Judaism and St. Paul, 122).

[10] 416, so in wörtlicher Übernahme von *Baur*.

[11] 415.

[12] Die Bezeichnung der beiden Argumente als „quantitativ" und „qualitativ" hat sich heute bei vielen Forschern (*Watson, E.P. Sanders, Hübner*) eingebürgert.

[13] Ähnlich verstand man auch Gal 3,19b: τῶν παραβάσεων χάριν προσετέθη; doch dagegen zu Recht *Burchard*, Versuch.

[14] Vgl. hierzu *Watson*, 2ff.

[15] *S. Hirsch*, System, 735; ähnlich auch *Montefiore*, Paul, 106f.; *Eschelbacher*, Geschichte, 413; *Geiger*, Judenthum, 132 und *Buber*, Zwei Glaubensweisen, 80. Letztgenannter sieht aber die Substanz der Sünde nicht im Legalismus, sondern „in der seelisch-faktischen Übertretung des Gesetzes durch die unausweichliche 'Begierde' im umfassendsten Sinn" (ebd.).

Obgleich die im älteren Paradigma der jüdischen Paulusauslegung fast überall vorausgesetzte These von einer Abrogation des Gesetzes die Akzeptanz des Apostels als eines jüdischen Denkers sehr erschwerte, fehlte es auch damals nicht ganz an Männern, die nach jüdischen Prämissen seiner Gesetzeslehre suchten. *M. Loewy* war einer der ersten jüdischen Gelehrten, die die personifizierte Sünde in Röm 7 in Zusammenhang mit der jüdischen Lehre vom bösen Trieb brachten.[16] Beide seien „dem Wesen nach vollkommen eins".[17] Er war es auch, der bereits sehr früh bestritt, daß die eigentliche Sünde in dem Versuch der Selbstrechtfertigung zu suchen sei. Er hielt demgegenüber fest,

„dass Sünde wesentlich 'Übertretung', d.i. Verletzung eines (positiven) göttlichen Gebotes sei."[18]

Außerdem stellte er in Frage, daß das Gesetz nach Röm 7 die Sünde errege. Es sei vielmehr so, daß das Gesetz die Sünde erst zur Erkenntnis bringe. Indem der Apostel so zwischen bewußter und unbewußter Sünde unterscheidet, gehe er auch hier nicht über die traditionelle jüdische Lehre hinaus.

Bis heute ist Röm 7 immer wieder Gegenstand der Beschäftigung jüdischer Gelehrter gewesen.[19] Obwohl Röm 7 immer noch ein für manche jüdische Ausleger schwieriger Text ist,[20] ist doch (die schon bei *Loewy* zu beobachtende) Tendenz zu erkennen, die durch dogmatische Vorurteile belastete traditionelle Sichtweise zu überwinden. Insbesondere die These vom unheilvollen Zweck des Gesetzes, das den Menschen in den Selbstruhm und somit in den Tod führen soll, wird heute zunehmend in Frage gestellt. Dieser Perspektivenwechsel läßt sich an den Ausführungen *L. Deans* verdeutlichen, der betont, daß es die Sünde und nicht das Gesetz ist, das den Tod des Menschen verschulde.

---

[16] Die rabbinische Lehre vom bösen Trieb findet *Loewy* u.a. an folgenden Stellen belegt: mAv IV,1, bNed 32a, bSan 105a; ähnlich auch *Gottlieb Klein*, doch während *Montefiore* und *Schoeps*, denen diese Analogie auch aufgefallen ist, dennoch eher das Trennende herausstellen, findet *Klein*, Paulus spreche hier „wie einer der Frommen in Israel". Als rabbinische Parallelen führt er u.a. an: bSan 105a, jYom 6,4, bShab 105b, bBer 17a (Studien, 73).

[17] 428.

[18] 430.

[19] *Schoeps*, Paulus, 192ff.; *Segal*, Paul, 224ff.; *Dean*, Bursting the Bonds?, 166f.; *Flusser*, Gesetz, 39f.

[20] *Schoeps* sieht, obwohl er viele jüdische Parallelen zu Röm 7 anführt, doch auch einen wichtigen Unterschied: „Die Macht der Sünde hat die jüdischen Lehrer aber niemals im Glauben an die Tubarkeit des Gesetzes beirren können. Jedoch Paulus ist zu der prinzipiellen Überzeugung gekommen, daß der Mensch Gottes Willen überhaupt nicht zu tun vermöge. Es liegt hier eine eigentümliche Lähmung des Willens - auch des Erkenntniswillens - bei dem Apostel vor, der anscheinend auch die Macht der תשובה nicht kennt, die nach jüdischem Glauben aller Jahrhunderte die Sünde zu durchbrechen vermag" (Paulus, 197); anders aber heute z.B. *Segal*, Paul, 244 (weiter unten zitiert!).

„The purpose of the passage is to condemn neither those who try to obey Torah, nor those who fail to obey Torah perfectly. Paul had been discussing two types of human life, one under the lordship of Sin, the other under the lordship of God."[21]

Eine ähnliche Entwicklung weg von der überkommenen Auslegungstradition läßt sich auch bei der Auslegung von Gal 3,10-14 erkennen. Es war erneut *M. Loewy,* der den Weg zu einem neuen Verständnis der Stelle öffnete: Erstens warnt er vor dem Mißverständnis, daß Paulus das Gesetz jemals einen Fluch genannt habe.[22] Daß diese Warnung nicht überflüssig war, zeigt schon das oben wiedergegebene Zitat *K. Kohlers,* der Gal 3,10 in diesem Sinn verstand. Zweitens führt *Loewy* rabbinische Belege für die Tatsache an, daß man auch im zeitgenössischen Judentum über die Frage der Erfüllbarkeit des Gesetzes in allen Teilen nachgedacht habe.[23] Die damals unbestrittene Voraussetzung der Exegese, daß Paulus die Tora für unerfüllbar hält, stellt er jedoch noch ebensowenig in Frage wie nach ihm *H.J. Schoeps.*[24] Erst in den letzten Jahren scheint auch diese These zunehmend hinterfragt zu werden.

So betont *A.F. Segal* in seiner Auslegung von Gal 3,10-14, daß Paulus nirgends etwas Negatives über die Tora sage. Er mache vielmehr seine galatischen Leser darauf aufmerksam, daß Beschneidung allein nichts nützt, wenn man nicht die ganze Tora befolgt. Wenn schon Judentum, dann pharisäisches Judentum! Freilich habe der Apostel die Galater nicht für den Pharisäismus gewinnen wollen, sondern er habe sie zu seinem heidenchristlichen Evangelium bekehren wollen, das die Gotteskindschaft allen Glaubenden verheißt.[25]

L. Dean glaubt im Gegensatz zur älteren jüdischen Forschung, Paulus habe in Gal 3,10 das Dtn-Zitat nicht durch das Wort πᾶς ergänzt, um die Unerfüllbarkeit der Tora hervorzuheben. Über die besagte Passage im Galaterbrief schreibt er:

„Any Jew could easily have written the same words. The purpose is not to show how difficult it is to follow Torah. Rather, the passage argues that a person does not have the freedom to select certain commandments to obey and others to ignore."[26]

Wir werden sehen, daß eine solche Auffassung heute auch in der christlichen Paulusexegese (wenngleich von einer Minderheit der Ausleger) vertreten wird. Die vor allem im angelsächsischen Sprachraum in Gang gekommene Entlutheranisierung der paulinischen Rechtfertigungslehre, so wird sich ebenfalls zeigen, hat auch erhebliche Konsequenzen für das jüdisch-christliche Gespräch

---

[21] Bursting the Bonds?, 166.
[22] A.a.O., 417; so auch *Wyschogrod:* „As a Jew who proclaimed himself faithful to the traditions of his people, Paul could not have thought of the law as a curse" (Judaism, 46).
[23] 421 u.ö.; vgl. auch *Schoeps,* Paulus, 185.
[24] Vgl. Paulus, 183f.
[25] Paul, 118-125.
[26] Bursting the Bonds?, 163.

über den Heidenapostel. Doch zuvor (wie angekündigt) noch einige Worte zu der in der traditionellen Sichtweise oft implizierten Sichtweise des antiken Judentums:

Die christlichen Exegeten nahmen das Bild vom Judentum als einer verknöcherten Gesetzesreligion, das das traditionelle Paulusbild zu implizieren schien, als bare Münze - zumeist ohne dieses Urteil anhand der jüdischen Primärquellen zu überprüfen.[27] Auf jüdischer Seite hingegen konnte man die paulinische Kritik an der angeblichen Werkgerechtigkeit der eigenen Religion nur als zutiefst unbegreiflich empfinden. Wo man die Angriffe des Apostels nicht einfach als völlig abwegig zurückwies,[28] ließ man sie doch höchstens in Bezug auf ein ganz randständiges Judentum gelten. Nach Ansicht *S. Hirschs* betraf die Kritik des Paulus nur dessen eigenes, von ihm völlig mißverstandenes Judentum aus der Zeit vor seiner Bekehrung.[29] Während *C. Montefiore* in seinen frühen Beiträgen den Hintergrund der paulinischen Kritik am Judentum ebenfalls nur in der genialen Person des Apostels sehen kann,[30] nimmt er später eine ärmere und kältere Spielart des hellenistischen Diasporajudentums an, auf die sich der Legalismusverdacht bezogen haben könnte.[31] *H.J. Schoeps* zieht ebenfalls das hellenistische Judentum zur Erklärung dieses Problems heran,[32] warnt aber zugleich davor, hellenistisches und palästinisches Judentum in einen unüberbrückbaren Gegensatz zu setzen.[33] *L. Dean* schließlich vermutet, daß Paulus sich gar nicht mit einer im Judentum damals allgemein akzeptierten Lehre auseinandersetze. Vielmehr habe er ein heidenchristliches Mißverständnis von Judentum aufzuklären versucht.[34] Man darf diese verschiedenen Positionen vielleicht auf eine einfache Alternative reduzieren: Entweder die Kritik des Apostels an einer angeblichen Werkgerechtigkeit des Judentums betrifft das hellenistische Diaspo-

---

[27] Vgl. die Kritik *Eschelbachers* an *Baur* und *Lipsius*: „Beide hervorragende Gelehrte urteilen nicht aus ihrer eigenen Kenntnis auf Grund einer genauen Untersuchung des Gesetzes, seines Wesens, wie seiner Einzelheiten, sondern aus der von ihnen blindlings, ohne weitere Prüfung übernommenen paulinischen Auffassung des 'Gesetzes' heraus. Die Vorstellung der paulinischen Briefe von ihm ist die Quelle des heillosen Mißverständnisses, das so viele christliche Gelehrte bis zum heutigen Tage über das 'Gesetz' und das Wesen des Judentums überhaupt hegen" (Geschichte, 417).

[28] So z.B. *Schechter*: „Entweder muß die Theologie der Rabbinen falsch sein, ihre Vorstellung von Gott verdorben, ihre Leitmotive materialistisch und flach, ihre Lehrer ohne Begeisterung und Geist - oder der Heidenapostel ist ganz und gar unbegreiflich" (Aspects, 18; zit. nach: *E.P. Sanders*, Paulus, 6).

[29] System, 726.

[30] Impressions, 437f.; vgl. aber auch Rabbinic Judaism, wo er die These vertritt, „that there is much in Paul which, while dealing with Judaism, is inexplicable by Judaism" (167 u.ö.).

[31] Paul, 94; vgl. zu *Montefiore* auch *Thielman*, Plight, 2ff. und 2.2.8 dieser Arbeit.

[32] Siehe unten unter 3.3.2.1.

[33] Paulus, 14f.; vgl. auch *W.D. Davies*, Paul, 1-16.

[34] Bursting the Bonds?, 138f.

rajudentum, von dem er herkam (später *Montefiore, Schoeps*), oder sie hat überhaupt keinen Anhalt an irgendeiner Spielart des antiken Judentums (*Hirsch,
Schechter,* früher *Montefiore, Dean*). Die normative Gestalt des Judentums, wie
sie sich im rabbinischen Judentum allmählich ausbildete, - darin waren und sind
sich alle jüdischen Paulusausleger einig - konnte aber vom Vorwurf der Werkgerechtigkeit unmöglich betroffen sein. Diese sich in der christlichen Forschung
erst in den letzten Jahrzehnten durchsetzende Sichtweise war bei jüdischen
Wissenschaftlern also schon von den Anfängen ihrer Beschäftigung mit Paulus
an unbestrittenes Allgemeingut. Hätte die neutestamentliche Wissenschaft
früher auf die Einwände ihrer jüdischen Kollegen gehört, wäre das christliche
Vorurteil von der angeblich jüdischen Werkgerechtigkeit schon früher korrigiert
worden.[35]

3.3.1.2 Kritische Beurteilung

Die in der älteren jüdischen Paulusauslegung dominierende These, daß der
Apostel die jüdische Tora als Heilsweg überwunden habe, kann so pauschal
nicht aufrechterhalten werden. Wie wir an zwei Beispielen (Gal 3,10-14 und
Röm 7,7f.21-23) zeigen konnten, läuft diese von der reformatorischen Auslegungstradition beeinflußte Sichtweise Gefahr, die paulinischen Texte dogma-
tisch zu überfrachten und so mißzuverstehen. Während diese Gefahr der jüdischen Forschung erst im Zuge des sich in den letzten Jahrzehnten anbahnenden
Paradigmenwechsels voll bewußt wurde, war die mit dieser Interpretation mitgegebene Fehleinschätzung des antiken Judentums schon im letzten Jahrhundert
Anlaß heftiger Kritik.

Was das antike Judentum angeht, so wächst heute die Erkenntnis, daß wir es
hier keineswegs (wie früher oft behauptet)[36] mit einer gesetzlichen Leistungsreligion zu tun haben, in der sich der Mensch durch gute Werke das Himmelreich
erwerben kann.[37] *K. Stendahl* war einer der ersten,[38] der auf die Problematik
hinwies, Paulus zu sehr durch die Brille Luthers und der westlichen Theologie
zu lesen und so die Probleme des 16. Jahrhunderts ins 1. Jahrhundert zurückzu-

---

[35] *E.P. Sanders* bedauert: „So geht die allgemeine christliche Einschätzung des Judentums
(oder eines Teiles davon) als einer Religion gesetzlicher Werkgerechtigkeit weiter, ungehin-
dert durch die Tatsache, daß diese Interpretation (gemeint ist die lutherische Interpretation;
S.M.) von Forschern, die das Material weit besser kannten als irgendeiner ihrer Verfechter,
aufs schärfste - man hätte meinen sollen: vernichtend - kritisiert worden ist" (Paulus, 54).

[36] Vgl. z.B. die Darstellungen des Judentums von *Weber, Schürer,* und *Bousset.*

[37] Einen guten Überblick über die Problematik der (neu)lutherischen Paulusexegese und
der Kritik an ihr gibt: *Westerholm,* Soteriology.

[38] Vor *Stendahl* gab es freilich schon einige andere „Querdenker", vor allem aus dem angelsächsischen Sprachraum, die aber in Deutschland lange Zeit fast völlig ignoriert wurden.
Vgl. *Moore,* Christian Writers; *ders.,* Judaism; *Parkes,* Conflict; *W.D. Davies,* Paul.

projizieren.[39] Die Folge dieses Vorgehens ist nicht selten, daß wir nicht mehr (wie der Apostel) über wirkliche Juden sprechen, sondern nur noch über „irgendwelche Phantasiejuden, die als Symbol und Standardbeispiel für zeitlosen Legalismus stehen."[40]

Hat *Stendahl* mit seinen Arbeiten über Paulus dieses theologische Vorurteil bereits erschüttert, so war es *E.P. Sanders,* der es mit seinem Buch über „Paulus und das palästinische Judentum"[41] endgültig zu Fall brachte. Man mag über seine Ergebnisse im Einzelnen unterschiedlicher Meinung sein - hinter seine profunde Kritik an der traditionellen Charakterisierung des Judentums als einer Religion gesetzlicher Werkgerechtigkeit,[42] bei der er auch Anstöße jüdischer Forscher aufnahm,[43] kann heute kein Ausleger mehr zurück.[44] Während darüber heute weitgehend Einigkeit besteht, bleibt jedoch die Frage offen, welche Konsequenzen aus dieser Erkenntnis für die Paulusexegese zu ziehen sind.

Manche Ausleger glauben, solchen Konsequenzen ganz entgehen zu können, indem sie die historische Frage nach dem Wesen des antiken Judentums für die Theologie des Paulus für irrelevant erklären. So erklärt beispielsweise *Günther Klein:*

„Die Frage, wieweit sich die paulinische Kritik an der nomistischen Verfassung des Judentums phänomenologisch bewahrheiten lasse, geht ins Leere."[45]

Diese Position ist doppelt motiviert: Zum einen behauptet er mit *L. Goppelt,*[46] Paulus sei es nicht um empirische Analysen jüdischen Verhaltens gegangen, sondern um die Offenlegung der gesetzlichen Verfassung des Menschen im ganzen.[47] Zum anderen möchte er sich nicht ins Feld der Geistesgeschichte begeben, wo die Phänomene zweideutig seien.[48] Diese Argumentationsweise ist nicht nur unbefriedigend, weil durch sie jeder von nichtchristlicher Seite erhobene Einwand von vornherein zum Verstummen gebracht wird, sondern auch deshalb, weil so, gerade zu einem Zeitpunkt, da die neutestamentliche For-

---

[39] Vgl. Conscience.

[40] Paulus, 54.

[41] Göttingen 1985; engl.: Paul and Palestinian Judaism, 1977.

[42] Vgl. v.a. 27-53.

[43] *Sanders* diskutiert u.a. die Positionen von *Montefiore, Schoeps, Schechter, Sandmel* und *Flusser* (vgl. das Personenregister!).

[44] Vgl. auch *K.H. Müller*, Judentum.

[45] Art. „Gesetz" II NT, TRE XIII, 69; vgl. auch *Weder*, Gesetz und Sünde, bes. 370.

[46] Christologie und Ethik, 173.

[47] Hier wird *Kleins* Beeinflussung durch die Paulusauslegung *Bultmanns* erkennbar (vgl. oben!).

[48] TRE XIII, 69.

schung endlich ein realistischeres Bild des Judentums gewonnen hat, dieses Bild aus theologischen Gründen als für die Exegese unerheblich erklärt wird.[49]

Auch *H. Hübner* glaubt, in seinem Buch „Das Gesetz bei Paulus"[50] die historische Frage ausklammern zu können, inwiefern Paulus mit seinem „linguistischen Tiefschlag gegen das von ihm bekämpfte Gesetzesverständnis" dem damaligen Judentum gerecht geworden ist.[51] Die Folgen dieser Vorentscheidung zeigen sich sehr deutlich bei seiner Auslegung von Gal 3,10-14, wo es heißt:

> Denn die aus Werken des Gesetzes [ἐξ ἔργων νόμου] leben, die sind unter dem Fluch. Denn es steht geschrieben: 'Verflucht sei jeder, der nicht bleibt bei alledem, was geschrieben steht [πᾶσιν τοῖς γεγραμμένοις] in dem Buch des Gesetzes, daß er's tue!' [τοῦ ποιῆσαι αὐτά] Daß aber durchs Gesetz niemand gerecht wird vor Gott, ist offenbar; denn 'der Gerechte wird durch Glauben leben'. Das Gesetz aber ist nicht 'aus Glauben', sondern: 'der Mensch, der es tut [ὁ ποιήσας αὐτά], wird dadurch leben'. Christus aber hat uns erlöst von dem Fluch des Gesetzes, da er zum Fluch wurde für uns; denn es steht geschrieben: 'Verflucht ist jeder, der am Holz hängt', damit der Segen Abrahams unter die Heiden komme in Christus Jesus und wir den verheißenen Geist empfingen durch den Glauben.

Hübner sieht wie *R. Bultmann* in den ὅσοι [..] ἐξ ἔργων νόμου (Gal 3,10) „Gesetzesmenschen", „die ihre Existenz in der Erfüllung der geforderten Summe von zu addierenden Gesetzestaten verstehen."[52] Durch dieses „quantitative Moment des Selbstverständnisses" werde „Existenz für den Existenten verfügbar."[53] Der Argumentationsgang des Apostels in Gal 3,10-14 laufe darauf hinaus, diese „aus Gesetzeswerken" Existierenden als verflucht zu erweisen. Dabei habe Paulus „die stillschweigende Voraussetzung gemacht, daß es keinen einzigen Menschen gibt, der das Gesetz in allen seinen Bestimmungen befolgt."[54] Eine quantitative Erfüllung sei deshalb nicht möglich, weil es Torabestimmungen gibt, die qualitativ erfüllt werden müssen.[55]

In der Position *Hübners* begegnen uns im Gewande der existentialen Auslegung unverkennbar Argumente der reformatorischen Paulusexegese wieder, insbesondere das immer wieder in der älteren Forschung zu hörende Argument von

---

[49] *Gager* erhebt genau diesen Vorwurf gegen *E.P. Sanders* (Origins, 203). Er paßt m.E. aber viel besser auf die oben erwähnten deutschen Forscher.

[50] Göttingen, 3. Aufl. 1982; die Erstauflage erschien schon 1978, weshalb verständlich ist, daß sich der Autor dort noch nicht mit den Thesen von *Sanders* auseinandergesetzt hat. Unverständlich ist mir aber, warum er die vielen, schon vor *Sanders* geäußerten Bedenken gegen die reformatorisch-existentiale Auslegungstradition nicht aufgenommen hat.

[51] 38.

[52] 19.

[53] Ebd.

[54] 19f.

[55] *Hübner*, Gesetz, 42. Mit dieser Auslegung geht *Hübner* einen anderen Weg als *Schlier*. Dieser, ebenfalls stark beeinflußt durch *Bultmann*, sieht die Ursache des Fluches nicht darin, daß das Gesetz quantitativ nicht ganz erfüllt wird, sondern darin, daß es sich auf das Tun und nicht auf den Glauben bezieht (*Schlier*, Gal, 132ff.).

der Unerfüllbarkeit des Gesetzes. Die angebliche jüdische Werkgerechtigkeit, die diese Unerfüllbarkeit nicht wahrhaben will, erscheint als Chiffre für ein verfehltes menschliches Selbstverständnis überhaupt. Nach *Hübner* trifft die Gesetzeskritik des Paulus also nicht (nur) Israel, sondern alle Menschen vor bzw. ohne Christus. Wahrscheinlich muß es deshalb dem Neutestamentler nicht so darauf ankommen, ob man mit dieser (dem Apostel unterstellten) Sicht dem empirischen Judentum gerecht wird oder nicht. Die jüdische Paulusauslegung, obwohl auch sie anfangs im Bann der lutherischen Auslegungstradition stand, protestierte seit jeher gegen diese Charakterisierung der eigenen Religion. Die Autoren des älteren Paradigmas nahmen diese zum Anlaß, sich von dem Apostel zu distanzieren und ihn zum Apostaten zu erklären. Hier liegt (trotz mancher Übereinstimmungen im Befund) der wesentliche Unterschied zwischen der älteren jüdischen Forschung und christlichen Positionen wie der *Hübners*.

E.P. Sanders, der m.E. mit diesen Fragen sehr viel sensibler umgeht, bezieht die gesetzeskritischen Aussagen des Paulus nicht auf einen angeblich jüdischen Legalismus, sondern auf den „Bundesnomismus" des wirklichen Judentums, wie es uns in den Quellen entgegentritt. Der Grund für diese Kritik des Apostels am Gesetz (und somit am Judentum) besteht laut *Sanders* allein darin,

„that it does not provide for God's ultimate purpose, that of saving the entire world through faith in Christ, and without the privilege accorded to Jews through the promises, the covenants, and the law."[56]

Sanders sieht die Insuffizienz des Gesetzes (laut Paulus) gerade nicht an den beiden Punkten, die frühere jüdische Paulusausleger, aber auch noch neuere christliche Exegeten im Gefolge der (neu)lutherischen Auslegungstradition als wesentlich angesehen haben:

„It was not because the law cannot be followed, nor because following it leads to legalism, self-righteousness and self-estrangement."[57]

Nach *Sanders* geht es im Galaterbrief nicht um die abstrakte Frage, ob der Mensch durch Gesetzeswerke gerecht werden kann, sondern konkret darum, ob das Gesetz zur Bedingung der Aufnahme von Heiden in das Volk Gottes gemacht werden soll oder nicht.[58] Der traditionellen Sicht, daß das Gesetz abgetan sei, da nicht alle seine Gebote befolgt werden können, hält *Sanders* entgegen, daß dies nirgends in den Briefen des Apostels gesagt werde. In der Tat konnte *Hübner* bei seiner Auslegung von Gal 3,10-14 lediglich anführen, daß Paulus die Unerfüllbarkeit des Gesetzes stillschweigend voraussetze.[59] Doch diese

---

[56] Law, 47.
[57] 46.
[58] 18.
[59] Gesetz, 19f.; vgl. auch *Räisänen*, Paul, 94 und *Merklein*, Nicht aus Werken des Gesetzes, bes. 125 („Indirekt heißt das..").

Sicht hat, wie *Sanders* überzeugend nachweisen konnte, nur wenig für sich: Das Wort πᾶς in Gal 3,10, auf das die Vertreter der reformatorischen Paulusinterpretation so großen Wert legen, läßt sich viel leichter auch anders erklären. Paulus will damit nicht die Unerfüllbarkeit des Gesetzes belegen, sondern lediglich seinen galatischen Gemeinden verdeutlichen, daß, wenn sie sich erst (durch ihre Beschneidung) auf das Gesetz eingelassen haben, sie dann auch verpflichtet sind, es ganz zu halten. *Sanders,* der sich mit dieser Auslegung von Gal 3,10 (und 5,3) in großer Nähe zu neuesten jüdischen Arbeiten hierüber befindet,[60] sieht die Schwäche der traditionellen Sichtweise vor allem darin, daß sie auf einer langen Kette von Voraussetzungen beruht, die sich bei genauem Hinsehen als brüchig erweist:

> „One must keep it (das Gesetz; S.M.) all; one cannot do so; there is no forgiveness of transgression; therefore accepting the law neccesarily leads to being cursed. The middle terms of this thought-sequence are never stated by Paul, and this sequence of views cannot be found in contemporary Jewish literature. The sequence of thoughts sounds plausible, but it does not appear to be Paul's, nor that of any form of contemporary Judaism."[61]

Freilich kann auch der Sicht von *Sanders* nicht ganz vorbehaltlos zugestimmt werden. So halte ich die Kritik von *J.D.G. Dunn* an der neuen Perspektive von *Sanders* (die er prinzipiell begrüßt) für weitgehend gerechtfertigt. Insbesondere daß der Apostel nicht das Gesetz als solches abwertet, wie auch *Sanders* unterstellt, sondern nur die „Werke des Gesetzes", verdient festgehalten zu werden.[62] Allerdings ist in der Forschung heftig umstritten, was Paulus mit ἔργα νόμου meint.

Exkurs 2: „Werke des Gesetzes" bei Paulus

Paulus verwendet die Genetivverbindung ἔργα νόμου insgesamt achtmal, davon sechsmal im Galater- (2,16 [dreimal], 3,2.5.10) und zweimal im Römerbrief (3,20.28).[63] Es fällt auf, daß diese Wendung, für die Entsprechungen im zeitgenössischen Judentum (bis auf eine noch zu besprechende Ausnahme) fehlen, stets im Gegensatz zur πίστις bzw. zur χάρις steht. Daß mit dieser Alternative die Rechtfertigung auf dem Spiel steht, zeigt der häufige Gebrauch des Wortstammes δικ- im Kontext an. Es ist grammatisch nicht eindeutig, um was für eine Art von Genetiv es sich bei ἔργα νόμου handelt. *L. Gaston* denkt an „Werke", die das Gesetz „tut", an jene „disastrous consequences" nämlich, die das (an und für sich gute) Gesetz außerhalb des Bundes Gottes mit Israel habe und von denen nur der Glaube an Christus erlösen könne.[64] Doch seine Argumente für den *genetivus subjectivus* sind nicht überzeugend. Daß die Rechtfertigung eine Aktivität Gottes darstellt, besagt noch nichts über die ἔργα νόμου. Auch

---

[60] Siehe oben 3.3.1.1.

[61] Law, 27.

[62] Vgl. Paul, 200.

[63] Zu erwähnen sind noch die Fälle, in denen Paulus abkürzend nur von „Werken" spricht (Röm 4,2; 9,12.32; 11,6).

[64] Works of Law as Subjective Genetive, in: Paul, 100-106.

die (angeblich parallelen) Formulierungen „Früchte des Geistes", „Werke des Fleisches", „Gerechtigkeit Gottes" und „Glaube Christi" geben für unser Problem wenig her, zumal auch diese umstritten sind. Vor allem aber: Welchen Sinn machte es für den Apostel zu sagen, niemand werde gerecht durch die *negativen* Auswirkungen des Gesetzes auf Nichtjuden? Das wäre eine (von seinen Gegnern wohl kaum bestrittene) Tautologie.[65] Es empfiehlt sich deshalb, mit der Mehrzahl der Ausleger ἔργα νόμου als einen *genetivus objectivus* anzusehen.

Jüngst hat *M. Bachmann* vermutet, Paulus habe mit diesem Syntagma „die Regelungen des Gesetzes selber", „die zu beobachtenden *mswt,* die *hlkwt*" im Blick.[66] Daß ἔργον im NT nicht nur das Handeln, sondern auch die Norm des Handelns bezeichnen kann, glaubt er u.a. an Joh 6,28f. und Apk 2,16 zeigen zu können.[67] Im Anschluß an *Lohmeyer* macht er darauf aufmerksam, daß Paulus an keiner Stelle den Begriff „Gesetzeswerke" als gut oder schlecht qualifiziert oder in Verbindung mit dem Genetiv der Person verwendet habe.[68] Mit ἔργα νόμου könne deshalb bei Paulus „keine individuelle und zu beurteilende Leistung" gemeint sein.[69] In der Tat möchte Paulus nicht (wie man oft gemeint hat) die „jüdische Leistungsreligion" anprangern, wenn er von „Gesetzeswerken" spricht. Dennoch kann man schlecht leugnen, daß hier ein menschliches Handeln im Blick ist, ein solches nämlich, das auf die Erfüllung des Gesetzes ausgerichtet ist.[70] Wäre es anders, müßte man zwei anderen neutestamentlichen Autoren, die sich beide nur wenige Jahre nach Paulus auf diesen bezogen (Jak 2,14-26 und Eph 2,8-10), unterstellen, sie haben ihn mißverstanden.[71] Außerdem: Wie ließe sich sonst das Wort des Paulus in Röm 3,27 verstehen, daß das Rühmen nicht durch den νόμος τῶν ἔργων, sondern durch den νόμος πίστεως ausgeschlossen sei? Nicht ein „Gesetz der Gebote", sondern ein „Gesetz, das auf Werke abzielt", ist hier angesprochen. Es bleibt also dabei: ἔργα νόμου ist ein *genetivus objectivus,* der ein Tun des Menschen bezeichnet, das sich an der Tora orientiert.

Die meisten Ausleger gehen davon aus, daß mit den ἔργα νόμου *jedes* am Gesetz ausgerichtete Handeln verworfen ist. Νόμος und ἔργα νόμου wären dann also mehr oder minder deckungsgleich.[72] Dieser Sicht kann ich mich jedoch nicht anschließen. Nicht das Gesetz als solches, sondern nur ein bestimmter Teilaspekt desselben ist von der Kritik des Apostels betroffen. Das hat *J.D.G. Dunn* in einem Aufsatz zu Gal 3,10-14 klar herausgearbeitet:

---

[65] So richtig *Schreiner*, Works of Law, 231.

[66] Rechtfertigung, 15.

[67] 16f.

[68] 19.

[69] 20.

[70] So beispielsweise *Lohmeyer,* „Gesetzeswerke" („Dienst des Gesetzes"); Bill. III, 160f. („Gebotserfüllungen"); *Heiligenthal,* Implikationen, 41 („die Erfüllung der von der Tora geforderten Gebote"); *Hofius,* 'Rechtfertigung des Gottlosen' als Thema biblischer Theologie, in: Paulusstudien, 127, Anm. 35 („Tora-Observanz im ganz umfassenden Sinn").

[71] Jak 2,18 spricht von „meinen" und Eph 2,10 von „guten" Werken, wodurch zumindest ihr Gebrauch von ἔργα eindeutig ist.

[72] So beispielsweise *Cranfield*, Works; *Hübner*, Werke des Gesetzes; *Schreiner*, Works of Law; *Merklein* hat zuletzt die Meinung vertreten, unter den „Werken des Gesetzes" sei das „soteriologische Prinzip des Gesetzes" zu verstehen, „das die Lebensverheißung an das Tun bindet". Doch die Kategorie „soteriologisches Prinzip" ist ebenso wenig hilfreich wie die ältere Rede vom Gesetz als „Heilsweg" (Nicht aus Werken des Gesetzes, 124).

„It is the law understood in terms of *works,* as a Jewish prerogative and national monopoly, to which he (= Paulus, S.M.) takes exception. The law understood in terms of the command to 'love your neighbour as yourself' is another matter (Gal 5,14)."[73]

Man hat *Dunn* oft so verstanden, als wolle er die ἔργα νόμου auf Beschneidung, Speisegebote und Fragen des Sabbats beschränken. Das trifft aber, wie er selbst richtiggestellt hat, nicht zu.[74] Allerdings kommt der Konflikt um das Gesetz als Mittel der Abgrenzung gegenüber Außenstehenden (hier: Heiden) besonders an diesen von *Dunn* „boundary markers" genannten Punkten zum Austrag.[75] Für ein solches soziologisches Verständnis der „Gesetzeswerke", das ähnlich auch von *R. Heiligenthal* und *F. Watson* vertreten wird,[76] spricht nicht nur der Befund im *corpus paulinum,* sondern auch die einzige wirkliche Parallele im Schrifttum der Qumran-Essener: In 4QFlor 1,7 und 4QMMT c.29 wird die spezifische Halacha der Sekte vom Toten Meer, die sie von anderen Gruppen des damaligen Judentums unterscheidet, unter dem Begriff מעשי התורה subsumiert.[77]

Auf Gal 3,10-14 angewendet heißt das, daß das Gesetz selbst für Paulus sicher keinen Fluch darstellt,[78] wenngleich ein bestimmter Umgang mit ihm durchaus unter dem Fluch steht: Ein solcher Umgang nämlich, der einseitig die äußerlich sichtbaren Kennzeichen jüdischer Identität hervorhebt und so (gegen die eigentliche Intention des Gesetzes) Nichtjuden vom Segen Abrahams ausschließt.[79] Das ist es, was Paulus „den Juden" vorwirft,[80] und nicht das Festhalten an einem unerfüllbaren Gesetz. Das „quantitative" Argument gegen das Ge-

---

[73] Paul, 200.

[74] Works, 100f.

[75] Besonders auffällig ist v.a. die gehäufte Verwendung von Begriffen wie περιτέμνειν (6mal), περιτομή (7mal) und ἀκροβυστία (3mal) im Gal; vgl. dazu auch *M. Barth,* der meint, im NT erscheine der Terminus „Werke des Gesetzes" immer in Kontexten, in denen es um die „imposition of some legal elements upon Gentiles" geht. Die einzigen in diesem Zusammenhang ausdrücklich genannten Dinge seien Beschneidung, Speisegebote, Sabbatobservanz und ein Festkalender (Eph, Bd. 1, 246). Ähnlich *Tyson:* „Nomistic service is chiefly associated with circumcision and food laws" (Works of Law, 429).

[76] *Heiligenthal,* Soziologische Implikationen, und *Watson,* Paul, 63ff. Was *Watson* allerdings von *Dunn* unterscheidet, ist seine (durch nichts gerechtfertigte) Ansicht, Paulus sei es um die Abspaltung der von ihm gegründeten heidenchristlichen Gemeinden von der Synagoge gegangen.

[77] Vgl. *Dunn,* Paul, 220f.; *ders.,* Works, 103f.; *Bachmann* glaubt mit 4QMMT seine (oben erläuterte) These bezüglich der ἔργα νόμου stützen zu können (27ff.), doch „'Werke des Gesetzes' sind nach diesem Text spezielle, nicht allgemein bekannte Wege der Erfüllung der Tora, die aus der Tora erschlossen worden sind" (*Berger,* Qumran, 121). Seine These erledigt sich erst recht, wenn man 1QS 5,21; 6,18 hinzunimmt, wo von den Werken des *jachad* im Gesetz (מעשיו בתורה) die Rede ist.

[78] „Fluch des Gesetzes" (3,13) meint nicht, daß das Gesetz ein Fluch darstellt, sondern daß es einen solchen verhängt (gegen seine Übertreter nämlich).

[79] Daß Paulus Juden (wohl nicht: die Juden) verflucht, klingt hart, ist aber vergleichbar mit dem in 1QS 2 ausgesprochenen Fluch gegen alle Juden, die nicht der Gemeinschaft angehören.

[80] Vgl. 1 Thess 2,14ff.

setz („Das Gesetz kann nicht ganz befolgt werden") findet deshalb an diesem Text keinen Anhalt. Damit ist einer der (allerdings vielfältigen) Gründe für die Vorbehalte der älteren jüdischen Forschung gegen Paulus hinfällig geworden. Diese Erkenntnis sollte aber auch für manchen christlichen Neutestamentler (*H. Hübner, G. Klein*) Anlaß zu der selbstkritischen Rückfrage sein, ob sein Paulusbild nicht zu sehr auf den Vorurteilen einer (neu)lutherischen Auslegungstradition beruht.

Wenden wir uns nun noch kurz dem „qualitativen" Argument zu, das oft von Röm 7 hergeleitet wird.[81] Es mag für unseren Zweck genügen, hier die entscheidenden Verse 7-8 und 21-23 zu zitieren:

> Was sollen wir denn nun sagen? Ist das Gesetz Sünde? Das sei ferne! Aber die Sünde erkannte ich nicht außer durchs Gesetz [τὴν ἁμαρτίαν οὐκ ἔγνων εἰ μὴ διὰ νόμου]. Denn ich wußte nichts von der Begierde, wenn das Gesetz nicht gesagt hätte: 'Du sollst nicht begehren!' Die Sünde aber nahm das Gebot zum Anlaß und erregte in mir Begierden aller Art; denn ohne das Gesetz war die Sünde tot.
>
> So finde ich nun das Gesetz, daß mir, der ich das Gute will, das Böse anhängt. Denn ich habe Lust an Gottes Gesetz nach dem inwendigen Menschen [ἔσω ἄνθρωπον]. Ich sehe aber ein anderes Gesetz in meinen Gliedern [ἕτερον νόμον ἐν τοῖς μέλεσίν μου], das widerstreitet dem Gesetz in meinem Gemüt [τῷ νόμῳ τοῦ νοός μου] und hält mich gefangen im Gesetz der Sünde [ἐν τῷ νόμῳ τῆς ἁμαρτίας], das in meinen Gliedern ist.

Der in lutherischer Tradition überkommene Einwand, das Gesetz *kann* nicht nur nicht, sondern *soll* gar nicht erfüllt werden, wurde in der Theologie *R. Bultmanns* auf die Spitze getrieben. Während bis dahin im Gefolge der Reformatoren mit Sünde zumeist beides, die konkrete Gebotsübertretung sowie das Streben nach Selbstrechtfertigung durch gute Werke, gemeint war, verstand der Marburger Neutestamentler diesen Begriff ganz in dem zuletzt genannten Sinn. In seinem 1932 veröffentlichten Aufsatz „Römer 7 und die Anthropologie des Paulus" betont *Bultmann:*

> „Nicht erst die bösen Werke, die Übertretung des Gesetzes, sind es, die den Juden vor Gott verwerflich machen, sondern schon die Absicht, durch Gesetzeserfüllung vor Gott gerecht zu werden, ist die Sünde, die an den Übertretungen nur zutage kommt."[82]

Diesen ausgesprochen abstrakten Sündenbegriff, der mit einem ähnlich abstrakten Erlösungsbegriff einhergeht, entwickelte *Bultmann* in kritischer Auseinandersetzung mit dem deutschen Kulturprotestantismus. Nicht das moralische Streben eines Subjekts werde in Röm 7,14ff. thematisiert, sondern es gehe um „transsubjektive Vorgänge"[83], nämlich um zwei alternative „Möglichkeiten geschichtlichen Seins":[84] Der gesetzlichen Existenzweise, bei der sich der Mensch

---

[81] Eine Rolle spielt aber auch Gal 3,19 und 3,24 sowie Röm 5,20.
[82] Mensch, 30.
[83] 62.
[84] 56.

durch ein Tun die „Eigentlichkeit" seines Seins sichern will, stelle Paulus die andere Existenzweise des Glaubens gegenüber, bei der der Mensch diese „Eigentlichkeit" geschenkweise allein von Gott her erwarte.[85] Indem *Bultmann* in Röm 7 eine Charakterisierung „der objektiven Situation des Menschen unter dem Gesetz" sieht, „wie es vom Glauben aus erst sichtbar geworden ist",[86] setzt er sich aber auch kritisch von der Auslegung Luthers ab. Dieser hatte in diesem Kapitel die Spannung der christlichen Existenz zwischen der schon erfolgten Versöhnung und der noch ausstehenden Erlösung erblickt.[87] Während *Bultmann* hier (mit Recht) gegen die reformatorische Tradition protestiert, bleibt er doch in Bezug auf das „qualitative" Argument gegen den Gesetzesweg im Banne dieser Auslegung, ja treibt diese zu Konsequenzen, die Luther selbst ziemlich fern gelegen haben dürften. Obwohl ihm viele seiner Schüler in dieser Exegese gefolgt sind,[88] und obwohl auch seine Kritiker noch keine konsensfähige Auslegung von Röm 7 vorlegen konnten, sehen heute immer mehr Exegeten, daß Sünde bei Paulus (entgegen der von *Bultmann* vertretenen Sicht) nicht in dem Versuch besteht, die eigene Existenz durch Gesetzeswerke zu sichern, sondern im Gegenteil: im Unterlassen des vom Gesetz Geforderten.[89] Die Schwäche liegt nicht beim Gesetz, sondern in der fleischlichen Verfassung des Menschen und seiner Versklavung durch die Sünde. Das Gesetz deckt diese unheilvolle Verstrickung auf, ohne sie auflösen zu können, - insofern ist es eine „knowledge-unto-death", wie *Beker* sagt - aber auch (und darauf kommt es hier an) ohne sie zu verursachen oder sie zu befördern.[90] *F. Thielman* hat deshalb Recht, daß Röm 7,14-25

„is not motivated by an attack on Jewish 'legalism' but simply makes a familiar observation - that it is frequently difficult to do what one knows to be right - in order to show that it is the invidual and sin, not the law, which are responsible for the human plight of disobedience to God."[91]

Was auf den ersten Blick aussieht wie ein Angriff auf das Gesetz, erweist sich also geradezu als eine „Apologie des Gesetzes".[92] Dennoch führt die in Röm 7 durchgeführte Verhältnisbestimmung von Gesetz und Sünde an den Rande des Judentums, denn so sehr es eine jüdische Erfahrung ist, immer wie-

---

[85] 62.

[86] Theologie, 267; so auch *Kümmel*, Römer 7.

[87] So auch *Dunn*, Rom 7, 14-25; *Cranfield*, Law; *Nygren*, Röm, z.St.

[88] *Bornkamm*, Sünde, 62f.; *Käsemann*, Röm, 200f.; *Schlier*, Röm, zur Stelle; *Cranfield*, der kein *Bultmann*-Schüler ist, sieht Paulus in Auseinandersetzung mit einem legalistischen Mißbrauch des Gesetzes (Law, 47).

[89] So *Althaus*, Paulus und Luther, 38-40; *Wilckens*, Röm, Bd. 2, 115ff.; *Thielman*, Plight, 101ff; *Räisänen*, Paul, 109ff.; *E.P. Sanders*, Paulus, 456f.

[90] *Beker*, Paul, 239.

[91] Plight, 111.

[92] *Beker*, Paul, 243 u.ö.

der am Gesetz zu scheitern, so wenig muß diese Erfahrung in dem verzweifelten Ausruf des Paulus enden: „Ich elender Mensch! Wer wird mich erlösen von diesem todverfallenen Leibe?" (7,24), denn jeder Jude weiß um die vergebende Gnade seines Gottes, die den Weg zur Umkehr offenläßt.[93]

Nun ist in der jüdischen Forschung (*Klein, Loewy, Schoeps, Montefiore*) behauptet worden, selbst diese pessimistische Selbsteinschätzung des Apostels besitze Parallelen in der rabbinischen wie in der zwischentestamentlichen Literatur. Auch Teile der christlichen Forschung haben sich dieser These angeschlossen. So vermutet *W.D. Davies* schon 1948 in seinem Werk „Paul and Rabbinic Judaism",

„that in Romans 7 Paul reflects and possibly actually has in mind the Rabbinic doctrine of the Two Impulses."[94]

Die meisten Rabbinen gehen davon aus, daß der Mensch mit Hilfe des Gesetzes in der Lage ist, das Gute zu tun. Doch es gibt auch die gegenteilige Meinung, daß der böse Trieb den Menschen beherrscht[95] - so, wie das „Ich" bei Paulus vom „anderen Gesetz in meinen Gliedern" bzw. vom „Gesetz der Sünde" beherrscht wird (7,23.25).[96] Das „Gesetz Gottes" bzw. „Gesetz in meinem Gemüt" (7,22f.25), das dem guten Trieb der Rabbinen entspricht, ist so geschwächt, daß Paulus keinen anderen Ausweg aus dem unheilvollen Zustand des Menschen sieht als die eschatologische Heilstat Gottes in Jesus Christus (Röm 7,24f.). Ob er mit dieser christologischen Lösung des menschlichen Dilemmas den Schritt über das Judentum hinaus schon getan hat, scheint mir aber noch nicht ausgemacht. Wahrscheinlich gab es auch im damaligen Judentum Gruppierungen, die meinten, die Sündenverfallenheit der Welt sei nur noch durch ein eschatologisches Eingreifen Gottes zu beheben.[97] Allerdings waren die ersten Christen die einzigen Juden, die damals glaubten, auf ein solches Eingreifen zurückblicken zu können.

Festzuhalten ist aber schon jetzt, daß weder das „quantitative" noch das „qualitative" Argument gegen die jüdische Tora als Heilsweg einen Anhalt an den paulinischen Texten hat. Diese Verzeichnung der Theologie des Apostels, die oft mit der Entstellung des antiken Judentums als einer Gesetzesreligion Hand in Hand geht, beruht weitgehend auf den dogmatischen Vorurteilen einer lutherischen Auslegungstradition. Daß die ältere jüdische Forschung sich lange

---

[93] *Beker*, Paul, 241.

[94] 27; vgl. *Räisänen*, Paul, 110 und *Thielman*, Plight, 106ff.

[95] BerR Par. 22 zu 4,7 spricht vom bösen Trieb als einem Hausherrn im Hause des Menschen.

[96] Vgl. jYom 6,4; bSuk 52a. „Eine Vorstufe zum 'bösen Trieb' der Rabbinen" findet sich in 4Q416 3,7, wo von einem „Trieb des Fleisches" die Rede ist (vgl. *Berger,* Qumran, 120).

[97] Vgl. bes. die Hodajot von Qumran und IVEsr.

Zeit dieser Tradition anschloß und deshalb kaum Sympathien für den Apostel entwickeln konnte, konnten wir anhand zweier Fallbeispiele (Gal 3,10-14; Röm 7,14-25) beobachten. Ausgehend von der von uns als „Paradigmenwechsel" beschriebenen Neuorientierung innerhalb der jüdischen Paulusauslegung konnten wir zeigen, daß die traditionelle Sichtweise vom Ende der Tora als Heilsweg so pauschal nicht mehr aufrechtzuerhalten ist. Welche alternativen Auslegungsmöglichkeiten Juden in neuerer Zeit diskutieren, um sich der Gesetzestheologie des Apostels anzunähern, werden wir in den folgenden Teilkapiteln noch sehen.

3.3.2 Paulus als gesetzeskritischer, liberaler Diasporajude
3.3.2.1 Jüdische Positionen

Die oben schon erwähnte Sichtweise *Montefiores,* wonach Paulus vor dem Hintergrund des hellenistischen Judentums zu verstehen ist, taucht in modifizierter Form auch bei anderen jüdischen Paulusauslegern auf. Eine häufig zu hörende These lautet, der Apostel habe mit seiner Gesetzeslehre eine doppelte Verkürzung des jüdischen Gesetzesverständnisses vorgenommen:

> „Er hat einmal die Thora, die den Juden *Weisung* bedeutet: Gesetz *und* Lehre auf das ethische (und rituelle) Gesetz reduziert; er hat zum anderen das Gesetz aus dem übergreifenden Zusammenhang des Gottesbundes mit Israel herausgelöst und isoliert."[98]

Dieses „grundlegende paulinische Mißverständnis", wie *H.J. Schoeps* diese angebliche Verkürzung nennt,[99] sei freilich im Diasporajudentum schon vorbereitet gewesen und insofern entschuldbar, ja vielleicht unumgänglich. Dieser Vorwurf, der Völkerapostel habe den innersten Sinn des jüdischen Gesetzes aufgrund seines (zumindest teilweise) hellenistisch-jüdischen Hintergrunds nicht mehr erkennen können, wurde von anderen jüdischen Autoren wie *M. Buber,*[100] *S. Ben-Chorin*[101] und *S. Sandmel*[102] immer wieder erneuert. Auf christlicher Seite hat diese Interpretation, wie wir sehen werden, gleichermaßen Anerkennung und Kritik erfahren.

Eine anders akzentuierte Variante dieses Denkmodells versucht die gesetzeskritischen Aussagen des Paulus aus einer auch im hellenistischen Diasporajudentum jener Zeit zu beobachtenden Tendenz zur Spiritualisierung und Rationalisierung der Toragebote zu erklären. Schon um die Jahrhundertwende hatte der Wiener Gelehrte *M. Friedländer* die These aufgestellt, „dass das Christenthum

---

[98] Paulus, 225.
[99] Überschrift von § 6.
[100] Glaubensweisen, 54ff.
[101] Paulus, 52ff.
[102] Genius, 46ff. u.ö.

ein Product der jüdischen Diaspora sei."[103] Sein Versuch, auch die paulinische Gesetzeskritik von einem liberalen hellenistischen Judentum her zu erklären, gründet auf der Feststellung,

„that before the dawn of Christianity there already existed in the dispersion (..) a Jewish sect which, on the ground of allegorical interpretation repudiated ceremonial law, rejected the rite of circumcision, Sabbaths and festivals, and other religious institutions."[104]

Belege für die Existenz einer solchen gesetzeskritischen Variante des Diasporajudentums, die sich zur Durchdringung ihrer jüdischen Glaubensüberlieferung an die philosophischen Konzepte der paganen Umwelt anlehnte,[105] fand der Wissenschaftler in den Sibyllinischen Orakeln, bei Philo, Josephus und den Kirchenvätern. Nicht erst Paulus, sondern vor ihm schon Jesus und Stephanus haben, vermittelt durch die Essener und Johannes den Täufer, an die Lehre dieser Sekte angeknüpft, wenngleich Jesus noch mehr die pharisäische Auslegung des Gesetzes als dieses selbst kritisierte.[106] Trotz dieses hohen Maßes an Kontinuität im frühen Christentum habe keiner vor Paulus „diese Gesetzesfreiheit mit solch unbeugsamer Energie und Consequenz, mit solchen scharfen Geisteswaffen zu verfechten verstanden"[107] wie er. Es liegt in der Konsequenz dieser Sicht, daß *Friedländer* die Darstellung der Apg, wonach der Apostel vor seiner Bekehrung ein gesetzestreuer pharisäischer Schriftgelehrter gewesen ist, für historisch unzuverlässig hält.[108]

Ein ähnlicher Ansatz wird in der neueren Zeit beispielsweise auch von *S. Sandmel* favorisiert: Dieser Forscher verweist wie *Friedländer* auf das alexandrinische Judentum, insbesondere auf Philo, wo schon ähnliche Vorstellungen vom Gesetz im Umlauf gewesen seien, wie sie bei Paulus zutage treten. Wie der Alexandriner so habe auch der Mann aus Tarsus auf die stoische Unterscheidung zwischen geschriebenem und ungeschriebenem Gesetz zurückgegriffen. Beide haben das geschriebene Gesetz des Moses (darin auch der Stoa folgend) gegenüber dem geistlichen, mit dem Naturrecht identischen Gesetz Gottes abgewertet. Während Philo jedes Einzelgebot auf die ihm inhärente tiefere Bedeutung befragt, zugleich aber dessen wörtliche Bedeutung nicht in Frage gestellt

---

[103] Entstehungsgeschichte, 150.

[104] Emancipation, 269f.

[105] Kritik an der Herleitung des frühen Christentums von solchen jüdischen Kreisen übte u.a. *Kaufmann*, der die Meinung vertritt: „The evaluation (..) of Christianity and, in particular, its negative evaluation of the commandments are not to be explained as a tendency to more refined or sublimated religious concepts; and also not to be related to philosophic thought in general, or more specifically to philosophic tendencies in Jewish thought" (Christianity and Judaism, 139).

[106] Entstehungsgeschichte, 156ff.

[107] 164.

[108] 165ff.

habe, habe Paulus ein Leben nach dem Gesetz verworfen. Er konnte dies tun, - so führt *Sandmel* aus - weil er in der Tora bestenfalls noch eine Offenbarung sekundärer Ordnung sah:

> „Paul's profound religious upheaval was due to the fact that for him, too, the Law of Moses was of secondary importance, and his religious yearning could not be satisfied by a commandment once sprung from the divine source but now for long the property of man. He required not a divine Law, but God. And he found God in Christ."[109]

Freilich sieht *Sandmel* das hellenistische Diasporajudentum nicht als direkte Quelle der paulinischen Gesetzeslehre an. Er behauptet vielmehr, daß beide aufgrund vergleichbarer Herausforderungen zu ähnlichen Ergebnissen kamen. Eine erste, theoretische Herausforderung bestand darin, sich Rechenschaft abzulegen bezüglich des Wertes und Unwertes der jüdischen Lebensweise, wie sie im Gesetz vorgeschrieben ist. Eine zweite, eher praktische Herausforderung bestand in der Rechtfertigung der Tatsache, daß in der Diaspora nicht alle dieser Toragebote wirklich praktiziert wurden. Um diese beiden für einen in der Zerstreuung lebenden Juden wichtigen Fragen zu lösen, griffen laut *Sandmel* beide Denker, Philo wie Paulus, zu ähnlichen Lösungen, die sie ihrer hellenistischen Umgebung entlehnten.[110]

Zuletzt sei noch auf *D. Boyarins* Beitrag zu unserer Fragestellung hingewiesen, der wie *Friedländer* und *Sandmel* die Gesetzeskritik des Apostels mit dessen Herkunft aus dem jüdischen Diasporajudentum erklärt. Wie diese hebt auch er die Parallelen zwischen Paulus und Philo hervor, ohne eine direkte Beeinflussung zwischen beiden zu postulieren. Vielmehr besäßen beide einen gemeinsamen Hintergrund in einem eklektischen Mittelplatonismus, dessen hervorstechendes Kennzeichen ein gemäßigter Leib-Seele-Dualismus ist.[111] Dieser Dualismus gründet laut *Boyarin* bei Philo wie bei Paulus auf einer allegorisierenden Hermeneutik, die dem wörtlichen Verständnis der Tora deren geistliche Bedeutung gegenüberstellt. Es ist sicher ein Vorzug von *Boyarins* Interpretation gegenüber seinen früheren jüdischen Kollegen, daß er nicht einfach von einer Aufhebung des Gesetzes durch Paulus spricht. Es seien lediglich solche „fleischlichen" Gesetzesobservanzen wie Beschneidung, Speisegebote und Sabbat, die Paulus als Barriere zwischen Juden und Heiden in Frage stellt.[112] Weil der von Paulus übernommene Dualismus ein gemäßigter ist, kann es auch nach Darstellung des jüdischen Forschers nicht zu einer pauschalen Abwertung des

---

[109] Understanding, 67; ähnlich auch: „Paul is searching for God Himself; the Law of Moses in his view, is a function not of the divine realm of heaven but only of this world, and it is too far removed from God Himself for it to be vivid and compelling" (Genius, 55f.).

[110] Vgl. Genius, 45ff.

[111] Radical Jew, 21.

[112] Zu dieser Lesart der paulinischen Gesetzeskritik siehe auch 3.3.5.

jüdischen Gesetzes kommen, wenngleich es durch das geistliche „Gesetz Christi" überboten wird.

3.3.2.2 Kritische Beurteilung

Was die angebliche Verkürzung des Gesetzesbegriffes durch Paulus angeht, so wird diese These auch von manchen christlichen Exegeten akzeptiert.[113] Sie ruft jedoch auch energische Kritik hervor: *W.D. Davies* hielt in einem Aufsatz zum Thema dafür, der Apostel habe einen ähnlich weiten Gesetzesbegriff vertreten wie nach ihm die Rabbinen.[114] Ausdrücklich widerspricht er der Auffassung, Paulus habe das Gesetz von der Realität des Bundes gelöst. Die Antithese von Gesetz und Gnade sei nicht dem Apostel, sondern seinen späteren Auslegern zur Last zu legen.[115] Die Richtigkeit der Schoeps'schen These wurde auch in Bezug auf das hellenistische Judentum in Frage gestellt: *A.F. Segal* sowie *S. Westerholm* haben deutlich gemacht, daß νόμος in den meisten Fällen eine durchaus angemessene Übersetzung des hebräischen Begriffes תורה darstellt. Weder bei Philo noch in der Septuaginta läßt sich die von *Schoeps* u.a. behauptete Sichtverengung nachweisen, die Paulus als Vorbild gedient haben soll.[116] Sollte sich diese Kritik weiter erhärten, wäre jedenfalls diese Spielart der hellenistischen Paulusinterpretation nicht länger haltbar.

Auch der Versuch, gesetzeskritische Aussagen des Apostels mit solchen aus dem liberalen Diasporajudentum in Verbindung zu bringen, den ähnlich auch christliche Exegeten unternommen haben,[117] ruft an manchen Punkten Widerspruch hervor: Vor allem kann bezweifelt werden, ob die oft vorausgesetzte Aufweichung des Gesetzes im hellenistischen Judentum sich wirklich aus den Quellen belegen läßt oder ob hier nicht eine Verzeichnung des Diasporajudentums vorliegt.[118]

Was das Verhältnis des Apostels zu Philo angeht, so sind in der Tat manche auffallenden Übereinstimmungen festzustellen. Ein Proselyt ist nach seiner Dar-

---

[113] Z.B. *Dodd*, Bible.

[114] Paul and the Law, bes. 114; vgl. auch *F. Mußner*: „Paulus hat als Jude das Gesetz durchaus richtig verstanden, aber er hat es im Licht des Christusereignisses neu verstanden" (Gal, Exkurs 4: Hat Paulus das Gesetz mißverstanden?).

[115] Bes. 5-7.

[116] *Segal* (Torah and Nomos) und *Westerholm* (Meaning, 327). In Bezug auf die LXX scheint auch die Arbeit *Pasinyas* (Nomos) diese Sicht zu bestätigen. Vgl. zu dieser Problematik auch den Sammelband: Law, bes. 45ff.; dort weitere Literaturhinweise.

[117] Beispielsweise *Räisänen*, demzufolge Paulus das liberale Gesetzesverständnis der Hellenisten übernahm, die er zuvor verfolgt hatte (Conversion, 404ff.).

[118] Das gilt insbesondere für *Buber*, der nach *Ben-Chorin* „das hellenistische Judentum nur als randhaftes Judentum gelten ließ" (Paulus, 206), und *Klausner*, bei dem sich sein zionistischer Hintergrund in dieser Richtung auswirkte (vgl. 2.2.10).

stellung in Quaest in Ex II,2 nicht jemand, der (nur?) an seiner Vorhaut beschnitten ist, sondern an seinen sinnlichen Begierden (οὐχ ὁ περιτμηθεὶς τὴν ἀκροβυστίαν ἀλλ᾽ ὁ τὰς ἡδονὰς).[119] Diese Einstellung entspricht der ethischen Interpretation der Beschneidung, die Philo auch an anderer Stelle vertritt.[120] Wenn Paulus in Röm 2,28f. sagt,

> „Nicht der ist ein Jude, der es äußerlich ist, auch ist nicht das die Beschneidung, die äußerlich am Fleisch geschieht [ἡ ἐν τῷ φανερῷ ἐν σαρκὶ περιτομή]; sondern der ist ein Jude, der es inwendig verborgen ist [ἐν τῷ κρυπτῷ Ἰουδαῖος], und das ist die Beschneidung des Herzens, die im Geist und nicht im Buchstaben geschieht" [περιτομὴ καρδίας ἐν πνεύματι οὐ γράμματι],

dann steht er damit zweifellos in großer Nähe zu Aussagen Philos.[121] Dasselbe gilt von Röm 2,14f., wo der Apostel von Heiden[122] spricht, die, obwohl sie das Gesetz nicht haben, „von Natur tun, was das Gesetz fordert" (ἔθνη τὰ μὴ νόμον ἔχοντες φύσει τὰ τοῦ νόμου ποιῶσιν).[123] Von diesen Heiden kann Paulus sagen, daß sie „sich selbst Gesetz sind" (ἑαυτοῖς εἰσιν νόμος) bzw. „daß in ihr Herz geschrieben ist, was das Gesetz fordert" (τὸ ἔργον νόμου γραπτόν ἐν ταῖς καρδίαις αὐτῶν). Auch Philo kennt den stoischen Gedanken eines ungeschriebenen Gesetzes der Natur (νόμος φύσεως/νόμος ἄγραφος), das durch die Vernunft allen Menschen zugänglich ist.[124] Wer diese *lex naturae* befolgt, wird von ihm (ähnlich wie bei Paulus) als lebendes Gesetz (νόμος ἔμψυχος) angesehen.[125] Anders als in der griechischen Popularphilosophie, wo das geschriebene Gesetz nur als schwacher Abglanz des ewigen, ungeschriebenen Gesetzes galt, wertet Philo aber nirgends die Mosetora gegenüber

---

[119] Das Verständnis dieser Stelle ist umstritten: *K.G. Kuhn* versteht die Aussage so, als käme die allegorische Bedeutung der Beschneidung zum buchstäblichen Verständnis hinzu (Art. προσήλυτος, ThWNT VII, 732). Das paßt zu anderen Stellen bei Philo, wo es um Proselyten geht (v.a. SpecLeg I, 52. 309), ist aber sprachlich schwierig. *Wolfson* (Philo, Bd. 2, 370) meint, es ginge dort um Halb-Proselyten bzw. Gottesfürchtige. *Mc Eleney* (Conversion, 328f.) schließlich deutet die Passage als Beleg für die Existenz von unbeschnittenen (Voll-) Proselyten.

[120] Vgl. vor allem Migr 91-93.

[121] Vgl. auch Phil 3,3 und Kol 2,11.

[122] Das artikellose ἔθνη bezeichnet nicht die Heiden insgesamt, sondern nur einige von ihnen. Es meint wohl auch nicht Heidenchristen, wie seit Augustin immer wieder vermutet wird (vgl. *Reicke*, Natürliche Theologie; *Cranfield*, Romans, Bd. 1, 152; *Flückiger*, Werke des Gesetzes). Von Heidenchristen hätte Paulus kaum gesagt, daß sie Forderungen des Gesetzes φύσει erfüllen (so auch *Bornkamm*, Gesetz und Natur; *E.P. Sanders*, Law, 126; *Wilckens*, Röm, Bd. 2, 133).

[123] Νόμος meint hier nicht irgendein Gesetz, sondern die Tora (so auch *Eichholz*, Paulus, 91; *Bornkamm*, Gesetz und Natur, 101).

[124] Decal 132; Abr 275f.

[125] So über die Partriarchen in Abr. 5; vgl. dazu auch *Wilckens*, Röm, Bd. 2, 133f.

dem Naturrecht ab. Gegen diese vor allem von *Sandmel* und seinem Lehrer *Goodenough*[126] vertretene Deutung muß mit *J.W. Martens* eingewendet werden:

„Paradoxically (..) the connection between the higher forms of law and the law of Moses, in the hands of Philo, far from undermining the law of Moses, saved the law of Moses from loss of status or non-obbservance. Philo implicitly rejected the possibility that the law of Moses may be transcended for higher forms of law."[127]

Dementsprechend hat Philo (im Gegensatz zu Paulus) nie die Konsequenz gezogen, daß das allegorische Verständnis der alttestamentlichen Gebote (z.B. das der Beschneidung) das wörtliche Befolgen derselben unnötig macht. Er verwahrt sich im Gegenteil ausdrücklich gegen solche Juden, die glaubten, diesen Schritt rechtfertigen zu können.[128] Das gleiche ließe sich freilich auch von Paulus sagen: Auch er hat, soweit ich sehe, nirgends Juden(christen) von der Befolgung der Tora abhalten wollen.[129] Es ist also nicht so, wie *Friedländer* und *Segal* meinen, daß Paulus hier den von Philo bekämpften „radikalen Allegorisierern" näher steht als Philo selbst.[130] Was Paulus allerdings von Philo unterscheidet, ist die (vor allem in Röm 2 erkennbare) Tatsache, daß es ihm nicht um eine apologetische Interpretation des jüdischen Gesetzes ging, sondern (in paradoxer Umkehrung der üblichen Auffassung des Diasporajudentums) um eine „Polemik gegen das heilsgeschichtliche Privilegienbewußtsein, das sich aus der jüdischen Gesetzesüberlieferung herleitete".[131]

Schließlich wird man sehr vorsichtig sein müssen, die Ethisierung ritueller Vorschriften als ein Phänomen zu betrachten, das sich ausschließlich auf die Diaspora beschränkte. Ein ethisches Verständnis der Beschneidung wurde auch von den Qumran-Leuten vertreten, wie eine Stelle aus dem Habakuk-Kommentar vom Toten Meer zeigt.[132] Daß damit auch bei ihnen keine Infragestellung des physischen Ritus' verbunden war, muß wohl nicht eigens betont werden.

Doch nicht nur die unterstellte „liberale" Haltung des Diasporajudentums im Unterschied zum palästinischen Judentum, sondern auch die von manchen jüdischen Forschern vorausgesetzten Konstellationen im Urchristentum sind keineswegs alle stimmig: Wenn Paulus vor seiner Christusvision bei Damaskus tat-

---

[126] Vgl. Light, 73-96.

[127] Philo, 320; vgl. *N.G. Cohen*, die der Auffassung ist, „that his (= Philo's; S.M.) allegorical and symbolical explanations were not meant by him to abrogate the practical observances of the commandments" (Dimension, 186).

[128] Εἰσὶ γάρ τινες οἳ τοὺς ῥητοὺς νόμους σύμβολα νοητῶν πραγμάτων ὑπολαμβάνοντες τὰ μὲν ἄγαν ἠκρίβωσαν, τῶν δὲ ῥαθύμως ὠλιγώρησαν οὓς μεμψαίμην ἂν ἔγωγε τῆς εὐχερείας (Migr 89). Dieses Faktum hat *Boyarin* mit dankenswerter Klarheit festgehalten (Radical Jew, 37); vgl. auch *E. Stegemann*, Tora, 9f.

[129] Vgl. 3.3.5.

[130] Vgl. *Friedländer*, Bewegungen, 81 und *Segal*, Paul, 203.

[131] *Wilckens*, Röm, Bd. 2, 135; vgl. auch *E. Stegemann*, Tora, 15.

[132] 1 QpHab 11,13; 1QS 5,5f.; vgl. auch *Borgen*, Circumcision, 249.

sächlich ein so liberales Gesetzesverständnis hatte, wie manche jüdischen Ausleger meinen, ist nur schwer verständlich, warum er die Hellenisten um Stephanus verfolgt haben soll. Daß er dies nur wegen des Bekenntnisses zu dem gekreuzigten Christus getan habe, wie *Friedländer* annimmt,[133] ist wenig wahrscheinlich. Daß die Verkündigung eines gekreuzigten Messias' von Juden als
anstößig empfunden wurde, ist unbestritten.[134] Doch nicht hier, sondern in der
Frage der Gesetzesobservanz lag der ausschlaggebende Grund für die Verfolgertätigkeit des Paulus.[135] Ein anderes Problem stellt die postulierte gesetzeskritische Linie von Jesus über Stephanus und die hellenistische Urgemeinde hin zu
Paulus dar. Ist schon fraglich, ob und wieweit das vorpaulinische hellenistische
Urchristentum die Tora in Frage stellte,[136] so sollte im Blick auf Jesus, den auch
die große Mehrzahl jüdischer Ausleger als toratreuen Juden sieht, umso behut-
samer geurteilt werden. Diese Schwächen der von *Friedländer, Sandmel* u.a.
vorgeschlagenen Interpretation dürften dafür ausschlaggebend sein, daß sie die
meisten Paulusforscher heute nur noch sehr zurückhaltend rezipieren. Sie ist
nicht nur, wie wir sehen konnten, an zu viele ungeklärte Voraussetzungen geknüpft, sondern unterschätzt auch die Bedeutung der Christusvision, die dem
Apostel vor Damaskus zuteil geworden war. Die ihm dort aufgegangene Erkenntnis, daß in der Person Jesu der Messias erschienen ist, und er als dessen
Apostel zu den Heiden gesandt ist, hatte sicher tiefgreifende Konsequenzen für
sein Gesetzesverständnis. Freilich sollte man den Einfluß des hellenistischen
Judentums auf Paulus nicht grundsätzlich in Abrede stellen. Gerade die Kategorie der Akkulturation dürfte weiterhin eine wichtige Hilfe zur Erklärung gesetzeskritischer Aussagen des Apostels sein, weil sie die soziologische Funktion
der Rechtfertigungslehre im Blick behält.[137]

---

[133] Entstehung, 168.

[134] Vgl. *Setzer*, Christ, bes. 318ff.; *Hengel*, Paulus, 287f.; *Dahl*, Messiah, Augsburg 1974.

[135] In Gal 1,13f. und Phil 3,5f. erwähnt Paulus in einem Atemzug mit der Verfolgung seinen Eifer für die „väterlichen Überlieferungen" (eine Umschreibung für die mündliche Tora
der Pharisäer) bzw. seine pharisäische Gesetzesauffassung (κατὰ νόμον Φαρισαῖος). Apg
5,34-42 belegt die konziliante Haltung Gamaliels d.Ä. in der Messiasfrage. Es ist kaum anzunehmen, daß Paulus hier anders dachte als sein Lehrer (vgl. zu diesem Thema auch *Niebuhr*,
Heidenapostel, 60ff. und *Hengel*, Paulus, 283ff.).

[136] Es bleibt zu bedenken, daß der Vorwurf gegen Stephanus, er habe gegen den Tempel
und das Gesetz gelästert, nach Apg 6,13 von falschen Zeugen vorgebracht wurde.

[137] Vgl. *Theißen*: „Paulus hat das 'Gesetz' kritisiert, um Heiden den Zugang zur Gemeinde
zu ermöglichen. Was Juden von ihrer Umwelt trennte, mußte relativiert werden. Insofern ist
das von ihm repräsentierte Urchristentum eine 'Akkulturation' des Judentums an die helleni-
stisch-römische Gesellschaft" (Entstehung, 182).

3.3.3 Paulus als Denker einer postmessianischen Situation ohne Gesetz
3.3.3.1 Jüdische Positionen

Ein ebenfalls sehr geläufiger Ansatz, mit dem jüdische Wissenschaftler die paulinische Gesetzestheologie als innerjüdische Denkmöglichkeit interpretieren, ist die Herleitung aus einer Äonentheologie, die mit einem Ende des Gesetzes in den Tagen des Messias' rechnet. Diese Erklärung der angeblichen Abrogation des Gesetzes durch Paulus ist in neuerer Zeit vor allem durch *A. Schweitzer* bekannt geworden, der auf die geringe Bedeutung des Gesetzes in den frühjüdischen Apokalypsen hinweist.[138] Sie ist aber wesentlich älter[139] und spielt v.a. in der jüdischen Forschung des 19. Jahrhunderts eine wichtige Rolle, was am Beispiel *E. Benamozeghs, M. Friedländers* und *H. Graetz'* aufgezeigt werden soll. Anders als *Schweitzer* begründen diese jüdischen Forscher ihre These aber überwiegend mit Belegen aus dem rabbinischen Schrifttum.

H. Graetz hat es als die Konsequenz aus einem traditionell jüdischen Gedanken[140] beschrieben, wenn Paulus zu der Überzeugung kommt:

> „Ist der Messias erschienen, oder war Jesus tatsächlich der Christus, so ist das Gesetz von selbst aufgehoben, so können die Heiden des Segens Abrahams teilhaftig werden, ohne das Gesetz zu beobachten."[141]

Festzuhalten an seiner Sicht ist vor allem, daß das Motiv für die eschatologische Aufhebung des Gesetzes darin vermutet wird, daß dieses ein „Hindernis für die Gewinnung von Heiden"[142] sein könnte. Auf diesen auch im zeitgenössischen Judentum zu findenden Zusammenhang von Gesetzestheologie und Heidenmission, den *Graetz* ganz richtig beobachtet hat, werden wir noch zu sprechen kommen.

E. Benamozegh geht insofern über die Ausführungen von *Graetz* hinaus, als er erstens die Abrogation des Gesetzes bei Paulus nicht nur heilsgeschichtlich, sondern zugleich individualgeschichtlich begründet sieht: Den paulinischen Gedanken, daß die Glaubenden durch ihre Teilhabe am Tod Christi dem Gesetz gestorben sind (Röm 7,1ff.), führt er auf die pharisäische Anschauung[143] zurück,

---

[138] Als Beleg dient *Schweitzer* u.a. IVEsr 6,26-28 (vgl. Mystik, 175-200); man beachte aber die Problematik eines solchen argumentum e silentio!

[139] Ob (nach talmudischer Lehre) in den Tagen des Messias das Gesetz noch gültig sei, war schon einer der Streitpunkte im Religionsgespräch von Barcelona 1263, wo sich *Paulus Christianus* und *Moses Nachmanides* gegenüberstanden; vgl. *Eckert*, in: Kirche und Synagoge, Bd. 1, 239.

[140] *Graetz* führt bNid 61b und MMish c.9 an. *Friedländer*, der sich ausdrücklich auf *Graetz* beruft, führt diese Lehre wie auch *Benamozegh* (Morale, 50) auf die Pharisäer zurück (Entstehungsgeschichte, 171). Als weiteren Hinweis in diese Richtung wertet er bBer 34b.

[141] Geschichte, Bd. 3, 416.

[142] 415.

[143] Leider führt der jüdische Gelehrte keine Belegstellen für eine solche Lehre an.

daß das Gesetz nur für Lebende Geltung besitzt.[144] Zweitens spricht der italieni-sche Rabbiner nicht nur von einer Aufhebung des mosaischen Gesetzes, son-dern auch von einem neuen, messianischen Gesetz.[145] Er bringt damit einen an-deren Gedankenkomplex ins Spiel, dem wir später gesondert nachgehen müs-sen.

Die These, daß die paulinische Aufhebung des Gesetzes auf einer jüdischen Äonentheologie[146] beruhe, hat einen ihrer energischsten jüdischen Verfechter in *L. Baeck* gefunden, der in einem seiner späten Aufsätze über Paulus sagt:

„Indem Paulus die neue 'Epoche', die 'Tage jenseits des Gesetzes', predigte, trat er - und das muß betont werden - nicht aus dem Bereich jüdischer Weltsicht heraus. Er war fest über-zeugt, daß er innerhalb der jüdischen Sphäre war, und blieb. Was ihn von den anderen trennte, war sozusagen nicht die 'quaestio juris', sondern die 'quaestio facti'."[147]

Daß Paulus nun, da er in Jesus Christus den Messias gekommen glaubte, das Gesetz als nicht mehr bindend betrachtete, sei nach jüdischen Maßstäben beur-teilt kein Widerspruch, sondern zeige gerade „die Folgerichtigkeit in seinem Denken".[148]

Auch für *H.J. Schoeps* ist die von Paulus in Röm 10,4 vertretene These, daß Christus des Gesetzes Ende sei,

„ein für jüdisch-theologisches Denken ganz exakter Urteilsschluß. Nur haben eben die Rabbinen die paulinische Prämisse nicht geteilt, daß die Messiaszeit als Auftakt der zukünfti-gen Welt mit Jesu Tod und Auferstehung bereits begonnen habe."[149]

Als rabbinische Belege für eine solche Äonentheologie führt der Erlanger Forscher bSan 97 a-b/bAZ 9a[150] und bShab 151b[151] an. Auch Rabbi Akiva (2. Jhd.) und die Sabbatianer (17. Jhd.) hätten wie Paulus daran geglaubt, daß der Messias bereits gekommen sei. Letztere hätten aus diesem Grund wie der Apo-stel die Gültigkeit des Gesetzes geleugnet. Wie schon *Benamozegh,* den er übri-gens fälschlicherweise für den Entdecker der angedeuteten Zusammenhänge zwischen paulinischer und rabbinischer Lehre hält, spricht auch *Schoeps* nicht

---

[144] 50.

[145] Ebd.

[146] *Baeck* führt als Beleg für die Erwartung einer messianischen Aufhebung des Gesetzes die folgenden Stellen an: bSan 97a, PesR 4a, bShab 151b und Yalq zu Eccl 12,1 (Glaube, 36, Anm. 45 und 48). Im Blick auf später noch Auszuführendes ist bemerkenswert, daß er auch den Begriff der תורה חדשה ins Spiel bringt (ebd., Anm. 47).

[147] 27.

[148] 26.

[149] Paulus, 179f.

[150] „In der Schule des Elia wird gelehrt: 6000 Jahre wird die Welt bestehen: (nämlich) 2000 Jahre Chaos (tohu), 2000 Jahre Tora, 2000 Jahre messiansiche Zeit" (zit. nach *P. Schä-fer*, Tora, 36).

[151] „... das sind die messianischen Tage, in denen es weder Verdienst noch Schuld geben wird" (zit. nach *P. Schäfer*, Tora, 37).

nur von der Aufhebung der alten Tora, sondern auch von der Gabe einer neuen Tora, für die er in Gal 6,2 und Röm 3,27 Anhaltspunkte sieht.[152] Leider läßt er offen, in welchem Verhältnis die beiden zueinander stehen.

Diese durch *Baeck* und *Schoeps* populär gewordene These wird im Paulusbuch *S. Ben-Chorins* im wesentlichen erneuert. Sein Deutungsversuch weicht eigentlich nur darin von der Position seiner Vorgänger ab, daß er von einem Leiden des Paulus am Gesetz ausgeht,[153] von dem er erst durch sein Damaskuserlebnis erlöst worden war. Die jüdische Äonentheologie stellte nach *Ben-Chorin* Paulus die Mittel zur Verfügung, diese existentielle Erfahrung nun auch intellektuell zu verarbeiten. Der jüdische Forscher vertritt die Ansicht,

„daß die Erkenntnis der Erlösung vom Gesetz für den Pharisäer Paulus *zunächst* eine Paradoxie gewesen sein muß, aber bei Überdenken seines Erlebnisses ist ihm klargeworden - und wird uns klar -, daß diese Konzeption keinen Ausbruch aus dem Judentum darstellt."[154]

Seine Herleitung der paulinischen Haltung zum Gesetz aus jüdischen Quellen versucht einen Brückenschlag zwischen der apokalyptischen Deutung *Schweitzers* und der pharisäisch-rabbinischen Deutung der meisten jüdischen Forscher vor ihm. Leider kann er seine These, die von Paulus rezipierte Äonen-Theologie habe in der hellenistischen Apokalyptik eine viel breitere Darstellung gefunden als im Talmud,[155] nur mit einem Hinweis auf die Kabbala stützen.[156] Damit entfernt er sich aber um Jahrhunderte von der Entstehungszeit der paulinischen Briefe.

Zuletzt möchte ich kurz auf die zahlreichen Arbeiten *G. Scholems* zum Verhältnis von Messianismus und Torafrömmigkeit eingehen,[157] die zwar Paulus nur am Rande berücksichtigen, aber für unser Verständnis des Problems deshalb bedeutend sind, weil sie es in einen größeren religionsgeschichtlichen Kontext einbetten. *Scholem* unterscheidet in einem Aufsatz von 1959 eine utopische und eine restaurative Variante des jüdischen Messianismus'.[158] Die erwartete Rolle der Tora im messianischen Zeitalter hänge wesentlich davon ab, welche der beiden Varianten jeweils vorherrscht. Überwiegen die restaurativen Momente (wie im mittelalterlichen Rationalismus), dann zielt die Hoffnung auf einen in der messianischen Zeit endlich ermöglichten vollständigen Gehorsam gegenüber der Tora. Die Tora wird nun erst einsichtig und erfüllbar, da Israel nicht

---

[152] In Gal 6,2 ist von einem νόμος τοῦ Χριστοῦ die Rede, in Röm 3,27 von einem νόμος πίστεως; vgl. Paulus, 179.

[153] „Das Leiden am Gesetz" ist die Überschrift eines Kapitels des besagten Buches (Paulus, 52ff.).

[154] 59.

[155] 63.

[156] 64.

[157] Hauptströmungen, 336f.; Krise, 174f.

[158] Verständnis.

mehr im Exil leben muß. Überwiegen dagegen die utopischen Momente (wie in der Apokalyptik), wird die Bedeutung der Tora zurückgestellt zugunsten einer Spontaneität der menschlichen Freiheit, die einen anarchischen Grundzug an sich trägt. *Scholem* zählt Paulus zur letzteren Variante des jüdischen Messianismus', wenn er feststellt:

> „Die 'paulinische Freiheit der Kinder Gottes' ist eine Form, in der solch Umschlag (einer restaurativen Auffassung von der endlichen Wiederherstellung der Herrschaft des Gesetzes zu einer utopischen; S.M.) aus dem Judentum herausgeführt hat. (..) Zu dem anarchischen Element treten dabei auch die antinomistischen Möglichkeiten, die in der messianischen Idee latent sind."[159]

Obwohl *Scholem* diese Erkenntnis im Blick auf die paulinische Theologie nicht weiter auswertet, dürfte er doch der Paulusforschung eine wertvolle „hermeneutisch-historische Hilfe"[160] geliefert haben, die es lohnt, im nächsten Abschnitt noch einmal aufgenommen zu werden. Danach muß der Frage nach der Tora im messianischen Zeitalter bzw. einer „messianischen Tora" im Judentum nachgegangen werden, bevor ein Blick auf Paulus dieses Teilkapitel abschließt.

3.3.3.2 Kritische Beurteilung

Wer sich die Geschichte der messianischen Hoffnungen im Judentum vor Augen hält, die immer wieder - und nicht nur im Christentum! - als erfüllte Hoffnungen verstanden wurden, der begegnet auf Schritt und Tritt einer geschichtswendenden Kraft, die alle überkommenen Maßstäbe und Normen fraglich werden läßt. Diese macht sich schon bei den Propheten bemerkbar, für die das Kommen des Erlösers die alten heilsgeschichtlichen Überlieferungen relativiert. Sie ist auch an der Schwelle unseres Jahrhunderts in den Reformbestrebungen des liberalen Judentums zu spüren, die teilweise durch den messianischen Kairos motiviert waren.[161] Am nachhaltigsten aber hat sie sich in der Sabbatianischen Bewegung niedergeschlagen, die Sabbatai Zwi (17. Jhd.) als ihren Messias verehrte. Wie das frühe Christentum speiste sich diese Bewegung aus den mystischen Strömungen des Judentums, wie dort spielte der Glaube eine dominierende Rolle, wie dort kam es angesichts des besonderen Kairos zu einer „Krise der Tradition", die das Gesetz in einem anderen Licht erscheinen ließ.

Das alles sind interessante religionsgeschichtliche Analogien zu Paulus, auf die uns *Scholem* aufmerksam gemacht hat, doch sind die Unterschiede nicht weniger deutlich: Von Sabbatai weiß man, daß er selbst das Gesetz wissentlich

---

[159] 44.

[160] *V.d.Osten-Sacken*, Evangelium und Anarchie, in: Heiligkeit, 165; vgl zur fruchtbaren Auseinandersetzung mit *Scholem* auch *ders.*, theologia crucis und *Blank*, Paulus - Jude und Völkerapostel, 169ff.

[161] Vgl. etwa. das Beispiel von *I.M. Wise*, dazu 2.2.5.

übertrat und auch andere zu einem solchen Tun zwang. Mehr noch: Er proklamierte es geradezu als heilige Pflicht, zu sündigen.[162] Kann wirklich von Paulus
ähnliches behauptet werden? Während im Falle Sabbatais der Begriff „Antinomismus" am Platz sein mag, beruht er im Blick auf Paulus auf einer fragwürdi-
gen Auslegung, denn weder Röm 7 noch Röm 10,4 geben einen Anhaltspunkt
dafür ab, daß Paulus das Gesetz einfach aufgehoben habe.[163] So weit wird man
Scholem freilich schon folgen können, daß, wenn man (wie Paulus) davon überzeugt ist, daß der Messias bereits gekommen ist, dies für einen Juden auch Konsequenzen hat für den Umgang mit dem Gesetz.[164]

Vielleicht hilft uns in dieser Beziehung das klassische jüdische Schrifttum
weiter, wie manche jüdischen Ausleger unterstellt haben: Gibt es hier wirklich
Texte, die von einem Ende des Gesetzes in den Tagen des Messias' sprechen,
und inwiefern waren sie für das damalige Judentum repräsentativ? Nach *P.
Schäfer*[165] kann von einer endzeitlichen Aufhebung der Tora im rabbinischen
Schrifttum keine Rede sein. Dort werde vielmehr ein vollkommenes Verständnis und eine vollkommene Erfüllung des Gesetzes erwartet.[166] *Schäfer* verneint
auch die Existenz von Aussagen, die die Erwartung einer neuen Tora wahrscheinlich machen. Immerhin gesteht auch er zu, daß manche Rabbinen mit der
„Änderung bestimmter Gebote oder Verbote in der Endzeit"[167] rechneten.[168]
Auch *W.D. Davies* kommt zu dem Ergebnis, daß der Hauptstrom des jüdischen
Schrifttums[169] die Hoffnung auf eine bessere Erfüllung der Tora ausspricht. Er
weicht aber insofern von der Meinung *Schäfers* ab, als er nachzuweisen versucht, daß es daneben auch die Erwartung einer neuen Tora gab:

> „We can at least affirm that there were elements inchoate in the Messianic hope of Ju-
> daism, which would make it possible for some to regard the Messianic Age as marked by a
> New Torah. New indeed (..) not in the sense that it contravened the old, but yet not merely in

---

[162] Vgl. auch *Levinson*, Messias, 67ff., bes. 61.

[163] Zu Röm 7, vgl. 3.3.1, zu Röm 10,4 weiter unten; vgl. auch *v.d.Osten-Sacken*, Tora,
166f.

[164] Vgl. *Blank,* Paulus - Jude und Völkerapostel, 154; vgl. auch *Frankemölle*, Christliche
Identität, 34f.

[165] Torah, 27-42; vgl. dazu auch: *Levy*, Tora.

[166] Im Sinne *Schäfers* haben sich auch *J. Maier* (Auseinandersetzung, 184), *Hübner* (Paulusforschung, 2681f.) und *Conzelmann* (Theologie, 247) geäußert. Anders freilich *Petuchowski*: „Die Frage, ob das Gesetz (..) je seine Gültigkeit verlieren wird, läßt das rabbinische Judentum offen, d.h. zwei verschiedene Meinungen darüber bestehen nebeneinander. Nach der
einen Meinung soll im messianischen Zeitalter die Beobachtung des Gesetzes sogar noch ge-
wissenhafter werden. Nach der anderen Meinung hört im messianischen Zeitalter die Herrschaft des Gesetzes auf" (Lexikon, 130).

[167] Tora, 40.

[168] So im wesentlichen auch *Smend/Luz*, Gesetz, 53f.

[169] *Davies* untersucht neben dem rabbinischen auch das alttestamentliche und das zwi-
schentestamentarische Schrifttum.

the sense that it affirmed the old on a new level, but in such a way as to justify the adjective *chadaschah* that was applied to it."[170]

An diese jüdische Nebenströmung habe das frühe Christentum anknüpfen können. Paulus habe dies in der Weise getan, daß er die Worte und die Person Jesu mit der neuen Tora identifizierte.[171] *Davies* entfaltet diese These in Hinblick auf die Ethik und die Christologie des Apostels.[172]

In der Tat halte ich es aufgrund von (freilich recht späten) Texten wie dem TJon zu Jes 12,3,[173] QohR 11,8[174] und vielleicht auch WaR 13,3[175] für erwägenswert, daß es jüdische Traditionen bezüglich einer neuen Tora[176] gegeben hat, auf die der Apostel bei der Ausgestaltung seiner Gesetzeslehre zurückgegriffen haben könnte.[177] Für schwieriger halte ich es dagegen, das Ende des Gesetzes in der messianischen Zeit im Talmud nachzuweisen, wie es u.a. *Baeck* und *Schoeps* versucht haben. Weder bShab 151b, noch bSan 97a-b/AZ 9a sind als Belege für eine solche Lehre zu werten.[178] Allenfalls bNid 61b, das allerdings auf einen Amoräer zurückgeführt wird (also auch deutlich nachpaulinisch ist),[179] könnte man in diesem Sinn interpretieren.[180] Auf jeden Fall sollte beachtet werden, daß in keiner der Stellen von einer Aufhebung der Tora als solcher,

---

[170] Tora, 85.

[171] Tora, 93; Paul, 147ff.

[172] Zur Kritik an *Davies* vgl. neben dem oben schon erwähnten Aufsatz von *Schäfer* auch *Westerholm*, Law.

[173] „Und ihr werdet neue Lehre bekommen in Freude von dem gerechten Erwählten" (zit. nach *P. Schäfer*, Tora, 32); vgl. *W.D. Davies*, Setting , 174; Paul, 72, Anm. 5; Tora, 59ff.

[174] „...die Torah, die der Mensch in dieser Welt lernt, nichtig ist sie gegenüber der Torah des Messias" (zit. nach *P. Schäfer*, Tora, 33); vgl. *W.D. Davies*, Setting, 175.

[175] *W.D. Davies*, Paul, 72, Anm. 5; Bill. IV, 2.

[176] Den Begriff der „neuen Tora" kann man auf Paulus nur dann anwenden, wenn man ihn nicht als Antithese zum Mosegesetz versteht. Obwohl *Stuhlmacher* (anknüpfend an *Gese*) von einem dialektischen (also nicht antithetischen) Verhältnis der „alten" Sinaitora und der „neuen" Zionstora spricht, sind manche seiner Thesen in dieser Hinsicht zumindest mißverständlich. Vor allem sollte man nach dem oben Aufgezeigten nicht so einfach die angeblich nur vorläufige Mosetora dem Frühjudentum und die eschatologische Zionstora dem Christentum zuordnen. Kann man wirklich sagen, das Judentum habe die Erwartung einer neuen geistlich-endzeitlichen Lebensordnung verdrängt (Gesetz, bes. 261)?

[177] Vgl. auch *Baeck*, Glaube, 36, Anm. 47.

[178] Vgl. *P. Schäfer*, Tora, 36ff.; *W.D. Davies*, Tora, 78ff.

[179] „Dies belegt, daß die Gebote in der zukünftigen Welt aufhören werden" (zit. nach *P. Schäfer*, Tora, 38).

[180] Vgl. zur Stelle *Loewy*, Gesetz, 323f. und *W.D. Davies*, Tora, 80ff. Ob man die Stelle in diesem Sinn versteht, hängt davon ab, ob die dort erwähnte kommende Zeit, in der die Gebote aufhören werden, identisch ist mit der messianischen Zeit, oder ob diese eine Epoche nach der messianischen Zeit meint. *Klausner* meint beide Epochen auseinanderhalten zu können (Vorstellungen, 17ff.); so auch *Eschelbacher*, Geschichte, 54f.; anders aber *W.D. Davies*, Tora, 81.

sondern immer nur von einer Aufhebung einzelner *mitzwot* die Rede ist.[181] Außerdem müßte bedacht werden, daß das traditionsgeschichtliche Alter (besonders) der rabbinischen Belege oft nur schwer bestimmbar ist.[182] Immerhin könnten auch jüngere Parallelen interessant sein als Hinweis auf die Tatsache, daß die paulinische Gesetzestheologie nicht gänzlich unjüdisch ist.

Ein zweites grundsätzliches Problem betrifft die Frage, ob mit dem hier vorgeschlagenen Erklärungsmodell die paulinischen Texte richtig verstanden sind. So hat *C.G. Montefiore* bezweifelt, daß der Heidenapostel sich auf eine solche jüdische Tradition (falls es eine solche überhaupt gegeben hat) bezieht, um seine Position zu begründen. Er betont, diese Argumentationslinie sei zwar nicht ganz abwesend, aber doch nur von untergeordneter Bedeutung in den paulinischen Briefen.[183] Kategorischer noch die Ablehnung von *E.P. Sanders:*

„Paulus beruft sich niemals auf die Tatsache, daß der Messias gekommen ist, um seine Auffassung zu begründen, daß das Gesetz untauglich sei."[184]

M.E. ist aber schon die (auch von *Montefiore* und *Sanders* akzeptierte) Prämisse fraglich, daß Paulus tatsächlich von einer völligen Abrogation des Gesetzes spricht. Diese These wird vielfach zu schnell ungeprüft vorausgesetzt.[185] Gerade Röm 10,4 (eine Stelle, die traditionell als Beleg dafür gilt, daß Paulus das Gesetz abgetan habe) taugt zu diesem Zweck am allerwenigsten. Paulus spricht hier nämlich nicht von Christus als dem (heilsgeschichtlich verstandenen) „Ende des Gesetzes",[186] sondern vom Gesetz als Zeugen für die in Christus offenbar gewordene Glaubensgerechtigkeit.[187] Vom „Ende" des Gesetzes kann allenfalls in dem Sinn die Rede sein, als es den Glaubenden nicht mehr verurteilt.[188] Dieser Einwand ließe sich u.a. gegen *C. Plag* anführen, der viel zu

---

[181] *Wilckens*, Röm, Bd. 2, 224.

[182] Vgl. a.a.O., 223; *Plag* hat dem Mangel an sicher vorchristlichen Belegen mit dem Hinweis auf die apokryphen Vitae Prophetarum abzuhelfen versucht. Doch ist die Überlieferungsgeschichte dieser Schrift kaum sicherer zu rekonstruieren als die rabbinischer Texte.

[183] Paul, 106.

[184] Paulus, 454; vgl. auch *Luz*, Gesetz, 93.

[185] *W.D. Davies* kritisiert an diesem Punkt die Auslegung *Schweitzers*, wenn er feststellt, daß Loyalität gegenüber der neuen Tora in Christus keinesfalls der Loyalität gegenüber der Tora der Väter widerstreitet (Paul, 73).

[186] So immer noch die Mehrzahl der Ausleger, z.B. *Bultmann,* Ende; *Becker*, Paulus, 418; *Lohse*, nomos, 128; *Hahn*, Gesetzesverständnis, 50; *Lindemann*, Gerechtigkeit, 238, Anm. 28.

[187] Dann wäre (im Anschluß an *Burchard*, Summe, 42, Anm. 69) nicht Christus, sondern der Rest des Satzes Prädikativum. Zu übersetzen wäre dann etwa: „Ziel des Gesetzes ist es, daß Christus zur Gerechtigkeit (werde) jedem, der glaubt." Mit „Ziel" statt „Ende" übersetzen z.B. auch *P. v.d. Osten-Sacken*, Zum Verständnis des Gesetzes im Römerbrief, in: Heiligkeit, 33-40; *Cranfield*, Romans, Bd. 2, 516ff.; *Badenas*, Christ, und *Meyer,* Romans 10:4.

[188] Dem griechischen Wort τέλος haftet die gleiche Zweideutigkeit an wie dem deutschen „Ende" und dem englischen „end".

schnell τέλος νόμου als Beleg für die Abrogation der Mosetora durch Paulus ansieht.[189] Mit dieser Kritik soll freilich nicht der Wahrheitsgehalt dieses Ansatzes grundsätzlich bestritten werden. Denn einen gewissen „anarchischen Zug" der paulinischen Lehre wird man trotz allem nicht ganz leugnen können.[190] Allerdings wäre es falsch, aufgrund einer solchen eschatologisch motivierten Relativierung bestimmter Aspekte der Tora für einen bestimmten Personenkreis zu schließen, daß die Tora als solche damit außer Kraft gesetzt sei.

3.3.4 Paulus als Kritiker der Zeremonialgesetze
3.3.4.1 Jüdische Positionen

Wie in den paulinischen Gemeinden ist es auch im Judentum in der Auseinandersetzung mit Heiden zu der Erwartung gekommen, daß bestimmte Reinheitsgebote, darunter wie in Antiochia auch Speisegebote, in der Endzeit außer Kraft gesetzt werden.[191] Auf diese Tendenzen, die zwar nur für eine Minderheit der Rabbinen repräsentativ zu sein scheinen, hat *P. Schäfer* in seinem bereits erwähnten Aufsatz ebenfalls hingewiesen, ohne daß dies allerdings im Blick auf die Frage nach dem paulinischen Gesetzesverständnis bedacht worden wäre. Gelten die kritischen Aussagen in Bezug auf die jüdische Tora vielleicht nur den Zeremonialgesetzen?

Wie wir im ersten Hauptteil dieser Arbeit schon gesehen haben, warfen viele frühere jüdische Ausleger Paulus vor, nicht nur das Zeremonialgesetz, sondern auch die ethischen Toragebote aufgehoben zu haben (so *Benamozegh, Kohler* und *Graetz*). Daß es bereits im letzten Jahrhundert Gelehrte gab, die die Gesetzeskritik des Apostels als auf die rituellen Aspekte des Gesetzes beschränkt ansahen, veranschaulicht das Beispiel *S. Hirschs*. Er versteht u.a. Röm 2,11-29 als Kritik an jüdischen Zeremonialvorschriften wie Beschneidung. Er bedient sich damit der damals auch in der neutestamentlichen Exegese bereits geläufigen Unterscheidung von Moral- und Zeremonialgeboten, hält aber (anders als seine christlichen Zeitgenossen) die paulinische Kritik für nicht treffend. Sie trifft laut *Hirsch* deshalb nicht, weil das Judentum die von Paulus kritisierten rituellen Observanzen nie zum Anlaß des Selbstruhmes genommen, sondern als „symbolische(n) Ausdruck seines Volksberufes" verstanden hat.[192]

Es gibt auch heute Ansätze jüdischer (wie auch christlicher) Paulusforscher, die in die gleiche Richtung gehen: Der konservative Religionswissenschaftler

---

[189] *Plag*, Weg, 19-26; vorsichtiger urteilt *Frankemölle*, Christliche Identität.
[190] Man denke nur an das zweimal im 1 Kor anklingende: „Alles ist erlaubt!" (6,12; 10,23). Doch auch dieses schränkt Paulus bemerkenswerterweise gleich wieder ein.
[191] Vgl. MTeh 146,4 zu Ps 146,7.
[192] System, 732.

P. Sigal schreibt im Blick auf die zuweilen negativen Äußerungen des Apostels über bestimmte traditionelle Bräuche des Judentums,

„daß Paulus dort über kultische bzw. rituelle Aspekte des jüdischen Glaubens sprach, von denen er glaubte, daß sie in ihrer soteriologischen Bedeutung von der im Tod Jesu gewährten Erlösung aufgehoben wurden. (..) Damit aber hörte die Thora nicht auf, Leitschnur für das christliche Verhalten zu sein, wohl aber war sie nicht mehr Zeichen des Bundes und der Erlösung derjenigen, die unter diesem Bund standen."[193]

Ganz ähnlich spricht auch *A.F. Segal* davon, daß für Paulus mit Tod und Auferstehung Christi das jüdische Ritualgesetz hinfällig geworden ist, während die Tora als „standard of moral behavior" weiterhin in Kraft bleibt.[194] Er sieht die hier vorausgesetzte Unterscheidung von Moral- und Zeremonialgesetzen in der paulinischen Gegenüberstellung von σάρξ und πνεῦμα impliziert. Wichtigstes Argument für seine These ist aber die oben bereits festgehaltene Tatsache, daß der Apostel nicht das Gesetz *per se,* sondern lediglich die „Werke des Gesetzes" kritisiere.[195] Unter „Werke des Gesetzes" versteht *Segal* im Anschluß an *J.D.G. Dunn* solche Praktiken, die als äußerlich sichtbare Kennzeichen jüdischer Identität fungierten. Anders aber als der englische Neutestamentler setzt er einfach diese „boundary markers" mit den Zeremonialgesetzen gleich:

„'Works of the Law' means the ceremonial Torah, those special ordinances that separate Jews from gentiles."[196]

Als letzter jüdischer Forscher, der Paulus als einen Kritiker der jüdischen Zeremonialgesetze charakterisiert, soll *D. Boyarin* zu Wort kommen: Wie *Segal* stützt sich auch dieser Ausleger auf *Dunns* Interpretation von ἔργα νόμου und das damit verbundene Verständnis der paulinischen Gesetzeslehre. Indem Paulus die „Werke des Gesetzes" kritisiert, stelle er ein exklusivistisches Heilsverständnis in Frage, das den Bund von der ethnischen Zugehörigkeit zu Israel abhängig macht.[197] Obwohl auch *Boyarin* feststellt, daß sich die paulinische Ethik weitgehend auf die Moralvorschriften des Alten Testaments stützt, ist für ihn weniger die Unterscheidung zwischen Moral- und Zeremonialgeboten von Bedeutung als die Gegenüberstellung eines geistlichen und eines fleischlichen Aspektes des Gesetzes.

„The physical, fleshly signs of the Torah, of historical Judaism, are re-interpreted as symbols of that which Paul takes to be universal requirements and possibilities for humanity."[198]

---

[193] Judentum, 85; vgl. auch Emergence I/2, 420: „The center of the passing away of the binding authority of the nomos, applies only to the cultic observances of Judaism (..) and not the whole nomos."

[194] Paul, 124.

[195] Vgl. dazu den Exkurs: „Werke des Gesetzes" bei Paulus.

[196] Ebd.

[197] Radical Jew, 72ff.

[198] 10.

Die Abwertung des Zeremonialgesetzes resultiere nach Darstellung *Boyarins*
aus der allegorisierenden Hermeneutik des Apostels, die ihrerseits auf seinen
(oben bereits erwähnten) anthropologischen Dualismus zurückgeführt werden
könne.[199] Der jüdische Ausleger macht auf die Problematik der paulinischen Gesetzeslehre vor allem am Beispiel der Beschneidung aufmerksam. Im Blick auf
Röm 2,28f., wo Paulus eine Beschneidung des Herzens der tatsächlichen,
fleischlichen Beschneidung entgegensetzt, sagt er:

> „'True Jewishness' ends up having nothing to do with (..) maintaining the cultural/religious
> practices of the historical Jewish community (circumcision), but paradoxically consists of par-
> ticipating in a universalism, an allegory that dissolves those essences and meanings entire-
> ly.''[200]

Die mit der Spiritualisierung der jüdischen Zeremonialgebote mitgegebene
Auflösung jüdischer Identität habe später zu antijüdischen Konsequenzen geführt, wobei den Apostel an dieser Wirkungsgeschichte keine Schuld treffe.[201]

3.3.4.2 Kritische Beurteilung

Ob Paulus wirklich, wie die oben genannten jüdischen Paulusausleger annehmen, zwischen Moral- und Zeremonialgeboten differenziert hat, ist in der
neutestamentlichen Wissenschaft umstritten. Die Mehrzahl der christlichen Forscher scheint mir immer noch die skeptische Haltung *R. Bultmanns* zu teilen,
der festhielt, Paulus habe

> „nicht (..) das Wesen des Gehorsams unter Gottes Forderungen an der Gegenüberstellung
> der sittlichen Forderung gegen die kultisch-rituellen klar gemacht und an diesen von jenen aus
> Kritik geübt.''[202]

Vielmehr umfasse das Gesetz bei Paulus „die Gesamtheit der historisch gegebenen Gesetzesforderungen, der kultischen und rituellen so gut wie der sittlichen.''[203]
Daran ist richtig, daß Paulus nirgends *explizit* zwischen Moral- und Zeremonialvorschriften unterscheidet. Oft wird auch gesagt, eine solche Unterscheidung wäre im damaligen Judentum ganz analogielos.[204] Die späteren Rabbinen
kommen einer solchen Unterscheidung aber immerhin nahe, wenn sie zwischen

---

[199] Vgl. dazu 3.3.2.

[200] 135.

[201] 289 u.ö.

[202] Theologie, 261; ähnlich kritisch *Montefiore*: „The Law was to Paul a whole, and it is
curious how very rarely he separates (..) its ceremonial from its moral enactments" (Paul,
102). Vgl. dazu auch die Kritik *Harringtons* an *Segal* (S. 122f.).

[203] Ebd.

[204] Vgl. *Schreiner*, Abolition, 73, Anm. 72; *Burchard*, Summe, 29, Anm. 4.

Geboten, die die zwischenmenschlichen Beziehungen regeln (מצות בן לאדם)
und solchen, die die Beziehungen zwischen den Menschen und Gott regeln
(מצות בן אדם למקום), unterscheiden.[205] Allerdings hatte die Unterscheidung
bei ihnen nicht den Sinn, einen Teil des Gesetzes abzuwerten.[206] Es ist also weniger die Unterscheidung als solche, die analogielos wäre, sondern eine Unterscheidung, die eine Wertung enthält.

Ist eine Differenzierung zwischen Zeremonial- und Moralvorschriften vielleicht aber doch mit der paulinischen Gesetzeslehre *implizit* mitgegeben? Dies
ist eine These, die heute von *T.R. Schreiner* vertreten wird. Er ist der Meinung,

> „that there is a distinction in Paul's mind between the ritual and moral law. The dissolution
> of the Mosaic covenant also implies the abolition of practices, such as circumcision, Sabbath,
> and food laws, which separated Jews from Gentiles. On the other hand, Paul still thinks that
> the universal moral norms contained in the Mosaic laws are authoritative for the church. Be-
> lievers by faith in the power of the Spirit can obey the moral norms of the OT laws."[207]

In der Tat kann man schwer bestreiten, daß die Gebote, die Paulus infolge
des Christusereignisses (jedenfalls für Heiden) als irrelevant erklärt, im wesentlichen zu dem Bereich zu zählen sind, den wir heute als Zeremonialgebote bezeichnen würden, während die Aspekte der Tora, die er auch für Christen weiterhin als verbindlich ansieht, als Moralgebote beschrieben werden können.[208]
Allerdings sollte nicht übersehen werden, daß es eine von dem modernen Ausleger an die Texte herangetragene Terminologie ist, wenn wir von Moral- und
Zeremonialvorschriften bei Paulus sprechen.[209]

Dunn war im Unterschied zu *Segal* vorsichtig genug, die „Werke des Gesetzes" nicht einfach mit den Zeremonialgesetzen zu identifizieren, sondern stattdessen von „badges" oder „boundary markers" zu sprechen.[210] *Segal* hat im persönlichen Gespräch zu erkennen gegeben, daß er heute etwas anders formulieren würde als noch in seinem Paulusbuch: Das Zeremonialgesetz sei nicht die
Denotation (die genaue Bedeutung) des Ausdruckes ἔργα νόμου, aber dessen
Konnotation (das, was Paulus damit in erster Linie assoziiert). Ein weiterer
möglicher Kritikpunkt an *Segals* sonst sehr anregenden Thesen scheint mir das
manchmal mißverständlich dargestellte Verhältnis von soziologischen und soteriologischen Fragen zu sein. Während bei *Segal* manche Aussagen so klingen,

---

[205] Vgl. Sifra Achare Moth p. 8,1.

[206] Wird ein Gebot der letztgenannten Ordnung übertreten, sühnt allein der Versöhnungs-
tag, wird ein Gebot der erstgenannten Ordnung übertreten, ist zusätzlich Wiedergutmachung
nötig.

[207] Abolition, 59.

[208] Vgl. *Schrage*, Einzelgebote, 231-233.

[209] Vgl. auch *E.P. Sanders*, Law, 101.

[210] Vgl. den Exkurs unter 3.3.1. Es sei hier angemerkt, daß *Schreiner* nicht mit *Dunns* Interpretation des Begriffes „Werke des Gesetzes" einverstanden ist; vgl. dazu sein Aufsatz
Works of Law, bes. 221ff.

als seien die Zeichen der Gruppenzugehörigkeit für das Heil nicht relevant,[211] bin ich mit *R. Heiligenthal* eher der Ansicht, daß diese „sowohl soziologische als auch soteriologische Bedeutung" haben.[212] Wer im Rahmen eines „Bundesnomismus" willentlich die moralischen und rituellen Standards der Gemeinschaft mißachtet, riskiert damit nicht nur seinen Platz in dieser Gemeinschaft, sondern auch seine eschatologische Rettung. Abgesehen von diesen notwendigen Präzisierungen scheint mir aber die Position *Segals* einen deutlichen Fortschritt gegenüber der früher vorherrschenden Polemik gegen den angeblichen Antinomismus des Paulus darzustellen.

Ein anderer Einwand, den wir in den Worten von *E.P. Sanders* wiedergeben wollen, betrifft vor allem die von *Boyarin* vertretene Variante der hier vorgestellten These:

> „Paul (..) does not define Christian behavior as keeping the 'spirit' of the law as distinct from observing it literally. He is aware of the inner/outer distinction, as Phil 3:3 and Rom 2:29 show. Yet this distinction does not govern his treatment of concrete laws."[213]

Sanders hat mit Recht darauf hingewiesen, daß Paulus in seiner Auseinandersetzung mit den Galatern nicht auf eine „geistliche" Befolgung der jüdischen Zeremonialgebote abzielt, sondern daß er solche Gebote für seine heidenchristlichen Gemeinden schlichtweg ablehnt.[214] Andererseits könnte man gegen *Boyarin* einwenden, daß der Apostel in Röm 2 nicht gegen die Beschneidung von Juden argumentiert, sondern für deren Befolgung auch der übrigen Toragebote. Offensichtlich spielt es eine große Rolle, von wem Paulus gerade redet, von Juden oder Heiden. Das nächste Teilkapitel wird diesbezüglich eine wichtige Differenzierung einführen.

Es scheint also, daß die These, daß Paulus vor allem die Zeremonialvorschriften kritisiert hat, während die Moralgebote für ihn weiterhin Gültigkeit haben, etwas Richtiges festhält.[215] Allerdings bleibt doch die Warnung *J. Petuchowskis* zu bedenken:

> „Wird das Wort 'Zeremonialgesetz' von nichtjüdischen Beurteilern des Judentums gebraucht, dann reagiert der Jude, welcher religiösen Richtung er auch angehören mag, ziemlich empfindlich, da der polemische Unterton früherer Generationen noch nicht ganz vergessen ist."[216]

---

[211] Vgl. Paul, 125: „The vexing issue of the ritual status of the gentiles - and not their salvation or even philosophical issues of universalism or particularism or the value of works' righteousness - directly occasions Paul's meditations on the law."

[212] 41.

[213] Law, 101.

[214] 102.

[215] So prinzipiell auch *E.P. Sanders*, Law, 101.

[216] Lexikon, 441.

Obwohl die meisten Theologen, die heute dieses Interpretationsmuster befürworten, vom Wunsch einer Aussöhnung mit dem Judentum motiviert sind, kann ein antijudaistischer Mißbrauch nicht generell ausgeschlossen werden. Es hieße den Teufel mit dem Belzebub auszutreiben, wenn wir nun anstatt einer angeblichen jüdischen Werkgerechtigkeit jüdischen Nationalstolz und Exklusivismus anprangern würden. *E.P. Sanders* hat dem Teil der neutestamentlichen Forschung, die nur nach Schwächen des Judentums auszuschauen gewohnt war, um das Christentum in umso hellerem Licht erscheinen zu lassen, eine wichtige Lehre ins Stammbuch geschrieben:

„We shall all agree that exclusivism is bad when practiced by the dominant group. Things look different if one thinks of minority groups that are trying to maintain their identity. I have never felt that the strict Amish are iniquitous, and I do not think that, in assessing Jewish separatism in the Diaspora, we are dealing with a moral issue."[217]

Umgekehrt muß bei der Beurteilung der paulinischen Haltung bedacht werden, daß er sich für eine Minderheit innerhalb des Judentums (nämlich die Heidenchristen) einsetzte. Die schon bald nach dem Tod des Paulus überwiegend heidenchristliche Kirche bewegt sich auf dünnem Eis, wenn sie heute Argumente des Apostels gegen das Judentum anführt. Trotz solcher kritischer Nachfragen kommt den oben diskutierten Vorschlägen jüdischer Forscher das große Verdienst zu, nachgewiesen zu haben, daß auch die paulinische Gesetzeslehre in großer Kontinuität zu zeitgenössischen jüdischen Konzeptionen steht.

3.3.5 Paulus als Verfechter einer gesetzesfreien Heidenmission
3.3.5.1 Jüdische Positionen

Manche jüdischen Paulusausleger nehmen Aussagen des Apostels, die als Abrogation der Tora verstanden werden können, ihre Anstößigkeit, indem sie behaupten, diese bezögen sich nur auf Heidenchristen. Juden und Judenchristen bleiben nach Ansicht solcher Gelehrter weiterhin auf das Gesetz verpflichtet. Ein früher Vertreter dieser Sichtweise war der „aufgeklärte Traditionalist"[218] *Jakob Emden* (1698-1776). Obwohl er sich bei seiner Würdigung des frühen Christentums noch nicht von den Grundsätzen der historischen Kritik leiten ließ, wollen wir kurz seine Sicht der paulinischen Gesetzeslehre betrachten, denn er hat einiges von dem vorweggenommen, was heute wieder ernsthaft unter Neutestamentlern erwogen wird. In einem Brief über die Sabbatianer, den er an das Konzil der vier Länder, die zentrale Institution jüdischer Selbstverwal-

---

[217] Association, 181.
[218] Diese Bezeichnung „Enlightened Traditionalist" prägte *B. Greenberg* in einem Artikel über *Emden* (Jakob Emden).

tung in Polen,[219] schrieb, vertritt *Emden* die Meinung, weder Jesus noch die ersten Apostel hätten beabsichtigt, die Mosetora abzuschaffen. Sie hätten in voller Übereinstimmung mit der rabbinischen Halacha gehandelt, indem sie für Juden die Observanz aller 613 Gebote voraussetzten, die nichtjüdischen Gläubigen hingegen nur auf die sieben Noachidischen Gebote verpflichteten.[220] Diese Noachidischen Gebote enthalten nach bSan 56b das Gebot der Rechtspflege (דינים), sowie die Verbote der Gotteslästerung (ברכת השם), des Götzendienstes (עבודה זרה), der Unzucht (גילוי עריות), des Blutvergießens (שפיכות דמים), des Raubes (גזל) und des Essens von einem lebenden Tier (אכל מן־החי).[221] Aus Gal 5,3, wo Paulus warnt, jeder Beschnittene sei verpflichtet, die ganze Tora zu halten, schließt *Emden,* daß Paulus das Gesetz für Juden weiterhin als verpflichtend ansah.[222] Den gleichen Schluß zieht er aus 1 Kor 7,17-18:

> „Nur soll jeder so leben, wie der Herr es ihm zugemessen, wie Gott einen jeden berufen hat. Und so ordne ich es an in allen Gemeinden. Ist jemand als Beschnittener berufen, der bleibe bei der Beschneidung. Ist jemand als Unbeschnittener berufen, der lasse sich nicht beschneiden."

Schließlich verweist *Emden* auf die von Lukas in Apg 16 berichtete Beschneidung des Timotheus. Paulus habe als Schüler Rabban Gamaliels sehr wohl gewußt, daß Timotheus als Sohn einer jüdischen Mutter Volljude war und deshalb beschnitten werden mußte.[223] Interessant im Blick auf unsere späteren Ausführungen ist die Tatsache, daß der orthodoxe Jude die paulinische Warnung vor Unzucht in 1 Kor 5 als Hinweis sieht, daß der Apostel bestimmte Toravorschriften kannte, die auch Heiden betreffen. Diese Toravorschriften mit den Noachidischen Geboten zu identifizieren, ist ein Vorschlag, der auch später von jüdischer Seite immer wieder gemacht wurde, und den wir deshalb nachher zu prüfen haben werden. Daß Paulus so positiv beurteilt wird, noch dazu von einem Vertreter des traditionellen Judentums, kann man mit den Auseinandersetzungen *Emdens* mit den Frankisten[224] erklären, bei denen er auf die Unterstüt-

---

[219] Dieser Brief wurde erstmals als Anhang zu seinem Seder Olam Rabbah Ve-Zuta U-Megillat Ta'anit abgedruckt (Lemberg 1758). Eine leicht zugängliche englische Übersetzung der Passagen über das Christentum, an der auch ich mich orientiert habe, findet sich bei *Falk,* Jesus the Pharisee, 17-23. Eine deutsche Übersetzung ist mir nicht bekannt.

[220] *Falk,* Jesus the Pharisee, 20.

[221] Vgl. auch die Parallele tAZ VIII,4! Mehr zu den Noachidischen Geboten in 3.4.

[222] 17.

[223] 18.

[224] Die Frankisten waren eine osteuropäische messianische Sekte um einen gewissen *Jakob Frank,* die *Sabbatai Zwi* auch noch nach dessen Tod als Messias verehrten; vgl. dazu *Levinson,* Messias, 96-105.

zung christlicher Behörden angewiesen war.[225] Erst viel später finden sich ähnlich wohlwollende Stellungnahmen jüdischer Paulusausleger.

Es gibt auch heute jüdische Wissenschaftler, die ganz wie *J. Emden* behaupten, die gesetzeskritischen Äußerungen des Apostels wendeten sich allein gegen die Toraobservanz von Heiden. Einer von ihnen, *S.D. Breslauer,* Professor an der University of Kansas, beruft sich auf *J. Gager* und *L. Gaston,* wenn er die Auseinandersetzungen zwischen Paulus und seinen judaisierenden Gegnern so interpretiert:

„The focus of his attack, then, is not against the Jewish practice of Judaism, but against Gentile practice of it. (..) Paul argues that the Jewish covenant has no relevance for the Gentiles who must turn to another avenue for salvation."[226]

Ein weiterer jüdischer Forscher, der sich stark an *L. Gaston* orientiert, ist *L. Dean.* Er hebt die Tatsache hervor, daß der Apostel fast ausschließlich heidnische Leser im Blick habe, wenn er Toragehorsam als einen untauglichen Weg zur Erlangung von Gerechtigkeit kritisiert:

„The purpose of Christ's death was not to provide a righteousness that was lacking in Judaism. Rather, God now provided a way for Gentiles, as Gentiles, to become children of God. In this context, following Torah was wrong, but wrong only for Gentiles."[227]

Anders als sein katholischer Gesprächspartner *Sloyan* ist er überzeugt, daß Paulus für Juden weiterhin verlangte, das Gesetz zu befolgen. Hätte er etwas anderes getan, hätte er sich damit in der Tat außerhalb des Judentums gestellt, wie ihm oft vorgeworfen wurde.[228] Freilich ist nach Paulus Gesetzesgehorsam auch für Juden kein Mittel, sich den Himmel zu verdienen, sondern vielmehr ein Zeichen der Bewährung des Bundes. Darin ist sich der Apostel einig mit dem damaligen wie dem heutigen Judentum.[229] Paulus attackierte also nicht das jüdische Gesetzesverständnis, wie viele christliche Ausleger behaupten, sondern eine Fehlinterpretation desselben.[230]

Daß Paulus von den Heidenchristen ein zum Zusammenleben mit ihren jüdischen Glaubensgeschwistern notwendiges Minimum an gesetzlichen Vorschriften verlangte, etwa (wie *Emden* vorschlug) in Form der Noachidischen Gebote, wird heute nur von einer Minderheit der Ausleger vorausgesetzt. Als Beispiel für eine solche Auslegung können wir *M. Wyschogrod* ansehen. Wie *Emden* hält er die negativen Bezugnahmen des Paulus auf das Gesetz für auch im rab-

---

[225] Vgl. *Falk,* Jesus the Pharisee, 13-17, und *B. Greenberg,* Jakob Emden, bes. 359ff.
[226] Perspective, 131.
[227] Bursting the Bonds?, 145.
[228] 178.
[229] Ebd.
[230] 139.

binischen Judentum übliche Versuche, seine heidnischen Adressaten vor einem Übertritt zum Judentum zu warnen:

„Paul is a Jew writing to gentiles whom he is desperately trying to discourage from circumcision and the law. Therefore, just like any rabbi today would, and does under similar circumstances, he stresses to the prospective convert the difficulties and not the opportunities, so as to make his discouragement as discouraging as possible."[231]

Ähnlich wie *Emden* nimmt er auch an, „that for Paul the Jewish-Christian branch of the church, being circumcised, understood itself, and was understood by Paul, to be obligated by commandments of the Torah."[232]

3.3.5.2 Kritische Beurteilung

Eine ähnliche Position wie die gerade besprochene wird heute auch von einigen christlichen Exegeten vertreten. *L. Gaston* betont ebenfalls, daß Paulus an Heidenchristen über ein heidenchristliches Problem schreibe, nämlich welche Gebote Heiden befolgen müssen, um Anteil an der kommenden Welt zu bekommen. Indem er danach fragt, „what a first-century Jew would have thought of the Law *as it relates to Gentiles",*[233] hat er die Suche nach dem Hintergrund der paulinischen Gesetzeslehre einen wesentlichen Schritt vorangebracht. Die Antworten des Apostels auf diese Frage bewegen sich laut *Gaston* ganz im Rahmen jüdischer Traditionen hinsichtlich der rechtlichen Stellung von „gerechten Heiden",[234] wenngleich er Paulus nicht in Verbindung mit den Noachidischen Geboten bringen will.[235] Sollte sich dieses Bild des Apostels als tragfähig erweisen, würde damit die herkömmliche Fragestellung erheblich eingeschränkt: Gesetz und Christus wären dann nicht unbedingt als konkurrierende, sondern als komplementäre „Heilswege" zu verstehen.[236] Während für Heiden allein der Glaube an Kreuz und Auferstehung Christi heilssuffizient ist, bleibt für Judenchristen die Gesetzesobservanz als menschliche Antwort auf die göttliche Gabe des Bundes maßgebend. Oft steht im Hintergrund einer solchen Lesart der paulinischen Gesetzeslehre (ausgesprochen oder unausgesprochen)

---

[231] Law, 415.

[232] 414.

[233] Paul, 23; Hervorhebung durch *Gaston*.

[234] *Gaston* verweist mit Recht auf tSan 13,2, wo R. Jehoschua die wohl weithin akzeptierte Sicht vertritt, daß es auch unter den Völkern Menschen gibt, die Anteil an der kommenden Welt haben.

[235] 24; *Gastons* Meinung, daß die Noachidischen Gebote erst bei *Maimonides* mit der Frage nach den halachischen Bedingungen für gerechte Heiden verknüpft worden sind (Paul, 24), ist unhaltbar (so auch *T.L. Donaldson*, Proselytes, 4f., Anm. 3); vgl. dazu auch 3.4.

[236] Es ist aus jüdischer Sicht problematisch, vom Gesetz als „Heilsweg" zu sprechen, denn seine Funktion erschöpft sich keineswegs darin, zum „ewigen Leben" zu führen. Es ist zugleich auch Gottes gute Weisung für das Leben in dieser Welt.

eine Lehre von zwei getrennten, aber gleichwertigen Heilswegen. Zwar hat es in der jüdischen Glaubensgeschichte immer wieder Denker gegeben, die in die Nähe eines solchen Konzeptes kamen (*Maimonides, Rosenzweig*), ob es aber so ohne weiteres auf Paulus anwendbar ist, wird (wie wir noch sehen werden) mit guten Gründen bestritten.[237]

Die Sicht *Emdens* und *Wyschogrods* setzt voraus, daß (zumindest unter gewissen Umständen) Juden konversionswilligen Heiden von diesem Schritt abrieten. Das scheint allerdings, wie schon *N. Fuchs-Kreimer* gesehen hat,[238] der Ansicht einiger Forscher zu widersprechen, daß das Judentum des ersten nachchristlichen Jahrhunderts aktiv unter den Heiden missionierte.[239] Doch erstens ist in jüngerer Zeit die Existenz einer aktiven jüdischen Heidenmission in Frage gestellt worden,[240] zweitens gibt es in der Tat Hinweise auf jüdische Vorbehalte gegenüber Proselyten, wenngleich diese nicht unter allen Zeitgenossen des Paulus verbreitet gewesen sein müssen:

Der Ende des ersten Jahrhunderts schreibende Historiker Josephus berichtet von dem adiabenischen Thronfolger Izates, der zum Judentum übertreten wollte, aber von einem jüdischen Kaufmann namens Ananias den Rat erhielt, gottesfürchtiger Heide zu bleiben (Ant XX,34-48).[241] Diese Stelle wirft ein interessantes Licht auf das Ringen des Apostels mit seinen vorwiegend heidenchristlichen Gemeinden, die offenbar glaubten, nur als Volljuden gute Christen sein zu können: Wie die Galater fürchtete auch der adiabenische Thronfolger, kein vollgültiger Jude zu sein, wenn er sich nicht beschneiden ließe.[242] Wie Paulus seinen Gemeinden versicherte, daß das Erbe Abrahams nicht an der Beschneidung hänge, sondern auch ohne Gesetzeswerke[243] zugänglich sei, machte auch Ana-

---

[237] Vgl. 3.4.

[238] 251.

[239] So beispielsweise *Braude*, Jewish Proselytizing und *Bamberger*, Proselytizing, und jetzt wieder *Feldman*, Jew and Gentile.

[240] *M. Goodman*, Jewish Proselytizing; *ders.*, Mission and Conversion (unveröffentlicht); *McKnight*, Light.

[241] Über den Status des Izates sind sich die Forscher nicht ganz einig: *Gilbert* vertritt die Auffassung, daß Izates nach seinem eigenen Selbstverständnis wie nach dem Verständnis des Ananias schon vor der Beschneidung Konvertit zum Judentum war. Er wertet deshalb den Bericht des Josephus als (weiteren) Beleg für die Existenz unbeschnittener Proselyten (Making of a Jew). Die Mehrzahl der Forscher, der ich mich hier anschließe, sieht in dem adiabenischen Thronfolger aber einen gottesfürchtigen Heiden (so *Collins*, Symbol; *Siegert*, Gottesfürchtige, 128f.; *Schiffman*, Conversion, 303f.). Man muß wohl einschränkend hinzufügen, daß für Izates als Regenten möglicherweise andere Regeln galten als für andere heidnische Sympathisanten.

[242] Νομίζων τε μὴ ἂν εἶναι βεβαίως Ἰουδαῖος εἰ μὴ περιτέμοιτο, XX,38.

[243] Χωρὶς νόμου bzw. χωρὶς ἔργων νόμου; vgl. Röm 3,21.28; 4,6; 7,8.

nias dem Izates klar, daß er auch ohne Beschneidung den Gott Israels verehren könne.[244]

Eine ähnliche Reaktion eines Juden ist uns auch im Babylonischen Talmud (bYev 47a-b) überliefert, wo ein Rabbi einem potentiellen Proselyten zuerst die Lasten vor Augen führt, die mit dem Jude-Sein verbunden sind, bevor er ihn in die Gemeinde aufnehmen will:

> „Die Rabbanan lehrten: Wenn jemand in der Jetztzeit Proselyt werden will, spreche man zu ihm: 'Was veranlaßt dich, Proselyt zu werden; weißt du denn nicht, daß die Jisraeliten in der Jetztzeit gequält, gestoßen, gedemütigt und gerupft werden und Leiden über sie kommen?'"[245]

Auch in der Neuzeit „vermeiden orthodoxe Rabbiner die Aufnahme von Proselyten soweit wie möglich, oder sie komplizieren die zum Übertritt zum Judentum notwendigen Formalitäten."[246] So riet *E. Benamozegh* seinem christlichen Schüler *A. Palliere* von einer Konversion zum Judentum ab unter Berufung auf die Möglichkeit einer noachidischen Existenz:

> „Um in der Wahrheit zu sein, in der Gnade unseres Gottes, um der wahren Religion anzugehören und (..) um unser Bruder zu sein, brauchen Sie das Judentum keineswegs so annehmen, wie Sie es glauben, ich will sagen, sich dem Joch des Gesetzes unterwerfen."[247]

Auch wenn sich die Reihe solcher Äußerungen erweitern ließe,[248] muß doch vor falschen Schlußfolgerungen gewarnt werden: Wie schon die Fortsetzung der Geschichte des Izates zeigt, war eine solche Haltung wie die des Ananias nie die einzig mögliche im Judentum. Als nämlich der galiläische Jude Eleazar vom Rat seines Glaubensgenossen Ananias für den Thronfolger hörte, überredete er Izates zu einer Konversion einschließlich Beschneidung und Verpflichtung auf die ganze Tora (Ant XX,43ff.).[249] Diese Position ähnelt der der ver-

---

[244] Χωρὶς τῆς περιτομῆς τὸ θεῖον σέβειν (XX,41). Die Beschneidung wird wie bei Paulus als ein ἔργον bezeichnet (XX,44.47; vgl. zu den ἔργα νόμου bei Paulus 3.3.1), das Streben nach einem gesetzestreuen Lebenswandel wird hier wie dort mit ζηλοῦν bzw. ζηλωτής ausgedrückt (vgl. XX,41.47 und Gal 1,14 und Apg 22,3).

[245] Zit. nach: Der Babylonische Talmud, übers. von *Goldschmidt*, Bd. IV, 473.

[246] *Petuchowski*, Art. Proselyten, in: Lexikon, 312; vgl. auch die Haltung *Emdens*, die *B. Greenberg* so wiedergibt: „We do not circumcise those who have not accepted all of the mizvot. Moreover, we try to discourage them from accepting all of the mizvot lest it be too much for them to assume full responsibility" (Jakob Emden, 356).

[247] Vgl. *Palliere*, Heiligtum, 169.

[248] *M. Mendelssohn* hielt bereits in einem Brief an *Lavater* fest: „Alle unsere Rabbinen lehren einmütig, daß die schriftlichen und mündlichen Gesetze, in welchen unsere Religion besteht, nur für unsere Nation verbindlich seyen... Alle übrigen Völker der Erde, glauben wir, seyen von Gott angewiesen worden, sich an das Gesetz der Natur und an die Religion der Patriarchen zu halten" (zit. nach *Flusser/Safrai*, Aposteldekret, 173; vgl. auch: Disputation and Dialogue, 268).

[249] Daß Eleazar strikt in der Einhaltung der väterlichen Gesetze war (πάνυ περὶ τὰ πάτρια δοκῶν ἀκριβὴς εἶναι), könnte darauf hindeuten, daß es sich bei ihm um einen Pha-

mutlich judenchristlichen Gegner des Paulus in Galatien,[250] die ebenfalls die Beschneidung zur *conditio sine qua non* einer Assoziierung von Heiden zum jüdischen Volk erhoben hatten, wenngleich umstritten ist, ob diese (über die Beschneidung und wenige andere Vorschriften hinaus) vollen Gesetzesgehorsam voraussetzten oder nicht.[251] Heiden von der Beschneidung und somit vom Jude-Werden abzuraten, war allenfalls eine von vielen möglichen Alternativen zur Zeit des Paulus. Sie wurde, wie die Geschichte von Izates weiter zeigt, besonders dann ergriffen, wenn gesellschaftlicher Druck von außen auf der jüdischen Gemeinschaft lastete und deshalb einen Übertritt nicht opportun erscheinen ließ. Sie war außerdem eine Alternative, die eher von einem akkulturierten Diasporajuden wie Ananias favorisiert wurde als von einem palästinischen Juden wie Eleazar.[252]

Entscheidend für die Beurteilung der oben behandelten Thesen wird sein, ob sie sich anhand von Einzelexegesen bestätigen lassen. Das allerdings bezweifelt u.a. *A.F. Segal:*

„As a Jew, I would like to agree with Stendahl, Gager and Gaston that Paul never denies that salvation comes from the law, however I cannot do so on the basis of this passage (gemeint ist wohl Gal 2,16, S.M.). I would love to find a way to say that Paul recognized the validity of Judaism, therefore so should Christianity. But this is the wrong track. Paul was not criticizing Judaism but the use of Jewish ritual to define Christian group membership."[253]

Auch *M. Wyschogrod* selbst hat in einem jüngeren Aufsatz zu erkennen gegeben, daß er von der Richtigkeit seines Lösungsweges nicht mehr ganz so überzeugt ist wie noch früher. Angesichts von Aussagen wie Gal 3,19 „it is difficult to maintain that this is true for gentiles but not for Jews".[254] Dennoch

---

risäer handelte. Auch in der Apg und bei Josephus wird den Pharisäern ἀκρίβεια in der Gesetzesobservanz nachgesagt (vgl. *A.I. Baumgarten*, Name).

[250] Vgl. *Kümmel*, Einleitung, 260.

[251] Letztere Alternative vertritt *Schmithals*, der überzeugt ist, daß die Gegner des Paulus in Galatien judenchristliche Gnostiker sind. Gegen diese habe der Apostel in Gal 5,3 darauf hinweisen müssen, daß, wer beschnitten ist, das ganze Gesetz halten müsse (Paulus und die Gnostiker, 9-46). Doch ist diese Sicht in der Forschung zu Recht überwiegend auf Ablehnung gestoßen (vgl. z.B. *Kümmel*, Einleitung, 261).

[252] Eine vergleichbare Problematik wird auch in einer rabbinischen Legende (jMeg 1,11) deutlich, wo es um den Status des römischen Kaisers Antonius geht. Auch er entschloß sich zu einer Vollkonversion zum Judentum, nachdem er zuvor (aus Rücksicht auf seine hohe soziale Stellung?) offensichtlich (nur) Gottesfürchtiger gewesen war. Für unseren Zusammenhang besonders interessant: R. Jehuda stellt dem Römer als noch unbeschnittenem Heiden zwar die Teilnahme am Mahl der Gerechten in der zukünftigen Welt in Aussicht, vom Passamahl (und damit der vollen Integration in die jüdische Kultusgemeinde) sollte er aber ausgeschlossen bleiben. Vgl. dazu: *Siegert*, Gottesfürchtige, 116ff.

[253] Paul, 334, Anm. 27.

[254] Impact, 733.

scheint er an seiner älteren Überzeugung festhalten zu wollen, wenn er resümiert:

„Could it be that Paul was, after all, an orthodox Jew?"[255]

Wichtig für unsere Fragestellung ist auch die Frage nach der Historizität der Apg, denn einige der Annahmen jüdischer Paulusausleger hängen von Angaben des Lukas ab, die sich anhand der echten Paulusbriefe[256] nicht verifizieren lassen, ja manchmal sogar in Spannung zu diesen zu stehen scheinen. Viele Exegeten sind beispielsweise skeptisch, wenn die Apostelgeschichte Paulus als guten Juden darstellt, der bis zuletzt am Gesetz (samt einigen rituellen Vorschriften) festhielt.[257] Auch daß er Timotheus beschnitten (Apg 16,1-5)[258] und ein Nasiräatsgelübde abgelegt habe (21,23ff.), wird oft als eine Erfindung des Lukas betrachtet, mit deren Hilfe er die angeblichen Unterschiede zwischen Paulus und den Jerusalemer Aposteln herunterspielen will. Eine wachsende Zahl von Neutestamentlern, für die ich stellvertretend *M. Hengel* nennen will,[259] scheint allerdings diesen m.E. übertriebenen Skeptizismus gegenüber der Apg aufzugeben. Freilich sollten wir uns, solange diese Position noch nicht allgemein konsensfähig ist, bemühen, soweit als möglich unser Paulusbild anhand der als authentisch geltenden Briefe zu verifizieren. Insbesondere die von *M. Wyschogrod* (im wesentlichen aufgrund von Apg 15) einfach undiskutiert vorausgesetzte Möglichkeit, daß Paulus von Heidenchristen die Einhaltung der sog. „Noachidischen Gebote" verlangte, muß kritisch untersucht werden. Dies soll einer der Untersuchungsgegenstände des nächsten Kapitels sein.

---

[255] Ebd.

[256] Ich gehe in dieser Arbeit mit einer Vielzahl von Forschern davon aus, daß folgende Briefe sicher auf Paulus zurückgehen: Röm, 1 Kor; 2 Kor; Gal; Phil, 1 Thess und Plm. Vielleicht stammt auch Kol aus der näheren Umgebung des Apostels (vgl. die Einleitung zu *Schweizer*, Kol); eher unwahrscheinlich ist dies für 2 Thess.

[257] Vgl. z.B. *Sandmel*, Genius, 120ff.; *Bornkamm*, Paulus, 11ff.; zur Forschungsgeschichte dieses Themas vgl. *Gasque*, History.

[258] Negativ beantwortet diese Frage auf jüdischer Seite z.B. *S.J.D. Cohen* (siehe *Segal*, Paul, 343, Anm. 34), positiv dagegen *Petuchowski* (Art. Beschneidung, in: Lexikon, 46f.). Auf christlicher Seite bezweifeln die Historizität der Beschneidung: *Weiser*, Apg, Bd.2, 402; *Conzelmann*, Apg, 97; *Lüdemann*, Paulus, Bd.1, 170 und *Haenchen*, Apg, 463f. Als zuverlässig wird sie angesehen von: *Schmithals*, Paulus und Jakobus; *Bauernfeind*, Apg, 204f. und *Wikenhauser*, Apg, 184.

[259] *Hengel*, The Pre-Christian Paul, XIIIf.; *ders.*, Geschichtsschreibung.

3.4 Die paulinische Heidenmission und
jüdische Halacha für Heiden

Wie wir gesehen haben, wird die früher vorherrschende Ansicht, Paulus habe das Gesetz verworfen, in der neueren und neuesten jüdischen Forschung weitgehend eingeschränkt. Eine Einschränkung wird erstens vorgenommen hinsichtlich des Personenkreises, für den eine Abrogation der Tora überhaupt in Frage kommt. Sie betrifft zweitens nur bestimmte Teile oder Aspekte der Tora. Diese beiden Präzisierungen sollen nun weiter verfolgt werden, indem wir unser Augenmerk auf die Bedeutung zweier ganz konkreter Fragen konzentrieren, die zur Bestimmung des Status' der Heiden in den paulinischen Gemeinden von besonderer Bedeutung waren: Erstens: Müssen Heiden erst Volljuden werden, d.h. sich beschneiden lassen und die ganze Tora auf sich nehmen, wenn sie in die christliche Gemeinde aufgenommen werden wollen? Da dieses Problem grundlegend auf dem Jerusalemer Apostelkonvent verhandelt wurde, liegt es nahe, zuerst die dort gefundene Antwort aus jüdischer Sicht anzuschauen. Zweitens: Der Apostelkonvent kam zu der Übereinkunft, die Heiden müssen nicht alle, sondern nur einige wenige Bestimmungen der Tora beachten, nämlich die im Aposteldekret festgehaltenen. Wie steht nach Auffassung der jüdischen Paulusauslegung der Heidenapostel zu diesem Beschluß?

3.4.1 Jüdische Positionen

Die paulinische Heidenmission war, wenngleich nicht völlig gesetzesfrei, so doch auf jeden Fall beschneidungsfrei. In dieser Feststellung stimmen heute praktisch alle jüdischen Paulusausleger überein. Zwar kannte das Urchristentum bereits vor Paulus eine beschneidungsfreie Heidenmission, aber erst durch sein (und seiner Mitarbeiter) Wirken erhielt diese Frage eine so wichtige Bedeutung, daß sie nun einer grundsätzlichen Klärung bedurfte. Eine solche Klärung wurde erstmals auf dem sogenannten Apostelkonvent in Jerusalem in Angriff genommen. Ein erster Teilaspekt der in diesem Abschnitt behandelten Frage wäre es, zu untersuchen, wie sich die Haltung des Paulus zur Beschneidung, einem der wichtigsten Kennzeichen jüdischer Identität, der jüdischen Forschung darstellt. Weiterhin wäre zu klären: Wie läßt sich die Stellung des Völkerapostels aus jüdischer Sicht einordnen in den Kontext des Urchristentums und des zeitgenössischen Judentums? Es wird sich zeigen, daß aus der Behandlung dieser historischen Fragestellungen grundsätzliche theologische Urteile abgeleitet werden, die unser Bild über das Gesetz bei Paulus aus jüdischer Sicht bereichern und vertiefen werden.

Als Beispiel für das alte Paradigma der jüdischen Paulusauslegung möchten wir hier kurz die Position *J. Klausners* vorstellen: Ähnlich wie manche anderen

258 Thematische Brennpunkte

Forscher[1] setzt er voraus, der Antiochenische Zwischenfall, von dem Paulus in Gal 2,11ff. berichtet, habe vor dem Apostelkonvent stattgefunden und sei dessen unmittelbarer Anlaß gewesen. Eine solche historische Rekonstruktion kann sich auf die sehr plausibel erscheinende Darstellung der Apostelgeschichte stützen, wonach antiochenische Auseinandersetzungen um die Beschneidungsfrage der Anlaß der Zusammenkunft in Jerusalem gewesen sind (Apg 15,1f.). Gegen diesen Ablauf spricht aber die Schilderung, die Paulus selbst im Galaterbrief gibt, wonach der Streit in Antiochia dem Konvent erst folgt. Da den Paulusbriefen in der Beurteilung historischer Fragen zumeist Priorität gegenüber der Apostelgeschichte eingeräumt wird, wird diese Reihenfolge von der heutigen Forschung überwiegend als zuverlässig vorausgesetzt.[2]

In Jerusalem sollte nach *Klausner* die in Antiochia aufgebrochene Frage geklärt werden,

> „ob man Proselyten bloß aufgrund der Taufe, also ohne Verpflichtung zur Beschneidung und den anderen Zeremonialgeboten, insbesondere dem Verbot gewisser Speisen, aufnehmen dürfe".[3]

Obwohl der jüdische Paulusausleger dazu tendiert, den Apostel aus dem Judentum auszugrenzen (zumindest aus dem Judentum, das er für normativ hält), glaubt er, daß dessen Praxis, allein aufgrund des Glaubens und der Taufe Heiden in die Gemeinde aufzunehmen, auch im Judentum verbreitet war. *Klausner* verweist u.a. auf die Baraita bYev 46a:

> „Unsere Lehrer lehrten: Jemand nahm ein Tauchbad, aber ließ sich nicht beschneiden. R. Jehoshua sagt: Dieser ist ein Proselyt, denn solches wird von den Müttern berichtet, daß sie ein Tauchbad nahmen, sich aber nicht beschneiden ließen."[4]

Petrus wird als inkonsequenter und wetterwendischer Zauderer dargestellt: Hatte er bereits beim Antiochenischen Zwischenfall die Fronten gewechselt, als die Jakobusleute erschienen waren, so änderte er auch auf dem Konvent wieder

---

[1] *Bousset*, Galater, 45 u.ö.; *Lüdemann*, Heidenapostel, Bd. 1, 101-105; *Ramsay*, St. Paul, 157-160.

[2] So u.a. *Conzelmann*, Geschichte, 74; *Becker, Paulus*, 99. Anders aber *Lüdemann*: „Aus der Einsicht heraus, daß die Vereinbarungen (..) auf dem Konvent Paulus nicht den letzten Rückhalt für die galatischen Auseinandersetzungen geben konnten, hat der Apostel in der Schilderung des Konvents und des Zwischenfalls in Antiochien ordine artificiorum nicht die chronologische Reihenfolge eingehalten" (Paulus, 104). Als Gründe für seine Annahme nennt *Lüdemann*: 1. ähnliche Forderungen der Gegner in Antiochien und derjenigen auf dem Konvent. 2. Ein komplikationsloses Zusammenleben gemischter Gemeinden (wie in Gal 2,11ff. vorausgesetzt) ist nur vor dem Konvent vorstellbar. 3. Eine Infragestellung der Tischgemeinschaft ist nach dem Konvent nicht mehr wahrscheinlich (101ff.).

[3] Paulus, 343.

[4] Zit. nach *Klausner*, Paulus, 341. Allerdings verdeutlicht eine Lektüre dieser Stelle in ihrem Kontext, daß die Haltung R. Jehoshuas (Ende 1. Jhd.) eher eine Außenseiterposition im rabbinischen Meinungsspektrum darstellt. Vgl. auch die Diskussion über die Existenz unbeschnittener Proselyten zwischen *Mc Eleney*, Conversion, 328ff. und *Nolland*, Proselytes, 173ff.

seine Meinung und vertrat mit Paulus zusammen einen „Verzicht auf die Zeremonialgebote bei christianisierten Nichtjuden".[5] „Der gesetzestreue essäische Ebjoniter"[6] Jakobus befürwortete zwar prinzipiell die Einhaltung der Zeremonialgebote, aber aufgrund zweier opportunistischer Überlegungen habe er sich schließlich doch zu einer Zustimmung bewegen lassen, „daß man bei den Heiden (..) auf die Beschneidung und das Verbot des Genusses bestimmter Speisen verzichte".[7] Erstens sei die Jerusalemer Gemeinde wegen ihrer prekären finanziellen Lage dringend auf die von Paulus vermittelte heidenchristliche Unterstützung angewiesen gewesen. Außerdem habe die Erkenntnis eine Rolle gespielt, daß die Zukunft des Christentums bei den Heiden, nicht bei den Juden liege.[8] Der von Jakobus in Form des Aposteldekrets (Apg 15,20.29; 21,25) unterbreitete und schließlich auch akzeptierte Kompromißvorschlag ging nach *Klausner* dahin, „daß Nichtjuden, die sich zur Aufnahme ins Christentum taufen ließen, eine Art von 'sieben noachidischen Geboten'[9] einhalten müßten."[10] Die Verbote von Götzendienst (εἰδωλόθυτον), Unzucht (πορνεία) und Blutvergießen (αἷμα) bringt *Klausner* wie schon andere jüdische Forscher vor ihm mit der sog. Synode von Lydda in Zusammenhang, auf der nach rabbinischer Überlieferung beschlossen wurde, daß eben jene drei Verbote von einem Juden auch bei Lebensgefahr nicht übertreten werden dürfen.[11]

J. Klausner vertritt (wie viele christliche Exegeten damals und heute auch) die Meinung, Paulus habe das Aposteldekret zwar gekannt, aber gegenüber seinen Gemeinden nicht erwähnt, da er bald nach seinem Zustandekommen dagegen verstoßen habe, indem er „sämtliche Zeremonialgesetze, vor allem die Beschneidung sowohl für die Nichtjuden als auch für die Juden" aufhob.[12] Aufgrund dessen habe er im Gal nur die Übereinkunft bezüglich der Missionsgebiete erwähnt, wonach Paulus als Apostel zu den Heiden, Petrus zu den Juden gesandt wird. Außerdem habe er zur Bestätigung seiner Position anführen können, daß der Heide Titus, den er mit'nach Jerusalem gebracht hatte, nicht zur Beschneidung gezwungen worden war.

---

[5] Paulus, 344.

[6] 345.

[7] Ebd.

[8] Ebd.

[9] Die Noachidischen Gebote sind eine Liste von Minimalforderungen an die nichtjüdische Menschheit, die in ihrer klassischen Ausprägung (vgl. bSan 56a-b) aber nicht vor dem 2. Jhd. nachzuweisen ist; vgl. hierzu auch das weiter unten Ausgeführte.

[10] Ebd.; zum Inhalt der Noachidischen Gebote vgl. 3.3.5.1.

[11] Vgl. bYom 9a; bShab 35a; SifDev 76. Zu den jüdischen Forschern, die schon vor *Klausner* die Bestimmungen des Aposteldekrets mit diesem sog. Notrecht in Zusammenhhang brachten, gehören: *Venetianer*, Beschlüsse, 417-419 und *M. Guttmann*, Judentum, 118. Heute wird diese These beispielsweise von *Flusser/Safrai* vertreten (Aposteldekret, 175f.). Allerdings geht es beim rabbinischen Notrecht nicht um Halacha für Heiden, sondern für Juden, außerdem ist zu bedenken, daß es wohl erst während der hadrianischen Verfolgungen (also erst einige Zeit nach Paulus) ausgebildet wurde (vgl. *Klinghardt*, Gesetz, 179, Anm. 70).

[12] 347.

Was mir an dieser Darstellung der Ereignisse bemerkenswert erscheint, ist die Tatsache, daß *Klausner,* obwohl er dem alten Paradigma der Paulusauslegung zuzurechnen ist, erwägt, ob nicht bereits im Judentum eine beschneidungsfreie Assoziierung von Heiden zum jüdischen Volk diskutiert worden ist, die Paulus als Vorbild gedient haben könnte. Wie bei vielen anderen jüdischen Auslegern findet auch das Verhältnis des Paulus zum Aposteldekret und den Noachidischen Geboten das besondere Interesse des Autors. Daß er dieses Verhältnis noch weitgehend negativ darstellt und auch sonst die Spannungen des Apostels zu judenchristlichen Vorstellungen hervorhebt, ist Ausdruck seiner polemischen Grundhaltung. An diesen Punkten haben jüdische Wissenschaftler nach *Klausner* wichtige Korrekturen vorgenommen.

Wir finden diesen Eindruck bestätigt, wenn wir auf die Sicht von *H.J. Schoeps* zu sprechen kommen. Auch er stellt heraus, daß die im Urchristentum strittige Frage, inwieweit die gesetzlichen Verpflichtungen auch für heidnische (Halb-)Proselyten gültig sind, bereits im zeitgenössischen Judentum diskutiert worden ist. Paulus lehnte nach *Schoeps* jede gesetzlichen Auflagen für Heiden ab, während die pharisäisch-konservativen Urchristen an der Beschneidung als conditio sine qua non festhielten. Es weicht deutlich von der Sicht *Klausners* ab, wenn hier diese christlichen Pharisäer und nicht die Säulenapostel Petrus und Jakobus als die eigentlichen Gegenspieler des Paulus dargestellt werden. Letztere hätten in Wahrheit eine Mittelpartei gebildet, die einerseits mit dem Aposteldekret einen Kompromißvorschlag unterbreiteten, der „auf der Linie der synagogalen Missionspraxis verblieb",[13] die andererseits aber keineswegs so negativ gegenüber Paulus eingestellt war, wie die protestantische Tübinger Schule des 19. Jahrhunderts dies angenommen hatte. Der Erlanger Religionshistoriker kommt zu dem Ergebnis,

> „daß der Handschlag (nach Gal 2,9), mit dem die στῦλοι Paulus auf dem Apostelkonvent entlassen, ihre ehrliche Anerkenntnis (Vers 7) des paulinischen Heidenapostolats bedeutet hat, daß Paulus mit dem Evangelium an die Unbeschnittenen betraut wurde, so wie Petrus mit dem der Beschneidung, daß beide Männer zusammen und nicht gegeneinander gewirkt haben und Jakobus als das Gemeindeoberhaupt seinen Segen dazu gab, zum höchsten Mißvergnügen der intransigenten 'Gesetzeseiferer' in der Jerusalemer Gemeinde."[14]

Das Aposteldekret nennt *Schoeps* die „judenchristliche Fassung des noachidischen Gesetzesminimums (..), welche die rabbinische Halacha den σεβόμενοι τὸν θεόν[15] aus dem Heidentum auferlegte".[16] Der Autor versucht mit Gal 2,6;

---

[13] Paulus, 60.

[14] 62f.

[15] Die sog. Gottesfürchtigen (φοβούμενοι, θεοσεβεῖς, שמים יראי oder *metuentes*) stellen eine Klasse von Heiden dar, die mit der Synagoge sympathisierten und deshalb freiwillig bestimmte jüdische Praktiken übernahmen, aber nicht beschnitten waren. Ihre Existenz scheint mir angesichts ihrer breiten Bezeugung nicht fraglich (gegen *Kraabel,* Disappearance).

[16] 60.

1 Kor 8,8 und 10,27 zu belegen, daß diese Übereinkunft Paulus für seine Heidenmission nicht als bindend empfunden habe.

Schoeps führt wie *Klausner* bYev 46a an, um zu zeigen, daß auch im Judentum zur Zeit des Paulus die Aufnahme von Proselyten ohne Beschneidung
möglich war. Anders aber als sein Kollege nimmt er an, Paulus habe diese liberale Haltung zusammen mit Petrus und Jakobus vertreten. Dies ist eine bemerkenswerte Akzentverschiebung, denn der Apostel erscheint hier nicht mehr als
ein isolierter Außenseiter, sondern als ein durchaus anerkannter Heidenmissionar, dessen Ansichten sogar in judenchristlichen Kreisen konsensfähig waren.

Obwohl sein Paulusbuch jünger ist als das von *Schoeps,* steht *S. Ben-Chorin*
eher *Klausner* nahe: Auch er grenzt drei Hauptströmungen auf dem Konvent
voneinander ab: Die streng judenchristliche Richtung, vertreten von Jakobus,
auf der anderen Seite Paulus als Apostel der Heiden und zwischen beiden Petrus. Am Rande hätten noch extremistische Judenchristen eine Rolle gespielt,
die nach Vermutung des Autors mit den späteren Ebioniten identisch sind.[17]
Nach *Ben-Chorin* ging es in Jerusalem „um die Frage der Verbindlichkeit des
Gesetzes, der Mitzwoth, für die Jünger Jesu".[18] Er konkretisiert diese sehr allgemeine Formulierung, indem er Beschneidung, Speisegebote und Sabbat-Hei-
ligung als die strittigen Themen herausstellt. Wenngleich *Ben-Chorin* in diesen
Ritualgesetzen ein Handicap für die Heidenmission sieht, wird Paulus aber (anders als noch in der älteren jüdischen Paulusauslegung) kein Opportunismus in
seiner antinomistischen Haltung unterstellt, sondern betont, für ihn sei es hier
wesentlich um die Wahrheit Christi gegangen.[19] Voraussetzung dieser wohlwol-
lenden Darstellung ist die Überzeugung *Ben Chorins,* Paulus habe aufgrund seiner Äonentheologie Christus als des Gesetzes Ende betrachtet.[20] Wie *Klausner*
bringt auch er das Aposteldekret in Zusammenhang mit den Noachidischen Geboten, wenngleich er keine direkte Verbindung zwischen beiden voraussetzt.[21]
Beide stimmen nach Darstellung des jüdischen Wissenschaftlers darin überein,
daß Israel alle 613 Ver- und Gebote der Tora zu beachten hat, daß aber für
Heiden ein Minimum an Gesetzesobservanz genüge.[22] *Ben-Chorin* folgt auch
darin *Klausner,* anzunehmen, daß der Apostel nicht einmal dieses Minimum
den Heiden auferlegen wollte:

> „Paulus selbst hält sich überhaupt nicht daran und fühlt sich in der Diaspora unter Grie-
> chen von den Ritualien frei".[23]

Doch mit dieser Feststellung will *Ben-Chorin* keineswegs den Völkermissionar diskreditieren oder gar aus dem Judentum ausgrenzen. Das wird schon

---

[17] Paulus, 74.
[18] Ebd.
[19] 75.
[20] Er folgt hier *Baeck, Schoeps* u.a.; vgl. 3.3.3.
[21] 81.
[22] 82.
[23] 79.

daran deutlich, daß er von „viele(n) unbewußte(n) Jünger(n) Pauli unter den Juden"[24] spricht, die sich wie er auf Reisen unter Nichtjuden von den jüdischen Ritualien freimachen, die sie zuhause treu befolgen. Anhand einer Talmudstelle (bMak 24a) versucht der in Jerusalem lebende Religionshistoriker nachzuweisen, daß die von Paulus mit Hilfe von Hab 2,4 begründete „Ablösung aller Gebote durch das Leben im Glauben" auch von manchen Rabbinen vertreten wurde.[25]

Als weiteres Beispiel für eine jüdische Perspektive auf die Jerusalemer Konferenz mag uns *A.F. Segal* dienen. Nach seiner Ansicht läßt sich die halachische Debatte um Beschneidung und Speisegebote im Urchristentum nur verstehen, wenn man auf die übliche Interpretation der paulinischen Rechtfertigungslehre verzichtet. Bei diesem Streit, der auf der Jerusalemer Konferenz einer Lösung zugeführt werden sollte, sei es keinesfalls um das Problem der Selbstrechtfertigung durch Werke, sondern um die rituellen Probleme von *kashruth* und *berith mila* gegangen, die (nach *Segal*) ihrerseits Ausdruck des übergreifenden sozialen Problems waren, wie Heiden und Juden in der christlichen Gemeinde zusammenleben können.[26]

Während die Jerusalemer Judenchristen einen Standpunkt einnahmen, der zwischen dem des Heidenapostels und dem konservativen pharisäischen Judentum angesiedelt war, vertrat Paulus eine extreme Position: Er wollte nicht nur um Akzeptanz für seine beschneidungsfreie Heidenmission werben, sondern darüber hinaus auch volle soziale Beziehungen zwischen jüdischen und nichtjüdischen Gemeindegliedern herstellen.[27] Mit dem ersten Anliegen sei er im Rahmen dessen geblieben, was in akkulturierten jüdischen Kreisen damals vertreten werden konnte.[28] Erst der zweite Punkt habe die judenchristliche Opposition auf den Plan gerufen, die an den rituellen Schranken zwischen Juden und Nichtjuden weiterhin festhalten wollte. Wie auch sonst in *Segals* Paulusbuch spielt hier das sozialpsychologische Modell *L. Festingers* eine wichtige Rolle, um die Motivation der handelnden Parteien zu erklären. Beiden sei es um die Vermeidung kognitiver Dissonanz gegangen:

> „Traditional Jewish ceremonial definitions of status explain the opposition to Paul. Paul's conversion to gentile Christianity explains his position. Cognitive dissonance explains the ferocity of the battle between the two Christian groups."[29]

Anders als die meisten seiner jüdischen Kollegen und erst recht als die meisten christlichen Neutestamentler kann sich *Segal* durchaus vorstellen, daß

---

[24] Ebd.
[25] 82; vgl. auch 95f.
[26] Paul, 193.
[27] 194.
[28] *Segal* führt als Analogie die radikalen Allegorisierer an, von denen Philo spricht; vgl. Migr 89-93.
[29] 206.

Paulus das Aposteldekret als einen brauchbaren *modus vivendi* angesehen hat. Zwar habe er persönlich nicht daran geglaubt, daß die Zeremonialgesetze irgendeine positive Relevanz haben - weder für Heiden noch für Juden -, aber um der Realisierung seines Heidenapostolats willen, für das er der Unterstützung Jerusalems bedurfte, sei er bereit gewesen, diese Mindestanforderungen für seine Gemeinden zu akzeptieren.[30] Obwohl die Noachidischen Gebote laut *Segal* im 1. Jhd. noch nicht in ihrer späteren rabbinischen Fassung belegbar sind (sehr wohl aber Vorstufen zu diesen wie die Sib und PsPhok),[31] tragen sie laut *Segal* doch zu einem besseren Verständnis des urchristlichen Konfliktes um den halachischen Status von Heiden bei.

„Paul knows that because of the Noahide Commandments (an anachronistic term in the first century) Torah is the moral guide for gentiles as well as Jews."[32]

Paulus habe sich insofern von den Säulenaposteln unterschieden, als er den heidnischen Status eines Gottesfürchtigen nicht nur für Nichtjuden, sondern auch für Juden als Vorbild propagierte. In dieser Meinung unterscheidet sich *Segal* von den Positionen *Gastons, Stendahls* und *Gagers,* die betonen, der Jerusalemer Konvent habe sich nur um den gesetzlichen Status von Heiden gedreht, während die Möglichkeit eines toratreuen Lebenswandels für einen Judenchristen davon unberührt geblieben sei.

Im Vergleich mit den zuvor beschriebenen jüdischen Sichtweisen fällt auf, wie konsequent *Segal* den auf dem Apostelkonvent ausgetragenen Konflikt als innerjüdische Auseinandersetzung ansieht. Nach Darstellung des Autors bleibt Paulus mit seiner Forderung einer beschneidungsfreien Heidenmission innerhalb des damals im Judentum Möglichen. Ironischerweise sei es gerade sein Insistieren auf das uneingeschränkte soziale Miteinander von Juden und Nichtjuden gewesen, das nicht mehr konsensfähig war und deshalb das von ihm befürchtete Auseinanderfallen der Gemeinde in einen judenchristlichen und einen heidenchristlichen Teil faktisch noch beschleunigte. Erstaunlich ist vor allem *Segals* Meinung, der Apostel habe sogar zum Aposteldekret seine Zustimmung gegeben. Im Gegensatz zur Mehrheitsmeinung in der christlichen Exegese wird diese Sicht in der neueren jüdischen Forschung immer ernster in Erwägung gezogen.

Wie wir bereits in einem anderen Zusammenhang gesehen haben, bezieht sich auch *M. Wyschogrod* (wie *Klausner, Ben Chorin* und *Schoeps*) auf die sieben Noachidischen Gebote, um die paulinische Heidenmission näher zu beleuchten. Allerdings setzt er anders als diese voraus, daß die meisten Heiden, die Paulus für das Christentum gewann, zuvor bereits als גרי תושב auf diese

---

[30] 190 und 200.
[31] Vgl. 199 und Universalim in Judaism and Christianity (noch unveröffentlicht), 12.
[32] Paul, 200.

rabbinischen Minimalforderungen für die nichtjüdische Menschheit verpflichtet waren.[33]

Die Bedeutung des Christusereignisses liege für Paulus vor allem darin, daß mit dem Kommen Christi ein Heide, der bereit war, die Noachidischen Gebote zu befolgen, und der an den Messias Jesus glaubte, ein asoziiertes Mitglied des Hauses Israel werden konnte.[34] Damit sei der konvertierte Heide mehr als ein גר תושב, aber (weil unbeschnitten) doch auch etwa anderes als ein גר צדק.[35] Nach Paulus habe das Christusereignis Heiden zu adoptierten Söhnen Israels gemacht, zu einem „dritten Geschlecht", das nicht beschnitten ist und nur die Noachidischen Gebote, nicht aber die ganze Tora beachtet. Die Jerusalemer Kirche habe Paulus gegenüber seinen judenchristlichen Gegnern Recht gegeben:

„The ruling of Acts 15 specifically refers to the Noachide Laws as binding on Gentile Christians and rejects the view that they were under obligation to embrace circumcision and the Torah".[36]

Paulus handelte nach *Wyschogrods* Ansicht im Geiste der Rabbinen, als er seine heidenchristlichen Gemeindeglieder davor warnte, mehr Vorschriften der Tora auf sich zu nehmen als das in den Noachidischen Geboten festgesetzte Minimum. Der orthodox-jüdische Wissenschaftler nennt deshalb zwei Überlegungen, die die paulinische Haltung in der Beschneidungsfrage geprägt haben:

„The new route to associate membership in Israel opened by Christ and the traditional Jewish opposition to and discouragement of Gentile conversion to Judaism."[37]

So verlockend diese Lösung auf den ersten Blick auch erscheinen mag, bei genauerem Hinsehen fallen schwerwiegende Probleme auf: Zunächst identifiziert *Wyschogrod* einfach das Aposteldekret mit den Noachidischen Geboten. Daß letztere aber zur Zeit des Paulus noch nicht in der Form existierten, in der sie später im Talmud kodifiziert wurden, hat *A.F. Segal* bereits mit Recht festgehalten.[38] Außerdem wird hier einfach ungeprüft vorausgesetzt, daß Paulus mit den Bestimmungen des Aposteldekrets einverstanden war. Selbst wenn sich für diese Annahme Gründe finden lassen (wofür einiges spricht), besteht immer noch die Möglichkeit, daß der Heidenapostel das Dekret anders interpretierte als die Säulenapostel. *Gottlieb Klein* hat in seinen „Studien über Paulus"[39] Pionierarbeit geleistet, indem er Paulus vor dem Hintergrund der jüdischen

---

[33] Paul (unveröffentlicht), 5f.
[34] 6.
[35] Zu den beiden rabbinischen Begriffen vgl. *Klaus Müller*: „Der ger tsedeq ist der Vollproselyt, der die Beschneidung und die gesamte Tora Israels auf sich genommen hat und damit Jude im Vollsinn geworden ist; der ger toshav ist der Beisasse aus den außerjüdischen Völkern, der die sieben noachidischen Gebote für sich als verbindlich anerkannt hat" (Tora, 68).
[36] 8.
[37] 10.
[38] Die Dissertation von *Klaus Müller* (Tora, 38ff.) bestätigt dies noch einmal.
[39] Stockholm 1918.

Propagandaliteratur seiner Zeit betrachtete. Nachdem er das universalistische Interesse der prophetischen und weisheitlichen Schriften herausgearbeitet hat,[40] wendet er sich der sog. *Derech-erez*-Lehre zu, die den Heiden lediglich das Befolgen gewisser selbstevidenter Moralvorschriften abverlangte. Diese Sammlung von Vernunftgeboten für die ganze Menschheit sieht er ausdrücklich in Kontinuität zu den späteren Noachidischen Geboten, wenn er feststellt,

„dass den Heiden Mischpatim,[41] Vernunftgebote, mitgeteilt werden sollen. Diese sind mit Derech-erez identisch. Wir kennen sie auch unter dem Namen der noachidischen Gebote."[42]

„Den ältesten Katechismus für Heiden",[43] den wir kennen, finden wir laut *Klein* in den pseudophokylideischen Gedichten. Leider läßt der jüdische Forscher offen, an welche Passage dieser (mit dem NT etwa zeitgleichen) Schrift er denkt.[44] Außerdem scheint mir fraglich, ob die Noachidentheologie so einfach mit dem Naturrecht identifiziert werden kann. Richtig an *Kleins* Überlegungen dürfte aber sein, daß Heiden nicht erst im Christentum, sondern schon im Judentum nur ein Minimum von Torabestimmungen abverlangt wurde.

H.J. Schoeps knüpft an die Thesen *G. Kleins* an, wenn auch er Paulus vor dem Hintergrund einer Literatur sieht,

„die im Anschluß an die noachidischen Gebote sittliche Lebensregeln produziert, Tugend- und Lasterkataloge aufgestellt und mit dem Zweiwegeschema operiert hat."[45]

Als Beispiele für eine solche Literatur nennt er (neben dem schon von *Klein* angeführten PsPhok) Did 1-6, das er im Anschluß an *A. Seeberg*[46] als jüdischen Proselytenkatechismus versteht, und die Sibyllinischen Orakel (bes. 2,238; 4,24ff.; 162ff. und 8,393ff.). Auch wenn *Schoeps* es für unwahrscheinlich hält, daß Paulus solche Schriften als direkte Quellen benutzte, glaubt er doch, daß sie seine Paränese beeinflußt haben. Besonders bemerkenswert ist, daß er Röm 1,18ff.; 2,14 als „in der jüdischen Heidenmission der Zeit ventilierte Derech eres-Lehre" bezeichnet, „wie sie von Noah bis Moses (..) der Menschheit den Weg gezeigt hat."[47] Der Erlanger Gelehrte läßt offen, warum Paulus die Dekretsbestimmungen nicht akzeptiert haben kann, obwohl doch Paulus wie das Aposteldekret nach seiner Auffassung offensichtlich zur Vorgeschichte der Noachidischen Gebote gehören.

In Bezug auf das Verhältnis von Aposteldekret und Noachidentora scheinen mir die Arbeiten *D. Flussers* weiterzuhelfen, deren Ergebnisse wir noch kurz ausführen wollen, bevor wir diesen Abschnitt mit einem Blick auf die neuere

---

[40] 1-14.

[41] *Klein* hebt im Anschluß an SifWaj 18,4 die allgemeingültigen *mischpatim* von den *chuk-kim*, den jüd. Spezialgesetzen, ab (16).

[42] 16f.

[43] 17.

[44] Zu PsPhok vgl. unten 3.4.2.

[45] Paulus, 235.

[46] Catechismus; Didache.

[47] 236.

christliche Literatur zu diesen Fragen abschließen. In einem gemeinsamen Aufsatz mit *S. Safrai* hat *Flusser* die Entstehungsgeschichte der Noachidischen Gebote nachzuzeichnen versucht. Diese Entwicklung, in die das Aposteldekret, aber auch paulinische Aussagen hineingestellt werden können, verläuft nach Darstellung der beiden jüdischen Wissenschaftler über folgende Zwischenstufen:[48]

    a. die drei Kardinalsünden[49]
    b. die fünf Grundgebote[50]
    c. die sechs Adamitischen Gebote[51]
    d. die sieben Noachidischen Gebote.[52]

Die ersten dieser vier Entwicklungsstufen lagen nach *Flusser/Safrai* im 1. Jhd. n. Chr. bereits in mehr oder minder konstanten Formulierungen vor.[53] Die „Normalform" dieser Sündentrias, die in dem Verbot von Götzendienst, Blutvergießen und Unzucht besteht, sehen die Autoren (ähnlich wie *Klausner*) im Zusammenhang mit den Entscheidungen der Synode von Lydda.[54] Das Aposteldekret in seiner angeblich älteren westlichen Fassung habe wie die jüdische Dreisündenlehre „minimale moralische Schranken für nichtjüdische Gottesfürchtige aufstellen" wollen.[55]

„Die apostolische Urkirche akzeptierte einfach die jüdische Gesetzespraxis in Bezug auf gläubige Nichtjuden."[56]

---

[48] Vgl. v.a. *Flusser/Safrai*, Aposteldekret, 186. Eine ähnliche Vorgeschichte der Noachidischen Gebote nimmt auch *N.G. Cohen* an: „..starting with the tradition used by the author of the book of Jubilees, the Tannaic tradition, which thought it retained the idiom 'Noahide', transferred it to Adam and also introduced the number seven and identified specific commandments, and finally the crystallization of the tradition" (Taryag, 50f.).

[49] bSan 74a, jSan III,6; bBer 19a. Zu den Kardinalsünden (zum Begriff vgl. *Flusser/Safrai*, Aposteldekret, 178, Anm. 22) gehören: Götzendienst, Unzucht und Mord. Ähnliche Dreierlisten in CD 4,13-19, TestLev 14,4 und Jub 7,20f. beweisen das hohe Alter dieser Konzeption; vgl. auch Bill. I, 221-224.

[50] bYom 67b, Did 3,1-6 und SifWaj 18,4, wo es heißt: „,'Meine Rechte', Lev 18,4, das sind die Worte in der Tora, die, wenn sie nicht geschrieben wären, füglich geschrieben werden müßten, wie z.B. betreffs des Raubes, der Unzucht, des Götzendienstes, der Gotteslästerung und des Blutvergießens"; vgl. auch Bill. III, 36.

[51] DevR 2,17 zu 4,41: „Über sechs Dinge wurde dem ersten Menschen Befehl gegeben: betreffs des Götzendienstes, der Gotteslästerung, der Richter (= Gerichtsbarkeit), des Blutvergießens (Mordes), der Unzucht und des Raubes"; vgl. auch Bill. III, 37.

[52] Vgl. 3.3.5.

[53] CD 4,13-19 nennt als Hauptsünden: Unzucht, Reichtum und Verunreinigung des Heiligtums; Jub 7,20f. dagegen Unzucht, Unreinheit und Ungerechtigkeit. Wir sehen an diesen Abweichungen, wie sehr die genauen Formulierungen in neutestamentlicher Zeit noch im Fluß waren.

[54] *Flusser/Safrai*, Aposteldekret, 184.

[55] 179.

[56] 180.

Wie sind nun in dieser jüdisch-christlichen Lehrentwicklung die Grundsätze der paulinischen Heidenmission einzuordnen? Nach *D. Flusser* und *S. Safrai* hat Paulus das Aposteldekret zwar anerkannt, aber in ihm, nicht wie Petrus ein Minimum, sondern ein Maximum an Gesetzesobservanz gesehen.[57] In der Tat gibt es, wie wir noch sehen werden, Stellen bei Paulus, wo der Apostel auf Regelungen des Aposteldekrets (oder verwandter Vorschriften aus dem Kontext der späteren Noachidischen Gebote) einzugehen scheint.[58]

Allerdings kann man auch *Flusser/Safrai* nicht in allen Punkten folgen: Erstens dürfte es kaum haltbar sein, die westliche Textüberlieferung des Dekrets für die ursprüngliche zu halten.[59] Zweitens geht es in keinem der Dokumente, die sie als Belege für das Konzept der drei Kardinalsünden anführen,[60] um die Bedingungen für einen „gerechten Heiden". Gerade Jub und CD (Schriften, auf die sich *Flusser* beruft) repräsentieren einen eher exklusivistischen Standpunkt, der die Sünden der Heiden aufzählt, um ihre Verworfenheit zu begründen.[61] Jedenfalls ist in keinem Fall ein Interesse am Heil der Heiden zu erkennen. Ein unbestritten vorchristlicher Text, der m.E. am eindeutigsten positiv auf die gerechten Nicht-Israeliten Bezug nimmt, sind die Sibyllinischen Orakel 4,24-39. Dieser Makarismus auf all jene, die auf Götzendienst, Mord, Raub und Ehebruch verzichten, steht in großer Nähe zu den späteren Noachidischen Geboten.[62] Auch PsPhok 3-6.9, wo es um Ehebruch, Homosexualität (3), Töten (4), Raub (5f.) und Anweisungen zur Rechtspflege (9) geht, könnte man mit *Klein, Schoeps* und *Segal* als Vorstufe der Noachidischen Gebote ansehen.[63] Auf jeden Fall kann an der vorchristlichen Entstehung der Vorstellung von einem Bund Gottes mit den Söhnen Noahs (und den damit verbundenen Mindestanforderungen für Heiden) kein Zweifel bestehen.[64] Zieht man diese vielfältige Entwick-

---

[57] 185, Anm. 47.

[58] Vgl. auch *M. Barth:* „His opposition to imposing the whole Jewish law (..) upon Gentiles was in line with rabbinic teaching on the Adamite or Noahite covenants" (Anti-Semite, 85).

[59] Die Priorität des westlichen Textes vertraten vor *Flusser* bereits: *Resch*, Aposteldecret und *Harnack*, Aposteldekret, 150-176; heute wieder ähnlich: *Wilson*, Luke, 68ff.; dagegen aber: *Kümmel*, Form, 286; *Conzelmann*, Apg, 92; *Klinghardt*, Gesetz, 170ff.

[60] Siehe oben.

[61] Zu Jub 7,20f. vgl. *Segal*, Paul, 195ff.

[62] So *Gottlieb Klein, Schoeps* und *Segal* (siehe oben!). Zustimmend auch *Collins*, Athens, 144 und *T.L. Donaldson*, Proselytes, 17ff. (freilich im Blick auf Sib 3). Mehr Unterschiede als Gemeinsamkeiten sieht *Siegert*, Gottesfürchtige, 125, Anm. 1.

[63] *Niebuhr* hat eingewandt, die vv. 3-8 ließen sich ebenso leicht auch als Paraphrasierung des Dekalogs verstehen (Gesetz, 68, Anm. 243). Doch das muß keinen Widerspruch zur hier vertretenen These darstellen, wenn man wie *Flusser/Safrai* die Noachidischen Gebote wie das Aposteldekret letztlich auf den Dekalog zurückführt (Aposteldekret, 177). PsPhok als Vorstufe zu den Noachidischen Geboten sehen auch *Bernays*, Gedicht, 21; *Siegert*, Gottesfürchtige, 125 und *Crouch*, Origin, 90-95.

[64] Mit *T. L. Donaldson*, Proselytes, 6, Anm. 3; *Finkelstein*, Examples; *Klaus Müller*, Tora, 47 u.ö.; gegen *Novak*, der eine tannaitische Entstehung annimmt (Image, 3-35).

lungsgeschichte der Noachidischen Gebote in Betracht, erscheint die These *Wy-schogrods* u.a. jüdischer Forscher gar nicht mehr so abwegig.

Bevor wir den Stand der neutestamentlichen Forschung zu diesen Problemen beleuchten und anhand einiger exegetischer Beobachtungen eine eigene Einschätzung wagen werden, halten wir noch einmal die wichtigsten Ergebnisse der jüdischen Forschung fest: Die ältere jüdische Paulusauslegung, für die wir stellvertretend *J. Klausner* anführten, tut sich noch schwer damit, die Haltung des Apostels in Fragen der Heidenmission als eine jüdische Position in Erwägung zu ziehen. Während sich die Möglichkeit einer Assoziierung von Heiden zum jüdischen Volk im Rahmen des damaligen Judentums nicht völlig unerhört ausnimmt, erscheint der Verzicht auf alle zeremoniellen Schranken zwischen Juden und Nichtjuden doch als ein Bruch mit der Tradition. Das Aposteldekret erscheint dementsprechend als ein Kompromißvorschlag der judenchristlichen Gegner des Paulus, der wenigstens ein Minimum an heidnischer Toraobservanz garantieren soll. Doch nach Ansicht *Klausners,* aber auch *Schoeps'* und *Ben-Chorins* fand sich Paulus selbst zu diesem Mittelweg nicht bereit. Damit erscheint der Apostel nicht nur vom zeitgenössischen Judentum, sondern auch vom Judenchristentum isoliert.

Anders die Sicht der neueren jüdischen Forschung: Schon bei *Schoeps* und *Ben-Chorin* werden die Differenzen zwischen Paulus und der Jerusalemer Urgemeinde als bei weitem nicht mehr so gravierend angesehen. Daß Paulus dem Aposteldekret zugestimmt haben könnte, können sich diese beiden Wissenschaftler jedoch noch nicht vorstellen. Erst die jüngste Forschung hat auch diese Möglichkeit nicht länger ausgeschlossen (*Wyschogrod, Flusser, Segal*). Immer deutlicher tritt ins Bewußtsein, daß trotz bleibender Differenzen im Einzelnen, der Apostel in wesentlichen Fragen in Kontinuität zum jüdischen Umgang mit heidnischen (Halb-)Proselyten steht. Oder genauer formuliert: Der Apostel lehnt sich bei seiner Heidenmission an das Muster des jüdischen Universalismus' an, der später in Form der Noachidischen Gebote seine normative Ausprägung fand. Die paulinische Paränese für seine heidenchristlichen Gemeinden ist wie das Aposteldekret Teil der innerjüdischen Auseinandersetzung um die halachischen Bedingungen für die Anbindung von Heiden an die Synagogalgemeinde.

3.4.2 Kritische Beurteilung

Weil das Aposteldekret eine Auswahl aus einer Vielzahl von damals im Judentum wie in Christentum gleichermaßen diskutierten halachischen Mindestanforderungen für „gerechte Heiden" darstellt,[65] darf unsere Fragestellung nicht

---

[65] Daß es überhaupt so etwas wie „gerechte Heiden" gibt, die Anteil an der kommenden Welt haben, war wohl die Mehrheitsmeinung unter den Rabbinen. Repräsentativ für diese Ansicht ist das Diktum R. Jehoschuas in tSan 13,2: הא יש צדיקים בעמות שיש להם חלק לעולם הבא.

zu eng gefaßt werden: Wenn wir nun paulinische Texte auf mögliche Verbindungen zum Aposteldekret oder den späteren Noachidischen Geboten hin befragen, ist vielleicht noch wichtiger als die Frage, ob der Heidenapostel genau die vier im Dekret vereinbarten Klauseln für vertretbar hält, zu sehen, daß er überhaupt halachische Bedingungen für die Zugehörigkeit zu seinen Gemeinden kennt. Erst wenn wir uns diese bemerkenswerte Tatsache, die die übliche Auffassung einer völlig gesetzesfreien Heidenmission wesentlich einschränkt, vor Augen halten, werden wir die Gesetzeslehre des Apostels richtig zu würdigen wissen.

Wenn ich bisher von einer innerjüdischen Diskussion über die Bedingungen für die „Anbindung" oder „Assoziierung" von heidnischen (Halb-)Proselyten sprach, habe ich mich ganz bewußt sehr allgemein ausgedrückt, um zunächst den (auch von der neueren jüdischen Forschung betonten) gemeinsamen religionsgeschichtlichen Hintergrund der paulinischen Paränese und des Aposteldekrets mit den späteren Noachidischen Geboten deutlich zu machen. Diese These muß nun freilich noch weiter differenziert werden, um gegen mögliche Einwände bestehen zu können. Insbesondere die Verknüpfung des Aposteldekrets mit den halachischen Bestimmungen für die Söhne Noahs ist keineswegs unumstritten. Seit dem 19. Jhd. wurde mit einem gewissen Recht immer wieder darauf aufmerksam gemacht, daß das Dekret mehr Gemeinsamkeiten mit der Fremdengesetzgebung in Lev 17f. aufweist als mit den Noachidischen Geboten.[66] Dies gilt nicht nur in bezug auf die inhaltlichen Bestimmungen,[67] sondern auch bezüglich ihrer Funktion. Die atl. Fremdengesetzgebung mit ihrem vorwiegend politisch-sozialen Interesse an einem geregelten Zusammenleben von Juden und Nichtjuden scheint viel eher dem primär praktischen Anliegen des Aposteldekrets zu entsprechen als die Noachidischen Gebote, die man als „Ausdruck theologischer Akzeptanz gegenüber dem Nichtjuden"[68] verstehen kann. Doch nur wenn man sich vor Augen hält, wie die atl. Fremdengesetzgebung im ersten nachchristlichen Jahrhundert rezipiert wurde, entgeht man der Gefahr, diese Unterschiede überzubewerten: In einer gegenüber alttestamentlicher Zeit völlig gewandelten Situation[69] wurden die Bestimmungen für den „Fremden" (גר), die ursprünglich dem in Israel lebenden heidnischen Beisassen (גר תושב) galten, zunehmend auf den kultisch-religiös voll integrierten Proselyten (προσήλυτος)

---

[66] *Waitz*, Problem, 227; *Klinghardt*, Gesetz, 176ff.; *Haenchen*, Apg, 411.

[67] In gleicher Reihenfolge wie im Dekret finden sich in Lev 17f. die Verbote, falschen Opferdienst zu betreiben (17,8f.), Blut zu genießen (17,10.12), Nichtgeschlachtetes, Gefallenes oder Zerissenes zu essen (17,13.15) und Unzucht zu begehen (18,26). Demgegenüber hat nur das Verbot der Unzucht eine direkte Entsprechung in der Tora der *bene Noach*.

[68] *Klaus Müller*, Tora, 71.

[69] Als wichtigste Faktoren nenne ich nur den Verlust der Eigenstaatlichkeit, die Entwicklung des Diasporajudentums und die dadurch beförderte Auseinandersetzung mit der Völkerwelt.

angewendet.[70] In dieser Entwicklung stellen sowohl das Aposteldekret als auch die paulinische Paränese Übergangsformen dar, wobei das Dekret (in seiner kanonischen Form) noch mehr dem biblischen Konzept des Beisassen verpflichtet ist,[71] während die Grundsätze der paulinischen Heidenmission schon eher den späteren Noachidischen Geboten nahe kommen.[72] Weil die genannten Unterschiede also nicht als prinzipiell zu bewerten sind,[73] sollten wir, wenn wir nun nach der paulinischen Stellung zu den Dekretsbestimmungen fragen, dabei stets den Kontext der eben kurz skizzierten Entwicklung im Blick behalten. Die Diskussionen im Urchristentum erweisen sich dann als Teil einer breiten innerjüdischen Auseinandersetzung um eine Halacha für Heiden mit damals noch offenem Ausgang.

Um zu einem begründeten eigenen Urteil zu gelangen, müssen wir uns zunächst mit der *opinio communis* der christlichen Exegeten auseinandersetzen, die davon ausgeht, daß Paulus dem Aposteldekret niemals zugestimmt habe. Zumeist wird weiterhin angenommen, das Dekret sei überhaupt nicht auf dem Jerusalemer Konvent entstanden, sondern erst einige Zeit später.[74] So behauptet beispielsweise *A. Weiser* von den „Jakobusklauseln":

> „Daß sie weder beim Jerusalemer Abkommen entstanden sein können (vgl. Gal 2,6.9) noch Paulus bekannt waren (vgl. 1 Kor 8; 10 ..), geschweige denn von ihm akzeptiert worden wären, gilt heute zu Recht als weitgehend anerkannt."[75]

Obwohl die Meinungen der Gelehrten in Detailfragen z.T. erheblich voneinander abweichen,[76] dürfte diese Stimme doch als repräsentativ für die heutige christliche Forschung gelten. Dieses Bild der Ereignisse kommt nicht zuletzt dadurch zustande, daß man bei Paulus keine positiven Bezüge auf die im Dekret

---

[70] Vgl. *Klaus Müller:* „Der biblische *ger*-Begriff hat sich in frührabbinischer Zeit gewandelt und wird spätestens im 1. Jahrhundert zum technischen Ausdruck für den Proselyten" (Tora, 161).

[71] Vgl. *Klaus Müller*, Tora, 163.

[72] Dasselbe gilt auch vom westlichen Text des Dekrets (vgl. *Klaus Müller*, Tora, 173f.).

[73] Der von *Klinghardt* angeführte Einwand, daß die Noachidischen Gebote „eine Sammlung allgemeiner, naturrechtlicher, religiöser Tabus" darstelle, die Forderungen des Aposteldekrets sich dagegen nicht „einer an alle Menschen [ergehenden; S.M.] (und darin von der Sinaioffenbarung unterschiedenen) göttlichen Willenskundgebung verdanken" (Gesetz, 179), trifft nicht das Richtige: Auch die Noachidentora ist keineswegs natürliches, sondern wie die Mosetora Bundesrecht (vgl. Gen 9). Sie steht den 613 Geboten der Tora Israels keinesfalls unvermittelt oder gar antithetisch gegenüber, sondern ist als deren Zusammenfassung und Essenz zu verstehen (vgl. *Klaus Müller*, Tora, 60ff.).

[74] Für einen Zusammenhang des Aposteldekrets mit dem Antiochenischen Zwischenfall sprechen sich u.a. *Becker* (Paulus, 103), *Weiser* (Apg, Bd.2, 371) und *Catchpole* (Paul, 442) aus. *Achtemeier* geht allerdings davon aus, daß das Dekret aus der Zeit vor dem Apostelkonvent stamme, aber nicht zu der erhofften Entspannung der innergemeindlichen Situation beigetragen habe (Unity).

[75] Apg, Bd. 2, 371; vgl. auch *Conzelmann*, Geschichte, 73 und *Pesch*, Apg, Bd. 2, 89.

[76] Vgl. den Überblick von *Hurd*, Origins, 240ff.; zur neueren Forschung: *Klaus Müller*, Tora, 145 ff.; *Klinghardt*, Gesetz, 158ff.

behandelten Fragen finden zu können glaubt. In Gal 2,6 habe der Apostel sogar ausdrücklich eine Anerkenntnis der Abmachung abgestritten.[77]

Doch gegen diese Rekonstruktion der Ereignisse lassen sich wichtige Bedenken anmelden: Erstens zieht man m.E. viel zu schnell die paulinische Darstellung (jedenfalls das, was man dafür hält) der lukanischen Fassung vor. Wenngleich Lukas aus größerem zeitlichem Abstand schreibt und ein klar erkennbares theologisches Anliegen mit seinem Geschichtsbericht verfolgt, so darf doch umgekehrt nicht unberücksichtigt bleiben, daß auch Paulus ein sehr subjektives Bild der Dinge vermittelt.[78] Zweitens läßt sich Gal 2,6 auch anders verstehen, als das die oben genannten Ausleger tun. Schließlich gibt es genügend Hinweise bei Paulus, daß dieser sich sehr wohl mit Fragen beschäftigt hat, wie sie im Aposteldekret behandelt werden.

Was Gal 2,6 angeht, ist kaum zu bezweifeln, daß dort Paulus mit seiner Formulierung (οὐδὲν προσανέθεντο) tatsächlich auf die Wendung des Dekrets anspielt: μηδὲν πλέον ἐπιτίθεσθαι ὑμῖν.[79] Das besagt aber zunächst nicht mehr, als daß dessen negative Seite, der Verzicht, Heidenchristen auf das ganze Gesetz zu verpflichten, ganz in seinem Sinn war. *Klaus Müller* hebt ganz zu Recht die Bedeutung dieser negativen Seite des Dekrets hervor, die sonst viel zu leicht zugunsten der positiven Regelungen vernachlässigt wird:

> „Tora für die Völker? wird nun zur Streitfrage auf dem Treffen der Apostel und Ältesten in Jerusalem. Die prinzipielle Antwort ist sowohl nach dem Zeugnis des Galaterbriefes als auch der Apostelgeschichte eindeutig: Den Völkerchristen ist das Joch der Tora nicht aufzuerlegen!"[80]

Gegen den breiten Konsens der Forschung hat jüngst *O. Böcher* im Anschluß an *T. Zahn* erwogen, „daß für Paulus solcher 'Verzicht' (auf die im Aposteldekret untersagten Verhaltensweisen; S.M.) selbstverständlich war, auch bei seinen Lesern".[81] Damit ist eine Interpretation von Gal 2,6 impliziert, die auch in bezug auf die positive Seite des Dekrets, also die vier Minimalforderungen an die Heiden, keine größeren Differenzen zwischen Paulus und den Jerusalemer Aposteln sieht. Eine Variante dieser Deutung liefert *A. Strobel*, der mit *Böcher* darin einig ist, daß Paulus letztlich die Klauseln des Aposteldekrets akzeptierte. Sie seien aber erst zur Zeit der dritten Missionsreise des Apostels und ohne des-

---

[77] Vgl. *Georgi*, Kollekte, 19f.; *Conzelmann*, Geschichte, 72 und *Becker*, Paulus, 103f.

[78] Nach *v.d.Osten-Sacken* ergibt sich ein „zwiespältiges Bild (..): Es läßt sich schwerlich sagen, Paulus habe Falsches berichtet - aber ebenso problematisch dürfte die Behauptung sein, er habe alles richtig dargestellt. Nur zu deutlich hat die Beschreibung dieses Stücks Vergangenheit die Kanäle des eigenen Interesses des Apostels durchlaufen" (Heiligkeit, 134). *Reichrath* hält Apg 15 in Sachen Apostelkonvent sogar für historisch zuverlässiger als Gal 2 (Retter, 151). Zum insgesamt wieder gestiegenen Zutrauen in den historischen Wert der Apg vgl. auch *Hengel*, Geschichtsschreibung, 55ff.

[79] So auch *Strobel*, Aposteldekret, 184; *Böcher*, Aposteldekret, 330.

[80] Tora, 152.

[81] Aposteldekret, 332.

sen Zutun zustande gekommen. Während sich Paulus zunächst (so noch im Gal) heftig gegen die über seinen Kopf hinweg gemachten Auflagen gewehrt habe, habe er später diesen Widerstand aus praktisch-ekklesiologischen Erwägungen aufgegeben.[82]

Ganz ähnlich wie *Strobel* sieht auch *M. Simon* die Haltung des Paulus zum Apostoldekret: Obwohl Paulus alle rituellen Observanzen für Heidenchristen grundsätzlich für überflüssig gehalten habe, also auch die im Dekret festgehaltenen, hätte er dieser ohne ihn vereinbarten Kompromißformel doch zustimmen können „for reasons of mere expediency, in order not to give offence to the weak brethren".[83] Wenngleich *Simon* Paulus mit dieser Sicht (m.E. zu Unrecht) noch etwas weiter vom Geist des Apostoldekrets abhebt als *Strobel* und *Böcher,* setzt er doch deutlich andere Akzente als die oben besprochene Mehrheitsmeinung.

Obwohl mir diese veränderte Sichtweise, wie sie bei *Böcher,* (eingeschränkt auch bei) *Strobel* und *Simon* erkennbar wird, sehr viel plausibler zu sein scheint als die traditionelle Meinung, muß auch sie kritisch beleuchtet werden: Die hier vorausgesetzte Nähe des Paulus zu den Bestimmungen des Apostoldekrets ist zwar kaum zu bezweifeln, aber es muß eine Vermutung bleiben, daß er diese wirklich gekannt und bei seiner Missionsarbeit als gültig vorausgesetzt hat. Aber selbst wenn man bestreitet, daß Paulus das Apostoldekret gekannt und akzeptiert hat, wird man nicht länger umhin können, den Apostel vor dem Hintergrund des jüdischen Umgangs mit Nichtjuden zu sehen,[84] in dessen Kontext anerkanntermaßen auch das Apostoldekret gehört. Einen solchen Mittelweg, der (wie wir gleich sehen werden) in der neutestamentlichen Forschung durchaus schon diskutiert worden ist, halten wir für die plausibelste Erklärung des fraglichen Themenkomplexes.

So kommt *W.D. Davies,* obwohl er bestreitet, daß Paulus das Apostoldekret anerkannte, zum dem Schluß, daß Konzepte, die zu den Noachidischen Geboten hinführten, die Theologie des Apostels beeinflußt haben.[85] Eine notwendige Präzisierung dieser These wird heute von *P. Borgen* vorgeschlagen, der das

---

[82] *Strobel* meint, „daß Paulus seine anfängliche Ablehnung des Dekrets (..) revidiert hat", und „daß die auf apostolische Versöhnlichkeit hin ausgerichtete Darstellung der Apostelgeschichte (..) auf einem historischen Wissen um das Verhalten des Paulus beruht" (Apostoldekret, 189). Gegen *Strobels* Rekonstruktion spricht aber, daß er für die Zeit der Entstehung des 1 Kor noch eine ablehnende Haltung des Apostels gegenüber dem Dekret voraussetzt. Der Inhalt des Briefes läßt m.E. aber auf das Gegenteil schließen (siehe unten!).

[83] Decree, 430; ähnlich auch *K.T. Schäfer:* „Die Kompromißlösung des Apostoldekrets hinzunehmen war dem Paulus (..) möglich, weil die Klauseln ja nicht als heilsnotwendig erklärt worden waren" (RAC I, 557). Allerdings scheint mir angesichts von Formulierungen wie 1 Kor 6,9 und Gal 5,21, wo der Apostel das „Erben des (Gottes)reiches" durch die aufgelisteten Laster bedroht sieht, fraglich, ob Paulus, falls er das Dekret gekannt hat, ihm nur deshalb zustimmen konnte, weil es angeblich soteriologisch irrelevant war.

[84] Vgl. *Mc Eleney*, Conversion, 328-333 und *Fredriksen*, Judaism.

[85] Paul, 117-119.

Aposteldekret und die paulinischen Lasterkataloge (z.B. Gal 5,19-21; 1 Kor 6,9f.) auf eine gemeinsame jüdische Tradition zurückführt, die zwar im genauen Wortlaut variiert,[86] die aber als konstantes Element den Verzicht auf Beschneidung bei gleichzeitiger Einhaltung eines Minimums an gesetzlichen Bestimmungen enthielt.[87] Diesem Ergebnis kommt *Klaus Müller* nahe, wenn er schreibt,

„daß die im Judentum formulierten drei Kardinalsünden ein Strukturprinzip abgeben für die Lasterkataloge in den Paulusbriefen und damit für wesentliche Bausteine paulinischer Paränese."[88]

Diese sogenannten Kardinalsünden[89] lassen sich nach *Müller* in Gal 5,19-21, 1 Kor 5,10f. 6,9f.[90] und Röm 1,24-32[91] nachweisen, jeweils erweitert durch ein oder mehrere traditionsgeschichtlich verwandte Elemente. *Müller* schließt aus dieser Beobachtung ganz zutreffend, daß der Maßstab, den Paulus an seine heidenchristlichen Gemeinden anlegt, nicht die Tora in der Gesamtheit ihrer Ge- und Verbote ist, sondern die spezifische Weisung für die universale Menschheit.[92]

Am konsequentesten wurde der Zusammenhang zwischen der paränetischen Unterweisung bei Paulus und der jüdischen Halacha für Heiden bisher von *P.J. Tomson* in seinem Buch „Paul and the Jewish Law"[93] herausgearbeitet. Eine seiner Hauptthesen, die er vor allem durch die Exegese des 1 Kor (aber auch anderer Teile der paulinischen Korrespondenz) erhärtet und konkretisiert, lautet:

„Granted the imaginary presence of halakha in Paul, one aspect of it would have been crucial both for him and his adressees, and that is the position of gentiles vis-à-vis the halakha. The practical relevance of Jewish Law for the gentiles was an issue which involved both variety of opinion and a degree of development within ancient Judaism. The commandments assumed to be imposed on the sons of Noah, the so-called 'Noachian commandments' are important here."[94]

Die Analyse einiger Fallbeispiele soll abschließend bestätigen, was die zuletzt behandelten Autoren übereinstimmend feststellten: Paulus kannte jüdische Konzepte einer Tora für die Völker und nutzte sie für seine Paränese, selbst wenn ihm das Aposteldekret unbekannt gewesen sein sollte. Die erste Stelle, die

---

[86] In der Tat weichen die in der Apg dargebotenen Überlieferungen des Aposteldekrets (15,20.29; 21,25) in der Reihenfolge wie im Bestand der darin enthalteneten Bestimmungen kaum weniger voneinander ab als die paulinischen Anweisung an seine Gemeinden. Dies gilt zumal, wenn man die Vielzahl der textkritischen Varianten miteinbezieht.

[87] Catalogues of Vices.

[88] 176.

[89] Vgl. zu den Kardinalsünden oben.

[90] Raub wird von *Müller* als Vorstufe von Blutvergießen interpretiert.

[91] 1,24-25 wird dem Götzendienst, 1,26-27 der Unzucht und 1,28-31 dem Blutvergießen zugeordnet.

[92] 186.

[93] Assen/Minneapolis 1990.

[94] 50.

wir näher untersuchen wollen, ist Röm 2,21-24.[95] Paulus wirft in diesem Text einem wohl imaginären jüdischen Gesprächspartner, der sich des Besitzes der Tora als Offenbarung Gottes rühmt, vor, er halte sich selbst nicht an die Gebote, die er Heiden predigt. Die drei erwähnten Gebote lassen sich, wie *W.D. Davies* und vor kurzem auch *P.J. Tomson* aufgezeigt haben,[96] einem der sieben späteren Noachidischen Gebote zuordnen: Das Verbot zu stehlen (μὴ κλέπτειν) entspricht der Bestimmung über גֵזֶל, die Warnung vor Ehebruch (μὴ μοιχεύειν) ist ein wichtiger Teilaspekt von גִלּוּי עֲרָיוֹת[97] und das Verabscheuen von Götzen (ὁ βδελυσσόμενος τὰ εἴδωλα) bezieht sich auf das Verbot von עֲבוֹדָה זָרָה. Die gleichen drei Verbote finden sich nicht nur im hellenistischen Judentum,[98] sondern stehen auch zum Aposteldekret in Beziehung: πορνεία umfaßte sicher neben anderen Vergehen auch Ehebruch,[99] und Tempelraub[100] stellte wie das vom Aposteldekret untersagte Essen von Götzenopferfleisch[101] ein Delikt von Götzendienst dar.

Der Skopos dieser Stelle liegt zwar darauf, dem jüdischen Gesprächspartner Versagen angesichts der eigenen Maßstäbe nachzuweisen, doch nichts deutet darauf hin, daß Paulus an diesen Maßstäben als solchen etwas auszusetzen hat. Nimmt man Röm 2 zusammen mit den von *Müller* untersuchten Lasterkatalogen, erscheint es als unwahrscheinlich, daß Paulus mit den Minimalforderungen gegenüber Heiden, wie sie das Aposteldekret formuliert, überfordert gewesen wäre. Auch wenn er das Dekret nicht gekannt oder akzeptiert haben sollte, belegen diese Stellen zumindest, daß es auch für ihn Toragebote gab, die ein Heide auf keinen Fall übertreten durfte. Von einer Freiheit von den Bestimmungen der Tora kann allenfalls unter dieser starken Einschränkung gesprochen werden.

---

[95] Vgl. *Flusser/Safrai*, Aposteldekret, 177, Anm. 18.

[96] *W.D. Davies*: „There can be little doubt that Paul is here (= Röm 1 und 2; S.M.) employing Stoic terms and Hellenistic modes to expound those conceptions in Rabbinic Judaism which had led to the formulation of the Noachian commandments" (Paul, 117); *Tomson*: „These halakhot are viewed as basic to human conduct; a relation with the Noachian commandments is obvious" (Paul, 94).

[97] Vgl. *Klaus Müller*: „Neben der Würde der Sexualität als Schöpfungshandeln sui generis steht die Integrität der Familie und der Ehe als zweiter Grundgedanken hinter dem Verbot der Unzucht" (Tora, 111).

[98] Philo, Conf 163 und SpecLeg II,13.

[99] Vgl. *Simon*, Decree, 426.

[100] Die (nicht explizit formulierte, aber wohl implizierte) Entsprechung des Verabscheuens von Götzen und Tempelraub (22b) wird erkennbar, wenn man sich vor Augen führt, was *Wilckens* (Röm, Bd. 2, 150) bemerkt hat: „ἱεροσυλεῖν kann hier nicht sensu strictu gemeint sein, sondern, wenn der Vorwurf überhaupt treffen soll, sich nur auf den Handel mit Götzenbildern und heidnischen Tempelgeräten beziehen." Dazu paßt gut der Aufruhr der Silberschmiede in Ephesus (Apg 19, 21-31), der wohl durch die paulinische Polemik gegen heidnische Devotionalien ausgelöst wurde.

[101] Vgl. *Klinghardt*: „Das Essen von Götzenopferfleisch ist eine besondere Form des Götzendienstes" (Gesetz, 160); Apg 15,20 spricht im Gegensatz zu 15,29 nur allgemein von ἀλισγήματα τῶν εἰδώλων.

Dieser Eindruck erhärtet sich noch, wenn wir nun einen größeren Textkomplex ins Auge fassen, der auch schon von anderen Auslegern in Zusammenhang mit dem Aposteldekret (und den Noachidischen Geboten) gebracht worden ist. *M. Simon* formuliert diesen Zusammenhang so:

> „It seems certain, (..) that the developments which he (= Paulus S.M.) devotes, in chapters V to X of 1 Corinthians, to the problems of sexual life and marriage on the one hand, to the dietary laws in particular to idol meat on the other, represent a sort of commentary on the Decree and, more precisely, on the two clauses considered apparently by Paul (..) as fundamental: porneia and eidolothyta."[102]

Ohne uns hier zu sehr in Detailfragen zu verlieren, sollen doch einige Indizien betrachtet werden, die diese These in Bezug auf 1 Kor 5-10 bestätigen und erweitern: In 1 Kor 5 behandelt Paulus einen ihm aus Korinth bekannt gewordenen Fall von Unzucht,[103] nämlich daß ein Gemeindeglied in geschlechtlicher Gemeinschaft mit der Frau seines Vaters lebt. Obwohl ein solches Verhalten sogar nach heidnischen Maßstäben verwerflich ist (5,1),[104] dürfte schwer zu bestreiten sein, „daß der Apostel in dem vorliegenden Fall von keinem anderen Sittenkodex her urteilt als dem pharisäischen."[105] Nach alttestamentlichem (Lev 18,8) wie rabbinischem (mSan 7,4a) Recht war ein solcher Fall von אשת האב („Frau des Vaters") ein todeswürdiges Verbrechen.[106] Das Verbot einer solchen Verbindung war zugleich Teil der universalen Gesetzgebung für die noachidische Menschheit,[107] die im Aposteldekret, im Verbot der drei Kardinalsünden und den Noachidischen Geboten ihre Ausprägung gefunden hat. *M. Simon* urteilt deshalb zutreffend:

---

[102] 429f.

[103] Mit πορνεία (5,1) verwendet Paulus dasselbe Vokabular wie das Aposteldekret, während in paganen hellenistischen Lasterkatalogen dieser Zeit eher ἀκολασία steht; vgl. *Hauck-Schulz*, Art. πορνεία, ThWNT VI, 583, Anm. 25.

[104] Solche Verbindungen waren nach römischem Recht unzulässig und wurden wohl auch von der „öffentlichen Meinung" mit Vorbehalten betrachtet, obwohl sie in der gr.-hell. Welt immer wieder vorgekommen zu sein scheinen (vgl. *B. Cohen*, Law, 338-343; *Conzelmann*, 1 Kor, 123, Anm. 29 und *Strobel*, 1 Kor, 96).

[105] *Strobel*, 1 Kor, 96.

[106] Daß der Übeltäter aus der Gemeinde ausgeschlossen (5,2.13) und dem Satan übergeben werden soll (5,5), schließt wahrscheinlich den Gedanken seines physischen Todes ein (so auch *Fascher*, 1 Kor, 160; *Strobel*, 1 Kor, 98). Das Todesurteil in 5,13 wird zwar in Anlehnung an Dtn 17,7 formuliert (dort geht es übrigens um Götzendienst, nicht um Unzucht!), der Sache nach aber bezieht es sich auf die Rechtsfolgebestimmung von Lev 18,29: „Denn alle, die solche Greuel tun, werden ausgerottet werden aus ihrem Volk." Die nächste zeitgenössische Parallele für eine solche „kollektive, gemeinschaftlich vollzogene Verfluchung von 'Kindern des Teufels', die fortan unter dessen Los fallen und damit dem Tod zugehörig sind", findet sich in Qumran, bes. 1QS 2,4-18, 4Q 266. 277 und 287 (*Berger*, Qumran, 81f.)

[107] Interessant für unseren Zusammenhang: Schon die Regelungen in Lev 18 gelten ausdrücklich auch dem „Fremdling" (v.26).

„This represents an infringement of one of the commandments of Lev. XVIII, an incest as understood by the Law of Moses, the Noachian commands and the Apostolic Decree (..). On this precise point the Decree is, even in Paul's eyes, absolutely binding."[108]

Nicht ganz so klar scheint der Fall in 1 Kor 6,1-11: Hier liegt zwar sicher kein Anklang an das Aposteldekret vor, vielleicht aber ein Bezug zu einem der späteren Noachidischen Gebote (דינימ). Wie die Synagoge eine eigene Gerichtsbarkeit für ihre Mitglieder pflegte, so könnte der Apostel mit seinem Rat, wenn schon Rechtshändel in der Gemeinde nicht zu vermeiden sind, diese intern auszutragen, in eben dieser Tradition stehen.[109] 1 Kor 6,12-20 handelt erneut von Unzucht, genauer: von Hurerei.[110] Die Argumentation des Apostels stützt sich hier allerdings nicht ausdrücklich auf das jüdisch-alttestamentliche Verbot der πορνεία, sondern auf die Vorstellung vom Leib als Glied Christi (7,16) bzw. als Tempel des heiligen Geistes (7,19). Dennoch bleibt festzuhalten, daß es nicht etwa die so oft beschworene „Freiheit vom Gesetz" ist, die Paulus auf diese Weise begründet, sondern eine sittliche Weisung („Flieht die Hurerei!", 6,18), die durchaus dem Geist des Aposteldekrets entspricht.[111] Das besagt freilich noch nicht, daß der Apostel das Dekret kannte, aber doch zumindest, daß er, wenn er es gekannt hätte, nichts gegen seine halachischen Bestimmungen für Heiden auszusetzen gehabt hätte.

Die Vermeidung von Unzucht spielt auch eine Rolle bei den Ausführungen über die Ehe in 1 Kor 7: Einerseits hält der Apostel die Ehelosigkeit für eine Gnadengabe Gottes (χάρισμα; 7,7), die „um der kommenden Not willen" (7,25ff.) und der ungeteilten Hingabe an „die Sache des Herrn" (7,32ff.) eigentlich den Vorzug verdient. Andererseits empfiehlt er doch, zur Vermeidung von

---

[108] 430; vgl. *Tomson* (im Blick auf dieselbe Stelle): „A prohibition of *porneia* is also contained in the 'Apostolic Decree' (Acts 15) which defined the basic commandments to be observed by all. Hence Paul's emphasis on the prohibition of *porneia* as a 'cardinal sin' for gentiles too is in agreement with the Jewish and Jewish-Christian background" (Paul, 99); anders freilich *Lindemann,* der Verbindungen zu den einschlägigen Torabestimmungen bestreitet (Toragebote, 247).

[109] *Conzelmann* nennt als Hintergrund der paulinischen Paränese die jüdische Schiedsgerichtbarkeit, nach der Juden nicht von Heiden Recht sprechen lassen sollen (1 Kor, 133, bes. Anm. 13). Wir dürfen wohl mit einer solchen Rechtspraxis nicht nur im rabbinischen Judentum (vgl. Bill. III, 362f.), sondern (mit gewissen Eigentümlichkeiten) auch in Qumran (vgl. *Delcor*, Courts) und in den Diaspora-Synagogen (vgl. Josephus, Ant 14,235; Apg 18,12-17; 2 Kor 11,24) rechnen (vgl. *Richardson*, Judgement, 51f.). Gegen einen jüdischen Hintergrund argumentiert aber *Lindemann,* demzufolge es hier „um den Verzicht auf Rechtsprozesse unter Christen überhaupt" geht - eine seines Erachtens in jüdischer Tradition analogielose Forderung (Toragebote, 247).

[110] In den neun Versen kommt das Wort πορνεία (und Stammverwandte) fünfmal vor: 6,13.15.16.18.

[111] Nach *Simon* gehört zur πορνεία u.a. „extraconjugal sexual intercourse" (Decree, 426), also auch Hurerei.

Unzucht zu heiraten.[112] Auch das in 7,10-16 verhandelte Problem der Eheschei-
dung hat insofern mit πορνεία zu tun, als ein geschiedener Ehepartner, der danach wieder eine Bindung eingeht, Ehebruch begeht. Dies zeigt ein Blick auf
das Jesuswort in Mk 10,11f. par, auf das sich Paulus hier bezogen haben könnte.[113] *M. Simon* urteilt im Blick auf das paulinische Diktum, eine Witwe solle
nur „im Herrn" wieder heiraten (7,39):

> „Paul would therefore tacitly admit that a second marriage with a non-Christian partner
> would constitute a case of porneia."[114]

Auch in 1 Kor 7,17-19, wo Paulus auf die Beschneidung zu sprechen kommt,
geht es um die an einen Heidenchristen zu stellenden sittlichen und rituellen
Anforderungen. Paulus verleiht hier seiner Ansicht Ausdruck, daß kein Heide
erst zum Judentum konvertieren muß, um Anteil am eschatologischen Heil zu
haben. Es gilt vielmehr: „Jeder bleibe in der Berufung, in der er berufen wurde"
(7,20). Daß Heiden *als Heiden* gerettet werden können, setzen auch das Aposteldekret und die Noachidischen Gebote (jedenfalls in der Mehrzahl ihrer Be-
zeugungen) voraus.[115] Der ausführliche Abschnitt über die Frage des Götzenopf-
ferfleisches (1 Kor 8-10), in dem die Warnung vor Götzendienst (und weniger
die jüdischen Speisegebote) das vorherrschende Problem gewesen zu sein
scheint,[116] kann hier nicht erschöpfend erläutert werden. Trotz immer wieder er-
hobener Einwände[117] kann davon ausgegangen werden, daß Paulus hier den im
Judentum von Heiden geforderten Verzicht auf Götzenopferfleisch gegen die
„liberalere" Haltung einiger Korinther verteidigt. Ob er sich dabei positiv
(wenngleich indirekt) auf das Aposteldekret bezieht, wie *J. Hurd* u.a.[118] vermutet haben, muß dabei offen bleiben. Paulus stimmt einerseits mit den Starken in
der korinthischen Gemeinde in dem Grundsatz überein, daß an der Speise nicht
das Heil des Menschen hängt (8,8). Da es neben dem einen Gott Israels keine
anderen Götter gibt, sondern höchstens „böse Geister" (8,4-6; 10,19f.), existiert
so etwas wie Götzenopferfleisch eigentlich gar nicht. Andererseits warnt er vor
dem Genuß von unreinem, in heidnischen Tempeln geschlachtetem Fleisch,
wenn damit das schwache Gewissen eines (wohl judenchristlichen)[119] Bruders

---

[112] Das „jeder" (ἕκαστος) in 7,2 sollte nicht gepreßt werden, denn die Erlaubnis (kein Gebot! vgl. 7,6) des Apostels gilt nur denen, die sich nicht enthalten können (7,9); vgl. *Schrage,*
Ethik, 188.
[113] Vgl. auch *Fascher,* 1 Kor, 185.
[114] 431.
[115] Die Noachidischen Gebote können freilich auch dazu dienen, die Sünde der Heiden
aufzuzeigen; vgl. Bill. III, 36ff.
[116] Mit *Tomson,* Law, 187ff.
[117] So *Becker:* „Die Freiheit, mit der Paulus 1 Kor 8; 10 sich dem heidnischen Kult nähert,
ist ebenfalls kontradiktorisch zum Gesetz und zum Judentum" (Paulus, 418). Vgl. auch *Lietzmann,* Kor, zur Stelle!
[118] Vgl. *Hurd,* Origins, 240ff.
[119] Mit *Strobel* u.a. gehe ich davon aus, „..daß mit den 'schwachen' Christen in Korinth offenbar in erster Linie Judenchristen angesprochen sind, vielleicht auch einzelne Heidenchris-

befleckt wird (8,9-13). In 10,14-22 wird aus dem bedingten Nein zum Götzenopferfleisch ein kategorisches Nein, denn wer am „Tisch des Herrn" teilhat, der
kann nicht gleichzeitig vom „Tisch der bösen Geister" essen. Das Gefälle der
Argumentation scheint also eindeutig auf den Verzicht auf Götzenopferfleisch
zuzulaufen. Auch *T. Holtz* kommt zu dem Schluß:

> „Es ist unübersehbar, daß Paulus hier von der 'Voraussetzung' des Judentums aus redet
> und anweist, und daß die Weisung 'Fliehet den Götzendienst' (V. 14) die wesentliche Aussage
> zur Sache für Paulus enthält."[120]

Wenn der Apostel in 1 Kor 10,25 rät, beim Kauf von Fleisch nicht nach seiner Herkunft zu forschen, ist das kein Beleg für seine unjüdische Haltung in
dieser Frage, wie *C.K. Barrett* meint.[121] Er wendet vielmehr einen auch sonst im
Judentum belegten Grundsatz an, daß nämlich Dinge (und Lebensmittel), die
(vom Verkäufer) nicht ausdrücklich zum Götzendienst bestimmt sind, ohne Bedenken gekauft werden dürfen.[122] Paulus macht mit seiner Haltung in der Götzenopferfleischfrage deutlich, daß die christliche Freiheit ihren Maßstab und ihre Grenze im Zusammenleben der Gemeinde aus Juden und Heiden findet. Obwohl der heidnische Konvertit zum Christentum nicht wie ein Jude verpflichtet
ist, alle Torabestimmungen zu beachten, muß doch auch er durch seinen äußeren Lebenswandel die vollzogene Abkehr von seiner heidnischen Vergangenheit sichtbar bekunden. Das geschieht u.a. durch den Verzicht auf Götzenopferfleisch.

Einen weiteren Hinweis darauf, daß Paulus die damalige Diskussion über die
gesetzlichen Auflagen für Heiden kannte, erhalten wir in 1 Kor 10,5-11:[123] Dort
beschreibt der Apostel die Sünden Israels in der Wüste als Vorabbild (τύπος;
10,6) der Gruppenkonflikte innerhalb der korinthischen Gemeinde. Von den
vier aufgezählten Sünden sind mindestens zwei eindeutig auf das Aposteldekret
zu beziehen, nämlich der Vorwurf des Götzendienstes (10,7: μηδὲ εἰδωλο-
λάτραι γίνεσθε) und der Unzucht (10,8: μηδὲ πορνεύωμεν). Das „Gelüsten"
in v.6 (ἐπιθυμητὰς κακῶν) läßt sich leicht mit dem noachidischen Verbot des
Raubes in Verbindung bringen[124] und auch das Murren (10,10: μηδὲ γογγύζε-
τε) kann als Vorstufe von Gotteslästerung angesehen werden.[125]

---

ten, die radikal mit dem früheren Leben gebrochen haben" (1 Kor, 137); kritisch aber z.B.
Theißen, der „stark" und „schwach" als sozioökonomische Kategorien interpretiert (Korinth).

[120] *Holtz*, Weisungen, 391; auch *Strobel* sieht in 10,14 das Fazit des ganzen letzten Ab-
schnitts (1 Kor, 158).

[121] „Paul is nowhere more unjewish than in this μηδὲν ἀνακρινόντες" (Idols, 49).

[122] Vgl. die von *Tomson* (Law, 216ff.) diskutierten Belege (bes. mAZ 2,3; EpJer 28f.).

[123] Vgl. *Flusser/Safrai*, Aposteldekret, 188, Anm. 60.

[124] *Klaus Müller* kommentiert die Bestimmungen über גֵּזֶל mit folgendem Zitat aus dem
Sefer-ha-Chinnuch (einem wichtigen Kommentar des Rabbi Aaron von Barcelona/13. Jhd.):
„Raubt nicht, haltet euch vielmehr ganz und gar vom Raub fern! In dieses Abstandnehmen ist
das *Du sollst nicht begehren!* (..) inbegriffen" (Tora, 120f.).

[125] Vgl. *Wengst*: „Wenn Murren zur Blasphemie führt, ist Murren hier (gemeint ist Did
3,1-6, eine wichtige Parallele zu 1 Kor 10,5-11; S.M.) vorgestellt als Hadern mit dem Schick-

Ein letzter größerer Textkomplex soll noch betrachtet werden, bevor wir zur Auswertung unserer Exegese schreiten, nämlich Röm 14-15: Der wesentliche Unterschied gegenüber 1 Kor 8-10 besteht darin, daß es im Römerbrief nicht nur um Götzenopferfleisch geht,[126] sondern um Fleischgenuß im allgemeinen. Außerdem stehen im Römerbrief auch der Genuß von Wein (14,21) und die Einhaltung bestimmter Tage des jüdischen Kalenders (14,5) zur Debatte. Mit *U. Wilckens* gehe ich davon aus, daß die Schwachen in Rom Judenchristen sind, die sich nur vegetabilisch ernähren (14,2), um sicher zu gehen, kein Fleisch zu sich zu nehmen, das nicht den Bedingungen der Tora entsprach.[127] Neben diesen notwendigen Differenzierungen müssen aber auch die Übereinstimmungen zwischen beiden Stellen gesehen werden: In 1 Kor 8-10 wie in Röm 14-15 geht es um innergemeindliche Konflikte über das notwendige Maß heidnischer Gesetzesobservanz. In beiden Fällen macht der Apostel deutlich, daß um des Zusammenlebens der Gemeinde willen die Starken auf die Schwachen Rücksicht nehmen sollen. Die Rücksichtnahme besteht darin, auf bestimmte Praktiken zu verzichten, wenn diese dem jüdischen Bruder nicht zumutbar sind. Ob Paulus diesen Verzicht hier wie in allen anderen aufgezeigten Fällen aufgrund einer Kenntnis des Aposteldekrets empfahl, oder ob er (falls er das Dekret nicht kannte) seine Paränese aus demselben jüdischen Traditionsstrom speiste, von dem auch diese Mindestforderungen eine Variante darstellen, ist schwer zu entscheiden. Es ist aber, wenn diese Zusammenhänge erst einmal erkannt sind, letztlich vielleicht gar nicht mehr so wichtig.

Eine dritte Möglichkeit, die heute immer noch viele Anhänger hat, scheint mir aber durch das oben Dargelegte ausgeschlossen: Die beispielsweise von *J. Becker* und *A. Lindemann* vertretene Auffassung, daß für Paulus die Tora und die jüdische Tradition keinerlei normative Bedeutung mehr gehabt haben.[128] Erstens messen die Vertreter einer solchen Position der Tatsache zu wenig Bedeutung bei, daß auch in jüdischer Tradition Heiden (und um solche handelt es sich ja in den paulinischen Gemeinden ganz überwiegend) nicht auf die ganze Tora, wohl aber auf ein (freilich noch nicht eindeutig festgelegtes) Minimum[129] gesetzlicher Auflagen verpflichtet waren. Deshalb darf man die paulinische Paränese nur an den damals gängigen Weisungen für Heiden messen und nicht an der Tora insgesamt. Vieles von dem, was der Apostel angeblich abrogiert hat, - so konnten wir oben sehen - stand für Heiden noch nie in Geltung! Zweitens zeigen die zahlreichen inhaltlichen Anleihen des Apostels an der jüdischen Unterweisung für Heiden, daß der christliche Glaube für Paulus nicht einfach vom

---

sal, und dieses als von Gott Geschicktes. Wer aber gegen sein Schicksal murrt, steht dauernd in Gefahr, Gott zu lästern" (Schriften des Urchristentums, Bd. 2, 71, Anm. 19).

[126] Das griechische Wort dafür taucht nirgends auf.

[127] Röm, Bd. 3, 87; *Watson*, Paul, 94f.

[128] *Becker*, Paulus, 417ff.; *Lindemann*, Toragebote.

[129] Damit ist nicht gesagt, daß Paulus alles, was über dieses Minimum hinausgeht, ablehnte. Auch im Judentum war es erlaubt, mehr zu tun, als die Tora fordert.

Halten des Gesetzes dispensiert.[130] Er ermöglicht im Gegenteil erst, daß das Gesetz mit Hilfe des Geistes von allen Kindern Gottes, Juden wie Heiden, erfüllt wird.[131] Zwar stehen für Paulus die das menschliche Zusammenleben ordnenden Worte und Maßstäbe nicht einfach deshalb in Geltung, weil sie den inhaltlichen Normen der Tora entsprechen, sondern erst deshalb, weil sie zugleich als Konsequenz des Christusgeschehens verstanden werden können.[132] Aber es wäre fatal, das christologische Bekenntnis gegen das Gesetz auszuspielen, wie die genannten Autoren dies tun.[133] Der Gott Israels, der sich den Vätern am Sinai (zwar nicht unüberbietbar, aber doch zum Heil) offenbart hat, ist kein anderer als der, der in der Person Jesu Christi allen Menschen, Juden wie Heiden, das Heil angeboten hat. Jede Theologie, die an dieser Grundüberzeugung des Paulus Zweifel aufkommen läßt, wird von unseren jüdischen Dialogpartnern mit Recht als Gefährdung des Monotheismus' kritisiert.

---

[130] Vgl. *Schrage*, Ethik, 169.

[131] Vgl. Röm 8,1ff.; Gal 3,1ff.

[132] Vgl. *Schrage*, Ethik, 139ff.

[133] Vgl. *Lindemann:* „Ethik ist für Paulus keinesfalls Praktizierung der Tora; ethische Entscheidungen trifft der Apostel vielmehr vom Bekenntnis her. Christen führen ihr Leben 'in Christus', der am Kreuz für Gottlose gestorben ist und in dem Gott die Sünder gerechtspricht. Dies ist für Paulus der Ursprung der ἀγάπη, an der als höchstem Wert sich das Handeln auszurichten hat" (Toragebote, 265).

3.5 Die paulinische Israeltheologie und jüdische Zukunftserwartung

Die Rolle Israels im heilsgeschichtlichen Denken des Apostels Paulus hat die jüdische Forschung schon immer in besonderem Maße beschäftigt. Das ist kaum verwunderlich, entscheidet sich an diesem Punkt doch die Frage, ob der Völkermissionar tatsächlich das Judentum als eine überholte Religion betrachtete oder nicht. Konnte sich die Kirche mit ihrem Anspruch, das Judentum als Volk Gottes ersetzt zu haben, zu Recht auf Paulus berufen, oder hat sie den Apostel vielleicht zur Legitimierung ihrer eigenen Ziele uminterpretiert und mißbraucht?

Weil dieses Problem anhand kaum eines anderen Textes gründlicher untersucht worden ist als anhand von Röm 9-11, liegt es nahe, zur Beantwortung dieser Frage verschiedene jüdische Auslegungen dieser Kapitel zum Ausgangspunkt zu machen. Dabei sollten wir uns stets die lange und teilweise recht traurige Wirkungsgeschichte gerade dieses Textes vor Augen halten.[1] Zwar haben sich viele erfreuliche Neuansätze in der christlichen Verhältnisbestimmung zum Judentum von Röm 9-11 inspirieren lassen,[2] aber diese neueren Entwicklungen der letzten Jahrzehnte können nicht die jahrhundertelange Tradition des theologischen Antijudaismus' vergessen machen, der seine Argumente ebenfalls aus diesen Kapiteln des Römerbriefes bezog.[3] Ist die jüdische Auseinandersetzung mit Paulus ohnehin schon nicht unproblematisch, so dürfte das Mißtrauen gegen den Apostel an diesem Punkt besonders groß sein.

3.5.1 Jüdische Positionen

Daß in der Tat auch solche Autoren an der Israeltheologie des Paulus vieles auszusetzen haben, die ihm sonst durchaus positiv gegenüberstehen, zeigt sich am Beispiel von *H.J. Schoeps*. Er betrachtet die Kapitel 9-11 als einen wesentlichen, mit dem Rest des Briefes eng verknüpften Bestandteil des Römerbriefes, der an eine aus Juden- und Heidenchristen gemischte Gemeinde gerichtet ist.

---

[1] Eine Untersuchung speziell zur Wirkungsgeschichte von Röm 9-11 scheint noch nicht vorzuliegen, einen ersten Einblick vermitteln aber die bei *Kortzfleisch/Rengstorf* angeführten Stellen zum Stichwort „Paulus" (vgl. das Personenregister von Kirche und Synagoge, Bd. 2) und *Wilckens*, Röm, Bd. 2, 267f.

[2] Das gilt nicht nur für die theologische Wissenschaft (vgl. z.B. *Mußner*, Traktat und *v.d. Osten-Sacken*, Grundzüge), sondern auch für neuere kirchliche Stellungnahmen zu diesem Thema, allen voran der Rheinische Synodalbeschluß (vgl. die von *Rendtorff* und *Hendrix* hg. Dokumentensammlung: Die Kirchen und das Judentum).

[3] Daß diese Wirkungsgeschichte von Juden schmerzlich wahrgenommen wird, zeigt z.B. *Dean*, Bursting the Bonds?, 189.

Der Apostel verfolge die Absicht, einerseits „eine hochmütige Verachtung Israels seitens antinomistischer Heidenchristen einzudämmen",[4] andererseits unternehme er den „Versuch einer neuen Sinngebung seines eigenen Judentums".[5] Insbesondere das Geschick Israels, das nicht zum Glauben an den Messias Jesus gelangt ist, habe den Apostel in den drei Kapiteln beschäftigt. *Schoeps* geht bei seiner Exegese von Röm 9-11 folgenden drei Leitfragen nach:

> „1. Wie war diese offensichtliche Verstockung (gemeint ist wohl Röm 9,18; S.M.) des Gottesvolkes Israel möglich? 2. Was bedeutet sie für das Jetzt der Heilszeit? 3. Welche Zukunft gibt es für Israel?"[6]

Die erste dieser Fragen beantworte der Apostel dahingehend, „daß immer nur ein Israel der Auswahl die Verheißungen geerbt hat, als deren letzte und entscheidende nun der Messias auch nur zu einem ausgewählten Rest aus Israel gekommen ist."[7] Obwohl die Restvorstellung im apokalyptischen wie im rabbinischen Schrifttum auch vorkommt, habe Paulus daraus doch etwas ganz Unjüdisches gemacht, indem er sie gegen die alle Israeliten umfassende Erwählung ausspiele.[8] Er habe dadurch den „ontisch-naturale(n) Charakter der jüdischen Bundesvorstellung spiritualisiert"[9] und „das eschatologische Israel der Verheißung vom empirischen Israel abgespalten".[10] Diese Kritik an der Lehre des Apostels, die sich vor allem an dessen typologischer Auslegung der Vätergeschichten in Röm 9,6-13 entzündet, kann *Schoeps* deshalb vertreten, weil er die jüdischen Erwählungstitel in 9,4-5 nur auf die Vergangenheit Israels bezieht.[11] Wir werden freilich sehen, daß diese exegetische Entscheidung durchaus anfechtbar ist.

Die Frage nach der Bedeutung der Verstockung Israels für die Gegenwart beantworte Paulus durch die Berufung der Heiden, die erst durch den Ungehorsam der Juden möglich geworden sei. Bemerkenswerterweise sieht *Schoeps* Röm 9,19ff. schon im Licht von Röm 11, wenn er hier schon davon spricht, daß die Berufung der Heiden letztlich wieder den „Gefäßen des Zornes" zugute komme.[12] Bis dahin allerdings sei die Erwählung Israels auf die Kirche aus Juden und Heiden übergegangen. Der zuvor von Paulus noch verkündigte Grundsatz, „den Juden zuerst und auch den Heiden" (Röm 1,16f.; 2,9-10) sei damit „restlos aufgegeben worden".[13] Die Verstockung Israels und die Berufung der

---

[4] Paulus, 250.
[5] Ebd.
[6] 250f.
[7] 253.
[8] 252.
[9] Ebd.
[10] 251.
[11] 251.
[12] 254.
[13] 254.

Heiden, die für das Jetzt der Heilszeit kennzeichnend sei, sieht *Schoeps* auch in Röm 10 und 11 als zentral an.

Im elften Kapitel ist der Blick des Apostels nach Darstellung von *Schoeps* auf die Zukunft des ungläubigen Israels gerichtet. Mit der Feststellung, daß auch die große Mehrzahl der Juden nicht verworfen ist, sondern daß am Ende vielmehr „ganz Israel" (11,26) gerettet werden wird, beantworte Paulus dort auch die letzte der von dem jüdischen Wissenschaftler aufgeworfenen Fragen. In 11,1 offenbare sich der jüdische Glaube des Apostels „an die Treue Gottes, der den Bundesschluß, Thora und Auserwählung nicht widerrufen kann."[14] Diese Rettung ganz Israels erfolge durch eine endgültige Bekehrung des jüdischen Volkes, wenn der Messias wiederkommen wird.[15] Trotz dieses positiven Ausblickes in Kap. 11 fällt das Resümee von *H.J. Schoeps* bezüglich Röm 9-11 überwiegend negativ aus: Die Art, wie Paulus das Heidenchristentum begründet hat, sei „eine umständliche Spekulation gewesen".[16] Es sei hierbei zu Lasten des jüdischen Volkes „eine recht willkürliche Typologisierung der Geschichte Israels auf die werdende Kirche hin erfolgt".[17] In Röm 9-11 habe Paulus seine „höchst subjektive Meinung"[18] vorgetragen, zu der es keine speziellen jüdischen Parallelen gebe. *Schoeps'* Kritik gipfelt darin, daß es von Paulus zu Marcion „nicht mehr sehr weit"[19] gewesen sei. Der Autor räumt immerhin ein, daß aus dem paulinischen Ansatz heraus auch eine andere Entwicklung möglich gewesen sei als die von der mehrheitlich heidenchristlichen Großkirche später faktisch genommene.[20]

Deutlich positiver, stellenweise geradezu euphorisch, fällt die Würdigung *S. Ben-Chorins* aus. Röm 9-11 stellt für ihn nicht nur einen integralen Bestandteil des Römerbriefes, sondern geradezu dessen Zentrum dar. Was die Abzweckung des Briefes angeht, so nimmt *Ben-Chorin* keine doppelte Frontstellung des Apostels mehr an wie noch *Schoeps,* sondern allein eine Ablehnung des Antijudaismus' in der römischen Gemeinde:

> „Es ist eines der Anliegen des Römer-Briefes, in den entscheidenden Kapiteln 9-11 die extremen Paulinisten sozusagen zurückzupfeifen, wo sie in ihrer Ablehnung des Gesetzes und des Gottesvolkes Israel zu weit gingen."[21]

Beide jüdische Ausleger stimmen aber darin überein, daß Paulus' Überlegungen über das Geheimnis Gottes mit Israel Ausdruck seiner bitteren Erfahrung sind, daß die Heiden für seine Botschaft vom auferstandenen Messias

---

[14] 255.
[15] 257.
[16] 258.
[17] Ebd.
[18] Ebd.
[19] Ebd.
[20] Ebd.
[21] Paulus, 92.

empfänglicher waren als die Juden.[22] *Ben-Chorin* ist überzeugt, daß es trotz dieser Ablehnung des Evangeliums die klare Erkenntnis des Paulus war,

„daß die Erwählung Israels nie rückgängig gemacht werden kann, daß das jüdische Volk das Volk der Verheißung bleibt.“[23]

Schon der Anfang von Kap. 9 dient *Ben-Chorin* als Beleg für diese These, nicht erst Kap. 11. Freilich sieht auch er die schon von *Schoeps* in 9,6ff. beobachtete Unterscheidung zwischen einer rein äußerlichen und einer inneren Zugehörigkeit zu Israel.[24] Aber anders als dieser findet er nichts Unjüdisches an der paulinischen Beweisführung, die er „eine midraschische Deutung der Vätersagen“[25] nennt. Selbst die prädestinatianischen Aussagen in 9,14-18, für die man laut *Schoeps* keine zeitgenössischen jüdischen Parallelen findet,[26] haben nach *Ben-Chorin*, „wie fast alles in der Theologie des Paulus, ihre Wurzeln in der hebräischen Bibel und im Traditionsgut des Judentums“.[27] Leider übergeht er Röm 10 gänzlich und behandelt sogleich das Ölbaumgleichnis in Röm 11,17-24, das er auf Hos 14,7 zurückführt.[28] Die dort entwickelten Gedanken bestätigen abschließend noch einmal die Grundthese *Ben-Chorins*, daß der Heidenapostel an der bleibenden Erwählung Israels festgehalten habe.

„Nur für eine Weile (..) muß Israel teilweise blind gewesen sein für das Licht, das er, Paulus, vor Damaskus gesehen hat. Der Heilsplan Gottes will es so, um den Völkern eine Chance zu geben. Israel aber wird nach Bekehrung der Völker seinen Messias erkennen und zu neuem Leben erwachen. Hoffnung, Hoffnung aus Liebe.“[29]

Ben-Chorin erinnert daran, daß dieses Konzept „in der unmittelbaren Erwartung einer konsequenten Eschatologie“[30] entstanden ist, für die der Anbruch der Gottesherrschaft unmittelbar bevorstand.[31] Bedenkt man das, dann wird der Unterschied zu allen christlichen Lehren deutlich, wonach die Verstockung Israels bis in ferne Zukunft andauern werde. Mit dem Schwinden der Naherwartung in der Kirche - so könnte man die Feststellung des jüdischen Wissenschaftlers weiterführen - schwand auch die Bereitschaft, mit Paulus um das Schicksal

---

[22] 97.
[23] 100.
[24] Ebd.
[25] 101; *Ben-Chorin* ist, wie wir noch sehen werden, nicht der einzige jüdische Paulusforscher, der diesen Text als einen Midrasch bezeichnet. Auf christlicher Seite begegnet uns die gleiche Charakterisierung z.B. bei *Stegner*, Midrash. Der Einwand *Chiltons,* der Text erfülle nicht die (von *Neusner* aufgestellten) Kriterien eines Midraschs (Romans 9-11, bes. 31f.), überzeugt nicht. Er übersieht v.a., daß es auch in jüdischer Tradition Midraschim in einem nicht-interpretierendem Stil gibt (vgl. *B.W. Holtz*, Midrash, 188).
[26] Paulus, 253, Anm. 2; anders 249!
[27] 101.
[28] *Schoeps* hingegen verweist auf Philo, De praem. et poen. II, 433 (Paulus, 256, Anm. 5).
[29] Paulus, 103.
[30] Ebd.
[31] So auch *Schoeps*, Paulus, 257.

Israels zu bangen. So einseitig das Paulusbild *Ben-Chorins* an manchen Stellen auch sein mag, als ideologiekritisches Korrektiv gegen solche und ähnliche christliche Irrwege dürfte es allemal wertvoll sein. Wir werden deshalb auf seine Erkenntnisse zurückkommen müssen.

R.L. Rubenstein, der Paulus mit Hilfe psychoanalytischer Kategorien zu verstehen sucht, sieht im Römerbrief weniger die Verhältnisse in der römischen Gemeinde reflektiert als die Umstände der bevorstehenden Reise des Apostels nach Jerusalem. Seine Hoffnung, daß die Kollekte als Symbol der Verbundenheit der bekehrten Heidenvölker mit ihren jüdischen Glaubensgeschwistern nun auch eine Bekehrung der Juden zu Christus zur Folge haben würde, habe Paulus dazu veranlaßt, in Röm 9-11 das Verhältnis von Kirche und Synagoge zu bedenken.[32] Er behandle dort den Konflikt zwischen beiden Glaubensgemeinschaften als einen solchen zwischen zwei Brüdern um das Erbe des Vaters.[33] Anhand von 9,6ff. weise Paulus in einer Art christlichen Midraschs[34] nach, daß nicht die Synagoge, sondern die Kirche als das „wahre Israel" den Segen der Väter erbe. Aus jüdischer Sicht noch provokativer als diese „radical reinterpretation of the doctrine of election"[35] findet *Rubenstein* die Identifikation Israels mit dem Pharao (9,14-18) und den Baalsdienern (11,3-6). Er paraphrasiert das negative Bild des Paulus von der Synagoge mit folgenden Worten:

> „The 'old' Israel has become God's enemy. The enmity will not last forever, although it can only be terminated by the old Israel confessing Jesus Christ as Lord. If Jews fail to make this confession, they deserve and can expect no better fate than which befell Pharaoh, the followers of Baal, Sodom and Gomorrah (Rom 9,29), or any other enemy of God."[36]

Keine Frage: Eine solche Interpretation des angeblichen Unglaubens Israels mußte den Graben zwischen Kirche und Synagoge noch vertiefen. Der jüdische Autor hadert aber nicht nur mit dem Apostel, sondern auch mit seinen christlichen Auslegern,[37] die sich oft völlig unkritisch der Meinung des Paulus anschlössen und so das jüdische „Nein" zur Messianität Jesu als „deliberate, willful offense against God" hinstellten.[38] Interessanterweise ist *Rubenstein* in seinem Verständnis des Apostels einig mit diesen christlichen Exegeten, nur die Bewertung ist strittig. Basis seiner Sachkritik an Paulus ist sein „horror at the exclusivism of biblical religion"[39] und seine Überzeugung,

---

[32] Vgl. zur Kollekte: Paul, 131-135.
[33] 135.
[34] Vgl. Anm. 25!
[35] 136.
[36] 137.
[37] Er nennt namentlich *Munck* und *Barrett.*
[38] 137.
[39] 138.

„that there are no false gods, that all gods are true, at least in the sense that the sacred traditions of mankind are functional expressions of the life and the values of the people who maintain them."[40]

Bei aller Kritik kann der jüdische Wissenschaftler dem Völkermissionar doch zugute halten, daß er mit seiner Verunglimpfung Israels durchaus im Rahmen dessen bleibt, was auch bei den Propheten möglich war.[41] Auch hebt er wie vor ihm schon *Ben-Chorin* hervor, daß Paulus selbst seine Heidenmission letztlich um der Rettung Israels willen unternahm:

„This Paul saw his mission to the Gentiles as the prelude to his culminating task, that of winning over the Jews. According to Paul, God's purposes would not be fulfilled until Jew and Christian became one people in God."[42]

Diese eschatologische Vision, wonach die Bekehrung Israels das entscheidende Ereignis in Gottes Erlösungsplan darstellt, könne keinesfalls als Ausdruck der Boshaftigkeit eines Apostaten gegenüber seiner früheren Religion aufgefaßt werden.[43] Ebensowenig kann es der jüdische Forscher Paulus verübeln, daß er die Synagoge als ungehorsamen Bruder der Kirche darstellte, wenngleich dadurch tödliche Bruderrivalitäten zwischen beiden geweckt wurden. Auch das in Kap. 11 anklingende Motiv der Eifersucht Israels auf die Heidenchristen, mit dem Paulus eigene Erfahrungen aus seiner vorchristlichen Zeit reflektiere,[44] paßt laut *Rubenstein* psychologisch ausgezeichnet in das von Paulus gezeichnete Bild eines Bruderkonfliktes. Bis heute spiele es eine wichtige Rolle in der christlich-jüdischen Auseinandersetzung. Die Hoffnungen des Apostels, daß die Heidenchristen Juden eifersüchtig machen und so zum Glauben an Christus führen würden, haben sich nach dem Urteil des Autors nicht erfüllt. Dennoch sei der Traum des Paulus nicht nur eine Illusion gewesen. Seiner Ansicht, daß der Bruderstreit erst überwunden sein wird, wenn Gott wieder „alles in allem" sein wird, kann *Rubenstein* trotz mancher Kritik am Apostel nur zustimmen.[45]

Nicht ganz so ausführlich, aber auf sehr originelle Art und Weise thematisiert *D. Flusser* des „Paulus' Ringen um Israel".[46] Was schon *H.J. Schoeps* vorsichtig andeutete,[47] verdichtet sich bei ihm zu der These, Paulus habe in Röm 9 auf essenische Theologumena zurückgegriffen. Das gilt namentlich für die prädestinatianischen Aussagen in 9,6-23, wo der Apostel wie die Essener das wahre Israel vom empirischen Judentum abtrenne.

---

[40] Ebd.
[41] Ebd.
[42] 139.
[43] 140f.
[44] 140.
[45] 143.
[46] So die Überschrift eines Abschnittes seines Aufsatzes: Bildung.
[47] Paulus, 249.

„Die essenischen, von Gott erwählten Söhne des Lichtes, die sich für das wahre Israel hielten, würden gerne die Worte des Paulus unterschreiben, daß nicht alle, die von Israel stammen, Israel sind (Röm 9,6)."[48]

Während bei den Qumran-Leuten die Prädestinationslehre aber dazu führte, daß die Mehrzahl der Juden wie die Heiden als verdammt galten, diene sie bei Paulus und den hellenistischen Urgemeinden, von wo er sie übernommen habe,[49] zur Legitimierung der Aufnahme von Nichtjuden in die Gemeinde.[50] Oder anders ausgedrückt: Bei den Essenern führte die Prädestinationslehre zu einer Eingrenzung der Erwählung auf einen kleinen Teil des jüdischen Volkes, bei Paulus hingegen war das Resultat eine Ausweitung der Erwählung über das jüdische Volk hinaus auf die Heidenvölker. Diese Ausweitung des Heilsbereiches läßt sich nach *Flusser* auch in Röm 9,24-33 erkennen, wo Paulus ebenfalls (vermittelt durch urchristliche Traditionen wie 1 Petr 2,6-8) essenisches Gedankengut aufgenommen und durch einen Zusatz (9,30-32) in seinem Sinne interpretiert habe.[51] Ein Ausschluß der empirischen Juden vom Heil sei für Paulus aufgrund „seine(r) unerschütterte(n) Anhänglichkeit und Liebe zu seinen Volksgenossen"[52] nicht denkbar gewesen. *Flusser* rühmt die Weise, wie der Apostel „die Judenfrage löst", als eine „theologische Großtat".[53] Seine durch „religiöse Intuition"[54] gefundene Lösung, mit der Paulus antijüdischen Tendenzen in der heidenchristlichen Gemeinde Roms entgegentrete,[55] besteht darin, die essenische Prädestinationslehre durch den allgemein jüdischen Gedanken von der Erwählung ganz Israels dialektisch aufzuheben.[56]

„Während die essenische Theologie ihrer alleinigen Erwählung die Erwählung ganz Israels auf sich selbst beschränkt hat, wendet Paulus die Doktrin von der Prädestination sowohl auf das Christentum als auch auf ganz Israel an. Dadurch erklärt er einerseits die göttliche Natur der Kirche und gibt andererseits der traditionellen jüdischen Auffassung von der Erwählung Israels eine neue, unerwartete Dimension: Durch die Ideologie der Prädestination wird jetzt die Erwählung Israels nicht mehr geschwächt, sondern ideologisch unterbaut."[57]

Wie schon bei *Ben-Chorin* so dominiert auch bei *Flusser* eindeutig Röm 11 die Auslegung der beiden vorhergehenden Kapitel. Sein Bild der paulinischen Israeltheologie fällt aber insofern noch positiver aus als das seiner Kollegen, als bei ihm die Rettung Israels nicht von einem Bekenntnis zum Messias Jesus ab-

---

[48] Bildung, 114.
[49] Vgl. auch *ders.*, Sect.
[50] 116f.
[51] 114.
[52] 117.
[53] Ebd.
[54] Ebd.
[55] Ebd.
[56] Ebd.
[57] Ebd.

hängig zu sein scheint. Außerdem ist von einer Annahme Israels nicht nur im eschatologischen Sinn die Rede, sondern „Israel ist *auch jetzt* (Hervorhebung von mir; S.M.) Geliebte um der Väter willen."[58] Wenn wir die sehr knappen Ausführungen des Jerusalemer Gelehrten nicht allzu sehr gepreßt haben, geht er also von einem „Sonderweg Israels" aus, wie ihn auf christlicher Seite beispielsweise auch *K. Stendahl* vertritt. Dazu aber später mehr!

A.F. Segal folgt in seiner Auslegung von Röm 9-11 weitgehend seinem christlichen Lehrer *N.A. Dahl*.[59] *Segal* betont den unsystematischen Charakter des Römerbriefes als eines Gelegenheitsschreibens, das vergangene und erwartete zukünftige Konflikte des Apostels mit seinen judenchristlichen Gegnern reflektiere, sich dann aber auch grundsätzlich der Rolle Israels nach Christus zuwende.[60]

Im ersten Teil von Röm 9-11 (Röm 9,1-29) lege Paulus dar, daß Christus nicht unvereinbar ist mit Gottes Verheißungen.[61] Diese seien nach Christus immer noch gültig, müßten allerdings nun in einem anderen Licht gesehen werden. Die Ansicht des Apostels, daß nicht alle Nachkommen Israels zu Israel gehören, ist laut *Segal*

„a natural sectarian understanding of the promises of the Hebrew Bible and illustrates how conflict enforces the pariah mentality of the sectarian."[62]

Kein Pharisäer oder Rabbine habe Gottes Verheißungen so von seinem Erwählungshandeln getrennt wie Paulus in seiner Neuinterpretation der Vätergeschichten. In methodischer Hinsicht stünde diese aber wie seine Anwendung der Verstockung des Pharaos und des Prophetenwortes Hos 2,23 durchaus der rabbinischen Midraschtechnik nahe.[63]

„The effect is that Paul's discourse in Romans comes painfully close to apostasy and would certainly have angered any Jew who was not already angered by his antinomism. Paul risks these dangers for his new vision of community."[64]

Der zweite Teil (9,30-10,21) verdeutliche, daß die Verstockung Israels die Konsequenz seines Unglaubens und deshalb selbstverschuldet ist.[65] Der hier konstruierte Konflikt zwischen Lev 18,5 und Dtn 30,12-14 wäre laut *Segal* ebenfalls keinem gläubigen Juden in den Sinn gekommen, beziehen sich beide Stellen doch ursprünglich auf die Mosetora. Paulus benutze diese Gegenüber-

---

[58] 118.
[59] Vgl. Paul, 276, Anm. 23. Zu Röm 9-11 siehe v.a. *Dahl*, The Future of Israel, in: Studies, 137ff.
[60] 257.
[61] 276.
[62] Ebd.
[63] Vgl. Anm. 25!
[64] Ebd.
[65] 276.

stellung freilich nicht, um Israel auszuschalten, sondern vielmehr um die Aufnahme von Heiden in die Gemeinde zu ermöglichen.[66] Dennoch lasse er keinen Zweifel daran, daß auch die Juden zu ihrer Rettung des Glaubens an Christus bedürfen. Weil sie aber mehrheitlich diesen Glauben verworfen haben, werde (jedenfalls nach Röm 9 und 10) nur ein „Rest" von ihnen, nämlich die Judenchristen gerettet. Andererseits sei das Ziel der paulinischen Argumentation (wie in Röm 11 deutlich erkennbar) nicht der Ausschluß Israels, sondern (wie auch sonst im Röm) der Einschluß der Heiden.[67]

In Röm 11 wird dieses düstere Bild etwas aufgehellt durch die Feststellung des Paulus, daß der jüdische Widerspruch gegen Christus zeitlich begrenzt sein wird. Gott werde sich aller erbarmen und so ganz Israel retten.[68] Aber auch in diesem letzten Teil sieht *Segal* keine Lehre von zwei getrennten Heilswegen, einem durch das Gesetz und einem durch den Glauben an Christus.[69] Aufgrund seiner Deutung des Ölbaumgleichnisses[70] und trotz der typisch rabbinischen Aussage von 11,26, daß ganz Israel gerettet werden wird,[71] schließt *Segal:*

> „As a believing Jew and a twentieth-century humanist, I could have hoped for a different outcome of Paul's interpretation of these passages. The theology outlined by Stendahl, Gaston and Gager makes more sense for today than does Paul's actual conclusion. It would have been easier for today's Christianity had Paul embraced cultural pluralism more fully. But I do not believe that Paul meant his remarks to be prophecy for the necessary future of Israel so much as a description of the historical situation that he saw. He was a product of his past in the Pharisaic Jewish community and his present in the gentile Christian community."[72]

Wie auch bei *Rubenstein* wird in diesem Zitat das Bedauern bekundet, daß die Gedanken des Paulus zum Thema „Kirche und Judentum" nicht unmittelbar für das heutige Gespräch zwischen Vertretern beider Religionsgemeinschaften von Nutzen sind. Aber *Segal* macht darüber hinaus mit dankenswerter Deutlichkeit darauf aufmerksam, daß sich die Ausgangsposition des Apostels in hermeneutischer Hinsicht grundsätzlich von derjenigen seiner späteren Ausleger unterscheidet: Während Paulus sich für die Rechte einer heidenchristlichen Minorität einsetzte, wurden später seine Briefe von einer heidenchristlichen Großkirche, der das Ringen des Apostels um Israel und sein Gesetz fremd geworden war, gegen die inzwischen in die Minderheit geratenen Juden ins Feld geführt.

---

[66] Vgl. *Gaston*, Paul, 116ff.

[67] 278.

[68] 276.

[69] 279.

[70] Die abgebrochenen Zweige repäsentieren laut *Segal* die nichtchristlichen Juden, die Wurzel die Judenchristen und die eingepfropften Zweige die Heidenchristen. Nicht Juden und Christen seien gleich, sondern Judenchristen und Heidenchristen (durch ihren Christusglauben; 279f.).

[71] Vgl. mSan 10,1: ‎כל־ישראל יש להם חלק לעולם הבא‎.

[72] 281.

Im Sinne von *E.P. Sanders* hält er fest, daß Paulus am Judentum nichts sonst auszusetzen hatte als seinen mangelnden Glauben an Christus.[73]

Mit *L. Dean* wollen wir die Reihe der jüdischen Forscher beschließen, die sich näher mit Röm 9-11 auseinandergesetzt haben. Auch er stellt wie *Segal* u.a. die Situationsbezogenheit des Römerbriefes heraus: Nach seiner Darstellung verfolgt Paulus zu Beginn (Kap 2-3) das Anliegen, Überlegenheitsgefühle der Judenchristen in der Gemeinde gegenüber ihren heidnischen Geschwistern in Christo abzubauen. In den Kapiteln 9-11 sei er umgekehrt bemüht, die Heidenchristen vor einer Verachtung der Juden zu warnen.[74] Zugleich stelle dieser Text den Versuch des Apostels dar, das „Nein" der Mehrzahl der Juden zum Evangelium zu verstehen.[75] Dieses „Nein" ändere nichts daran, daß den Juden alle in Röm 9,4f. aufgezählten Prärogative zukommen. Also auch bei *Dean* ist das ungläubige Israel der Gegenwart nicht in einen heilsleeren Raum gestoßen.[76] Auch er interpretiert offensichtlich bereits Röm 9 von Röm 11 her, wo Paulus die jüdische Ablehnung des Christus' als notwendigen Teil des göttlichen Heilsplanes darstellt.

Dean nennt zwei mögliche Mißverständnisse, die der Apostel bei seinen heidenchristlichen Lesern ausschließen wollte: Als erstes wehre Paulus den Eindruck ab, als sei die Mission zu den Juden völlig erfolglos gewesen. Indem *Dean* das „Wort Gottes", das laut 9,6 nicht hinfällig geworden ist, auf das Evangelium und nicht auf die alttestamentlichen Verheißungen deutet, gibt er eine ungewöhnliche, aber auch von anderen Exegeten vertretene Erklärung für diesen Begriff.[77] Der Apostel führe das Konzept von der Erwählung eines „Restes" aus Israel gerade nicht gegen die Mehrzahl der ungläubigen Juden an, sondern vielmehr als Zeichen der Hoffnung. Damit interpretiert *Dean* die Restvorstellung wesentlich positiver als die meisten anderen Ausleger.[78] Zweitens wolle Paulus klarstellen, daß der Unglaube der Juden nicht Ausdruck ihrer Boshaftigkeit ist, sondern eher aus ihrer Verstockung durch Gott resultiert. Während die Mehrzahl der christlichen Exegeten den Unglauben Israels in Röm 10 als schuldhaft darstellt, verharmlost der jüdische Forscher vielleicht ein wenig die Problematik dieser Passage, wenn er 9,30-10,4 folgendermaßen kommentiert:

> „Paul did not portray the Jews as self-righteous legalists. Rather, they were obedient to God's commandments, faithful to the covenant God has established with them, waiting for God to fulfill the divine promises of that covenant. Since they did not see what had been re-

---

[73] 282f.
[74] Bursting the Bonds?, 190.
[75] 189.
[76] Vgl. die schon oben skizzierte Position *Flussers*.
[77] So auch *Fiedler*, Israel, 76.
[78] Eine bemerkenswerte Ausnahme hiervon allerdings: *Gaston*, Paul, 140 u.ö.

vealed to him, it would be an act of infidelity to God and the covenant for these Jews to have faith in Jesus."[79]

Nach *L. Dean* hat Paulus die Hinwendung der Juden zu Christus erst als Resultat der Parusie erwartet, nachdem sie auf das erste Kommen des Messias' (nach Ansicht des Autors: verständlicherweise) ablehnend reagiert haben. Trotzdem ist auch er der Auffassung fast aller seiner jüdischen Kollegen, daß der Apostel die Rettung „ganz Israels", die für ihn unverrückbar feststand (11,26), nicht unabhängig von der Person Jesu Christi betrachtete:

> „Thus Paul's hope for the Jews was the belief that God would have mercy upon all and that finally all Israel would be saved. For Paul, this did not mean that all Jews would convert to a new religion called Christianity. Rather, Jews would see what Paul also saw, that belief in Christ was a part of Judaism."[80]

Immerhin bleiben auch an diesem Punkt Differenzen zu einem Großteil der christlichen Exegeten sichtbar, der davon ausgeht, daß Paulus auf eine Bekehrung der noch ungläubigen Juden infolge der apostolischen Verkündigung hoffte. Vielleicht gibt es eine dritte Möglichkeit, die Hoffnungen des Apostels für sein Volk zu verstehen, die einerseits das *solus Christus* als Kriterium der Erlösung festhält, die andererseits aber das Heil nicht auf den Raum der Kirche beschränkt. Diese und viele andere kritische Fragen wollen wir in Auseinandersetzung mit neuerer christlicher Literatur zu Röm 9-11 diskutieren. Doch zunächst sollen noch einmal die wichtigsten Ergebnisse unserer Darstellung der jüdischen Perspektive auf diese Kapitel zusammengefaßt werden:

Fast alle behandelten jüdischen Paulusausleger sehen Röm 9-11 als wesentlichen Bestandteil des Römerbriefes an,[81] wenn sie ihn nicht gar (wie *S. Ben-Chorin*) für das Zentrum dieses Schreibens halten.[82] Sie gehen auch ziemlich einmütig von der starken Bezogenheit des Briefes auf die römische Gemeindesituation aus. Sein Zweck sei es gewesen, römische Heidenchristen vor Überheblichkeit gegenüber Angehörigen des jüdischen Glaubens zu warnen.[83] Bei vielen jüdischen Wissenschaftlern fällt auf, wie stark sie die Kapitel 9 und 10 von Röm 11 her interpretieren.[84] Das hat zur Folge, daß stärker als sonst in der neutestamentlichen Forschung die drei Kapitel als einheitliches Sinngefüge verstanden werden können.[85] Der damit verbundenen Gefahr, für jüdische Leser problematische Texte, wie sie sich in Röm 9 und 10 zweifellos finden, durch den Hinweis auf die Rettung ganz Israels ihres Eigengewichts zu berauben, sind

---

[79] 191.

[80] 192.

[81] So auf christlicher Seite z.B. auch *Cranfield*, Romans, Bd. 2, 445.

[82] So auf christlicher Seite z.B. *Stendahl*, Paulus, 13.

[83] *Ben-Chorin, Flusser* und *Dean.*

[84] *Schoeps, Ben-Chorin, Flusser* und *Dean.*

[85] Von dieser Feststellung ist *Segal* vielleicht auszunehmen; zum Verhältnis von Röm 9 und 11 vgl. *Räisänen*, Römer 9-11, 2893.

dabei nicht alle Autoren entgangen.[86] Als problematisch empfindet man auf jü-
discher Seite vor allem, daß der Apostel das empirische Israel von dem wahren
Israel der Verheißung abkoppelt[87] und dabei die Juden mit ihren Feinden, dem
Pharao und den Baalsdienern in Verbindung bringt. Immerhin sehen einige
Ausleger eine Nähe der paulinischen Beweisführung aus der Schrift zur jüdischen Midraschtechnik.[88] Außerdem heben sie die Aussagen des Paulus deutlich
von der späteren christlichen Lehre ab, wonach das jüdische Volk wegen seines
Unglaubens von Gott verworfen und ihm die Kirche substituiert wurde.[89] Es
bleibe vielmehr auch nach Christus das von Gott erwählte und geliebte Volk.[90]
Selbst der gegenwärtige Unglaube der meisten Juden - so betont die Mehrzahl
der jüdischen Forscher vor allem im Blick auf Röm 11,11ff. - habe noch den
heilsgeschichtlich positiven Sinn, das Heil auch den Heiden zugänglich zu machen.[91] Umgekehrt kann man die Heidenmission des Paulus als Dienst an Israel
betrachten, sofern sie indirekt auf die Rettung seiner jüdischen Glaubensgeschwister abzielt.[92]

    Strittig ist in der jüdischen Paulusauslegung, ob der Apostel auch dem un-
gläubigen Judentum seiner Zeit die in Röm 9,4f. aufgezählten Erwählungsprärogative zuerkennt,[93] oder ob diese sich nur auf die Vergangenheit bzw. den
„Rest" der gläubigen Judenchristen beziehen.[94] Die Frage, ob die eschatologische Rettung „ganz Israels" (11,26) von seiner Anerkennung Christi abhängt,
wird überraschenderweise fast von allen jüdischen Auslegern positiv beantwortet.[95] Allerdings ist nirgends von einem Aufgehen der Synagoge in die Kirche
die Rede, wie es selbst *K. Barth* in Röm 9-11 finden zu können glaubte.[96] Die
Mehrzahl der Ausleger scheint vielmehr die Bekehrung Israels zu seinem Messias nicht auf die apostolische Verkündigung zurückzuführen, sondern auf ein
unmittelbares Eingreifen des „Parusiechristus'", das die jüdische Identität keinesfalls in Frage stellt.[97] Höchstens also in diesem Sinne kann nach Auffassung
der von uns behandelten Autoren von einem „Sonderweg" Israels die Rede sein.
Daß Paulus hingegen an eine eschatologische Rettung unter völliger Absehung

---

[86] *Ben-Chorin, Flusser,* z.T. *Dean.*
[87] In diesem Sinn lesen vor allem *Schoeps, Ben-Chorin, Rubenstein* und *Segal* Röm 9,6ff.
[88] *Ben-Chorin, Rubenstein* und *Segal;* vgl. oben Anm. 25!
[89] Das gilt weniger von *Rubenstein,* der eine Substitutionstheorie schon bei Paulus sieht.
[90] *Ben-Chorin, Flusser* und *Dean.*
[91] *Schoeps, Ben-Chorin, Flusser* und *Dean.*
[92] *Ben-Chorin* und *Rubenstein.*
[93] So *Ben-Chorin, Flusser* und *Dean.*
[94] So *Schoeps* und *Segal.*
[95] Lediglich bei *Flusser* fehlt ein Hinweis auf eine Bekehrung Israels zu Christus.
[96] Beispielsweise in KD II/2, 302 spricht *K. Barth* von einer Erwählung Israels zur Kirche.
[97] So eindeutig *Dean,* aber wohl auch *Schoeps* und *Ben-Chorin.* Anders aber *Rubenstein,*
der die Hoffnung des Paulus betont, durch seine Kollekte Juden zum Glauben an Christus zu
bekehren.

der Person Jesu Christi glaubte, hält man hingegen für völlig undenkbar. Wie die christliche Exegese über alle diese Fragen denkt, werden wir in einem nächsten Arbeitsschritt zu erörtern versuchen.

3.5.2 Kritische Beurteilung

Natürlich kann hier nicht auf engstem Raum eine Problemgeschichte aller von Röm 9-11 aufgeworfenen Fragen erwartet werden.[98] Noch weniger darf der Leser mit einer umfassenden Auslegung dieser drei Kapitel rechnen. Es geht hier allein darum, die gerade dargestellten jüdischen Ansätze in das breite Spektrum der christlichen Exegese einzuordnen. So vermögen wir nicht nur deren Eigenart noch deutlicher herauszuarbeiten, sondern gewinnen gleichzeitig auch einen Ausgangspunkt für die eigene kritische Stellungnahme, die unsere Beschäftigung mit Röm 9-11 abschließen wird.

Was Stellung und Funktion von Röm 9-11 im Kontext des Römerbriefes angeht, sind sich die jüdischen Forscher trotz mancher Unterschiede untereinander einig über die enge Verbindung, die zwischen den Kapiteln 1-8 und 9-11 besteht. Damit stehen sie im Widerspruch zu einer beispielsweise von *C.H. Dodd* vertretenen Position, die die relative Selbständigkeit von Röm 9-11 betont.[99] Wer wie *R. Bultmann* und einige seiner Schüler[100] in der (existential interpretierten) Rechtfertigungslehre das Zentrum paulinischer Theologie sieht, kann verständlicherweise mit den stark heilsgeschichtlich argumentierenden Kapiteln 9-11 nur wenig anfangen.[101] Je mehr heute die Koexistenz von Juden und Heiden als das zentrale Anliegen des Römerbriefes ins Bewußtsein rückt,[102] desto deutlicher werden auch die zahlreichen Verklammerungen von Röm 9-11 mit dem Rest des Briefes gesehen. Besonders im jüdisch-christlichen Dialog engagierte Neutestamentler wie *K. Stendahl* sehen die Kapitel 9-11 geradezu als den Höhepunkt des Briefes an.[103] Diese Ansicht, die auf jüdischer Seite auch von *Ben-Chorin* vertreten wird, stellt den anderen Pol des christlichen Meinungsspektrums dar. Auch wenn nicht alle jüdischen Ausleger so weit gehen wie *Ben-*

---

[98] Vgl. dazu *Räisänen,* Römer 9-11 und *Kümmel,* Probleme.

[99] Romans, 148.

[100] Das gilt aber z.B. nicht für *Käsemann,* der eine Mittelposition zwischen *Stendahl* und *Bultmann* einnimmt (vgl. Rechtfertigung und Heilsgeschichte im Römerbrief, in: *ders.,* Perspektiven, 108-139).

[101] Wie ein Blick in das Stellenregister zeigt, spielt Röm 9-11 so gut wie keine Rolle in *Bultmanns* Theologie des NT. Die wenigen Bemerkungen hierzu sind oft abwertend. So sieht er beispielsweise Röm 9,6-29 im Widerspruch zu der vom Apostel sonst vertretenen Auffassung des Glaubens als Entscheidung (Theologie, 330) oder schreibt das μυστήριον in 11,25ff. der spekulierenden Phantasie des Apostels zu (484).

[102] Vgl. *Jewett,* Law, 441.

[103] Paulus, 13; vgl. auch jüngst wieder *Reichrath,* Retter, 153.

Chorin, darf doch wohl festgehalten werden, daß die Mehrzahl eher dieser Position als dem anderen Extrem zuneigt.

Ähnlich eindeutig lassen sich auch die jüdischen Ansichten hinsichtlich der Funktion von Röm 9-11 einer in der christlichen Forschung vertretenen Position zuordnen. Die drei Kapitel werden, wie wir sehen konnten, ganz überwiegend aus einer heidenchristlichen Überheblichkeit gegenüber ihren judenchristlichen Brüdern und Schwestern in Rom heraus verstanden, gegen die Paulus sich wendet. Damit wird erstens solchen Ansätzen widersprochen, die den Römerbrief als das theologische Testament des Apostels ansehen, das von der Situation der Adressaten relativ losgelöst zu betrachten ist.[104] Zweitens ist damit ausgeschlossen, daß Paulus sich primär an Judenchristen in Rom wendet, etwa mit dem Ziel, sie zu einem Bruch mit der Synagoge zu bewegen.[105] Diese jüdische Position, die andere Beweggründe für die Abfassung des Römerbriefes nicht notwendig ausschließen muß, entspricht einer auch in der christlichen Forschung weit verbreiteten Ansicht. So beschreibt beispielsweise *L. Gaston* bei seiner Auslegung von Röm 9-11 die Situation in Rom so:

> „Roman Christians were boasting triumphantly that God preferred them to Jews and Paul's explicit rebukes here (gemeint ist das Ölbaumgleichnis; S.M.) are consonant with the implicit ones throughout Romans 9-11."[106]

Freilich werden auch Zweifel an einer solchen Deutung angemeldet: *H. Räisänen* macht darauf aufmerksam, daß es in Röm 9-11 um das nichtchristliche Israel gehe und gerade nicht um Judenchristen, die in der Gemeinde unter Druck geraten sind.[107] Außerdem entgegnet *O. Hofius,* die Annahme von antijüdischen Tendenzen in der römischen Gemeinde entbehre jeder Quellengrundlage.[108] Sollte sich die in der jüdischen Forschung dominierende Sichtweise trotz solcher Bedenken durchsetzen, wären die Konsequenzen erheblich: Wir hätten dann im Röm (jedenfalls in Kap. 9-11) nicht wie sonst in den paulinischen Briefen eine Apologie des Heidenchristentums gegenüber Juden und Judenchristen vor uns, sondern umgekehrt eine Verteidigung einer judenchristlichen Minorität gegenüber ihren heidenchristlichen Glaubensgeschwistern. Daß diese Situation mit dem heutigen Verhältnis von Juden und Christen sehr viel leichter vergleichbar ist als die in den anderen Briefen vorausgesetzte, ist hermeneutisch bedeutsam und wäre ein starkes Argument zugunsten der in letzter Zeit zu hö-

---

[104] So meint beispielsweise *Bornkamm,* der Röm enthalte „breite lehrhafte Ausführungen über zentrale Themen der paulinischen Botschaft, ohne jeden aktuellen Bezug" (Paulus, 104; vgl. auch: Römerbrief). Ähnlich *Günther Klein,* Abfassungszweck.

[105] So *Watson,* Paul, 106 u.ö.

[106] Paul, 145.

[107] Römer 9-11, 2897.

[108] Das Evangelium und Israel, 297.

renden Forderung, dem Römerbrief eine Schlüsselfunktion für das Problem Kirche und Israel einzuräumen.[109]

Man hat in der neutestamentlichen Forschung in den letzten Jahren Entwicklungen im paulinischen Denken nachzuweisen versucht, die auch die Israeltheologie betreffen.[110] Doch nicht nur zwischen den verschiedenen Paulusbriefen (insbesondere zwischen Gal und Röm), sondern auch innerhalb der einzelnen Briefe hat man Unterschiede festgestellt. Eines der am meisten diskutierten Probleme diesbezüglich ist das Verhältnis von Röm 9 zu Röm 11. Zuweilen werden in der christlichen Forschung die israelkritischen Aussagen in Kapitel 9 als das von Paulus eigentlich Gemeinte hingestellt, während Kapitel 11 nur unzureichend berücksichtigt wird.[111] Wir haben gesehen, daß die jüdischen Ausleger umgekehrt Kapitel 9 vom Ende in Kapitel 11 her interpretieren. Sie befinden sich dabei in Übereinstimmung mit anderen christlichen Exegeten wie *M. Theobald,* der in Röm 11,13-32 die „paränetische und theologische Pointe der drei Kapitel insgesamt" sieht.[112] Egal wie man sich in dieser Frage entscheidet, klar dürfte sein: Jede Auslegung, die allzu schnell eine der beiden Stellen, die ihrem erkenntnisleitenden Interesse zuwiderläuft, durch die andere Stelle „erledigt", wird Paulus nicht wirklich gerecht. Der Apostel wollte offensichtlich nicht von der Verstockung Israels reden, ohne dessen letztliche Rettung festzuhalten und umgekehrt. Nehmen wir also beide Aussageabsichten ernst!

Wenn die jüdischen Ausleger bei Paulus teilweise das empirische Volk Israel vom eschatologischen Verheißungsträger abgekoppelt sehen, dann sind sie sich darin mit den meisten christlichen Neutestamentlern einig, wenngleich sie (anders als jene) solche Aussagen zumeist bedauerlich finden. Selbst ein sonst so fortschrittlicher Exeget wie *E.P. Sanders* rückt Paulus in die Nähe einer Art Substitutionstheorie, wenn er u.a. im Blick auf Röm 9 schreibt:

„There ist substantial evidence that Paul considered Christians to be 'true Israel'."[113] „Paul thought that those who 'turned to the Lord' (2 Cor 3:16) were the sole inheritors of the promises of Abraham."[114]

Doch sind gegen diese Auslegung auch Bedenken angemeldet worden, und zwar nicht zuletzt aufgrund folgender Beobachtung: An allen Stellen in Röm 9-11, wo Paulus den Begriff „Israel" verwendet, spricht er von Angehörigen des jüdischen Volkes. Auch Röm 9,6b stellt keine Ausnahme davon dar, denn hier geht es keineswegs um die Kirche insgesamt, sondern nur um die Judenchri-

---

[109] Vgl. *Theobald*, Kirche und Israel, 4.
[110] Vgl. *Hübner*, Gesetz; *Drane*, Paul; *Becker*, Paulus, 486ff.
[111] Vgl. *Räisänen*, Römer 9-11, 2893.
[112] Kirche und Israel, 13.
[113] *Law*, 174.
[114] 175; vgl. auch *Lüdemann*, Paulus, 32.

sten.[115] Auch *Rubensteins* Annahme, daß Paulus Israel mit seinen traditionellen Feinden identifiziert habe, muß nicht unbedingt zutreffen. Wenn nämlich *L. Gaston* mit seiner (freilich anfechtbaren) Vermutung Recht hat, daß solche Figuren wie Isaak, Jakob und Moses mit Israel zu tun haben, und Ismael, Esau und der Pharao mit den nicht erwählten Heiden,[116] dann wäre ein weiterer wichtiger Punkt des Anstoßes aus jüdischer Sicht beseitigt. Doch auch wenn man *Gaston* nicht folgen kann, muß man noch lange nicht eine Substitutionstheorie vertreten. Mittlerweile hat man auch in der christlichen Forschung erkannt, daß die (ohnehin nur zeitweilige) Verstockung Israels für Paulus einen heilsgeschichtlich positiven Sinn erfüllt, sofern die Rettung der Heiden auf sie zurückgeht.[117] Hier besteht also heute ein weitgehender Konsens zwischen christlicher und jüdischer Auslegung, der für das gemeinsame Gespräch über Paulus von nicht zu unterschätzender Bedeutung ist.

Ebenso strittig wie im Judentum ist auch in der neutestamentlichen Forschung die Frage, ob Paulus die jüdischen Erwählungsprärogative ungeachtet des Unglaubens der meisten Juden auch in der Gegenwart als noch gültig angesehen hat. Viele Ausleger tendieren mit *H. Räisänen* zu einer negativen Antwort,[118] was angesichts der nun fast zweitausend Jahre überfälligen Rettung ganz Israels, die Paulus mit der Parusie erwartete, eine ganz besondere Dignität erhält. Eine andere Auskunft erhalten wir freilich von *P. Fiedler,* der im Blick auf Röm 9,4-5 feststellt, „daß diese von Gott gewährten Vorzüge ihnen (den Juden; S.M.) zugehören, also nicht nur in der Vergangenheit gehört haben."[119] Auch dieser Punkt wäre von enormer Bedeutung für unseren heutigen Umgang als Christen mit den Juden, die an ihrem „Nein" zur Messianität Jesu festhalten.

Viele offene Fragen hängen mit der Rettung „ganz Israels" zusammen, von der Paulus in Röm 11,26 spricht. Obwohl manche Forscher „ganz Israel" auf die Kirche beziehen wollen,[120] vertritt heute doch wohl die Mehrzahl der Ausleger die Ansicht, die auch in der jüdischen Paulusauslegung eindeutig favorisiert wird: Πᾶς Ἰσραήλ meint die Gesamtheit des jüdischen Volkes als heilsgeschichtliche Größe, schließt also auch jene ein, die nicht zum Glauben an Chri-

---

[115] *Theobald,* Kirche und Israel, 7. Vgl. auch *Mußner:* „Die Formulierung οὗτοι Ἰσραήλ hat jene aus Israel im Auge, die dem Evangelium gehorsam geworden sind; sie durchstößt eine rein volkhafte Auffassung von 'Israel', bezieht aber dabei nicht die Heidenchristen in 'Israel' ein" (Ganz Israel, 241); ähnlich *Richardson*, Israel, 132, Anm. 4.

[116] Paul, 97.

[117] *Theobald*, Kirche und Israel, 10; *Hofius*, Römer 9-11, 313; *Wilckens*, Röm, Bd. 2, 245.

[118] Römer 9-11, 2896.

[119] Israel, 76; so auch *M. Barth*, Volk Gottes, 75.

[120] *Jeremias*, Beobachtungen, 200; *K. Barth*, KD II/2, 330; *Richardson*, Israel, 131; *Ponsot*, Israel und *Wright*, Climax, 250.

stus gefunden haben.[121] Wesentlich kontroverser wird die Frage diskutiert, auf welchem Wege diese Rettung ganz Israels sich realisieren soll: Einige christliche Exegeten rechnen mit einem „Sonderweg" Israels, auf dem ein Jude auch ohne Christus zum Heil gelangt. In diesem Sinn sind die folgenden Sätze *L. Gastons* gemeint:

> „He (= Paulus; S.M.) can be understood, at least implicitly as affirming something like the two-covenant concept of F. Rosenzweig. That is, Paul affirms the new expression of the righteousness of God in Christ for the Gentiles and for himself as the Apostle to the Gentiles without in any sense denying the righteousness of God expressed in Torah for Israel."[122]

In einem anderen Sinn spricht *F. Mussner* von einem „Sonderweg" Israels: Er glaubt zwar (anders als *Gaston*), daß die Rettung Israels nicht ohne den Glauben an Christus zu erwarten ist. Aber es werde der wiedergekommene Christus selber sein, der diesen Glauben erwecken wird.[123] Dem widersprechen aber die zahlreichen Anhänger einer weiteren Deutung, die davon ausgeht, daß Paulus die Bekehrung Israels als Folge der Predigt des Evangeliums, also noch innergeschichtlich erwartete.[124] Vergleichen wir dieses Meinungsspektrum mit dem Befund in der jüdischen Forschung, so fällt auf, daß zwar die beiden letzten Möglichkeiten auch dort erwogen werden,[125] daß aber eine Erlösung Israels an Christus vorbei, wie sie *Gaston* vorschwebt, nirgends postuliert wird.[126] Dieses Beispiel mag verdeutlichen, daß die jüdische Paulusauslegung nicht immer den für sie angenehmsten Weg der Interpretation geht, sondern sich durchaus auch schmerzlichen Erkenntnissen stellt. Diese Frage nach der Zukunft des „ungläubigen" Israels scheint mir so spannend zu sein, daß es sich lohnt, ihr anhand einer detaillierten Exegese von Röm 11,25-27 weiter nachzugehen.

Hat Paulus für Israel wirklich einen „Sonderweg" zum Heil angenommen? Um diese Frage beantworten zu können, wollen wir uns die Argumente genauer ansehen, die zum Beleg der verschiedenen, oben kurz dargestellten Positionen angeführt werden. Daß die Rettung ganz Israels nicht von der Annahme Jesu als des Messias' abhängt, wie *Gaston* und *Stendahl* behaupten, läßt sich nur durch wenige und nicht unbedingt überzeugende Gründe wahrscheinlich machen: *Stendahls* Beobachtung, daß Paulus in Röm 10,17-11,36 nirgends den Namen

---

[121] *Zeller*, Juden und Heiden, 256f.; *M. Barth*, Volk Gottes, 94; *Hofius*, Römer 9-11, 316; eine eingehende Behandlung der Frage, wer mit πᾶς Ἰσραήλ gemeint ist, findet sich bei *Mußner*, Israel.

[122] Paul, 79.

[123] *Mußner*, Traktat, 57, Anm. 1; Israel, bes. 250f.; ähnlich auch *Theobald*, Kirche und Israel, und *Hofius*, Römer 9-11, der aber nicht von einem Sonderweg sprechen will.

[124] *Räisänen*, Römer 9-11, 2919; *Dahl*, Studies, 153; *E.P. Sanders*, Law, 196; *W.F. Maier*, Israel, 122f.

[125] Erstere zumindest von *Dean,* letztere von *Rubenstein*.

[126] Unklar höchstens *Flusser*.

Jesu Christi erwähnt,[127] ist zwar richtig, aber wenig aussagekräftig. Erstens ist von vornherein zweifelhaft, ob der Apostel Gott überhaupt unabhängig von Jesus zu sehen in der Lage war.[128] Zweitens scheint mir Paulus sehr wohl in den besagten Passagen von Jesus zu reden, wenngleich sein Name nicht erwähnt wird: Mit ὁ ῥυόμενος (11,26) dürfte doch wohl, wie die Mehrzahl der Ausleger heute annimmt,[129] der zur Parusie erscheinende Christus gemeint sein, zumal die dort zitierte Stelle (Jes 59,20f.) bereits im Judentum[130] messianisch gedeutet wurde, und auch die engste neutestamentliche Parallele (1 Thess 1,10)[131] auf diese Deutung schließen läßt. Drittens paßt das Kommen ἐκ Σιών besser auf den Messias als auf Gott, wie schon *D. Zeller*[132] und *H. Räisänen*[133] bemerkt haben. Schließlich haben *H. Hübner*[134] und *R. Hvalvik*[135] überzeugend nachgewiesen, daß im Kontext des Römerbriefes von der endzeitlichen Rettung[136] nie unabhängig vom Glauben an Christus die Rede ist,[137] auch wenn beide Forscher m.E. zu weitgehende Schlüsse aus dieser Beobachtung ziehen.[138]

Daß *L. Gaston*[139] zu einem ähnlichen Ergebnis kommt wie *Stendahl,* liegt nicht nur an seiner ebenfalls eher theologischen als christologischen Lesart von Röm 11,25ff., sondern auch an einigen anderen Prämissen, die freilich in der Forschung kaum Nachfolge gefunden haben: Weil er erstens den Ausdruck πίστις Χριστοῦ mit „faithfulness *of* Christ" (also Χριστοῦ als *genetivus subjectivus*) übersetzt,[140] muß er sich nicht mit dem oben gegen *Stendahl* angeführten Argument auseinandersetzen, daß die σωτηρία den Glauben *an* Christus voraussetzt. Zweitens sei für Paulus Jesus gar nicht der Messias Israels, sondern nur der Heiland der Heiden gewesen.[141] Doch was die erste Prämisse angeht, mehren sich zwar (v.a. in der englischsprachigen Forschung) die Stimmen für den *genetivus subjectivus,*[142] aber daß die von *Gaston* vorgeschlagene Überset-

---

[127] Paulus, 14.

[128] *E.P. Sanders*, Law, 194.

[129] *W.D. Davies*, Israel, 27; *Zeller*, Juden und Heiden, 259; *Wilckens*, Röm, Bd. 2, 256; *Käsemann*, Röm, 304; anders allerdings: *B. Mayer*, Ratsheilschluß, 295; *Mußner*, Israel, 250.

[130] bYom 86b, bSan 98a; vgl. *Wilckens*, Röm, Bd. 2, 257.

[131] Ἰησοῦν τὸν ῥυόμενον ἡμεῖς.

[132] Juden und Heiden, 259.

[133] Römer 9-11, 2918, Anm. 152.

[134] Gottes Ich, 117f.

[135] Sonderweg, 89f.

[136] Vgl. in der Konkordanz σωτηρία/σώζεσθαι und Stammverwandte.

[137] Vgl auch *Sänger*, Rettung , 116f.

[138] Siehe unten!

[139] Vgl. Paul, 147f.

[140] 58 u.ö.

[141] 33.

[142] *M. Barth*, Galatians; *G. Howard*, Faith; *Taylor*, PISTIS CHRISTOU; *Johnson*, Faith; *Hays*, Faith, 139-176; *Williams*, Pistis Christou; *Hooker*, πίστις Χριστοῦ; *O' Rourke*, Pistis.

zung „too well established" ist, „to need any further support",[143] ist doch allzu optimistisch. Die Mehrzahl der Ausleger versteht πίστις Χριστοῦ noch immer als Glauben *an* Christus. Gerade jüngst hat *P. Stuhlmacher* die traditionelle Meinung wieder bestätigt:

> „Gal 2,16 zeigt grammatisch unwiderleglich, daß die Wendung πίστις ['Ιησοῦ] Χριστοῦ in Gal 2,16; 3,22; Röm 3,22.26; Phil 3,9 nicht Jesu eigene πίστις meint, (..) sondern den Glauben *an* Jesus Christus. Jesu Gottesverhältnis wird bei Paulus nie mit πίστις bezeichnet!"[144]

Auch die zweite Prämisse ist nicht stichhaltig, wenngleich zuzugeben ist, daß der Christustitel von Paulus überwiegend schon als Eigenname behandelt wird, also keinen Bekenntnischarakter mehr besitzt.[145] Aber an der Rolle Jesu als eschatologischem Heilsbringer für alle Menschen, Juden wie Heiden, kann aufgrund von Stellen wie Gal 2,16ff. oder Röm 10,12ff. kein Zweifel bestehen, auch wenn der Christustitel hier und auch sonst eine untergeordnete Bedeutung hat. Hier ist der Mehrzahl der christlichen wie der jüdischen Forschung zuzustimmen, daß es bei Paulus keine Rettung unter Umgehung Christi gibt.

Gaston scheint mir allerdings darin Recht zu haben, daß er, wie auch die meisten jüdischen (und manche christlichen) Forscher, für eine endzeitliche Bekehrung Israels zum Christentum oder gar zur Kirche keinen Anhalt bei Paulus sieht.[146] Eine solche Bekehrung setzt beispielsweise *J. Becker* voraus, wenn er schreibt:

> „Im Anschluß an diese Mission (die Mission des Paulus an den Heidenvölkern; S.M.) erwartet er eine letzte Evangeliumsverkündigung gegenüber Israel vor dem Ende aller Dinge, die deutlich mehr Erfolg hat als die jetzige, die schon einige Judenchristen zur Gemeinde Gottes führt."[147]

Doch die Argumente für diese Position, die von vielen christlichen Forschern vertreten wird, sind keineswegs überzeugend: Wenn Paulus in Röm 11,14 die Hoffnung ausspricht, daß er *einige* Juden, indem er sie eifersüchtig macht, retten könne, dann darf das nicht auf die Rettung *ganz* Israels am Ende der Zeiten bezogen werden.[148] Erstens spricht Paulus hier nicht vom Eschaton, sondern „nur von seiner unmittelbaren Gegenwart,"[149] zweitens muß der Wortlaut ernst genommen werden: Es geht nur um „einige" Juden (τινὰς ἐξ αὐτῶν),

---

[143] Paul, 12.

[144] Theologie, Bd. 1, 344; vgl. auch *Hultgren*, Pistis Christou; *Becker*, Paulus, 439 und *Bornkamm*, Paulus, 151; *Betz*, Galaterbrief, 219f.; *Käsemann*, Röm, 87; *Wilckens*, Röm, Bd. 1, 188, Anm. 505.; *Dunn*, Paul, 263, Anm. 53; *Westerholm*, Law, 111f., Anm. 12.

[145] Vgl. dazu auch 3.2.1.

[146] Paul, 148.

[147] Paulus, 501.

[148] Richtig: *Räisänen*, Römer 9-11, 2919.

[149] *Lüdemann*, Paulus, 34.

nicht um das ganze Volk.[150] Noch weniger besagt die von *J. Becker* angeführte Parallele zu 11,15 in 4,17f., daß die Annahme Israels nur aufgrund der in der Verkündigung des Evangeliums angebotenen Rechtfertigung aus Glauben statt-finden kann.[151] Dort ist nämlich lediglich von der Aufnahme der Heidenvölker in die Abrahamskindschaft die Rede, nicht aber von der Rettung Israels. Am ehesten taugt noch 10,1ff. als Beleg für die These, daß auch Israel das Evange-lium zur Rettung nötig hat. Doch ist das Evangelium so einfach mit der aposto-lischen Verkündigung in Eins zu setzen, wie das bei *Becker* u.a. geschieht? *O. Hofius* hat m.E. zu Recht festgehalten, daß das Evangelium, von dem Paulus hoffte, daß sich ihm die Juden doch noch öffnen werden, das „Selbstwort Christi" ist, das auch der kirchlichen Verkündigung vorgegeben ist.[152] Dieses wird der Erlöser bei seiner Wiederkunft vom Zion selbst sprechen und so der Verstockung Israels ein Ende bereiten. Dieses letzte Konzept, das auf christli-cher wie auf jüdischer Seite Zustimmung gefunden hat,[153] scheint mir die mit Abstand plausibelste Deutung von Röm 11,25ff. zu sein. Dennoch wurde auch ihm widersprochen:

Erstens kann man bezweifeln, daß in 11,25-27 tatsächlich die Parusie Christi im Blick ist. *R. Hvalvik* bestreitet insbesondere, daß ἐκ Σιών auf die Wieder-kunft Christi zu beziehen ist. Hier sei vielmehr auf die Herkunft Jesu aus dem jüdischen Volk angespielt, wie auch die Parallele in Röm 9,33 nahelege, oder auf Jerusalem als den Ort der Auferstehung.[154] Daß ἥξει ein *futurum prophe-ticum* ist, wie *U. Wilckens* meint,[155] bestreitet *Hvalvik* mit einem Argument, das er von *D. Zeller* übernommen hat: Da für Paulus der Messias schon gekommen sei, müsse v.26b als „schon realisierte Prophetie"[156] verstanden werden. Nur die heilsamen Auswirkungen dieses Kommens stünden im Fall Israels wegen seines Ungehorsams noch aus. Doch während im Blick auf das Schriftzitat eine solche Deutung des Futurs vielleicht noch vertretbar erscheint, kann diese Interpreta-tion unmöglich auf σωθήσεται in 11,26a ausgedehnt werden. Ist es aber wahr-scheinlich, daß Paulus innerhalb eines Verses so unvermittelt von einer futuri-schen auf eine präsentische Eschatologie umschwenkt? Wohl kaum![157] Dazu paßt auch die Tatsache, daß der Apostel kurz vorher (11,15) die Folge der An-

[150] Auch *Lüdemann* meint, daß auf Grundlage von 11,13f. „nicht zwingend gezeigt werden (kann), daß Paulus in Röm 11,25f. die Bekehrung aller Juden voraussetzt, um so weniger, als der Apostel hier nicht vom eschatologischen, sondern vom historischen Israel redet" (ebd.).
[151] Paulus, 501.
[152] Römer 9-11, 319; so auch *Theobald*, Kirche und Israel, 13f.
[153] Siehe oben!
[154] 94f.
[155] Röm, Bd. 2, 257, Anm. 1155.
[156] *Zeller*, Röm, 199; vgl. auch *ders.*, Juden und Heiden, 260f.
[157] *Mußner* geht davon aus, „daß das Futur ἥξει auf etwas Kommendes schaut (also nicht auf die erste Ankunft des Messias' in Jesus von Nazareth), weil es ja mit dem vorausgehenden Futur σωθήσεται korrespondiert" (Israel, 250).

nahme Israels als ζωὴ ἐκ νεκρῶν bezeichnet hat. Dieser Hinweis auf die allgemeine Totenauferstehung verdeutlicht noch einmal den (futurisch-)eschatologi-
schen Horizont, in dem die Rettung ganz Israels zu sehen ist.[158] Auch wenn man
den Zion in 11,26 nicht unbedingt auf das himmlische Jerusalem (vgl. Gal 4,26)
deuten muß, halte ich den Schluß für unausweichlich, daß nach Paulus die Rettung Israels im Zusammenhang mit der Parusie erfolgen wird.[159]

Zweitens wendet man gegen die Rettung ganz Israels durch den Parusiechristus ein, daß das Schriftzitat in 26b.27 keinesfalls das „Wie" der in 26a erwähnten Rettung erläutere, wie oft zum Beleg der These angeführt wird.[160] Dieses
Zitat wiederhole lediglich, was Paulus bereits zuvor gesagt hat.[161] Die Stichhal-
tigkeit dieses Einwandes hängt wesentlich vom Verständnis des Wortes οὕτως
in 26a ab: Ist es temporal zu verstehen im Sinn einer zeitlichen Abfolge („und
dann", „alsdann"), wie u.a. *E. Käsemann* vorschlägt?[162] Das dürfte aus sprachlichen Gründen zu verneinen sein.[163] Einen modal-rückweisenden Sinn schlägt
mit vielen anderen Auslegern[164] *U. Wilckens*[165] vor. Doch das in den vorhergehenden Versen erwähnte Eingehen der Heiden, bis zu dem die Verstockung der
meisten Juden befristet ist, erklärt noch nicht das „Wie" der Rettung ganz Israels.[166] Auch die von *O. Hofius* vorgeschlagene logisch-rückweisende Deutung,
nach der sich οὕτως auf eine sachliche Voraussetzung bezieht,[167] ist nicht völlig
befriedigend. Ein modal-vorausweisender Sinn scheint mir nicht nur sprachlich
naheliegender zu sein, sondern er paßt auch sehr viel besser in den Gedanken-
gang des Apostels. Bemerkenswerterweise stellt *Hofius* wenig später selbst fest:

„Der auf V. 26a bezogene Prophetenspruch hat keineswegs nur eine begründende Funktion, sondern er soll vor allem den *Modus* der endzeitlichen Rettung Israels zu Sprache bringen."[168]

---

[158] So auch *Schrage,* Ja und Nein, 150.

[159] So auch *Hübner,* dessen Ansichten über den Modus dieser Rettung ich freilich nicht
teile (Gottes Ich, 118). Außerdem: *Mußner,* Israel, 250f.; *Stuhlmacher,* Röm 11,25-32, 561.

[160] Vgl. *Hofius:* „Der Satz V. 26a hat in aller Klarheit angekündigt, *daß* 'ganz Israel' in der
Zukunft gerettet werden wird. Über das *Wie* dieser Rettung wie auch über ihren genauen Zeitpunkt gibt dann das Schriftwort Auskunft, das Paulus in V. 26b+27 zitiert." (Römer 9-11,
318); so auch *Rese,* Rettung, 429 und *Stuhlmacher,* Interpretation, 260f.

[161] So *Hübner,* Gottes Ich, 118f., *Hvalvik,* Sonderweg, 95f.

[162] Röm, 303; so auch *Barrett,* Romans, 221; *Althaus,* Röm, 117 und *Michel,* Röm, 278.

[163] Vgl. *Stuhlmacher,* Interpretation, 559; *Hofius,* Römer 9-11, 314 und *Hvalvik,* Sonderweg, 96, Anm. 58.

[164] *Jeremias,* Beobachtungen, 198f.; *Schlier,* Röm, 339f.; *U.B. Müller,* Prophetie, 226f.;
Stuhlmann, Das eschatologische Maß, 164f.

[165] Röm, Bd. 2, 255.

[166] So auch *Hvalvik,* Sonderweg, 97.

[167] Römer 9-11, 315; ähnlich auch *Michel,* Röm, 280 und *Sänger,* Rettung, 108.

[168] Römer 9-11, 318 (Hervorhebung durch *Hofius*).

„So" bedeutet demnach: Indem der zur Parusie erscheinende Christus sein Selbstwort sprechen und den Unglauben der Juden endgültig überwinden wird, *so* wird ganz Israel gerettet werden. Dieses Verständnis, das nicht unbedingt von der Richtigkeit der Erwägung *P. Stuhlmachers* abhängt, daß οὕτως mit καθὼς γέγραπται korrespondiert,[169] kommt der Aussageabsicht des Paulus wohl am nächsten. Ob für diesen Heilsmodus der Begriff „Sonderweg" passend ist, hängt davon ab, worin man das Besondere erblickt: Man sollte den Terminus jedenfalls nicht so verstehen, als werde die Rettung Israels unabhängig von der Person Jesu Christi erfolgen. Sofern diese Rettung aber (anders als die der Heiden) nicht durch die apostolische Verkündigung, sondern durch ein wunderbares Eingreifen des Erlösers am Ende aller Zeiten stattfinden wird, ist die Rede von einem „Sonderweg" Israels durchaus angemessen. Während sich die Heiden, wenn sie Christen werden, von ihren alten Göttern abwenden müssen,[170] wird den Juden das Heil ohne vorherige Preisgabe ihrer kulturellen oder religiösen Identität zuteil werden. Juden bleiben auch als Christen Anhänger des Gottes Israels. Hierin dürfte der entscheidende Vorzug begründet liegen, der auch durch die Hinzunahme von Heiden in den Bund Gottes mit Israel nicht hinfällig geworden ist: „Den Juden zuerst und auch den Griechen" (Röm 1,16).

---

[169] Interpretation, 560; zuvor schon *Lietzmann*, Röm, 104 und *Kümmel*, Römer 9-11, 206f.; Zweifel an dieser These haben: *Hvalvik*, Sonderweg, 97; *Jeremias*, Beobachtungen, 198 und *Sänger*, Rettung, 107.

[170] Vgl. 1 Thess 1,9f.

4. Zusammenfassung und Ausblick

Das zentrale Anliegen dieser Arbeit war es, den Paradigmenwechsel hinsichtlich der Beurteilung des Apostels Paulus herauszuarbeiten, der sich in den letzten Jahrzehnten in der jüdischen Forschung abzeichnet. Diese Entwicklung, die der vorausgegangenen Neubeurteilung der Person Jesu im Judentum nicht unähnlich ist, ist vor allem dadurch gekennzeichnet, daß die jüdischen Ausleger heute viel stärker die jüdischen Wurzeln der paulinischen Theologie würdigen als noch vor wenigen Jahren. Während die Vertreter des alten Paradigmas den Apostel aus dem Judentum auszugrenzen versuchten, indem sie ihn entweder als von paganen Ideen beeinflußt (*Salvador, Graetz, Hirsch, Kohler, Baeck*) charakterisierten, oder ihn einer als minderwertig beurteilten Spielart des Judentums zuordneten (*Montefiore, Klausner*), wird von den Autoren des neuen Paradigmas Paulus zunehmend als eine wichtige Figur der jüdischen Religionsgeschichte betrachtet (*Schoeps, Ben-Chorin, Segal, Dean, Wyschogrod, Lapide* u.a.).[1]

Wenn ich im ersten Hauptteil dieser Arbeit („Geschichte der jüdischen Auseinandersetzung mit Paulus") die von *H.J. Schoeps* vor über dreißig Jahren noch mehr erahnte als beobachtete „Heimholung des Ketzers" nachzuzeichnen versuche, dient das, wie ich hoffe, der Erhellung eines bislang weithin vernachlässigten Kapitels der neutestamentlichen Auslegungsgeschichte. Doch ich habe bereits eingangs festgehalten, daß ich meine Fragestellung nicht auf den rein historischen Aspekt begrenzt sehen will, sondern in der jüdischen Paulusauslegung ein mögliches ideologiekritisches Korrektiv für die neutestamentliche Wissenschaft erblicke, die noch immer unter der Last ihres antijudaistischen Erbes leidet.[2] Nicht „Paulus als Pathologe des Judentums" (*Wellhausen*), sondern die jüdische Paulusauslegung als Abhilfe gegen pathologische Deformationen des Christentums - das steht im Zentrum meines Interesses, wenn ich im zweiten Hauptteil bestimmte „thematische Brennpunkte der jüdischen Auseinandersetzung mit Paulus" näher in den Blick nehme.

Die meisten jüdischen Ausleger sind sich heute einig, daß sich Paulus nicht vom Judentum zum Christentum „bekehrte", nachdem ihm vor Damaskus der erhöhte Christus erschienen war, sondern daß er auch als Apostel Jude blieb.[3]

---

[1] Vgl. dazu 2.4.
[2] Vgl. in der Einleitung, S. 3.
[3] Vgl. 3.1 Die Christusvision(en) des Paulus und der Aufstieg zum Himmel im Judentum.

Die früher oft von Juden wie Christen gleichermaßen vertretene These vom Apostaten Paulus, der dem väterlichen Glauben abschwor, um eine neue Religion zu gründen, widerspräche nicht nur der von der jüngeren jüdischen Forschung wiederholt festgestellten (und durch meine Einzelexegese von Gal 1 und 2 Kor 12 bestätigten) Tatsache, daß sich diese Vision (zusammen mit anderen Visionen im weiteren Verlauf seines Lebens) am angemessensten vor dem Hintergrund ähnlicher ekstatischer Erlebnisse in apokalyptisch-mystischen Kreisen des zeitgenössischen und späteren Judentums verstehen läßt. Es wäre außerdem ein Anachronismus, zu Beginn der Wirksamkeit des Paulus schon vom Christentum als einer eigenständigen, vom Judentum losgelösten Größe zu sprechen. Aus diesem Grund zieht man es heute unter jüdischen Exegeten zumeist vor, den Begriff „Bekehrung" ganz zu vermeiden und stattdessen von einer „Berufung" zu sprechen (*Baeck, Ben-Chorin, Dean*), oder festzuhalten, daß es sich bei Paulus um eine Bekehrung innerhalb des Judentums handelte (*Segal*).

Paulus in den Kontext apokalyptisch-mystischer Strömungen des Judentums zu stellen, ist eine interessante Anregung für die neutestamentliche Forschung, die auch im Blick auf die Christologie des Apostels weiterhelfen könnte.[4] Während die ältere jüdische Forschung sich noch stark an christologischen Hoheitstiteln wie „Christus" oder „Sohn Gottes" orientierte (*Baeck, Buber, Schoeps*), scheint man heute mehr an der Übertragung solcher Attribute und Funktionen Gottes auf Jesus interessiert zu sein, die im damaligen Judentum (insbesondere in apokalyptisch-mystischen, aber auch in weisheitlichen Kreisen) bereits anderen Heilsmittlern beigelegt worden waren (*Wise, Klein, Segal*). Auf diese Weise ist man in der Lage, das auch von Teilen der christlichen Forschung bemerkte, aber nur selten hinreichend gewürdigte Faktum zu erklären, daß uns bereits in den ältesten bekannten Schriften des Urchristentums eine Christologie begegnet, die Jesus eine fast gottgleiche Stellung einräumt, ohne beide freilich zu identifizieren. Eine solche durchaus als hoch zu bezeichnende Christologie ist nicht erst durch eine progressive Hellenisierung zustande gekommen, wie Teile der christlichen Forschung im Gefolge der Religionsgeschichtlichen Schule noch immer annehmen, sondern läßt sich ganz im Rahmen des zeitgenössischen Judentums erklären. Auch diese von neueren jüdischen Arbeiten über Paulus herausgestellte These läßt sich, wie ich zu zeigen versucht habe, anhand von exegetischen Fallbeispielen (wie dem Philipperhymnus) bestätigen.

Lange Zeit galt es unter christlichen wie jüdischen Exegeten als ausgemacht, daß Paulus das jüdische Gesetz aufgehoben habe. Als Argumente führte man immer wieder die beiden vermeintlich paulinischen Annahmen an, das Gesetz *könne* nicht nur nicht erfüllt werden, sondern es *solle* auch gar nicht erfüllt werden. Doch die Auslegung von Gal 3 und Röm 7 (zwei Texte, die oft in diesem Zusammenhang genannt wurden) zeigt, daß keines dieser beiden Argumente

---

[4] Vgl. 3.2 Die paulinische Christologie und jüdische Mittlervorstellungen.

tragfähig ist. Auch das mit der traditionellen Auslegung oft einhergehende Bild des Judentums als einer selbstgerechten Gesetzesreligion hält keiner ernsthaften Prüfung stand. Das hätte die neutestamentliche Wissenschaft schon mehr als ein Jahrhundert vor *Sanders* erfahren können, hätte sie die Stimme jüdischer Fachleute ernster genommen.[5]

Die Rede von einer Aufhebung des Gesetzes - darin sind sich die meisten jüdischen Gelehrten heute einig - ist viel zu pauschal. Dennoch ist (mit einem Teil der Ausleger) zuzugestehen, daß es bei Paulus wie bei anderen Diasporajuden auch zu einer gewissen Spiritualisierung und Ethisierung mancher Toragebote gekommen ist (*Friedländer, Sandmel, Boyarin*).[6] Doch sollte man hinsichtlich der Gegenüberstellung von palästinischem und hellenistischem Judentum heute vorsichtiger sein als einige Vertreter des alten Paradigmas der jüdischen Paulusauslegung. Auch läßt sich das Gesetzesverständnis des Apostels kaum mit der Verwendung des griechischen Wortes νόμος als Äquivalent für das hebräische תורה begründen, wie beispielsweise *Schechter, Buber* und *Schoeps* vermutet haben. Eher schon dürfte eine andere Erklärung zu erwägen sein, die Paulus mit einer jüdischen Äonentheologie in Verbindung bringt, die mit einem Ende des Gesetzes (oder zumindest bestimmter Aspekte desselben) in der (post)messianischen Endzeit rechnet. Freilich ist gegen diese nicht erst von *A. Schweitzer*, sondern schon von verschiedenen jüdischen Wissenschaftlern im letzten Jahrhundert (*Benamozegh, Wise, Graetz, Hirsch*) in die Diskussion eingebrachte Lösung einschränkend zu bemerken, daß die wenigen und zudem schwer datierbaren Belege kaum mehr als die Position einer Minderheit im damaligen Judentum repräsentieren. Außerdem kann kaum davon die Rede sein, daß Paulus das ganze Gesetz für alle Menschen aufgehoben hat.[7] Eine wichtige Einschränkung scheinen mir deshalb solche jüdische Autoren zu machen, die betonen, Paulus habe nur die Zeremonialvorschriften, nicht aber die ethischen Gebote in Frage gestellt (*Klausner, Segal, Boyarin*).[8] Außerdem wird diskutiert, ob nur Heidenchristen von dieser (wohl auch nur partiellen) Freiheit vom Gesetz betroffen sind (*Dean, Wyschogrod*).[9] Zwar haben wir gesehen, daß Paulus keineswegs als ein Vertreter einer Theologie von zwei gleichberechtigten Bünden für Juden und Christen angesehen werden darf, doch kann kein Zweifel daran bestehen, daß der Apostel vor dem Hintergrund der zeitgenössischen jüdischen Halacha für Heiden gesehen werden muß. Vieles von dem, was man Paulus nachsagte, aufgehoben zu haben, wurde vom Judentum überhaupt nicht (jedenfalls nicht generell) nichtjüdischen Sympathisanten der Synagoge abverlangt.

Diesen letzten Punkt habe ich in meinem Kapitel über „die paulinische Hei-

---

[5] Vgl. 3.3.1 Paulus als Überwinder der jüdischen Tora.
[6] Vgl. 3.3.2 Paulus als gesetzeskritischer, liberaler Diasporajude.
[7] Vgl. 3.3.3 Paulus als Denker einer postmessianischen Situation ohne Gesetz.
[8] Vgl. 3.3.4 Paulus als Kritiker der Zeremonialgesetze.
[9] Vgl. 3.3.5 Paulus als Verfechter einer gesetzesfreien Heidenmission.

denmission und jüdische Halacha für Heiden" zu vertiefen versucht.[10] Dabei habe ich (dem Beispiel jüdischer Ausleger folgend) mich besonders auf das Verhältnis des Apostels zum Aposteldekret und den Noachidischen Geboten konzentriert. Aufgrund einer Auslegung wichtiger Passagen des 1 Kor erscheint mir die These vieler heutiger jüdischer Ausleger denkbar (wenngleich schwer beweisbar), daß Paulus die Bestimmungen des Dekrets gekannt und ihnen zugestimmt hat (*Flusser/Safrai, Segal, Wyschogrod*). Unstreitig scheint mir aber zu sein, daß er mit den universalistischen Strömungen des Judentums vertraut war, die später in die sog. Noachidischen Geboten einmündeten. Wie diese hat auch Paulus die Assoziierung von Heiden zur Gemeinde nicht von der Erfüllung aller Toravorschriften, sondern nur einiger weniger Minimalforderungen abhängig gemacht.

Was die paulinische Israeltheologie[11] angeht, gibt man sich heute in der jüdischen Paulusauslegung keinen Illusionen hin: Soweit ich sehe, geht kaum ein jüdischer Exeget[12] von der von manchen christlichen Gelehrten vertretenen Auffassung aus, der Apostel habe eine endzeitliche Rettung der Juden ohne Christusbekenntnis erwartet. Andererseits zweifelt man nicht daran, daß die Rettung „ganz Israels" (Röm 11,26) die Ganzheit des empirischen Judentums meint. Einige Vertreter des neueren Paradigmas der jüdischen Paulusauslegung halten es (ähnlich wie *F. Mußner*) für am wahrscheinlichsten, daß Paulus mit einer endzeitlichen Bekehrung Israels durch den wiederkommenden „Parusiechristus" rechnete (*Schoeps, Dean*). In der Tat glaube ich, daß ein solches Verständnis am ehesten dem Duktus von Röm 9-11 entspricht. Immerhin bleibt zu bedenken, daß Paulus mit dieser Wiederkunft noch zu seinen Lebzeiten rechnete. Die Frage nach den Konsequenzen der Parusieverzögerung ist eine mit Recht von jüdischen Forschern heute immer wieder gegen die christliche Theologie laut werdende Anfrage (*Schoeps, Ben-Chorin*).

Wenngleich ich nicht in jedem Fall den Thesen jüdischer Forscher folgen konnte, dürfte sich doch im Laufe dieser Arbeit die jüdische Paulusauslegung als eine nicht zu unterschätzende Hilfe bei der Auslegung neutestamentlicher Texte erwiesen haben. Das ältere Paradigma steht zwar noch oft im Zeichen der Polemik, die jahrhundertelang die Auseinandersetzung zwischen Juden und Christen kennzeichnete, und trägt insofern nur wenig direkt zum Verständnis des Völkerapostels bei.[13] Doch indem sie auf die zeitgleiche christliche Forschung reagiert, hält sie uns wie ein Spiegel die Unzulänglichkeiten der eigenen christlichen Auslegungstraditionen vor Augen. Die Forscher des neueren Paradigmas der jüdischen Paulusauslegung haben sich in erstaunlichem Maße von

---

[10] Vgl. 3.4 Die paulinische Heidenmission und jüdische Halacha für Heiden.

[11] Vgl. 3.5 Die paulinische Israeltheologie und jüdische Zukunftserwartung.

[12] Möglicherweise mit der Ausnahme *Flussers*.

[13] Vgl. auch das (wohl etwas zu pauschal formulierte) Urteil der jüdischen Theologin *Fuchs-Kreimer*: „Jews in their writing about Paul, tell us more about themselves than about Paul" (Heresy, 3).

den Vorurteilen dieser oft implizit antijudaistischen Exegese befreit und sind bei ihrer Exegese neue Wege gegangen. Wo sie aufgrund ihrer eigentümlichen Perspektive und ihrer besonderen Kenntnisse eigene Akzente setzen, stellen sie eine Bereicherung der neutestamentlichen Wissenschaft dar, die diese nur zu ihrem eigenen Schaden ignorieren kann.

Nachdem es durch die jüdische Reklamation Jesu (freilich nicht nur durch diese) problematisch geworden war, das christliche Proprium auf den Nazarener zu gründen, übernahm für viele Christen (zumal Protestanten) Paulus dessen identitätsstiftende Funktion. Was bleibt uns noch - so *könnte* man heute fragen - wenn uns mit der „Heimholung des Ketzers" auch der Heidenapostel abspenstig gemacht wird? Was macht unsere Religion im Gegenüber zum Judentum aus, wenn nicht die von ihm verkündigte Rechtfertigung aus Glauben allein? Dem Apostel wäre eine solche Frage allerdings nie in den Sinn gekommen. Er hat sich selbst nie als etwas anderes gesehen als einen guten Juden und das von ihm verkündigte Evangelium als die Vollendung der Erwartungen Israels. Diese Tatsache scheinen manche Exegeten zu übersehen, wenn sie beispielsweise Paulus unterstellen, er habe seine Gemeinden zu einem „final break with Judaism" veranlaßt.[14] Diese Redeweise ist ebenso irreführend wie die Aussage, die christliche Gemeinde in Antiochia habe beschlossen, „aus dem Synagogenverband auszuziehen", weil sie so die „Probleme mit dem Gesetz und der Synagoge" los gewesen sei.[15] Wer suggeriert, „den grundlegenden ersten Schritt von einer jüdischen Sondergruppe zu einer 'Weltreligion'"[16] habe man (und zwar willentlich!) schon in der Mitte des ersten Jahrhunderts getan, setzt ein Wissen um den weiteren Verlauf der Geschichte voraus, der den damals beteiligten Personen noch nicht zugänglich war. Das Auseinandergehen der Wege zwischen Christen und Juden beruht nicht auf einem willentlich herbeigeführten Bruch einzelner Personen, sondern war ein allmählicher, nicht zuletzt auch politisch bedingter Entfremdungsprozeß, der erst durch die beiden jüdisch-römischen Kriege (also nicht vor 135) unumkehrbar geworden ist.[17] Schon gar nicht hat Paulus diesen Bruch initiiert, der doch sein Lebenswerk gerade in den Dienst der Einheit von Juden und Heiden stellte. Daß er dabei späteren Generationen, als Christen und Juden bereits getrennte Wege gingen, die Argumente lieferte, um die Angehörigen der jeweils anderen Religionsgemeinschaft herabzusetzen, ist eine Ironie des Schicksals.

Nun könnte es ja sein, daß Paulus, obwohl er selbst nie die Absicht hatte, das Christentum von der Synagoge loszureißen, doch *faktisch* mit seiner Lehre den Boden des Judentums verlassen hat. Hat er möglicherweise (wie manche Wis-

---

[14] *Watson*, Paul, 102.

[15] *Becker*, Paulus, 91.

[16] 108.

[17] Vgl. dazu jüngst: *Wander*, Trennungsprozesse; ferner: *Dunn*, Partings, bes. Kap. 12; *S. Katz*, Issues; *Segal*, Rebecca's Children, Kap. 7, sowie die Beiträge verschiedener Autoren in: Jews and Christians.

senschaftler bildhaft sagen) ein Gebäude errichtet, das, obwohl alle seine Bausteine jüdischer Herkunft sind, letztlich doch etwas anderes ist als eine weitere
Variante des Judentums? Diese Frage ist beispielsweise von *E.P. Sanders* affir-
mativ beantwortet worden. Neben substantiellen Gemeinsamkeiten sieht er eine
grundlegende Differenz zwischen Paulus und dem Judentum in dem Aussage-
komplex, den *Schweitzer* als „Christusmystik" bezeichnet hatte.[18] Angesichts
der in dieser Arbeit festgestellten Affinitäten des Apostels zu apokalyptisch-
mystischen Strömungen des zeitgenössischen Judentums kann man sicher auch
zu einer anderen Einschätzung kommen als *Sanders*. Doch selbst wenn die
„participationist eschatology" wirklich eine Innovation innerhalb des damaligen
Judentums darstellen sollte, könnte man fragen, ob Paulus damit schon das jüdische „pattern of religion" gesprengt hat. Wenn wir uns die ganze Vielfalt des
Judentums zur Zeit des Apostels vor Augen halten, die so etwas wie eine
„Orthodoxie" noch gar nicht kannte,[19] werden wir sehr vorsichtig sein müssen,
einer Figur, die sich selbst zeitlebens als Jude verstand, einen Platz in diesem
weiten Spektrum abzusprechen. Jedenfalls gilt auch hier die Warnung, sich
nicht von späteren Entwicklungen beeinflussen zu lassen.

Sollte sich (wovon ich überzeugt bin) herausstellen, daß die Repatriierung
des Paulus in die jüdische Glaubensgeschichte sachlich begründet ist und nicht
nur auf einer Modeerscheinung beruht, dann würde eine Definition christlicher
Identität im Sinne einer *Abgrenzung gegenüber Israel* in der Tat schwieriger.
Zwar werden dadurch nicht die Jahrhunderte ungeschehen gemacht, in denen
sich Kirche und Synagoge in Theologie und Frömmigkeit auseinanderent-
wickelten. Aber die historische Erkenntnis, daß nicht nur Jesus, sondern auch
Paulus jüdisch dachte und (jedenfalls unter Juden) jüdisch lebte, hat gewiß
Implikationen für die Frage, wer wir sind. Um es ganz einfach und zugespitzt zu
sagen: Wer sich für Paulus entscheidet, der hat sich damit nicht automatisch gegen das Judentum entschieden! Nicht, daß wir nun Juden werden müßten, um
gute Christen zu sein, aber doch daß wir unserer jüdischen Wurzel eingedenk
bleiben und uns nicht in heidnischer Überheblichkeit von ihr losreißen - das
müßte die logische Konsequenz dessen sein, was wir von jüdischen Auslegern
des Apostels heute lernen können.

Auch daß vieles, was im Neuen Testament (insbesondere bei Paulus) auf den
ersten Blick nach Antijudaismus aussieht, sich bei genauerem Hinsehen als Teil
einer innerjüdischen Auseinandersetzung erweist, muß Folgen haben für die
christliche Glaubensgemeinschaft, die diesen Schriften eine normative Bedeutung beigelegt hat. Die traditionelle Judenfeindschaft darf in ihren Reihen keinen Platz mehr haben, und ich sehe es als einen ermutigenden Schritt an, daß
nun auch die Kirche, der ich angehöre, die Evangelische Kirche der Pfalz, dies

---

[18] Paulus, 509.
[19] Vgl. dazu *Mc Eleney*, Orthodoxy; *Aune,* Orthodoxy; *Grabbe*, Orthodoxy.

(in Aufnahme des paulinischen Versöhnungsbegriffes!) in der Präambel ihrer Verfassung so deutlich ausgesprochen hat.[20]

Wer wie *U. Wilckens* und viele andere Theologen den Antijudaismus für „christlich-theologisch essentiell" hält,[21] der wird zwangsläufig das eigentlich Christliche im Nicht-Jüdischen suchen. Doch dieser selbst auferlegte Zwang, das eigene Wesen in Abgrenzung zum Anderen zu definieren, hängt unserem Denken wie ein Fluch an. Gerade eine verunsicherte Kirche - so scheint es - ist besonders anfällig für diese trügerische Sicherheit einer sich ab- und andere ausgrenzenden Identität. Welch eine Verarmung damit einhergeht, hat *Adorno* bereits 1945 diagnostiziert:

> „Die Fähigkeit den anderen als solchen und nicht als Funktion des eigenen Willens wahrzunehmen, vor allem aber die des fruchtbaren Gegensatzes, die Möglichkeit, die durch Einbegreifen des Widersprechenden über sich selbst hinausgeht, verkümmert."[22]

Wer hingegen von einem christlichen Selbstverständnis ausgeht, das wesentlich in der Begegnung mit dem Judentum gewonnen wird, - gerade auch einem Judentum, das sich nicht zu einem Bekenntnis zur Messianität Jesu bereit findet - der wird wohl kaum durch den aufgezeigten Paradigmenwechsel in der jüdischen Paulusauslegung die eigene Identität bedroht sehen. Er wird ihn im Gegenteil als eine Chance begreifen, die es zu nutzen gilt, denn nie waren die Voraussetzungen günstiger, den Heidenapostel in den Dialog mit dem Judentum einzubeziehen als heute. Die Zeit ist reif - die „Heimholung des Ketzers" hat begonnen!

---

[20] Die Landessynode hat am 11. Mai 1995 mit großer Mehrheit die Einfügung des folgenden Passus' gebilligt: „Durch ihren Herrn Jesus Christus weiß sie (= die Pfälz. Landeskirche) sich hineingenommen in die Verheißungsgeschichte Gottes mit seinem ersterwählten Volk Israel - zum Heil für alle Menschen. Zur Umkehr gerufen, sucht sie Versöhnung mit dem jüdischen Volk und tritt jeder Form von Judenfeindschaft entgegen" (§ 1 Abs. 3).

[21] Das Neue Testament und die Juden, 611.

[22] Minima Moralia, 171.

Literaturverzeichnis

Abkürzungen folgen im allgemeinen *S. Schwerdtner*, Theologische Realenzyklopädie. Abkürzungsverzeichnis, 2. überarbeitete u. erw. Aufl., Berlin/New York 1993. Die in den Anmerkungen verwandten Kurztitel sind im Literaturverzeichnis durch Kursivdruck hervorgehoben. Bei Kommentaren richtet sich der Kurztitel nach dem kommentierten bibl. Buch. Bei Quellen und Hilfsmitteln fungieren zuweilen auch die Abkürzungen als Kurztitel.

1. Quellen

1.1 Das Alte Testament

Biblica Hebraica Stuttgartensia, hg. v. K. Elliger/W. Rudolph, 2. Aufl., Stuttgart 1983
Septuaginta. Id est Vetus Testamentum graece iuxta LXX interpretes edidit A. Rahlfs, 2 Bde., Stuttgart 1935

1.2 Apokryphen und Pseudepigraphen

Charlesworth, J.H., ed.: The Old Testament Pseudepigrapha (*OTP*), 2 Bde., Garden City/London 1983-1985
Denis, A.M.: *Fragmenta* pseudepigraphorum quae supersunt graeca..., Leiden 1970
Jüdische Schriften aus hellenistisch-römischer Zeit (*JSHRZ*), W.G. Kümmel u.a. (Hg.), 5 Bde., Gütersloh 1973ff.
Rießler, P.: *Altjüdisches Schrifttum* außerhalb der Bibel, übersetzt und erklärt, Augsburg 1928 (Nachdruck: 5. Aufl., Heidelberg 1984)
The *Testaments* of the Twelve Patriarchs. A Critical Edition of the Greek Text, ed. M. de Jonge (PVTG I,2), Leiden 1978
La *vie* greque d´Adam et Eve. Introduction, texte, traduction et commentaire, ed. D.A. Bertrand, Paris 1987

1.3 Das Schrifttum von Qumran

Maier, J.: Die *Tempelrolle* vom Toten Meer, UTB 829, München 1978
Songs of the Sabbath Sacrifice: A Critical Edition, C. Newsom (Hg.), Atlanta (GA) 1985
Die *Texte* aus Qumran. Hebräisch und Deutsch. Mit masoretischer Punktation. Übersetzung, Einführung und Anmerkungen, hg. v. E. Lohse, 2. Aufl., München 1971

1.4 Flavius Josephus

Flavii Iosephi *Opera* edidit et apparatu critico instruxit Benedictus Niese, 7 Bde., Berlin 1885-1895
Flavius Josephus. *De Bello Judaico*/Der jüdische Krieg. Griechisch und Deutsch, O. Michel/O. Bauernfeind (Hg.), 3 Bde., 2. Aufl., München 1962-1969

1.5 Philo

Les *oeuvres* de Philon d'Alexandrie publieés sous le patronage de l'Université de Lyon par R. Arnaldez u.a., vol. XXXIV/A: Quaestiones et solutiones in Genesin I et II e versione armenica, Paris 1979
Die *Werke* Philos von Alexandrien in deutscher Übersetzung, L. Cohn/I. Heinemann (Hg.), 7 Bde., Breslau/Berlin 1909-1964

1.6 Das urchristliche und patristische Schrifttum

Migne, Jacques Paul: Patrologia Cursus Completus, Series Graeca, 1857ff.
Nestle, Eberhard/*Aland*, Kurt: Novum Testamentum Graece, K. Aland/B. Aland (Hg.), 26. Aufl., Stuttgart 1979
Schneemelcher, W.: Neutestamentliche *Apokryphen*, in deutscher Übersetzung, 2 Bde., 5. Aufl., Tübingen 1987
Wengst, K.: Didache (Apostellehre), Barnabasbrief, Zweiter Clemensbrief, Schrift an Diognet (SUC 2), München 1984

1.7 Das klassische rabbinische Schrifttum

Der *Babylonische Talmud*, neu übertragen durch L. Goldschmidt, 12 Bde., Berlin 1929-1936
Bibliotheca Rabbinica. Eine Sammlung alter Midraschim zum ersten Male ins Deutsche übertragen von A. Wünsche, Hildesheim 1967 (urspr. Leipzig 1880-85)
Midrash Mishle, ed. S. Buber, Wilna 1893 (neu: Jerusalem 1965)
Midrash Rabba, ed. M.A. Mirkin, 11 Bde., Tel Aviv 1956-64
Übersetzung des *Talmud Yerushalmi*, M. Hengel (Hg.) Bd.I/1-IV/8, Tübingen 1975-1995

1.8 Die Hekhalot-Literatur

Geniza-Fragmente zur Hekhalot-Literatur, P. Schäfer (Hg.), TSAJ 6, Tübingen 1984
3 Henoch or The Hebrew Book of Henoch, hg. and transl. H. Odeberg, Cambridge 1928
Merkavah Shelemah, S. Musajoff (Hg.), Jerusalem 1921
The *Shi'ur Qomah*: Texts and Recensions, M.S. Cohen (Hg.), TSAJ 9, Tübingen 1985
Das sogenannte hebräische *Henochbuch* (3 Henoch), hg. u. übers. von H. Hofmann, BBB 58, Bonn 1984
Synopse zur Hekhalot-Literatur, P. Schäfer (Hg.), TSAJ 2, Tübingen 1981
Übersetzung der Hekhalot-Literatur, P. Schäfer hg. in Zusammenarbeit mit H.J. Becker, L. Renner, K. Herrmann, C. Rohrbacher-Sticker und S. Siebers, Bd. II-IV, Tübingen 1987-1991

1.9 Moderne Quellen:

Die Kirchen und das Judentum - *Dokumente* von 1945-1985, R. Rendtorff/H.H. Hendrix (Hg.), Paderborn/München 1988

2. Hilfsmittel

Bauer, W.: Griechisch-deutsches Wörterbuch zu den Schriften des Neuen Testaments und der frühchristlichen Literatur, K. Aland/B. Aland (Hg.), 6. Aufl., Berlin 1988

Blass, F., *Debrunner*, A.: Grammatik des neutestamentlichen Griechisch, 16. Aufl., bearbeitet von F. Rehkopf, Göttingen 1984

Gesenius, W.: Hebräisches und Aramäisches Handwörterbuch über das Alte Testament, bearbeitet von F. Buhl (Neudruck der 17. Aufl.: Berlin u.a. 1962)

Große jüdische Nationalbiographie (GJNB). Ein Nachschlagewerk für das jüdische Volk und seine Freunde, 7 Bde., Neuauflage: Nendeln/Liechtenstein 1979 (urspr. 1925ff.)

Jastrow, M.: A *Dictionary* of the Targumim, the Talmud Babli and Jerushalmi, and the Mishnaic Literature, 2 Bde., Neuausgabe: New York 1950 (urspr.: Philadelphia 1903)

The Jewish Encyclopedia (*JE*), 16 Bde., Jerusalem 1971

Lexikon der jüdisch-christlichen Begegnung, C. Thoma/J.J. Petuchowski (Hg.), Freiburg 1989

Realenzyklopädie für Antike und Christentum (*RAC*), bislang 15 Bde., T. Klausner (Hg.) Stuttgart 1941ff.

Shermis, M.: Jewish Christian Relations. An Annotated *Bibliography* and Resource Guide, Bloomington 1988

Strack, H.L./*Billerbeck*, P. (*Bill.*): Kommentar zum NT aus Talmud und Midrasch, 2. Aufl., München 1954-1961

Theologische Realenzyklopädie (*TRE*), G. Müller (Hg.), bislang 22 Bde., Berlin u.a. 1977ff.

Theologisches Wörterbuch zum Neuen Testament (*ThWNT*), G. Kittel (Hg.), 10 Bde., Stuttgart 1933-79

The Universal Jewish Encyclopedia (*UJE*), I. Landman (Hg.), 10 Bde., New York 1942

Vollständige Konkordanz zum griechischen Neuen Testament (*VKGNT*): unter Zugrundelegung aller modernen kritischen Textausgaben und des Textus receptus, zusammengestellt unter der Leitung von K. Aland, Arbeiten zur neutestamentlichen Textforschung, Bd. 4, Berlin 1975-83

3. Beiträge jüdischer Autoren über Paulus

In dieser Rubrik sind Beiträge ganz unterschiedlicher Art (Monographien wie Aufsätze) zusammengefaßt. Manche sind speziell Paulus gewidmet, andere behandeln ihn nur am Rande. Um einen möglichst vollständigen Überblick zu bekommen, wurden auch Autoren aufgenommen, die nicht (ausführlich) in der Arbeit behandelt wurden.

Baeck, L.: Das *Wesen* des Judentums, 4. Aufl., Frankfurt 1926 (1. Aufl., Berlin 1905)

Baeck, L.: *Romantische Religion*. Ein erster Abschnitt aus einem geplanten Werk über 'Klassische und Romantische Religion', in: Festschrift zum 50-jährigen Bestehen der Hochschule für die Wissenschaft des Judentums, Berlin 1922, 1-48; neu (erw.): Aus drei Jahrtausenden. Wissenschaftliche Untersuchungen und Abhandlungen zur Geschichte des jüdischen Glaubens, Berlin 1938, 42-120

Baeck, L.: *Judentum* in der Kirche, in: Aus drei Jahrtausenden (s.o.), 121-140; neu: Tübingen 1958; urspr.: Judaism in the Church, HUCA 2 (1925), 125-144

Baeck, L.: Der *Glaube* des Paulus, in: Paulus, die Pharisäer und das Neue Testament, Frankfurt/M. 1961, 7-37 (= Paulusbild, 565-590); urspr.: The Faith of Paul, JJS 3 (1952), 93-110

Benamozegh, E.: *Morale* juive et morale chrétienne, Neuchâtel 1946 (urspr. Livorno 1867)

Ben-Chorin, S.: *Paulus*. Der Völkerapostel in jüdischer Sicht, 6. Aufl., München 1988 (1. Aufl. 1970)

Ben-Chorin, S.: *Jesus und Paulus* aus jüdischer Sicht, ASTI 10 (1976), 17-29

Ben-Chorin, S.: *Antijüdische Elemente* im neuen Testament, EvTh 40 (1980), 203-213

Ben-Chorin, S.: Paulus - *Mittler* zwischen Juden und Christen, in: Wegbereiter, 79-95.

Ben-Gurion, M.Y.: *Studies* in the Origins of Christianity, from the Literary Remains of Micha
Yoseph ben Gurion: Saul and Paul, I. Ben Gurion (Hg.), Jerusalem 1971 (Hebräisch)

Bloch, J.: Der historische *Jesus und Paulus*, in: Paulus. Apostat oder Apostel?, 9-30

Boyarin, D.: A *Radical Jew*: Paul and the Politics of Identity (noch unveröffentlichtes
Buchmanuskript, Stand: 25.6.1993)

Breslauer, S.D.: A Personal *Perspective* on Christianity, in: Toward a Theological Encounter:
Jewish Understanding of Christianity, L. Klenicki (Hg.), Mahwah (NJ) 1991, 120-142

Brod, M.: Heidentum, Christentum, Judentum. Ein *Bekenntnisbuch*, Bd. II, München 1921

Buber, M.: Zwei *Glaubensweisen*, Zürich 1950

Carmichael, J.: *Steh auf* und rufe seinen Namen. Paulus, Erwecker der Christen und Prophet
der Heiden, München 1980

Carmichael, J.: The *Birth* of Christianity, New York 1989

Cohen, A.: The *Myth* of Judeo-Christian Tradition, New York 1971

Cohen, H.: *Religion der Vernunft* aus den Quellen des Judentums, Berlin 1912

Cohen, J.: *Les Déicides*. Examen de la vie de Jésus et de l'église chrétienne dans leur rapport
avec le Judaisme, 2. Aufl., Paris 1864

Cohen, M.A.: *Two Sister-Faiths*. Introduction to a Typological Approach to Early Rabbinic
Judaism and Early Christianity, (ohne Ort) 1985

Cohn-Sherbok, D.: A Jewish *Note* on 'To Poterion Tes Eulogias', NTS 27 (1981), 704-708

Cohn-Sherbok, D.: *Paul and Rabbinic Exegesis*, SJTh 35 (1982), 117-132

Cohn-Sherbok, D.: Some *Reflections* on James Dunn's 'The Incident at Antioch (Gal 2,11-18)',
JSNT 18 (1983), 68-74

Cook, M.: *Antisemitism* in the New Testament, USQR 38 (1983), 125-138

Cook, M.: The *Ties* that Blind: An Exposition of II Corinthians 3:12-4:6 and Romans 11:7-10,
in: When Jews and Christians Meet, J.J. Petuchowski (Hg.), Albany (NY) 1988, 125-139

Cook, M.: Jewish *Appraisals* of Paul's Influence: A Critique and Defense, in: Proceedings of
the Center for Jewish-Christian Learning, Vol. 4 (Spring 1989): 1989 Lecture Series,
Minneapolis 1989, 22-28

Daube, D.: The *New Testament* and Rabbinic Judaism, London 1956

Daube, D.: Paul a Hellenistic *Schoolmaster*?, in: Studies in Rationalism, Judaism and
Universalism, FS L. Roth, London 1966, 67-71

Daube, D.: *Pauline Contribution* to a Pluralistic Culture: Re-Creation and Beyond, in: Jesus
and Man's Hope, D.G. Miller/D.Y. Haddian (Hg.), Pittsburgh 1971, Vol. 2, 223-245

Daube, D.: *Onesimos*, HThR 79 (1986), 40-43

Daube, D.: The *Burdened Convert*, in: ders.: Appeasement or Resistance and Other Essays on
New Testament Judaism, Berkeley 1987, 59-73

Dean, L.: *Rejection* Versus Revelation: Toward a Jewish Theology of Christianity, in:
Breaking Down the Wall, L. Swidler (Hg.), Lanham 1987, 81-114

Dean, L.: *Bursting the Bonds?* A Jewish-Christian Dialogue on Jesus and Paul, ders./L.
Swidler/L.J. Eron/G. Sloyan (Hg.), Maryknoll (NY) 1990

Djian, J.: *Judaisme et christianisme* devant l'ésprit moderne et la raison, Paris 1974

Ehrlich, E.L.: Die *Entstehung* des jüdisch-christlichen Schismas, in: Das gespaltene
Gottesvolk, H. Gollwitzer/E. Sterling (Hg.), Stuttgart/Basel, 1966, 227-247

Ehrlich, E.L.: Paulus und das *Schuldproblem*, erläutert an Röm 5 und 8, in: Antijudaismus,
44-59

Eschelbacher, J.: Zur *Geschichte* und Charakteristik der paulinischen Briefe, MGWJ 51
(1907), 395-428; 542-568

Eschelbacher, J.: Das *Judentum* und das Wesen des Christentums. Vergleichende Studien,
Schriften hg. von der Gesellschaft zur Förderung der Wissenschaft des Judentums in
Berlin, 2. Aufl., Berlin 1908

Eskanazi, T.C.: *Paul and the Dead Sea Scrolls* on the Law, in: Proceedings of the 8th World Congress of Jewish Studies, Div. A, Jerusalem 1982, 119-124

Fishbane, M.: Through the *Looking Glass*: Reflections on Ezek 43:3, Num 12:8 and 1 Cor 13:8, HAR 10 (1986), 63-75

Flusser, D.: *Bemerkungen* eines Juden zur christlichen Theologie, München 1984

Flusser, D.: Jewish *Sources* in Early Christianity, New York 1987

Flusser, D.: *Judaism* and the Origins of Christianity, Jerusalem 1988

Flusser, D.: The *Dead Sea Sect* and Pre-Pauline Christianity. In: Aspects of the Dead Sea Scrolls, ScrHie 4 (1958), 215-266

Flusser, D.: Die *Christenheit* nach dem Apostelkonzil, in: Toward a Theological Encounter: Jewish Understanding of Christianity, L. Klenicki (Hg.), Mahwah (NJ) 1991, 60-81

Flusser, D.: Art. 'Paul of Tarsus', in: *EJ XIII*, Jerusalem 1971, 190-192

Flusser, D.: Das *Schisma* zwischen Judentum und Christentum, EvTh 40 (1980), 214-239

Flusser, D.: Durch das *Gesetz* dem Gesetz gestorben, Jud 43 (1987), 30-46

Flusser, D.: Bemerkungen eines Juden zur christlichen Theologie des Judentums, in: C. Thoma: *Christliche Theologie* des Judentums, Aschaffenburg 1987, 6-32

Flusser, D.: Die jüdische und griechische *Bildung* des Paulus, in: Paulus. In 114 Farbbildern erzählt von E. Lessing, Freiburg u.a. 1980 (neu in: Das Christentum - eine jüdische Religion, München 1990, 100-148)

Flusser, D./*Safrai*, S.: Das *Aposteldekret* und die Noachitischen Gebote, in: Wer Tora vermehrt, mehrt Leben, FS H. Kremers zum 60. Geburtstag, E. Brocke u.a. (Hg.), Neukirchen 1986, 173-192

Fuchs-Kreimer, N.: The 'essential *Heresy*': Paul's view of the law according to Jewish writers, 1886-1986, Diss. Temple-University, Philadelphia 1990, Ann Arbor Microfilm International

Formstecher, S.: Religion des Geistes, Leipzig 1841

Fraenkel, S.: Zu dem semitischen *Original* von hilasterios und hilasterion, ZNW 5 (1904), 257-258

Friedlander, A.H.: *Die Juden und Paulus*, in: Verhandlungen der Vereinigten Evang.-Prot. Landeskirche Badens, Karlsruhe 1980, 47-51

Friedländer, M.: Zur *Entstehungsgeschichte* des Christenthums. Ein Exkurs von der Septuaginta zum Evangelium, Wien 1894

Friedländer, M.: *Geschichte* der jüdischen Apologetik als Vorgeschichte des Christenthums, Zürich 1903

Friedländer, M.: Die religiösen *Bewegungen* innerhalb des Judentums im Zeitalter Jesu, Berlin 1905

Friedländer, M.: *Synagoge und Kirche* in ihren Anfängen, Berlin 1908

Friedländer, M.: The 'Pauline' *Emancipation* From the Law a Product of the Pre-Christian Jewish Diaspora, JQR 14 (1902); neu in: Judaism and Christianity, 265-302

Geiger, A.: Das *Judentum* und seine Geschichte bis zur Zerstörung des zweiten Tempels, 2. Aufl., Breslau 1865

Graetz, H.: *Geschichte* der Juden von den ältesten Zeiten bis zur Gegenwart, Bd.3/2: Geschichte der Judäer von dem Tode Juda Makkabi's bis zum Untergange des jüdischen Staates, Leipzig 1906 (1. Aufl. 1854), 408-425

Graetz, H.: Zeit der *Anwesenheit* der adiabenischen Königin in Jerusalem und der Apostel Paulus, MGWJ 26 (1877), 241-253. 289-306

Grayzel, S.: *Paul*. Jew and Christian, Graetz College Annual 3 (1974), 49-62

Grünebaum, E.: Die *Sittenlehre* des Judenthums anderen Bekenntnissen gegenüber, Mannheim 1867

Hirsch, E.G.: *Paul*, the Apostle of Heathen Judaism or Christianity, Reform Advocate 7 (June 30, 1894), 356-359

Hirsch, E.G.: *My Religion* and Dogmatic Christianity, in: My Religion, New York 1925, 47-64

Hirsch, S.: Das *System* der religiösen Anschauungen der Juden und sein Verhältnis zum Heidentum und zur absoluten Philosophie dargestellt und mit den erläuternden Beweisstellen aus der Heiligen Schrift, den Talmudim und Midraschim versehen, Leipzig 1842

Hirschberg, H.: *Allusions* to the Apostle Paul in the Talmud, JBL 62 (1943), 73-87

Hirschberg, H.: Paulus im *Midrasch*, ZRG 12 (1960), 252-256

Hirschberg, H.: Die *rabbinische Reaktion* auf des Paulus Grundgedanken im Kapitel 7 des Römerbriefs, Emuna 7 (1972), 367-373

Hirsh, R.A.: Paul´s Use of *Scripture* in Gal 4 and Romans 9, and Related Rabbinic Materials, in: Jewish Civilisation: Essays and Studies. Vol 3: Judaism and Christianity, honoring the memory of Rabbi Arthur Gilbert, R.A. Brauner (Hg.), Philadelphia 1985, 113-133

Isenberg, R.I.: *Power* Through Temple and Tora in Greco-Roman Palestine, in: Christianity, Judaism and Other Greco-Roman Cults, FS M. Smith, Bd. 2, J. Neusner u.a. (Hg.), Leiden 1975, 24-52

Jakob, E.I.: Art. '*Paul*', UJE VIII, New York 1942, Sp. 415-417

Kaufmann, Y.: *Christianity and Judaism*. Two Covenants, Jerusalem 1988

Klausner, J.: Von Jesus zu *Paulus*, Jerusalem 1950 (urspr. hebr.: מישו עד פאולוס, 2 Bde., Jerusalem 1939/40)

Klein, G(ottlieb): *Studien* über Paulus, Stockholm 1918

Kohler, K.: The *Origins* of the Synagogue and the Church, H.G. Enelow (Hg.), New York 1929

Kohler, K.: Art. 'Saul of Tarsus', in: *JE XI*, New York 1905, 79-87

Krauskopf, J.: *Paul* - the Founder and Spreader of Christology, in: A Rabbi's Impression of the Oberammergau Passion Play, Philadelphia 1901, 192-216

Lapide, P.: Der *Rabbi* von Tarsus, in: ders./P. Stuhlmacher: Paulus. Rabbi und Apostel, Stuttgart/München 1981, 35-61

Lapide, P.: *Paulus* zwischen Damaskus und Qumran. Fehldeutungen und Übersetzungsfehler, Gütersloh 1993

Lapide, P.: *Missionar* ohne Beispiel. Paulus - Rabbi, Ketzer, Apostel, in: Süddeutsche Zeitung vom 6./7./8. Juni 1987

Levi, I.: La *sacrifice* d'Isaac et la mort de Jesus, REJ 64 (1912), 161-184

Loewy, M.: Die paulinische Lehre vom *Gesetz*. Nach ihren Quellen untersucht, MGWJ 47 (1903), 322-339; 417-433; 534-544; MGWJ 48 (1904), 268-276; 321-327; 400-416

Maccoby, H.: The *Mythmaker*: Paul and the Invention of Christianity, New York 1986

Maccoby, H.: *Paul* and Hellenism, London 1991

Maccoby, H.: *Paul and Pharisaism*, EurJud 2 (1986), 24-30

Maccoby, H.: The *Parting* of the Ways: on Galatians 4:3-4, EurJud 14 (1980), 17-21

Maccoby, H.: *Paul and Circumcision*: A Rejoinder, JQR 82 (1991), 177-180

Maccoby, H.: *Paul and the Euchari*st, NTS 37 (1991), 247-267

Marmorstein, A.: *Studies* in Jewish Theology, London 1950

Marmorstein, A.: *Paulus* und die Rabbinen, ZNW 32 (1931), 271-285

Montefiore, C.G.: Judaism and St. *Paul*, London 1914

Montefiore, C.G.: First *Impressions* of Paul, JQR 6 (1894), 428-472

Montefiore, C.G.: *Rabbinic Judaism* and the Epistels of Paul, JQR 13 (1901), 162-217

Navé-Levinson, P.: Ein *Gespräch* mit Paulus zu Röm 11, in: dies.: Einblicke in das Judentum, Paderborn 1991, 253-255

Neusner, J.: The *Use* of Later Rabbinic Evidence for the Study of Paul, W.S. Green (ed.), in: Approaches to Ancient Judaism, vol. II, Chico 1980, 43-63

Perelmuter, H.G.: *Paul the Jew*: Jewish Christian Dialogue, Protocol of the Colloquy of the Center for Hermeneutical Studies in Hellenistic and Modern Culture, Berkeley 1990

Petuchowski, J.J.: *Paul* and Jewish Theology, Commentary 28 (1959), 231-236

Petuchowski, J.J.: Do This in *Remembrance* to Me (1 Cor 11,24), JBL 76 (1957), 293-298

Rivkin, E.: A *Hidden Revolution*, Nashville 1978

Rivkin, E.: *Prolegomenon*, in: Judaism and Christianity, Vol. 1, New York 1969, VII-LXIII

Rokeach, D.: A *Note* to the Philological Aspect of Paul's Theory of Faith, ThZ 47 (1991), 299-306

Rosenberg, S.E.: The Christian *Problem*: A Jewish View, New York 1986

Rubenstein, R.: My Brother *Paul*, New York 1972

Salvador, J.: Das *Leben Jesu* und seine Lehre, übers. H. Jacobson, Dresden 1841 (urspr. franz.: Jésus-Christ et sa Doctrine, Histoire de la naissance de l'Église, de son organisation et de ses progrès pendant le premier siècle, 2 Bde., Paris 1838)

Sandmel, S.: The *Genius* of Paul, New York 1958

Sandmel, S.: The First Christian *Century* in Judaism and Christianity: Certainties and Uncertainties, Oxford 1969

Sandmel, S.: A Jewish *Understanding* of the New Testament, New York 1974

Sandmel, S.: *Antisemitism* in the New Testament?, Philadelphia 1978

Sandmel, S.: *Judaism* and Christian Beginnings, New York 1978

Sandmel, S.: *Paul Reconsidered*, in: ders: Two Living Traditions. Essays on Religion and Bible, Detroit 1972, 195-211

Sandmel, S.: *Palestinian and Hellenistic Judaism and Christianity*: The Question of the Comfortable Theory, HUCA 50 (1979), 137-148

Schiller-Szinessy, S.M.: *St. Paul* from a Jewish Point of View, Exp. 4 (1886), 321-335

Schlessinger, M.: The Historical *Jesus* of Nazareth, New York 1876

Schoeps, H.J.: *Aus frühchristlicher Zeit*, Tübingen 1950

Schoeps, H.J.: *Paulus*. Die Theologie des Apostels im Lichte der jüdischen Religionsgeschichte, Tübingen 1959

Schoeps, H.J.: The *Sacrifice* of Isaac in Paul's Theology, JBL 65 (1946), 385-392

Schonfield, H.J.: *The Jew of Tarsus*, London 1946

Schwartz, D.R.: Two *Pauline Allusions* to the Redemptive Mechanism of the Crucifixion, JBL 102 (1983), 259-268

Segal, A.F.: *Rebecca's Children*: Judaism and Christianity in the Roman World, Cambridge 1986

Segal, A.F.: *Paul* the Convert. The Apostasy of Saul the Pharisee, New Haven 1990

Segal, A.F.: *Heavenly Ascent* in Hellenistic Judaism, Early Christianity and Their Environments, ANRW II.23:2, H. Temporini/E. Haase (Hg.), Berlin 1980, 1333-1394

Segal, A.F.: 'He Who Did Not Spare His Own Son..', Jesus, Paul and the *Akedah*, in: From Jesus to Paul, FS F.W. Beare, P. Richardson/J.C. Hurd (Hg.), Waterloo 1984, 169-184

Segal, A.F.: *Romans 7* and Jewish Dietary Law, SR 15 (1986), 36-74

Segal, A.F.: *Paul and Ecstasy*, SBL. SPS 25 (1986), 555-580

Segal, A.F.: *Romans 9-11*, in: The Church and Israel: Romans 9-11, Princeton Theological Seminary Journal Suppl. 1 (1990), 56-70

Segal, A.F.: *Conversion and Messianism*: Outline for a New Approach, in: The Messiah, 296-340

Segal, A.F.: *Studying Judaism* with Christian Sources, USQR 44 (1991), 267-286

Segal, A.F.: *Universalism* in Judaism and Christianity, unveröffentlichtes Manuskript

Sigal, P.: The *Emergence* of Contemporary Judaism, Bd. I/1, Pittsburgh 1980

Sigal, P.: *Judentum*, Stuttgart 1986
Sigal, P.: *Aspects* of an Inquiry into Dual Covenant Theology, HBT 3 (1981), 181-209
Sigal, P.: Another *Note* to Corinthians 10,16, NTS 29 (1983), 134-139
Sigal, P.: Early Christian and Rabbinical Liturgical *Affinities*, NTS 30 (1984), 63-90
Smith, J.Z.: *Drudgery Divine*, Chicago 1990
Spiegel, S.: *The Last Trial*, New York 1967, hebr.: מאגדות העקדה, in: מארכס ספר היובל
לכבוד אלכסנדר (Alexander Marx Jubilee-Volume, Hebrew Section), New York 1950
Steinheim, S.L.: Die *Offenbarung* nach dem Lehrbegriffe der Synagoge, Bd. 3, Leipzig 1863
Strauss, E.: Paulus der *Bekehrer*, Der Jude 7 (1923), 32-44, (neu in: Versuche des Verstehens,
ThBeitr 33, 114-128)
Stroumsa, G.G.: *Polymorphie* divine et transformations d'un mythologème: L'Apocryphon de
Jean et ses sources, VigChr 35 (1981), 412-434
Stroumsa, G.G.: *Form(s)* of God: Some Notes on Metatron and Christ, HThR 76 (1983)
Taubes, J.: Die *Politische Theologie* des Paulus, München 1993
Troki, I.: *Befestigter Glaube*, Sohrau/Breslau, 2. Aufl. 1837 (urspr. hebr: חזוק אמונה)
Vermes, G.: *Redemption* and Genesis XXI, in: Scripture and Tradition in Judaism, Leiden
1961, 193-227
Weissmann, A.S.: Wie ist *Saulus* zum Paulus geworden? Das jüdische Literaturblatt 8 (1879),
109f.;113f.
Weiss-Rosmarin, T.: *Judaism and Christianity*. The Differences, New York, 4. Aufl. 1947 (1.
Aufl. 1943)
Wise, I.M.: The *Origin* of Christianity and a Commentary to the Acts of the Apostles,
Cincinnati 1868
Wise, I.M.: Three *Lectures* on the Origins of Christianity, Cincinnati 1873 (neu in: Selected
Writings of I.M. Wise, (Hg.) L. Philipson/L. Grossman, Cincinnati 1901)
Wolfe, R.: *Christianity* in Perspective, New York 1988
Wyschogrod, M.: The *Law*, Jews and Gentiles - a Jewish Perspective, LuthQ 21 (1969), 405-
414
Wyschogrod, M.: *Judaism* and Evangelical Christianity, in: Evangelicals and Jews in
Conversation, M.H. Tanenbaum u.a. (Hg.), Grand Rapids 1978, 34-52
Wyschogrod, M.: The *Impact* of Dialogue with Christianity on My Self-Understanding as a
Jew, in: Die Hebräische Bibel und ihre zweifache Nachgeschichte, E. Blum/C.
Machholz/E. Stegemann eds., FS R. Rendtorff, Neukirchen 1992, 725-736
Wyschogrod, M.: *Paul*, Jews and Gentiles, bislang unveröffentlichtes Aufsatzmanuskript
Zeitlin, S.: Israelites, Jews in the Pauline Epistles, JQR 58 (1967), 72-74
Zurer, R.: A *Jew* Examines Christianity, New York 1985
Zwi Werblowsky, R.J.: *Paulus* in jüdischer Sicht, in: Paulus. Apostat oder Apostel?, 135-146

4. Stellungnahmen zu und Rezensionen von jüdischer Paulusliteratur

Barrett, C.K.: Rez. von H.J. Schoeps: Paulus, JThS 12 (1961), 324-327
Barth, M.: *Paul*: Apostate or Apostle? (über H.J. Schoeps), Jdm 12 (1963), 370-375
Ben-Chorin, S.: Martin Bubers *Beitrag* zum jüdisch-christlichen Dialog, in: Dialog mit Martin
Buber, W. Lichards (Hg.), Arnoldshainer Texte, Bd. 7, Frankfurt/M. 1982, 49-63
Bockmuehl, M.: Rez. von A.F. Segal: Paul the Convert, JThS 43 (1992), 191-196
Charlesworth, J.H.: David Flusser's *Vision*, Explorations (Philad.) 4 (1990), 1,4
Davies, W.D.: Rez. von H.J. Schoeps: Paulus, NTS 10 (1963/64), 295-305
Fuller, R.H.: Rez. von S. Sandmel: The Genius of Paul, JR 40 (1960), 137-138
Furnish, V.P.: Rez. von R. Rubenstein: My Brother Paul, PerkJ 26 (1973), 62-63

Gager, J.G.: Maccoby's The Mythmaker, JQR 89 (1989), 248-250

Gallagher, E.V.: Rez. von A.F. Segal: Paul, JAAR 59 (1991), 418-420

Grant, R.M.: Rez. H.J. Schoeps: Paulus, JR 40 (1960), 215-216

Hagner, D.A.: *Paul* in Modern Jewish Thought, in: Pauline Studies, ders./J. Harris (Hg.), FS F.F. Bruce, Exeter 1980, 143-165

Harrington, D.J.: Rez. von A.F. Segal: Paul, TS 51 (1990), 737-74

Hays, R.B.: A New *Jewish Reading* of Paul, Rez. von A.F. Segal: Paul the Convert, Interp. 46 (1992), 184-187

Hooke, S.H.: *Jew and Christian*. Review of Buber's Two Types of Faith, CQR (1952/1953), 153-154

Howard, W.F.: Rez. von J. Klausner: Von Jesus zu Paulus, JThS 47 (1946), 79-80

Jasper, G.: Das grundlegende *Mißverständnis* des Paulus nach jüdischer Schau (über Schoeps), Jud 15 (1959), 143-151

Jasper, G.: *Paulus* in der Schau des gegenwärtigen Judentums (über Klausner), Jud 14 (1958), 65-100

Kümmel, W.G.: *Jesus und Paulus* (Rez. von J. Klausner: Von Jesus zu Paulus), in: *Ders.*: Heilsgeschehen und Geschichte, 169-191

Lindeskog, G.: Der *Beitrag* von H.J. Schoeps zur Paulusforschung, ZRGG 31 (1979), 27-47

Luck, U.: Rez. von H.J. Schoeps: Paulus, DLZ 82 (1961), 1081-1083

Merk, O.: *Judentum und Christentum* bei L. Baeck, in: Traditio-Krisis-Renovatio aus theologischer Sicht, FS W. Zeller, B. Jaspert/R. Mohr (Hg.), Marburg 1976, 513-528

Morray-Jones, C.R.A.: Rez. von A.F. Segal: Paul, JJS 42 (1991), 269-270

Morray-Jones, C.R.A.: Rez. von H. Maccoby: Paul and Hellenism, JJS 43 (1992), 153-156

Neudecker, R.: Das Neue Testament in jüdischer Forschung. Eine *Würdigung* von S. Sandmel, FrRu 31 (1979), 39-43

Neumann, T.W.: *Jesus und Paulus* im Urteile des zeitgenössischen Judentums, SaH 60 (1923), 34-45

Nickle, K.F.: Rez. von R. Rubenstein: My Brother Paul, JBL 92 (1973), 147-148

Nock, A.D.: Rez. von H.J. Schoeps: Paulus, Gn. 33 (1961), 581-590

Nock, A.D.: Rez. von J. Klausner: Von Jesus zu Paulus, JBL 63 (1944), 55-63

Perkins, P.: Rez. von A.F. Segal: Paul, AJSR 17 (1992), 291-293

Rivkin, E.: Paul's Jewish *Odyssey* (Rez. von H. Maccoby: The Mythmaker), Jdm 38 (1989), 225-234

Rodin, S.: Two Types of Faith: *Martin Buber* on Judaism and Christianity, in: Judaism and Christianity Toward Dialogue, D. Pratt/D. Bing (Hg.), Auckland 1987, 131-169

Rowland, C.: Rez. von A.F. Segal: Paul The Convert, JJS 42 (1991), 269-270

Rueff, A.L.: Den Christen *jüdische Theologie* erklärt (über Ben-Chorin), RefFo 3 (1989), 25

Sandmel, S.: *Leo Baeck* on Christianity, LBML 19, New York u.a. 1975

Scott Jr., J.J.: Rez. von S. Sandmel: The Genius of Paul, JBL 90 (1971), 360

Scroggs, R.: Rez. von R. Rubenstein: My Brother Paul, Encounter 34 (1973), 63-64

Stegemann, E.W.: *Introduction* (zu M. Buber), in: Jewish Perspectives, 111-121

Tal, U.: *Martin Buber* und das christlich-jüdische Zwiegespräch, FrRu 81 (1970), 3-7

Thieme, K.: Vom Jüdischen *Paulus* zur 'Christlichen Revolution', FrRu 12 (1959-60), 40-43

Tkacik, A.: Rez. von R. Rubenstein: My Brother Paul, RRelRes 15 (1973), 56-57

Vereno, M.: *Paulus* zwischen Judentum und Christentum (über Ben Chorin), Kairos 15 (1973), 145-155

Wiefel, W.: *Paulus in jüdischer Sicht*, Jud 31 (1975), 109-115, 32 (1975), 151-172

Wyschogrod, M.: Bubers *Beurteilung* des Christentums aus jüdischer Perspektive, in: M. Buber - Bilanz seines Denkens, J. Bloch/H. Gordon (Hg.), Freiburg 1983, 470-486

Zeitlin, S.: Rez. von J. Klausner: Von Jesus zu Paulus, JQR 31 (1940/41), 309-321
Zwi Werblowsky, R.J.: *Reflections* on Martin Buber's Two Types of Faith, JJS 39 (1988), 92-101

5. Sonstige Sekundärliteratur

5.1 Monographien und Aufsatzsammlungen

Aageson, J.: Paul's *Use* of Scripture. A Comparative Study of Biblical Interpretation in Early Palestinian Judaism and the New Testament with Special Reference to Romans 9-11, Diss. Oxford 1984
Adorno, T.W.: *Minima Moralia*. Reflexionen aus dem beschädigten Leben, Frankfurt/M. 1985 (= 1951)
Althaus, P.: *Paulus und Luther* über den Menschen, Gütersloh 1950
Antijudaismus im NT ?, ACDJ 2, W.P. Eckert/N.P. Levinson/M. Stöhr (Hg.), München 1967
Asch, S.: Der Apostel, New York 1943
Auf der Suche nach einer jüdischen Theologie. Der Briefwechsel zwischen Schalom Ben-Chorin und Hans Joachim Schoeps, J.H. Schoeps (Hg.), Frankfurt/M. 1989
Auschwitz, Krise der christlichen Theologie, ACJD 10, E. Stegemann/R. Rendtorff (Hg.), München 1980
Badenas, R.: *Christ* the End of the Law: Romans 10.4 in Pauline Perspective, JSNT.S 10, Sheffield 1985
Bamberger, B.: *Proselytizing* in the Talmudic Period, New York 1939
Barker, M.: The Great *Angel*. A Study of Israel's Second God, London 1992
Barth, K.: Kirchliche Dogmatik (= KD) I/1-IV/4, Zürich 1932-1967
Baron, S.W.: A Social and Religious *History* of the Jews, 17 Bde., Philadelphia, 1952-1980
Baumgarten, J.: *Paulus* und die Apokalyptik. Die Auslegung apokalyptischer Überlieferungen in den echten Paulusbriefen, WMANT 44, Neukirchen 1975
Becker, J.: *Paulus*. Der Apostel der Völker, Tübingen 1990
Beker, J.C.: *Paul* the Apostle. The Triumph of God in Life and Thought, Philadelphia 2. Aufl. 1984
Ben-Chorin, S.: Mein *Glaube* - mein Schicksal. Jüdische Erfahrungen, mitgeteilt im Gespräch mit Karl-Heinz Fleckenstein, Freiburg/Br. 1984
Ben-Sasson, H.H.: *Geschichte* des jüdischen Volkes von den Anfängen bis zur Gegenwart, Ausg. in einem Band, Frankfurt/M.1992
Berger, K.: *Formgeschichte* des Neuen Testaments, Heidelberg 1988
Berger, K.: *Qumran* und Jesus. Wahrheit unter Verschluß?, 5. Aufl., Stuttgart 1993
Berkovitz, J.R.: The *Shaping* of Jewish Identity in Nineteenth-Century France, Detroit 1989
Berlin, G.L.: Defending the *Faith*. Nineteenth-Century American Jewish Writings on Christianity and Jesus, New York 1989
Bietenhard, H.: Die *Himmlische Welt* im Urchristentum und Spätjudentum, WUNT I,2, Tübingen 1951
Blank, J.: *Paulus und Jesus*, StANT 18, München 1968
Bloch, E.: *Das Prinzip Hoffnung*, 3 Bde., Frankfurt/M. 1959
Bloch, E.: *Atheismus im Christentum*, Frankfurt/M. 1968
Bloch, E.: *Geist der Utopie*, Frankfurt/M. 1964
Bloch, E.: *Antike Philosophie*, Leipziger Vorlesungen zur Geschichte der Philosophie, Bd. 1, Frankfurt/M. 1985
Bockmuehl, M.V.A.: *Revelation* and Mystery in Ancient Judaism and Pauline Christianity, WUNT II,36, Tübingen 1990

Böhlig, H.: Die *Geisteskultur* von Tarsus im augusteischen Zeitalter mit Beurteilung der paulinischen Schriften, Heidelberg 1913.

Borgen, P.: Paul Preaches *Circumcision* and Pleases Men and other Essays on Christian Origins, Trondheim 1983

Borgen, P.: *Philo*, John and Paul. New Perspectives on Judaism and Early Christianity, Brown Judaic Studies 131, Atlanta 1987

Bornkamm, G.: *Paulus*, 6. Aufl., Stuttgart 1986

Bornkamm, G.: *Studien* zu Antike und Christentum, BEvTh 28, (= GA 2), 2. Aufl., München 1963

Borowitz, E.B.: *Contemporary Christologies*, New York 1980

Bousset, W.: Die *Himmelsreise* der Seele, Darmstadt 1960 (urspr.: ARW 4 [1901], 136-169; 229-273

Bousset,W.: *Kyrios Christos*. Geschichte des Christusglaubens bis Irenäus, 5. Aufl., Göttingen 1965

Bousset, W.: Die *Religion* des Judentums im späthellenistischen Zeitalter, H. Greßmann (Hg.), Handbuch zum Neuen Testament 21, 4. Aufl., Tübingen 1966

Bowler, M.G.: Claude *Montefiore* and Christianity, BJSt 157, Atlanta 1988

Boyarin, D.: *Sephardi Speculation*: A Study in Methods of Talmudic Interpretation (Hebräisch), Jerusalem 1989

Boyarin, D.: *Intertextuality* and the Reading of Midrash, Bloomington 1990

Boyarin, D.: *Carnal Israel*: Reading Sex in Talmudic Culture, Berkeley 1993

Braude, W.: *Jewish Proselytizing* in the First Five Centuries of the Common Era, Providence 1940

Braun, H.: *Qumran* und das Neue Testament, 2 Bde. Tübingen 1966

Buck, C./*Taylor*, G.: *Saint Paul*: A Study of the Development in His Thought, New York 1969

Bultmannn, R.: Der alte und der neue *Mensch* in der Theologie des Paulus, Darmstadt 1964

Bultmann, R.: *Theologie* des Neuen Testaments, UTB 630, 9. Aufl., Tübingen 1984

Burger, C.: Jesus als *Davidsohn*. Eine traditionsgeschichtliche Untersuchung, Göttingen 1970

Burchard, C.: Der dreizehnte *Zeuge*. Traditions- und kompositionsgeschichtliche Untersuchungen zu Lukas' Darstellung der Frühzeit des Paulus, FRLANT 103, Göttingen 1970

Capes, D.B.: Old Testament *Yahweh Texts* in Paul's Christology, WUNT II,47, Tübingen 1992

The Church and Israel: Romans 9-11 (the 1989 Frederick Neumann Symposium on the Theol. Interpretation of Scripture), D.L. Migliore (Hg.), PSB.SI V/1, 1990, 1-139

Cohen, B.: Jewish and Roman *Law*. A Comparative Study, New York 1966

Cohen, M.S.: The *Shi'ur Qomah*. Liturgy and Theurgy in Pre-Kabbalistic Jewish Mysticism, Lanham/London 1983

Collins, J.J.: From Athens to Jerusalem. Jewish Identity in the Diaspora, New York 1983

Colpe, C.: Die Religionsgeschichtliche *Schule*, FRLANT 78, Göttingen 1961

Conzelmann, H.: Grundriß der *Theologie* des Neuen Testaments, München 1967

Conzelmann, H.: *Geschichte* des Urchristentums, GNT 5, 5. Aufl., Göttingen 1983

Crouch, J.E.: The *Origin* and Intention of the Colossian Haustafel, FRLANT 109, Göttingen 1972

Cullmann, O.: *Christologie* des Neuen Testaments, 5. Aufl., Tübingen 1975

Dahl, N.A.: The Crucified *Messiah*, Augsburg 1974

Dahl, N.A.: *Studies* in Paul. Theology for the Early Christian Mission, Minneapolis 1977

Dahl, N.A.: *Jesus the Christ*. The Historical Origins of Christological Doctrine, D. Juel (Hg.), Minneapolis 1991

Daniélou, J.: *Qumran* und der Ursprung des Christentums, Mainz 1958

Davies, J.A.: *Wisdom and Spirit*. An Investigation of 1 Cor 1,8-3,20 against the Background of Jewish-Sapiential Traditions in the Greco-Roman Period, Lanham 1984

Davies, W.D.: *Tora* in the Messianic Age and/or the Age to Come, JBL.MS 7, Philadelphia 1952

Davies, W.D.: The *Setting* of the Sermon of the Mount, Cambridge 1966

Davies, W.D.: *Paul* and Rabbinic Judaism, 4. Aufl., Philadelphia 1980

Dean-Otting, M.: *Heavenly Journeys*. A Study of the Motif in Hellenistic Jewish Literature, JudUm 8, Frankfurt/M. 1984

Dibelius, M./*Kümmel*, W.G.: *Paulus*, Berlin 1951

Dietzfelbinger, C.: Die *Berufung* des Paulus als Ursprung seiner Theologie, WMANT 58, Neukirchen 1985

Disputation and Dialogue, F.E. Talmage (Hg.), New York 1975

Dodd, C.H.: The *Bible* and the Greeks, London 1935

Drane, J.W.: *Paul* - Libertine or Legalist?, London 1975

Dubnow, S.: *Weltgeschichte* des jüdischen Volkes, Bd. IX. Das Zeitalter der ersten Reaktion und der zweiten Emanzipation (1815-1881), Berlin 1929

Dunn, J.D.G.: Jesus and the *Spirit*: Study of the Religious and Charismatic Experience of Jesus and the First Christians as Reflected in the New Testament, Philadelphia 1975

Dunn, J.D.G.: *Christology* in the Making. A New Testament Inquiry into the Origins of the Doctrine of Incarnation, London 1980

Dunn, J.D.G.: Jesus, *Paul* and the Law. Studies on Jesus and Galatians, London 1990

Dunn, J.D.G.: *The Partings of the Ways*. Between Christianity and Judaism and Their Significance for the Character of Christianity, London/Philadelphia 1991

Eicholz, G.: Die Theologie des *Paulus* im Umriß, Neukirchen 1977

Eisenman, R./*Wise*, M.: *Jesus und die Urchristen*. Die Qumran-Rollen entschlüsselt, 2. Aufl., München 1992

Eltester, F.W.: *Eikon* im Neuen Testament, BZNW 23, Berlin 1958

Enslin, M.: *Reapproaching Paul*, Philadelphia 1972

Falk, H.: *Jesus the Pharisee*: A New Look at the Jewishness of Jesus, New York 1985

Feldman, L.H.: *Jew and Gentile* in the Ancient World. Attitudes and Interactions From Alexander to Iustinian, Princeton 1993

Feuillet, A.: La *Christ Sagesse* de Dieu d'après les Épîtres Pauliniennes, Paris 1966

Fitzmyer, J.A.: A *Wandering Aramean*: Collected Aramaic Essays, SBL.MS 25, Missoula 1979

Fleischmann, E.: La *christianisme* 'mis a nu'. La critique juive du christianisme, Paris 1970

Flusser, D.: *Jesus*, rohwolts bildmonographien 140, Reinbek bei Hamburg 1968

Flusser, D.: Die rabbinischen *Gleichnisse* und der Gleichniserzähler Jesus, Bern 1981

Flusser, D.: Die letzten Tage Jesu in *Jerusalem*, Stuttgart 1982

Flusser, D.: *Entdeckungen* im NT, Bd. 1: Jesusworte und ihre Überlieferung, Neukirchen 1987

Fossum, J.E.: The *Name* of God and the Angel of the Lord. Samaritan and Jewish Concepts of Intermediation and the Origin of Gnosticism, WUNT II,36, Tübingen 1985

Fredricksen, P.: *From Jesus to Christ*, New Haven 1988

Freud, S.: *Der Mann Moses* und die monotheistische Religion, Frankfurt/M. 1979

Freud, S.: *Totem und Tabu*. Einige Übereinstimmungen im Seelenleben der Wilden und der Neurotiker, Frankfurt/M. 1974

Friedlander, A.H.: *Leo Baeck* - Leben und Lehre, München 1990

Friedman, M.: Martin Buber's *Life* and Work, 3 Bde. New York 1981-1983

Friedman, M.: *Encounter* on the Narrow Ridge: A Life of Martin Buber, New York 1991

Gager, J.: The *Origins* of Antisemitism: Attitudes Towards Judaism in Pagan and Christian Antiquity, New York 1983

Gasque, W.W.: A *History* of the Criticism of the Acts of the Apostles, BGBE 17, Tübingen 1975

Gaston, L.: *Paul* and Torah, Vancouver 1987

Gaventa, B.R.: From *Darkness* to Light: Aspects of Conversion in the New Testament, Philadelphia 1986

Georgi, D.: Die *Gegner* des Paulus im 2 Kor, WMANT 11, Tübingen 1964

Georgi, D.: Die Geschichte der *Kollekte* des Paulus für Jerusalem, Hamburg 1965

Das *Gesetz* im Neuen Testament, K. Kertelge (Hg.), QD 108, Freiburg/Br. u.a. 1986

Glazer, N.: *American Judaism*, 2. Aufl., Chicago/London 1972

Goodenough, E.A.: By *Light*, Light. The Mystic Gospel of Hellenistic Judaism, New Haven 1935

Goodman, M.: *Mission and Conversion* (noch unveröffentlicht)

Goppelt, L.: *Christologie und Ethik*. Aufsätze zum NT, Göttingen 1968

Grant, R.M.: A Historical *Introduction* into the New Testament, New York 1963

Gruenwald, I.: Apocalyptic and Merkabah *Mysticism*, Leiden 1980

Guttmann, J.: Die *Philosophie* des Judentums, München 1933

Guttmann, M.: Das *Judentum* und seine Umwelt, Berlin 1927

Hagner, D.A.: Jewish *Reclamation* of Jesus, Grand Rapids 1984

Hahn, F.: Christologische *Hoheitstitel*. Ihre Geschichte im frühen Christentum, FRLANT 83, 3. Aufl., Göttingen 1966

Halperin, D.: The *Merkabah* in Rabbinic Literature, New Haven 1980

Halperin, D.: The *Faces* of the Chariot. Early Jewish Responses to Ezekiel's Vision, TSAJ 16, Tübingen 1988

Harnack, A. v.: Das *Wesen* des Christentums, Leipzig 1901

Hays, R.B.: The *Faith* of Jesus Christ: An Investigation of the Narrative Substructure of Galatians 3:1-4:11, SBL.DS 56, Chico 1983

Heller, J.G.: *Isaac M. Wise*. His Life, Work and Thought, New York 1965

Hengel, M.: Der *Sohn Gottes*. Die Entstehung der Christologie und die jüdisch-hellenistische Religionsgeschichte, Tübingen 1975

Hengel, M.: Zur urchristlichen *Geschichtsschreibung*, 2. Aufl. Stuttgart 1984

Hengel, M.: *Judentum und Hellenismus*. Studien zu ihrer Begegnung unter besonderer Berücksichtigung Palästinas bis zur Mitte des 2. Jhd.s v. Chr., WUNT II,10, 3. Aufl., Tübingen 1988

Heschel, S.: *Abraham Geiger* and the Origins of Christianity, Ph.D. Dissertation der University of Pennsylvania 1989, Ann Arbor Microfilm International

Hess, M.: *Rom und Jerusalem*, die letzte nationale Judenfrage. Briefe und Noten, 2. Aufl., Leipzig 1899

Hofius, O.: *Paulusstudien*, WUNT II,51, Tübingen 1989

Hofius, O.: Der *Christushymnus* Philipper 2,6-11, WUNT II,17, 2. Aufl., Tübingen 1991

Holladay, C.R.: *Theios Aner* in Hellenistic Judaism: A Critique of the Use of this Category in the New Testament Christology, SBLDS 40, Missoula 1977

Holsten, K.: Die *Christusvision* des Paulus und die Genesis des paulinischen Evangeliums, Rostock 1861

Hübner, H.: Das *Gesetz* bei Paulus. Ein Beitrag zum Werden der paulinischen Theologie, FRLANT 119, Göttingen 1978

Hübner, H.: *Gottes Ich* und Israel. Zum Schriftgebrauch des Paulus in Röm 9-11, FRLANT 136, Göttingen 1984

Hurd, J.C.: The *Origins* of First Corinthians, London 1965 (neu: Macon 1983)

Hurtado, L.W.: *One God*, One Lord. Early Christian Devotion and Ancient Jewish Monotheism, Philadelphia 1988

Die *Israelfrage* nach Röm 9-11, Monographische Reihe von "Benedictina", Bd. 3, L. de Lorenzi (Hg.), Rom 1977

Jacob, W.: *Christianity* Through Jewish Eyes. The Quest for Common Ground, Cincinnati 1974

Jervell, J.: *Imago Dei*. Gen 1,26f. im Spätjudentum, in der Gnosis und in den paulinischen Briefen, Göttingen 1965

Jewish Perspectives on Christianity, F.A. Rothschild (Hg.), New York 1991

Jewish Writings of the Second Temple Period. Apocrypha, Pseudepigrapha, Qumran Sectarian Writings, Philo, Josephus, M.E. Stone (Hg.), Assen/Philadelphia 1984

Jews and Christians: The Parting of the Ways A.D. 70 to 135/The Second Durham Symposium on Earliest Christianity and Judaism (Durham, September, 1989), J.D.G. Dunn (Hg.), WUNT II,66, Tübingen 1992

Joest, W.: *Gesetz* und Freiheit. Das Problem des tertius usus legis bei Luther und die neutestamentliche Parainese, 4. Aufl. Göttingen 1968

Jonge, M. de: *Christologie* im Kontext. Die Jesusrezeption des Urchristentums, Neukirchen 1995

Judaism and Christianity, J.B. Agus (Hg.), New York 1973

Judaisms and Their Messiahs at the Turn of the Christian Era, J. Neusner u.a. (Hg.), Cambridge 2. Aufl. 1990

Juel, D.: *Messianic Exegesis*. Christological Interpretation of the Old Testament in Early Christianity, Philadelphia 1988

Käsemann, E.: Exegetische *Versuche* und Besinnungen, 2 Bde., 4. Aufl., Göttingen 1965

Käsemann, E.: Paulinische *Perspektiven*, 2. Aufl., Tübingen 1969

Karrer, M.: *Der Gesalbte*. Die Grundlegung des Christustitels, FRLANT 151, Göttingen 1990

Katz, J.: Aus dem *Ghetto* in die bürgerliche Gesellschaft. Jüdische Emanzipation 1770-1870, Frankfurt/M. 1986

Kessler, E.: An *English Jew*. The Life and Writings of Claude Montefiore, selected, edited and introduced by E. Kessler, London 1989

Kim, S.: The *Origins* of Paul's Gospel, WUNT II,4, 2. Aufl., Tübingen 1984

Kirche und Synagoge. Handbuch zur Geschichte von Christen und Juden, 2 Bde., K.H. Rengstorf/F. v. Kortzfleisch (Hg.), München 1988

Klausner, J.: Die messianischen *Vorstellungen* der Juden im Zeitalter der Tannaiten, Krakau 1903

Klausner, J.: *Jesus* von Narareth. Seine Zeit, sein Leben und seine Lehre, 3. Aufl., Jerusalem 1952 (urspr. hebr.: ישו הנצרי, Jerusalem 1922)

Klausner, J.: The *Messianic Idea* in Israel, New York 1955

Klein, G(ottlieb): Der erste christliche *Katechismus*, Berlin 1910 (urspr. schwedisch: Den foersta kristna katekesen, Stockholm 1908)

Klein, G(ottlieb): Fader var, Stockholm 1905

Klein, G(ottlieb): Ist Jesus eine historische Persönlichkeit?, Freiburg i.B. 1910

Klinghardt, M.: *Gesetz* und Volk Gottes: Das lukanische Verständnis des Gesetzes nach Herkunft, Funktion und seinem Ort in der Geschichte des Urchristentums, WUNT II,32, Tübingen 1988

Knox, J.: *Chapters* in a Life of Paul, London 1954

Kosmala, H.: *Hebräer*-Essener-Christen, StPB 1, Leiden 1959

Kramer, W.: *Christos*, Kyrios, Gottessohn. Untersuchungen zu Gebrauch und Bedeutung der christologischen Bezeichnungen bei Paulus und den vorpaulinischen Gemeinden, AThNT 44, Stuttgart 1963

Kreitzer, L.J.: *Jesus* and God in Paul's Eschatology, JSNT.S 19, Sheffield 1987

Küng, H.: Das *Judentum*, München 1991

Kümmel, W.G.: *Römer 7* und die Bekehrung des Paulus, UNT 17, Leipzig 1929 (= ders.: Röm 7 und das Bild des Menschen im Neuen Testament. Zwei Studien, München 1974, 1-160)

Kümmel, W.G.: *Einleitung* in das Neue Testament, 21. Aufl., Heidelberg 1983

Kümmel, W.G.: *Theologie* des Neuen Testaments nach seinen Hauptzeugen, GNT 3, 4. Aufl., Göttingen 1980

Kuhn, T.S.: Die *Struktur* wissenschaftlicher Revolutionen, 10. Aufl., Frankfurt/M. 1989

Law in Religious Communities in the Roman Period. The Debate over Torah and Nomos in Post-Biblical Judaism and Early Christianity, P. Richardson/S. Westerholm (Hg.), SCJud 4, Waterloo 1991

Lapide, P.: Ist das nicht *Josephs Sohn*? Jesus im heutigen Judentum, Stuttgart/München 1967

Lapide, P.: Ist die *Bibel* richtig übersetzt?, Bd.1, 4. Aufl., Gütersloh 1992

Lapide, P.: *Jesus in Israel*, Gladbeck 1970

Lapide, P./Küng, H.: *Jesus im Widerstreit*. Ein jüdisch-christlicher Dialog, Stuttgart 1976

Lapide, P./Luz, U.: *Jesus der Jude*. Thesen eines Juden - Antworten eines Christen 1979

Lapide, P.: Wer war schuld an *Jesu Tod*? Gütersloh 1987

Lapide, P.: *Wurde Gott Jude?* Vom Menschsein Jesu, München 1987

Lapide, P.: Jesus - ein gekreuzigter *Pharisäer,* Gütersloh 1990

Lehmann, K.: *Auferweckt* am dritten Tag nach der Schrift. Früheste Christologie, Bekenntnisbildung und Schriftauslegung im Lichte von 1 Kor 15,3-5, QD 38, Freiburg/Br. 1968

Lenhardt, R./v.d. Osten-Sacken, P.: Rabbi *Akiva*. Texte und Interpretationen zum rabbinischen Judentum und Neuem Testament, ANTZ Bd. 1, Berlin 1987

Lieber Freund: The Letters of Claude Goldsmith Montefiore to Solomon Schechter (1885-1902), J.B. Stein (Hg.), Lanham 1988

Lieberman, S.: *Hellenism* in Jewish Palestine. Studies in the Literary Transmission, Beliefs and Manners of Palestine in the I Century B.C.E.- IV Century C.E., 2. Aufl., New York 1962

Lindeskog, G.: Die *Jesusfrage* im neuzeitlichen Judentum, Uppsala 1938, neu: Darmstadt 1973

Lindeskog, G.: Das jüdisch-christliche *Problem*. Randglossen zu einer Forschungsepoche, Uppsala 1986

Lohfink, G.: Die *Himmelfahrt* Jesu. Untersuchungen zu den Himmelfahrts- und Auferstehungstexten bei Lukas, München 1971

Lohmeyer, E.: *Kyrios Christos*, Heidelberg 1928, neu: Darmstadt 1961

Lohse, E.: Grundriß der neutestamentlichen *Theologie*, Stuttgart 1974

Lübking, H.M.: *Paulus* und Israel im Römerbrief. Eine Untersuchung zu Röm 9-11, Frankfurt./M. 1985

Lüdemann, G.: Die *Auferstehung* Jesu. Historie, Erfahrungen, Theologie, Göttingen 1993

Lüdemann, G.: Paulus, der *Heidenapostel*, Bd.1: Studien zur Chronologie, FRLANT 123, Göttingen 1980

Lüdemann, G.: *Paulus* und das Judentum, TEH 215, München 1983

Lührmann, D.: Das *Offenbarungsverständnis* bei Paulus und in paulinischen Gemeinden, WMANT 16, Neukirchen 1965

Luz, U.: Das *Geschichtsverständnis* des Paulus, BEvTh 49, München 1968

Luz, U./Smend, R.: *Gesetz*, Stuttgart u.a. 1985

Mach, M: *Entwicklungsstadien* des jüdischen Engelglaubens in vorrabbinischer Zeit, Tübingen 1992

Mack, B.L.: *Logos und Sophia*. Untersuchungen zur Weisheitstheologie im hellenistischen Judentum, StUNT 10, Göttingen 1973

Maier, J.: Das *Judentum* von der Biblischen Zeit bis zur Moderne, 3. aktual. Aufl., Bindlach 1973

Maier, J.: Jüdische *Auseinandersetzung* mit dem Christentum in der Antike, EdF 177, Darmstadt 1982

Maier, J./*Schubert*, K.: Die *Qumran-Essener*, UTB 224, 3. Aufl., München 1992

Maier, J./*Strecker*, G.: *Neues Testament*-Antikes Judentum, Stuttgart 1989

Maier, W.F.: *Israel* in der Heilsgeschichte nach Römer 9-11, BZfr 12, Münster 1929

Marquardt, F.W.: Von *Elend* und Heimsuchung der Theologie. Prolegomena zur Dogmatik, München 1988

Marquardt, F.W.: Das christliche *Bekenntnis* zu Jesus, dem Juden. Eine Christologie, 2 Bde., München 1991-1992

Martin, R.: *Carmen Christi*. Philippians 2:5-11 in Recent Interpretation and in the Setting of Early Christian Worship, revised edition, Grand Rapids 1983

Martin Buber, *Briefwechsel* aus sieben Jahrzehnten, 3 Bde., G. Schaeder (Hg.), Heidelberg 1972-1975

Mayer, B.: Unter Gottes *Heilsratschluß*: Prädestinationsaussagen bei Paulus, fzb 15, Würzburg 1974

Mayer, R.: *Christentum und Judentum* in der Schau Leo Baecks, StDel Bd.6, Stuttgart 1961

McKnight, S.: A *Light* Among the Gentiles: Jewish Missionary Activity in the Second Temple Period, Minneapolis 1991

Meeks, W.A.: The First Urban *Christians*: The Social World of the Apostle Paul, New Haven 1983

Meisl, J.: *Heinrich Graetz*. Eine Würdigung des Historikers und Juden zu seinem 100. Geburtstag 31. Oktober 1917 (21. Cheschwan), Berlin 1917

The *Messiah*. Developments in Earliest Judaism and Christianity, J.H. Charlesworth u.a. (Hg.), Minneapolis 1992

Der Messias. JBTh 8, I. Baldermann u.a. (Hg.), Neukichen 1993

Milano, A.: *Storia* degli Ebrei in Italia, Turin 1963

Moltmann, J.: Gott in der *Schöpfung*. Ökologische Schöpfungslehre, 3. Aufl., München 1987

Montefiore, C.G.: Some *Elements* of the Religious Teaching of Jesus According to the Synoptic Gospels, Jowett Lecture 1910, London 1910

Montefiore, C.G.: *Liberal Judaism* and Hellenism and Other Essays, London 1918

Montefiore, C.G.: The Synoptic *Gospels*, 2. Aufl., London 1927

Montefiore, C.G.: *Rabbinic Literature* and Gospel Teachings, London 1930

Moore, G.F.: *Judaism* in the First Centuries of the Christian Era. The Age of the Tannaim, 3 Bde., Cambridge 1927-1930

Morais, H.S.: *Eminent Israelites* of the Nineteenth Century. A Series of Biographical Scetches, Philadelphia 1880

Morray-Jones, C.R.A.: *Merkabah Mysticism* and Talmudic Tradition, Ph.D. Diss. Cambridge 1988

Müller, K(arlheinz): Das *Judentum* in der religionsgeschichtlichen Arbeit am NT, Judentum und Umwelt 6, Frankfurt/M. 1983

Müller, K(laus): *Tora* für die Völker, Diss. Heidelberg 1992

Müller, U.B.: *Prophetie* und Predigt im Neuen Testament, StNT 10, Gütersloh 1975

Munck, J.: *Paulus* und die Heilsgeschichte, Acta Jutlandica XXVI, 1, Kopenhagen 1954

Mysteries and Revolution, J.J. Collins/J.H. Charlesworth (Hg.), Sheffield 1991

Newman, C.C.: *Paul's Glory-Christology*. Tradition and Rhetoric, NT.S 69, Leiden 1992

Niebuhr, K.W.: *Gesetz* und Paränese. Katechismusartige Weisungsreihen in der frühjüdischen Literatur, WUNT II.28, Tübingen 1987
Niebuhr, K.W.: *Heidenapostel* aus Israel, WUNT 62, Tübingen 1992
Novak, D.: The *Image* of the Non-Jew in Judaism, New York 1983
Oesterreicher, J.M.: The Unfinished *Dialogue*. Martin Buber and the Christian Way, New York 1986
Osten-Sacken, P. v.d.: *Grundzüge* einer Theologie im christlich-jüdischen Gespräch, München 1982
Osten-Sacken, P. v.d.: *Evangelium* und Tora. Aufsätze zu Paulus, ThBeitr 77, München 1987
Osten-Sacken, P. v.d.: Die *Heiligkeit* der Tora. Studien zum Gesetz bei Paulus, München 1989
Palliere, A.: Das unbekannte *Heiligtum*, 2. Aufl., Berlin 1929 (urspr. franz.: Le Sanctuaire inconnu, ma conversion au Judaisme, Paris 1926)
Parkes, J.: The *Conflict* of the Church and the Synagogue. A Study in the Origins of Antisemitism, New York 1977 (1. Aufl. 1934)
Pasinya. L.M.: La notion de *NOMOS* dans le pentateuque grec, Rom 1973
Paul and Paulinism. FS C.K. Barrett, M.D. Hooker/S.G. Wilson (Hg.), London 1982
Pauline Theology, Vol. I, J.M. Bassler (Hg.), Minneapolis 1991
Die *Paulinische Literatur* und Theologie, S. Pedersen (Hg.), TeolSt 7, Arhus/Göttingen 1980
Paulus. *Apostat* oder Apostel? Jüdische und christliche Antworten, M. Barth u.a (Hg.), Regensburg 1977
Paulus und das antike Judentum, M. Hengel (Hg.), WUNT II,58, Tübingen 1991
Paulus. *Wegbereiter* des Christentums. Zur Aktualität des Völkerapostels in ökumenischer Sicht, E. Biser u.a. (Hg.), München 1984
Das *Paulusbild* in der neueren deutschen Forschung, K.H. Rengstorf/U. Luck (Hg.), Darmstadt 1964
The *Philosophy* of Martin Buber, P.A. Schilpp/M. Friedman (Hg.), La Salle 1967
Plag, C.: Israels *Weg* zum Heil. Eine Untersuchung zu Römer 9 bis 11, AzTh 1/40, Stuttgart 1969
Räisänen, H.: *Paul* and the Law, WUNT I,29, 2. Aufl., Tübingen 1987
Ramsay, W.M.: *St. Paul* the Traveller and the Roman Citicen, New York 1896
Refoulé, F.: Et ainsi tout *Israel* sera sauvé. Romains 11,26-32, Le Cerf 1984
Reitzenstein, R.: Die hellenistischen *Mysterienreligionen*. Nach ihren Grundgedanken und Wirkungen, Berlin 1910
Rhyne, C.T.: *Faith* Establishes the Law, SBL.DS 55, Chico 1981
Richardson, P.: *Israel* in the Apostolic Church, MSSNTS 10, Cambridge 1969
The *Romans Debate*, K.P. Donfried (Hg.), Minneapolis 1977
Roth, C.: The *History* of the Jews of Italy, Philadelphia 1946
Rowland, C.C.: The *Open Heaven*: A Study of Apocalyptic in Judaism and Early Christianity, London 1982
Rowland, C.C.: *Christian Origins*. An Account of the Setting and Character of the Most Important Messianic Sect in Judaism, London 1985
Rubenstein, R.: *Power Struggle*, New York 1974
Rubenstein, R.: *The Religious Imagination*: A Study in Psychoanalysis and Jewish Theology, Indianapolis 1968
Ruether, R.R.: *Nächstenliebe und Brudermord*. Die theologischen Wurzeln des Antisemitismus, München 1978 (engl. Faith and Fratricide, New York 1974)
Sanders, E.P.: *Paulus* und das palästinische Judentum. Ein Vergleich zweier Religionsstrukturen, StUNT 17, Göttingen 1985 (engl.: Paul and Palestinian Judaism, London 1977)
Sanders, E.P.: Paul, the *Law* and the Jewish People, Philadelphia 1983

Sanders, E.P.: Paul, Oxford 1991

Sandmel, S.: Philo's Place in Judaism. A Study of Conceptions of Abraham in Jewish Literature, New York 1971 (1. Aufl., Cincinnati 1956)

Schade, H.H.: Apokalyptische *Christologie* bei Paulus. Studien zum Zusammenhang von Christologie und Eschatologie in den Paulusbriefen, GTA 18, Göttingen 1981

Schaeder, G: The Hebrew *Humanism* of Martin Buber, Detroit 1973

Schäfer, P.: Rivalität zwischen Engeln und Menschen, Untersuchungen zur rabbinischen Engelvorstellung, SJ 8, Berlin 1975

Schäfer, P.: Hekhalot-*Studien*, TSAJ 19, Tübingen 1988

Schäfer, P.: Der verborgene und offenbare *Gott.* Hauptthemen der frühen jüdischen Mystik, Tübingen 1991

Schechter, S.: Some *Aspects* of Rabbinic Theology, New York 1909

Schelkle, K.H.: Paulus, EdF 152, Darmstadt 1981

Schimanowski, G.: Weisheit und Messias. Die jüdischen Voraussetzungen der urchristlichen Präexistenzchristologie, WUNT II,17, Tübingen 1985

Schlatter, A.: Paulus. Der Bote Jesu, Stuttgart 1934

Schmithals, W.: Die *Gnosis* in Korinth. Eine Untersuchung zu den Korintherbriefen, FRLANT 66, Göttingen 1956

Schmithals, W.: Paulus und Jakobus, FRLANT 85, Göttingen 1963

Schmithals, W.: Paulus und die Gnostiker. Untersuchungen zu den kleinen Paulusbriefen, ThF 35, Hamburg 1965

Schnabel, E.J.: Law and Wisdom from Ben Sira to Paul. A Tradition Historical Inquiry into the Relation of Law, Wisdom, and Ethics, WUNT II,16, Tübingen 1985

Schoeps, H.J.: Rückblicke. Die letzten dreißig Jahre (1925-1955), 2. Aufl., Berlin 1963

Schoeps, H.J.: Jüdisch-Christliches *Religionsgespräch* in 19. Jahrhunderten, 2. Aufl. 1949, neu: H.J. Schoeps Ges. Werke, Abt.I, Bd.1, Salomon Ludwig Steinheim- Institut für deutsch-jüdische Geschichte (Hg.), Hildesheim 1990

Scholem, G.: Die jüdische Mystik in ihren *Hauptströmungen*, Zürich 1957

Scholem, G.: Ursprung und Anfänge der *Kabbala*, Berlin 1962

Scholem, G.: Von der mystischen *Gestalt* der Gottheit. Studien zu Grundbegriffen der Kabbala, Zürich 1962

Scholem, G.: Jewish *Gnosticism*, Merkabah Mysticism, and Talmudic Tradition, 2. Aufl., New York 1965

Schottroff, L.: Der Glaubende und die *feindliche Welt.* Beobachtungen zum gnostischen Dualismus und seiner Bedeutung für Paulus und das Johannesevangelium, WMANT 37, Neukirchen 1970

Schrage, W.: Die konkreten *Einzelgebote* in der paulinischen Paränese. Ein Beitrag zur neutestamentlichen Ethik, Gütersloh 1961

Schrage, W.: Ethik des Neuen Testaments, GNT 4, Göttingen 1982

Schubert, K./Maier, J: siehe: *Maier, J./Schubert, K.*

Schweitzer, A.: Die *Mystik* des Apostels Paulus, Tübingen 1930

Scroggs, R.: The Last *Adam*, Philadelphia 1966

Scroggs, R.: Christology in Paul and John, Philadelphia 1988

The *Scrolls* and the New Testament, K. Stendahl (Hg.), New York 1957

Seeberg, A.: Der *Catechismus* der Urchristenheit, Leipzig 1903

Seeberg, A.: Die *Didache* des Judentums und die Urchristenheit, Leipzig 1908

Segal, A.F.: Two Powers in Heaven: Early Rabbinic Reports About Christianity and Gnosticism, Studies in Judaism in Late Antiquity XXV, Leiden 1977

Stegemann, W.: Christliche *Judenfeindschaft* und Neues Testament. Vortrag zum Augustanatag am 26.6.1988, hg. von der Gesellschaft der Freunde der Augustana-Hochschule (ohne Ort)

Steinert, H.: *Begegnung und Erlösung*. Der Mensch als soteriologisches Wesen - das Existenzproblem bei Martin Buber, Würzburger Studien zur Fundamentaltheologie, Bd. 5, Frankfurt u.a. 1989

Stendahl, K.: Der Jude *Paulus* und wir Heiden. Anfragen an das abendländische Christentum, München 1978

Strack, H.L./*Stemberger*, G.: *Einleitung* in Talmud und Midrasch, 7. Aufl., München 1982

Strecker, G./*Maier*, J.: siehe *Maier*, J./*Strecker*, G.

Stroumsa, G.G.: *Savoir et salut*, Paris 1992

Stuhlmacher, P.: *Gerechtigkeit* Gottes bei Paulus, FRLANT 87, 2. Aufl., Göttingen 1966

Stuhlmacher, P.: Das paulinische *Evangelium*, Bd.1: Vorgeschichte, FRLANT 95, Göttingen 1968

Stuhlmacher, P.: Biblische *Theologie* des Neuen Testaments, Bd. 1: Grundlegung. Von Jesus zu Paulus, Göttingen 1992

Stuhlmann, R.: *Das eschatologische Maß* im Neuen Testament, FRLANT 132, Göttingen 1984

Suter, D.W.: *Tradition* and Composition in the Parables of Henoch, SBL Diss.-Series 47, Missoula (MT) 1979

Tabor, J.D.: *Things* Unutterable: Paul's Ascent to Paradise in its Greco-Roman, Judaic, and Early Christian Contexts, Lanham 1986

Theißen, G.: Studien zur *Soziologie* des Urchristentums, WUNT 19, Tübingen 1979

Theißen, G.: Psychologische *Aspekte* paulinischer Theologie, FRLANT 131, Göttingen 1983

Theis, J.: Paulus als *Weisheitslehrer*. Der Gekreuzigte und die Weisheit Gottes in 1 Kor 1-4, Bibl. Untersuchungen, Bd. 22, Regensburg 1991

Thielmann, F.: From *Plight* to Solution. A Jewish Framework for Understanding Paul's View of the Law in Galatians and Romans, NT.S 61, Leiden u.a. 1989

Thoma, C.: Theologische *Beziehungen* zwischen Christentum und Judentum, 2. Aufl., Darmstadt 1989

Tomson, P.J.: *Paul* and the Jewish Law - Halakha in the Letters of the Apostle to the Gentiles, Compendia Rerum Iudicarum ad Novum Testamentum II/1, Assen 1990

Toward a Theological *Encounter*: Jewish Understanding of Christianity, L. Klenicki (Hg.), Mahwah (NJ) 1991

Urbach, E.E.: *The Sages*. Their Concepts and Their Beliefs, 2. Aufl. Jerusalem 1979

Vasko, T.: Die *Dritte Position*. Der jüdisch-christliche Dialog bei Schalom Ben-Chorin bis 1945, Helsinki 1985

Vermes, G.: *Jesus* the Jew. A historian's Reading of the Gospels, Philadelphia 1973

Vielhauer, P.: *Geschichte* der urchristlichen Literatur, 2. durchges. Druck, Berlin 1978

Wachinger, L.: Der *Glaubensbegriff* Martin Bubers. Beiträge zur Ökumenischen Theologie, Bd. 4, München 1970

Wander, B.: *Trennungsprozesse* zwischen frühem Christentum und Judentum im 1. Jhd.d.Z. Datierbare Abfolgen zwischen der Hinrichtung Jesu und der Zerstörung des Jerusalemer Tempels

Watson, F.: *Paul*, Judaism and Gentiles. A Sociological Approach, SNTS Monogr.-Ser. 56, Cambridge 1986

Wehr, G.: *Martin Buber*. Leben, Werk, Wirkung, München 1977, neu: Zürich 1991

Wengst, K.: Christologische *Formeln* und Lieder des Urchristentums, TU 97, Berlin 1966

Werfel, F.: *Paulus unter den Juden*. Dramatische Legende in sechs Bildern, Berlin 1926

Westerholm, S.: Israel's *Law* and the Church's Faith: Paul and his Recent Interpreters, Grand Rapids 1988

Wewers, G.A.: *Geheimnis* und Geheimhaltung im rabbinischen Judentum, Berlin/New York 1975

Wilansky, D.: *From Sinai to Cincinnati*. Lay Views on the Writings of Isaac M. Wise, Founder of Reform Judaism in America, New York 1937

Wigoder, G.: Jewish-Christian *Relations* Since the Second World War, Manchester 1988

Wilckens, U.: *Weisheit* und Torheit. Eine exegetisch-religionsgeschichtliche Untersuchung zu 1 Kor 1 und 2, BHTh 26, Tübingen 1959

Williamson, C.M.: Has *God* Rejected His People? Anti-Judaism in the Christian Church, Nashville 1982

Wilson, S.G.: *Luke* and the Law, Cambridge 1983

Wise, I.M.: The *Martyrdom* of Jesus of Nazareth, Cincinnati 1874

Wise, I.M.: *Judaism and Christianity*. Their Agreements and Dissagreements, Cincinnati 1883

Wise, I.M.: A *Defense* of Judaism versus Proselytizing Christianity, Cincinnati u.a. 1889

Wolfson, H.A.: *Philo*. Foundations of Religious Philosophy in Judaism, Christianity and Islam, 2 Bde., 3. Aufl., Cambridge (MA) 1962 (1. Aufl. 1948)

Wright, N.T.: The *Climax* of the Covenant. Christ and the Law in Pauline Theology, Minneapolis 1991

Zeller, D.: *Juden und Heiden* in der Mission des Paulus. Studien zum Römerbrief, fzb 1, Stuttgart 1973

Ziesler, J.: *Pauline Christianity*, revised edition, Oxford 1983

Zmijewski, J.: Der Stil der paulinischen *'Narrenrede'*. Analyse der Sprachgestaltung in 2 Kor 11,1-12,10 als Beitrag zur Methodik von Stiluntersuchungen neutestamentlicher Texte, BBB 52, Bonn 1978

5.2 Aufsätze u. Lexikonartikel

Aageson, J.W.: *Scripture* and Structure in the Development of the Argument in Romans 9-11, CBQ 48 (1986), 265-289

Achtemeier, P.: The Elusive *Unity*, CBQ 48 (1986), 1-48

Alexander, P.S.: The Historical *Setting* of the Hebrew Book of Enoch, JJS 28 (1977), 156-180

Alexander, P.S.: *3 Henoch* and the Talmud, JSJ 18 (1987), 40-68

Alon, G.: R. Johanan ben Zakkai's *Removal* to Jabneh, in: ders.: Jews, Judaism and the Classical World: Studies in Jewish History of the Time of the Second Temple and Talmud, Jerusalem 1977, 269-313

Amir, Y.: The Term *Ioudaismos*. A Study in Jewish-Hellenistic Self-Identification, Imm. 14 (1982), 34-41

Aune, D.E.: *Orthodoxy* in First Century Judaism, JSJ 7 (1976), 1-10

Bachmann, M.: *Rechtfertigung* und Gesetzeswerke bei Paulus, ThZ 49 (1993), 1-33

Baeck, L.: Harnacks *Vorlesungen* über das Wesen des Christentums, MGWJ 45 (1901), 97-120

Baeck, L.: Das *Evangelium* als Urkunde der jüdischen Glaubensgeschichte, Berlin 1938, neu in: Paulus, die Pharisäer und das Neue Testament, München/Fft. 1961, 99-196

Baird, W.: *Visions*, Revelation, and Ministry: Reflections on 2 Cor 12:1-5 and Gal 1:11-17, JBL 104 (1985), 650-662

Balthasar, H.U.v.: *Martin Buber* and Christianity, in: Philosophy, 341-359

Barrett, C.K.: Things Offered to *Idols*, NTS 11 (1964/65), 138-153

Barrett, C.K.: Paul's *Opponents* in II Corinthians, NTS 17 (1971), 233-254

Barth, M.: The Kerygma of *Galatians*, Interp. 21 (1967), 131-163

Barth, M.: Was Paul an *Anti-Semite*? JES 5 (1968), 78-104

Barth, M.: Die *Stellung* des Paulus zu Gesetz und Ordnung, EvTh 33 (1973), 496-526

Barth, M.: Der gute Jude *Paulus*, in: Richte unsere Füße auf den Weg des Friedens, FS H. Gollwitzer, A. Baudis u.a. (Hg.), München 1979, 107-137

Barth, M.: Das *Volk Gottes*. Juden und Christen in der Botschaft des Paulus, in: Paulus. Apostat oder Apostel ?, 45-134

Baumbach, G.: *Fragen* der modernen jüdischen Jesusforschung an die christliche Theologie, ThLZ 9 (1977), 626-636

Baumgarten, A.I.: The *Name* of the Pharisees, JBL 102 (1983), 411-428

Baumgarten, J.M.: The Book of *Elkesai* and Merkabah Mysticism, JSJ 17 (1986), 212-223

Baumgarten, J.M.: The Qumran *Sabbath Shirot* and Rabbinic Merkabah Traditions, RdQ 13 (1988), 199-213

Ben-Chorin, S.: Mein *Leben*, in: Weil wir Brüder sind. Zum jüdisch-christlichen Dialog heute, Gerlingen 1988, 229-235

Berger, K.: Zum traditionsgeschichtlichen Hintergrund christologischer *Hoheitstitel*, NTS 17 (1970/71), 390-425

Bernays, J.: Über das Phokylideische *Gedicht*. Ein Beitrag zur hellenistischen Literatur, in: Gesammelte Abhandlungen, H. Usener (Hg.), Berlin 1885, 192-261

Blank, J.: *Paulus - Jude und Völkerapostel*. Als Frage an Juden und Christen, in: Paulus. Apostat oder Apostel?, 147-172

Böcher, O.: Das sogenannte *Aposteldekret*, in: Vom Urchristentum zu Jesus, FS J. Gnilka, H. Frankemölle/K. Kertelge (Hg.), Freiburg 1989, 325-336

Borgen, P.: *Catalogue of Vices*, The Apostolic Decree, and The Jerusalem Meeting, in: The Social World of Formative Christianity and Judaism, FS H.C. Kee, J. Neusner u.a. (Hg.), Philadelphia 1988, 139-141

Bornkamm, G.: *Sünde*, Gesetz und Tod, in: ders.: Das Ende des Gesetzes. Paulusstudien, (GA 1), BET 16, München 1958,

Bornkamm, G.: Zum *Verständnis* des Christushymnus' Phil 2,6-11, in: ders.: Studien, 177-187

Bornkamm, G.: *Gesetz und Natur* (Röm 2,14-16), in: ders.: Studien, 108-111

Bornkamm, G.: Der *Römerbrief* als Testament des Paulus, in: Geschichte und Glaube II, (= GA 4), München 1971, 120-139

Bowker, J.W.: *Merkabah Visions* and the Visions of Paul, JSSt 16 (1971), 157-173

Bowler, M.G.: *C.G. Montefiore* and His Quest, Jdm 30 (1981), 453-459

Bowman, J.: *Eliah* and the Pauline Jesus Christ, Abr-n. 26 (1988), 1-18

Braun, H.: Der Sinn der neutestamentlichen *Christologie*, ZThK 54 (1957), 341-377

Brod, M.: Judaism and Christianity in the Work of *Martin Buber*, in: Philosophy, 319-340

Brunner, E.: *Judaism and Christianity* in Martin Buber, in: Philosophy, 309-318

Bultmann, R.: Zur *Geschichte* der Paulusforschung, ThR 1 (1929), 26-59; neu in: Paulusbild, 304-337

Bultmann, R.: Christus des Gesetzes *Ende*, in: Glauben und Verstehen II, 3. Aufl., Tübingen 1962, 32-58

Burchard, C.: Die *Summe* der Gebote (Röm 13,7-10), das ganze Gesetz (Gal 5,13-15) und das Christusgesetz (Gal 6,2; Röm 15,1-6; 1 Kor 9,21); in: In Dubio pro Deo, Heidelberger Resonanzen auf den 50. Geburtstag von Gerd Theißen, am 24. April 1993, Festgehalten v. D. Trobisch (unveröffentlicht), 28-62

Burchard, C.: Noch ein *Versuch* zu Galater 3,19 und 20, interne, unveröffentl. FS B. Janowski, Heidelberg 1993, 1-19

Catchpole, D.R.: *Paul*, James and the Apostolic Decree, NTS 23 (1977), 428-444

Chester, A.: Jewish Messianic *Expectations* and Meditorial Figures and Pauline Christology, in: Paulus und das antike Judentum, 17-89

Chilton, B.: *Romans 9-11* as Scriptural Interpretation and Dialogue with Judaism, ExAu IV (1988), 27-37

Cohen, N.G.: The Jewish *Dimension* of Philo's Judaism - An Elucidation of de Spec. Leg IV 132-150, JJS 38 (1987), 165-186

Cohen, N.G.: *Taryag* and the Noahide Commandments, JJS 43 (1992), 46-57

Collins, J.J.: A *Symbol* of Otherness: Circumcision and Salvation in the First Century, in: To See Ourselves as Others See Us - Christians, Jews and 'Others' in Late Antiquity, J. Neusner/E.S. Fredrichs (ed.), Chico 1985, 177-179

Conzelmann, H.: Paulus und die *Weisheit*, NTS 12 (1965/66), 231-244

Craffert, P.F.: Paul's Damascus *Experience* as Reflected in Gal 1: Call or Conversion? Scriptura 29 (1989), 36-47

Cranfield, C.E.B.: St. Paul and the *Law*, SJTh 17 (1964), 43-69

Cranfield, C.E.B.: 'The *Works* of the Law' in the Epistle to the Romans, JSNT 43 (1991), 89-101

Davies, W.D.: Paul and the Dead Sea Scrolls, *Flesh and Spirit*, in: Scrolls, 157-182

Davies, W.D.: Paul and the People of *Israel*, NTS 24 (1978), 4-39

Davies, W.D.: *Romans 11,13-28*. A Suggestion, in: Paganisme, Judaisme, Christianisme, FS M. Simon, Paris 1978, 131-144

Davies, W.D.: *Paul and the Law*. Reflections on Pitfalls in Interpretation, in: Paul and Paulinism, 4-16

Déaut, R. le: La *présentation targumique* du sacrifice d'Isaac et la soteriologie paulinienne, in: Studiorum Paulinorum Congressus Internationalis Catholicus 1961, AnBib 17-18, Rom 1963, 563-574

Decock, P.B.: *Holy Ones*, sons of God, and the transcendent figure of the righteous in 1 Enoch and the New Testament, Neotest. 17 (1983), 70-82

Delcor, M.: The *Courts* and the Church of Corinth and the Courts of Qumran, in: Paul and Qumran: Studies in NT Exegesis, J. Murphy-O'Connor (Hg.), London 1968, 69-84

Dimant, D./*Strugnell*, J.: The *Merkabah Vision* in Second Ezekiel (4Q385), RdQ 14 (1989/90), 331-348

Donaldson, T.A.: *Zealot and Convert*: The Origin of Paul's Christ-Tora Antithesis, CBQ 51 (1989), 655-682

Donaldson, T.L.: The *Curse* of the Law and the Inclusion of the Gentiles: Galatians 3:11-14, NTS 32 (1986), 94-112

Donaldson, T.L.: Riches for the *Gentiles* (Rom 11:12): Israel's Rejection and Paul's Gentile Mission, JBL 112 (1993), 81-98

Donaldson, T.L.: *Proselytes* or 'Righteous Gentiles'? The Status of Gentiles in Eschatological Pilgrimage Patterns of Thought, JSP 7 (1990), 3-27

Dunn, J.D.G.: What Was the *Issue* between Paul and 'those of the Circumcision'?, in: Paulus und das antike Judentum, 295-313

Dunn, J.D.G.: The *Justice* of God. A Renewed Perspective on Justification by Faith, JThS 43 (1992), 1-22

Dunn, J.D.G.: Rom 7,14-25 in the Theology of Paul, ThZ 31 (1975), 757-773

Dunn, J.D.G.: Yet Once More - 'The *Works* of the Law': A Response, JSNT 46 (1992), 99-117

Dupont, J.: La *conversion* de Paul et son influence sur la conception du salut par la foi, in: Foi et salut selon S. Paul, M. Barth u.a. (Hg.), AnBib 42, Rom 1970, 67-88 (engl.: The Conversion of Paul and Its Influence on His Understanding of Salvation and Faith, in: Apostolic History and the Gospel, FS F.F. Bruce, W.W. Gasque/R.P. Martin (Hg.), Exeter/Devon 1970, 176-194)

McEleney, J.N.: *Orthodoxy* in Judaism in the First Christian Century, JSJ 4 (1973), 20-42

McEleney, J.N.: *Conversion*, Circumcision and the Law, NTS 20 (1974), 328-333

Fiedler, P.: 'Das *Israel* Gottes' im Neuen Testament - die Kirche oder das jüdische Volk, in: Christlicher Antijudaismus und jüdischer Antipaganismus, H. Frohnhofen (Hg.), Hamburg 1990, 64-87

Finkelstein, L.: Some *Examples* of Maccabean Halaka, JBL 49 (1930), 20-42

Flückiger, F.: Die *Werke des Gesetzes* bei den Heiden (Röm 3,14ff.), ThZ 8 (1952), 17-42

Flusser, D.: Scholem's Recent Book on *Merkabah Literature*, JJS 11 (1960), 59-68

Flusser, D.: At the *Right Hand* of the Power, Imm. 14 (1982), 42-46

Flusser, D./*Safrai*, S.: The Essene Doctrine of *Hypostasis* and Rabbi Meir, Imm. 14 (1982), 47-57

Fossum, J.E.: Jewish-Christian *Christology* and Jewish Mysticism, VigChr 37 (1983), 260-287

Fossum, J.E.: *The Magharians*: A Pre-Christian Jewish Sect and its Significance for the Study of Gnosticism and Christianity, Henoch 9 (1987), 303-344

Fossum, J.E.: *Colossians 1.15-18a* in the Light of Jewish Mysticism and Gnosticism, NTS 35 (1989), 183-201

Frankemölle, H.: *Juden und Christen* nach Paulus. Israel als Volk Gottes und das Selbstverständnis der christlichen Kirche, TuG 74 (1984), 59-80

Frankemölle, H.: *Christliche Identität* nach Paulus. Abgrenzung vom Judentum als christliche Identitätsfindung im NT (im Kontext von Phil 3,8) ?, in: Christliche Identität im Angesicht von Israel, hg. von der Alten Synagoge, Essen 1991, 29-43

Fredricksen, P.: *Judaism*, the Circumcision of Gentiles, and Apocalyptic Hope: Another Look at Galatians 1 and 2, JThS 42 (1991), 532-564

Friedrich, G.: Die *Gegner* des Paulus im 2. Korintherbrief, in: Abraham unser Vater: Juden und Christen im Gespräch über die Bibel, AGJU 5, FS O. Michel, O. Betz u.a. (Hg.), Leiden 1963, 181-215

Friedrich, G.: *Glaube und Verkündigung* bei Paulus, in: Glaube im Neuen Testament, Bibl.-Theol. Studien, FS H. Binder, F. Hahn/H. Klein (Hg.), Neukirchen 1980, 93-112

Gager, J.: Some Notes on Paul's *Conversion*, NTS 27 (1981), 697-704

Gaster, M.: Das *Schiur Komah*, MGWJ 37 (1893), 179-185; 213-230

Georgi, D.: Der vorpaullinische *Hymnus* Phil 2,6-11, in: Zeit und Geschichte, E. Dinkler (Hg.), FS R. Bultmann, Tübingen 1964, 263-294

Gilbert, G.: The *Making of a Jew*: 'God Fearer' or Jew in the Story of Izates, USQR 44 (1991), 299-314

Gillman, J.: Recent *Perspectives* in Pauline Studies, LiLi 24 (1988), 255-266

Gnilka, J.: *2 Cor. 6,14-7,1* in the Light of the Qumran Texts and the Testaments of the Twelve Patriarchs, in: Paul and Qumran, Studies in NT Exegesis, J. Murphy-O'Connor (Hg.), London 1968, 48-68

Gollwitzer, H.: Martin Bubers *Bedeutung* für die protestantische Theologie, in: Leben als Begegnung: Ein Jahrhundert Martin Buber, P.v.d. Osten-Sacken (Hg.), Berlin 1987, 63-79

Goodman, M.: *Jewish Proselytizing* in the First Century, in: The Jews Among Pagans and Christians in the Roman Empire, J. Lieu u.a. (Hg.), London u.a. 1992, 53-78

Goulder, M.D.: *Sophia* in 1 Corinthians, NTS 37 (1991), 516-534

Grabbe, L.: Orthodoxy in First-Century Judaism: What Are the Issues?, JSJ 8 (1977), 149-153

Greenberg, B.: *Jakob Emden*. The Views of An Enlightened Traditionalist on Christianity, Jdm 27 (1978), 351-363

Greenberg, G.: Religion and History according to *Samuel Hirsch*, HUCA 43 (1972), 103-124

Greenberg, G.: Samuel Hirsch's *Absolute Religiously*, Jdm 21 (1972), 93-96

Guttmann, J.: Über zwei dogmengeschichtliche *Mischnastellen*, MGWJ 42 (1898), 303-305; 337-342

Hafemann, S.F.: *Salvation* of Israel in Romans 11,25-32, ExAu IV (1988), 38-58

Hahn, F.: Das *Gesetzesverständnis* im Römer- und Galaterbrief, ZNW 67 (1976), 50

Harnack, A. v.: Das *Aposteldekret* und die Blaß'sche Hypothese, in: Sitzungsberichte der königlich preußischen Akademie der Wissenschaften 1, Berlin 1899, 150-176 (= ders.: Studien zur Geschichte des Neuen Testaments und der alten Kirche, Berlin/Leipzig 1931, 1-32)

Harrington, D.J.: *Israel's Salvation* according to Paul, BiTod 26 (1988), 304-308

Hauer, C.: When *History* Stops: Apocalypticism and Mysticism in Judaism and Christianity, in: The Divine Helmsman. Studies on God's Control of Human Events, J.L. Creenshaw/S. Sandmel (Hg.), FS L. Silberman, New York 1980, 207-221

Hayman, P.: *Monotheism* - A Misused Word in Jewish Studies?, JJS 42 (1991), 1-15

Hecht, R.D.: *Philo and Messiah*, in: Judaisms, 139-168

Heckel, U.: Der *Dorn* im Fleisch. Die Krankheit des Paulus in 2 Kor 12,7 und Gal 4,13f., ZNW 84 (1993), 65-91

Heiligenthal, R.: Soziologische *Implikationen* der paulinischen Rechtfertigungslehre im Galaterbrief am Beispiel der 'Werke des Gesetzes'. Beobachtungen zur Identitätsfindung einer frühchristlichen Gemeinde, Kairos 26 (1984), 38-53

Hengel, M.: *Christologie* und neutestamentliche Chronologie. Zu einer Aporie in der Geschichte des Urchristentums, in: Neues Testament und Geschichte, H. Baltensweiler/B. Reicke (Hg.), FS O. Cullmann, Tübingen u.a. 1972, 43-67

Hengel, M.: *Erwägungen* zum Sprachgebrauch von Χριστός bei Paulus und in der vorpaulinischen Überlieferung, in: Paul and Paulinism, 135-158

Hengel, M.: Christological Titels in Early Christianity, in: The Messiah, 425-448

Hengel, M.: Der vorchristliche *Paulus*, in: Paulus und das antike Judentum, 177-293 (engl.: The Pre-Christan Paul, London/Philadelphia 1991)

Hoenig, S.B.: Vorwort von J. Klausner: From Jesus to Paul, 2 Bde., New York 1943

Hofius, O.: Das Evangelium und Israel. Erwägungen zu *Röm 9-11*, ZThK 83 (1986), 297-324

Hofius, O.: Ist Jesus der *Messias*? Thesen, in: Der Messias, 103-130

Holtz, B.W.: *Midrash*, in: Back to the Sources. Reading the Classic Jewish Texts, ders. (Hg.), New York 1984, 177-212

Holtz, T.: Die *Bedeutung* des Apostelkonzils für Paulus, NT (1974), 110-148 (neu in: Geschichte und Theologie des Urchristentums, WUNT II,57, 140-170)

Holtz, T.: Zur Frage der inhaltlichen *Weisungen* bei Paulus, ThLZ 6 (1981), 385-400

Holtz, T.: Der Antiochenische *Zwischenfall* (Gal 2,11-14), NTS 32 (1986), 344-361

Hooker, M.D.: ΠΙΣΤΙΣ ΧΡΙΣΤΟΥ, NTS 35 (1989), 321-342

Hooker, M.D.: *Philippians 2.6-11*, in: Jesus und Paulus, FS W.G. Kümmel zum 70. Geburtstag, E.E. Ellis/E. Gräßer (Hg.), Göttingen 1975, 151-164

Horsley, R.A.: *Messianic Figures* and Movements in First-Century Judaism, in: The Messiah, 276-295

Horst, P.W. van der: Mose's Throne *Vision* in Ezechiel the Dramatist, JJS 34 (1983), 21-29

Howard, G.: On the *Faith* of Christ, HThR 60 (1967), 459-484

Howard, G.: Christ and the *End* of the Law: The Meaning of Romans 10:4ff., JBL 88 (1969), 331-337

Howard, G.: *Romans 3:21-31* and the Inclusion of the Gentiles, HThR 63 (1970), 223-233

Hübner, H.: Gal 3,10 und die *Herkunft* des Paulus, KuD 19 (1973), 215-231

Hübner, H.: Pauli Theologiae *Proprium*, NTS 26 (1980), 445-473

Hübner, H.: Was heißt bei Paulus *'Werke des Gesetzes'*?, in: Glaube und Eschatologie, FS W.G. Kümmel, E. Gräßer/O. Merk (Hg.), Tübingen 1985

Hübner, H.: *Methodologie* und Theologie. Zu neuen methodischen Ansätzen in der Paulusforschung, KuD 33 (1987), 150-176; 301-329

Hübner, H.: *Paulusforschung* seit 1945, in: ANRW II 25.4, 2649-2840

Hultgren, A.J.: The *Pistsis Christou* Formulation in Paul, NT 22 (1980), 248-263

Hvalvik, R.: A *'Sonderweg'* for Israel. A critical Examination of a Current Interpretation of Romans 11,25-27, JSNT 38 (1990), 87-107

Isser, S.: *Studies* of Ancient Jewish Messianism: Scholarship and Apologetics, JES 25 (1988), 56-73

Jellinek, A. : Zur *Geschichte* der Polemik gegen das Christentum, Der Orient 10 (1849) (nicht gesehen)

Jeremias, J.: Einige vorwiegend sprachliche *Beobachtungen* zu Röm 11,25-36, in: Israelfrage, 193-205

Jervell, J.: Der unbekannte *Paulus*, in: Die Paulinische Literatur und Theologie, 29-49

Jewett, R.: The *Law* in the Coexistence of Jews and Gentiles in Romans, Interp. 39 (1985), 341-356

Johnson, L.T.: Romans 3:21-26 and the *Faith* of Jesus, CBQ 44 (1982), 77-90

Käsemann, E.: Die *Legitimität* des Apostels. Eine Untersuchung zu I Korinther 10-13, ZNW 41 (1942), 33-71 (= Paulusbild, 475-521)

Käsemann, E.: Kritische *Analyse* von Phil 2,5-11, ZThK 47 (1950), 313-360

Käsemann, E.: Die *Anfänge* der christlichen Theologie, ZThK 57 (1960), 162-185

Katz, S.: *Issues* in the Separation of Judaism and Christianity After 70 CE., JBL 103 (1984), 43-76

Kaufmann, D.: Das *Alter* der drei Benedictionen von Israel vom Freien und vom Mann, MGWJ 37 (1893), 14-18

Kertelge, K.: *Apokalypsis* Jesou Christou (Gal 1,12), in: Grundthemen paulinischer Theologie, Freiburg/Br., 1991, 46-61

Kittel, G.: *Paulus* im Talmud, in: Rabbinica, Arbeiten zur Religionsgeschichte des Urchristentums I/3, Leipzig 1920, 1-16

Klauck, H.J.: Die *Himmelfahrt* des Paulus (2 Kor 12,2-4) in der koptischen Paulusapokalypse aus Nag Hammadi (NHC V/2), SNTU Serie A, 10 (1985), 150-190

Klein, G(ünther): *Individualgeschichte* und Weltgeschichte bei Paulus, EvTh 24 (1964), 126-165

Klein, G(ünther): Der *Abfassungszweck* des Römerbriefs, in: ders.: Rekonstruktion und Interpretation, BEvTh 50, München 1969, 129-144

Klein, G(ünther): Apokalyptische *Naherwartung* bei Paulus, in: Neues Testament und christliche Existenz, FS H. Braun, H.D. Betz/L. Schottroff (Hg.), Tübingen 1973, 241-262

Klein, G(ünther): *Sündenverständnis* und theologia crucis bei Paulus, in: theologia crucis, signum crucis, FS E. Dinkler, Tübingen 1979, 249-282

Klein, G(ünther): Christlicher *Antijudaismus*, Bemerkungen zu einem semantischen Einschüchterungsversuch, ZThK 79 (1982), 411-450

Knox, I.: *I.M. Wise*, in: Creators of the Jewish Experience in the Modern World, S. Noveck (Hg.), Washington D.C. 1985, 97-126

Knox, J.: The Pauline *Chronology*, JBL 58 (1939), 15-29

Kraabel, A.T.: The *Disappearance* of the 'God-Fearers', Numen 28 (1981), 113-126

Krenkel, M.: Der *Dorn* im Fleische. 2 Kor 12,7-9, in: ders: Beiträge zur Aufhellung der Geschichte und der Briefe des Apostels Paulus, 2. Aufl., Braunschweig 1895, 47-125

Kümmel, W.G.: Die älteste *Form* des Aposteldekrets, in: Heilsgeschehen und Geschichte, Marburg 1965, 278-288

Kümmel, W.G.: Die *Probleme* von Römer 9-11 in der gegenwärtigen Forschungslage, in: Israelfrage, 13-33

Kuhn, K.G.: *Temptation*, Sin, and Flesh, in: Scrolls, 101-108

Lambrecht, J.: *Gesetzesverständnis* bei Paulus, in: Gesetz, 88-127

Levy, B.J.: *Tora* in the Messianic Age, Gesher 7 (1979), 167-181

Lichtenberger, H.: *Paulus und das Gesetz*, in: Paulus und das antike Judentum, 361-378
Lincoln, A.T.: '*Paul the Visionary*': The Setting and Significance of the Rapture to Paradise in 2 Corinthians XII.1-10, NTS 25 (1979), 204-220
Lindemann, A.: Die *Gerechtigkeit* aus dem Gesetz. Erwägungen zur Auslegung und Textgeschichte von Röm 10,5, ZNW 73 (1982), 231-250
Lindemann, A.: Die biblischen *Toragebote* und die paulinische Ethik, in: Studien zum Text und zur Ethik des Neuen Testaments, FS H. Greeven, Berlin 1986, 243-265
Linss, W.C.: *Exegesis* of telos in Romans 10:4, BR 33 (1988), 5-12
Lips, H. v.: *Christus als Sophia*? in: Anfänge der Christologie, C. Breitenbach/H. Paulsen (Hg.), FS F. Hahn, Göttingen 1991, 75-95
Loader, B.: *Paul and Judaism*. Is He Fighting Stawmen? Colloquium 162 (1984), 11-20
Lohmeyer, E.: '*Gesetzeswerke*', in: ders.: Probleme paulinischer Theologie, Darmstadt 1954, 31-74
Lohse, E.: Ho *nomos* tou pneumatos tes zoes - Exegetische Anmerkungen zu Röm 8,2, in: ders.: Die Vielfalt des Neuen Testaments, Göttingen 1982, 128-136
Longenecker, B.W.: Different *Answers* to Different Issues: Israel, the Gentiles and Salvation History in Romans 9-11, JSNT 36 (1989), 95-123
Lührmann, D.: *Paul* and the Pharisaic Tradition, JSNT 36 (1989), 75-94
Macrae, G.: *Messiah and Gospel*, in: Judaisms, 169-186
Maier, J.: Das *Gefährdungsmotiv* bei der Himmelsreise in der jüdischen Apokalyptik und 'Gnosis', Kairos 5 (1963), 8-40
Martens, J.W.: *Philo* and the 'Higher' Law, SBL.SPS 1991, 309-322
Martyn, J.L.: *Introduction* (zu L. Baeck), in: Jewish Perspectives, 21-41
Meeks, W.A.: The Social *Context* of Pauline Theology, Interp. 36 (1982), 266-277
Meißner, S.: Paulinische *Soteriologie* und die 'Aqedat Jizchaq (Bindung Isaaks), Jud 51 (1995), 33-49
Mendels, D.: Pseudo-Philo´s Antiquities, the 'Fourth Philosophy', and the *Political Messianism* of the First Century, in: Messiah, 261-275
Merk, O.: *Paulusforschung* 1936-1985, ThR 53 (1988), 1-81
Merklein, H.: `*Nicht aus Werken des Gesetzes*' (Gal 2,15-21), in: Die Bibel in jüdischer und christlicher Tradition, BBB 88, FS J. Maier, H. Merklein (Hg.), Bonn 1993, 121-136
Meyer, P.: *Romans 10:4* and the 'End' of the Law, in: The Divine Helmsman. Studies on God's Control of Human Events, J.L. Creenshaw/S. Sandmel (Hg.), FS L. Silberman, New York 1980, 59-78
Moore, G.F.: *Christian* Writers on Judaism, HThR 14 (1921), 197-254
Morray-Jones, C.R.A.: *Hekhalot Literature* and Talmudic Tradition: Alexander's Three Cases, JSJ 22 (1991), 1-39
Morray-Jones, C.R.A.: *Transformational Mysticism* in the Apocalyptic-Merkabah Tradition, JJS 43 (1992), 1-31
Morray-Jones, C.R.A.: *Paradise* Revisited (2 Cor. 12.1-12). The Jewish Mystical Background of Paul's Apostolate, 1992 (unveröffentlichtes Manuskript)
Mullins, T.Y.: Paul's *Thorn* in the Flesh, JBL 76 (1957), 301-303
Mußner, F.: *Ganz Israel* wird gerettet werden (Röm 11,26). Versuch einer Auslegung, Kairos 16 (1974), 241-255
Neher, A.: Le *Voyage mystique* des quatre, RHR 140 (1951), 59-82
Nemoy, L.: Al-Qirqisani's *Account* of the Jewish Sects, HUCA 7 (1930), 317-397
Neumann, W.T.: *Jesus und Paulus* im Urteile des zeitgenössischen Judentums, SaH 60 (1923), 34-45
Nolland, J.: Uncircumcised *Proselytes*? JSJ 12 (1981), 173-194

Osten-Sacken, P.v.d.: Die paulinische *theologia crucis* als Form apokalyptischer Theologie, EvTh 39 (1979), 477-496

Osten-Sacken, P.v.d.: Das *Gesetz* im Spannungfeld von Eschatologie und Geschichte, EvTh 37 (1977), 549-587

Pearson, B.A.: *1 Thess 2,13-16* a Deutero-Pauline Interpolation, HThR 64 (1971), 79-94

Pines, S.: The *Jewish-Christians* acording to a New Source, PIASH 2, Nr. 13, Jerusalem 1968

Plag, C.: Paulus und die *Gezera schawa*: Zur Übernahme rabbinischer Auslegungskunst, Jud 50 (1994), 135-140

Ponsot, H.: Et ainsi tout *Israel* sera sauvé: Rom XI,26a. Salut et conversion, RB 89 (1982), 406-417

Price, R.M.: *Punished in Paradise*. An Exegetical Theory on II Corinthians 12:1-10, JSNT 7 (1980), 33-40

Quispel, G.: *Ezekiel 1:26* in Jewish Mysticism and Gnosis, VigChr 34 (1980), 1-13

Rainbow, P.A.: Jewish *Monotheism* as the Matrix for New Testament Christology: A Review Article, NT 33 (1991), 78-91

Räisänen, H.: Paul's Theological *Difficulties* with the Law, in: Studia Biblica, Bd. 3, 1978, 301-315

Räisänen, H.: Gal 2,16 and Paul's *Break* with Judaism, NTS 31 (1985), 543-553

Räisänen, H.: Paul's *Conversion* and the Development of his View of the Law, NTS 33 (1987), 404-419

Räisänen, H.: *Römer 9-11*: Analyse eines geistigen Ringens, ANRW II 25,4, 1987, 2891-2939

Reichrath, H.: *Römer 9-11*, ein Stiefkind christlicher Theologie und Verkündigung, Jud 3 (1967), 160-171

Reichrath, H.: 'Der *Retter* wird aus Zion kommen', Jud 49 (1993), 146-155

Reicke, B.: *Natürliche Theologie* nach Paulus, SEA 22-23 (1957-58), 154-167

Rese, M.: Die *Rettung* Israels nach Röm 11, BETL 73 (1986), 422-430

Rese, M.: *Israel* und die Kirche in Röm 9, NTS 34 (1988), 208-217

Rese, M.: Israels *Unwissen* und Ungehorsam und die Verkündigung des Glaubens durch Paulus in Röm 10, in: Jesu Rede von Gott.., FS W. Marxsen, Gütersloh 1989, 252-266

Rhyne, C.T.: *Nomos* Dikaiosynes and the Meaning of Romans 10:4, CBQ 47 (1985), 486-499

Richardson, P.: *Judgement* in Sexual Matters in 1 Corinthians 6:1-11, NT 25 (1983), 37-58

Richardson, P.: *Torah and Nomos* in Post-Biblical Judaism and Early Christianity, in: Law, 147-156

Ronning, H.: Some Jewish *Views* on Paul, Jud 24 (1968), 82-97

Roon, A. van: The *Relation* between Christ and the Wisdom of God According to Paul, NT 16 (1977), 207-239

O'Rourke, J.J.: *Pistis* in Romans, CBQ 34 (1973), 188-194

Rowland, C.: The *Parting* of the Ways: the Evidence of Jewish and Christian Apocalyptic and Mystical Material, in: Jews and Christians: the Parting of the Ways A.D. 70 to 135, WUNT II,66, J.D.G. Dunn (Hg.) Tübingen 1992, 213-237

Saake, H.: *Paulus als Ekstatiker*. Pneumatologische Beobachtungen zu 2 Kor XII,1-10, NT 15 (1973), 153-160

Sänger, D.: *Rettung* der Heiden und Erwählung Israels. Einige vorläufige Erwägungen zu Römer 11,25-27, KuD 32 (1986), 99-119

Sanders, E.P.: *Patterns* of Religion in Paul and Rabbinic Judaism: A Holistic Method of Comparison, HThR 66 (1973), 455-478

Sanders, E.P.: Jewish *Association* with Gentiles and Galatians 2,11-14, in: The Conversion Continues. Studies in Paul and John, FS J.L. Martyn, Nashville, 1990, 170-188

Sanders, J.A.: *Torah and Christ*, Interpr. 29 (1975), 372-390

Sanders, J.A.: *Torah and Paul*, in: God's Christ and His People, FS N.A. Dahl, J. Jervell/W.A. Meeks (Hg.), Oslo u.a. 1977, 132-140

Schäfer, P.: Die *Tora* der messianischen Zeit, ZNW 65 (1974), 27-42

Schiffman, L.H.: *Merkavah Speculation* at Qumran. The 4Q Serekh Shirot 'Olat ha-Shabbat, in: Mystics, Philosophers, and Politicians. Essays in Jewish Intellectual History in Honor of Alexander Altmann, J. Reinharz/D. Swetschinski (Hg.), Durham Monographs in Medieval and Renaissance Studies 5, Durham 1982, 15-47

Schiffman, L.H.: *Hekhalot Mysticism* and the Qumran Literature, Early Jewish Mysticism. Jerusalem Studies in Jewish Thought 6 (1987), 121-138 (Hebr.)

Schiffman, L.H.: The *Conversion* of the Royal House of Adiabene in Josephus and Rabbinic Sources, in: Josephus, Judaism, and Christianity, L.H. Feldman/G. Hata (Hg.), Detroit 1987, 293-312

Scholem, G.: Die *Krise* der Tradition im jüdischen Messianismus, in: Judaica, Bd.3, Nachdruck: Frankfurt/M. 1973, 174ff.

Scholem, G.: Zum *Verständnis* der messianischen Idee im Judentum, Eranos-Jahrbuch XXVIII, 193-239 (neu in: Judaica, Bd.1, Nachdruck: Frankfurt/M. 1963, 7-74)

Schrage, W.: *Ja und Nein*. Bemerkungen eines Neutestamentlers zur Diskussion von Christen und Juden, in: Ethik im Ernstfall, I. Tödt/W. Huber (Hg.), München 1982, 41-76

Schreiner, T.R.: The *Abolition* and Fulfilment of the Law in Paul, JSNT 35 (1989), 47-74

Schreiner, T.R.: *'Works of Law'* in Paul, NT 33 (1991), 217-244

Schulman, E.: The *Pogroms* in the Ukraine in 1919, JQR 57 (1966), 159-166

Schweizer, E.: Zum religionsgeschichtlichen Hintergrund der *'Sendungsformel'*, ZNW 57 (1966), 199-210; neu in: ders.: Beiträge zur Theologie des NT, Zürich 1970, 83-95

Schweizer, E.: Zur *Herkunft* der Präexistenzvorstellung bei Paulus, in: Neotestamentica, Zürich 1963, 105-109

Segal, A.F.: *Torah and Nomos* in Recent Scholarly Discussion, SR 13 (1984), 19-28

Segal, A.F./*Dahl*, N.A.: *Philo* and the Rabbis on the Name of God, JSJ 9 (1978), 1-28

Setzer, C.: *'You Invent a Christ'*. Christological Claims as Points of Jewish-Christian Dispute, USQR 44 (1991), 315-328

Siegert, F.: *Gottesfürchtige* und Sympathisanten, JSJ 4 (1973), 109-164

Simon, M.: The Apostolic *Decree* and its Setting in the ancient Church, in: Le Christianisme antique et son contexte religieux, Scripta varia Vol. II, Tübingen 1981, 414-437

Sloan, R.B.: *Paul and the Law*: Why the Law Cannot Save, NT 33 (1991), 35-60

Spittler, R.P.: The *Limits* of Ecstasy. An Exegesis of 2 Kor 12, 1-10, in: Current Issues in Biblical and Patristic Interpretation, FS M.C. Tenney, G.F. Hawthorne (Hg.), Grand Rapids 1975, 259-266

Stegemann, E.: Aspekte gegenwärtiger *Paulusforschung*, EvErz 37 (1985), 491-502

Stegemann, E.: Die umgekehrte *Tora*. Zum Gesetzesverständnis des Paulus, Jud 43 (1987), 4-20

Stegemann, E.: Der Jude *Paulus* und seine antijüdische Auslegung, in: Auschwitz, 117-139

Stegner, W.R.: Romans 9:6-29 - a *Midrash*, JSNT 22 (1984), 37-52

Stendahl, K.: The Apostle Paul and the Introspective *Conscience* of the West, HThR 56 (1963), 199-215

Strobel, A.: Das *Aposteldekret* in Galatien: Zur Situation von Gal I und II, NTS 20 (1974), 17-190

Strugnell, J.: The *Angelic Liturgy* at Qumran - 4Q Serekh Shirot 'Olat Hasshabbat, VT.S 7 (1960), 318-345

Stuhlmacher, P.: Zur Interpretation von *Röm 11,25-32*, in: Probleme biblischer Theologie, FS G.v.Rad, H.W. Wolff (Hg.), München 1971, 555-570

Stuhlmacher, P.: Der messianische *Gottesknecht*, in: Der Messias, 131-154

Stuhlmacher, P.: Das *Gesetz* als Thema biblischer Theologie, ZThK 75 (1978), 251-280
Stuhlmacher, P.: *Paulus* - Apostat oder Apostel ?, in: Paulus - Rabbi und Apostel, 11-34
Taylor, G.M.: The Function of *PISTIS CHRISTOU* in Galatians, JBL 85 (1966), 58-76
Theißen, G.: Zur *Entstehung* des Christentums aus dem Judentum. Bemerkungen zu David Flussers Thesen, KuI 3 (1988), 173-189
Theißen, G.: *Judentum und Christentum* bei Paulus. Sozialgeschichtliche Überlegungen zu einem beginnenden Schisma, in: Paulus und das antike Judentum, 331-359
Theißen, G.: Die Starken und die Schwachen in *Korinth*, EvTh 35 (1975), 152-172 (neu in: Studien zur Soziologie des Urchristentums, WUNT 19, Tübingen 1979, 272-289)
Theobald, M.: *Kirche und Israel* nach Röm 9-11, Kairos 29 (1987), 1-22
Thielmann, F.: The *Coherence* of Paul's View of the Law: The Evidence of First Corinthians, NTS 38 (1992), 235-253
Thoma, C.: Die gegenwärtige und kommende *Herrschaft Gottes* als fundamentales jüdisches Anliegen im Zeitalter Jesu, in: Zukunft in der Gegenwart. Wegweisungen in Judentum und Christentum, ders. (Hg.), JudChr 1, Bern/Frankfurt/M. 1976, 57-77
Thoma, C.: *Observations* on the Concept and the Early Forms of Akedah-Spirituality, in: Standing Before God, A. Finkel/L. Frizzel (Hg.), FS J. Oesterreicher, New York 1981, 213-222
Thoma, C.: *Redimensionierungen* des frühjüdischen Messianismus, in: Der Messias, 209-218
Thyen, H.: *Exegese* des Neuen Testaments nach dem Holocaust, in: Auschwitz, 140-158
Thyen, H.: Verbindet uns der Jude *Paulus* mit den Juden oder trennt er uns von ihnen ? in: Auf dem Weg zu einem geschwisterlichen Dialog zwischen Christen und Juden. Protokoll einer Tagung der Ev. Akademie Baden vom 3.-5. November 1989 in Bad Herrenalb, Karlsruhe 1990, 39-61
Thyen, H.: Einige *Thesen* zum Thema: Paulus und das Gesetz (unveröffentlichtes Manuskript)
Tyson, J.B.: '*Works* of Law' in Galatians, JBL 92 (1973), 423-431
Urbach, E.E.: ha-massorot ´al torat ha-sod bitqufat ha-tannaim (= Die Überlieferungen über die *Geheimlehre* der Tannaiten), in: Studies in Mysticism and Religion Presented to Gershom *Scholem*, Jerusalem 1967, 1-28
Viehauer, P.: Ein *Weg* zur neutestamentlichen Christologie? Eine Prüfung der Thesen Ferdinand Hahns, in: Aufsätze zum NT, München 1965
Venetianer, L.: Die *Beschlüsse* zu Lydda und das Aposteldekret zu Jerusalem, FS A. Schwarz, Berlin/Wien 1917, 417-423
Visotzky, B.L.: *Trinitarian Testimonies*, USQR 42 (1988), 73-86
Waitz, H.: Das *Problem* des sogenannnten Aposteldekrets und die damit zusammenhängenden literarischen und geschichtlichen Probleme des apostolischen Zeitalters, ZKG 55 (1936), 227-263
Walter, N.: Zur Interpretation von Röm 9-11, ZThK 81 (1984), 172-195
Weder, H.: *Gesetz und Sünde*. Gedanken zu einem qualitativen Sprung im Denken des Paulus, NTS 31 (1985), 357-376
Wengst, K.: *Abgrenzung* vom Judentum als christliche Identitätsfindung im Neuen Testament, in: Christliche Identität im Angesicht von Israel, hg. von der Alten Synagoge, Essen, 1991, 19-28
Westerholm, S.: *Law* and Christian Ethics, in: Law, 75-92
Westerholm, S.: Law, Grace and the '*Soteriology*' of Judaism, in: Law, 57-74
Westerholm, S.: Die *Hauptrichtung* des Wandels im eschatologischen Denken des Paulus, ThZ 30 (1974), 65-81
Westerholm, S.: Tora, Nomos and Law: A Question of 'Meaning', SR 15 (1986), 327-337
Westerholm, S.: Tora, Nomos and Law, in: Law, 45-56

Wilckens, U.: Die *Bekehrung* des Paulus als religionsgeschichtliches Problem, in: Apokalyptik, J.M. Schmidt/K. Koch (Hg.), Darmstadt 1982, 265-275 (urspr. ZThK 56 [1959], 273-293)

Wilckens, U.: Zu *1 Kor 2,1-16*, in: Theologia Crucis Signum Crucis, FS E. Dinkler, C. Andresen u.a. (Hg.), Tübingen 1979, 501-537

Wilckens, U.: Die Entwicklung des paulinischen *Gesetzesverständnis*, NTS 28 (1982), 154-190

Wilckens, U.: *Das Neue Testament und die Juden*. Antwort an David Flusser, EvTh 34 (1974), 602-611

Williams, K.S.: Again *Pistis Christou*, CBQ 49 (1987), 431-447

Windisch, H.: Die göttliche *Weisheit* der Juden und die paulinische Christologie, in: Neutestamentliche Studien für G. Heinrici zu seinem 70. Geburtstag, dargebracht von Fachgenossen, Freunden und Schülern, A. Deißmann/H. Windisch (Hg.), UNT 6, Leipzig 1914, 220-234

Woods, H.G.: The *Conversion* of Paul: Its Nature, Antecedents, and Consequences, NTS 1 (1955), 276-282

Yadin, Y.: The *Dead Sea Scrolls* and the Epistle to the Hebrews, ScrHie IV (1958), 36-55

Zeilinger, F.: Die *Echtheit* von 2 Cor 6:14-7:1, JBL 112 (1993), 71-80

Zeller, D.: *Christus*, Skandal und Hoffnung. Die Juden in den Briefen des Paulus, in: Gottesverächter und Menschenfeinde? Juden zwischen Jesus und frühchristlicher Kirche, H. Goldstein (Hg.), Düsseldorf 1979, 256-278

Zeller, D.: Zur neueren *Diskussion* über das Gesetz bei Paulus, ThPh 62 (1987), 481-499

Zeller, D.: Zur *Transformation* des Χριστός bei Paulus, in: Der Messias, 155-168

Zenger, E.: *Israel und Kirche* in einem Gottesbund?, KuI 2 (1991), 99-114

5.3 Kommentare

Althaus, P.: Der Brief an die Römer, NTD 6, 11. Aufl., Göttingen 1970

Bauernfeind, O.: Die Apostelgeschichte, ThHK 5, Leipzig 1939

Barrett, C.K.: A Commentary on the Epistle to the Romans, BNTC, London 1957

Barth, G.: Der Brief an die Philipper, ZBK NT 9, Zürich 1979

Barth, M.: Ephesians, 3 Bde., Anchor Bible 34, Garden City 1974

Betz, H.D.: Der Galaterbrief, München 1988

Bousset, W.: Der Brief an die Galater, in: Die Schriften des Neuen Testaments, neu übersetzt und für die Gegenwart erklärt von..., Bd. 2, 3. Aufl., Göttingen 1917, 31-74

Burton, E.d.W.: A Critical and Exegetical Commentary on the Epistle to the Galatians. ICC, Edinburgh 1921

Conzelmann, H.: Der erste Brief an die Korinther, KEK 5, 12. Aufl., Göttingen 1981

Cranfield, C.E.B.: A Critical and Exegetical Commentary on the Epistle to the Romans, 2 Bde., ICC, Edinburgh 1975-1979

Dodd, C.H.: The Epistle of Paul to the Romans, London 1932

Fascher, E.: Der erste Brief des Paulus an die Korinther, ThHNT 7/I, 4. Aufl., Berlin/Ost 1988

Furnish, V.P.: II Corinthians. Translated with Introduction, Notes and Commentary, Anchor Bible 32A, Garden City 1984

Gnilka, J.: Der Philipperbrief, HThK X/3, Freiburg 4. Aufl. 1987

Haenchen, E.: Die Apostelgeschichte, KEK III. Abt., 5. Aufl. Göttingen 1965

Holtz, T.: Der erste Brief an die Thessalonicher, EKK XIII, Neukirchen 1986

Käsemann, E.: An die Römer, 3. Aufl., Tübingen 1974

Lietzmann, H.: An die Korinther I.II., HNT 9, 3. Aufl., Tübingen 1931

Lietzmann, H.: An die Römer, HNT 8, 5. Aufl., Tübingen 1971

Merklein, H.: Der erste Brief an die Korinther, Kapitel 1-4, ÖTK 7/1, Gütersloh 1992

Michel, O.: Der Brief an die Römer, KEK 4, 14. Aufl., Göttingen 1978

Mußner, F.: Der Galaterbrief, HThK 9, 5. Aufl., Freiburg 1988

Nygren, A.: Der Römerbrief, 4. Aufl., Göttingen 1965

Pesch, R.: Die Apostelgeschichte, 2 Bde., EKK 5/1-2, Neukirchen 1986

Plummer, A.: A Critical and Exegetical Commentary on the Second Epistle of St. Paul to the Corinthians, ICC, New York 1915

Schenk, W.: Die Philipperbriefe des Paulus, Stuttgart 1984

Schlier, H.: Der Römerbrief. Kommentar, HThK 6, 3. Aufl., Freiburg i.B. 1987

Schlier, H.: Der Brief an die Galater, KEK 7, Göttingen 14. Aufl. 1971

Schrage, W.: Der erste Brief an die Korinther, Bd.1, EKK VII, Neukirchen 1991

Schweizer, E.: Der Brief an die Kolosser, EKK XII, 3. Aufl. Neukirchen 1989

Strobel, A.: Der erste Brief an die Korinther, ZBK NT 6.1, Zürich, 1989

Stuhlmacher, P.: Der Brief an die Römer, NTD 6, 14. Aufl., Göttingen 1989

Weiser, A.: Die Apostelgeschichte, 2 Bde. ÖTBK 5, Gütersloh 1981-1985

Wikenhauser, A.: Die Apostelgeschichte, RNT 5, Regensburg, 4. Aufl. 1961

Wilckens, U.: Der Brief an die Römer, EKK VI/1-3, Neukirchen, 1978-1982

Windisch, H.: Der Zweite Korintherbrief, Göttingen 1924

Wolff, C.: Der erste Brief des Paulus an die Korinther, Kap. 8-16, ThHK 7/2, Berlin/Ost 1982

Wolff, C.: Der zweite Brief des Paulus an die Korinther, ThHk 8, Berlin 1989

Zeller, D.: Der Brief an die Römer, RNT, Regensburg 1985

Register

A. Stellenregister

1. Altes Testament

Genesis
1, 26	198, *209*
5,18-24	*198*
6,2	*187*
6,4	*187*
9	*270*
15,6	59

Exodus
4,22	*187*
17	194
23,21	198, 210
233,20	*173*

Leviticus
17f.	269
17	*269*
18,5	288
18,8	275
18,26	*269*
18,29	*275*

Deuteronomium
17,7	*275*
30,12-14	288
30,14	60
32,8	*187*
32,13	*194*

2. Samuel
2,14	*187*

Psalmen
2,7	*177, 187*
101,7	164
110,1	199
116,15	164

Proverbia
3,19	*194*

Jesaja
6,1-9	*150*
9,5LXX	*205*
14,8	48
45,23	209
53	81
59,20f.	298

Jeremia
1,5-11	*151*
31,9	*187*

Ezechiel
1-3	*151*
1	197
1,26	198

Hosea
2,23	288
11,1	*187*
14,7	284

Daniel
7	197, 212
7,9-13	199
7,13	*184*

Habakuk
2,4	60, 262

2. Apokryphen und Pseudepigraphen des Alten Testaments

3. Qumran

4. Philo und Josephus

5. Rabbinisches Schrifttum

6. Hekhalot-Literatur

7. Neues Testament

8. Frühchristliche Texte und Kirchenväter

9. Griechische und römische Schriften

Apuleius
  Metamorphosen 11,22ff. 171

Euripides
  Bacchen 472   *169*

Herodot
  V,38   *169*

Plutarch
  Isis und Osiris, 360 F
                169

Sueton
  De Vita Caesarum
  V,25,4   *182*

B. Sachregister

356 Register

Kreuz, s.a. Tod 32, 36, 48, 55, 79, 101,
149, 177, 183, 191, 193, 199, 204, 207,
236, 252, *280*
Kyrios *184, 209*, 210
Legalismus 5, 43, 117, 126, *216*, 219, 221,
223, 228, 290
Leib
- Leib Christi 20, 79, 98, 202, 211
- Leib des Menschen 20, 26f., 52, 55,
99, 114, 132-134, *152*, 161, 164, 198,
202, 229, 232, 276
- Leib Gottes, s. a. Körper Gottes 203,
212
Leiden
- des Paulus am Gesetz 47, 96, 105f.,
149, 153, 239
- des Gerechten 53, 80
- sonstiges menschliches Leiden 63,
189, 254
Liberales Judentum 11, 15f., 26, 30, 35,
37-39, 41, 43-45, 47, 56, 66f., 84, 117,
137, 230, 235, 240, *305*
Licht 36, 130, 163, 184, 287
Liebe 45f., 55, 57, 62, 100, 103, 136, 284,
287
Logos, s. Wort
Luther(tum) 6, 18, 48, 61, 68f., *71, 72*,
82f., 133, 152f., *156, 161*, 189, 216,
218, 220, 223, 227-229
Mächte, zwei im Himmel 48, 176, 194-213
Mensch, s. Anthropologie
Menschensohn 54, *182*, 184, 196, *202*,
209, 210, *211*
Merkabah/Merkavah-Mystik 121, 151,
157-160, 163, 165-167, 169, *170, 172*,
173, 175, 210, 212
Messias/messianische Erwar-
tung/messianische Zeit 1, 16f., 20-24,
26, 28, 32f., 36, 39, 42f., 47, *50*, 51-55,
57, 69, 72-74, 77-82, 84f., 89, 96-98,
102, 106, 108f., 112f., 115, 118, 125,
127f., 142, 145f., 149f., 176-187, 190,
193, 196f., 199, 205, 213f., 236-243,
250, 264, 282-285, 287, 291f., 296-298,
300, 305, 309
Metatron 32, 36, 47, 113f., 195-198, *201*,
202, 207, 209-211
Midrasch, s.a Haggada 41, 48, 57, 97, 135,
140, 284f., 288, 292
Mischna 87, *128*, 152
Mittelalter 10, 157, 239

Mittler, Mittlerfiguren, Heilsmittler 36, 62,
109, 121, 176, 184, 189, 191, 193-195,
197f., 203f., 207f., 213, 304
Monotheismus 31, 36, 57, 62, 74f., 89f.,
176, 178, 180, 185, 195, 204, 206f.
Moral, s.a. Ethik, Sittlichkeit 19, 26, 28-31,
36, 44, 55, 70, 106, 121, 134, 214, 227,
245-249, 263, 265f.
Mysterienreligionen/-kulte 35, 44, 48, 51-
53, 55, 62, 67, 74, 79f., 102, 114, 116, .
149, 171
Mystik 26f., 31f., 43-45, 51-53, 55, 57, 59,
65, 79, 90f., 98, 106, *114*, 121, 128,
136, 138, 141, 143-146, 148, 151, 156,
157-160, 163-167, *168*, 169f., *172*,
175, 187, 189f., 195-198, 201f., 206,
207, 208-212, 240, 304, 308
Name, v. Namen Gottes 170, 210f.
Narrenrede 168
Nationalsozialismus/Nationalsozialisten 1,
76, 110
Noachidische Gebote *13*, 18, 47, 122, 250-
254, 256f., 280
Offenbarung 14, 18, 20, 61, 65, 67, 75f.,
80, 11, 142, 147, 151f., 156, 160-162,
164, 168f., *173*, 188, 193, 232, *270*, 274
Opfertod, s.a. Sühne 19, 30, 49, 69, 108,
119, *269*
Orthodoxes Judentum 11, 21, 25f., 28, 31,
35, 37, 76, *87*, 89, *95*, 105, 110-112,
124, 180, 250, 254, 256, 264, 308
Österreich 30, 38f.
Palästina 16, 39, 50, 52, 58, 86, 95, 99, 207
Palästinisches Judentum 39, 44, 52, *59*, 77,
87, 96, 104, 219, 221, 235, 255, 305
Palästinische Urgemeinde 21, 78, 92, 188
Paradies 109, 164f., *166*, 171f.
Paradigma/Paradigmenwechsel 6f., 11f.,
15, 17, 25, 30, 40, 44f., 54, 56, 61, 66,
72, 80, 84f., 90, 98f., 102, 108, 112,
132, 134, 136-138, 140-142, 150, 152,
177-179, 184, 186, *197*, 214f., 217, 220,
230, 257, 260, 303, 305f., 309
Partikularismus 1, 13, 24, 42, 132f.
Parusie/Wiederkunft 24, 55, 79f., 98, 120,
183, 185, 188, 283, 291f., 296, 298,
300-302
Pessimismus 42, 53, 69, 82, 114, 229
Petrus 21, 93, 146, 258-261, 267
Pharisäer 13, 22, 27f., 31-33, 38f., 42, 52,
61-63, 75, 84, 87, 102, 112-115, 121-
123, 127f., 138, 143-145, 148-150, *151*,

C. Griechisches Begriffsregister

D. Hebräisches Begriffsregister

Wissenschaftliche Untersuchungen zum Neuen Testament

Alphabetische Übersicht der ersten und zweiten Reihe

Anderson, Paul N.: The Christology of the Fourth Gospel. 1996. *Band II/78.*
Appold, Mark L.: The Oneness Motif in the Fourth Gospel. 1976. *Band II/1.*
Arnold, Clinton E.: The Colossian Syncretism. 1995. *Band II/77.*
Avemarie, Friedrich und *Hermann Lichtenberger* (Hrsg.): Bund und Tora. 1996. *Band 92.*
Bachmann, Michael: Sünder oder Übertreter. 1992. *Band 59.*
Baker, William R.: Personal Speech-Ethics in the Epistle of James. 1995. *Band II/68.*
Bammel, Ernst: Judaica. Band I 1986. *Band 37* - Band II 1997. *Band 91.*
Bauernfeind, Otto: Kommentar und Studien zur Apostelgeschichte. 1980. *Band 22.*
Bayer, Hans Friedrich: Jesus' Predictions of Vindication and Resurrection. 1986. *Band II/20.*
Bell, Richard H.: Provoked to Jealousy. 1994. *Band II/63.*
Betz, Otto: Jesus, der Messias Israels. 1987. *Band 42.*
– Jesus, der Herr der Kirche. 1990. *Band 52.*
Beyschlag, Karlmann: Simon Magus und die christliche Gnosis. 1974. *Band 16.*
Bittner, Wolfgang J.: Jesu Zeichen im Johannesevangelium. 1987. *Band II/26.*
Bjerkelund, Carl J.: Tauta Egeneto. 1987. *Band 40.*
Blackburn, Barry Lee: Theios Anēr and the Markan Miracle Traditions. 1991. *Band II/40.*
Bockmuehl, Markus N.A.: Revelation and Mystery in Ancient Judaism and Pauline Christianity. 1990. *Band II/36.*
Böhlig, Alexander: Gnosis und Synkretismus. Teil 1 1989. *Band 47* – Teil 2 1989. *Band 48.*
Böttrich, Christfried: Weltweisheit - Menschheitsethik - Urkult. 1992. *Band II/50.*
Büchli, Jörg: Der Poimandres - ein paganisiertes Evangelium. 1987. *Band II/27.*
Bühner, Jan A.: Der Gesandte und sein Weg im 4. Evangelium. 1977. *Band II/2.*
Burchard, Christoph: Untersuchungen zu Joseph und Aseneth. 1965. *Band 8.*
Cancik, Hubert (Hrsg.): Markus-Philologie. 1984. *Band 33.*
Capes, David B.: Old Testament Yaweh Texts in Paul's Christology. 1992. *Band II/47.*
Caragounis, Chrys C.: The Son of Man. 1986. *Band 38.*
– siehe *Fridrichsen, Anton.*
Carleton Paget, James: The Epistle of Barnabas. 1994. *Band II/64.*
Crump, David: Jesus the Intercessor. 1992. *Band II/49.*
Deines, Roland: Jüdische Steingefäße und pharisäische Frömmigkeit. 1993. *Band II/52.*
Dobbeler, Axel von: Glaube als Teilhabe. 1987. *Band II/22.*
Dunn , James D.G. (Hrsg.): Jews and Christians. 1992. *Band 66.*
– Paul and the Mosaic Law. 1996. *Band 89.*
Ebertz, Michael N.: Das Charisma des Gekreuzigten. 1987. *Band 45.*
Eckstein, Hans-Joachim: Der Begriff Syneidesis bei Paulus. 1983. *Band II/10.*
– Verheißung und Gesetz. 1996. *Band 86.*
Ego, Beate: Im Himmel wie auf Erden. 1989. *Band II/34.*
Ellis, E. Earle: Prophecy and Hermeneutic in Early Christianity. 1978. *Band 18.*
– The Old Testament in Early Christianity. 1991. *Band 54.*
Ennulat, Andreas: Die 'Minor Agreements'. 1994. *Band II/62.*
Ensor, Peter W.: Paul and His 'Works'. 1996. *Band II/85.*
Feldmeier, Reinhard: Die Krisis des Gottessohnes. 1987. *Band II/21.*
– Die Christen als Fremde. 1992. *Band 64.*
Feldmeier, Reinhard und *Ulrich Heckel* (Hrsg.): Die Heiden. 1994. *Band 70.*
Forbes, Christopher Brian: Prophecy and Inspired Speech in Early Christianity and its Hellenistic Environment. 1995. *Band II/75.*
Fornberg, Tord: siehe *Fridrichsen, Anton.*
Fossum, Jarl E.: The Name of God and the Angel of the Lord. 1985. *Band 36.*
Frenschkowski, Marco: Offenbarung und Epiphanie. Band 1 1995. *Band II/79* – Band 2 1996. *Band II/80.*
Frey, Jörg: Eugen Drewermann und die biblische Exegese. 1995. *Band II/71.*

Fridrichsen, Anton: Exegetical Writings. Hrsg. von C.C. Caragounis und T. Fornberg. 1994. *Band 76.*

Garlington, Don B.: 'The Obedience of Faith'. 1991. *Band II/38.*

– Faith, Obedience, and Perseverance. 1994. *Band 79.*

Garnet, Paul: Salvation and Atonement in the Qumran Scrolls. 1977. *Band II/3.*

Gräßer, Erich: Der Alte Bund im Neuen. 1985. *Band 35.*

Green, Joel B.: The Death of Jesus. 1988. *Band II/33.*

Gundry Volf, Judith M.: Paul and Perseverance. 1990. *Band II/37.*

Hafemann, Scott J.: Suffering and the Spirit. 1986. *Band II/19.*

– Paul, Moses, and the History of Israel. 1995. *Band 81.*

Heckel, Theo K.: Der Innere Mensch. 1993. *Band II/53.*

Heckel, Ulrich: Kraft in Schwachheit. 1993. *Band II/56.*

– siehe *Feldmeier, Reinhard.*

– siehe *Hengel, Martin.*

Heiligenthal, Roman: Werke als Zeichen. 1983. *Band II/9.*

Hemer, Colin J.: The Book of Acts in the Setting of Hellenistic History. 1989. *Band 49.*

Hengel, Martin: Judentum und Hellenismus. 1969, ³1988. *Band 10.*

– Die johanneische Frage. 1993. *Band 67.*

– Judaica et Hellenistica. Band 1. 1996. *Band 90.*

Hengel, Martin und *Ulrich Heckel* (Hrsg.): Paulus und das antike Judentum. 1991. *Band 58.*

Hengel, Martin und *Hermut Löhr* (Hrsg.): Schriftauslegung im antiken Judentum und im Urchristentum. 1994. *Band 73.*

Hengel, Martin und *Anna Maria Schwemer* (Hrsg.): Königsherrschaft Gottes und himmlischer Kult. 1991. *Band 55.*

– Die Septuaginta. 1994. *Band 72.*

Herrenbrück, Fritz: Jesus und die Zöllner. 1990. *Band II/41.*

Hoegen-Rohls, Christina: Der nachösterliche Johannes. 1996. *Band II/84.*

Hofius, Otfried: Katapausis. 1970. *Band 11.*

– Der Vorhang vor dem Thron Gottes. 1972. *Band 14.*

– Der Christushymnus Philipper 2,6-11. 1976, ²1991. *Band 17.*

– Paulusstudien. 1989, ²1994. *Band 51.*

Hofius, Otfried und *Kammler, Hans-Christian:* Johannesstudien. 1996. *Band 88.*

Holtz, Traugott: Geschichte und Theologie des Urchristentums. 1991. *Band 57.*

Hommel, Hildebrecht: Sebasmata. Band 1 1983. *Band 31* – Band 2 1984. *Band 32.*

Hvlavik, Reidar: The Struggle of Scripture and Convenant. 1996. *Band II/82.*

Kähler, Christoph: Jesu Gleichnisse als Poesie und Therapie. 1995. *Band 78.*

Kammler, Hans-Christian: siehe *Hofius, Otfried.*

Kamlah, Ehrhard: Die Form der katalogischen Paränese im Neuen Testament. 1964. *Band 7.*

Kim, Seyoon: The Origin of Paul's Gospel. 1981, ²1984. *Band II/4.*

– „The 'Son of Man'" as the Son of God. 1983. *Band 30.*

Kleinknecht, Karl Th.: Der leidende Gerechtfertigte. 1984, ²1988. *Band II/13.*

Klinghardt, Matthias: Gesetz und Volk Gottes. 1988. *Band II/32.*

Köhler, Wolf-Dietrich: Rezeption des Matthäusevangeliums in der Zeit vor Irenäus. 1987. *Band II/24.*

Korn, Manfred: Die Geschichte Jesu in veränderter Zeit. 1993. *Band II/51.*

Koskenniemi, Erkki: Apollonios von Tyana in der neutestamentlichen Exegese. 1994. *Band II/61.*

Kraus, Wolfgang: Das Volk Gottes. 1996. *Band 85.*

Kuhn, Karl G.: Achtzehngebet und Vaterunser und der Reim. 1950. *Band 1.*

Lampe, Peter: Die stadtrömischen Christen in den ersten beiden Jahrhunderten. 1987, ²1989. *Band II/18.*

Lau, Andrew: Manifest in Flesh. 1996. *Band II/86.*

Lichtenberger, Hermann: siehe *Avemarie, Friedrich.*

Lieu, Samuel N.C.: Manichaeism in the Later Roman Empire and Medieval China. ²1992. *Band 63.*

Löhr, Hermut: siehe *Hengel, Martin.*

Löhr, Winrich Alfried: Basilides und seine Schule. 1995. *Band 83.*

Maier, Gerhard: Mensch und freier Wille. 1971. *Band 12.*
– Die Johannesoffenbarung und die Kirche. 1981. *Band 25.*
Markschies, Christoph: Valentinus Gnosticus? 1992. *Band 65.*
Marshall, Peter: Enmity in Corinth: Social Conventions in Paul's Relations with the Corinthians. 1987. *Band II/23.*
Meade, David G.: Pseudonymity and Canon. 1986. *Band 39.*
Meadors, Edward P.: Jesus the Messianic Herald of Salvation. 1995. *Band II/72.*
Meißner, Stefan: Die Heimholung des Ketzers. 1996. *Band II/87.*
Mell, Ulrich: Die „anderen" Winzer. 1994. *Band 77.*
Mengel, Berthold: Studien zum Philipperbrief. 1982. *Band II/8.*
Merkel, Helmut: Die Widersprüche zwischen den Evangelien. 1971. *Band 13.*
Merklein, Helmut: Studien zu Jesus und Paulus. 1987. *Band 43.*
Metzler, Karin: Der griechische Begriff des Verzeihens. 1991. *Band II/44.*
Metzner, Rainer: Die Rezeption des Matthäusevangeliums im 1. Petrusbrief. 1995. *Band II/74.*
Niebuhr, Karl-Wilhelm: Gesetz und Paränese. 1987. *Band II/28.*
– Heidenapostel aus Israel. 1992. *Band 62.*
Nissen, Andreas: Gott und der Nächste im antiken Judentum. 1974. *Band 15.*
Noormann, Rolf: Irenäus als Paulusinterpret. 1994. *Band II/66.*
Obermann, Andreas: Die christologische Erfüllung der Schrift im Johannesevangelium. 1996. *Band II/83.*
Okure, Teresa: The Johannine Approach to Mission. 1988. *Band II/31.*
Park, Eung Chun: The Mission Discourse in Matthew's Interpretation. 1995. *Band II/81.*
Philonenko, Marc (Hrsg.): Le Trône de Dieu. 1993. *Band 69.*
Pilhofer, Peter: Presbyteron Kreitton. 1990. *Band II/39.*
– Philippi. Band 1 1995. *Band 87.*
Pöhlmann, Wolfgang: Der Verlorene Sohn und das Haus. 1993. *Band 68.*
Probst, Hermann: Paulus und der Brief. 1991. *Band II/45.*
Räisänen, Heikki: Paul and the Law. 1983, ²1987. *Band 29.*
Rehkopf, Friedrich: Die lukanische Sonderquelle. 1959. *Band 5.*
Rein, Matthias: Die Heilung des Blindgeborenen (Joh 9). 1995. *Band II/73.*
Reinmuth, Eckart: Pseudo-Philo und Lukas. 1994. *Band 74.*
Reiser, Marius: Syntax und Stil des Markusevangeliums. 1984. *Band II/11.*
Richards, E. Randolph: The Secretary in the Letters of Paul. 1991. *Band II/42.*
Riesner, Rainer: Jesus als Lehrer. 1981, ³1988. *Band II/7.*
– Die Frühzeit des Apostels Paulus. 1994. *Band 71.*
Rissi, Mathias: Die Theologie des Hebräerbriefs. 1987. *Band 41.*
Röhser, Günter: Metaphorik und Personifikation der Sünde. 1987. *Band II/25.*
Rose, Christian: Die Wolke der Zeugen. 1994. *Band II/60.*
Rüger, Hans Peter: Die Weisheitsschrift aus der Kairoer Geniza. 1991. *Band 53.*
Sänger, Dieter: Antikes Judentum und die Mysterien. 1980. *Band II/5.*
– Die Verkündigung des Gekreuzigten und Israel. 1994. *Band 75.*
Salzmann, Jorg Christian: Lehren und Ermahnen. 1994. *Band II/59.*
Sandnes, Karl Olav: Paul – One of the Prophets? 1991. *Band II/43.*
Sato, Migaku: Q und Prophetie. 1988. *Band II/29.*
Schaper, Joachim: Eschatology in the Greek Psalter. 1995. *Band II/76.*
Schimanowski, Gottfried: Weisheit und Messias. 1985. *Band II/17.*
Schlichting, Günter: Ein jüdisches Leben Jesu. 1982. *Band 24.*
Schnabel, Eckhard J.: Law and Wisdom from Ben Sira to Paul. 1985. *Band II/16.*
Schutter, William L.: Hermeneutic and Composition in I Peter. 1989. *Band II/30.*
Schwartz, Daniel R.: Studies in the Jewish Background of Christianity. 1992. *Band 60.*
Schwemer, Anna Maria: siehe *Hengel, Martin*
Scott, James M.: Adoption as Sons of God. 1992. *Band II/48.*
– Paul and the Nations. 1995. *Band 84.*

Siegert, Folker: Drei hellenistisch-jüdische Predigten. Teil I 1980. *Band 20* - Teil II 1992. *Band 61.*
– Nag-Hammadi-Register. 1982. *Band 26.*
– Argumentation bei Paulus. 1985. *Band 34.*
– Philon von Alexandrien. 1988. *Band 46.*
Simon, Marcel: Le christianisme antique et son contexte religieux I/II. 1981. *Band 23.*
Snodgrass, Klyne: The Parable of the Wicked Tenants. 1983. *Band 27.*
Söding, Thomas: siehe *Thüsing, Wilhelm.*
Sommer, Urs: Die Passionsgeschichte des Markusevangeliums. 1993. *Band II/58.*
Spangenberg, Volker: Herrlichkeit des Neuen Bundes. 1993. *Band II/55.*
Speyer, Wolfgang: Frühes Christentum im antiken Strahlungsfeld. 1989. *Band 50.*
Stadelmann, Helge: Ben Sira als Schriftgelehrter. 1980. *Band II/6.*
Strobel, August: Die Stunde der Wahrheit. 1980. *Band 21.*
Stuckenbruck, Loren T.: Angel Veneration and Christology. 1995. *Band II/70.*
Stuhlmacher, Peter (Hrsg.): Das Evangelium und die Evangelien. 1983. *Band 28.*
Sung, Chong-Hyon: Vergebung der Sünden. 1993. *Band II/57.*
Tajra, Harry W.: The Trial of St. Paul. 1989. *Band II/35.*
– The Martyrdom of St.Paul. 1994. *Band II/67.*
Theißen, Gerd: Studien zur Soziologie des Urchristentums. 1979, ³1989. *Band 19.*
Thornton, Claus-Jürgen: Der Zeuge des Zeugen. 1991. *Band 56.*
Thüsing, Wilhelm: Studien zur neutestamentlichen Theologie. Hrsg. von Thomas Söding. 1995. *Band 82.*
Twelftree, Graham H.: Jesus the Exorcist. 1993. *Band II/54.*
Visotzky, Burton L.: Fathers of the World. 1995. *Band 80.*
Wagener, Ulrike: Die Ordnung des „Hauses Gottes". 1994. *Band II/65.*
Wedderburn, A.J.M.: Baptism and Resurrection. 1987. *Band 44.*
Wegner, Uwe: Der Hauptmann von Kafarnaum. 1985. *Band II/14.*
Welck, Christian: Erzählte 'Zeichen'. 1994. *Band II/69.*
Wilson, Walter T.: Love without Pretense. 1991. *Band II/46.*
Zimmermann, Alfred E.: Die urchristlichen Lehrer. 1984, ²1988. *Band II/12.*

Einen Gesamtkatalog erhalten Sie gern vom Verlag Mohr Siebeck, Postfach 2040, D-72010 Tübingen.